贵州
统计
年鉴
GUIZHOU
STATISTICAL YEARBOOK
2018

U0920895

中国统计出版社
China Statistics Press

统计年鉴

GUIZHOU STATISTICAL YEARBOOK 2018

贵州省统计局 国家统计局贵州调查总队 编

Compiled by Guizhou Provincial Bureau of Statistics NBS Survey Office in Guizhou

中国统计出版社
China Statistics Press

图书在版编目(CIP)数据

贵州统计年鉴. 2018 : 汉英对照 / 贵州省统计局, 国家统计局贵州调查总队编. -- 北京 : 中国统计出版社, 2018.10
ISBN 978-7-5037-8540-5

Ⅰ. ①贵… Ⅱ. ①贵… ②国… Ⅲ. ①统计资料-贵州-2018-年鉴-汉、英 Ⅳ. ①C832.73-54

中国版本图书馆 CIP 数据核字(2018)第 154954 号

贵州统计年鉴-2018

作　　者/ 贵州省统计局 国家统计局贵州调查总队
英文翻译/ 大数据统计学院
封面设计/多彩贵州网有限责任公司
责任编辑/ 钟钰
出版发行/ 中国统计出版社
地　　址/ 北京市丰台区西三环南路甲 6 号　邮政编码/100073
电　　话/ 邮购(010)63376909　书店(010)68783171
网　　址/ http://www.zgtjcbs.com
印　　刷/ 贵州新华印务有限责任公司
经　　销/ 新华书店
开　　本/ 890mm×1240mm　1/16
字　　数/ 1800 千字
印　　张/ 33.5
版　　别/ 2018 年 10 月第 1 版
版　　次/ 2018 年 10 月第 1 次印刷
定　　价/ 330.00 元　Price:330.00(RMB)

本书附同版本 CD-ROM 一张，光盘内容以书面文字为准。
如有印装差错，由本社发行部调换。

编 者 说 明

一、《贵州统计年鉴-2018》系统收录了2017年贵州省国民经济和社会发展等各方面统计数据，改革开放以来特别是2013年以来的主要统计数据，全省各市（州）、县（市、区、特区）和全国及各省（区、市）主要统计数据，是反映贵州省情的重要工具书之一。

二、本年鉴包括26个部分：综合，国民经济核算，人口，就业人员和职工工资，固定资产投资，对外经济贸易，能源，财政税收，价格指数，人民生活，城市概况，资源和环境，农业，工业，建筑业，运输和邮电，批发、零售、住宿和餐饮业，旅游业，金融业，教育，科学技术，文化、体育和卫生，社会服务及其他，民族自治地方，市（州）县（市、区、特区）资料，全国及各省（区、市）资料。为便于读者了解和使用统计数据，在每部分首页作简要说明，后面附有主要统计指标解释。

三、本年鉴中，凡由有关部门（单位）提供的数据都在统计表下方注明了数据来源。部分指标统计范围，口径发生变化的在表下均有注释，使用时请读者注意。

四、本年鉴中部分数据合计数或相对数由于计算单位或取舍不同而产生的计算误差，均未作机械调整。

五、本年鉴表中符号使用说明："…"表示数据不足最小计量单位，"空格"表示该统计指标数据不详或无数据，“#”表示上级指标的其中项。

本年鉴在编辑、出版过程中，得到了有关部门（单位）的大力支持和帮助，在此谨致衷心感谢！

Editor´s Notes

I. Guizhou Statistical Yearbook 2018 is an annual statistical publication, it systematically included the statistical data, which reflects comprehensively the economic and social development of Guizhou Province. It covers data of year 2017,key statistical data for the years since Reform and pening-up specially the year 2013, and Main Statistics of Province (autonomous regions, nicipalities) as well as the whole country. It is a useful reference book to thoroughly know Guizhou.

II. The Yearbook contains 26 chapters: General Survey; National Accounts; Population; Employment and Wage ; Investment in Fixed Assets; Foreign Trade and Economic Cooperation; Energy; Government Finance and Taxation; Price Indices; Peoples' Living Conditions; General Information of Cities; Resources and Environment; Agriculture; Industry; Construction; Transport, Post and Telecommunication Services; Wholesale and Retail Trades; Hotel, Catering Services and Tourism; Financial Intermediation; Education, Science and Technology; Culture, Sports and Public Health; Social Services and Others; Minority Nationality Autonomous Areas; Main Statistics of Prefectures and Counties; Main Statistics of Provinces (autonomous regions, municipalities) and the Whole Country. Explanatory Notes on Main Statistical Indicators is attached to the end of each chapter to help the readers to use the statistical data in this book.

III. Data sources are indicated below the statistical tables where data are provided by the departments (units) concerned. Some of the statistical range and caliber of indicators have changed, all of which are annotated at the bottom of the table.

IV. Statistical discrepancies on totals and relative figures due to rounding are not adjusted in the yearbook.

V. Notations used in the yearbook: "…" indicates that the figure is not large enough to be measured with the smallest unit in the table; "blank space" indicates that data are unknown or are not available; "#" indicates one of the parent indices.

Heartfelt thanks to the departments (units) concerned for the great support and help in the editing and publication of this yearbook.

《贵州统计年鉴-2018》编辑委员会

朱新武（省新闻出版广电局局长）

吴　涛（省体育局局长）

李尚宽（省安全监管局局长）

章　萍（省粮食局局长）

李　建（省扶贫办主任）

钟油子（国家税务总局贵州省税务局局长）

赵广忠（省气象局局长）

尚凯莺（省通信管理局局长）

张瑞怀（人民银行贵阳中心支行行长）

沈　扬（贵阳海关关长）

陈　晏（贵阳市市长）

李　刚（六盘水市市长）

魏树旺（遵义市市长）

陈训华（安顺市市长）

陈少荣（铜仁市市长）

张集智（毕节市市长）

杨永英（黔西南州州长）

罗　强（黔东南州州长）

吴胜华（黔南州州长）

Guizhou Statistical Yearbook 2018 Editorial Board

Zhang Ping:	Director of the Provincial Grain Administration
Li Jian:	Director of the Provincial Anti-poverty Office
Zhong Youzi:	Director of Guizhou Provincial Branch of State Bureau of Taxation
Zhao Guangzhong:	Director of Guizhou Meteorological Bureau
Shang Kaiying:	Director of Guizhou Communication
Zhang Ruihuai:	Director of the People's Bank of China Guiyang Branch
Shen Yang:	Director of Guiyang Customs of the People's Republic of China
Chen Yan:	Mayor of Guiyang City
Li Gang:	Mayor of Liupanshui City
Wei Shuwang:	Mayor of Zunyi City
Chen Xunhua:	Mayor of Anshun City
Chen Shaorong:	Mayor of Tongren City
Zhang Jizhi:	Mayor of Bijie City
Yang Yongying:	Chief Executive of Qianxinan Autonomous prefectare
Luo Qiang:	Chief Executive of Qiandongnan Autonomous prefectare
Wu Shenghua:	Chief Executive of Qiannan Autonomous prefectare

《贵州统计年鉴-2018》编辑人员

主　　　编：张　平　程军虎

副　主　编：肖云慧　王文忠　董安娜　彭　龙　唐晓川
廖金昌　王　渝　林嗣杰

编辑部主任：汪明峰　刘　杰

编辑部副主任：周惠云

分 科 主 编：(按姓氏笔划为序)

弋文军　王　瑛　王朝晖　王练练　邓　曼　邓伟庆
刘　旭　刘　晴　李青忆　李贵东　李武星　李鹤群
杨　丽　杨兆顺　肖　瑶　肖成华　吴　江　张小芳
张忠阳　金泽波　周　蓉　胡　刚　徐昌兴　徐　锋
黄　茹　龚　勇　谢小青　童晓珠　谭春明

编 辑 人 员：(按姓氏笔划为序)

王　品　冯　璐　刘　娟　刘彦成　刘莉亚　张仕英
杨　娣　杨永彦　杜天柱　林　涛　张玉通　罗　洪
赵文静　赵　刚　赵　超　顾　贤　高鹿鹿　游涛英
董建巍　黎　薇

英 文 翻 译：陆　扬

审　　　校：黄泽琰　陈沛骐

Guizhou Statistical Yearbook-2018 Editorial staff

目　录

CONTENTS

一　综　合
General Survey

二　国民经济核算
National Accounts

三 人 口
Population

四 就业人员和职工工资
Employment and Wages

五 固定资产投资
Investment in Fixed Assets

六 对外经济贸易
Foreign Trade and Economic Cooperation

七 能 源
Energy

八 财政税收
Government Finance and Taxation

九 价格指数
Price Indices

十 人民生活
People´s Living Conditions

十一 城市概况
General Survey of Cities

十二 资源和环境
Resources and Environment

十三 农 业
Agriculture

十四 工 业
Industry

十五　建筑业
Construction

十六　运输和邮电
Transport, Postal and Telecommunication Services

十七 批发、零售、住宿和餐饮业
Wholesale and Retail Trades

十八 旅游业
Tourism

十九 金融业
Financial Intermediation

二十 教育
Education

二十一 科学技术
Technology

二十二 文化、体育和卫生
Culture, Sports and Public Health

二十三 社会服务及其他
Social Services and Others

二十四 民族自治地方
Minority Nationality Autonomous Areas

二十五 市(州)、县(市、区、特区)资料
Main Statistics of City(State,Prefecture) and County(City,District,Special Region)

二十六 全国及各省(区、市)资料
Main Statistics of Provinces(autonomous regions, municipalities) in the Whole Country

综合

General Survey

1

简 要 说 明

一、主要内容

综合部分包括全省行政区划、法人单位数、国民经济和社会发展综合资料。

二、资料来源

国民经济综合资料是本年鉴之精华，集中反映全省国民经济和社会发展的总量、速度、结构、比例和效益状况及变化。由省统计局国民经济综合统计处编辑整理。

“行政区划”资料由省民政厅汇总整理并提供。

法人单位统计资料范围为所有法人单位和产业活动单位。

Brief Introduction

一、Main Contents

This chapter consists of four parts: divisions of administrative areas, number of legal entities , summary data on the national economy and social development.

二、Sources of Data

The summary data on the national economy reflect the overall situation of the economic and social development by presenting further processed statistics including growth, structure, ratio and efficiency data derived from other chapters, which edited by Comprehensive Department of Guizhou Provincial Bureau.

Data on divisions of administrative areas in Guizhou Province are prepared and provided by Civil Affairs Bureau

Statistical coverage of legal entities is all legal entities and industrial active entities.

1-1 行政区划(2017)
Divisions of Administrative Areas

单位:个 (unit)

市(州) 名称	City (State)	地级单位 Units at Prefectural Level	#市 Cities	县级单位 Units at County Level	县 Counties	自治县 Autonomous Counties	县级市 Cities at County Level	市辖区 Districts under the Jurisdiction of City
全省合计	**Total**	**9**	**6**	**88**	**53**	**11**	**8**	**15**
贵 阳 市	Guiyang	1	1	10	3		1	6
六盘水市	Liupanshui	1	1	4	1		1	1
遵 义 市	Zunyi	1	1	14	7	2	2	3
安 顺 市	Anshun	1	1	6	1	3		2
毕 节 市	Bijie	1	1	8	6	1		1
铜 仁 市	Tongren	1	1	10	4	4		2
黔西南布依族苗族自治州	Qianxinan	1		8	7		1	
黔东南苗族侗族自治州	Qiandongnan	1		16	15		1	
黔南布依族苗族自治州	Qiannan	1		12	9	1	2	

注：资料来源于省民政厅(下表同)。
Note:Date in the table are obtained from the department of civil affairs (the same applies to the next table).

1-1 续表 continued

市(州) 名称	City (State)	特区 Special District	镇 Town	街道办事处 Street Communities	乡 Township	#民族乡 Ethnic Community Township	城市社区居民委员会 Neighbourhood Committees	村民委员会 Village Committees
全省合计	**Total**	**1**	**839**	**223**	**317**	**193**	**4052**	**13436**
贵 阳 市	Guiyang		50		27	18	608	947
六盘水市	Liupanshui	1	39	22	26	25	375	732
遵 义 市	Zunyi		181	50	21	8	569	1460
安 顺 市	Anshun		48	21	18	10	250	956
毕 节 市	Bijie		135	37	91	72	1397	2261
铜 仁 市	Tongren		95	31	49	38	261	2694
黔西南布依族苗族自治州	Qianxinan		83	26	17	3	203	1008
黔东南苗族侗族自治州	Qiandongnan		129	17	60	15	211	2192
黔南布依族苗族自治州	Qiannan		79	19	8	4	178	1186

1−2 各市(州)、县(市、区、特区)名称(2017)

Name of Each City (State, Prefecture) and County (City, District, Special Region)

市(州)名称 City(State)	县(市、区、特区)名称 County(City,District,Special Region)
贵阳市 Guiyang	南明区 云岩区 花溪区 乌当区 白云区 观山湖区 清镇市 开阳县 息烽县 修文县 Nanming Yunyan Huaxi Wudang Baiyun Guanshanhu Qingzhen Kaiyang Xifeng Xiuwen
六盘水市 Liupanshui	钟山区 六枝特区 盘州市 水城县 Zhongshan Liuzhi Panzhou Shuicheng
遵义市 Zunyi	红花岗区 汇川区 播州区 赤水市 仁怀市 桐梓县 绥阳县 正安县 Honghuagang Huichuan Bozhou Chishui Renhuai Tongzi Suiyang Zhengan 凤冈县 湄潭县 余庆县 习水县 道真仡佬族苗族自治县 务川仡佬族苗族自治县 Fenggang Meitan Yuqing Xishui Daozhen Wuchuan
安顺市 Anshun	西秀区 平坝区 普定县 关岭布依族苗族自治县 镇宁布依族苗族自治县 Xixiu Pingba Puding Guanling Zhenning 紫云苗族布依族自治县 Ziyun
毕节市 Bijie	七星关区 大方县 黔西县 金沙县 织金县 纳雍县 赫章县 威宁彝族回族苗族自治县 Qixingguan Dafang Qianxi Jinsha Zhijin Nayong Hezhang Weining
铜仁市 Tongren	碧江区 万山区 江口县 石阡县 思南县 德江县 沿河土家族自治县 松桃苗族自治县 Bijiang Wanshan Jiangkou Shiqian Sinan Dejiang Yanhe Songtao 玉屏侗族自治县 印江土家族苗族自治县 Yuping Yinjiang
黔西南布依族苗族自治州 Qianxinan	兴义市 兴仁县 普安县 晴隆县 安龙县 望谟县 贞丰县 册亨县 Xingyi Xingren Puan Qinglong Anlong Wangmo Zhenfeng Ceheng
黔东南苗族侗族自治州 Qiandongnan	凯里市 黄平县 施秉县 三穗县 镇远县 岑巩县 天柱县 锦屏县 Kaili Huangping Shibing Sansui Zhenyuan Cengong Tianzhu Jinping 剑河县 台江县 黎平县 榕江县 从江县 雷山县 麻江县 丹寨县 Jianhe Taijiang Liping Rongjiang Congjiang Leishan Majiang Danzhai
黔南布依族苗族自治州 Qiannan	都匀市 福泉市 荔波县 贵定县 瓮安县 平塘县 罗甸县 长顺县 龙里县 惠水县 Duyun Fuquan Libo Cuiding Wengan Pingtang Luodian Changshun Longli Huishui 独山县 三都水族自治县 Dushan Sandu

1-3 法人单位数

Number of Legal Entities

单位：个 (unit)

指　标	Item	2013年	2014年	2015年	2016年	2017年
法人单位数	**Number of Legal Entities**	**174739**	**209858**	**265382**	**339564**	**447650**
按三次产业分	**Grouped by Three Strata of Industry**					
第一产业	Primary Industry	26764	30956	44993	69148	97661
第二产业	Secondary Industry	32330	40673	51081	62614	79790
#工业	Industry	28717	35521	43383	50595	61011
第三产业	Tertiary Industry	115645	138229	169308	207802	270199
按经济类型分	**Grouped by Registration Status**					
国有经济	State-owned Economic Units	28242	32066	32139	32301	32314
集体经济	Collective Economic Units	2762	3590	3696	2788	3427
私营经济	Private Economic Units	67985	88523	131101	183593	274674
联营经济	Joint Ownship Units	609	668	671	675	628
股份制经济	Share cooperative Units	1920	2360	2577	2730	3667
外商投资经济	Foreign Investment Units	158	218	239	257	289
港澳台商投资经济	Units with Funds from Hong Kong, Macao and Taiwan	168	218	249	276	349
其他经济	Others	72895	82215	94710	116944	132302
按机构类型分	**Grouped by Type of Institutions**					
企业	Enterprises	118290	147401	199132	247409	342973
事业单位	Institutions	18610	20901	21450	21448	21416
机关	Agencies	6851	7190	7271	7270	7347
社会团体	Social Organization	4643	5546	6190	5703	5807
民办非企业单位	Private non-enterprise unit	2295	2701	3053	3127	3245
农民专业合作社	Farmer professional cooperatives				31986	44730
其他组织机构	Others	24050	26119	28286	22621	22132

注:1.2013年为第三次经济普查数据(下表同）。2.因统计口径调整，按机构类型分组中，2016年起农民专业合作社单列。

Note:1.Data in 2013 is provided by the third economy census (the same as in the following tables). 2.As a result of the statistical caliber adjustment, the 2016 farmer professional cooperatives are listed separately in the group by institution type.

1-4 按行业分法人单位数

Number of Legal Entities Grouped by sector

单位：个 (unit)

行业门类	Item	2013年	2014年	2015年	2016年	2017年
全省总计	**Total**	**174739**	**209858**	**265382**	**339564**	**447650**
农、林、牧、渔业	Farming、Forestry、Animal Hasbandry 、Fishery	27662	32131	46520	71134	100143
采矿业	Mining	5575	6917	7361	7636	8003
制造业	Manufacturing	21696	26912	33897	40573	50398
电力、燃气及水的生产和供应业	Production and Supply of Electricity, Heat,Gas and Water	1606	1877	2125	2386	2610
建筑业	Construction	3613	4967	7914	12268	19090
批发和零售业	Wholesale and Retail Trades	28354	36267	47826	65613	94259
交通运输、仓储和邮政业	Transport,Storage and Post	2679	3300	4392	5619	7698
住宿和餐饮业	Hotels and Catering services	4060	5043	8149	11495	16341
信息传输、软件和信息技术服务业	Information Transmission,Software and Information Technology	1401	1907	3042	4851	8080
金融业	Financial Intermediation	1378	1761	2163	2417	2535
房地产业	Real Estate	5542	7367	8751	9930	11711
租赁和商务服务业	Leasing and Business Services	9068	12131	17043	23830	34597
科学研究和技术服务业	Scientific Research and Technical Services	4240	4756	5710	6650	9234
水利、环境和公共设施管理业	Management of Water Conservancy、Environment and Public Facilities	1223	1510	1904	2311	3125
居民服务、修理和其他服务业	Services to Households ,Repairs and Other Services	3404	4451	6403	9197	12186
教育	Education	9925	11290	12180	12807	13558
卫生和社会工作	Health and Social Service	4027	4537	4955	5225	5522
文化、体育和娱乐业	Culture, Sports and Entertainment	2854	3476	4617	5829	8783
公共管理、社会保障和社会组织	Public Management 、Social Security and Social Organization	36432	39258	40430	39793	39777

注：行业分类按《国民经济行业分类》(GB/T4754—2011)45执行。

Note:《Classification of National Economy Industry》(GB/T4754-2011) was used .

1—5 国民经济和社会发展主要指标

指　　标	Item	总量指标			
		1978	2000	2005	2010
人口	**Population**				
年末常住人口(万人)	Total Population at the Year-end (10000 persons)	2686.40	3755.72	3730	3479
#城镇人口	Urban Population	323.97	896.49	1002.25	1176.25
乡村人口	Rural Population	2362.43	2859.23	2727.75	2302.75
#男性人口	Male	1364.82	1968.00	1920.55	1797.43
女性人口	Female	1321.58	1787.72	1809.45	1681.57
年平均人口(万人)	Annual Average Population(10000 persons)	2663.27	3732.89	3717.61	3508.00
就业	**Employment**				
就业人员(万人)	Year-end Employees (10000 persons)	1053.67	1866.28	1944.29	1770.90
#非私营单位在岗职工人数	Staff and Workers	171.19	193.96	202.02	210.67
城镇登记失业人数（万人）	Urban Registeration Unemployment (10000 persons)		10.23	12.13	12.18
国民经济核算	**National Accounting**				
地区生产总值(亿元)	Gross Domestic Product (100 million yuan)	46.62	1029.92	2005.42	4602.79
第一产业增加值	Value-added of Primary Industry	19.42	271.20	368.94	625.66
第二产业增加值	Value-added of Secondary Industry	18.73	391.20	821.16	1800.06
第三产业增加值	Value-added of Tertiary Industry	8.47	367.52	815.32	2177.07
人均地区生产总值(元)	Per capita GDP(yuan)	175	2759	5394	13119
消费	**Consumption**				
社会消费品零售总额(亿元)	Total Retail Sales of Consumer Goods(100 million yuan)	21.23	355.58	615.75	1531.64
对外贸易	**Foreign Trade**				
进出口总额（亿美元）	Total Value of Imports and Exports(USD 100 million)	0.16	6.60	14.04	31.47
#出口额	Total Exports	0.03	4.21	8.59	19.20
利用外资	**Utilization of Foreign Capital**				
签订合同项目(个)	Projects of Agreements and Contracts(unit)		59	61	42
实际利用外资金额(万美元)	Foreign Capital Actually Absorbed(USD 10000)	※148	19545	19568	34026
财政	**Government Finance**				
财政总收入(亿元)	Total Financial Revenue(100 million yuan)	14.20	153.04	366.16	969.57
#一般公共预算收入(亿元)	General Public Budget Revenue (100 million yuan)	6.26	85.23	182.50	533.73
一般公共财政支出(亿元)	General Public Financial Expenditure (100 million yuan)	12.30	201.57	520.73	1631.48
价格指数(上年=100)	**Price Indices(preceding year=100)**				
居民消费价格总指数	Consumer Price Index	100.3	99.5	101.0	102.9
商品零售价格总指数	Retail Price Index	100.3	97.3	101.3	103.0
农业生产资料价格总指数	General Price Index of Means of Agricultural Production	△102.1	100.6	110.2	101.1
工业生产者出厂价格指数	Ex-Factory Price Index of Industrial Producer		100.4	107.2	104.7
工业生产者购进价格指数	Purchasing Price Index of Industrial Producer		102.9	107.4	109.8

Major Indicators on National Economic and Social Development

Aggregate Indicators			增长速度（%） Indices and Growth Rates (%)								
			2017年比以下各年增长 Increase Rate in 2017over the Following years						平均增长速度 Average Annual Growth Rate		
2015	2016	2017	1978	2000	2005	2010	2015	2016	1979–2017	2001–2017	2013–2017
3529.50	3555.00	3580.00	33.3	-4.7	-4.0	2.9	1.4	0.7	0.7	-0.3	0.5
1482.74	1569.53	1647.52	408.5	83.8	64.4	40.1	11.1	5.0	4.3	3.6	5.4
2046.76	1985.47	1932.48	-18.2	-32.4	-29.2	-16.1	-5.6	-2.7	-0.5	-2.3	-2.7
1820.63	1833.45	1845.92	35.3	-6.2	-3.9	2.7	1.4	0.7	0.8	-0.4	0.3
1708.87	1721.55	1734.08	31.2	-3.0	-4.2	3.1	1.5	0.7	0.7	-0.2	0.8
3518.77	3542.25	3567.50	34.0	-4.4	-4.0	1.7	1.4	0.7	0.8	-0.3	0.5
1946.65	1983.72	2023.20	92.0	8.4	4.1	14.2	3.9	2.0	1.7	0.5	2.1
277.62	278.57	285.46	66.8	47.2	41.3	35.5	2.8	2.5	1.3	2.3	2.7
14.49	14.78	14.90		45.7	22.8	22.3	2.8	0.8		2.2	3.5
10541.00	11792.25	13540.83	4240.5	554.0	298.6	120.1	21.8	10.2	10.2	11.7	10.9
1641.99	1861.81	2032.27	551.5	124.4	87.4	48.7	12.7	6.3	4.9	4.9	6.2
4175.24	4669.53	5428.14	7429.3	689.4	339.9	142.5	22.5	10.1	11.7	12.9	11.8
4723.77	5261.01	6080.42	9215.2	734.2	362.8	124.4	24.2	11.5	12.3	13.3	11.4
29953	33246	37956	3141.6	585.5	316.2	116.4	20.1	9.4	9.4	12.0	10.4
3283.02	3708.99	4154.00	19466.6	1068.2	574.6	171.2	26.5	12.0	14.5	15.6	12.9
122.21	57.00	81.62	49518.9	1136.7	481.3	159.4	-33.2	43.2	17.3	15.9	4.2
99.49	47.43	57.94	203188.1	1277.5	574.3	201.7	-41.8	22.2	21.6	16.7	3.2
187	207	233		294.9	282.0	454.8	24.6	12.6		8.4	34.5
262747	321631	389062		1890.6	1888.3	1043.4	48.1	21.0		19.2	28.8
2291.82	2409.35	2648.31	18550.1	1630.5	623.3	173.1	15.6	9.9	15.5	18.3	10.0
1503.38	1561.34	1613.84	25680.2	1793.5	784.3	202.4	7.3	7.2	18.4	19.4	11.4
3939.50	4262.36	4612.52	37400.1	2188.3	785.8	182.7	17.1	8.2	17.4	20.2	10.8
101.8	101.4	100.9									
100.1	100.2	100.9									
103.1	103.0	98.8									
96.1	97.9	107.2									
97.5	98.5	109.7									

1-5 续表1

指 标	Item	总量指标			
		1978	2000	2005	2010
能源生产与消费	**Total Production and Consumption of Energy**				
一次能源生产总量（万吨标准煤）	Total Production of Primary Energy(10000 tons of SC	1204.51	3288.83	7957.07	13100.00
能源消费总量(万吨标准煤)	Total Energy Consumption(10000 tons of SCE)	674.50	4278.60	5641.25	8175.43
农业	**Agriculture**				
主要农产品产量(万吨)	Output of Major Farm Products(10000 tons)				
粮 食	Grain	643.36	1161.30	1152.06	1112.30
油 料	Oil-bearing Crops	9.89	74.34	84.89	60.34
#油菜籽	Rapeseed	7.34	66.20	76.51	51.62
烤 烟	Flue-cured Tobacco	8.11	31.09	34.45	37.02
肉类总产量	Meat	12.80	124.06	187.01	179.09
水产品	Aquatic Products	0.37	6.24	9.46	8.79
工业	**Industry**				
规模以上工业企业	Industrial Enterprises above Designated Size				
增加值（亿元）	Added Value(100 million yuan)		216.99	585.85	1227.17
#轻工业	Light Industry		82.16	177.19	413.99
重工业	Heavy Industry		134.83	408.66	813.18
主营业务收入(亿元)	Revenue from Principal Business(100 million yuan)		593.80	1577.16	3926.01
利税总额(亿元)	Total Profits(100 million yuan)		87.44	232.49	671.39
主要工业产品产量	Output of Major Industrial Products				
发电量(亿千瓦小时)	Electricity(100 million kwh)	41.43	404.70	786.78	1358.69
原铝(万吨)	Aluminum(10000 tons)	2.32	27.19	41.99	88.79
成品钢材(万吨)	Rolled Steel(10000 tons)	4.95	150.93	214.85	391.04
水泥(万吨)	Cement(10000 tons)	130.93	783.88	1557.97	3694.84
磷矿石(万吨)	Phosphorite(10000 tons)	169.02	588.70	878.79	1579.21
茅台酒(吨)	Mao-Tai Chiew(ton)	1067	5397	8885	12911
卷烟(万箱)	Cigarettes(10000 cases)	31.60	187.40	208.21	239.24
建筑业	**Construction**				
建筑业总产值(亿元)	Gross Output Value of Construction(100 million yuan)	4.40	109.06	271.23	622.96
房屋建筑施工面积(万平方米)	Floor Space of Buildings under Construction(10000 sq.	313	1792	3153	5756
房屋建筑竣工面积(万平方米)	Floor Space of Buildings Completed(10000 sq.m)	164	824	1150	1350
交通运输业	**Transportation**				
运输线路长度(公里)	Length of Transportation Routes(km)				
铁路营业里程	Length of Railways	1365	1641	1986	2002
公路线路里程	Length of Highways in Operation	25954	34643	46893	151644
客运量(万人)	Passenger Traffic(10000 persons)	3294	53032	64450	97793
旅客周转量(亿人公里)	Passenger-Kilometers(100 million passenger-km)	25.50	238.36	312.40	514.41
货运量(万吨)	Freight Traffic(10000 tons)	3467	15615	21771	40310
货物周转量(亿吨公里)	Freight Ton-Kilometers(100 million ton-km)	79.60	404.07	646.55	1012.20

continued

Aggregate Indicators			增长速度（%） Indices and Growth Rates (%)								
			2017年比以下各年增长 Increase Rate in 2017 over the Following years						平均增长速度 Average Annual Growth Rate		
2015	2016	2017	1978	2000	2005	2010	2015	2016	1979–2017	2001–2017	2013–2017
15061.47	14251.23	13651.31	1033.3	315.1	71.6	4.2	-9.4	-4.2	6.4	8.7	0.8
9948.48	10226.90	10482.20	1454.1	145.0	85.8	28.2	5.4	2.5	7.3	5.4	5.9
1180.00	1192.38	1178.54	83.2	1.5	2.3	6.0	-0.1	-1.2	1.6	0.1	1.8
101.34	113.66	109.82	1010.4	47.7	29.4	82.0	8.4	-3.4	6.4	2.3	4.7
89.03	88.75	89.22	1115.5	34.8	16.6	72.8	0.2	0.5	6.6	1.8	2.7
32.93	27.45	24.48	201.8	-21.3	-28.9	-33.9	-25.7	-10.8	2.9	-1.4	-8.1
201.94	199.28	207.57	1521.6	67.3	11.0	15.9	2.8	4.2	7.4	3.1	1.8
24.98	24.65	25.48	6786.5	308.3	169.3	189.9	2.0	3.4	11.5	8.6	13.6
3542.03	4032.11	4104.80		877.9	355.0	135.1	20.3	9.5		14.4	10.8
1374.19	1559.37	1628.59		833.9	360.8	142.6	23.5	12.2		14.0	10.9
2167.84	2472.74	2476.22		878.8	351.0	130.8	18.3	7.7		14.4	10.7
9876.81	11172.44	10647.55		1693.1	575.1	171.2	7.8	-4.7		18.5	12.3
1460.84	1625.14	1756.78		1909.1	655.6	161.7	20.3	8.1		19.3	8.4
1740.92	1839.71	1856.53	4381.1	358.7	136.0	36.6	6.6	0.9	10.2	9.4	3.7
85.52	86.48	101.85	4290.1	274.6	142.6	14.7	19.1	17.8	10.2	8.1	-0.5
463.04	526.18	495.72	9914.5	228.4	130.7	26.8	7.1	-5.8	12.5	7.2	-2.4
9909.52	10748.76	11356.51	8573.7	1348.8	628.9	207.4	14.6	5.7	12.1	17.0	13.2
4323.10	5256.00	4817.00	2750.0	718.2	448.1	205.0	11.4	-8.4	9.0	13.2	16.1
22373	25167	24474	2193.7	353.5	175.5	89.6	9.4	-2.8	8.4	9.3	11.4
252.34	232.13	215.21	581.0	14.8	3.4	-10.0	-14.7	-7.3	5.0	0.8	-2.9
1947.74	2362.95	2932.96	66558.2	2589.3	981.4	370.8	50.6	24.1	18.1	21.4	23.0
16770	19355	18054	5675.2	907.2	472.6	213.7	7.7	-6.7	11.0	14.6	16.9
3194	4112	4714	2775.5	472.1	310.1	249.2	47.6	14.6	9.0	10.8	20.4
2810	3270	3285	140.7	100.2	65.4	64.1	16.9	0.5	2.3	4.2	9.8
186407	191626	194379	648.9	461.1	314.5	28.2	4.3	1.4	5.3	10.7	3.4
87541	89464	91804	2687.0	73.1	42.4	-6.1	4.9	2.6	8.9	3.3	-8.5
658.23	674.86	720.15	2724.1	202.1	130.5	40.0	9.4	6.7	8.9	6.7	0.1
84540	89525	96241	2675.9	516.3	342.1	138.8	13.8	7.5	8.9	11.3	12.8
1379.00	1482.00	1656.25	1980.7	309.9	156.2	63.6	20.1	11.8	8.1	8.7	7.1

1-5 续表2

指标	Item	总量指标 1978	2000	2005
邮电通信业	**Post and Telecommunication**			
邮政业务总量（亿元）	Business Volume of Postal Services (100 million yuan)			
邮路网路总长度(公里)	Number of Postal Routes(km)		63538	64926
函件(万件)	Number of Letters(10000 pcs)	3880	6943	5728
交换机容量(万门)	Capacity of Telephone Exchanges(10000 lines)	8.95	260.46	1369.55
年末固定电话用户(万户)	Number of Fixed Telephones Subscribers at the Year-end (10000 subscribers)	3.80	153.70	466.49
移动电话用户(万户)	Number of Mobile Telephones Subscribers(10000 subscribers)		79.70	509.42
互联网宽带接入端口(万个)	Number of Subscribers of Internet Service(10000 subscribers)			51.21
旅游业	**Tourism**			
旅游总人数(万人次)	Total Number of Visitors(10000 persons)		1980	3099
#入境旅游人数	Number of International Tourists Inbound		18.39	27.62
旅游总收入(亿元)	Total Tourism Income(100 million yuan)		57.95	242.83
#国际旅游外汇收入(万美元)	International Earnings from Tourism (USD 10000)		6092	10141
金融业	**Financial Intermediation**			
全部金融机构人民币各项存款余额(亿元)	Total Savings Deposit Balance(100 million yuan)	18.05	1106.64	2777.54
#个人储蓄存款	Savings Deposit	1.84	539.49	1350.90
全部金融机构人民币各项贷款余额(亿元)	Total Loan Balance (100 million yuan)	21.62	1064.82	2303.93
教育	**Education**			
专任教师数	Full-time Teachers			
普通高等学校(万人)	Regular Institutions of Higher Education (10000 persons)	0.28	0.72	1.44
普通中学(万人)	Regular Secondary Schools (10000 persons)	5.42	8.12	12.27
小学(万人)	Primary Schools(10000 persons)	15.59	17.48	18.37
在校学生数	Students Enrollment			
普通高等学校(万人)	Regular Institutions of Higher Education (10000 persons)	1.33	7.55	20.68
普通中学(万人)	Regular Secondary Schools(10000 persons)	137.17	157.20	254.96
小学(万人)	Primary Schools(10000 persons)	423.60	500.21	473.76
小学学龄儿童入学率(%)	Enrollment Rate of School-age Children (%)	89.5	98.5	98.3
文化	**Culture**			
图书总印数(万册)	Number of Books Printed Copies (10000 copies)	5842	10289	9993
杂志总印数(万册)	Number of Magazines Printed Copies(10000 copies)	69	994	1349
报纸总印数(万份)	Number of Newspapers Printed Copies(10000 copies)	11930	28799	35172
家庭	**Household**			
城镇居民平均每户常住家庭人口(人)	Average Persons Per Urban Household(person)	5.41	3.11	3.06
农村居民平均每户常住人口(人)	Average Persons Per Rural Household(person)	5.80	4.52	4.40
婚姻	**Marital**			
准予登记结婚(万对)	Marriage Registration Permitted(10000 households)	△7.02	28.02	21.13
离婚人数(万人)	Divorce(10000 persons)	△0.38	1.54	8.21
居住	**Residence**			
城镇人均住宅建筑面积(平方米)	Per Capita Building Space in Urban Areas(sq.m)	5.45	17.60	26.40
农村居民人均年末使用房屋面积(平方米)	Per Capita Living Space in Rural Areas(sq.m)		19.75	23.50
收入	**Income**			
城镇常住居民人均可支配收入(元)	Per Capita Annual Disposable Income of Urban Households(yuan)	261	5121	8147
农村常住居民人均可支配收入(元)	Per Capita Annual Net Income of Rural Residents(yuan)	109	1374	1877

continued

Aggregate Indicators				增长速度（%） Indices and Growth Rates (%)								
2010	2015	2016	2017	2017年比以下各年增长 Increase Rate in 2017 over the Following years						平均增长速度 Average Annual Growth Rate		
				1978	2000	2005	2010	2015	2016	1979–2017	2001–2017	2013–2017
15.50	33.77	42.69	53.23				243.4	57.6	24.7			24.3
96174	187688	185922	148484		133.7	128.7	54.4	-20.9	-20.1		5.1	1.7
5939	3795	4321	7773	100.3	12.0	35.7	30.9	104.8	79.9	1.8	0.7	5.2
3673.01	5545.40	5280.50	5238.30	58428.5	1911.2	282.5	42.6	-5.5	-0.8	17.7	19.3	0.8
432.61	312.50	258.69	247.90	6423.7	61.3	-46.9	-42.7	-20.7	-4.2	11.3	2.9	-8.2
1964.40	3172.30	3262.43	3792.30		4658.2	644.4	93.1	19.5	16.2		25.5	8.6
231.69	916.68	1094.98	1283.30			2406.0	453.9	40.0	17.2			24.1
12913.02	37630.01	53148.42	74417.43		3658.5	2301.3	476.3	97.8	40.0		23.8	28.3
50.01	94.09	110.19	126.79		589.5	359.1	153.5	34.8	15.1		12.0	12.5
1061.23	3512.82	5027.54	7116.81		12180.9	2830.8	570.6	102.6	41.6		32.7	30.8
12958	20111.94	25270.74	28326.58		365.0	179.3	118.6	40.8	12.1		9.5	10.9
7363.92	19438.64	23770.93	26088.89	144436.8	2257.5	839.3	254.3	34.2	9.8	20.5	20.4	19.9
3244.99	6861.43	7795.01	8581.34	466277.2	1490.6	535.2	164.4	25.1	10.1	24.2	17.7	12.3
5747.53	15051.94	17857.80	20860.34	96386.3	1859.0	805.4	262.9	38.6	16.8	19.3	19.1	20.3
2.04	3.05	3.31	3.51	1174.0	384.4	144.4	72.3	14.9	6.0	6.7	9.7	9.0
14.31	17.99	18.81	19.16	253.4	136.1	56.1	33.9	6.5	1.9	3.3	5.2	4.2
19.79	19.35	19.71	20.21	29.6	15.6	10.0	2.1	4.4	2.5	0.7	0.9	0.4
32.33	50.09	57.39	62.77	4619.3	731.4	203.6	94.1	25.3	9.4	10.4	13.3	10.3
276.75	295.86	288.51	284.09	107.1	80.7	11.4	2.7	-4.0	-1.5	1.9	3.5	-0.2
433.50	346.31	353.37	362.08	-14.5	-27.6	-23.6	-16.5	4.6	2.5	-0.4	-1.9	-1.0
97.9	99.5	99.6	99.6	11.3	1.2	1.3	1.7	0.1		0.3	0.1	0.1
8069	9636	8823	9151	56.6	-11.1	-8.4	13.4	-5.0	3.7	1.2	-0.7	4.6
1300	1756	1713	1734	2413.0	74.4	28.5	33.4	-1.3	1.2	8.6	3.3	3.1
37004	33375	30351	27733	132.5	-3.7	-21.2	-25.1	-16.9	-8.6	2.2	-0.2	-7.8
3.03	3.05	3.08	3.11	-42.5		1.6	2.6	2.0	1.0	-1.4		0.7
4.34	3.53	3.59	3.60	-37.9	-20.4	-18.2	-17.1	2.0	0.3	-1.2	-1.3	-3.5
37.51	49.26	45.32	40.36		44.0	91.0	7.6	-18.1	-11.0		2.2	-0.7
12.79	21.68	24.20	26.88		1642.7	227.4	110.1	24.0	11.1		18.3	10.6
27.42	36.37	37.17	37.52	588.4	113.2	42.1	36.8	3.2	0.9	5.1	4.6	6.1
27.26	32.33	34.16	34.54		74.9	47.0	26.7	6.8	1.1		3.3	3.0
14143	24580	26743	29080	1436.1	285.0	158.7	74.0	15.2	7.5	7.3	8.3	7.3
3472	7387	8090	8869	1160.9	305.8	221.3	105.4	17.9	8.9	6.7	8.6	10.1

1-5 续表3

指标	Item	总量指标 1978	2000	2005	2010
社会保险	**Social Insurance**				
社会保险基金收入(亿元)	Revenue of Social Insurance Fund (100 million yuan)		22.87	57.34	201.56
社会保险基金支出(亿元)	Expenses of Social Insurance Fund (100 million yuan)		23.41	53.78	151.41
参加城镇职工基本养老保险人数(万人)	Number of Urban Employees Basic Pension Insurance (10000 persons)		165.42	183.67	257.31
参加失业保险人数(万人)	Number of Unemployment Insurance (10000 persons)		131.33	129.30	152.48
卫生	**Health Care**				
医院、卫生院(个)	Number of Hospitals and Health Centers(unit)	4510	1878	1843	2005
执业(助理)医师(万人)	Number of Licensed (Assistant) Doctors (10000 persons)	2.12	4.57	3.55	4.22
医院、卫生院床位数(万张)	Number of Beds(10000 beds)	3.75	5.51	5.84	9.75
城市市政建设	**Municipal Construction**				
供水总量(万立方米)	Volume of Tap Water Supply(10000 cu.m)	5389	45693	63705	63572
城市排水管道长度(公里)	Length of Sewer Pipelines(km)	214	1665	4313	5507
出租汽车(辆)	Taxi(unit)	☆33	7352	12386	15087
年末公共交通运营车辆数(辆)	Number of Public Vehicles under Operation at Year-end (Buses and Trolley Buses, etc.)(unit)	●326	●4144	5814	4984
年末实有道路长度(公里)	Length of Paved Roads at Year-end(km)	184	1679	3518	4081
城市绿化覆盖面积(公顷)	Urban Green Coverage (hectare)	1037	9939	31161	45500
环境	**Environment**				
环保资金投入(亿元)	Environment Protection Investment(100 million yuan)	☆0.17	10.98	33.26	89.52
环境污染事故(起)	Accident of Environment Pollution(unit)			28	4
火灾、交通事故	**Basic Statistics on Fires and Traffic Accidents**				
火灾发生数(起)	Number of Fires(case)	2501	1608	2299	1630
直接财产损失(万元)	Direct Property Loss(10000 yuan)	1734.21	2814.70	1078.50	4416.80

注：1.年末常住人口及分项指标1978、2000年为常住一年口径。2.规模以上工业统计口径2000-2010年为年主营业务收入500万元及以上的工业企业，2011年起为年主营业务收入2000万元及以上工业企业(以下相关表同)。茅台酒产量从2005年起按包装量统计。3.本表速度指标中，地区生产总值、工业增加值和城乡居民收入及分项指标均按可比价格计算。4.工业生产者出厂价格指数2010年及以前为全部工业品出厂价格指数，工业生产者购进价格指数2010年及以前为全部原材料、燃料、动力价格指数，统计口径不变。5.储蓄存款2010年及以前为城乡居民储蓄存款(以下相关表同)。6.农村常住居民人均可支配收入2013年及以前为农民人均纯收入。7."△"为1979年数据；"☆"为1981年数据；"●"为"标台"。

continued

Aggregate Indicators			增长速度(%) Indices and Growth Rates (%)								
2015	2016	2017	2017年比以下各年增长 Increase Rate in 2017 over the Following years						平均增长速度 Average Annual		
			1978	2000	2005	2010	2015	2016	1979–2017	2001–2017	2013–2017
463.97	582.84	953.81		4071.2	1563.4	373.2	105.6	63.6		24.5	25.1
362.85	487.49	796.67		3302.7	1381.5	426.2	119.6	63.4		23.1	28.3
392.09	423.58	588.17		255.6	220.2	128.6	50.0	38.9		7.7	13.7
205.31	218.10	235.71		79.5	82.3	54.6	14.8	8.1		3.5	6.3
2631	2661	2682	-40.5	42.8	45.5	33.8	1.9	0.8	-1.3	2.1	3.9
6.34	6.90	7.55	255.7	65.3	112.6	79.1	19.1	9.4	3.3	3.0	8.9
18.73	19.99	22.09	488.5	300.6	278.3	126.6	17.9	10.5	4.6	8.5	11.2
85454	92090	101100	1776.0	121.3	58.7	59.0	18.3	9.8	7.8	4.8	7.3
9529	9761	11800	5414.0	608.7	173.6	114.3	23.8	20.9	10.8	12.2	13.9
25697	28713	31336		326.2	153.0	107.7	21.9	9.1		8.9	8.8
7889	8565	9575			64.7	92.1	21.4	11.8			12.0
7014	8021	8723	4640.8	419.5	148.0	113.7	24.4	8.8	10.4	10.2	12.3
73980	78631	102206	9755.9	928.3	228.0	124.6	38.2	30.0	12.5	14.7	14.9
161.16	177.18	171.43		1461.3	415.4	91.5	6.4	-3.2		17.5	12.0
9	12	11			-60.7	175.0	22.2	-8.3			22.4
3483	4008	3996	59.8	148.5	73.8	145.2	14.7	-0.3	1.2	5.5	33.3
6538	8416	10617	512.2	277.2	884.4	140.4	62.4	26.2	4.8	8.1	15.6

Note:1.As to permanent population at the year-end and subitems in this table,the year 1978 and 2000 refer to permanent population in one year scope. 2.The scale above ind ustrial enterprises statistics was the industrial of main business income of 5 million yuan and above in 2000 to 2010. And from 2011, it is the industrial of main business income of 20 million yuan and above(The relative tables in this chapter are the same). 3.As to growth rates in the table,GDP,value-added of industry, per capita annual disposable income of urban households and per capita annual net income of rural residents and their sub items were calculated at constant price. The average annual growth rate of total inve stment in fixed assets in the whole province and its sub items were calculated by accumulation method. 4.The year 2010 and before, Ex-Factory price index of industrial product refere to the ex-factory price index of the whole industrial products and purchasing price index of industrial producer refer to the price index of the whole raw materials, fuels and power. The statistics caliber isn't changed. 5.The year 2010 and before,savings deposit refer to savings deposit of urban and rural residents. 6.The year 2013 and before, per capita disposable income of rural permanent residents refer to rural percapita net income. 7.Data with "△" refer to the year 1979, with "☆" refer to the year 1981, with "※" refer to the year 1985, and with "●" refer to standard unit.

1-6 国民经济和社会发展主要指标结构

Composition Indicators on National Economic and Social Development

单位：% (%)

指标	Item	2013	2014	2015	2016	2017
人口	**Population**					
城镇、乡村	Grouped by Urban and Rural Area					
城 镇	Urban Population	37.8	40.0	42.0	44.1	46.0
乡 村	Rural Population	62.2	60.0	58.0	55.9	54.0
性别	Grouped by Sex					
男性	Male	52.0	51.8	51.6	51.6	51.6
女性	Female	48.0	48.2	48.4	48.4	48.4
就业人员	**Employment**					
第一产业	Primary Industry	63.3	61.3	59.7	57.3	55.5
第二产业	Secondary Industry	14.2	15.3	16.2	17.2	18.1
第三产业	Tertiary Industry	22.5	23.4	24.1	25.5	26.4
国民经济核算	**National Accounting**					
地区生产总值	GDP					
第一产业增加值	Value-added of Primary Industry	12.3	13.8	15.6	15.8	15.0
第二产业增加值	Value-added of Secondary Industry	40.6	41.7	39.6	39.6	40.1
第三产业增加值	Value-added of Tertiary Industry	47.1	44.5	44.8	44.6	44.9
投资	**Investment in Fixed Assets**					
全社会固定资产投资	Structure of Total Investment in Fixed Assets in the Whole Province					
#中央	Central	6.7	6.7	5.5	3.0	2.6
地方	Local	93.3	93.2	94.5	97.0	97.4
#国有经济	State-owned Economic Unit	44.5	46.2	49.5	46.9	54.8
非国有经济	Non-State-owned Economic Unit	55.5	53.8	50.5	53.1	45.2
资金来源结构	Grouped by Source of Funds					
国家预算资金	State Budgetary Appropriation	6.8	6.5	7.8	8.7	8.3
国内贷款	Domestic Loans	11.9	11.9	13.2	16.4	17.2
利用外资	Foreign Investment	0.2	0.3	0.1	0.3	0.2
自筹资金	Self-raising Funds	55.8	57.3	55.9	59.3	56.3
其他资金	Others	25.4	24.1	23.0	15.4	18.0
对外贸易	**Foreign Trade**					
出 口	Total Exports	83.1	87.2	81.4	83.2	71.0
进 口	Total Imports	16.9	12.8	18.6	16.8	29.0
财政	**Government Finance and Tax**					
一般公共预算收入	General Public Budget Revenue					
省 级	Provincial Level	17.5	18.3	18.3	18.9	18.3
市 级	Prefectural Level	20.6	20.9	20.5	19.5	19.7
县 级	County level	52.2	50.1	51.4	50.8	52.2
乡 级	Township Level	9.8	10.7	9.8	10.8	9.8

1-6 续表1 continued

单位：% (%)

指 标	Item	2013	2014	2015	2016	2017
能源	**Energy**					
一次能源生产总量	Structure of Total Energy Production					
原 煤	Coal	89.4	85.5	82.1	82.5	81.4
水 电	Hydro-power	10.6	14.4	17.7	17.0	18.0
能源终端消费总量	Structure of Total Energy Consumption					
#原 煤	Coal	38.2	37.9	42.6	39.8	36.7
天然气	Natural Gas	1.3	1.3	1.6	1.7	1.8
电 力	Electricity	37.4	37.1	35.4	37.2	37.8
农业	**Agriculture**					
农林牧渔业增加值	Structure of Value-added of FFAFS					
农 业	Farming	62.6	64.7	64.0	61.2	61.1
林 业	Forestry	4.6	5.2	5.4	6.9	7.3
畜牧业	Animal Husbandry	27.2	25.2	24.3	24.7	24.8
渔 业	Fishery	2.3	2.2	2.1	2.2	1.8
农林牧渔服务业	FFAF Services	3.2	2.7	4.2	5.0	5.0
工业	**Industry**					
规模以上工业增加值	In the Industrial Enterprises above Designated Size					
#轻工业	Light Industry	38.3	38.0	38.8	38.7	39.7
重工业	Heavy Industry	61.7	62.0	61.2	61.3	60.3
#大型企业	Large Industry	43.8	38.7	33.8	29.5	29.8
中型企业	Medium-sized Industry	29.9	29.3	25.3	23.0	21.7
小型企业	Small Industry	26.0	31.5	40.3	44.5	45.1
建筑业	**Construction**					
建筑业总产值	Structure of Gross Output Value of Construction					
国有及国有控股	State-owned	80.8	77.1	76.9	65.9	65.4
非国有经济	Non-state-owned	19.2	22.9	23.1	34.1	34.6
交通运输业	**Transportation**					
货运量	Structure of Freight Traffic					
铁 路	Railways	8.9	7.4	6.8	6.3	5.5
公 路	Highways	89.5	91.0	91.5	91.9	92.8
水 运	Waterways	1.6	1.6	1.7	1.8	1.7
客运量	Structure of Passenger Traffic					
铁 路	Railways	5.2	5.1	5.6	5.8	6.3
公 路	Highways	92.7	92.7	92.1	91.9	91.3
水 运	Waterways	2.1	2.2	2.3	2.3	2.4
旅游业	**Tourism**					
来黔涉外旅游人数	Structure of Tourists Visiting Guizhou					
外 国 人	Foreigners	41.1	42.0	42.3	47.1	51.1
港澳同胞	Compatriots from Hong Kong and Macao	29.5	28.7	28.8	26.4	24.5
台湾同胞	Compatriots from Taiwan	29.3	29.3	28.9	26.5	24.4
金融业	**Financial Intermediation**					
金融机构人民币各项存款余额	Structure of Total Savings Deposit Balance					
#财政存款	Treasury Deposit	3.2	3.5	3.9	3.4	3.2
个人储蓄存款	Personal Savings Deposit	44.6	43.4	35.3	32.8	32.9

1-6 续表2 continued

单位：% (%)

指　　标	Item	2013	2014	2015	2016	2017
金融机构人民币各项贷款余额	Structure of Total Loan Balance					
#短期贷款	Short-Term Loan	22.2	22.7	20.9	19.2	18.2
中长期贷款	Middle-Term & Long-Term Loan	76.8	76.0	77.6	79.0	80.5
教育(学历教育口径)	**Education**					
在校学生	Structure of Students Enrollment					
#高等教育阶段	Higher Education	7.1	7.8	8.3	9.2	9.8
高中阶段	Senior Secondary Schools	17.7	19.5	20.6	20.1	19.6
初中阶段	Junior Secondary Schools	27.9	27.2	25.8	24.7	23.7
小学阶段	Primary Schools	47.2	45.5	45.2	46.0	46.9
专任教师	Structure of Full-time Teachers					
#高等教育阶段	Higher Education	6.5	7.0	7.3	7.7	7.9
高中阶段	Senior Secondary Schools	15.5	16.8	17.5	18.0	18.4
初中阶段	Junior Secondary Schools	29.2	29.2	29.3	29.1	28.5
小学阶段	Primary Schools	48.8	47.1	45.8	45.2	45.2
人民生活	**People's Living Conditions**					
城镇居民消费性支出	Consumption Structure of Urban Residents					
#食品类	Food	35.9	34.9	34.0	33.2	33.0
衣着类	Clothing	10.2	8.2	8.0	7.9	7.7
居　住	Residence	10.9	15.9	17.7	17.8	17.5
家庭设备用品及服务	Household Facilities,Articles and Services	7.9	7.1	6.4	6.6	6.7
医疗保健	Medicines and Medical Services	4.6	6.1	5.2	5.5	5.8
交通和通信	Transport and Communications	13.6	12.3	13.3	14.0	13.9
教育文化娱乐服务	Education, Cultural and Recreation Services	14.2	13.6	13.7	13.0	13.4
农村居民生活消费支出	Consumption Structure of Rural Residents					
#食品类	Food	43.0	41.7	39.8	38.7	38.0
衣着类	Clothing	5.4	5.7	5.3	5.0	5.0
居　住	Residence	20.7	20.1	20.4	20.2	20.3
家庭设备、用品及服务	Household Facilities,Articles and Services	5.7	5.9	5.7	5.8	5.4
医疗保健	Medicines and Medical Services	6.4	6.2	6.8	7.0	7.3
交通和通信	Transport and Communications	10.3	10.7	11.8	12.8	13.0
文教、娱乐、用品及服务	Recreation,Education and Cultural Articles and Services	6.4	8.1	8.8	9.2	9.5
卫生	**Health Care**					
卫生机构床位数	Structure of Beds of Health Care Institutions					
#医院、卫生院	Hospitals and Health Centers	95.4	95.8	95.3	95.1	94.9
卫生技术人员	Medical Technical Personnels					
#执业(助理)医师	Licensed(Assistant) Doctors	35.7	34.0	33.9	33.7	33.4
环境	**Environment**					
环境保护投入资金	Structure of Environment Protection Investment					
#老工业污染源治理资金	Old Industry Pollute Fountain Treatment	14.1	10.5	6.6	3.2	3.4
城市环境基础设施建设	Urban Environment Infrastructure Investment	43.5	48.0	54.4	53.0	50.2

1-7　国民经济和社会发展主要指标比例、效益
Major Indicators on Proportions and Efficiency in National Economic and Social Development

指　　标	Item	2013	2014	2015	2016	2017
人口与就业	**Population and Employment**					
城镇人口比重(%)	Proportion of Urban Population(%)	37.8	40.01	42.01	44.15	46.02
人口出生率(‰)	Birth Rate(‰)	13.05	12.98	13.00	13.43	13.98
人口死亡率(‰)	Death Rate(‰)	7.15	7.18	7.20	6.93	6.88
人口自然增长率(‰)	Natural Growth Rate(‰)	5.90	5.80	5.80	6.50	7.10
城镇登记失业率(%)	Registered Unemployment Rate in Urban Areas(%)	3.26	3.27	3.29	3.24	3.23
国民经济核算	**National Accounting**					
县域经济增加值占GDP比重(%)	Add Value in County Economy Share of GDP(%)	67.0	68.0	66.1	64.3	64.3
民营经济增加值占GDP比重(%)	Add Value in Non-public-owned Economic Share of GDP(%)	43.2	46.1	50.0	52.0	53.2
人均地区生产总值(元)	Per Capita Gross Domestic Product(yuan)	23233	26531	29953	33246	37956
固定资产投资	**Investment in Fixed Assets**					
固定资产交付使用率(%)	Rate of projects fixed assets completed and put into use(%)	50.2	58.1	68.1	55.8	58.1
项目投产竣工率(%)	Rate of projects completed and put into use(%)	68.8	74.1	77.6	67.7	66.0
消费	**Consumption**					
社会消费品零售总额相当于地区生产总值比例(%)	Proportion of Retail Sales of Consumer Goods to GDP(%)	29.6	31.7	31.3	31.5	30.7
人均社会消费品零售额(元)	Per Capita Ratail Sales of Consumer Goods(yuan)	6774	8379	9330	10470	11644
对外贸易	**Foreign Trade**					
进出口总额相当于地区生产总值比例(%)	Proportion of Total Value of Imports and Exports as Percentage to GDP(%)	6.4	6.2	7.2	3.2	4.1
财政	**Government Finance**					
财政总收入相当于地区生产总值比例(%)	Proportion of Total Financial Revenues to GDP(%)	24.0	23.0	21.8	20.5	19.6
一般公共预算支出相当于地区生产总值比例(%)	Proportion of General Budget Expenditure to GDP (%)	38.5	42.5	37.5	36.3	34.1
能源	**Energy**					
能源生产弹性系数	Elasticity Ratio of Energy Production		0.47			
电力生产弹性系数	Elasticity Ratio of Electricity Production	0.33	0.38	0.98	0.12	0.28
能源消费弹性系数	Elasticity Ratio of Energy Consumption	0.65	0.41	0.23	0.27	0.25
电力消费弹性系数	Elasticity Ratio of Electricity Consumption	0.61	0.39	0.004	0.550	1.130
每万元地区生产总值能耗（吨标准煤/万元）(可比价)	Energy Consumption Per Unit of GDP (ton of SCE/10000 yuan) (equivalent value)	1.3762	1.2967	1.2000	0.8813	0.8164
农业	**Agriculture**					
每亩播种面积农产品产量	Output of Farm Crops Per Mu of Sowning Area					
粮　食(公斤)	Grain(kg)	220	242	253	255	258
油　料(公斤)	Oil-bearing Crops(kg)	109	112	114	114	109

注：1.县域经济增加值占GDP比重，是除贵阳市南明区、云岩区、花溪区、乌当区、白云区、观山湖区，六盘水市钟山区，遵义市红花岗区、汇川区，播州区、安顺市西秀区、平坝区，毕节市七星关区，铜仁市碧江区、万山区等15个区之外的73个县(市、特区)经济总量占88个县(市、区、特区)GDP合计数的比重。 2.每万元地区生产总值能耗2013-2015年按2010不变价计算，2016-2017年按2015年不变价计算。

Note: 1.The proportion of county economic added value in GDP is the proportion of the total economic the 15 districts such as Nanming,Yunyan, Huaxi,Wudang,Baiyun,Guan shanhu,Zhongshan,Honghuagang,Huichuan,Bozhou,Xixiu,Pinba,Qixingguan,Bijiang,Wanshan,etc aggregate of 73 counties in the total GDP of 88 counties, except for. 2.Energy consumption per 10000 yuan of regional GDP from 2013 to 2015 is calculated at the constand price in 2010, and from 2016 to 2017 at the constant price in 2015.

1-7 续表1 continued

指 标	Item	2013	2014	2015	2016	2017
工业(规模以上)	**Industry(above Designated Size)**					
总资产贡献率(%)	Ratio of Total Assets to Industrial Output Value(%)	19.11	13.00	12.41	12.75	12.85
资本保值增值率(%)	Capital Maintenance and Appreciation Rate (%)	117.66	115.87	117.94	111.14	108.21
流动资产周转次数(次/年)	Turnover Times of Circulating Assets(times/year)	1.72	1.86	1.77	1.90	1.65
成本费用利润率(%)	Ratio of Profits to Industrial Cost(%)	14.53	8.03	8.24	8.42	9.52
建筑业	**Construction**					
技术装备率(元/人)	Value of Machinery Per Laborer (yuan/person)			8006	9047	9109
产值利税率(%)	Ratio of Per-tax Profits to Gross Output Value(%)		5.9	5.9	6.0	7.1
交通运输业	**Transportation**					
铁路网密度(公里/万平方公里)	Railway Density(km/10000 sq.km)	118.83	134.70	159.48	185.62	186.47
公路网密度(公里/万平方公里)	Highway Density(km/10000 sq.km)	9797.13	10165.30	10579.28	10876.00	11038.00
邮电通信业	**Postal and Telecommunication Services**					
电话普及率(包括移动电话)(部/百人)	Popularization Rate of Telephone (set/100 persons)	93.25	97.98	100.50	99.76	112.86
移动电话普及率(部/百人)	Popularization Rate of Mobile Telephone (set/100 persons)	82.78	88.21	91.50	92.43	105.93
旅游业	**Tourism**					
来黔境外旅游者人均消费支出(美元/人·天)	Daily Expenditure of Per Tourists Visiting Guizhou(USD/preson and day)	181.05	180.65	201.01	189.29	203.11
金融	**Finance**					
金融机构人民币各项存款余额相当于地区生产总值比例(%)	Deposit of Financial Institutions as Percentage of GDP(%)	164.0	164.7	185.1	202.6	192.7
金融机构人民币各项贷款余额相当于地区生产总值比例(%)	Loans of Financial Institutions as Percentage of GDP(%)	124.9	133.5	143.3	152.2	154.1

1–7 续表2 continued

指 标	Item	2013	2014	2015	2016	2017
教育	**Education**					
学龄儿童入学率(%)	Enrollment Rate of School-age Children(%)	99.3	99.1	99.5	99.6	99.6
初中阶段毛入学率(%)	Enrollment Rate of Primary School Graduates Entering into Junior Secondary Schools(%)	101.1	102.5	104.0	107.9	108.8
九年义务教育巩固率（%）	The Consolidation Rate of Nine Year Compulsory Education（%）	84.0	85.0	87.6	88.0	90.0
高中阶段毛入学率(%)	Enrollment Rate of Junior secondary School Graduates Entering into Senior secondary Schools(%)	68.0	78.0	86.1	87.0	87.0
高等教育毛入学率(%)	Enrollment Rate of Senior secondary School Graduates Entering into Institution of Higher Learning(%)	27.4	29.4	31.2	33.0	34.0
教师负担学生系数(学生/教师)	Student-Teacher Ratio (student/teacher)					
普通高校	Regular Institution of Higher Education	16.53	16.36	16.41	17.35	17.90
普通高中	Regular Senior Secondary Schools	18.25	18.00	17.42	16.28	15.77
普通初中	Regular Junior Secondary Schools	18.23	17.29	16.01	14.88	14.35
小 学	Primary Schools	18.43	17.96	17.90	17.93	17.92
城乡收入比例	**Urban-rural Income Ratio**					
城乡居民收入比(以农村常住居民人均可支配收入=1)	Ratio of Annual Income of Urban Residents to Rural(rural resident=1)	3.80	3.38	3.33	3.31	3.28
卫生	**Health Care**					
每万人拥有执业(助理)医师数(人)	Number of Licensed(Assistant) Doctors Per 10000 Persons(person)	13.0	13.4	18.0	19.4	21.1
每万人拥有床位数(张)	Number of Beds in Hospitals and Health Centers Per 10000 Persons(bed)	38.1	42.0	55.7	59.1	65.1
城市建设	**City Construction**					
人均公园绿地面积(平方米)	Per Capita Area of Parks and Green Land(sq.m)	7.98	8.66	9.61	11.65	13.02
用水普及率(%)	Percentage of Population with Access to Tap Water(%)	88.5	90.2	91.8	92.9	93.2
燃气普及率(%)	Percentage of Households with Access to Tap Gas(%)	58.7	60.3	70.7	72.1	73.7
环境、灾害	**Environment and Disaster**					
环保投入相当于地区生产总值比例（%）	Environment Protection Investment as Percentage to GDP(%)	1.7	1.9	1.5	1.5	1.3
亿元地区生产总值生产安全事故死亡人数(人/亿元)	Deaths of Industrial Accidents per Unit of GDP(person/100 million yuan)	0.14	0.11	0.08	0.12	0.10

1-8 贵州经济社会主要指标占全国比重
Proportion of Guizhou's Main Economic and Social Indicators to the Whole Country

指标	Item	全国 China		贵州 Guizhou		贵州占全国比重(%) Proportion of Guizhou to China(%)	
		2016	2017	2016	2017	2016	2017
土地面积(万平方公里)	**Area of Territory(10000 sq.km)**	**960**		**17.62**		**1.8**	
人口	**Population**						
年末总人口(万人)	Total Population at the Year-end (10000 persons)	138271	139008	3555	3580	2.6	2.6
就业	**Employment**						
就业人员(万人)	Employees(10000 persons)	77603	77640	1983.72	2023.20	2.6	2.6
非私营单位在岗职工年平均工资(元)	Average Wage of Staff and Workers (yuan)	67569	74318	69678	75109	103.1	101.1
国民经济核算	**National Accounting**						
地区生产总值(亿元)	Gross Domestic Product (100million yuan)	744127	827122	11792.35	13540.83	1.6	1.6
第一产业增加值	Value-added of Primary Industry	63671	65468	1861.81	2032.27	2.9	3.1
第二产业增加值	Value-added of Secondary Industry	296236	334623	4669.53	5428.14	1.6	1.6
第三产业增加值	Value-added of Tertiary Industry	384221	427032	5261.01	6080.42	1.4	1.4
人均地区生产总值(元)	Per Capita Gross Domestic Product (yuan)	53980	59660	33246	37956	59.4	63.6
固定资产投资	**Investment in Fixed Assets**						
固定资产投资(亿元)	Total Investment in Fixed Assets (100 million yuan)		631684		15288		2.4
消费	**Consumption**						
社会消费品零售总额(亿元)	Total Retail Sales of Consumer Goods (100 million yuan)	332316	366262	3708.99	4154.00	1.1	1.1
对外贸易	**Foreign Trade**						
进出口总额(亿美元)	Total Value of Imports and Exports (USD 100 million)	36856	41045	57.00	81.62	0.2	0.2
#出口	Total Exports	20976	22635	47.43	57.94	0.2	0.3
财政	**Government Finance**						
一般公共预算收入(亿元)	General Public Budget Revenue (100 million yuan)	87195	91448	1561.34	1613.84	1.8	1.8
一般公共预算支出(亿元)	General Public Budget Expenditure (100 million yuan)	160437	173471	4262.36	4612.52	2.7	2.7
能源	**Energy**						
一次能源生产总量(万吨标准煤)	Total Production of Primary Energy(10000 tons of SCE)	346037	359000	14251.23	13651.31	4.1	3.8
终端能源消费总量(万吨标准煤)	Consumption of Energy (10000 tons of SCE)	435819	449000	9444.78	9783.61	2.2	2.2
农业	**Agriculture**						
粮食产量(万吨)	Output of Grain(10000 tons)	61625	61793	1192.38	1178.54	1.9	1.9
油料产量(万吨)	Output of Oil-bearing Crops (10000 tons)	3629	3732	113.66	109.82	3.1	2.9
工业	**Industry**						
发电量(亿千瓦小时)	Output of Electricity (100 million kwh)	61425	64951.4	1839.71	1856.53	3.0	2.9
水　泥(万吨)	Output of Cigarettes (100 million cases)	240295	231625	10748.76	11356.51	4.5	4.9

1-8 续表 continued

指 标	Item	全 国 China		贵 州 Guizhou		贵州占全国比重(%) Proportion of Guizhou to China(%)	
		2016	2017	2016	2017	2016	2017
交通运输业	**Transportation**						
铁路营业里程(万公里)	Length of Railways(10000 km)	12.40	12.70	0.33	0.33	2.6	2.6
公路里程(万公里)	Length of Highways(10000 km)	469.63	477.35	19.16	19.44	4.1	4.1
旅客周转量(亿人公里)	Passenger-Kilometers (100 million passenger-km)	31258	32813	674.86	720.15	2.2	2.2
货物周转量(亿吨公里)	Freight Ton-Kilometers(100 million ton-km)	186629	197372	1482.00	1656.25	0.8	0.8
邮电通信业	**Post and Telecommunication**						
电信业务总量(亿元)	Business Revenue of Telecommunications (100 million yuan)	35948.3	27556.6	796.58	825.29	2.2	3.0
邮政业务总量(亿元)	Business Volume of Postal Services (100 million yuan)	7397.2	9763.7	42.69	53.23	0.6	0.5
旅游业	**Tourism**						
国际旅游外汇收入(亿美元)	International Earnings from Tourism (USD 100 million)	1200	1234	2.53	2.83	0.2	0.2
国内旅游收入(亿元)	Domestic Earnings from Tourism (100 million yuan)	39390	45661	5012	7098	12.7	15.5
金融业	**Finance**						
金融机构人民币各项存款余额(亿元)	Total Savings Deposit Balance (100 million yuan)	1505864	1641044	23771	26089	1.6	1.6
金融机构人民币各项贷款余额(亿元)	Total Loan Balance(100 million yuan)	1066040	1201321	17858	20860	1.7	1.7
教育	**Education**						
普通高等学校(所)	Regular Institutions of Higher Education (unit)	2596	2631	64	70	2.5	2.7
普通高等学校专任教师(万人)	Full-time Teachers of Regular Institutions of Higher Education(10000 persons)	160.2	163.3	3.3	3.5	2.1	2.1
普通高校在校大学生(万人)	Students Enrollment of Regular Institutions of Higher Education(10000 persons)	2695.8	2753.6	57.4	62.8	2.1	2.3
文化	**Culture**						
图书总印数(亿册)	Number of Books Printed Copies (100 million copies)	86	90	0.88	0.92	1.0	1.0
期刊总印数(亿册)	Number of Magazines Printed Copies (100 million copies)	27	26	0.17	0.17	0.6	0.7
报纸总印数(亿份)	Number of Newspapers Printed Copies (100million copies)	394	368	3.04	2.77	0.8	0.8
卫生	**Health Care**						
医疗卫生机构(万个)	Number of Health Institutions(10000 unit)	99.30	99.50	2.80	2.81	2.8	2.8
执业(助理)医师(万人)	Number of Licensed(Assistant) Doctors (10000 persons)	319	339.0	6.90	7.55	2.2	2.2
医院床位(万张)	Number of Beds in Hospitals(10000 beds)	569	612	15.91	17.82	2.8	2.9
人民生活	**People's Livelihood**						
城镇常住居民人均可支配收入(元)	Per Capita Annual Disposable Income of Urban Permanent Households(yuan)	33616	36396.2	26743	29080	79.6	79.9
农村常住居民人均可支配收入(元)	Per Capita Annual Disposable Income of Rural Residents(yuan)	12363	13432.4	8090	8869	65.4	66.0

注：贵州占全国比重中，非私营单位职工平均工资、人均地区生产总值、城乡居民人均收入占比表示贵州相当于全国的比例。

Note: In the proportion of Guizhou to China, the ratio in average wage of workers in non-private units, in per capita gross domestic product, and in per capita income of urban and rural households shows the proportion of Guizhou to China.

主要统计指标解释

行政区划 国家对行政区域的划分。

国民经济行业分类 2012年起统计定期报表使用《国民经济行业分类》（GB/T4754−2011）。该分类是由国家统计局组织修订，经国家质检总局和国家标准化委员会批准，于2011年4月29日发布实施。该次修订是在2002年分类标准的基础上，参照联合国《国际标准产业分类》修订第四版（ISIC/Rev.4）进行的。修订后的《国民经济行业分类》（GB/T4754−2011）共有门类20个，大类96个，中类432个，小类1094个。

可比价格 指计算各种总量指标所采用的扣除价格变动因素的价格，可进行不同时期总量指标的对比。按可比价格计算总量指标有两种方法：一种是直接用产品产量乘某一年的不变价格计算；另一种是用价格指数进行缩减。

平均增长速度 我国计算平均增长速度有两种方法：一种是“水平法”，又称几何平均法，是以间隔期最后一年的水平同基期水平对比来计算平均每年增长（或下降）速度；另一种是“累计法”，又称代数平均法或方程法，是以间隔期内各年水平的总和同基期水平对比来计算平均每年增长（或下降）速度。在一般正常情况下，两种方法计算的平均每年增长速度比较接近；但在经济发展不平衡、出现大起大落时，两种方法计算的结果差别较大。

本《年鉴》内所列的平均增长速度均用“水平法”计算。从某年到某年平均增长速度的年份，均不包括基期年在内。如改革开放以来年平均增长速度是以 1978 年为基期计算的，则写为 1979−2016 年平均增长速度。

Explanatory Notes on Main Statistical Indicators

Divisions of Administrative Areas Refers to the division of administrative areas by the state.

Industrial Classification of the National Economy The Industrial Classification of the National Economy (GB/T 4754-2011) is introduced starting from the compilation of 2012 annual statistics. The revision, based on the 2002 classification, was organized by the National Bureau of Statistics taking into consideration of the International Standards of the Industrial Classification of All Economic Activities (ISIC/Rev.4) of the United Nations. The new Classification was promulgated by the National Administration of Quality Supervision, Inspection and Quarantine and State Committee for Standardization on April 29, 2011. The revised version of the Industrial Classification of the National Economy (GB/T 4754-2002) is composed of 20 sections, 96 divisions, 432 major groups and 1094 classes.

Comparable Price refers to the calculation of the total amount of indicators used to deduct the price changes in the price, can be carried out in different periods of the total index contrast. There are two ways to calculate the total amount of the total index: one is that the output of the product is directly used for one year. The other is to reduce the price by the price index.

Average Annual Growth Rate There are two methods for calculating the average growth rate of our country: one is "horizontal", also known as the geometric mean method is to last year's levels of interval compared with the base period level to calculate the average annual growth (or decline) speed; another is the "cumulative method", also known as algebraic average method and equation method is combined with a interval in each level compared with the base period level to calculate average annual growth (or decline) speed. In the normal case, two methods for calculating the average annual growth rate is close to; but when the unbalanced economic development, the emergence of big ups and downs, two methods to calculate the results vary greatly.

The average annual growth rates listed in the Yearbook are calculated by the level approach. The base year is not listed in the duration for which average annual growth ratesnare computed. For instance, the average annual growth rate of the 36 years since 1978 is shown as the average annual growth rate of 1979-2016 without showing the base year 1978.

国民经济核算

National Accounts

2

简 要 说 明

一、主要内容

国民经济核算资料主要包括地区生产总值及其有关资料。

二、地区生产总值

地区生产总值数据是根据不同产业部门、不同支出构成的特点和资料来源情况而采用不同方法计算的。

本年鉴公布的地区生产总值数据，如遇普查，在能够获得更详细的基础资料的情况下，地区生产总值的历史数据还会发生变动。2013 年是第三次经济普查年度，按照国家统计局统一要求，重新计算经济普查年度的地区生产总值，并利用趋势离差法，修订历史数据。

地区生产总值是一个价值量指标，其价值的变化受价格变化和物量变化两大因素影响。不变价地区生产总值是把按当期价格计算的地区生产总值换算成按某个固定期（基期）价格计算的价值，从而使两个不同时期的价值进行比较时，能够剔除价格变化的影响，以反映物量变化，反映生产活动成果的实际变动。随着经济的不断发展，各行业的价格结构也会不断发生变化，为了更好地反映这种变化对于经济的影响，计算不变价国内生产总值需要每隔若干年调整一次基期。我国自开始核算国内生产总值以来，共有 1952 年、1957 年、1970 年、1980 年、1990 年、2000 年、2005 年、2010 年、2015 年 9 个不变价基期，目前的基期是 2015 年。按照国家统计局要求，根据地区生产总值核算方法的调整变动，从 2016 年起将研发支出计入地区生产总值核算，同时对 2011-2015 年地区生产总值及各行业数据进行修订。

三、资料来源

本篇资料由省统计局国民经济核算处根据产业部门资料加工计算。

Brief Introduction

I. Main Contents

Statistics on national accounts include Gross Regional Product and other related data.

II. Gross Regional Product

Data on GRP are computed based on different approaches in the light of the different features of various sectors, various expenditure structures and different data sources.

Data on GRP and related indicators of the most recent year published in the Yearbook are not final and are subject to changes when more information from financial data and administrative records become available. Where a census has been conducted, historical data of GRP of the previous years may also undergo change. The 3rd National Economic Census was conducted in 2013. According to the Uniform requirements of NBS, historical data of GDP were revised by trend deviation method.

Gross Regional Product (GRP) is a measurement of value which changes depending on changes of price and production. GRP at constant prices converts the gross domestic product based on the current price into a value based on the price of the base period. When adjusted for price changes, the values of two different periods can be compared to reflect changes of both products and production activities. As economy grows, changes will take place in the price structures of various industries, and the base period for the measurement of constant-price GRP thus needs to be adjusted every few years in order to better reflect the impact of price change on the economy. Since China started GRP calculation, nine constant-price base periods have been used, i.e., 1952, 1957, 1970, 1980, 1990, 2000, 2005, 2010, and 2015 and the current base period is 2015.

Accoding to requirements of Provincial Statistical Bureau, the R&D expenditure has charged into the calcutinon of GDP which has changed.AS the same,revising the date of various industries from 2011 to 2016.

III. Sources of Data

Data in this chapter which based on various industry sectors are computed by National Accounts Department of Guizhou Provincial Bureau of Statistics.

2-1 地区生产总值

Gross Domestic Product

单位：亿元 (100 million yuan)

指　　标	Item	2013	2014	2015	2016	2017	2017年比2016年增长(%) Increase Rate in 2017 over 2016(%)
地区生产总值	**Gross Domestic Product**	**8116.34**	**9300.52**	**10541.00**	**11792.35**	**13540.83**	**10.2**
按产业分	**By Three Strata of Industry**						
第一产业增加值	Primary Industry	999.34	1281.52	1641.99	1861.81	2032.27	6.3
第二产业增加值	Secondary Industry	3297.30	3882.17	4175.24	4669.53	5428.14	10.1
第三产业增加值	Tertiary Industry	3819.70	4136.83	4723.77	5261.01	6080.42	11.5
按国民经济行业分	**By Sector**						
农　业	Agriculture	1032.57	1317.15	1714.03	1959.93	2139.97	6.2
#农林牧渔服务业	Farming Forestry, Animal Husbandry and Fishery Services	33.23	35.63	72.04	98.12	107.70	3.9
工　业	Industry	2707.29	3165.32	3342.99	3715.64	4260.48	9.0
#金属制品、机械和设备修理业	Repair Serivice of Metal Products, Machinery and Equipment	0.97	1.13	1.19	1.55	1.81	9.0
建筑业	Construction	590.98	717.98	833.44	955.44	1169.47	14.1
批发和零售业	Wholesale and Retail Trades	582.05	624.17	671.39	732.71	812.74	10.0
交通运输、仓储和邮政业	Transport, Storage and Post	772.44	828.69	920.36	987.47	1070.22	10.6
住宿和餐饮业	Hotels and Catering Services	294.86	322.71	360.38	400.93	439.19	9.6
金融业	Financial Intermediation	444.53	491.65	607.11	689.40	787.88	13.4
房地产业	Real Estate	202.94	220.48	232.07	249.20	283.05	6.0
营利性服务业	For-profit Services	546.19	591.43	687.46	809.67	1107.57	20.9
非营利性服务业	Non-profit Services	942.49	1020.94	1171.77	1291.96	1470.26	8.4
人均地区生产总值(元)	**Per Capita Gross Domestic Product(yuan)**	**23233**	**26531**	**29953**	**33246**	**37956**	**9.4**

注：1.2013年数据根据第三次经济普查资料进行修订；2.2013年起按照国家统计局统一要求，采用《国民经济行业分类》（GB/T4754－2011）和《三次产业划分规定》（国统字〔2012〕108号），第一产业增加值等于农业、林业、畜牧业、渔业增加值之和，不包含农林牧渔服务业；第二产业增加值等于工业与建筑业增加值之和再扣除工业中开采辅助活动增加值、金属制品机械和设备修理业增加值。农林牧渔服务业，开采辅助活动，金属制品机械和设备修理业归入第三产业；3.2016年起地区生产总值含研发支出（R&D)的数据；4.增长速度已扣除价格因素。（以下相关表同）

Note: 1.Data of 2013 are revised according to third time econimic census;2 Data of national economy account have to adapt to National Economy Industrial Classification and Three Industry Division Rule according to national statistical department. From 2013, the first industry added value has included added value of agriculture, forestry,graziery and fishery excepet service of those industries.the second industry added value equals to the sum of industry's added value and construction's added value, then deduct the added value of exploit activities, metal product machinery and equipment repair. the third industry includes service in agriculture, forestry,graziery ,fishery, exploit activities, metal product machinery and equipment repair. 3. Since 2016, the data of research and development (R&D) expenditure has included the data of research and development expenditure (R&D). 4. The growth rate has ruled out the influence of price (the related tables in the chapter are the same).

2-2 地区生产总值构成

Compostion of Gross Domestic Product

单位：% (%)

指 标	Item	2013	2014	2015	2016	2017
地区生产总值	**Gross Domestic product**	**100.0**	**100.0**	**100.0**	**100.0**	**100.0**
按产业分	**By Three Strata of Industry**					
第一产业增加值	Primary Industry	12.3	13.8	15.6	15.8	15.0
第二产业增加值	Secondary Industry	40.6	41.7	39.6	39.6	40.1
第三产业增加值	Tertiary Industry	47.1	44.5	44.8	44.6	44.9
按国民经济行业分	**By Sector**					
农 业	Agriculture	12.7	14.2	16.2	16.6	15.8
#农林牧渔服务业	Agriculture Forestry, Animal Husbandry and Fishery Services	0.4	0.4	0.7	0.8	0.8
工 业	Industry	33.4	34.0	31.7	31.5	31.4
#金属制品、机械和设备修理业	Repair Serivice of Metal Products, Machinery and Equipment	…	…	…	…	…
建筑业	Construction	7.3	7.7	7.9	8.1	8.6
批发和零售业	Wholesale and Retail Trade	7.2	6.7	6.4	6.2	6.0
交通运输、仓储和邮政业	Transport Storage and Post	9.5	8.9	8.7	8.4	7.9
住宿和餐饮业	Hotel and Catering Services	3.6	3.5	3.4	3.4	3.2
金融业	Financial Intermediation	5.5	5.3	5.8	5.9	5.8
房地产业	Real Estate	2.5	2.4	2.2	2.1	2.1
营利性服务业	For-profit Services	6.7	6.4	6.5	6.9	8.2
非营利性服务业	Non-profit Services	11.6	11.0	11.1	11.0	10.9

2-3 地区生产总值(按支出法计算)

Gross Domestic Product（Accounted by Expenditure）

指 标	Item	2013	2014	2015	2016	2017	2017年比2016年增长(%) Increase Rate in 2017 over 2016(%)
地区生产总值(亿元)	**Gross Domestic Product (100 million yuan)**	**8116.34**	**9300.52**	**10541.00**	**11792.35**	**13540.83**	**10.2**
最终消费	Final Consumption Expenditures	4535.82	5303.37	5957.73	6745.95	7506.42	11.8
居民消费	Household Consumption Expenditures	3332.70	3997.14	4530.88	5195.17	5832.62	13.0
农村居民	Rural Household	1182.14	1472.23	1632.70	1791.70	1935.23	8.7
城镇居民	Urban Household	2150.56	2524.91	2898.18	3403.47	3897.39	15.3
政府消费	Government Consumption Expenditures	1203.12	1306.23	1426.85	1550.78	1673.80	7.9
资本形成总额	Gross Capital Formation	5290.02	6147.37	7141.57	8195.04	9356.45	9.7
固定资本形成总额	Gross Fixed Capital Formation	5170.36	5961.86	6951.20	7975.49	9085.81	9.5
库存增加	Changes in Inventories	119.66	185.51	190.37	219.55	270.64	16.3
货物和服务净出口	Net Exports of Goods and Services	-1709.50	-2150.22	-2558.30	-3148.64	-3322.04	—
构成(%)	**Composition(%)**						
以最终消费为100	Final Consumption Expenditures=100						
居民消费	Household Consumption Expenditures	73.5	75.4	76.1	77.0	77.7	
政府消费	Government Consumption Expenditures	26.5	24.6	23.9	23.0	22.3	
以居民消费为100	Household Consumption Expenditures =100						
农村居民	Rural Household	35.5	36.8	36.0	34.5	33.2	
城镇居民	Urban Household	64.5	63.2	64.0	65.5	66.8	
最终消费率(%)	**Final Consumption Rate(%)**	**55.9**	**56.9**	**56.5**	**57.3**	**55.4**	
资本形成率(%)	**Capital Formation Rate(%)**	**65.2**	**66.1**	**67.8**	**69.6**	**69.1**	
城乡居民人均消费水平比(农村居民=1)	**Urban/Rural Consumption Ratio (rural households=1)**	**3.08**	**2.65**	**2.55**	**2.51**	**2.45**	

注：表中居民消费按常住半年人口计算。

Note:The Data of Household Consumption in the table are calculated based on permanent population in half a year scope.

2-4 三次产业对地区生产总值增长的贡献率

Share of the Contributions of the Three Strata of Industry to the Increase of the GDP

单位：% (%)

指 标	Item	2013	2014	2015	2016	2017
地区生产总值	**Gross Domestic Product**	**100.0**	**100.0**	**100.0**	**100.0**	**100.0**
第一产业增加值	Primary Industry	5.1	6.4	6.0	9.0	9.3
第二产业增加值	Secondary Industry	46.8	47.7	45.0	42.1	39.5
#工 业	Industry	36.2	35.4	31.8	29.6	27.9
第三产业增加值	Tertiary Industry	48.1	45.9	49.0	48.9	51.2

2-5 三次产业对地区生产总值增长的拉动

Contribution of the Three Strata of Industry to GDP Growth

单位：百分点 (percentage points)

指 标	Item	2013	2014	2015	2016	2017
地区生产总值	**Gross Domestic Product**	**12.5**	**10.8**	**10.7**	**10.5**	**10.2**
第一产业增加值	Primary Industry	0.6	0.7	0.6	0.9	1.0
第二产业增加值	Secondary Industry	5.9	5.1	4.8	4.4	4.0
#工 业	Industry	4.5	3.8	3.4	3.1	2.8
第三产业增加值	Tertiary Industry	6.0	5.0	5.3	5.2	5.2

2-6 历年地区生产总值

Gross Domestic Product Over the Years

单位：亿元 (100 million yuan)

年 份 Year	地 区 生产总值 Gross Domestic Product	第一产业增加值 Primary Industry	第二产业增加值 Secondary Industry	工 业 Industry	建筑业 Construction	第三产业增加值 Tertiary Industry	#交通运输、仓储和邮政业 Transport, Storage and Post	人均地区生产总值(元) Per Capita GDP(yuan)
1978	46.62	19.42	18.73	15.24	3.49	8.47	1.68	175
1979	55.28	23.29	22.41	18.33	4.08	9.58	1.86	204
1980	60.26	24.86	24.00	19.37	4.63	11.40	2.01	219
1981	67.89	29.90	24.95	20.36	4.59	13.04	2.56	242
1982	79.39	37.37	27.44	22.58	4.86	14.58	2.74	278
1983	87.38	37.76	33.14	28.16	4.98	16.48	3.76	302
1984	108.27	45.73	43.51	36.85	6.66	19.03	4.66	371
1985	123.92	50.45	49.88	41.96	7.92	23.59	5.86	420
1986	139.57	56.46	50.96	43.57	7.39	32.15	7.34	467
1987	165.50	66.46	60.11	49.93	10.18	38.93	7.74	546
1988	211.79	85.20	78.63	68.32	10.31	47.96	9.78	683
1989	235.84	92.88	86.74	77.26	9.48	56.22	12.36	750
1990	260.14	100.10	92.83	82.15	10.68	67.21	11.69	810
1991	295.90	115.71	101.54	88.96	12.58	78.65	13.98	896
1992	339.91	121.18	122.08	106.41	15.67	96.65	19.00	1034
1993	417.69	133.41	155.03	135.40	19.63	129.25	25.45	1234
1994	524.46	183.56	194.80	173.03	21.77	146.10	18.02	1527
1995	636.21	227.13	232.52	208.75	23.77	176.56	22.77	1826
1996	723.18	254.53	255.09	225.36	29.73	213.56	26.79	2048
1997	805.79	271.96	288.99	251.10	37.89	244.84	23.51	2250
1998	858.39	265.04	319.40	273.82	45.58	273.95	29.14	2364
1999	937.50	267.75	350.41	294.42	55.99	319.34	59.17	2545
2000	1029.92	271.20	391.20	328.73	62.47	367.52	75.86	2759
2001	1133.27	274.41	433.52	360.73	72.79	425.34	88.47	3000
2002	1243.43	281.10	481.96	395.45	86.51	480.37	102.48	3257
2003	1426.34	298.69	569.37	473.38	95.99	558.28	119.26	3701
2004	1677.80	334.50	681.50	577.40	104.10	661.80	134.90	4317
2005	2005.42	368.94	821.16	707.35	113.81	815.32	138.65	5394
2006	2338.98	382.06	967.54	839.13	128.41	989.38	192.95	6305
2007	2884.61	446.88	1124.79	978.86	145.93	1312.94	282.04	7878
2008	3563.27	540.90	1370.03	1195.30	174.73	1652.34	370.65	9855
2009	3913.27	551.86	1476.62	1252.67	223.95	1885.79	399.77	10971
2010	4602.79	625.66	1800.06	1516.87	283.19	2177.07	480.32	13119
2011	5725.99	726.94	2212.55	1846.96	365.59	2786.50	590.91	16480
2012	6878.59	892.72	2698.06	2237.13	460.93	3288.81	687.45	19786
2013	8116.34	999.34	3297.30	2707.29	590.98	3819.70	772.44	23233
2014	9300.52	1281.52	3882.17	3165.32	717.98	4136.83	828.69	26531
2015	10541.00	1641.99	4175.24	3342.99	833.44	4723.77	920.36	29953
2016	11792.35	1861.81	4669.53	3715.64	955.44	5261.01	987.47	33246
2017	13540.83	2032.27	5428.14	4260.48	1169.47	6080.42	1070.22	37956

注：1.三次产业划分1978—2004年按老行业分类标准计算，2005年开始按新行业分类标准计算，第三产业中“交通运输、仓储、邮电通信业”从2005年起按新标准分类为“交通运输、仓储和邮政业”，2013年起用新的分类标准，详见2—1表注；2.2005—2011年人均地区生产总值按人口普查资料修订。3.2005年起人均地区生产总值按常住半年人口计算，以往年份按常住一年人口计算。4.2007—2016年地区生产总值、第一产业增加值根据2016年农业普查结果进行修订。

Note: 1. New standards of classification of three industries started From 1978 to 2004, data in the table were calculated by the Old Industry Classification Standard;from 2005, data in the table were calculated by the New Industry Classification Standard; from 2005,acording to the New the Industry Classification Standard, the data of Transportation, Storage,Post and telecommunications refers to data of Transportation, Storage and Post from 2013, details in the 2-1 note. 2. From 2005 to 2011,the data of per capital GDP have been adjusted according to the result of national population census. 3. Data from 2005 were calculated by permanent resident population in half a year scope,while they were calculated by permanent population in a year scope in the past. 4.From 2007 to 2016,the data of GDP and AGDP have been adjusted according to the result of national agriculture census in 2016.

2-7 历年地区生产总值增长速度

Growth Rate of Gross Domestic Product Over the Years

单位：% (%)

年份 Year	地区生产总值 Gross Domestic Product	第一产业增加值 Primary Industry	第二产业增加值 Secondary Industry	工业 Industry	建筑业 Construction	第三产业增加值 Tertiary Industry	#交通运输、仓储和邮政业 Transport, Storage and Post	人均地区生产总值 Per Capita GDP
1978	23.7	6.6	37.3	39.7	23.7	32.7	33.6	21.4
1979	11.0	2.8	17.3	19.1	5.2	11.4	7.2	9.1
1980	4.4	0.4	4.3	6.9	-14.4	11.7	6.5	2.7
1981	6.5	9.9	1.7	-0.9	12.7	9.5	9.8	4.7
1982	15.8	23.0	9.3	11.4	1.3	12.6	3.6	13.8
1983	12.6	4.6	22.9	26.4	8.8	12.3	34.6	11.2
1984	19.8	18.2	23.8	23.8	23.5	14.9	37.6	18.6
1985	7.9	-1.2	12.8	12.0	16.6	17.8	24.3	6.7
1986	5.6	6.1	-2.0	-0.3	-9.5	20.9	8.7	4.3
1987	10.8	2.9	16.2	13.8	28.6	14.8	13.9	9.3
1988	8.6	-1.0	13.2	15.5	3.1	15.0	8.3	6.2
1989	4.5	6.3	3.9	6.8	-10.6	3.3	13.0	3.1
1990	4.3	1.7	6.1	5.6	8.8	4.6	-15.1	2.1
1991	9.2	13.2	3.5	3.5	3.8	11.2	6.8	6.2
1992	8.1	-0.7	15.0	16.0	8.0	12.6	21.2	8.6
1993	10.4	3.9	13.5	15.8	-4.8	14.8	15.1	8.8
1994	8.4	3.7	11.8	12.4	5.8	9.8	11.9	6.9
1995	7.5	2.4	10.5	11.1	4.0	9.3	7.8	5.9
1996	8.9	3.8	12.6	12.1	17.8	9.2	11.1	7.4
1997	9.0	4.2	12.3	11.8	18.0	9.3	12.5	7.5
1998	8.5	1.5	11.8	10.4	26.4	10.5	17.5	6.9
1999	8.8	3.4	13.2	11.8	25.1	7.3	14.5	7.3
2000	8.4	3.6	7.6	7.5	8.3	13.7	17.5	7.0
2001	8.8	1.1	9.4	9.2	10.7	13.6	12.0	7.5
2002	9.1	2.2	13.2	11.0	24.5	9.4	5.4	7.9
2003	10.1	4.6	13.3	13.3	13.5	10.1	10.9	9.1
2004	11.4	5.3	14.2	15.9	6.5	12.0	16.0	10.4
2005	12.7	5.2	12.0	13.0	7.4	17.6	26.5	17.9
2006	12.8	4.6	13.4	13.8	11.2	16.0	29.6	13.1
2007	14.8	3.3	13.2	14.0	7.8	21.1	29.4	16.4
2008	11.3	6.8	8.1	8.6	4.7	15.8	19.4	12.8
2009	11.4	4.3	12.1	10.2	25.6	13.1	5.3	12.9
2010	12.8	4.7	16.6	15.7	22.1	12.1	15.2	14.7
2011	15.4	1.2	18.8	18.9	18.5	16.7	15.3	16.5
2012	13.6	8.6	16.7	15.5	23.3	12.1	13.8	13.5
2013	12.5	5.8	14.1	13.1	19.2	12.6	12.4	11.9
2014	10.8	6.6	12.3	11.1	18.2	10.4	9.3	10.4
2015	10.7	6.5	11.4	9.8	18.2	11.1	9.4	10.3
2016	10.5	6.0	11.3	9.9	16.6	11.4	10.1	9.8
2017	10.2	6.3	10.1	9.0	14.1	11.5	10.6	9.4

2-8 历年地区生产总值指数（1978年=100）
Indices of Gross Domestic Product Over the Years (year of 1978=100)

年份 Year	地区生产总值 Gross Domestic Product	第一产业增加值 Primary Industry	第二产业增加值 Secondary Industry			第三产业增加值 Tertiary Industry	人均地区生产总值 Per Capita GDP
				工业 Industry	建筑业 Construction		
1978	100.0	100.0	100.0	100.0	100.0	100.0	100.0
1979	111.0	102.8	117.3	119.1	105.2	111.4	109.1
1980	115.9	103.2	122.3	127.3	90.1	124.4	112.0
1981	123.4	113.4	124.4	126.2	101.5	136.3	117.3
1982	142.9	139.5	135.9	140.5	102.9	153.4	133.5
1983	160.9	145.9	167.1	177.6	111.9	172.3	148.4
1984	192.8	172.5	206.8	219.9	138.2	198.0	176.0
1985	208.0	170.4	233.4	246.3	161.1	233.2	187.9
1986	219.6	180.8	228.7	245.6	145.8	281.9	195.9
1987	243.4	186.0	265.8	279.4	187.5	323.7	214.1
1988	264.3	184.2	300.9	322.8	193.3	372.2	227.5
1989	276.2	195.8	312.6	344.7	172.8	384.5	234.4
1990	288.1	199.1	331.7	364.1	188.0	402.2	239.4
1991	314.6	225.4	343.3	376.8	195.1	447.2	254.2
1992	340.1	223.8	394.8	437.1	210.8	503.6	276.1
1993	375.3	232.5	448.3	506.1	200.6	578.3	300.5
1994	407.0	241.2	501.1	568.7	212.2	635.2	321.2
1995	437.4	246.8	553.7	632.0	220.6	693.9	340.3
1996	476.1	256.3	623.4	708.7	259.8	757.9	365.3
1997	519.0	267.1	700.3	792.3	306.6	828.6	392.8
1998	562.9	271.0	783.1	874.8	387.6	915.3	420.0
1999	612.4	280.0	886.4	978.4	485.0	982.5	450.5
2000	663.7	290.2	953.4	1051.5	525.1	1117.4	481.8
2001	721.8	293.4	1043.5	1148.3	581.5	1269.5	517.9
2002	787.2	300.0	1181.3	1274.5	724.2	1388.3	558.7
2003	866.6	313.8	1338.4	1443.5	821.8	1528.6	609.4
2004	965.4	330.4	1528.4	1673.0	874.9	1711.4	673.1
2005	1088.0	347.6	1711.8	1890.5	939.6	2012.6	793.6
2006	1227.3	363.6	1941.2	2151.4	1044.8	2334.6	897.6
2007	1408.9	375.6	2197.4	2452.6	1126.3	2827.2	1044.8
2008	1568.1	401.1	2375.4	2663.5	1179.2	3273.9	1178.5
2009	1746.9	418.3	2662.8	2935.2	1481.1	3702.8	1330.5
2010	1970.5	438.0	3104.8	3396.0	1808.4	4150.8	1526.1
2011	2274.0	443.3	3688.5	4037.8	2143.0	4844.0	1759.6
2012	2583.2	481.4	4304.5	4663.7	2642.3	5430.1	2002.4
2013	2906.1	509.3	4911.4	5274.7	3149.6	6114.3	2250.7
2014	3220.0	542.9	5515.5	5860.1	3722.8	6750.2	2460.0
2015	3564.5	578.2	6144.3	6434.4	4400.3	7499.5	2691.3
2016	3938.8	612.9	6838.6	7071.4	5130.8	8354.4	2963.1
2017	4340.5	651.5	7529.3	7707.9	5854.3	9315.2	3241.6

主要统计指标解释

国内生产总值(GDP) 指一个国家所有常住单位在一定时期内生产的全部最终产品和服务的价值总和。国内生产总值有三种表现形态，即价值形态、收入形态和产品形态。从价值形态看，它是所有常住单位在一定时期内生产的全部产品和服务价值减去同期投入的全部产品和服务价值的差额，即所有常住单位的增加值之和；从收入形态看，它是所有常住单位在一定时期内的生产活动所形成的原始收入之和；从产品形态看，它是所有常住单位在一定时期内最终使用的产品和服务减去进口的产品和服务的价值总和。在实际核算中，国内生产总值有三种计算方法，即生产法、收入法和支出法。三种方法分别从不同的方面反映国内生产总值及其构成。

对于一个地区来说，称为地区生产总值。

三次产业 三次产业的划分：

第一产业指农业、林业、畜牧业、渔业（不含农林牧渔服务业）。

第二产业指采矿业（不含开采辅助活动），制造业（不含金属制品、机械和设备修理业），电力、热力、燃气及水的生产和供应业，建筑业。

第三产业指除第一、二产业以外的其他行业。

Explanatory Notes on Main Statistical Indicators

Gross Domestic Product (GDP) refers to the final products and services produced by all resident units in a country (or a region) during a certain period of time. Gross domestic product is expressed in three different perspectives, namely value, income, and products respectively. GDP in its value perspective refers to the balance of total value of all goods and services produced by all resident units during a certain period of time, minus the total value of input of goods and services of the nature of non-fixed assets; in other words, it is the sum of the value-added of all resident units. GDP from the perspective of income includes the primary income created by all resident units and distributed to resident and non-resident units. GDP from the perspective of products refers to the value of all goods and services for final demand by all resident units plus the net exports of goods and services during a given period of time. In the practice of national accounting, gross domestic product is calculated from three approaches, namely production approach, income approach and expenditure approach, which reflect gross domestic product and its composition from different angles.

For a region, it is called as Gross Regional Product.

Three Strata of Industry Classification of economic activities into three strata of industry :

Primary industry refers to farming, forestry, animal husbandry and fishery.（excluding services in support of these industries）

Secondary industry refers to mining and quarrying(excluding support activities for mining), manufacturing (excluding Repair Services of metal Products, Machinery and Equipment), production and supply of electricity, heat, gas and water, and construction.

Tertiary industry refers to all other economic activities not included in the primary or secondary industries.

人 口

Population 3

简 要 说 明

一、主要内容

本篇资料反映全省人口方面的基本情况，包括全省第六次人口普查数据；年末常住人口数、城镇人口、乡村人口；出生率、死亡率、自然增长率、人口受教育程度、婚姻等。

二、统计调查方法

目前由省统计局人口和就业统计处实施的人口统计调查有：在逢“0”的年份进行全省人口普查；在逢“5”的年份进行全省 1%人口抽样调查；其余年份进行全省人口变动情况抽样调查，其样本量约占总人口的 1‰左右。人口抽样调查是以全省为总体，市级单位为次总体，采用分层、多阶段、整群概率比例抽样方法抽取样本。

三、资料来源

本篇资料由省统计局人口和就业统计处整理。年末常住人口数据资料来源于人口普查和年度人口变动抽样调查数据，户籍人口数据资料由省公安厅提供，计划生育数据资料由省卫生计生委提供，婚姻数据资料由省民政厅、省高院提供。

Brief Introduction

I. Main Contents

Data in this chapter show the basic condition of the population in Guizhou Province，which include six times census data, the main statistical indicators included: provincial residential population at the year-end, urban population and rural population over the years; as well as birth rates, death rates, natural growth rates, population dependency coefficient and education attainments of the population, marriges, etc.

II. Sampling Methodology

The statistical surveys on population which are conducted by Department of Population and Employment Statistics of Guizhou Provincial Bureau of Statistics are as follows: The provincial population census is conducted in the year ending with 0; the provincial 1 percent population sample survey is conducted in the year ending with 5; sample surveys on population changes are conducted in the rest of the years which cover about 1 per thousand of the total population of the province. The sample survey on population change takes the whole province as the population and each city, autonomous region or municipality as sub-populations, and the stratified multi-stage systematic PPS cluster sampling scheme is used.

III. Sources of Data

Data in this chapter are prepared by the Department of Population and Employment Statistics of Guizhou Provincial Bureau of Statistics. The data provincial residential population over the years comes from the data which sample surveys on population changes are conducted in the rest of the years, and the household population provides by the Public Security Department of Guizhou province. Family planning data in the table are provided from the Health and Family Planning of Guizhou Provincial. Marriage data provided by the Department of Provincial Civil Affairs.

3−1 全省历次人口普查主要指标

Main Indicators on Province Population Census in 1953,1964,1982,1990,2000 and 2010

单位：万人 (10000 persons)

指 标	Item	第一次 (1953年) The First	第二次 (1964年) The Second	第三次 (1982年) The Third	第四次 (1990年) The Forth	第五次 (2000年) The Fifth	第六次 (2010年) The Sixth
总人口	**Total Population**	**1503.73**	**1714.05**	**2855.29**	**3239.11**	**3524.77**	**3474.65**
按城镇、乡村分	**Grouped by Residence**						
城镇人口	Urban population	109.91	203.55	540.22	623.17	844.51	1174.78
乡村人口	Rural population	1393.82	1510.51	2315.07	2615.94	2680.25	2299.87
城镇人口比重（%）	The proportion of urban population(%)	7.31	11.88	18.92	19.24	23.96	33.81
按性别分	**Grouped by Gender**						
男	Male	759.80	868.48	1464.08	1676.88	1846.45	1795.15
女	Female	743.93	845.57	1391.21	1562.22	1678.32	1679.50
性别比(以女性为100)	Sex Ratio(female=100)	102.13	102.71	105.24	107.34	110.02	106.89
人口年平均增长率(%)	The growth rate of Annual Average Population(%)		1.32	2.89	1.59	0.82	-0.14
家庭总户数(万户)	Total Number of Household (10000 households)	340.15	390.96	565.93	721.04	923.94	1038.96
户均规模(人/户)	Average Family Size(person/household)	4.42	4.38	4.93	4.41	3.74	3.24
人口自然变动(‰)	**Natural Change of Population(‰)**						
出生率	Birth Rate	38.43	52.62	24.81	23.09	20.59	13.96
死亡率	Death Rate	17.61	20.66	7.60	7.90	7.53	6.55
自然增长率	Natural Growth Rate	20.82	31.96	17.21	15.19	13.06	7.41
年龄结构(%)	**Age Composition (%)**						
0−14岁	Ages 0-14	37.88	38.82	40.88	32.68	30.17	25.22
15−64岁	Ages 15-64	58.52	58.42	54.45	62.71	63.87	66.21
65岁及以上	Ages 65 and Above	3.59	2.76	4.66	4.61	5.97	8.57
民族	**Population by Ethnicity**						
汉族	Han	1109.84	1312.89	2112.95	2114.88	2191.17	2219.85
占总人口比重(%)	Percentage to Total Population(%)	73.81	76.61	74.00	65.29	62.16	63.89
年均增长率(%)	Annual average growth rate(%)		0.37	-0.35	-1.24	-0.49	0.27
少数民族	Ethnic Minorities(10 000 persons)	393.89	401.16	742.35	1124.23	1333.60	1254.80
占总人口比重(%)	Percentage to Total Population(%)	26.19	23.39	26.00	34.71	37.84	36.11
年均增长率(%)	Annual average growth rate(%)		-1.12	1.06	2.93	0.87	-0.46
受教育程度	**Education Attainments**						
小 学	Primary School		352.71	822.65	1210.75	1535.30	1368.07
初 中	Junior Secondary School		53.80	325.86	475.78	727.48	1035.07
高 中	Senior Secondary School		13.38	84.72	127.50	199.67	253.02
大专以上	College and Higher Level		3.96	11.09	25.06	67.49	183.88
文盲人口	Illiterate Population			1202.24	969.11	598.58	303.85
文盲率（%）	Illiterate Rate(%)			42.11	29.92	16.98	8.74
每十万人口拥有的各种受教育程度人口(人)	**Population with Various Education Attainments Per 100000 Persons(person)**						
小 学	Primary School				37379	43557	39373
初 中	Junior Secondary School				14688	20639	29789
高中/中专	Senior Secondary School and Technical Secondary School				3973	5665	7282
大专及以上	College and Higher Level				774	1915	5292

注：数据来源于历次人口普查公报。

Note:Data in this table come from the communique of the six national population censuses.

3-2 第六次人口普查全省世居民族人口数

Population of all ethnic groups on the Sixth National Population Census

单位：万人 (10000 persons)

指 标	Item	第六次人口普查(2010年) The Sixth Population Census(2010)
总人口	Total Population	3474.86
男	Male	1790.55
女	Female	1684.31
汉族	Han	2234.42
男	Male	1151.79
女	Female	1082.63
蒙古族	Mongolian	4.16
男	Male	2.32
女	Female	1.84
回族	Hui	18.48
男	Male	9.50
女	Female	8.98
苗族	Miao	396.84
男	Male	204.09
女	Female	192.75
彝族	Yi	83.45
男	Male	42.96
女	Female	40.49
壮族	Zhuang	5.26
男	Male	2.65
女	Female	2.61
布依族	Bouyei	251.06
男	Male	127.11
女	Female	123.95
满族	Manchu	2.31
男	Male	1.19
女	Female	1.12
侗族	Dong	143.19
男	Male	75.02
女	Female	68.17
瑶族	Yao	4.09
男	Male	2.14
女	Female	1.95
白族	Bai	17.95
男	Male	9.59
女	Female	8.36
土家族	Tujia	143.70
男	Male	73.65
女	Female	70.05
畲族	She	3.66
男	Male	1.91
女	Female	1.75
水族	Shui	34.87
男	Male	18.03
女	Female	16.84
仫佬族	Mulam	2.50
男	Male	1.33
女	Female	1.17
羌族	Qiang	0.16
男	Male	0.09
女	Female	0.07
毛南族	Maonan	2.73
男	Male	1.42
女	Female	1.31
仡佬族	Gelao	49.52
男	Male	25.89
女	Female	23.62
其他未识别的民族	Other unrecognized peoples	61.28
男	Male	32.01
女	Female	29.27

注：数据来源于第六次人口普查机器汇总数。

Note:Data in this table are obtained from machine summany number of the Sixth Population Census.

3-3 常住人口主要指标

Permanent Resident Population (at least half a year)

单位：万人 (10000 persons)

指　标	Item	2013	2014	2015	2016	2017
年末总人口	**Total Population at the Year-end**	**3502.22**	**3508.04**	**3529.50**	**3555.00**	**3580.00**
家庭年末总户数(万户)	Total Number of Household (10000 households)	1125.07	1133.00	1068.51	1100.62	1104.94
家庭户规模(人/户)	Average Family Size(person/household)	3.11	3.08	3.20	3.23	3.24
人口自然变动	**Natural Change of Population**					
出生人数	Number of Birth	45.58	45.50	45.74	47.40	50.05
出生率(‰)	Birth Rate(‰)	13.05	12.98	13.00	13.43	13.98
死亡人数	Number of Death	24.97	25.17	25.34	24.46	24.63
死亡率(‰)	Death Rate(‰)	7.15	7.18	7.20	6.93	6.88
自然增长人数	Natural Increase of Population	20.61	20.33	20.40	22.94	25.42
自然增长率(‰)	Natural Growth Rate(‰)	5.90	5.80	5.80	6.50	7.10

3-4 常住人口年龄结构和抚养比

Age Composition and Dependency Ratio of Population

单位：万人 (10000 persons)

指　标	Item	2014	2015	2016	2017
年末总人口	**Total population (year-end)**	**3508.04**	**3529.50**	**3555.00**	**3580.00**
0-14岁人口数	Population ages 0-14	779.84	783.17	791.70	802.28
占总人口比重(%)	% of total	22.23	22.19	22.30	22.41
15-64岁人口数	Population ages 15-64	2378.10	2386.32	2396.42	2405.40
占总人口比重(%)	% of total	67.79	67.61	67.40	67.19
65岁及以上人口数	Population ages 65 and above	350.10	360.01	366.88	372.32
占总人口比重(%)	% of total	9.98	10.20	10.30	10.40
总抚养比(%)	Gross Dependency Ratio	47.51	47.91	48.35	48.83
少儿抚养比(%)	Children Dependency Ratio	32.79	32.82	33.04	33.35
老年抚养比(%)	Old-age Dependency Ratio	14.72	15.09	15.31	15.48

3–5 6岁及以上人口受教育程度构成

Population Ages 6 and above by Education

单位：%　(%)

指　标	Item	2015	2016	2017
6岁及以上人口	**Population Ages 6 and above**			
未上过学	No schooling	10.93	9.70	8.74
小学	Primary schools	34.73	34.70	34.51
初中	Junior Secondary schools	35.23	35.90	36.42
高中	Semior Secondary schools	10.66	10.90	11.21
大专	College Students	8.45	8.80	9.12
6岁及以上人口平均受教育年限(年)	Average Years of Education for People Ages 6 and Above (years)	7.85	8.03	8.23
15岁及以上人口平均受教育年限(年)	Average Years of Education for People Ages 15 and Above (years)	7.97	8.11	8.28
成人识字率	**Adult Literacy Rate**	**88.39**	**89.12**	**89.54**
青壮年识字率	**Young Adult Literacy Rate**	**95.93**	**96.08**	**96.32**

3–6 计划生育

Family Planning

单位：万人　(10000 persons)

指　标	Item	2013	2014	2015	2016	2017
生育政策符合率(%)	Family Planning Rates(%)	95.0	95.2	95.2	91.7	92.8
采取节育措施人数	Number of Contraception Users	622.72	610.26	604.03	579.47	574.07
避孕率(含复合使用药具)(%)	Contraception Rates(Including Using contraceptives)(%)	89.0	89.1	88.7	85.4	83.5

注：资料来源于省卫生计生委。

Note:Data in the table are provided from the Health and Family Planning of Guizhou Provincial.

3－7 婚姻
Marriages and Divorces

指　标	Item	2013	2014	2015	2016	2017
准予登记结婚(对)	**Registered Marriages(couple)**	**429812**	**437203**	**492606**	**453162**	**403564**
#初婚(人)	First Marriages(person)	835350	852237	953016	866973	772711
再婚(人)	Remarriages(person)	24274	22169	32196	39351	34417
#女性	Female	12462	11267	16180	19877	17499
涉外婚姻(对)	**Registered Marriages with Foreigner and the Citizen of Hong Kong,Macao,Taiwan(couple)**	**438**	**409**	**393**	**385**	**427**
#国内公民(人)	Domestic Citizen(person)	438	409	393	385	427
#女性	Female	359	333	293	282	275
离婚人数(人)	**Divorces(person)**	**171478**	**191428**	**216790**	**241962**	**268800**
民政部门批准	Permitted by Civil Administration Department	124674	141696	162586	185672	208390
法院调判		46804	49732	54204	56290	60410

注：1.资料来源于省民政厅、省法院。2.民政部门批准离婚人数为内地居民离婚人数。
Note: 1.Data in the table are provided by Guizhou Provincial Civil Affairs Department and Higher People's Court. 2.The number of divorce approved by the Civil Affairs Department refer to the number of divorce among the residents in China Mainland.

3-8 残疾人事业基本情况

Basic Statistics on the Work for Person with Disablities

单位：人 (person)

指 标	Item	2013	2014	2015	2016	2017
康复	**Rehabilitation**					
视力残疾康复	**Rehabilitation of Persons with Visual Disability**					
贫困白内障患者免费手术(例)	Free Surgeries for Poor Cataract Patients(case)	9220	9292	10158	1724	4082
盲人定向行走训练	Blind Persons Receiving Orientation Skill Training	2275	2300	1810	4331	
低视力者配用助视器	Persons with Low-vision Fitted with Vision-aids	3807	2745	3200	8476	10317
聋儿康复	**Rehabilitation of Children with Hearing Disability**					
年收训聋儿	Deaf Children Trained in the year	381	383	421	823	680
培训家长	Parents Trained	759	690	745	875	1178
精神病防治康复	**Prevention and Rehabilitation of Mental Illness (PRMI)**					
开展精神病防治康复工作市县数(个)	Counties Carried on the Works of Prevention and Rehabilitation of Mental Illness(unit)	86	86	83	83	83
接受治疗的精神病患者	Treatment Provided for Patients with Sever Psychiatric Diseases	13675	14262	16312	13240	10643
孤独症儿童训练	Children with Autism Trained	309	308	304	867	231
肢体残疾康复	**Rehabilitation of Persons with Physical Disability**					
肢体残疾人社区康复训练	Persons with Mobility Impairment Receiving Rehabilitation Training in Communities	1415	1419	1677	1665	47371
脑瘫儿童机构康复训练	Rehabilitation Training Institutions for Children with Cerebral Palsy	398	374	466	774	501
贫困肢体残疾儿童矫治手术	Rehabilitation of Children with Physical Disability in Poverty	218	252	209	182	67
智力残疾康复	**Rehabilitation of Persons with Intellectual Disability**					
智残儿童社区康复训练	Children with Intellectual Disability Receiving Rehabilitation Training at Community	369	369	408	1416	327
智残儿童机构康复训练	Children with Intellectual Disability Receiving Rehabilitation Training at Institutions	370	562	1085	1492	448
辅助器具供应服务数(件)	**Provision of Assistive Devices (piece)**	**18476**	**18464**	**20932**	**70685**	**56804**
贫困残疾人假肢装配例数(例)	**Prosthesis Installed for Poor Disabled(case)**	**734**	**528**	**614**	**731**	**39265**
社区康复协调员培训	**Workers Trained for Disabled person at Community**	**1926**	**1488**	**1179**	**1198**	**9442**
教育	**Education**					
高中阶段特殊教育	Special education in Senior High School					
机构数(个)	Number of Institutions (unit)				5	5
在校生人数（人）	Number of students in attendance (person)				309	384
普通高等院校当年录取残疾考生数（人）	The number of disabled candidates admitted by ordinary institutions of higher learning(person)				500	606

注：1.资料来源于省残联。2.2017年统计方法制度调整，“贫困白内障患者免费手术、盲人定向行走训练”整合为“复明手术、定向行走等训练”，“低视力者配用助视器”更名为“盲杖、助视器等副局适配服务”。3.2017年“智残儿童机构康复训练”统计口径为0—6岁智残儿童。

Note: 1. Data in the table are provided by Disabled Federation of Guizhou Province. 2. According to the Adjustment of statistical methods and systems in 2017, "Free Surgeries for Poor Cataract Patients" and " Blind Persons Receiving Orientation Skill Training" are combined into "Rehabilitation Surgery, Directional Walking and Other Training", and "Persons with Low-vision Fitted with Vision-aids" is renamed as "Tactile Sticks, Visual Aids and Other Ancillary Services". 3. The statistical caliber of "Children with Intellectual Disability Receiving Rehabilitation Training at Institutions" is 0-6 years old children with intellectual disability.

3-8 续表 Continued

单位：人 (person)

指 标	Item	2013	2014	2015	2016	2017
就业	**Employment**					
城镇残疾人就业状况	Employed PWDs in Urban Areas				63924	34005
农村残疾人就业状况	Employed PWDs in Rural Areas				146246	301236
按比例就业	Employed by Quote Scheme				9800	7758
#城镇残疾人	Urban disabled				7535	4504
农村残疾人	Rural disabled				2265	3249
集中就业	Employed in Collective Form				16842	5745
#城镇残疾人	Urban disabled				13722	1548
农村残疾人	Rural disabled				3120	4196
个体及其他形式就业	Self-employed or Employed in Other Forms				16225	20669
#城镇残疾人	Urban disabled				6089	5022
农村残疾人	Rural disabled				10136	13575
公益性岗位安置	Employed at Public Institution				8070	1398
#城镇残疾人	Urban disabled				7329	767
农村残疾人	Rural disabled				741	630
辅助性就业	Auxiliary employment				15057	3055
#城镇残疾人	Urban disabled				12351	692
农村残疾人	Rural disabled				2706	2363
从事农业种养就业	Engaged in agricultural breeding and employment				113947	202785
#城镇残疾人	Urban disabled				8055	6766
农村残疾人	Rural disabled				105892	195964
灵活就业	Flexible employment				30229	44973
#城镇残疾人	Urban disabled				8843	8664
农村残疾人	Rural disabled				21386	36301
社区就业（新增）	Community employment (new)					2069
#城镇残疾人	Urban disabled					1093
农村残疾人	Rural disabled					976
居家就业（新增）	Home employment (new)					48931
#城镇残疾人	Urban disabled					4949
农村残疾人	Rural disabled					43982
残疾人就业服务机构(个)	Employment Service Institutions for Handicapped (unit)					81
省	Provinces	1	1	1	1	1
市、州	Prefectures、Autonomous Prefectures	9	9	9	15	9
县、市、区	County、Cities	63	63	61	66	72
盲人按摩	**Massage by Persons with Visual Disability**					
保健按摩人员培训	Massage Therapists Training	467	496	388	647	710
医疗按摩人员培训	Keep-fit Massage Training	27	48	20	60	171
扶贫	**Poverty Alleviation**					
本年度退出建档立卡贫困残疾户	Disabled Persons Overcoming Poverty				24819	58379
本年度退出建档立卡贫困残疾人	PWDs im Rural Areas				30661	73707
本年度返贫残疾人	Disabled Persons at the Local Low-income Level				4709	2458
残联组织建设	**Organization Development of the Disabled Persons' Federation**					
残联机关工作人员	Workers Working for the Disabled	3294	3237	2739	2766	2794

3-9 历年年末常住人口

Permanent Population at the Year-end Over the Years

单位：万人 (10000 persons)

年 份 Year	合 计 Total	按城镇、乡村分 Grouped by Urban and Rural		按性别分 Grouped by Sex		性别比 Sex Ratio (女=100) (female=100)	年平均人口 Annual Average Population
		城 镇 Urban	乡 村 Rural	男 Male	女 Female		
1978	2686.40	323.97	2362.43	1364.82	1321.58	103.27	2663.27
1979	2730.99	520.82	2210.17	1386.93	1344.06	103.19	2708.70
1980	2776.67	543.18	2233.49	1409.61	1367.06	103.11	2753.83
1981	2826.78	528.41	2298.37	1439.89	1386.89	103.82	2801.73
1982	2875.21	542.13	2333.08	1470.43	1404.78	104.67	2851.00
1983	2901.46	550.96	2350.50	1484.73	1416.73	104.80	2888.33
1984	2931.85	854.14	2077.71	1501.55	1430.30	104.98	2916.65
1985	2972.18	883.18	2089.00	1522.93	1449.25	105.08	2952.02
1986	3025.86	909.55	2116.31	1550.90	1474.96	105.15	2999.02
1987	3072.58	1002.93	2069.65	1576.23	1496.35	105.34	3049.22
1988	3127.27	951.23	2176.04	1599.01	1528.26	104.63	3099.93
1989	3171.00	1000.26	2170.74	1628.85	1542.15	105.62	3149.14
1990	3267.53	1083.67	2183.86	1684.53	1583.00	106.41	3219.27
1991	3314.63	1238.48	2076.15	1709.31	1605.32	106.48	3291.08
1992	3360.96	2256.05	1104.91	1735.46	1625.50	106.76	3337.80
1993	3408.69	2324.92	1083.77	1761.65	1647.04	106.96	3384.83
1994	3458.41	2371.06	1087.35	1789.32	1669.09	107.20	3433.55
1995	3508.08	2408.78	1099.30	1815.63	1692.45	107.28	3483.25
1996	3555.41	2457.33	1098.08	1840.38	1715.03	107.31	3531.75
1997	3605.81	2503.75	1102.06	1866.48	1739.33	107.31	3580.61
1998	3657.60	2539.76	1117.84	1893.29	1764.31	107.31	3631.70
1999	3710.06	2539.80	1170.26	1920.40	1789.66	107.30	3683.83
2000	3755.72	896.49	2859.23	1968.00	1787.72	110.08	3732.89
2001	3798.51	910.12	2888.39	1973.41	1825.10	108.13	3777.12
2002	3837.28	932.11	2905.17	1993.15	1844.13	108.08	3817.90
2003	3869.66	958.52	2911.14	2010.22	1859.44	108.11	3853.47
2004	3903.70	1025.89	2877.81	2022.22	1881.48	107.48	3886.68
2005	3730	1002.25	2727.75	1920.55	1809.45	106.14	3717.61
2006	3690	1013.27	2676.73	1908.85	1781.15	107.17	3710
2007	3632	1025.68	2606.32	1879.70	1752.30	107.27	3661
2008	3596	1046.79	2549.21	1868.73	1727.27	108.19	3614
2009	3537	1057.21	2479.79	1827.56	1709.44	106.91	3567
2010	3479	1176.25	2302.75	1797.43	1681.57	106.89	3508
2011	3469	1212.76	2256.24	1801.21	1667.79	108.00	3474
2012	3484.07	1268.54	2215.53	1818.64	1665.43	109.20	3476.53
2013	3502.22	1324.89	2177.33	1822.5	1679.72	108.50	3493.15
2014	3508.04	1403.57	2104.47	1817.91	1690.13	107.56	3505.13
2015	3529.50	1482.74	2046.76	1820.63	1708.87	106.54	3518.77
2016	3555.00	1569.53	1985.47	1833.45	1721.55	106.50	3542.25
2017	3580.00	1647.52	1932.48	1845.92	1734.08	106.45	3567.50

注：1.2000年及以后的城镇、乡村人口的划分标准按国家统计局1999年发布的《关于统计上划分城乡的规定》计算，与以前年份数据不可比。2.2005年及以后为常住半年口径。 3.2006—2009年常住总人口数据已根据第六次人口普查资料进行修订（下表同）。

Note:1.Since 2000,standards of grouping rural and urban residents were calculated on the basis of Statistical Partition Ordain about Urban or Rural that had been issued by National Bureau of Statistial of China, so the data are not comparable with the preceding years. 2.Population cablier have refer to permanent population in half a year scope since 2005. 3.Data from 2006 to 2009 had been verified according to the Sixth National Population Census since 2005 (the same applies to the next table).

3-10 历年人口自然变动
Natural Change of Population Over the Years

单位：万人 (10000 persons)

年 份 Year	出生 Birth		死亡 Death		自然增长 Natural Growth	
	人数 Number of Persons	率(‰) Rate(‰)	人数 Number of Persons	率(‰) Rate(‰)	人数 Number of Persons	率(‰) Rate(‰)
1978	76.22	28.62	19.65	7.38	56.57	21.24
1979	72.84	26.89	19.23	7.10	53.61	19.79
1980	68.02	24.70	19.39	7.04	48.63	17.66
1981	66.46	23.72	21.07	7.52	45.39	16.20
1982	70.73	24.81	21.67	7.60	49.06	17.21
1983	60.11	20.81	26.46	9.16	33.65	11.65
1984	54.98	18.85	21.29	7.30	33.69	11.55
1985	59.97	20.33	17.43	5.91	42.54	14.42
1986	72.04	24.11	18.08	6.05	53.96	18.06
1987	71.77	23.69	25.87	8.54	45.90	15.15
1988	73.76	23.81	18.62	6.01	55.14	17.80
1989	67.08	21.23	21.58	6.83	45.50	14.40
1990	74.13	23.09	25.36	7.90	48.77	15.19
1991	72.96	22.42	26.39	8.11	46.57	14.31
1992	73.61	22.40	28.00	8.52	45.61	13.88
1993	74.96	22.6	28.19	8.50	46.77	14.10
1994	76.93	22.92	27.32	8.14	49.61	14.78
1995	76.14	21.86	26.47	7.60	49.67	14.26
1996	77.88	22.05	27.16	7.69	50.72	14.36
1997	79.31	22.15	27.46	7.67	51.85	14.48
1998	79.97	22.02	28.18	7.76	51.79	14.26
1999	80.75	21.92	28.29	7.68	52.46	14.24
2000	76.86	20.59	28.11	7.53	48.75	13.06
2001	70.10	18.56	27.31	7.23	42.79	11.33
2002	68.57	17.96	27.53	7.21	41.04	10.75
2003	61.31	15.91	26.47	6.87	34.84	9.04
2004	58.61	15.08	24.68	6.35	33.93	8.73
2005	54	14.59	25	7.21	29	7.38
2006	51.83	13.97	24.89	6.71	26.94	7.26
2007	48.62	13.28	24.16	6.60	24.46	6.68
2008	48.75	13.49	24.47	6.77	24.28	6.72
2009	48.68	13.65	23.86	6.69	24.82	6.96
2010	48.52	13.96	22.76	6.55	25.76	7.41
2011	46.24	13.31	24.07	6.93	22.17	6.38
2012	46.13	13.27	24.20	6.96	21.93	6.31
2013	45.58	13.05	24.97	7.15	20.61	5.90
2014	45.50	12.98	25.17	7.18	20.33	5.80
2015	45.74	13.00	25.34	7.20	20.40	5.80
2016	47.40	13.43	24.46	6.93	22.94	6.50
2017	50.05	13.98	24.63	6.88	25.42	7.10

3-11 历年户籍人口

Household Registered Population Over the Years

单位：万人 (10000 persons)

年 份 Year	年末总人口 Total Population at the Year-end	按农业非农业分 Grouped by Agriculture and Non-agriculture		占总人口比重(%) Proportion(%)	
		农 业 Agriculture	非农业 Non-agriculture	农 业 Agriculture	非农业 Non-agriculture
1978	2686.40	2380.52	305.88	88.6	11.4
1979	2730.99	2416.67	314.32	88.5	11.5
1980	2776.67	2456.37	320.30	88.5	11.5
1981	2826.78	2500.74	326.04	88.5	11.5
1982	2875.21	2544.10	331.11	88.5	11.5
1983	2901.46	2564.92	336.54	88.4	11.6
1984	2931.85	2588.11	343.74	88.3	11.7
1985	2967.91	2609.04	358.87	87.9	12.1
1986	3007.99	2643.57	364.42	87.9	12.1
1987	3051.39	2678.60	372.79	87.8	12.2
1988	3143.94	2760.47	383.47	87.8	12.2
1989	3184.05	2793.35	390.70	87.7	12.3
1990	3236.97	2840.21	396.76	87.7	12.3
1991	3271.40	2868.27	403.13	87.7	12.3
1992	3300.97	2887.95	413.02	87.5	12.5
1993	3332.30	2910.71	421.59	87.3	12.7
1994	3380.58	2927.54	453.04	86.6	13.4
1995	3419.54	2957.32	462.22	86.5	13.5
1996	3459.54	2979.85	479.69	86.1	13.9
1997	3495.50	3004.76	490.74	86.0	14.0
1998	3536.54	3032.50	504.04	85.7	14.3
1999	3582.05	3063.23	518.82	85.5	14.5
2000	3676.63	3144.98	531.65	85.5	14.5
2001	3710.20	3156.33	553.87	85.1	14.9
2002	3747.68	3175.17	572.51	84.7	15.3
2003	3786.84	3196.70	590.14	84.4	15.6
2004	3831.19	3224.62	606.57	84.2	15.8
2005	3867.73	3258.05	609.68	84.2	15.8
2006	3921.91	3295.08	626.83	84.0	16.0
2007	3985.04	3346.09	638.95	84.0	16.0
2008	4036.75	3385.66	651.09	83.9	16.1
2009	4090.78	3429.36	661.43	83.8	16.2
2010	4189.00	3512.92	676.07	83.9	16.1
2011	4238.44	3551.18	687.26	83.8	16.2
2012	4249.48	3557.14	692.34	83.7	16.3
2013	4286.15	3584.17	701.98	83.6	16.4
2014	4325.49	3616.27	709.22	83.6	16.4
2015	4395.33				
2016	4452.80				
2017	4474.94				

注：资料来源于省公安厅。1984年及以前为公安、统计共同使用的数据，1985年起为公安户籍人口统计口径。2015年户籍制度改革，取消农业、非农业之分。

Note: Data in the table are provided by Provincial Public Security Department. Data after 1985 in the table are obtained from the Public Security Department of Guizhou Province, while data before 1984 are used by Statistics Beaura and Public Security Department of Guizhou Province. The 2015 reform of the household registration system abolish the distinction between agriculture and non-agricultrue.

主要统计指标解释

总人口　指一定时点、一定地区范围内的有生命的个人的总和。年度统计的年末人口数指每年 12 月 31 日 24 时的人口数。

城镇人口和乡村人口　城镇人口是指居住在城镇范围内的全部常住人口；乡村人口是除上述人口以外的全部人口。

出生率(又称粗出生率)　指在一定时期内(通常为一年)一定地区的出生人数与同期内平均人数之比，用千分率表示。本资料中的出生率指年出生率，其计算公式为：

$$出生率=\frac{年出生人数}{年平均人数}\times 1000‰$$

公式中：出生人数指活产婴儿，即胎儿脱离母体时(不管怀孕月数)，有过呼吸或其他生命现象。年平均人数指年初、年底人口数的平均数，也可用年中人口数代替。

死亡率(又称粗死亡率)　指在一定时期内(通常为一年)一定地区的死亡人数与同期内平均人数之比，用千分率表示。本资料中的死亡率指年死亡率，其计算公式为：

$$死亡率=\frac{年死亡人数}{年平均人数}\times 1000‰$$

人口自然增长率　指在一定时期内(通常为一年)人口自然增加数(出生人数减死亡人数)与该时期内平均人数之比，用千分率表示。计算公式为：

$$人口自然增长率=\frac{本年出生人数-本年死亡人数}{年平均人数}\times 1000‰$$

$$=人口出生率-人口死亡率$$

Explanatory Notes on Main Statistical Indicators

Total Population　refers to the total number of people alive at a certain point of time within a given area. The annual statistics on total population is taken at midnight, the 31st of December.

Urban Population and Rural Population　Urban population refers to all people residing in cities and towns, while rural population refers to population other than urban population.

Birth Rate (or Crude Birth Rate)　refers to the ratio of the number of births to the average population during a certain period of time (usually a year), expressed in ‰. Birth rate in the chapter refers to annual birth rate. The following formula is used:

$$\text{Birth Rato}=\frac{\text{Number of Births}}{\text{Annual Average Population}}\times 1000‰$$

Number of births in the formula refers to live births, i.e. when a baby has breathed or showed any vital phenomena regardless of the length of pregnancy.

Annual average population is the average of the number of population at the beginning of the year and that at the end of the year. Sometimes it is substituted by the mid-year population.

Death Rate(or Crude Death Rate) refers to the ratio of the number of deaths to the average population during a certain period of time (usually a year), expressed in ‰. Death rate in the chapter refers to annual death rate. The following formula is used:

$$\text{Death Rato} = \frac{\text{Number of Death}}{\text{Annual Average Population}} \times 1000‰$$

Natural Growth Rate of Population refers to the ratio of natural increase in population (number of births minus number of deaths) in a certain period of time (usually a year) to the average population of the same period, expressed in ‰. The following formula is applied:

$$\text{Natural Growth Rate of Population} = \frac{\text{Number of Births} - \text{Number of Death}}{\text{Annual Average Population}} \times 1000‰$$

$$= \text{Birth Rate} - \text{Death Rate}$$

就业人员和职工工资

Employment and Wages 4

简 要 说 明

一、主要内容

本篇资料反映劳动经济方面的基本情况，如：经济活动人口数，就业人员数，城镇登记失业人数，就业人员工资总额，平均工资等。

二、统计范围及统计调查方法

《劳动工资统计报表制度》的调查范围为城镇地区全部法人单位；《劳动力调查制度》的调查范围为全省 16 岁及以上人口；《农林牧渔业统计调查制度》的调查范围为全省乡镇以下农村地区；《培训就业统计报表制度》的填报范围为全省就业服务和职业介绍机构；私营企业及个体工商业统计范围为全社会。

本篇“城镇单位”均指“城镇非私营单位”。

劳动工资统计中，城镇非私营单位采用全面调查方法，城镇私营单位采用抽样调查方法；劳动力调查采用抽样调查方法；就业统计及私营企业和个体工商业统计利用行政登记资料加工整理。

三、资料来源

1.就业基本情况及分组资料、工资总额等资料，由省统计局人口和就业统计处根据《劳动工资统计报表制度》、《劳动力调查制度》及《农林牧渔业统计调查制度》搜集资料，加工整理。

2.城镇新增就业、城镇登记失业人数，由省人力资源社会保障厅整理提供。

3.私营企业及个体工商业就业人员，由省工商局提供。

Brief Introduction

I. Main Contents

Data in this chapter show the basic conditions of the labour economy, such as the economically active population, number of employed persons, number of registered unemployed persons in urban areas, total wages bills of employed persons and average wages, etc.

II. Scope and Methodology of Statistics

The Reporting Form System on Labour Wage Statistics covers corporate units in all urban area. The scope of survey of The Sample Survey System on Labour Force are the population aged 16 and over of the whole province. The System of Rural Social and Economic Surveys covers all rural areas below township level in Guizhou. The Reporting Form System on Training and Employment Statistics covers all agencies and units providing employment services and job centers. The scope of statistics on private enterprises and self-employed individuals covers the whole province.

In this chapter, urban corporate units refer to urban corporate unit excluding private units.

A complete reporting form system from lower-level statistical bureaus to higher level statistical bureaus is used in the labour wage statistics of urban non-private enterprises, and sampling methods is used in the statistics of urban private enterprises. The Sample Survey on Labour Force is conducted by using sampling methods. Statistics on employment, private enterprises and self-employed individuals are collected and compiled on basis of administrative registering records.

III. Sources of Data

(1) Data on basic conditions of employment, data by groups, total wage bills of staff and workers are collected and compiled through The Reporting Form System on Labour Wage Statistics, The Sample Survey System on Labour Force, and The System of Rural Social and Economic Surveys by the Department of Population and Employment Statistics of Guizhou Provincial Bureau of Statistics.

(2) Data on the urban new employment conditions and on the number of registered unemployed persons in urban areas are provided by the Ministry of Human Resources and Social Security of Guizhou Province.

(3) Data on the number of employed persons in private enterprises and self-employed individuals are provided by the Administration for Industry and Commerce of Guizhou Province.

4−1 全社会就业人员
Number of Employed Personnels

指　标	Item	2013	2014	2015	2016	2017	2017年比2016年增长(%) Increase Rate in 2017 over 2016(%)
就业人员(万人)	**Number of Employed Persons (10000 persons)**	**1864.21**	**1909.69**	**1946.65**	**1983.72**	**2023.20**	**2.0**
按产业分	**Grouped by Three Strata of Industry**						
第一产业	Primary Industry	1179.76	1171.02	1161.54	1136.87	1123.83	**-1.1**
第二产业	Secondary Industry	264.32	291.42	315.38	340.41	365.99	**7.5**
第三产业	Tertiary Industry	420.13	447.25	469.73	506.44	533.38	**5.3**
按城乡分	**Grouped by Urban and Rural Areas**						
城镇	Urban Area	639.67	690.28	739.41	793.16	854.23	**7.7**
乡村	Rural Area	1224.54	1219.41	1207.24	1190.56	1168.97	**-1.8**

4−2 城镇单位就业人员及平均工资
Number of Employed Persons and Wages in Urban Units

指　标	Item	2013	2014	2015	2016	2017	2017年比2016年增长(%) Increase Rate in 2017 over 2016(%)
城镇单位就业人数(万人)	**Number of Employed Persons in Urban Units (10000 persons)**	**398.66**	**416.67**	**428.05**	**438.86**	**450.50**	**2.7**
非私营单位就业人数(万人)	Number of Employed Persons in Non-private Units(10000 persons)	296.71	304.75	307.47	310.48	315.22	1.5
非私营单位在岗职工人数(万人)	Total Number of Staff and Workers of Non-privately-owned unit (10000 persons)	273.27	278.63	277.62	278.57	285.46	2.5
私营单位就业人数（万人)	Number of Engaged Persons in Private Units(10000 persons)	101.95	111.92	120.58	128.38	135.28	5.4
城镇单位就业人员平均工资(元)	**Average Wage of Employed Persons in Urban Units (yuan)**	**42815**	**47466**	**53094**	**58398**	**62924**	**7.8**
非私营单位就业人员平均工资(元)	Average Wage of Employed Persons in Non-private Units(yuan)	47364	52772	59701	66279	71795	8.3
非私营单位在岗职工平均工资(元)	Average Wage of Staff and Workers of Non-privately-owned unit (yuan)	49087	54685	62591	69678	75109	7.8
私营单位就业人员平均工资(元)	Average Wage of Engaged Persons in Private Units(yuan)	29370	32785	36044	39058	41796	7.0

注：在岗职工包含劳务派遣人员(以下相关表同)。

Note:The working staff at work include labor dispatching personnel (the related tables in the chapter are the same).

4-3 非私营单位就业人员年末人数(2017)

Number of Employed Persons in Non-private Units at Year-end

单位：人 (person)

指 标	Item	就业人员 Number of Employed	国有单位 State-owned Units	集体单位 Collective-owned Units	其他单位 Unit of Other Type of Ownership
总 计	**Total**	**3152236**	**1682897**	**44771**	**1424568**
按企事业、机关分	**By Enterprises,Institutions and Agencies**				
企 业	Enterprises	1740929	275112	44204	1421613
事 业	Institutions	944500	941025	541	2934
机 关	Agencies	466807	466760	26	21
按产业分	**By Three Strata of Industry**				
第一产业	Primary Industry	10242	7465	96	2681
第二产业	Secondary Industry	1064018	133897	20322	909799
第三产业	Tertiary Industry	2077976	1541535	24353	512088
按国民经济行业分	**By Sector**				
农、林、牧、渔业	Farming,Forestry,Animal Husbandry and Fishery	10242	7465	96	2681
采矿业	Mining	129692	4173	1029	124490
制造业	Manufacturing	391242	34326	2722	354194
电力、热力、燃气及水生产和供应业	Production and Supply of Electricity Heat, Gas and Water	90799	55712	351	34736
建筑业	Construction	452285	39686	16220	396379
批发和零售业	Wholesale and Retail Trades	127350	23968	3303	100079
批发业	Wholesale	62292	21878	2327	38087
零售业	Retail Trades	65058	2090	976	61992
交通运输、仓储和邮政业	Transport,Storage and Post	121651	59261	1284	61106
住宿和餐饮业	Hotels and Catering Services	29272	2758	420	26094
信息传输、软件和信息技术服务业	Information Transmission, Software and Information Technology	38037	2135	17	35885
金融业	Financial Intermediation	91727	19115	11127	61485
房地产业	Real Estate	95552	3778	1507	90267
租赁和商务服务业	Leasing and Business Services	72064	15667	4693	51704
租赁业	Leasing Services	1437	72	38	1327
商务服务业	Business Services	70627	15595	4655	50377
科学研究、技术服务业	Scientific Research and Technic Services	72049	54850	283	16916
水利、环境和公共设施管理业	Management of Water Conservancy, Environment and Public Facilities	52620	37587	139	14894
居民服务、修理和其他服务业	Services to Households,Repair and Other Services	17249	3585	169	13495
教 育	Education	544169	527503	357	16309
卫生和社会工作	Health and Social Service	226834	212435	943	13456
卫 生	Health	222537	208500	893	13144
社会工作	Social Service	4297	3935	50	312
文化、体育和娱乐业	Culture,Sports and Entertainment	24103	14338	7	9758
#新闻和出版业	News Publishing Company	4249	2144	0	2105
广播、电视、电影和影视录音制作业	Radio, Television, Movies and Video Recordings	7068	5916	7	1145
体 育	Sports	3033	492	0	2541
公共管理、社会保障和社会组织	Public Management, Social Securities and Social Organization	565299	564555	104	640

4-4 非私营单位女性就业人员年末人数(2017)

Number of Employed Female in Non-private Units at the Year-end

单位：人 (person)

行业	Sector	女性就业人员数 Number of Female Employed	国有单位 State-owned Units	集体单位 Collective-owned Units	其他单位 Unit of Other Type of Ownership
总计	**Total**	1133261	704183	12163	416915
农、林、牧、渔业	Farming,Forestry,Animal Husbandry and Fishery	3263	2059	45	1159
采矿业	Mining and Quarrying	15029	554	72	14403
制造业	Manufacturing	135569	12111	1044	122414
电力、热力、燃气及水生产和供应业	Production and Supply of Electricity,Heat,Gas and Water	23804	15436	79	8289
建筑业	Construction	55771	5575	2000	48196
批发和零售业	Wholesale and Retail Trades	55604	6943	1174	47487
批发业	Wholesale	20654	6093	772	13789
零售业	Retail Trades	34950	850	402	33698
交通运输、仓储和邮政业	Transport,Storage and Post	34946	15734	528	18684
住宿和餐饮业	Hotels and Catering Services	18159	1680	259	16220
信息传输、软件和信息技术服务业	Information Transmission,Software and Information Technology	15175	772	11	14392
金融业	Financial Intermediation	45434	8684	4821	31929
房地产业	Real Estate	35237	1578	643	33016
租赁和商务服务业	Leasing and Commerce Services	23010	5029	446	17535
租赁业	Leasing Services	368	31	9	328
商务服务业	Commerce Services	22642	4998	437	17207
科学研究、技术服务业	Scientific Research,Technic Services	20673	16270	71	4332
水利、环境和公共设施管理业	Management of Water Conservancy, Environment and Public Facilities	27789	19626	68	8095
居民服务、修理和其他服务业	Services to Households Repair and Other Services	9228	1826	67	7335
教育	Education	278870	269873	135	8862
卫生和社会工作	Health and Social Service	146661	136651	656	9354
卫生	Health	144240	134429	625	9186
社会工作	Social Service	2421	2222	31	168
文化、体育和娱乐业	Culture,Sports and Entertainment	11099	6220	3	4876
#新闻和出版业	News Publishing Company	2134	927	0	1207
广播、电视、电影和影视录音制作业	Broadcasting,Television,Film and Video Trade	2997	2438	3	556
体育	Sports	1311	198	0	1113
公共管理、社会保障和社会组织	Public Administration Social Securities and Social Organization	177940	177562	41	337

4-5 非私营单位各行业在岗职工年末人数(2017)

Working Staff and Workers in Non-private Units at the Year-end by Sector

单位：人 (person)

指　标	Item	职工人数 Number of Staff and Workers	国有单位 State-owned Units	集体单位 Collective-owned Units	其他单位 Unit of Other Type of Ownership
总　计	**Total**	**2854634**	**1520976**	**40259**	**1293399**
按企事业、机关分	**By Enterprises,Institutions and Agencies**				
企　业	Enterprises	1587896	257606	39705	1290585
事　业	Institutions	855172	851851	528	2793
机　关	Agencies	411566	411519	26	21
按产业分	**By Three Strata of Industry**				
第一产业	Primary Industry	9395	6729	96	2570
第二产业	Secondary Industry	945761	125175	17068	803518
第三产业	Tertiary Industry	1899478	1389072	23095	487311
按国民经济行业分	**By Sector**				
农、林、牧、渔业	Farming,Forestry,Animal Husbandry and Fishery	9395	6729	96	2570
采矿业	Mining	123016	4044	1024	117948
制造业	Manufacturing	383121	33353	2669	347099
电力、热力、燃气及水生产和供应业	Production and Supply of Electricity,Heat, Gas and Water	84204	50824	320	33060
建筑业	Construction	355420	36954	13055	305411
批发和零售业	Wholesale and Retail Trades	123529	22763	3058	97708
批发业	Wholesale	60346	20959	2151	37236
零售业	Retail Trades	63183	1804	907	60472
交通运输、仓储和邮政业	Transport,Storage and Post	116228	56763	1099	58366
住宿和餐饮业	Hotels and Catering Services	28562	2621	418	25523
信息传输、软件和信息技术服务业	Information Transmission,Software and Information Technology	36524	2111	17	34396
金融业	Financial Intermediation	80955	18596	10838	51521
房地产业	Real Estate	92066	3567	1060	87439
租赁和商务服务业	Leasing and Business Services	67627	12495	4631	50501
租赁业	Leasing Services	1345	65	38	1242
商务服务业	Business Services	66282	12430	4593	49259
科学研究、技术服务业	Scientific Research and Technic Services	67981	51920	282	15779
水利、环境和公共设施管理业	Management of Water Conservancy, Environment and Public Facilities	43210	28961	139	14110
居民服务、修理和其他服务业	Services to Households Repair and Other Services	16464	3089	169	13206
教　育	Education	505060	489132	350	15578
卫生和社会工作	Health and Social Service	203719	189620	930	13169
卫　生	Health	199537	185775	882	12880
社会工作	Social Service	4182	3845	48	289
文化、体育和娱乐业	Culture,Sports and Entertainment	22847	13457	0	9390
#新闻和出版业	News Publishing Company	4091	1987	0	2104
广播、电视、电影和影视录音制作业	Radio, Television, Movies and Video Recordings	6601	5534	0	1067
体　育	Sports	2890	438	0	2452
公共管理、社会保障和社会组织	Public Managemen, Social Securities and Social Organization	494706	493977	104	625

4-6 非私营单位在岗职工工资总额(2017)

Total Wages Bill of Working Staff and Workers in Non-private Units

单位：亿元 (100 million yuan)

指标	Item	工资总额 Total Wage Bill	国有单位 State-owned Units	集体单位 Collective-owned Units	其他单位 Unit of Other Type of Ownership
总计	**Total**	**2115.64**	**1276.93**	**32.97**	**805.74**
按企事业、机关分	**By Enterprises,Institutions and Agencies**				
企业	Enterprises	1053.94	216.92	32.72	804.30
事业	Institutions	709.74	708.09	0.23	1.43
机关	Agencies	351.96	351.93	0.02	0.00
按产业分	**By Three Strata of Industry**				
第一产业	Primary Industry	5.83	4.97	0.02	0.84
第二产业	Secondary Industry	578.09	99.19	7.26	471.64
第三产业	Tertiary Industry	1531.72	1172.77	25.69	333.26
按国民经济行业分	**By Sector**				
农、林、牧、渔业	Farming,Forestry,Animal Husbandry and Fishery	5.83	4.97	0.02	0.84
采矿业	Mining	72.55	2.34	0.59	69.62
制造业	Manufacturing	233.20	25.02	1.10	207.08
电力.热力.燃气及水生产和供应业	Production and Supply of Electricity,Heat,Gas and Water	82.90	52.61	0.11	30.18
建筑业	Construction	189.43	19.22	5.46	164.76
批发和零售业	Wholesale and Retail Trades	79.15	26.30	1.34	51.51
批发业	Wholesale	48.50	25.30	1.04	22.16
零售业	Retail Trades	30.65	0.99	0.30	29.36
交通运输、仓储和邮政业	Transport,Storage and Post	88.67	47.65	0.57	40.46
住宿和餐饮业	Hotels and Catering Services	11.32	1.20	0.14	9.98
信息传输、软件和信息技术服务业	Information Transmission,Software and Information Technology	33.70	1.62	0.01	32.07
金融业	Financial Intermediation	124.07	22.25	20.84	80.97
房地产业	Real Estate	49.84	2.28	0.41	47.15
租赁和商务服务业	Leasing and Business Services	35.32	9.45	1.44	24.42
租赁业	Leasing Services	0.65	0.05	0.02	0.58
商务服务业	Business Services	34.67	9.40	1.43	23.84
科学研究、技术服务业	Scientific Research and Technic Services	55.45	41.54	0.13	13.79
水利、环境和公共设施管理业	Management of Water Conservancy, Environment and Public Facilities	21.13	14.90	0.05	6.18
居民服务、修理和其他服务业	Services to Households Repair and Other Services	6.24	1.61	0.11	4.53
教育	Education	421.21	413.36	0.17	7.69
卫生和社会工作	Health and Social Service	174.12	165.71	0.43	7.98
卫生	Health	171.28	162.99	0.42	7.88
社会工作	Social Service	2.83	2.72	0.02	0.10
文化、体育和娱乐业	Culture,Sports and Entertainment	17.87	11.67		6.20
#新闻和出版业	News Publishing Company	3.45	1.84		1.62
广播.电视.电影和影视录音制作业	Radio,Television,Movies and Video Recordings	5.59	5.06		0.53
体育	Sports	2.91	0.32		2.59
公共管理、社会保障和社会组织	Public Management Social Securities and Social Organization	413.64	413.23	0.06	0.35

4—7 非私营单位各行业在岗职工平均工资(2017)

Average Wages of Working Staff and Workers in Non-private Units by Sector

单位：元 (yuan)

指 标	Item	平均工资 Average Wage	国有单位 State-owned Units	集体单位 Collective-owned Units	其他单位 Unit of Other Type of Ownership
总 计	**Total**	**75109**	**84470**	**84410**	**63644**
按企事业、机关分	**By Enterprises,Institutions and Agencies**				
企 业	Enterprises	67438	83081	84967	63670
事 业	Institutions	83961	84091	43483	51914
机 关	Agencies	86135	86138	80192	18381
按产业分	**By Three Industries**				
第一产业	Primary Industry	61879	73544	19742	32757
第二产业	Secondary Industry	62070	75850	43181	60176
第三产业	Tertiary Industry	81648	85344	115972	69476
按国民经济行业分	**By Sector**				
农、林、牧、渔业	Farming, Forestry, Animal Husbandry and Fishery	61879	73544	19742	32757
采矿业	Mining	57956	57981	57636	57958
制造业	Manufacturing	61957	75201	40634	60832
电力、热力、燃气及水生产和供应业	Production and Supply of Electricity,Heat,Gas and Water	97895	103114	35234	90509
建筑业	Construction	54894	45284	42758	56836
批发和零售业	Wholesale and Retail Trades	64266	114490	43850	53030
批发业	Wholesale	80145	119491	48408	59573
零售业	Retail Trades	48926	55424	32979	48971
交通运输、仓储和邮政业	Transport,Storage and Post	76934	84377	50526	70159
住宿和餐饮业	Hotels and Catering Services	40410	46302	35709	39872
信息传输、软件和信息技术服务业	Information Transmission,Software and Information Technology	92443	78161	39765	93332
金融业	Financial Intermediation	155826	121159	194790	160175
房地产业	Real Estate	55057	65936	39533	54808
租赁和商务服务业	Leasing and Business Services	54426	77504	37316	50016
租赁业	Leasing Services	48546	85313	48944	46635
商务服务业	Business Services	54550	77463	37206	50104
科学研究、技术服务业	Scientific Research and Technic Services	82209	80525	44825	88454
水利、环境和公共设施管理业	Management of Water Conservancy,Environment and Public Facilities	50975	53943	38216	45116
居民服务、修理和其他服务业	Services to Households Repair and Other Services	38954	52740	62278	35353
教 育	Education	84144	85183	50196	51277
卫生和社会工作	Health and Social Service	87302	89273	46478	61867
卫 生	Health	87680	89622	47134	62492
社会工作	Social Service	69258	72373	34438	34574
文化、体育和娱乐业	Culture,Sports and Entertainment	77988	87053		65211
#新闻和出版业	News Publishing Company	84999	92854		77549
广播、电视、电影和影视录音制作业	Radio, Television, Movies and Video Recordings	84963	91349		50946
体 育	Sports	91654	74670		94313
公共管理、社会保障和社会组织	Public Management Social Securities and Social Organization	84379	84420	53558	56853

4-8 非私营单位各行业从业人员平均工资(2017)

Average Wages of Working Staff and Workers in Non-private Units by Sector

单位：元 (yuan)

指 标	Item	平均工资 Average Wage	国有单位 State-owned Units	集体单位 Collective-owned Units	其他单位 Unit of Other Type of Ownership
总 计	**Total**	**71795**	**79177**	**79044**	**62775**
按企事业、机关分	**By Enterprises,Institutions and Agencies**				
企 业	Enterprises	66033	80260	79495	62799
事 业	Institutions	78630	78734	42612	51749
机 关	Agencies	79414	79417	80192	18381
按产业分	**By Three Industries**				
第一产业	Primary Industry	58198	68095	19742	32298
第二产业	Secondary Industry	61388	73328	41736	59976
第三产业	Tertiary Industry	77210	79765	111432	67904
按国民经济行业分	**By Sector**				
农、林、牧、渔业	Farming,Forestry,Animal Husbandry and Fishery	58198	68095	19742	32298
采矿业	Mining	56586	56393	57439	56585
制造业	Manufacturing	61456	73885	40938	60399
电力、热力、燃气及水生产和供应业	Production and Supply of Electricity,Heat, Gas and Water	93136	96500	34510	88392
建筑业	Construction	56266	45826	41022	58120
批发和零售业	Wholesale and Retail Trades	63243	109792	42144	52572
批发业	Wholesale	78528	115390	46589	58972
零售业	Retail Trades	48402	50324	31530	48604
交通运输、仓储和邮政业	Transport,Storage and Post	75439	82768	53580	68771
住宿和餐饮业	Hotels and Catering Services	40267	45399	35558	39796
信息传输、软件和信息技术服务业	Information Transmission,Software and Information Technology	91063	77585	39765	91880
金融业	Financial Intermediation	141959	119563	191039	139951
房地产业	Real Estate	54318	63350	31487	54331
租赁和商务服务业	Leasing and Business Services	52910	69273	37082	49482
租赁业	Leasing Services	46537	81704	48944	44590
商务服务业	Business Services	53047	69211	36973	49615
科学研究、技术服务业	Scientific Research and Technic Services	79826	77664	44698	87646
水利、环境和公共设施管理业	Management of Water Conservancy, Environment and Public Facilities	46697	47942	38216	43682
居民服务、修理和其他服务业	Services to Households Repair and Other Services	38568	49676	62278	35240
教 育	Education	79815	80713	49493	50493
卫生和社会工作	Health and Social Service	82248	83747	46169	61232
卫 生	Health	82520	83980	46862	61892
社会工作	Social Service	68120	71339	33780	33761
文化、体育和娱乐业	Culture,Sports and Entertainment	75629	83854	11714	63799
#新闻和出版业	News Publishing Company	83149	88656		77519
广播、电视、电影和影视录音制作业	Radio, Television, Movies and Video Recordings	81609	87988	11714	48393
体 育	Sports	90418	72289		93557
公共管理、社会保障和社会组织	Public Management Social Securities and Social Organization	77318	77346	53558	56188

4-9 城乡私营企业户数和就业人员(2017)

Number of Private Enterprises and Employed Persons in Urban and Rural Areas by Sector

指标	Item	私营企业户数(户) Number of Private Enterprises (Household)	城镇 Urban Areas	乡村 Rural Areas	就业人员(人) Number of Employees (Person)	城镇 Urban Areas	乡村 Rural Areas
总计	**Total**	**494771**	**211623**	**283148**	**3452125**	**981553**	**2470572**
农、林、牧、渔业	Farming,Forestry,Animal Husbandry and Fishery	72038	14701	57337	974900	79882	895018
采掘业	Mining	6020	1860	4160	44038	11690	32348
制造业	Manufacturing	52197	17810	34387	337603	111442	226161
电力、热力、燃气及水的生产和供应业	Production and Supply of Electricity Heat Gas and Water	1950	824	1126	14145	5524	8621
建筑业	Construction	36943	14357	22586	210610	53210	157400
批发和零售业	Wholesale and Retail Trades	151098	85185	65913	826147	393391	432756
交通运输、仓储和邮政业	Transport,Storage and Post	11012	4553	6459	61841	17478	44363
住宿和餐饮业	Hotels and Catering Services	19278	12955	6323	111351	80806	30545
信息传输、软件和信息技术服务业	Information Transmission,Software and Information Technology	21707	6353	15354	122693	24374	98319
房地产业	Real Estate	13059	6855	6204	76804	27714	49090
租赁和商务服务业	Leasing and Business Services	62169	24835	37334	369455	69459	299996
居民服务、修理和其他服务业	Services to Households Repair and Other Services	19263	10812	8451	111540	52323	59217
卫生和社会工作	Health and Social Service	1498	649	849	24165	8502	15663
文化、体育和娱乐业	Culture,Sports and Entertainment	6295	2705	3590	39661	13112	26549
其他行业	Others	20244	7169	13075	127172	32646	94526

注：资料来源于省工商局(下表同)。

Note: Data in the table are obtained from Guizhou Provincial Industrial and Commercial Bureau(the same applies to the next table).

4-10 城乡个体工商户数和就业人员(2017)

Number of Household and Self-Employed Individuals in Urban and Rural Areas

指 标	Item	个体工商户数(户) Number of individual industrial and commercial households(Household)	城镇 Urban Areas	乡村 Rural Areas	就业人员(人) Number of Employed (Person)	城镇 Urban Areas	乡村 Rural Areas
总 计	**Total**	**1848583**	**707143**	**1141440**	**3242021**	**1331072**	**1910949**
农、林、牧、渔业	Farming,Forestry, Animal Husbandry and Fishery	56276	6376	49900	103774	11736	92038
采矿业	Mining	2726	534	2192	11134	2054	9080
制造业	Manufacturing	88049	25513	62536	193636	52124	141512
电力、热力、燃气及水的生产和供应业	Production and Supply of Electricity Heat Gas and Water	579	128	451	1306	260	1046
建筑业	Construction	5230	1489	3741	14005	4009	9996
批发和零售业	Wholesale and Retail Trades	1172011	449873	722138	1781696	733176	1048520
交通运输、仓储和邮政业	Transport,Storage and Post	25640	15785	9855	38847	23795	15052
住宿和餐饮业	Hotels and Catering Services	278199	116680	161519	607541	295409	312132
信息传输、软件和信息技术服务业	Information Transmission, Software and Information Technology	11175	3405	7770	18295	7058	11237
房地产业	Real Estate	420	209	211	1194	597	597
租赁和商务服务业	Leasing and Business Services	20744	8415	12329	41215	15324	25891
居民服务、修理和其他服务业	Services to Households Repair and Other Services	163456	68601	94855	353156	156722	196434
卫生和社会工作	Health and Social Service	3790	1842	1948	11519	4970	6549
文化、体育和娱乐业	Culture,Sports and Entertainment	9537	3855	5682	42867	15082	27785
其他行业	Others	10751	4438	6313	21836	8756	13080

4-11 城镇新就业人数和失业人数

Number of Newly Employed Persons and Unemployed Persons in Urban Areas

单位：万人 (10000 persons)

指 标	Item	2013	2014	2015	2016	2017
新就业人数总计	Total Incremental Employed Personnels	63.39	75.03	79.71	82.93	80.58
#新增就业人数	Number of Newly Incremental employed persons	55.49	68.37	72.68	75.78	76.93
城镇登记失业人数	Number of Registered Unemployed Persons in Urban Areas	13.66	14.09	14.49	14.78	14.90
城镇登记失业率(%)	Registered Unemployment Rate in Urban Areas(%)	3.26	3.27	3.29	3.24	3.23

注：资料来源于省人力资源社会保障厅(以下相关表同)。

Note: Data in the table are obtained from Guizhou Department of Human Resources and Social Security (the related tables in the chapter are the same).

4-12 下岗失业人员享受再就业优惠政策情况

Statistics of Re-employment Preferential Policies for Laid-off Workers

单位：人 (person)

指 标	Item	2013	2014	2015	2016	2017
下岗失业人员实现再就业	Laid-off Workers	141833	152902	145504	139941	143872
#就业困难对象实现就业	Residents Experiencing Employment Difficulty	70397	74902	72836	75446	78247
消除零就业家庭(户)	Number of Househoulds rased Zero-employment Families (household)	256	171	145	192	199
促进零就业家庭成员就业	Promoting Zero-employment Families Employed	318	191	189	271	216
从事公益性岗位人数	Number of Persons Engaged in Public-service Jobs	89620	74430	76252	67509	68546
享受职业培训补贴人数	Number of Persons Receiving Professional Training Subsidies	149368	80310	88815	181485	209226
享受职业介绍补贴人数	Number of Persons Receiving Job Services Subsidies	4084	1957	4720	136	—
享受技能鉴定补贴人数	Number of Persons Receiving Skill Identification Subsidies	39108	28656	42764	53889	52791
享受社会保险补贴人数	Number of Persons Receiving Social Insurance Subsidies	84683	62512	63520	70794	70316
使用就业再就业资金(万元)	Using Employment and Re-employment Fund(10000 yuan)	214296	187105	182949	207989	186839
#社会保险补贴	Social Insurance Subsidies	55450	41625	38831	44494	44203
岗位补贴	Post Subsidies	84805	69639	77694	93219	87842
职业培训补贴	Professional Training	35622	33897	21459	31455	36087
职业介绍补贴	Job Services	257	234	265	4	—
扶持公共就业服务	Supporting Public Employment Service	1122	2888	4624	2919	—

4-13 职业技能鉴定

Occupation Skill Appraisal

单位:人 (person)

指 标	Item	2013	2014	2015	2016	2017
参加职业技能鉴定	Number of Persons Joining in Occupation Skill Appraisal	132382	188815	190104	203329	221508
获取证书人数	Number of Persons With Qualification Certificates	123983	175487	164900	179025	193698
#高级技工	Advanced Mechanic	11463	20346	18891	27595	27548
#技 师	Technician	837	1116	996	736	1243
#高级技师	Advanced Technician	375	333	247	322	345

4−14 历年就业人员

Employed Persons Over the Years

单位：万人 (10000 persons)

年份 Year	就业人员 Total Employed Persons	第一产业 Primary Industry	第二产业 Secondary Industry	第三产业 Tertiary Industry
1978	1053.67	872.89	108.26	72.52
1979	1060.62	873.88	105.63	81.11
1980	1109.63	919.69	102.01	87.93
1981	1152.95	954.55	102.64	95.76
1982	1207.06	989.78	109.53	107.75
1983	1234.18	1014.15	109.99	110.04
1984	1285.32	1037.71	122.12	125.49
1985	1335.17	1018.38	185.98	130.81
1986	1383.17	1053.26	197.09	132.82
1987	1435.85	1115.35	180.53	139.97
1988	1501.32	1172.51	185.80	143.01
1989	1570.84	1228.64	163.19	179.01
1990	1651.75	1292.30	169.10	190.35
1991	1701.47	1329.56	177.72	194.19
1992	1739.03	1359.00	173.35	206.68
1993	1779.01	1374.00	171.00	234.01
1994	1828.30	1365.00	181.90	281.40
1995	1812.20	1312.80	268.80	230.60
1996	1783.20	1235.60	278.50	269.10
1997	1796.70	1251.10	256.60	289.00
1998	1844.43	1284.72	251.57	308.14
1999	1832.50	1299.90	201.40	331.20
2000	1866.28	1305.28	221.80	339.20
2001	2068.01	1692.33	133.88	241.80
2002	2106.14	1698.39	108.89	298.86
2003	2145.00	1671.20	120.49	353.31
2004	2186.00	1672.29	124.60	389.11
2005	1944.29	1497.26	164.00	283.04
2006	1953.24	1487.40	174.17	291.67
2007	1872.64	1388.02	172.31	312.31
2008	1867.20	1350.32	180.73	336.15
2009	1841.92	1299.29	197.60	345.03
2010	1770.90	1209.55	203.52	357.82
2011	1792.80	1194.39	215.86	382.55
2012	1825.82	1189.04	238.10	398.68
2013	1864.21	1179.76	264.32	420.13
2014	1909.69	1171.02	291.42	447.25
2015	1946.65	1161.54	315.38	469.73
2016	1983.72	1136.87	340.41	506.44
2017	2023.20	1123.83	365.99	533.38

注：2010年数据是根据第六次人口普查长表数据推算，2005—2009年数据是根据第六次人口普查结果采用趋势离差法进行修订，2011年及以后按同口径进行推算。

Note:Data of employees were estimated according to the 6th National Population Census in 2010,From 2005 to 2009, according to the result of the first National Population Census, the total number of employees were revised by the trend deviation method, and the same to 2011 and after.

4-15 历年非私营单位在岗职工人数

Number of Employed persons in Non-private Units Over the Years

单位：万人 (10000 persons)

年份 Year	合 计 Total	国有单位 State-owned Units	集体单位 Collective-owned Units	其他单位 Units of Other Types of Owership
1978	171.19	137.66	33.53	
1979	175.56	142.32	33.24	
1980	178.18	146.14	32.04	
1981	185.73	153.50	32.23	
1982	191.03	158.08	32.95	
1983	193.33	160.54	32.79	
1984	197.13	159.53	37.60	
1985	202.33	162.11	40.03	0.19
1986	206.69	167.81	38.78	0.10
1987	211.92	172.58	38.88	0.46
1988	214.43	176.32	37.56	0.55
1989	216.70	180.10	35.90	0.70
1990	225.48	185.35	39.19	0.94
1991	231.88	190.45	40.49	0.94
1992	235.80	193.61	40.94	1.25
1993	233.11	192.83	38.35	1.93
1994	230.88	194.47	34.87	1.54
1995	226.55	193.36	29.63	3.56
1996	231.64	196.60	30.45	4.59
1997	232.80	196.08	31.33	5.39
1998	207.01	167.14	23.98	15.89
1999	197.80	156.86	21.03	19.91
2000	193.96	153.55	19.00	21.41
2001	189.18	148.87	15.73	24.58
2002	188.47	146.96	14.39	27.12
2003	188.70	141.75	13.71	33.24
2004	192.67	139.57	12.77	40.33
2005	202.02	140.50	9.81	51.71
2006	201.87	137.86	8.86	55.15
2007	207.53	141.48	8.10	57.95
2008	199.76	140.97	7.42	51.37
2009	206.44	141.79	6.69	57.96
2010	210.67	146.81	6.41	57.45
2011	225.91	158.26	7.17	60.47
2012	249.67	161.19	6.16	82.32
2013	273.27	152.41	5.49	115.37
2014	278.63	153.30	5.27	120.07
2015	277.62	152.36	4.62	120.64
2016	278.57	154.79	4.15	119.63
2017	285.46	152.10	4.02	129.34

4-16 历年非私营单位在岗职工平均工资

Average Wages of Employed persons in Non-private Units Over the Years

单位：元 (yuan)

年 份 Year	在岗职工平均工资 Average Wages of Staff and Workers	国有单位 State-owned Units	集体单位 Collective-owned Units	其他单位 Units of Other Types of Owership
1978	616	642	450	
1979	654	692	448	
1980	755	797	502	
1981	774	804	535	
1982	783	815	562	
1983	801	830	608	
1984	913	949	708	
1985	1066	1132	787	
1986	1216	1297	859	1236
1987	1319	1395	961	1204
1988	1531	1627	1072	1389
1989	1676	1777	1158	1647
1990	1947	2070	1347	2281
1991	2090	2214	1489	2527
1992	2406	2543	1717	3286
1993	2823	2958	2104	3375
1994	3870	4085	2618	4475
1995	4475	4672	3061	5369
1996	4917	5125	3456	5613
1997	5206	5434	3556	6461
1998	5775	5819	4426	7289
1999	6595	6695	5008	7456
2000	7453	7594	5444	8325
2001	8991	9308	6218	8831
2002	9810	10150	6566	9680
2003	11037	11390	7504	10975
2004	12431	12870	8630	12103
2005	14344	14681	10506	14161
2006	16815	17638	12873	15365
2007	20668	22106	16893	17668
2008	24602	25874	20914	21659
2009	28245	29956	22167	24772
2010	31458	32718	24703	29006
2011	37331	38914	31601	33851
2012	42733	45825	40420	36816
2013	49087	52327	50545	44819
2014	54685	56918	59458	51627
2015	62591	69068	69106	54087
2016	69678	77585	75197	59231
2017	75109	84470	84410	63644

主要统计指标解释

就业人员 指在16周岁及以上，从事一定社会劳动并取得劳动报酬或经营收入的人员。这一指标反映了一定时期内全部劳动力资源的实际利用情况，是研究我国基本国情国力的重要指标。

单位就业人员 指在各级国家机关、政党机关、社会团体及企业、事业单位中工作，取得工资或其他形式的劳动报酬的全部人员。包括在岗职工、再就业的离退休人员、民办教师以及在各单位中工作的外方人员和港澳台方人员、兼职人员、借用的外单位人员和第二职业者。不包括离开本单位仍保留劳动关系的职工。各单位的就业人员反映了各单位实际参加生产或工作的全部劳动力。

在岗职工 指在本单位工作并由单位支付工资的人员，以及有工作岗位，但由于学习、病伤产假等原因暂未工作，仍由单位支付工资的人员。

国有单位职工指在国有经济单位及其附属机构工作，并由其支付工资的各类人员。

城镇集体单位职工指在城镇集体经济单位及其管理部门工作，并由其支付工资的各类人员。

其他单位职工指在联营经济、股份制经济、外商投资经济、港、澳、台投资经济单位工作，并由其支付工资的各类人员。

工资总额 指各单位在一定时期内直接支付给本单位全部就业人员的劳动报酬总额。工资总额的计算原则应以直接支付给就业人员的全部劳动报酬为根据。各单位支付给就业人员的劳动报酬以及其他根据有关规定支付的工资，不论是计入成本的还是不计入成本的，不论是按国家规定列入计征奖金税项目的，还是未列入计征奖金税项目的，不论是以货币形式支付的还是以实物形式支付的，均包括在工资总额内。

平均工资 指企业、事业、机关单位的就业人员在一定时期内平均每人所得的货币工资额。它表明一定时期职工工资收入的高低程度，是反映就业人员工资水平的主要指标。计算公式为：

$$\text{平均工资}=\frac{\text{报告期实际支付的全部就业人员工资总额}}{\text{报告期全部就业人员平均人数}}$$

城镇登记失业人员 在一定的劳动年龄内(16 周岁至退休年龄)，有劳动能力，无业而要求就业，并在当地劳动保障部门进行失业登记的人员。

城镇登记失业率 城镇登记失业人员与城镇单位就业人员(扣除使用的农村劳动力、聘用的离退休人员、港澳台及外方人员)、城镇单位中的不在岗职工、城镇私营业主、个体户主、城镇私营企业和个体就业人员、城镇登记失业人员之和的比。计算公式为：

$$\text{城镇登记失业率}=\frac{\text{城镇登记失业人数}}{\begin{array}{l}\text{(城镇单位就业人员}-\text{使用的农村劳动力}-\text{聘用的离退休人员}-\text{聘用的港澳台}\\ \text{及外方人员)}+\text{不在岗职工}+\text{城镇私营业主}+\text{城镇个体户主}+\text{城镇私营企业}\\ \text{及个体就业人员}+\text{城镇登记失业人数}\end{array}}\times 100\%$$

Explanatory Notes on Main Statistical Indicators

Employed Persons refer to persons aged 16 and over who are engaged in social working and receive remuneration payment or earn business income. This indicator reflects the actual utilization of total labour force during a certain period of time and is often used for the research on China's economic situation and national power.

Persons Employed in Various Units refer to all the persons working in government agencies of various levels, political and party organizations, social organizations, enterprises and institutions, and receiving wages or other forms of payment. They include fully-employed staff and workers, re-employed retirees, teachers in the schools run by the local people, foreigners and Chinese compatriots from Hong Kong, Macao, and Taiwan working in various units, part-time employees, employees of other units working temporarily at current posts, and employees holding the second job, but exclude staff and workers who have left their working units while keeping their labour contract (employment relation) unchanged. This indicator reflects the total number of laborers actually engaged in production or other operations in various units.

Employed Staff and Workers refer to persons who work in, and receive wages from their working units, including persons who have their work posts but are temporarily absent from work for reasons of study or on sick, injury or maternal leave and still receive wages from their working units.

Staff and Workers in State-Owned Unit refer to the person who work in the state-owned economic units and their subsidiary bodies, and all kinds of personnel to pay wages.

Staff and Workers of Collective Owned Units in Urban Areas refers to the person who work in collective owned units in urban areas and their management department and receive payment therefrom

Staff and Workers in Units of Other types of Ownership refers to the joint venture, the joint stock economy, foreign investment in the economy, Hong Kong, Macao, Taiwan investment economic units, and by the payment of all kinds of personnel.

Total Wage Bill refers to the total remuneration payment to employed persons in various units during a certain period of time. The calculation of total wage bill is based on the total remuneration payment to employed persons . Therefore, all the wages and salaries and other payments to employed persons are included in the total wage bill regardless of sources, reckoning the cost of production or not, category, listing as items of premium taxation or not, and forms, paying in cash or in kind.

Average Wage refers to the average wage in money terms per person during a certain period of time for employed persons in enterprises, institutions, and government agencies, which reflects the general level of wage income during a certain period of time and is calculated as follows:

$$\text{Average Wage} = \frac{\text{Total Wage Bill of Employed Personsat Reference Time}}{\text{Average Number of Persons Employed at Reference Time}}$$

Registered Unemployed Persons in Urban Areas refer to the persons at certain working ages (16 years old to retirement age), who are capable of working, unemployed and willing to work, and have been registered at the local employment service agencies to apply for a job.

Registered Unemployment Rate in Urban Areas refers to the ratio of the number of the registered unemployed persons to the sum of the number of persons employed in various units (minus the employed rural labour force, re-employed retirees, and Hong Kong, Macao, Taiwan or foreign employees), laid-off staff and workers in urban units, owners of private enterprises in urban areas, owners of self-employed individuals in urban areas, employees of private enterprises in urban areas, employee of self-employed individuals in urban areas, and the registered unemployed persons in urban areas. The formula is as follows:

$$\text{Registered unemployment rete in urban areas} = \frac{\text{number of registered urban unemployed persons}}{\text{(number of persons employed in urban units} - \text{employed rural labour forcere} - \text{employed retirees} - \text{Hong Kong, Macan, Taiwan of foreign employees)} + \text{laid-off staff and workers} + \text{owners of urban private enterprises} + \text{owners of urban self-employed individuals} + \text{employees of urban private enterprises} + \text{employees of urban self-employed individuals} + \text{registered unemployed persons in urban areas}} \times 100\%$$

固定资产投资

Investment in Fixed Assets 5

简 要 说 明

一、主要内容

本篇资料通过对一定时期建造和购置固定资产活动的数量方面的描述，反映报告期内固定资产投资的规模、速度、结构和比例关系，以及固定资产投资的资金来源和投资效果等。

二、统计口径

1.固定资产投资统计口径为全省计划总投资 500 万元及以上的固定资产项目投资和房地产开发项目投资。2.房地产开发企业统计范围包括全省纳入基本单位名录的所有房地产开发企业。

三、资料来源

本篇资料由省统计局固定资产投资统计处提供。

Brief Introduction

I. Main Contents

Statistics in this chapter describe activities on the construction and purchase of fixed assets of the whole country during a given period of time, and reflect the size, growth, structure, ratio, financing and results of the investment in fixed assets during the reference period.

II. Scope of Statistics

1. The total investment in fixed assets refers to those projects that planned to invest at least 5 million yuan, investments in real estate development projects and rural household investment. 2. The fixed assets refers to those projects that planned to invest at least 5 million yuan in investment in fixed assets and real estate development. 3. The statistics scope of real estate development enterprises are the whole real estate development enterprises in Guizhou Province which are included in the basic unit directory.

III. Sources of Data

Data in this chapter are provided by the Department of fixed Assets Investment Department of Guizhou Provincial Bureau of Statistics.

5-1 固定资产投资
Investment in Fixed Assets

指 标	Item	2017年 (亿元) 100 million	增速 (%) Growth
固定资产投资额	Investment in Fixed Assets	**15288.01**	**20.1**
按产业分	Grouped Strata of Industry		
第一产业	Primary Industry	375.28	29.9
第二产业	Secondary Industry	2551.77	5.8
第三产业	Tertiary Industry	12360.96	23.3
#基础设施投资	Infrastructure Investment	6757.29	25.5
#铁路投资	Railway Investment	203.60	-34.6
公路投资	Highway Investment	1882.39	13.2
工业投资	Industry Investment	2537.49	5.2
房地产开发投资	Investment in Real Estate Development	2201.00	2.4
按构成分	Grouped by Structure		
#建筑工程	Construction	12111.12	22.9
安装工程	Installation	690.23	5.9
设备工器具购置	Purchase of Equipment	836.23	6.8
本年资金来源小计	Sources of Funds This Year	13263.63	19.1
#国家预算资金	State Budget	1112.71	12.8
国内贷款	Domestic Loans	2313.66	24.0
自筹资金	Self-raising Funds	7384.68	13.7
利用外资	Foreign Investment	29.14	-11.6

注：本表统计口径为计划总投资500万元及以上的固定资产项目投资及所有房地产开发项目投资（以下相关表同）。

Note: The statistical criteria is total planned investment of 5 million yuan and above in the fixed assets investment projects and investment in real estate development projects (the same as in the following tables).

5-2 按行业分固定资产投资
Investment of Fixed Assets by Sector

指　　标	Item	2017年 (亿元) 100 million	增速 (%) Growth
固定资产投资	Investment in Fixed Assets(100 million yuan)	**15288.01**	**20.1**
农、林、牧、渔业	Farming, Forestry, Animal Husbandry and Fishery	725.79	36.8
采矿业	Mining	467.88	-7.6
#煤炭开采和洗选业	Mining and Washing of Coal	294.68	-8.7
制造业	Manufacturing	1581.18	10.8
#农副食品加工业	Processing of Food from Agricultural Products	173.04	26.6
食品制造业	Manufacture of Foods	58.09	20.2
酒、饮料和精制茶制造业	Manufacture of Liquor, Beverages and Refined Tea	169.97	-9.9
烟草制品业	Manufacture of Tobacco	14.08	220.1
石油加工、炼焦和核燃料加工业	Processing of Petroleum, Coking, Processing of Nuclear Fuel	5.31	4.7
化学原料和化学制品制造业	Manufacture of Raw Chemical Materials and Chemical Products	114.12	-9.1
医药制造业	Manufacture of Medicines	70.34	14.4
非金属矿物制品业	Manufacture of Non-metallic Mineral Products	190.57	-9.7
黑色金属冶炼和压延加工业	Smelting and Pressing of Ferrous Metals	43.37	7.4
有色金属冶炼和压延加工业	Smelting and Pressing of Non-ferrous Metals	64.70	11.6
汽车制造业	Manufacture of Automobiles	77.06	48.0
电气机械和器材制造业	Manufacture of Electrical Machinery and Apparatus	64.10	26.7
计算机、通信和其他电子设备制造业	Manufacture of Computer,Communication and Other Electronic Equipment	128.95	130.6
电力、热力、燃气及水生产和供应业	Production and Supply of Electricity, Hear, Gas and Water	488.42	1.8
#电力、热力生产和供应业	Production and Supply of Electric Power and Heat Power	287.37	-0.4
建筑业	Construction	17.94	100.3
交通运输、仓储和邮政业	Transport, Storage and Post	2362.30	7.7
#铁路运输业	Railway Transport	203.60	-34.6
道路运输业	Road Transport	1955.77	11.3
仓储业	Storage	128.31	80.4
信息传输.软件和信息技术服务业	Information Transmission, Software and Information Technology	180.89	69.4
#电信、广播电视和卫星传输服务业	Telecommunication Radio and Television and Satellite Transmission Services	98.28	45.0
批发和零售业	Wholesale and Retail Trades	293.02	46.7
住宿和餐饮业	Hotels and Catering Services	258.95	52.4
金融业	Financial Intermediation	17.52	41.4
房地产业	Real Estate	3589.93	3.6
租赁和商务服务业	Leasing and Business Services	298.14	55.0
科学研究和技术服务业	Scientific Research and Technical Service	59.35	40.3
水利、环境和公共设施管理业	Management of Water Conservancy, Environment and Public Facilities	3908.22	44.5
#水利管理业	Management of Water Conservancy	404.72	53.7
居民服务、修理和其他服务业	Services to Households, Repair and Other Services	69.43	33.1
教　育	Education	428.13	49.4
卫生和社会工作	Health and Social Service	189.42	79.1
#卫　生	Health	131.83	56.8
文化、体育和娱乐业	Culture, Sports and Entertainment	290.37	59.9
公共管理、社会保障和社会组织	Public Management, Social security and Social Organization	61.12	-2.3

5-3 按行业、隶属关系和注册类型分固定资产投资(2017)

单位：亿元

指　标	Item
固定资产投资（亿元）	**Investment in Fixed Assets**
农、林、牧、渔业	Farming, Forestry, Animal Husbandry and Fishery
采矿业	Mining
#煤炭开采和洗选业	Mining and Washing of Coal
制造业	Manufacturing
#农副食品加工业	Processing of Food from Agricultural Products
食品制造业	Manufacture of Foods
酒、饮料和精制茶制造业	Manufacture of Liquor, Beverages and Refined Tea
烟草制品业	Manufacture of Tobacco
石油加工、炼焦和核燃料加工业	Processing of Petroleum, Coking, Processing of Nuclear Fuel
化学原料和化学制品制造业	Manufacture of Raw Chemical Materials and Chemical Products
医药制造业	Manufacture of Medicines
非金属矿物制品业	Manufacture of Non-metallic Mineral Products
黑色金属冶炼和压延加工业	Smelting and Pressing of Ferrous Metals
有色金属冶炼和压延加工业	Smelting and Pressing of Non-ferrous Metals
汽车制造业	Manufacture of Automobiles
电气机械和器材制造业	Manufacture of Electrical Machinery and Apparatus
计算机、通信和其他电子设备制造业	Manufacture of Computer,Communication and Other Electronic Equipment
电力、热力、燃气及水生产和供应业	Production and Supply of Electricity, Hear, Gas and Water
#电力、热力生产和供应业	Production and Supply of Electric Power and Heat Power
建筑业	Construction
交通运输、仓储和邮政业	Transport, Storage and Post
#铁路运输业	Railway Transport
道路运输业	Road Transport
仓储业	Storage
信息传输、软件和信息技术服务业	Information Transmission, Software and Information Technology
#电信、广播电视和卫星传输服务业	Telecommunication Radio and Television and Satellite Transmission Services
批发和零售业	Wholesale and Retail Trades
住宿和餐饮业	Hotels and Catering Services
金融业	Financial Intermediation
房地产业	Real Estate
租赁和商务服务业	Leasing and Business Services
科学研究和技术服务业	Scientific Research and Technical Service
水利、环境和公共设施管理业	Management of Water Conservancy, Environment and Public Facilities
#水利管理业	Management of Water Conservancy
居民服务、修理和其他服务业	Services to Households, Repair and Other Services
教　育	Education
卫生和社会工作	Health and Social Service
#卫　生	Health
文化、体育和娱乐业	Culture, Sports and Entertainment
公共管理、社会保障和社会组织	Public Management, Social security and Social Organization

Investment in Fixed Assets by Sector, Jurisdiction of Management and Registration Status

(100 million yuan)

按隶属关系分 Grouped by Jurisdiction of Management		按注册类型分 Grouped by Status of Registration			
中央 Central	地方 Local	内资企业 Domestic Enterprises	港、澳、台商投资企业 Enterprises with Funds from Hong Kong, Macao and Taiwan	外商投资企业 Foreign Funded Enterprises	个体经营 Self-employed Individual
397.57	**14890.44**	**15061.65**	**143.82**	**69.04**	**13.50**
0.50	725.28	720.37			5.42
7.88	460.00	464.09		1.88	1.91
7.88	286.79	293.29		0.90	0.49
62.72	1518.47	1562.12	6.45	10.94	1.68
	173.04	171.78	0.45		0.80
	58.09	56.09	2.00		
1.08	168.89	162.96	0.58	6.10	0.34
5.76	8.32	14.08			
	5.31	4.95			0.36
	114.12	114.04		0.08	
	70.34	67.45		2.89	
0.71	189.86	190.35	0.22		
	43.37	42.00		1.38	
48.72	15.97	64.70			
	77.06	76.57		0.50	
0.94	63.16	64.10			
0.06	128.89	128.76			0.19
73.47	414.95	447.46	37.74	3.22	
71.63	215.74	246.98	37.17	3.22	
	17.94	17.94			
154.56	2207.74	2337.91	24.39		
115.62	87.99	203.60			
38.35	1917.42	1934.44	21.32		
0.59	127.72	125.24	3.07		
60.02	120.87	137.46		43.43	
58.24	40.04	54.85		43.43	
	293.02	286.67	0.44	5.46	0.45
	258.95	256.37			2.58
0.14	17.38	17.52			
3.30	3586.63	3517.30	68.37	4.11	0.15
	298.14	298.14			
4.61	54.74	55.46	3.90		
29.40	3878.82	3905.41	2.54		0.27
13.91	390.81	404.72			
	69.43	69.43			
0.88	427.26	427.98			0.16
0.07	189.34	189.42			
0.07	131.76	131.83			
	290.37	289.49			0.88
0.01	61.11	61.12			

5-4 房地产开发企业基本情况(2017)

单位：亿元

指 标	Item	总 计 Total
企业个数(个)	**Number of Enterprises(unit)**	**2674**
年末从业人员总计(人)	**Number of Employed Persons at the Year-end (person)**	**80320**
本年完成投资	**Investment Completed This Year**	**2201.00**
按工程用途分	By Use of Project	
#住宅	Residential Buildings	1365.33
办公楼	Office Buildings	104.35
商业营业用房	Houses for Business Use	492.54
其 他	Others	238.78
按构成分	Grouped by Structure	
建筑工程	Construction	1740.73
安装工程	Installation	158.19
设备工器具购置	Purchase of Equitment and Instruments	23.69
其他费用	Others	278.40
本年实际到位资金（资金来源小计）	**Actual Funds This Year (Source of Funds)**	**2296.50**
#国内贷款	Domestic Loans	149.60
自筹资金	Self-raising Fund	779.40
其他资金来源	Others	1367.50
#个人按揭贷款	Personal Housing Mortgage Loans	537.63
土地购置费	Land Acquisition Costs	107.64
待开发土地面积(万平方米)	Land Space Pending Development (10000 sq.m)	670.77
本年土地购置面积(万平方米)	Land Space Purchased This Year(10000 sq.m)	438.87
房屋施工面积(万平方米)	Floor Space of Buildings Under Construction(10000 sq.m)	20385.43
本年房屋竣工面积(万平方米)	Floor Space of Buildings Completed This Year (10000 sq.m)	1171.70
房屋建筑面积竣工率(%)	Rate of Floor Space of Buildings Completed(%)	5.75
新开工房屋面积(万平方米)	**Floor Space Started This Year(10000 sq.m)**	**3310.77**
住 宅	Residential Buildings	2208.59
办公楼	Office Buildings	76.19
商业营业用房	Houses for Business Use	583.36
其 他	Others	442.62

Basic Conditions of Real Estate Development Enterprises

(100 million yuan)

内资企业 Domestic Funded	#国有企业 State-owned Enterprises	#私营有限责任公司 Private Limited Liability Company	#私营股份有限公司 Private Share-holding Corporations Limited	港澳台商投资企业 Enterprises with Funds from HongKong, Macao and TaiWan	外商投资企业 Foreign Funded Enterprises
2634	**27**	**1195**	**78**	**31**	**9**
78889	**559**	**31880**	**2148**	**1162**	**269**
2128.52	**3.96**	**709.41**	**37.99**	**68.37**	**4.11**
1317.41	2.68	439.08	26.89	47.62	0.30
102.16	0.17	17.04	1.31	1.10	1.09
477.29	0.47	188.52	7.50	13.62	1.63
231.66	0.64	64.78	2.29	6.03	1.09
1671.82	3.46	587.92	33.84	64.95	3.96
155.68	0.22	63.92	2.04	2.44	0.06
23.68	0.15	10.42	0.51	0.00	0.01
277.34	0.12	47.15	1.60	0.98	0.08
2223.69	**3.78**	**813.86**	**35.72**	**68.75**	**4.06**
146.60	0.84	44.57	0.44	3.00	
770.35	0.62	315.28	16.59	8.26	0.78
1306.74	2.32	454.02	18.69	57.48	3.28
515.85	1.16	196.73	7.08	20.92	0.86
107.64		20.72	0.25		
670.77		235.09	12.23		
437.52		134.33	1.10	1.35	
20073.69	69.92	7542.43	555.06	185.95	125.78
1140.56		390.62	18.68	31.13	
5.68		5.18	3.37	16.74	
3277.80	**8.21**	**1508.87**	**64.25**	**31.86**	**1.11**
2176.87	4.85	964.06	48.78	31.72	
75.82	0.40	17.50	0.87		0.37
582.79	2.20	309.84	10.28	0.14	0.44
442.32	0.75	217.48	4.32		0.30

5-5 房地产开发投资主要指标
Main Indicator on Real Estate Development

指　标	Item	2013	2014	2015	2016	2017	2017年比2016年增长(%) Increase Rate in 2017over 2016(%)
本年土地购置面积（万平方米）	**Land Space Purchased This Year (10000 sq.m)**	**1210**	**936**	**601.20**	**317.06**	**438.87**	**38.4**
本年完成投资(亿元)	**Investment Completed This Year (100 million yuan)**	**1942.54**	**2187.67**	**2205.09**	**2148.96**	**2201.00**	**2.4**
#住　宅	Residential Buildings	1224.23	1350.34	1327.77	1243.60	1365.33	9.8
本年实际到位资金（资金来源小计）(亿元)	**Actual Funds This Year (Source of Funds) (100 million yuan)**	**2145.72**	**2336.62**	**2248.27**	**2179.27**	**2296.50**	**5.4**
#国内贷款	Domestic Loans	226.82	242.62	220.30	**201.46**	**149.60**	**-25.7**
自筹资金	Self-raising Funds	877.20	964.86	898.35	834.77	779.40	-6.6
房屋建筑面积(万平方米)	**Floor Space of Buildings(10000 sq.m)**						
房屋施工面积	Floor Space under Construction	17357	20369	20878	20352	20385	0.2
#本年新开工面积	Floor Space Started This Year	5628	4616	4206	3468	3311	-4.5
#住　宅	Residential Buildings	12316	13793	13593	12847	12790	-0.4
本年房屋竣工面积	Floor Space Completed	1765	2842	2583	1901	1172	-38.4
#住　宅	Residential Buildings	1352	2046	1927	1283	785	-38.8

注：根据《国家统计局关于印发2016年统计年报和2017年定期统计报表制度主要修订内容的通知》（国统字〔2016〕125号），2017年起“本年资金来源小计”改为“本年实际到位资金”（下表同）。

Note:According to the notice of the National Bureau of Statistics on Major Amendments to the Issuance of the 2016 Annual Statistical Report and the 2017 Periodic Statistical Statement System (guo tong zi [2016] no. 125), "Source of Funds This Year" has changed into "Actual Funds This Year" since 2017 (the same as in the following tables).

5-6 房地产开发企业商品房销售面积(2017)
Floor Space of Commercialized Buildings Sold of Enterprises for Real Estate Development

单位：万平方米 (10000 sq.m)

指 标	Item	本年商品房销售面积 Floor Space of Commercialized Buildings Sold This Year	#住 宅 Residential Buildings
总计	**Total**	**4696.90**	**3897.65**
现房	Existing House	778.23	575.00
期房	Forward House	3918.67	3322.65
按登记注册类型分	**Grouped by status of Registration**		
#内资企业	Domestic Funded	4598.69	3808.88
#国有企业	State-owned Enterprises	10.24	7.07
其他有限责任公司	Other Limited Liability Corporations	2373.23	1947.93
股份有限公司	Share-holding Corporations Ltd.	74.94	58.69
私营独资企业	Private-funded Enterprises	2.78	2.78
私营有限责任公司	Private Limited Liability Corporations	1860.09	1539.42
私营股份有限公司	Private Share-holding Corporations Ltd.	103.82	87.10
港澳台商投资企业	Enterprises with Funds from Hong Kong,Macao and Taiwan	89.04	85.46
#与港澳台商合资经营企业	Joint-venture Enterprises	18.47	18.38
港澳台商独资经营企业	Enterprises with Sole Fund	68.16	67.09
外商投资企业	Foreign Funded Enterprises	9.17	3.31

5-7 房地产开发企业商品房销售额(2017)
Total Sale of Commercialized Buildings Sold of Enterprises for Real Estate Development

单位：亿元 (100 million yuan)

指 标	Item	本年商品房销售额 Total Sale of Commercialized Buildings Sold This Year	#住 宅 Residential Buildings
总计	**Total**	**2240.77**	**1623.37**
现房	Existing House	316.66	181.28
期房	Forward House	1924.11	1442.09
按登记注册类型分	**Grouped by status of Registration**		
#内资企业	Domestic Funded	2168.30	1557.58
#国有企业	State-owned Enterprises	7.37	2.42
其他有限责任公司	Other Limited Liability Corporations	1204.24	866.77
股份有限公司	Share-holding Corporations Ltd.	27.67	17.70
私营独资企业	Private-funded Enterprises	1.17	1.17
私营有限责任公司	Private Limited Liability Corporations	813.21	574.00
私营股份有限公司	Private Share-holding Corporations Ltd.	44.60	32.61
港澳台商投资企业	Enterprises with Funds from Hong Kong,Macao and Taiwan	67.33	64.52
#与港澳台商合资经营企业	Joint-venture Enterprises	13.57	13.43
港澳台商独资经营企业	Enterprises with Sole Fund	52.17	51.09
外商投资企业	Foreign Funded Enterprises	5.13	1.27

主要统计指标解释

固定资产投资 是以货币形式表现的在一定时期内建造和购置固定资产的工作量以及与此有关的费用的总称。该指标是反映固定资产投资规模、结构和发展速度的综合性指标,又是观察工程进度和考核投资效果的重要依据。

房地产开发投资 指各种登记注册类型的房地产开发法人单位统一开发的住宅、厂房、仓库、饭店、宾馆、度假村、写字楼、办公楼等房屋建筑物，配套的服务设施，土地开发工程（如道路、给水、排水、供电、供热、通讯、平整场地等基础设施工程）和土地购置的投资；不包括单纯的土地开发和交易活动。

固定资产投资的资金来源 根据固定资产投资的资金来源不同，分为国家预算资金、国内贷款、债券、利用外资、自筹资金和其他资金。

(1) 国家预算资金 指各级政府用于固定资产投资的财政资金。国家预算包括一般预算、政府性基金预算、国有资本经营预算和社保基金预算。各类预算中用于固定资产投资的资金全部作为国家预算资金填报，其中一般预算中用于固定资产投资的部分包括基建投资、车购税、灾后恢复重建基金和其他财政投资。各级政府债券也应归入国家预算资金。

(2) 国内贷款 指报告期固定资产投资项目单位向银行及非银行金融机构借入用于固定资产投资的各种国内借款，包括银行利用自有资金及吸收存款发放的贷款、上级主管部门拨入的国内贷款、国家专项贷款（包括煤代油贷款、劳改煤矿专项贷款等），地方财政专项资金安排的贷款、国内储备贷款、周转贷款等。

(3) 利用外资 指报告期收到的境外（包括外国及港澳台地区）资金(包括设备、材料、技术在内)。包括对外借款(外国政府贷款、国际金融组织贷款、出口信贷、外国银行商业贷款、对外发行债券和股票)、外商直接投资、外商其他投资(包括补偿贸易、加工装配由外商提供的设备价款、国际租赁，外商投资收益的再投资资金)。不包括我国自有外汇资金(国家外汇、地方外汇、留成外汇、调济外汇和中国境内银行自有资金发放的外汇贷款等)。各类外资按报告期的外汇牌价（中间价）折成人民币计算。

(4) 自筹资金 指在报告期内筹集的用于项目建设和购置的资金。包括自有资金、股东投入资金和借入资金，但不包括各类财政性资金、从各类金融机构借入资金和国外资金。

(5) 其他资金来源 指在报告期收到的除以上各种资金之外的用于固定资产投资的资金。

固定资产投资按国民经济行业分 根据建设项目建成投产后的主要产品种类或主要用途及社会经济活动种类来填报，不根据项目单位本身的行业类别来划分。一般情况下，一个建设项目或一个企业、事业单位只能属于一种国民经济行业。

固定资产投资按隶属关系分 是按照建设单位或企业、事业、行政单位的主管上级机关确定的。

(1) 中央 是由中共中央、人大常委会和国务院各部、委、局、总公司以及直属机构直接领导的建设项目和企业、事业、行政单位。这些单位的固定资产投资计划由国务院各部门直接编制和下达，统一组织或委托下级实施。

(2) 地方 是由省（自治区、直辖市）、地区（州、盟、省辖市）、县（旗、县级市）三级政府及业务主管部门直接领导和管理的建设项目、企业、事业、行政单位。地方项目还包括不隶属以上各级政府及主管部门的建设项目和企业、事业单位，如外商投资企业和无主管部门的企业等。

固定资产投资按构成分 固定资产投资活动按其工作内容和实现方式分为建筑安装工程，设备、工具、器具购置，其他费用三个部分。

(1) 建筑安装工程(建筑安装工作量)：指各种房屋、建筑物的建造工程，以及各种设备、装置的安装工程。包括各种房屋如厂房、仓库、办公室、住宅、商店、学校、医院、俱乐部、食堂、招待所。包括：房屋的土建工程；列入房屋工程预算内的暖气、卫生、通风、照明、煤气等设备的价值及装设油饰工程；列入建筑工程预算内的各种管道（如蒸汽、压缩空气、石油、给排水等管道）、电力、电讯电缆导线等的敷设工程；设备基础、支柱、操作平台、梯子、烟囱、凉水塔、水池、灰塔等建筑工程；炼焦炉、裂解炉、蒸汽炉等各种窑炉的砌筑工程及金属结构工程；为施工而进行的建筑场地的布置、工程地质勘探，原有建筑物和障碍物的拆除，平整场地、施工临时用水、电、汽、道路工程，以及完工后建筑场地的清理、环境绿化美化工作等；矿井的开凿，井巷掘进延伸，露天矿的剥离，石油、天然气钻井工程和铁路、公路、港口、桥梁等工程；水利工程，如水库、堤坝、灌溉以及河道整治等工程；防空、地下建筑等特殊工程及其他建筑工程；生产、动力、起重、运输、传动和医疗、实验等各种需要安装设备的装配和安装，与设备相连的工作台、梯子、栏杆等装设工程，附属于被安装设备的管线敷设工程，被安装设备的绝缘、防腐、保温、油漆等工作；为测定安装工程质量，对单个设备、系统设备进行单机试运、系统联动无负荷试运工作（投料试运工作不包括在内。

在安装工程中，不包括被安装设备本身的价值。

（2）设备、工具、器具购置：指报告期内购置或自制的，达到固定资产标准的设备、工具、器具的价值。新建单位及扩建单位的新建车间，按照设计或计划要求购置或自制的全部设备、工具、器具，不论是否达到固定资产标准均计入"设备、工具、器具购置"中。

（3）其他费用：指在固定资产建造和购置过程中发生的，除建筑安装工程和设备、工器具购置投资完成额以外的应当分摊计入固定资产投资的费用，不指经营中财务上的其他费用。

房屋施工面积 指报告期内施工的全部房屋建筑面积。包括本期新开工的房屋建筑面积、上期跨入本期继续施工的房屋建筑面积、上期停缓建在本期恢复施工的房屋建筑面积、本期竣工的房屋建筑面积以及本期施工后又停缓建的房屋建筑面积。多层建筑应填各层建筑面积之和。

房屋竣工面积 指报告期内房屋建筑按照设计要求已全部完工，达到住人和使用条件，经验收鉴定合格或达到竣工验收标准，可正式移交使用的各栋房屋建筑面积的总和。

竣工面积以房屋单位工程（栋）为核算对象，在整栋房屋符合竣工条件后按其全部建筑面积一次性计算，而不是按各栋施工房屋中已完成的部分或层次分割计算。

计算房屋竣工面积，要求严格执行房屋竣工验收标准。民用建筑一般应按设计要求在土建工程和房屋本身附属的水、电、卫（包括设计中有的煤气、暖气）工程已经完工，通风、电梯等设备已经安装完毕，做到水通、灯亮，经验收鉴定合格，并正式交付给使用单位后，才能计算竣工面积。工业及科研等生产性房屋建筑一般应按设计要求在土建工程（包括水、暖、电、卫、通风）及属于房屋组成部分的生活间、操作间等已经完成（不包括安装设备的基础工程），可以进行工艺设备和管线安装时，方可计算房屋竣工面积。

商品房销售面积 指报告期内出售商品房屋的合同总面积(即双方签署的正式买卖合同中所确定的建筑面积)。由现房销售建筑面积和期房销售建筑面积两部分组成。

商品房销售额 指报告期内出售商品房屋的合同总价款(即双方签署的正式买卖合同中所确定的合同总价)。该指标与商品房销售面积同口径，由现房销售额和期房销售额两部分组成。

Explanatory Notes on Main Statistical Indicators

Total Investment in Fixed Assets in the Whole Country refers to the volume of activities in construction and purchases of fixed assets of the whole province and related fees, expressed in monetary terms during the reference period. It is a comprehensive indicator which shows the size, structure and growth of the investment in fixed assets, providing a basis for observing the progress of construction projects and evaluating results of investment. Total investment in fixed assets in the whole province includes investment in fixed assets , investment in real estate development and rural household investment. Total investment in fixed assets in the whole province includes, by type of ownership, the investment by State-owned units, collective-owned units, individuals, joint ownership units, share-holding units, as well as investments by entrepreneurs from foreign investors and from Hong Kong, Macao and Taiwan, and by other units.

Investment in Real Estate Development refers to investment by real estate development companies, commercialized buildings construction companies and other real estate development units of various types of ownership in the construction of buildings, such as residential buildings, factory buildings, warehouses, hotels, guesthouses, holiday villages, office buildings, the complementary service facilities and land development projects, such as roads, water supply, water drainage, power supply, heating supply, telecommunications, land leveling and other infrastructural projects. It does not include activities in pure land transactions.

Sources of Funds for Investment in Fixed Assets are categorized as funds from the State budget, domestic loans, bonds , foreign investment, self-raised funds, and others, depending on the sources of investment.

(1) Fund from the State budget: the financial funds of all levels of government that is using for investment in fixed assets are budget funds.State budget consists of general budget, government fund budget, operation budget of state-owned assets and social security fund budget. Funds for investment in fixed assets from various budgets are reported as fund from the state budget, of which, the general budget utilized on fixed assets investment includes investment on infrastructure construction, vehicle purchase tax, post-disaster restoration and reconstruction funds and other financial investment. Government bonds at all levels should also be included.

(2) **Domestic loans** refer to loans of various forms borrowed by investing units from banks and non-bank financial institutions during the reference period for the purpose of investment in fixed assets, including loans issued by banks from their self-owned funds and deposit, loans appropriated by higher authorities, special loans by government(Including loan for substituting petroleum with coal, special loans for reform-though-labour coal mines), loans arranged by local government from special funds, domestic reserve loan, and revolving loan, etc.

(3) **Foreign investment** refers to foreign overseas (including foreign countries ,Hong Kong, Macao and Taiwan) funds received during the reference period(covering equipment, materials and technology), including foreign borrowings (loans from foreign governments and international financial institutions, export credit, commercial loans from foreign banks, issue of bonds and stocks overseas), foreign direct investment and other foreign investments(including funds from foreign direct investment income that are reinvested in fixed assets domestically). Excluded from this category is capital in foreign exchanges owned by China (foreign exchanges owned by the central and local governments, foreign exchanges retained by enterprises, foreign exchanges by enterprises through the regulating mechanism, loans in foreign exchanges issued by the Bank of China with its own fund, etc.). In calculating the utilization of foreign capital, foreign currencies are converted into Chinese Renminbi applying the exchange rate (central parity rate) at the end of the reference period.

(4) **Self-raised funds** refer to funds for investment in fixed assets received during the reference period by investing units, including investment in fixed assets using own funds of various enterprises and institutions or funds raised from other units other than financial funds, funds borrowed from financial institutions and overseas funds.

(5) **Others** refer to funds for investment in fixed assets received from sources other than those listed above,funds raised from individuals and through donations, and funds transferred from other units.

Investment in Fixed Assets by Sector refer to the classification of construction projects by sector is determined by the major products or the purpose of the projects when they are put into production or use, and by the nature of their social economic activities. In general, one project or one enterprise or institution can only be classified into one sector.

Investment in Fixed Assets by Jurisdiction of Management refers to the classification of investment by the competent authorities under which investment is made by construction units, enterprises, institutions or administrative units.

(1) **Central investment** refers to the investment in projects or by enterprises, institutions or administrative units which are under

the direct leadership and management of the State Council and of the national commissions, ministries, agencies and State-owned large corporations. Various ministries and departments of the State Council prepare and implement plans through unified organization or lower-level commissions.

(2) (2) Local investment refers to the investment in projects or by enterprises, institutions or administrative units which are under the direct leadership and management of competent departments and governments at the level of province (autonomous regions and municipalities directly under the Central Government), prefecture (prefectures, cities and leagues) and county (districts, cities and banners). Also included are projects by foreign-invested enterprises and enterprises without competent managing authorities.

Investment in Fixed Assets by Structure By their contents and the mode of implementation, investment activities are classified into 3 categories, i.e. construction and installation, purchase of equipment and instrument, and other expenses.

(1) Construction and installation (work volume of construction and installation): refers to the construction of houses and buildings and the installation of various kinds of equipment and instruments. They include construction of houses; equipment foundations, industrial kilns and stoves, and metal structure work; preparation works and temporary works for project construction, and clearing up works post project construction; pavement of railways and roads, drilling of mines and putting up of oil pipes; construction of water conservancy; construction of underground air-raid shelters and construction of other special projects; value of equipment for heating, sanitation, ventilation, lighting, gas, painting, etc. that are covered by the budget of housing projects; laying out of various pipelines (for steam, compressed air, petroleum, tap water and sewage) and wiring and cabling for electric power and for communications; installation of various machinery and equipment; testing operation for pre-testing the quality of installation projects, and land and other development work conducted by real estate developers for commercialized housing. The value of equipment installed is itself not included in the value of installation projects.

(2) Purchase of equipment and instruments: refers to the total value of equipment, tools, and instruments purchased or self-produced which come up to the cut-off point for fixed assets by the construction units or investing enterprises or institutions. Equipment, tools and instruments purchased or self-produced for new workshops by newly established or expanded units are categorized as "purchase of equipment and instruments" no matter whether they come up to the cut-off point for fixed assets.

(3) Other expenses: refer to expenses arising during the construction or purchase of fixed assets other than those those expenses on construction, installation and purchase of equipment and instruments. Other financial expenses arising in operation are not included.

Floor Space of Buildings under Construction refers to the total floor space area of all the buildings in the reference period, It includes buildings started in the year, continued from the previous year, suspended in earlier years but restarted in the year, completed in the year, and started in the year but suspended in the year as well. The floor space of a multi-storied building should be the sum of floor space of all the stories.

Floor Space of Buildings Completed refers to the total floor space area of the buildings completed in the reference period, which meet the requirements as designed, reach the criteria set for people to live in or use, have passed the acceptance checks, and are ready for delivery or use.

The accounting object of the completion of the area is unit of housing project (building), the entire houses meet the completed conditions, in accordance with all construction area to disposable calculated, rather than divisional calculated in accordance with the construction of the building house which finished part or hierarchical.

In calculating the size of houses completed this year is demanded strictly enforced housing completion and acceptance criteria. Civil construction should generally be in accordance with the design requirements of civil works and the house itself attached water, electricity, health (including the design of some gas, heating) project has been completed, Ventilation, elevators and other equipment has been installed, to water and lights, through acceptance accreditation, and formally delivered to the use of the unit, in order to calculate the completion of the area. Industry and research and other production of housing construction general design requirements should be in the civil works (including water, heating, electricity, health, ventilation) and are an integral part of life, housing, the operating room, etc.

which have been completed (not including the installation of foundation engineering equipment), process equipment and piping can be installed, then we can calculate the area of housing construction this year.

Housing construction area completion rate refers to the rate of total gross floor area of completed housing area accounted for housing construction area during the reference period.

Area of Commercialized Housing Sold refers to total contracted area of commercialized housing (i.e. area of floor space as designated in the formal contracts signed by both sides) during the reference time. It constitutes floor space of completed housing and floor space of future housing.

Value of Commercialized Housing Sold refers to the total contracted value (i.e. value of sales/purchase for selling/purchase of commercialized housing as designated in the contract signed by both sides) during the reference time. This indicator has the same coverage as the area of commercialized housing sold, which constitutes floor space of completed housing and floor space of housing yet to be completed.

对外经济贸易

Foreign Trade and Economic Cooperation

6

简 要 说 明

一、主要内容

本篇资料综合反映全省对外贸易、利用外资、对外直接投资、对外经济合作等情况。

对外贸易主要内容包括：进出口总额、按地区分进出口商品总额、进出口商品分类等项目。

利用外资主要内容包括：外商直接投资和外商其他投资，外商投资企业登记注册情况。

二、统计范围

对外贸易统计范围：按照联合国的国际贸易统计原则制定，即凡能引起中华人民共和国关境内物质资源存量增加或减少的进出口货物，除制度另有规定者外，均列入该项统计。调查方法为全面调查。

利用外资统计范围：凡经工商行政管理机关核准登记，在贵州省所有利用外资的单位和部门，经批准设立的中外合资经营企业、合作经营企业、外资企业、外商投资股份制企业、合作开发项目等具有法人资格的独立核算企业(包括港澳台地区投资企业)，在贵州省从事经营活动的外国及港澳台地区企业及外国公司在贵州省境内设立的分支机构。

对外直接投资统计范围：包括境内投资主体通过直接投资在境外设立的各类公司型企业和非公司型企业。

三、资料来源

对外贸易统计资料来源于贵阳海关。

利用外资统计资料来源于省发展改革委、省商务厅。

对外直接投资资料来源于省商务厅。

Brief Introduction

I. Main Contents

Data in this chapter comprehensive reflect the province situation of foreign trade, utilization of foreign capital, overseas direct investment and overseas economic cooperation etc.

Data on foreign trade include: total value of imports and exports, total value of imports and exports of goods by region, imports and exports of goods classification etc.

Utilization of foreign capitals includes: foreign direct investments and other foreign investments, and the basic condition of registration of foreign funded enterprises.

II. Statistics Cover

The scope of foreign trade statistics are designed according to United Nations' principles on international trade statistics, that is: all imports or exports that will lead to stock changes of material resources with the territory of People's Republic of China; excluding goods by escape clause. The survey method is overall statistical survey.

The utilization of foreign capitals' statistics cover all the units and departments which have utilized foreign capitals, all the Sino-foreign joint ventures, Sino-foreign cooperative enterprises, ventures exclusively with foreign investment, foreign-funded stock companies, Sino-foreign cooperative development projects (including the enterprises funded by the entrepreneurs from Hong Kong, Macao and Taiwan) with independent accounting system and legal person status, and all foreign enterprises or enterprises funded by the entrepreneurs from Hong Kong Macao and Taiwan which engaged in business activities, and branches of foreign companies which have been approved to be set up within the boundaries of Guizhou Province after verification and registration through administrative authorities for industry and commerce.

The overseas direct investment statistics cover all types of overseas corporate and non-corporate enterprises by direct investment of domestic investors.

III. Sources of Data

Sources of data on foreign trade are from Guiyang Customs.

Sources of data on utilization of foreign capitals are from Guizhou Development & Reform Commission and the Department of Commerce.

Sources of data on overseas direct investment are from the Department of Commerce of Guizhou Province.

6-1 进出口总额

Total Value of Imports and Exports

指　标	Item	2013	2014	2015	2016	2017	2017年比2016年增长(%) Increase Rate in 2017over 2016(%)
进出口总额(万元)	**Total Value of Imports and Exports(RMB 10000 yuan)**	**5136541**	**6623074**	**7612878**	**3756311**	**5512842**	**46.8**
出口总额	Total Exports	4265712	5778924	6185585	3124923	3912875	25.2
进口总额	Total Imports	870829	844150	1427293	631387	1599967	153.4
进出口差额	Balance	3394883	4934774	4758292	2493536	2312908	-7.2
进出口总额(万美元)	**Total Value of Imports and Exports(USD 10000)**	**829009**	**1077133**	**1222142**	**569962**	**816231**	**43.2**
出口总额	Total Exports	688598	939726	994862	474279	579371	22.2
进口总额	Total Imports	140411	137407	227279	95682	236860	147.6
进出口差额	Balance	548187	802319	767583	378597	342511	-9.5

注：资料来源于贵阳海关(以下相关表同)。
Note: Data in the table are obtained from Guiyang Customhouse(the same applies to the relative tables below) .

6-2 按地区分的进口商品总额

Total Value of Imports by Region

单位：万美元　　(USD 10000)

地　区	Region	2013	2014	2015	2016	2017
总　计	**Total**	**140411**	**137407**	**227279**	**95682**	**236860**
亚　洲	Asia	46860	45111	148007	50682	174828
非　洲	Africa	20491	21483	8191	6491	15287
欧　洲	Europe	16465	16475	11584	6781	13463
拉丁美洲	Latin America	7005	10634	13533	5308	6850
北 美 洲	North America	16705	11065	35016	15084	8999
大 洋 洲	Oceanic	32885	32639	10939	11336	17430
其　他	Others			9		2

6－3 按国别（地区）分的进出口总额
Imports and Exports by Countries or Regions

单位：万美元 (USD 10000)

国别（地区）	Country (Region)	进出口总额 Total Imports and Exports 2016	2017	进口 Imports 2016	2017	出口 Exports 2016	2017
进出口贸易总额	Total Import-Export Value	569962	816231	95682	236860	474279	579371
亚洲	Asia	355018	595886	50682	174828	304336	421058
#香港	Hong Kong	94723	257307	21	77	94703	257229
印度	India	38141	25650	718	371	37423	25278
印度尼西亚	Indonesia	12982	13716	45	31	12937	13686
澳门	Macau	9774	4820	14	0	9760	4820
马来西亚	Malaysia	20842	14729	5784	5454	15058	9275
巴基斯坦	Pakistan	7510	6459	164	48	7346	6411
菲律宾	Philippines	7512	9025	199	672	7313	8354
沙特阿拉伯	Saudi Arabia	11798	15235	5981	9855	5818	5380
新加坡	Singapore	14541	15243	485	5554	14056	9689
韩国	South Korea	23819	39531	2679	28577	21140	10953
泰国	Thailand	28057	25330	11181	11461	16876	13869
阿拉伯联合酋长国	UAE	11099	10669	4609	4861	6490	5808
越南	Vietnam	16121	14102	779	2342	15341	11760
台湾	Taiwan	12814	40461	8289	36394	4525	4067
非洲	Africa	27841	30821	6491	15287	21349	15534
#南非	South Africa	8776	15662	5211	11697	3564	3965
欧洲	Europe	58160	70914	6781	13463	51379	57450
#比利时	Belgium	7181	9400	115	48	7065	9352
英国	UK	5734	6232	553	995	5181	5237
德国	Germany	6504	8682	2473	4149	4031	4533
法国	France	5220	5956	924	1461	4296	4495
俄罗斯	Russia	6280	8197	742	1331	5539	6866
拉丁美洲	Latin America	25222	28383	5308	6850	19914	21533
#巴西	Brazil	6522	9766	4017	3936	2505	5830
墨西哥	Mexico	7426	5695	616	2577	6810	3118
北美洲	North America	62284	47526	15084	8999	47200	38527
#加拿大	Canada	5143	4918	1963	1622	3180	3297
美国	USA	57140	42607	13121	7377	44019	35230
大洋洲	Oceania	41437	42699	11336	17430	30101	25269
#澳大利亚	Australia	30156	30997	9840	16736	20316	14261
新西兰	New Zealand	9157	11275	739	695	8418	10581
东盟组织	Asean	105494	100332	18475	25540	87019	74792
欧盟组织	European Union	49165	59895	5728	11885	43438	48010

6-4 海关出口商品分类

单位：万美元

指　标	Item
总　计	**Total**
#活动物；动物产品	Live Animals;Animal Products
植物产品	Vegetable Products
动、植物油、脂及其分解产品；精制的食用油脂；动、植物蜡	Animal or Vegetable Fats and Oils and their Cleavage Products;Prepared Edible Fats; Animal or Vegetable Waxes
食品；饮料、酒及醋；烟草及烟草代用品的制品	Prepared Foodstuffs; Beverages, Spirits And Vinegar; Tobacco and Manufactured Tobacco Substitutes
矿产品	Mineral Products
化学工业及其相关工业的产品	Products of The Chemical or Industries Allied
塑料及其产品；橡胶及其制品	Plastics and Articles Thereof Rubber and Articles Thereof
生皮、皮革、毛皮及其制品；鞍具及挽具；旅行用品、手提包及类似品；动物肠线(蚕胶丝除外)制品	Raw Hides and Skins, Leather, Fur Skins and Articles Thereof; Saddlery and Harness; Travel Goods, Handbags and Similar Containers; Articles of Animal Gut (Other Than Silk-Worm Gut)
木及木制品；木炭；软木及软木制品；稻草、秸秆、针茅或其他编结材料制品；篮筐及柳条编结品	Wood and Articles of Wood; Wood Charcoal; Cork and Articles of Cork; Manufactures of Straw, of Esparto or of Other Plaiting Materials; Basket Ware and Wickerwork
木浆及其他纤维状纤维素浆；纸及纸板的废碎品；纸、纸板及其制品	Pulp of Wood or of Other Fibrous Cellulosic Material; Waste and Scrap of Paper or Paperboard; Paper and Paperboard and Articles Thereof
纺织原料及纺织制品	Textiles and Textile Articles
鞋、帽、伞、杖、鞭及其零件；已加工的羽毛及其制品；人造花；人发制品	Footwear, Headgear, Umbrellas, Sun Umbrellas, Walking-Sticks, Seat-Sticks, Whips, Riding-Crops and Parts Thereof; Prepared Feathers and Articles Made Therewith; Artificial Flowers; Articles of Human Hair
石料、石膏、水泥、石棉、云母及类似材料的制品；陶瓷产品；玻璃及其制品	Articles of Stone,Plaster,Cement,Asbestos,Mica or Similar Materials;Ceramic Products ;Glass and Glassware
天然或养殖珍珠、宝石或半宝石、贵金属、包贵金属及其制品；仿首饰；硬币	Natural or Cultured Pearls, Precious or Semi-Precious Stones, Precious Metals, Metals Clad With Precious Metal and Stones, Precious Metals, Metals Clad With Metal and Articles Thereof; Imitation Jewellery; Coin
贱金属及其制品	Base Metals and Articles of Base Metal
机器、机械器具、电气设备机器及其零件、录音机及放声机、电视图象、声音的录制和重放设备及其零件、附件	Machinery and Mechanical Appliances; Electrical Equipment; Parts Thereof; Sound Recorders and Reproducers, Television Image and Sound Recorders and Reproducers; and Parts and Accessories of Recorders and Reproducers; and Parts and Accessories of Such Articles
车辆、航空器、船舶及有关运输设备	Vehicles, Aircraft, Vessels And Associated Transport Equipment
光学、照相、电影、计量、检验、医疗或外科用仪器及设备、精密仪器及设备；钟表；乐器及上述物品的零件、附件	Optical, Photographic, Cinematographic, Measuring, Checking, Precision, Medical or Surgical Instruments and Apparatus; Clocks And Watches; Musical Instruments; Parts and Accessories Thereof
杂项制品	Miscellaneous Manrfactured Articles
艺术品、收藏品及古物	Works of Art, Collectors' Pieces and Antiques

Value of Exports Commodities by Category

(USD 10000)

2013	2014	2015	2016	2017	2017年比2016年增长(%) Increase Rate in 2017 over 2016(%)
688598	**939726**	**994862**	**474279**	**579371**	**22.2**
109	147	163	161	163	1.3
1786	2971	3249	4394	8241	87.5
321	195	112	316	93	-70.5
23871	25174	29815	43108	45844	6.4
14074	14690	17680	12487	13270	6.3
81290	134626	158556	113375	98803	-12.9
77174	84378	64957	33230	26593	-20.0
31400	29758	31560	5733	4692	-18.2
607	2072	3881	1066	1273	19.5
15830	21127	22546	4906	2293	-53.3
67867	144816	94856	23941	8863	-63.0
30953	43120	39336	9701	5680	-41.5
62294	63551	67739	14521	10472	-27.9
1238	5701	17043	2200	399	-81.9
67344	87861	84636	33062	29288	-11.4
72093	118467	227919	141550	291301	105.8
10997	15290	12738	8149	4986	-38.8
8997	11582	11059	3802	5778	52.0
119590	131642	106072	18415	21278	15.5
763	710	939	141	30	-78.9

6-5 海关进口商品分类
Value of Import Commodities by category

单位：万美元 (USD 10000)

指 标	Item	2013	2014	2015	2016	2017	2017年比2016年增长(%) Increase Rate in 2017over 2016(%)
总 计	**Total**	**140411**	**137407**	**227279**	**95682**	**236860**	**147.6**
#活动物产品	Live Animals;Animal Products	140	1		758	946	24.9
植物产品	Vegetable Products	365	1756	7206	582	336	-42.3
动、植物油、脂及分解品；精制的食用油脂；动、植物蜡	Animal or Vegetable Fats and Oils and their Cleavage Products; Prepared Edible Fats; Animal or Vegetable Waxes				7		
食品；饮料、酒及醋；烟草及烟草代用品的制品	Prepared Foodstuffs; Beverages,Spirits And Vinegar;Tobacco and Manufactured Tobacco Substitutes	38	60	195	165	115	-30.5
矿产品	Mineral Products	94334	84089	43468	35148	57761	64.3
化学工业及其相关工业的产品	Products of The Chemical or Industries Allied	1682	2975	1588	1475	586	-60.2
塑料及其产品；橡胶及其产品	Plastics and Articles Thereof Rubber and Articles Thereof	17508	15789	11435	11326	12504	10.4
生皮、皮革、毛皮及其制品；鞍具及挽具；旅行用品、手提包及类似品；动物肠线(蚕胶丝除外)制品	Raw Hides and Skins, Leather, Fur Skins and Articles Thereof; Saddlery and Harness; Travel Goods, Handbags and Similar Containers; Articles of Animal Gut (Other Than Silk-Worm Gut)	26	24	52	28	4	-85.8
木及木制品；木炭；软木及软木制品；稻草、秸秆、针茅或其他编结材料制品；篮筐及柳条编结品	Wood and Articles of Wood; Wood Charcoal; Cork and Articles of Cork; Manufactures of Straw, of Esparto or of Other Plaiting aterials; Basket Ware and Wickerwork		441	8	163	453	177.2
木浆及其他纤维状纤维素浆；纸及纸板的废碎品；纸、纸板及其制品	Pulp of Wood or of Other Fibrous Cellulosic Material; Waste and Scrap of Paper or perboard; Paper and Paperboard and Articles Thereof	402	487	275	153	26	-83.0
纺织原料及纺织制品	Textiles and Textile Articles	761	443	108	488	160	-67.2
鞋、帽、伞、杖、鞭及其零件；已加工的羽毛及其制品；人造花；人发制品	Footwear, Headgear, Umbrellas, Sun Umbrellas, Walking-Sticks, Seat-Sticks, Whips, Riding-Crops and Parts Thereof; Prepared Feathers and Articles Made Therewith; Artificial Flowers; Articles of Human Hair	33	2	4	13	8	-37.4

6-5 续表 continued

单位：万美元 (USD 10000)

指 标	Item	2013	2014	2015	2016	2017	2017年比2016年增长(%) Increase Rate in 2017over 2016(%)
石料、石膏、水泥、石棉、云母及类似材料的制品；陶瓷产品；玻璃及其制品	Articles of Stone, Plaster, Cement, Asbestos, Mica or Similar Materials; Ceramic Products; Glass and Glassware	33	15	61	38	819	2045.71
天然或养殖珍珠、宝石或半宝石、贵金属、包贵金属及其制品；仿首饰；硬币	Natural or Cultured Pearls, Precious or Semi-Precious Stones, Precious Metals, Metals Clad With Precious Metal and Stones, Precious Metals, Metals Clad With Precious Metal and Articles Thereof; Imitation Jewellery; Coin	20	2	9616	82	60	-26.83
贱金属及其制品	Base Metals and Articles of Base Metal	2748	1361	1830	3010	3853	28.02
机器、机械器具、电气设备及其零件；录音机及放声机、电视图象、声音的录制和重放设备及其零件、附件	Machinery and Mechanical Appliances; Electrical Equipment; Parts Thereof; Sound Recorders and Reproducers, Television Image and Sound Recorders and Reproducers; and Parts and Accessories of Recorders and Reproducers; and Parts and Accessories of Such Articles	16938	23888	136879	36910	147891	300.68
车辆、航空器、船舶及有关运输设备	Vehicles, Aircraft, Vessels And Associated Transport Equipment	947	305	7306	293	191	-34.82
光学、照相、电影、计量、检验、医疗或外科用仪器及设备、精密仪品及设备；钟表；乐器；上述物品的零件、附件	Optical, Photographic, Cinematographic, Measuring, Checking, Precision, Medical or Surgical Instruments and Apparatus; Clocks And Watches; Musical Instruments; Parts and Accessories Thereof	4393	3705	7192	4915	11067	125.18
杂项制品	Miscellaneous Manufactured Articles	41	27	51	121	81	-32.8
艺术品、收藏品及古物	Works of Art, Collectors' Pieces and Antiques		1	4	9		—

6-6 利用外资
Foreign Capital Absorbed

指标	Item	2013	2014	2015	2016	2017
项目数(个)	**Number of Projects(unit)**	**149**	**172**	**187**	**207**	**233**
#直接利用外资	Direct Foreign Investment	75	67	75	79	80
合资企业	Joint Venture	20	26	30	38	31
合作经营企业	Contractual Joint Venture	4	2	2	6	2
独资企业	Solely-foreign Enterprise	51	39	43	34	47
外商投资股份制	FDI Sharholding Inc.				1	
签订合同金额(万美元)	**Contracted Foreign Capital(USD 10000)**	**118021**	**338663**	**408530**	**515286**	**544564**
#直接利用外资	Direct Foreign Investment	118021	178699	180080	277271	310230
合资企业	Joint Venture	22423	23142	47217	72503	48235
合作经营企业	Contractual Joint Venture	6163	7691	4563	29881	714
独资企业	Solely-foreign Enterprise	89435	147779	128300	153040	261281
外商投资股份制	FDI Sharholding Inc.		87		21847	
实际利用外资额(万美元)	**Foreign Capital Actually Absorbed (USD 10000)**	**157415**	**213053**	**262747**	**321631**	**389062**
#直接利用外资	Direct Foreign Investment	57673	46565	41941	96739	82439
合资企业	Joint Venture	14979	8800	9885	10701	18988
合作经营企业	Contractual Joint Venture		817	1304	6086	11369
独资企业	Solely-foreign Enterprise	42694	36948	30752	57931	52082
外商投资股份制	FDI Sharholding Inc.				22021	
外商投资企业基本情况	**Registered Foreign-funded Enterprise**					
期末实有外商投资法人企业(户)	Number of Foreign-funded Enterprises at the year-end(unit)	740	594	662	634	746
#本年登记户数(户)	Number of Registered Enterprises at the year-end(unit)	77	60	71	77	115
期末投资总额(万美元)	Total Investment(USD 10000)	969886	1547158	1814689	2371930	3074411
期末注册资本(万美元)	Registered Capital(USD 10000)	523496	775630	1018034	1312175	1740058
#外　方	Capital from Foreign Partners	423032	612198	829752	1000054	1420499

注：1.资料来源于省工商局、省商务厅。2.实际利用外资统计口径为直接利用外资、外商投资企业投注差外债实际到位资金和外商投资企业境内投资实际到位资金三部分(以下相关表同)。

Note:1.Data in this table come from the Provincial Administration for Industry and Commerce, the Department of Commerce; 2.The statistical caliber of actual utilization of foreign capital has changed, which in addition to the direct use of foreign capital,including FIEs bets poor external debt actual funds and foreign-invested enterprises in the territory of actual funds invested in three parts as well (the relative tables in this chapter are the same).

6-7 外商直接投资按行业分项目个数

Number of Projects for Contracted Foreign Direct Investment by Sector

单位：个 (unit)

行业	Sector	2013	2014	2015	2016	2017
总计	**Total**	**75**	**67**	**75**	**79**	**80**
农、林、牧、渔业	Farming,Forestry,Animal Husbandry and Fishery	9	11	8	15	12
采矿业	Mining	1	1	1	1	
制造业	Manufacturing	28	17	21	24	17
电力、热力、燃气及水生产和供应业	Production and Supply of Electricity, Gas and Water	8	4	3	5	9
建筑业	Construction	1		2		6
交通运输、仓储和邮政业	Transport, Storage and Post	1	1	1	3	2
信息传输、软件和信息服务务业	Information Transmission, Software and Information Technology	1		3	4	5
批发和零售业	Wholesale and Retail Trades	9	8	9	3	7
住宿和餐饮业	Hotels and Catering Services		2	1	2	1
金融业	Financial Intermediation		4	1		
房地产业	Real Estate	3	4	3	1	4
租赁和商务服务业	Leasing and Business Services	8	6	6	14	7
科学研究和技术服务业	Scientific Research and Technical Service	1	1	6	1	2
水利、环境和公共设施管理业	Management of Water Conservancy, Environment and Public Facilities	3	6	4	4	5
居民服务、修理和其他服务业	Services to Households, Repair and Other Services	2	1	3	1	
文化、体育和娱乐业	Culture, Sports and Entertainment		1	2		1
教育	Education				1	
公共管理、社会保障和社会组织	Public Management, Social security and Social Organization			1		2

6-8 按行业分外商直接投资协议金额

Agreement Value of Foreign Direct Investment by Sector

单位：万美元 (USD 10000)

行业	Sector	2013	2014	2015	2016	2017
总计	**Total**	**118021**	**178699**	**180080**	**277271**	**310230**
农、林、牧、渔业	Farming,Forestry,Animal Husbandry and Fishery	11277	7579	7127	69577	32090
采矿业	Mining	-530	5643	781	4476	316
制造业	Manufacturing	67099	50265	51763	118902	45667
电力、热力、燃气及水的生产和供应业	Production and Supply of Electricity, Gas and Water	15072	23417	25612	12885	13740
建筑业	Construction	-1952		2633		31986
交通运输、仓储和邮政业	Transport, Storage and Post	350	980	3656	11553	2367
信息传输、软件和信息技术服务业	Information Transmission, Software and Information Technology Services	-68		5779	3644	22520
批发和零售业	Wholesale and Retail Trades	1576	6546	4960	52	5069
住宿和餐饮业	Hotels and Catering Services		15	1	13	2
金融业	Financial Intermediation		53999	5586		
房地产业	Real Estate	7510	7898	2426	1094	27629
租赁和商务服务业	Leasing and Business Services	3517	4938	215	44364	127304
科学研究和技术服务业	Scientific Research and Technical Service	500	-2020	31026	41	1093
水利、环境和公共设施管理业	Management of Water Conservancy, Environment and Public Facilities	13183	19425	8028	10343	260
居民服务、修理和其他服务业	Services to Households, Repair and Other Services	487	4	30015	304	
文化、体育和娱乐业	Culture, Sports and Entertainment			362		58
教育	Educaiton		10		23	
公共管理、社会保障和社会组织	Public Management, Social security and Social Organization			110		129

6-9 按行业分外商实际直接投资额

Actually Used Amount of Foreign Direct Investment by Sector

单位：万美元 (USD 10000)

指　　标	Item	2013	2014	2015	2016	2017
总　　计	**Total**	**57673**	**46565**	**41941**	**96739**	**82439**
农、林、牧、渔业	Farming, Forestry, Animal Husbandry and Fishery	2009	3266	1967	308	1298
采矿业	Mining	4	1644	784	845	4476
制造业	Manufacturing	24528	17000	11504	34059	12017
电力、热力、燃气及水的生产和供应业	Production and Supply of Electricity, Gas and Water	10173	5809	6501	18870	15666
建筑业	Construction	9				4364
交通运输、仓储和邮政业	Transport, Storage and Post			980	8991	15165
信息传输、软件和信息技术服务业	Information Transmission, Software and Information Technology	32			1232	8738
批发和零售业	Wholesale and Retail Trades	1342	1447	1149	1929	
住宿和餐饮业	Hotels and Catering Services	50		5	3	10
金融业	Financial Intermediation			16346		2654
房地产业	Real Estate	4218	12701	2101	302	161
租赁和商务服务业	Leasing and Business Services	7554	1743	427	24649	4861
科学研究和技术服务业	Scientific Research and Technical Service				4955	10983
水利、环境和公共设施管理业	Management of Water Conservancy, Environment and Public Facilities	7485	2955	173	572	1906
居民服务、修理和其他服务业	Services to Households, Repair and Other Services	163		4	24	
教育	Education	16				
文化、体育和娱乐业	Culture, Sports and Entertainment	90				140

6-10　对外经济合作

Economic Cooperation with Foreign Countries or Regions

指　　标	Item	2013	2014	2015	2016	2017
境外经济合作	**Economic Cooperation with Foreign Countries or Territories**					
签订合同项目(个)	Number of Contracts(unit)	23	43	36	55	35
#对外承包工程	Contracted Projects	23	43	36	55	35
签订合同金额(万美元)	Contracted Value (USD 10000)	16897	61792	57608	59614	32508
#对外承包工程	Contracted Projects	16897	61792	57608	59614	32508
实际营业额(万美元)	Actual Turnover(USD 10000)	45940	60166	80904	97179	110017
#对外承包工程	Contracted Projects	45940	50129	67756	68133	86132
年末在外人员(人)	Persons in Abroad by the End of Year(perso	1615	2114	4920	2068	2774
#对外承包工程	Contracted Projects	1615	2114	4920	2068	2774
省外经济合作	**Economic Cooperation with Other Provinces**					
引进省外项目(个)	Number of Contracted Projects(unit)	2325	2341	4322	4545	6381
引进省外资金(亿元)	Contracted Value(100 million yuan)	5017	6271	7214	8086	8806

注：表中数据不含铝镁设计院及国内国际标的项目。

Note: Data in the table don't contain bidding projects of the Magnesium and Design Institute and the domestic and international.

6-11 历年进出口总额、实际利用外资

Total Value of Imports and Exports and Total Amount of Foreign Investment Actually Utilized

年 份 Year	进出口总额(万美元) Total Value of Imports and Exports (USD 10000)	#出口额 Exports	实际利用外资额(万美元) Total Amount of Foreign Investment Actually Utilized (USD 10000)	#国外贷款 Foreign Loans	#外商直接投资 Foreign Direct Investments
1978	1645	285			
1979	2111	703			
1980	2797	1641			
1981	4782	3617			
1982	5455	4522			
1983	5238	4186			
1984	6997	4548	61	61	
1985	8720	4010	286	12	148
1986	8605	6361	1276	38	74
1987	12488	9296	376	127	101
1988	15527	11586	1408	425	440
1989	18681	13322	2102	826	747
1990	21802	15358	2983	1925	463
1991	24614	18958	2845	1436	1034
1992	33907	22424	3574	1595	1979
1993	36470	24491	4922	628	4294
1994	53595	37346	8363	2000	6363
1995	68144	43023	9637	3934	5703
1996	64240	43554	10628	7490	3138
1997	67660	48239	13834	8857	4977
1998	62243	38794	18100	13565	4535
1999	54763	35780	19532	15442	4090
2000	66002	42060	19545	17044	2501
2001	64978	42170	14010	11181	2829
2002	69141	44181	9383	5684	3700
2003	98477	58834	13191	7565	5626
2004	151442	86709	13932	7399	6533
2005	140425	85925	19568	8800	10768
2006	161745	103874	18413	9029	9384
2007	227285	146513	15333	2682	12651
2008	337037	190084	17379	2475	14904
2009	230732	135856	18027	4663	13364
2010	314680	192018	34026	4480	29546
2011	488758	298509	71674	4353	51541
2012	663156	495223	109805	5223	49116
2013	829009	688598	157415	4853	57673
2014	1077133	939726	213053	6524	46565
2015	1222142	994862	262747	10324	41941
2016	569962	474279	363331	41700	96739
2017	816231	579371	430032	40970	82439

注：1.进出口总额1997年及以前数据来源于原省对外贸易经济合作厅，1998年起数据来源于贵阳海关。2.本表实际利用外资额数据来源于省发展改革委、省商务厅。实际利用外资额=省商务厅数据+发改革委国外贷款。

Note:1.The total amount of import and export were obtained from the former provincial department of foreign trade and economic cooperation in 1997 and before, while After 1998 they obtained from Guiyang Customs. 2. In this table, data of foreign capital actually utilized are obtained from Provincial Development and Reform Commission and Department of Commerce. Foreign capital actually utilized consists of data from Provincial Department of Commerce and overseas goods payment of Development and Reform Commission.

主要统计指标解释

进出口总额 指实际进出我国国境并引起我国物质资源存量增加或者减少的货物金额。包括我国境内法人和其他组织、个人进出口的一般贸易、易货贸易、加工贸易、补偿贸易、保税区和保税仓库进出境货物、国际援助物资或捐赠品。我国规定出口货物按离岸价格统计，进口货物按到岸价格统计。

外商直接投资 指外国企业和经济组织或个人（包括华侨、港澳台胞以及我国在境外注册的企业）按我国有关政策、法规，用现汇、实物、技术等在我国境内开办外商独资企业、与我国境内的企业或经济组织共同举办中外合资经营企业、合作经营企业或合作开发资源的投资（包括外商投资收益的再投资），以及经政府有关部门批准的项目投资总额内企业从境外借入的资金。

对外承包工程 指各对外承包公司以招标议标承包方式承揽的下列业务：(1)承包国外工程建设项目；(2)承包我国对外经援项目；(3)承包我国驻外机构的工程建设项目；(4)承包我国境内利用外资进行建设的工程项目；(5)与外国承包公司合营或联合承包工程项目时我国公司分包部分；(6)对外承包兼营的房屋开发业务。对外承包工程的营业额是以货币表现的本期内完成的对外承包工程的工作量，包括以前年度签订的合同和本年度新签订的合同在报告期内完成的工作量。

Explanatory Notes on Main Statistical Indicators

Total imports and exports refers to the actual cause of out of our borders and the stock of material resources to increase or decrease the amount of goods, including my own country legal persons and other organizations, individuals, import and export of general trade, barter trade, processing trade, compensation trade, bonded and bonded warehouse entry and exit of goods, international aid or donations. China provides export goods at FOB, CIF value of imported goods according to statistics.

Foreign Direct Investment refers to the investments inside China by foreign enterprises and economic organizations or individuals (including overseas Chinese, compatriots from Hong Kong, Macao and Taiwan, and Chinese enterprises registered abroad), following the relevant policies and laws of China, for the establishment of ventures exclusively with foreign own investment, Sino-foreign joint ventures and cooperative enterprises or for co-operative exploration of resources with enterprises or economic organizations in China. It includes the re- investment of the foreign entrepreneurs with the profits gained from the investment and the funds that enterprises borrow from abroad in the total investment of projects which are approved by the relevant department of the government.

Overseas Contracted Project refers to projects undertaken by Chinese contractors (project contracting companies) through bidding process. They include: (1) overseas civil engineering construction projects financed by foreign investors; (2) overseas projects financed by the Chinese government through its foreign aid programs; (3) construction projects of Chinese diplomatic missions, trade offices and other institutions stationed abroad; (4) construction projects in China financed by foreign investment; (5) sub-contracted projects to be taken by Chinese contractors through a joint umbrella project with foreign contractor(s); (6) housing development projects. The business income from international contracted projects is the work volume of contracted projects completed during the reference period, expressed in monetary terms, including completed work on projects signed in previous years.

能 源

Energy 7

简 要 说 明

一、主要内容

本篇资料主要包括能源生产、消费及品种构成，能源生产和消费弹性系数，综合能源平衡表和主要能源品种的单项平衡表，分行业、分主要能源品种的消费量，能源加工转换效率及生活用能源消费量等。

二、统计范围、统计口径和计算方法

本篇资料的统计范围为全社会。

1.一次能源生产量与能源产品产量统计数字一致。

2.能源生产与消费弹性系数分别以能源生产、消费增长速度与地区生产总值增长速度相比求得。

3.综合能源平衡表中，电力折算标准煤系数按平均发电煤耗计算。

4.效率表中，规模以上工业能源消费量电力折算标准煤系数采用当量值计算，每千瓦小时折 0.1229 千克标准煤。

5.GDP 按可比价格计算。

三、资料来源

本篇资料由省统计局能源统计处根据《贵州省能源统计报表制度》加工整理。

Brief Introduction

I. Main Contents

Data in this chapter cover mainly energy production, consumption, and composition; elasticity ratio of energy production and consumption; overall balance sheet of energy and balance sheets by different types of energy; consumption of energy by sector and by types of energy; efficiency of energy processing and conversion; and the consumption of energy for non-production uses.

II. The Scope, Notes on Coverage and Compilation of Data

The scope of data in this chapter is the whole province.

(1) The data on production of primary energy are the same as the corresponding data on output of energy products.

(2) The elasticity ratio of energy production is calculated as the quotient of the growth rate of energy production divided by the growth rate of GDP; and the elasticity ratio of energy consumption is calculated as the quotient of the growth rate of energy consumption divided by the growth rate of GDP.

(3) In the energy balance sheet, the coefficient for conversion of electric power into the standard coal equivalent is calculated according to the average consumption of coal for generating electricity.

(4) In the table on the efficiency of energy conversion, Above scale industrial energy consumption electric power conversion standard coal coefficient calculated by the equivalent value. One kilowatt is equal to 0.1229 kg SCE.

(5) Gross domestic product are calculated at constant prices.

III. Sources of Data

Data in this chapter are collected and compiled by the Energy Statistics Department of Guizhou Provincial Bureau of Statistics, which accordance with the Guizhou Provincial energy statistics report system.

7-1 能源生产、消费总量及构成

Total Production and Consumption of Energy and Its Composition

单位：万吨标准煤 (10000 tons of SCE)

指 标	Item	2013	2014	2015	2016	2017
绝对数	**Absolute Figure**					
一次能源生产量	Total Production of Primary Energy	14404.15	15136.11	15061.47	14251.23	13651.31
#原 煤	Coal	12881.58	12933.72	12361.54	11758.58	11112.78
水 电	Hydro-power	1522.57	2181.11	2659.24	2421.52	2452.55
终端能源消费量	Final Consumption of Energy	8715.48	9015.18	9319.60	9444.78	9783.61
#原 煤	Coal	3332.22	3417.21	3966.90	3762.63	3829.77
天然气	Natural Gas	109.99	118.10	145.50	156.43	187.46
电 力	Electricity	3257.13	3346.96	3303.36	3511.80	3965.67
构成(%)	**Composition(%)**					
一次能源生产量	Total Production of Primary Energy	100.0	100.0	100.0	100.0	100.0
#原 煤	Coal	89.4	85.5	82.1	82.5	81.4
水 电	Hydro-power	10.6	14.4	17.7	17.0	18.0
终端能源消费量	Final Consumption of Energy	100.0	100.0	100.0	100.0	100.0
#原 煤	Coal	38.2	37.9	42.6	39.8	36.7
天然气	Natural Gas	1.3	1.3	1.6	1.7	1.8
电 力	Electricity	37.4	37.1	35.4	37.2	37.8

注：1.电力按等价热值折算。2.2013—2014年数据根据第三次经济普查资料进行修订(以下各表同)。

Note: 1.Electric power is converted on the basic of equal caloric value. 2.The data for 2013-2014 are revised according to the third economic census (the same as in the following tables).

7-2 综合能源平衡表
Overall Energy Balance Sheet

单位：万吨标准煤 (10000 tons of SCE)

指　标	Item	2013	2014	2015	2016	2017
可供消费的能源总量	**Total Energy Available for Consumption**	**9405.14**	**9802.02**	**10428.39**	**10591.06**	**11267.33**
一次能源生产量	Primary Energy Output	14404.15	15136.11	15061.47	14251.23	13651.31
省外调入	Inflow from Other Provinces	1339.15	1302.67	1619.06	1836.88	2210.29
调出省外	Outflow from Guizhou Province	6344.93	6120.25	6443.42	6262.91	4492.90
年初年末库存差额	Stock Changes in the Year	6.78	-519.35	191.30	761.38	-105.74
能源消费总量	**Total Energy Consumption**	**9298.54**	**9708.78**	**9948.48**	**10226.90**	**10482.20**
农、林、牧、渔、水利业	Farming, Forestry, Animal Husbandry, Fishery and Water Conservancy	136.16	146.86	158.33	211.69	229.50
工　业	Industry	5452.49	5529.57	5369.02	5374.24	5167.59
建筑业	Construction	113.37	138.49	129.15	161.07	184.14
交通运输、仓储和邮政业	Transport,Storage and Post	665.41	711.87	778.49	857.42	785.01
批发、零售业和住宿、餐饮业	Wholesale and Retail Trades, Hotels and Catering Services	831.99	816.29	1056.76	1031.75	1143.08
其　他	Others Sectors	957.24	1102.53	1180.11	1189.52	1284.64
生活消费	Household Consumption	1141.89	1263.19	1286.68	1401.19	1688.34
终端消费	End-use Consumption	8715.49	9015.18	9319.60	9444.78	9783.61
#工　业	Industry	4869.44	4835.96	4740.08	4592.12	4468.93
加工转换损失量	Losses During the Process of Energy Conversion	354.31	386.07	299.18	486.67	431.97
#炼　焦	Coking	86.22	76.81	84.12	74.09	57.14
损失量	Energy Losses	228.74	307.53	329.70	295.46	266.62
平衡差额	**Balance**	**106.60**	**93.25**	**479.92**	**364.15**	**785.13**

7-3 煤炭平衡表

Coal Balance Sheet

单位：万吨 (10000 tons)

指　标	Item	2013	2014	2015	2016	2017
可供量	**Total Energy Available for Consumption**	**13717.84**	**13279.50**	**13419.75**	**14147.11**	**14361.38**
生产量	Output	18517.78	18508.29	17204.99	16850.64	16343.80
调出省外	Outflow from Guizhou Province	5137.04	4816.78	4414.08	4207.05	2613.59
年初年末库存差额	Stock Changes in the Year	-11.36	-701.08	307.61	1115.65	-131.60
消费量	**Total Energy Consumption**	**13650.74**	**13117.60**	**12833.49**	**13642.75**	**13409.76**
农、林、牧、渔、水利业	Farming,Forestry,Animal Husbandry, Fishery and Water Conservancy	152.84	164.00	168.40	195.47	195.63
工　业	Industry	10802.63	10118.51	9754.74	10539.74	10131.08
建筑业	Construction	27.69	26.83	30.50	35.00	25.61
交通运输、仓储和邮政业	Transport,Storage and Post	80.86	68.00	9.19	8.00	1.00
批发、零售业和住宿、餐饮业	Wholesale and Retail Trades, Hotels and Catering Services	976.06	945.42	1163.28	1189.98	1210.89
其　他	Others Sectors	928.36	1033.87	971.09	904.68	897.16
生活消费	Household Consumption	682.30	760.97	736.29	769.89	948.38
终端消费	End-use Consumption	5211.62	5710.81	5666.61	5690.38	5297.34
#工　业	Industry	2363.51	2711.72	2587.86	2587.36	2018.66
中间消费(用于加工转换)	Intermediate Consumption (Consumed in Conversion)	8439.12	7406.79	7166.88	7952.38	8112.43
#发　电	Power Generation	5714.04	4931.64	5121.79	6021.16	6605.04
炼　焦	Coking	1198.30	1028.31	1016.59	880.98	710.36
平衡差额	**Balance**	**67.10**	**161.90**	**586.26**	**504.36**	**951.62**

7-4 电力平衡表

Electricity Balance Sheet

单位：亿千瓦小时 (100 million kwh)

指 标	Item	2013	2014	2015	2016	2017
可供量	**Total Energy Available for Consumption**	**1128.02**	**1173.73**	**1174.21**	**1241.77**	**1384.89**
生产量	Output	1678.10	1747.71	1930.62	1955.05	2012.23
水 电	Hydropower	492.70	700.52	859.47	789.80	802.52
火 电	Thermal Power	1185.40	1047.19	1071.15	1165.25	1209.70
调出省外	Outflow from Guizhou Province	550.08	573.98	756.41	713.29	627.34
消费量	**Total Energy Consumption**	**1128.02**	**1173.73**	**1174.21**	**1241.77**	**1384.90**
农、林、牧、渔、水利业	Farming, Forestry,Animal Husbandry, Fishery and Water Conservancy	4.51	4.83	5.24	7.07	7.69
工 业	Industry	851.90	864.37	851.16	874.76	935.21
建筑业	Construction	16.87	20.36	19.11	24.05	33.14
交通运输、仓储和邮政业	Transport,Storage and Post	21.89	24.35	23.86	25.99	31.97
批发、零售业和住宿、餐饮业	Wholesale and Retail Trades, Hotels and Catering Services	21.48	25.09	28.19	20.94	39.70
其 他	Others Sectors	36.65	43.35	49.11	71.07	75.49
生活消费	Household Consumption	174.72	191.38	197.54	217.91	261.71
终端消费	End-use Consumption	1054	1074.96	1067.65	1145.40	1297.65
#工 业	Industry	777.88	765.60	744.60	778.39	847.96
输配损失量	Losses in Transmission	74.02	98.77	106.56	96.37	87.24

7-5 分行业能源消费总量

Total Consumption of Energy by Sector

单位：万吨标准煤 (10000 tons of SCE)

行 业	Sector	2013	2014	2015	2016	2017
工业	**Industrial**	**5452.49**	**5529.57**	**5369.02**	**5374.24**	**5167.59**
采矿业	Mining and Quarrying	616.66	613.17	634.51	821.81	747.24
#煤炭开采和洗选业	Mining and Washing of Coal	520.68	517.93	539.54	785.57	711.38
黑色金属矿采选业	Mining and Processing of Ferrous Metal Ores	11.65	9.53	7.30	8.98	10.67
有色金属矿采选业	Mining and Processing of Non-Ferrous Metal Ores	16.52	16.28	12.54	2.38	1.64
非金属矿采选业	Mining and Processing of Nonmetal Ores	38.13	39.09	41.18	24.88	21.36
制造业	Manufacturing	4168.82	4313.53	4201.03	3578.81	3291.84
#农副食品加工业	Processing of Food from Agricultural Products	20.97	21.83	30.81	16.52	18.34
食品制造业	Manufacture of Foods	16.24	18.47	53.55	11.21	10.86
酒、饮料和精制茶制造业	Manufacture of Liquor,Beverages and Refined Tea	42.98	46.27	46.92	44.31	43.12
烟草制品业	Manufacture of Tobacco	18.29	20.10	7.96	5.86	5.68
纺织业	Manufacture of Textile	1.98	4.18	4.62	3.30	2.29
纺织服装、服饰业	Manufacture of Textile Wearing Apparel and Accessories	1.50	0.99	2.86	1.89	1.90
皮革、毛皮、羽毛及其制品和制鞋业	Manufacture of Leather,Furs,Feather and Related Products and Footwear	1.24	0.58	1.30	2.43	2.95
木材加工和木、竹、藤、棕、草制品业	Processing of Timber,Manufacture of Wood, Bamboo, Rattan,Palm and Straw Products	11.17	13.81	14.87	8.14	7.03
家具制造业	Manufacture of Furniture	2.30	3.32	5.90	1.44	1.43
造纸和纸制品业	Manufacture of Paper and Paper Products	28.85	27.33	16.02	16.52	17.41
印刷业和记录媒介复制业	Printing and Reproduction of Recording Media	3.93	5.19	5.85	1.61	2.13
文教、工美、体育和娱乐用品制造业	Manufacture of Articles for Culture, Education, Arts and Crafts, Sports and Entertainment Activities	0.92	0.98	0.81	2.08	1.77

注：表中数据按国民经济行业分类(GB/T4754-2011)划分。
Note:Data in this table are classified by sector of the National Economy Industry(GB/T4754-2011).

7-5 续表 continued

单位：万吨标准煤 (10000 tons of SCE)

行业	Sector	2013	2014	2015	2016	2017
石油加工、炼焦和核燃料加工业	Processing of Petroleum,Coking and Processing of Nuclear Fuel	229.98	253.35	250.77	129.04	116.50
化学原料和化学制品制造业	Manufacture of Raw Chemical Materials and Chemical Products	771.43	773.68	848.66	825.36	662.34
医药制造业	Manufacture of Medicines	17.48	17.34	21.10	14.98	15.15
化学纤维制造业	Manufacture of Chemical Fiber	6.01	6.24	15.03	0.43	0.82
橡胶和塑料制品业	Manufacture of Rubber and Plastics Products	29.55	23.43	33.60	33.60	32.84
非金属矿物制品业	Manufacture of Non-metallic Mineral Products	701.30	713.99	905.81	1063.57	1080.29
黑色金属冶炼和压延加工业	Smelting and Pressing of Ferrous Metals	1068.62	1089.57	834.59	735.16	554.51
有色金属冶炼和压延加工业	Smelting and Pressing of Non-ferrous Metals	1008.61	1025.73	851.26	573.14	630.95
金属制品业	Manufacture of Metal Products	88.33	117.41	105.32	19.21	19.44
通用设备制造业	Manufacture of General Purpose Machinery	12.93	13.58	26.38	4.33	6.11
专用设备制造业	Manufacture of Special Purpose Machinery	9.34	11.08	3.84	7.14	4.48
汽车制造业	Manufacture of Automobiles	9.94	15.63	19.14	15.47	11.00
铁路、船舶、航空航天和其他运输设备制造业	Manufacture of Railway, Ship, Aerospace and Other Transportation Equipments	17.44	12.01	4.08	10.00	8.99
电气机械和器材制造业	Manufacture of Electrical Machinery and Apparatus	3.84	3.05	15.75	10.28	16.34
计算机、通信和其他电子设备制造业	Manufacture of Computers,Communication and Other Electronic Equipment	2.47	1.78	8.95	4.87	6.67
仪器仪表制造业	Manufacture of Measuring Instruments and Machinery	0.88	2.15	1.16	0.43	0.55
其他制造业	Others Manufacture	13.86	20.96	47.80	6.93	6.28
废弃资源综合利用业	Utilization of Waste Resources	10.99	18.37	16.33	7.36	3.29
金属制品、机械和设备修理业	Repair Service of Metal products, Machinery and Equipment	15.45	31.14	0.01	2.19	0.37
电力、热力、燃气及水生产和供应业	Electric Power, Heat, Gas and Water Production and Supply	667.00	602.87	533.48	973.61	1128.51
电力、热力生产和供应业	Production and Supply of Electric Power and Heat Power	615.82	563.37	503.75	946.30	1111.34
燃气生产和供应业	Production and Supply of Gas	30.98	18.18	9.58	14.30	1.38
水的生产和供应业	Production and Supply of Water	20.20	21.32	20.15	13.02	15.78
建筑业	**Construction**	**113.37**	**138.48**	**129.14**	**161.07**	**184.16**
交通运输、仓储及邮政	**Transport,Storage and Post**	**665.41**	**711.87**	**778.50**	**857.42**	**785.01**
批发、零售业和住宿、餐饮业	**Wholesale,Retail Trade and Hotel,Restaurants**	**831.99**	**816.29**	**1046.76**	**1031.75**	**1143.08**
其他行业	**Others**	**957.24**	**1102.53**	**1180.11**	**1189.52**	**1284.64**
生活消费	**Residential Consumption**	**1141.89**	**1263.19**	**1286.68**	**1401.19**	**1688.34**

7-6 能源生产消费弹性系数

Elasticity Ratio of Energy Production and Consumption

指 标	Item	2013	2014	2015	2016	2017
地区生产总值比上年增长(%)	Growth Rate of Gross Domestic Product (GDP) over Preceding Year	12.5	10.8	10.7	10.5	10.2
能源生产比上年增长(%)	Growth Rate of Energy Production over Preceding Year	-3.5	5.1	-0.5	-5.4	-4.2
能源消费总量比上年增长(%)	Growth Rate of Energy Consumption over Preceding Year	8.1	4.4	2.5	2.8	2.5
电力生产比上年增长(%)	Growth Rate of Electricity Production over Preceding Year	4.2	4.1	10.5	1.3	2.9
电力消费比上年增长(%)	Growth Rate of Electricity Consumption over Preceding Year	7.6	4.2	0.04	5.8	11.5
能源生产弹性系数	Elasticity Ratio of Energy Production	…	0.47	…	…	…
能源消费弹性系数	Elasticity Ratio of Energy Consumption	0.65	0.41	0.23	0.27	0.25
电力生产弹性系数	Elasticity Ratio of Electricity Production	0.33	0.38	0.98	0.12	0.28
电力消费弹性系数	Elasticity Ratio of Electricity Consumption	0.61	0.39	…	0.55	1.13

注：地区生产总值增长速度按可比价格计算。

Note: The growth rates of GDP are calculated at comparable prices.

7-7 生活能源消费量

Energy Consumption for Households

能源品种	Item	2013	2014	2015	2016	2017
生活能源消费量(万吨标准煤)	**Energy Consumption for Households (10000 tons of SCE)**	**1141.89**	**1263.19**	**1286.68**	**1401.19**	**1688.34**
煤炭(万吨)	Coal (10000 tons)	682.30	760.97	736.29	769.89	948.38
煤油(万吨)	Kerosene (10000 tons)	0.06	…	…	…	…
液化石油气(万吨)	Liquefied Petroleum Gas (10000 tons)	6.57	10.84	11.00	13.06	15.09
天然气(亿立方米)	Natural Gas(100 million cu.m)	1.90	2.24	3.70	4.89	7.42
煤气(亿立方米)	Coal Gas (100 million cu.m)	3.75	3.41	2.94	4.76	2.75
电力(亿千瓦小时)	Electricity (100 million kwh)	174.72	191.38	197.54	217.91	261.71

7—8 人均生活能源消费量
Annual Average per Capita Energy Consumption of Households

指 标	Item	2013	2014	2015	2016	2017
平均每人生活消费能源（千克标准煤/人）	**Average per Capita Energy Consumption of Households (kg of SCE/person)**	**326.89**	**360.38**	**364.55**	**394.15**	**471.60**
煤炭(千克)	Coal(kg)	195.32	217.10	208.61	216.57	264.91
电力(千瓦小时)	Electricity(kwh)	500.18	546.00	559.68	612.97	731.03
液化石油气(千克)	Liquefied Petroleum Gas(kg)	1.88	3.09	3.12	3.67	4.22
煤气(立方米)	Coal Gas(cu.m)	10.74	9.73	8.33	13.39	7.68

7—9 能源利用效率
Using Efficiency of Energy

指 标	Item	2013	2014	2015	2016	2017
每万元地区生产总值能源消费量（吨标准煤/万元）（可比价）	**Energy Consumption Per Unit of GDP (ton of SCE/10000 yuan) (at comparable prices)**	**1.3762**	**1.2967**	**1.2000**	**0.8813**	**0.8164**
每万元地区生产总值能耗上升或下降（%）	**Energy Consumption Rise or Fall Per Unit of GDP(%)**	**-3.91**	**-5.78**	**-7.46**	**-6.96**	**-7.01**
每万元地区生产总值电力消费量（千瓦小时/万元）	**Electricity Consumption Per Unit of GDP(kwh/10000 yuan)**	**1667**	**1568**	**1416**	**1070**	**1079**
每万元地区生产总值煤炭消费量（吨/万元）	**Coal Consumption Per Unit of GDP (ton/10000 yuan)**	**2.02**	**1.75**	**1.55**	**1.16**	**0.99**
能源消费总量(万吨标准煤)	Total Energy Consumption (10000 tons of SCE)	9298.54	9708.78	9948.48	10226.90	10482.20
每吨能源生产的地区生产总值(万元/吨标准煤)	GDP Produced by Per Unit of Energy (10000 yuan/ton of SCE)	0.73	0.77	0.83	1.13	1.22
规模以上工业能源消费量(万吨标准煤)	Energy Consumption of Industry above Designated Size (10000 tons of SCE)	5759.90	5549.08	5336.37	5536.65	5453.39
规模以上工业万元增加值能耗上升或下降(%)	Million yuan added value Energy Consumption Rise or Fall of Industry above Designated Size (%)	-4.75	-13.39	-10.84	-6.10	-8.53

注：地区生产总值2013—2015年按2010年可比价格计算，2016年起按2015价计算。

Note: GDP from 2013 to 2015 is calculated at the comparable prices of 2010, and that of 2016 is at the price of 2015.

7−10 平均每天能源消费量
Average Daily Energy Consumption by Type of Energy

能源品种	Item	2013	2014	2015	2016	2017
合计（万吨标准煤）	Total (10000 tons of SCE)	25.475	26.599	27.256	28.019	28.718
煤炭（万吨）	Coal (10000 tons)	37.399	35.939	35.160	37.377	36.739
焦炭（万吨）	Coke (10000 tons)	1.160	1.028	0.850	0.694	0.589
燃料油（万吨）	Fuel Oil (10000 tons)	0.001	0.000	0.001	0.001	0.001
汽油（万吨）	Gasoline (10000 tons)	0.535	0.596	0.805	0.942	1.042
煤油（万吨）	Kerosene (10000 tons)	0.060	0.082	0.086	0.106	0.133
柴油（万吨）	Diesel Oil (10000 tons)	1.038	1.042	1.244	1.345	1.318
天然气（亿立方米）	Natural Gas (100million cu.m)	0.023	0.029	0.036	0.047	0.049
电力（亿千瓦小时）	Electricity (100million kwh)	3.090	3.216	3.217	3.402	3.794

7−11 规模以上工业企业水消费
Water Consumption of Scale Industry

单位：万立方米 (10000 cu.m）

行 业	Sector	2013	2014	2015	2016	2017
取水总量	**the Total Amount of Water**	**102687.30**	**105271.34**	**111203.21**	**121707.62**	**136952.80**
#地表水	Suface Water	83948.20	87760.29	91924.22	100903.64	113705.10
地上水	Groundwater	6249.00	6048.82	5704.54	5343.22	6568.10
自来水	Tap Water	10368.90	8797.73	10427.12	12080.22	12736.20
中水	Reclaimed Water	1809.60	280.96	574.95	413.76	446.80
其他水	Other Water	44.80	532.57	575.37	742.84	1384.80
重复用水	Repeated Water	1078166.80	949796.46	878885.84	845310.87	889801.10
工业企业污水排放量	Discharge of Industrial Sewage	11437.40	12928.56	42528.14	48312.50	55069.70

注：2014年水表制度修订，“其他水、再生水”指标解解及统计范围发生变化。
Note: Due to the revised of water meter system in 2014, other water and recycled water's indicators of the interpretation and statistical range has changed.

7−12 发电装机容量
Installed Capacity of Power Generation

单位：万千瓦 (kilowatts)

能源品种	Item	2013	2014	2015	2016	2017
发电装机容量	Installed Capacity of Power Generation	4286	4458	4837	5272	5565
火电	Thermal Power	2433	2482	2684	3014	3160
水电	Hydropower	1719	1744	1828	1850	1880
风电	Wind Power	135	233	323	362	369
太阳能发电	Solar Power			3	46	155

注：本表统计口径为6000千瓦及以上电厂期末设备容量。
Note: The statistical calibre of this table is the terminal equipment capacity of power plants of 6000 kw and above.

主要统计指标解释

能源生产总量 指一定时期内全省一次能源生产量的总和。一次能源生产量包括原煤、原油、天然气、水电、核能及其他动力能(如风能、地热能等)发电量，不包括低热值燃料生产量、生物质能、太阳能等的利用和由一次能源加工转换而成的二次能源产量。

能源消费总量 指一定时期内全省各行业和居民生活消费的各种能源的核算能源消费总量指标。能源消费总量分为终端能源消费量、能源加工转换损失量和损失量三部分。

终端能源消费量：指一定时期内全省各行业和居民生活消费的各种能源在扣除了用于加工转换二次能源消费量和损失量以后的数量。

能源加工转换损失量：指一定时期内全省投入加工转换的各种能源数量之和与产出各种能源产品之和的差额，是观察能源在加工转换过程中损失量变化的指标。

能源损失量：指一定时期内能源在输送、分配、储存过程中发生的损失和由客观原因造成的各种损失量，不包括各种气体能源放空、放散量。

能源生产弹性系数 是能源生产量的增长与国民经济增长速度之间的比值。计算公式为：

$$能源生产弹性系数=\frac{能源生产总量年平均增长速度}{地区生产总值年平均增长速度}$$

电力生产弹性系数 是电力生产量的增长与国民经济增长速度之间的比值。计算公式为：

$$电力生产弹性系数=\frac{电力生产量年平均增长速度}{地区生产总值年平均增长速度}$$

能源消费弹性系数 是能源消费增长速度与国民经济增长速度之间的比值。计算公式为：

$$能源消费弹性系数=\frac{能源消费量年平均增长速度}{地区生产总值年平均增长速度}$$

电力消费弹性系数 是电力消费增长速度与国民经济增长速度之间的比值。计算公式为：

$$电力消费弹性系数=\frac{电力消费量年平均增长速度}{地区生产总值年平均增长速度}$$

每万元地区生产总值能源消耗量 指一定时期内，每生产一个计量单位的地区生产总值所消耗的能源。计算公式为：

$$每万元地区生产总值能源消耗量=\frac{能源消费总量}{地区生产总值}$$

每万元地区生产总值电力消耗量 指一定时期内，每生产一个计量单位的地区生产总值所消耗的电力。计算公式为：

$$每万元地区生产总值电力消耗量=\frac{全社会用电量}{地区生产总值}$$

Explanatory Notes on Main Statistical Indicators

Total Energy Production refers to the total production of primary energy by all energy producing enterprises in the country in a given period of time. The production of primary energy includes that of coal, crude oil, natural gas, hydro-power and electricity generated by nuclear energy and other means such as wind power and geothermal power. However, it excludes the production of fuels of low calorific value, bio-energy, solar energy and the secondary energy converted from the primary energy.

Total Energy Consumption refers to the total consumption of energy of various kinds by the production sectors and the households in our province in a given period of time. Total energy consumption can be divided into three parts: end-use energy consumption; loss during the process of energy conversion; and energy loss.

End-use Energy Consumption: It refers to the total energy consumption by material production sectors, non material production sectors and households in the country(region) in a given period of time, but excludes the consumption during the conversion of primary energy into the secondary energy and the loss in the process of energy conversion.

Loss During the Process of Energy Conversion: It refers to the total input of various kinds of energy for conversion, minus the total output of various kinds of energy in the country in a given period of time. It is an indicator to show the loss that occurs during the process of energy conversion.

Energy Loss: It refers to the total of the loss of energy during the course of energy transport, distribution and storage and the loss caused by any objective reason in a given period of time. The loss of various kinds of gas due to gas discharges and stocktaking is excluded.

Elasticity Ratio of Energy Production is an indicator to show the relationship between the growth rate of energy production and the growth rate of the national economy. The formula is:

$$\text{Elasticity Ratio of Energy Production}=\frac{\text{Average Annual Growth Rate of Energy Production}}{\text{Average Annual Growth Rate of National Economy}}$$

Elasticity Ratio of Electricity Production is an indicator to show the relationship between the growth rate of electricity production and the growth rate of the national economy. Its formula is:

$$\text{Elasticity Ratio of Electricity Production}=\frac{\text{Average Annual Growth Rate of Electricity Production}}{\text{Average Annual Growth Rate of National Economy}}$$

Elasticity Ratio of Energy Consumption is an indicator to show the relationship between the growth rate of energy consumption and the growth rate of the national economy. The formula is:

$$\text{Elasticity Ratio of Energy Consumption}=\frac{\text{Average Annual Growth Rate of Energy Consumption}}{\text{Average Annual Growth Rate of National Economy}}$$

Elasticity Ratio of Electricity Consumption is an indicator to show the relationship between the growth rate of electricity consumption and the growth rate of the national economy. The formula is:

$$\text{Elasticity Ratio of Electricity Consumption} = \frac{\text{Average Annual Growth Rate of Electricity Consumption}}{\text{Average Annual Growth Rate of National Economy}}$$

Energy Consumption per Unit of GDP (ton of SCE/10000 yuan) refers to the energy consumption per unit of Gross Domestic Product in a country or the Gross Regional Product in a region in the same reference period. The formula is:

$$\text{Energy Consumption per Unit of GDP} = \frac{\text{Total Energy Consumption}}{\text{Gross Domestic Product}}$$

Electricity Consumption per Unit of GDP (KWh/10000 yuan) refers to the electricity consumption per unit of Gross Domestic Product in a country or the Gross Regional Product in a region in the same reference period. The formula is:

$$\text{Electricity Consumption per Unit of GDP} = \frac{\text{Total Electricity Consumption}}{\text{Gross Domestic Product}}$$

财政税收

8 Government Finance and Taxation

简 要 说 明

一、主要内容

本篇反映全省财政收支状况、税收情况。

一般公共预算收支是指政府凭借国家政治权力，以社会管理者身份筹集以税收为主体的财政收入，用于保障和改善民生、维持国家机构正常运转、保障国家安全等方面的各项收支。本篇资料根据《2017 年度财政总决算报表》加工整理编制。

二、统计口径

2007 年起财政收支科目实施了较大改革，特别是财政支出项目口径变化很大，与以前年度数据不可比。从 2011 年开始，预算外资金全部纳入预算内管理。

三、资料来源

财政资料来源于省财政厅，税收资料来源于国家税务总局贵州省税务局。

Brief Introduction

I. Main Contents

The data in this chapter show the government revenue and expenditure situation, the tax collection.

The General Public Budget Revenue and Expenditure refer to the revenues and expenditures mainly in a form of taxes collected by the government as the administration of the society using its State political power for the purposes of assuring and improving the people’s life, maintaining the regular operation of the government, and defending the national security.This table are compiled on the basis of information from the total final accounts table of revenue and expenditure in 2016.

II. Scope of Data

Compared with the previous years, the classifications of revenue and expenditure accounts have been adjusted largely in 2007. Therefore, the data on the state revenue and expenditure and the data on general public budget revenue and expenditure after 2007 are not comparable with the data of earlier years. Starting from 2011, the extra-budgetary funds is included in the budgetary management.

Ⅲ. Sources of Data

Sources of data on finance are from Guizhou Provincial Finance Bureau.

Sources of data on tax are from National Tax Bureau and Local Taxation Bureau of Guizhou Province.

8－1 财政收入
Financial Revenue

单位：亿元 (100 million yuan)

指　　标	Item	2013	2014	2015	2016	2017	2017年比2016年增长(%) Increase Rate in 2017 over 2016(%)
财政总收入	**Total Government Revenue**	**1918.23**	**2130.90**	**2291.82**	**2409.35**	**2648.31**	**9.9**
#一般公共预算收入	General Public Budget Revenue	1206.41	1366.67	1503.38	1561.34	1613.84	7.2
#增值税(含改征增值税)	Value Added Tax	96.06	117.03	120.47	256.28	417.73	10.0
营业税	Business Tax	300.78	344.49	353.08	179.92		
企业所得税	Corporate Income Tax	103.15	123.84	127.35	127.12	146.67	15.4
个人所得税	Individual Income Tax	34.65	32.52	33.27	35.08	48.55	38.4
资源税	Resource Tax	15.33	17.05	24.67	23.15	30.77	32.9
城市维护建设税	City Maintenance and Construction Tax	53.71	57.64	59.80	61.92	67.26	8.6
房产税	House Property Tax	17.13	23.43	29.48	30.51	38.61	26.6
契　税	Deed Tax	41.42	66.93	73.40	91.92	89.29	-2.9
土地增值税	Land Appreciation Tax	29.41	64.64	86.57	95.01	108.66	14.4
国有资本经营收入	Operation Income from Government Capital	10.97	12.91	15.80	43.12	25.32	-41.3
罚没收入	Penalty Receipts	31.15	33.29	32.60	38.85	50.00	28.7
行政事业性收费	Charge of Administrative and Institutional Units	76.71	70.73	75.72	72.48	73.81	1.8
专项收入	Special Program Receipts	73.84	65.08	96.34	88.45	91.25	3.2

注：1.资料来源于省财政厅(以下相关表同)。2.2017年财务制度改革，增值税和营业税合并统计，增长速度为同口径增速。

Note:1.Data in the table are provided by the Provincial Department of Finance (the relative tables in this chapter are the same).2.According to new financial system in 2017, the value-added tax and business tax are combined to count, but the growth rate is calculated by the same caliber.

8－2 财政支出
Financial Expenditure

单位：亿元 (100 million yuan)

指　　标	Item	2013	2014	2015	2016	2017	2017年比2016年增长(%) Increase Rate in 2017 over 2016(%)
一般公共预算支出	**General Public Budget Expenditure**	**3082.66**	**3542.80**	**3939.50**	**4262.36**	**4612.52**	**8.2**
#一般公共服务	General Public Services	488.78	422.49	428.61	446.11	464.83	4.2
国　　防	National Defense	4.74	5.25	5.09	4.55	4.40	-3.4
公共安全	Public Security	168.22	187.97	215.95	249.96	268.09	7.3
教　　育	Education	560.67	637.03	772.91	843.54	901.96	6.9
科学技术	Science and Technology	34.27	44.34	58.68	69.30	87.72	26.6
文化体育与传媒	Culture, Sport and Media	48.68	54.69	61.20	67.34	64.73	-3.9
社会保障和就业	Social Safety Net and Employment Effort	264.52	299.72	340.33	367.23	498.74	35.8
医疗卫生与计划生育	Medical and Health Care,and Family Planning	228.71	303.25	360.80	392.51	436.21	11.1
节能环保	Energy Saving and Environment Protection	66.44	85.34	96.49	127.09	125.39	-1.3
城乡社区	Urban and Rural Community Affairs	109.46	101.29	127.71	131.91	198.82	24.4
农林水	Farming, Forestry and Water Conservancy	400.31	447.19	534.26	629.38	612.05	-2.8
交通运输	Transportation	299.79	432.01	392.25	289.97	336.91	16.2

8-3 分级一般公共预算收入(2017)

General Public Budget Revenue by Level

单位：亿元 (100 million yuan)

指标	Item	总计 Total	省级 Province	地级 Prefecture	县级 County	乡镇级 Villages and Towns
一般公共预算收入	**General Public Budget Revenue**	1613.84	295.32	317.23	843.03	158.26
税收收入	**Tax Revenue**	1179.73	192.02	230.07	613.93	143.72
#增值税	Value Added Tax	417.73	96.42	97.40	177.30	46.61
营业税	Business Tax					
企业所得税	Corporate Income Tax	146.67	68.12	26.48	43.95	8.12
个人所得税	Individual Income Tax	48.55	9.71	12.01	21.91	4.92
资源税	Resource Tax	30.77	10.13	4.58	7.43	8.63
城市维护建设税	City Maintenance and Construction Tax	67.26	0.06	24.61	35.31	7.27
房产税	House Property Tax	38.61		0.21	32.73	5.68
契税	Deed Tax	89.29		19.04	58.61	11.64
土地增值税	Land Appreciation Tax	108.66		3.39	89.56	15.71
非税收入	**Non-tax Revenue**	434.11	103.30	87.16	229.11	14.54
#专项收入	Special Program Receipts	91.25	24.65	29.58	33.96	3.06
行政事业性收费	Charge of Administrative and Institutional Units	73.81	13.83	21.93	36.37	1.68
罚没收入	Penalty Receipts	50.00	3.29	11.83	31.37	3.51
国有资本经营收入	Operation Income of State-owned Assets	25.32	1.50	0.53	23.28	0.01

8-4 分级一般公共预算支出(2017)

General Public Budget Expenditure by Level

单位：亿元 (100 million yuan)

指标	Item	总计 Total	省级 Province	地级 Prefecture	县级 County	乡镇级 Villages and Towns
一般公共预算支出	**General Public Budget Expenditure**	**4612.52**	**806.53**	**580.05**	**2899.72**	**326.21**
#一般公共服务	General Public Services	464.83	49.54	57.24	252.47	105.58
国防	National Defense	4.40	0.79	1.85	1.74	0.02
公共安全	Public Security	268.09	53.36	75.51	136.72	2.50
教育	Education	901.96	89.39	81.55	713.92	17.10
科学技术	Science and Technology	87.72	17.71	8.26	58.20	3.56
文化体育与传媒	Culture, Sport and Media	64.73	17.41	12.08	30.48	4.76
社会保障和就业	Social Safety Net and Employment Effort	498.74	105.36	84.91	282.94	25.53
医疗卫生	Medical and Health Care	436.21	25.41	80.64	313.16	16.99
节能环保	Energy Saving ang Environment Protection	125.39	7.25	12.18	95.09	10.88
城乡社区事务	Urban and Rural Community Affairs	198.82	0.88	24.04	157.19	16.71
农林水事务	Farming, Forestry and Water Conservancy	612.05	153.83	43.37	316.65	98.20
交通运输	Transportation	336.91	181.50	24.78	128.87	1.76

8−5 历年财政收支

Financial Revenue and Expenditure Over the Years

单位：亿元 (100 million yuan)

年份 Year	财政总收入 Total Financial Revenue		一般公共预算收入 General Public Badget Revenue		一般公共预算支出 General Public Badget Expenditure	
	绝对数 Absolute Numbers	比上年增长(%) Growth Rates(%)	绝对数 Absolute Numbers	比上年增长(%) Growth Rates(%)	绝对数 Absolute Numbers	比上年增长(%) Growth Rates(%)
1978	14.20	48.2	6.26	157.6	12.30	39.9
1979	14.26	0.4	6.54	4.5	13.30	8.1
1980	13.23	-7.2	6.69	2.3	12.66	-4.8
1981	13.74	3.9	6.32	-5.5	13.28	4.9
1982	16.00	16.4	7.70	21.8	15.11	13.8
1983	18.26	14.1	9.56	24.2	16.38	8.4
1984	21.81	19.4	11.81	23.5	22.28	36.0
1985	26.71	22.5	15.17	28.5	24.55	10.2
1986	31.38	17.5	17.01	12.1	30.43	24.0
1987	36.80	17.3	21.37	25.6	31.43	3.3
1988	39.55	7.5	25.96	21.5	36.14	15.0
1989	45.37	14.7	32.14	23.8	45.89	27.0
1990	49.36	8.8	35.37	10.0	47.87	4.3
1991	55.71	12.9	42.80	21.0	53.42	11.6
1992	60.98	9.5	47.28	10.5	60.63	13.5
1993	68.43	12.2	56.50	19.5	67.39	11.1
1994	77.30	13.0	31.24	-44.7	74.23	10.1
1995	87.40	13.1	38.80	24.2	85.33	15.0
1996	103.92	18.9	49.46	27.5	99.58	16.7
1997	116.19	11.8	57.90	17.1	113.79	14.3
1998	136.31	17.3	65.34	12.8	133.09	17.0
1999	133.75	-1.9	74.26	13.7	170.72	28.3
2000	153.04	14.4	85.23	14.8	201.57	18.1
2001	177.04	15.7	99.75	17.0	275.20	36.5
2002	203.03	14.7	108.28	8.6	316.67	15.1
2003	236.64	16.6	124.56	15.0	332.35	5.0
2004	296.48	25.3	149.29	19.9	418.42	25.9
2005	366.16	23.5	182.50	22.2	520.73	24.5
2006	448.88	22.6	226.82	24.3	610.64	17.3
2007	556.98	24.1	285.14	25.7	795.40	30.3
2008	674.58	21.1	349.55	22.6	1055.39	32.7
2009	779.59	15.6	416.48	19.1	1372.27	30.0
2010	969.57	24.4	533.73	28.2	1631.48	18.9
2011	1329.99	37.2	773.08	44.8	2249.40	37.9
2012	1644.48	23.6	1014.05	31.2	2755.68	22.5
2013	1918.23	16.7	1206.41	19.0	3082.66	11.9
2014	2130.90	11.1	1366.67	13.3	3542.80	14.9
2015	2291.82	7.6	1503.38	10.0	3939.50	11.2
2016	2409.35	5.1	1561.34	8.1	4262.36	7.9
2017	2648.31	9.9	1613.84	7.2	4612.52	8.2

8-6 税收收入(按产业分)

Tax Revenue (by Industry)

单位：亿元 (100million yuan)

指　　标	Item	2013	2014	2015	2016	2017
税收收入合计	**Total Tax Revenue**	**1546.50**	**1787.08**	**1911.58**	**1964.18**	**2211.82**
第一产业	Primary Industry	2.42	3.07	5.85	3.67	5.32
第二产业	Secondary Industry	776.41	835.11	898.62	861.14	961.91
采矿业	Mining	130.72	115.92	85.59	68.69	124.01
制造业	Manufacturing	380.35	406.62	431.21	400.44	479.80
电力、燃气及水的生产和供应业	Production and supply of Electricity, gas and Water	74.70	71.86	86.13	87.06	71.93
建筑业	Construction	190.63	240.73	295.69	304.95	286.18
第三产业	Tertiary Industry	767.67	948.89	1007.10	1099.37	1244.57
交通运输、仓储及邮政业	Transport,Storage and Post	20.31	19.35	18.66	27.17	27.42
信息传输、计算机服务和软件业	Information Transmission,Computer Services and Software	18.66	13.65	15.41	18.67	17.99
批发和零售业	Wholesale and Retail Trades	250.46	282.74	281.48	331.30	355.45
住宿和餐饮业	Hotel and Catering Services	10.23	9.79	8.55	6.89	8.67
金融业	Financial Intermediation	90.97	129.09	147.65	152.35	172.57
房地产业	Real Estate	174.32	217.77	207.66	194.16	244.63
租赁和商务服务业	Leasing and Business Services	49.40	83.62	140.23	141.54	143.16
科学研究和技术服务业	Scientific Reasearch and Technical Services	10.90	16.87	16.41	21.58	28.84
居民服务和其他服务业	Services to Households and Other Services	52.64	57.85	42.38	40.06	46.54
教　育	Education	2.34	2.78	2.79	3.85	5.51
卫生和社会工作	Health and Social Work	2.64	3.28	4.04	5.68	8.09
文化、体育和娱乐业	Culture,Sports and Entertainment	3.52	3.38	3.33	3.46	4.88
公共管理、社会保障和社会组织	Public Management,Social Security and Social Organization	40.49	58.79	67.46	93.93	103.31
其他行业	Others	40.79	49.95	51.04	58.73	77.51

注：1.资料来源于国家税务总局贵州省税务局。2.地税包含耕地占用税、契税。3.国民经济行业分类按(GB/T4754—2011)执行。4.2015年地税统计口径调整，2015年数据与2014年不可比。（以下相关表同）

Note:1.Data in this table are provided by State Administration of Taxation and Guizhou Provincial Taxation Bureau. 2.Land tax includes farmland occupancy tax and deed tax. 3.Data in this table are classified by sector of the National Economy (GB / T4754-2011). 4.In 2015, adjustment of local taxation statistics caliber. Data of 2015 and 2014 are not comparable (the relative tables in this chapter are the same).

8-7 税收收入(按企业类型分)

Taxation Revenue (by Business Entities)

单位：亿元 (100 million yuan)

指　标	Item	2013	2014	2015	2016	2017
总　计	**Total**	**1546.50**	**1787.08**	**1911.58**	**1964.18**	**2211.82**
内资企业	Domestic Enterprises	1405.02	1637.36	1762.62	1801.76	2005.95
国有企业	State-owned Enterprises	182.57	196.92	236.62	225.08	216.57
集体企业	Collective-owned Enterprises	18.40	20.87	18.19	18.93	15.07
股份合作企业	Cooperative Enterprises	12.26	16.54	15.05	11.70	10.72
联营企业	Joint Ownership Enterprises	0.78	0.91	0.82	0.49	0.37
#国有控股	State-owned and State-controlled Enterprises	0.08	0.05	0.54	0.35	0.22
股份公司	Share-holding Corporations Limited	1006.37	1193.25	1316.57	1359.12	1518.29
#国有控股	State-owned and State-controlled Enterprises	411.32	444.02	666.36	604.61	798.75
私营企业	Private Enterprises	106.01	95.60	71.90	81.65	138.55
其它企业	Other Enterprises	78.63	113.28	103.47	104.79	106.38
港澳台投资企业	Enterprises Invested from Hong Kong, Macao and Taiwan	11.22	14.35	12.68	15.73	19.82
#国有控股	State-owned and State-controlled Enterprises	0.28	0.19	2.03	2.43	1.97
外商投资企业	Foreign Invested Enterprises	20.75	21.87	25.27	26.00	32.96
#国有控股	State-owned and State-controlled Enterprises	1.20	1.80	8.53	10.25	13.44
个体经营	Self-employed Individuals	109.51	113.50	111.01	120.69	153.09

8-8 国税税收收入(按产业分)
National Tax Revenue (by Industry)

单位：亿元 (100 million yuan)

指　　标	Item	2013	2014	2015	2016	2017
税收收入合计	**Total Tax Revenue**	**729.65**	**805.65**	**840.69**	**1028.03**	**1376.68**
第一产业	Primary Industry	2.01	2.45	1.35	0.84	0.99
第二产业	Secondary Industry	458.69	479.05	484.52	526.75	708.37
采矿业	Mining	70.83	66.08	46.63	39.22	70.24
制造业	Manufacturing	324.39	351.67	361.50	338.72	406.92
电力、燃气及水的生产和供应业	Production and supply of Electricity, Gas and Water	59.70	55.92	70.88	74.21	56.16
建筑业	Construction	3.76	5.39	5.51	74.60	175.06
第三产业	Tertiary Industry	268.95	324.14	354.82	500.44	667.30
交通运输、仓储及邮政业	Transport,Storage and Post	6.84	12.59	11.73	13.11	16.99
信息传输、计算机服务和软件业	Information Transmission, Computer Services and Software	8.96	6.02	10.98	13.35	13.53
批发和零售业	Wholesale and Retail Trades	164.35	188.52	205.37	257.83	283.92
住宿和餐饮业	Hotel and Catering Services	0.18	0.15	0.12	2.21	4.12
金融业	Financial Intermediation	27.37	41.49	51.84	79.34	117.37
房地产业	Real Estate	12.23	11.56	9.92	43.37	94.89
租赁和商务服务业	Leasing and Business Services	2.96	6.20	8.85	20.35	37.66
科学研究和技术服务业	Scientific Research and Technical Services	3.00	6.26	7.16	9.67	12.38
居民服务和其他服务业	Services to Households and Other Services	1.83	2.17	2.00	7.99	14.77
教　育	Education	0.19	0.13	0.19	0.72	1.46
卫生、社会保险和社会福利业	Health,Social Security and Social Welfare	0.14	0.25	0.18	0.23	0.31
文化、体育和娱乐业	Culture,Sports and Entertainment	0.49	0.99	0.65	1.19	1.59
公共管理和社会组织	Public Management and Social Organization	4.51	3.42	9.69	1.56	0.82
其他行业	Others	35.90	44.40	36.11	49.52	67.49

8-9 地方系统税收收入(按产业分)
Local Tax Revenue (by Industry)

单位：亿元 (100 million yuan)

指 标	Item	2013	2014	2015	2016	2017
税收收入合计	**Total Tax Revenue**	**816.85**	**981.43**	**1070.89**	**936.15**	**835.14**
第一产业	Primary Industry	0.41	0.62	4.51	2.83	4.33
第二产业	Secondary Industry	317.72	356.06	414.10	334.39	253.54
采矿业	Mining	59.89	49.84	38.96	29.47	53.77
制造业	Manufacturing	55.96	54.95	69.71	61.72	72.88
电力、燃气及水的生产和供应业	Production and Supply of Electricity, Gas and Water	15.00	15.94	15.25	12.85	15.77
建筑业	Construction	186.87	235.34	290.18	230.35	111.12
第三产业	Tertiary Industry	498.72	624.75	652.28	598.93	577.27
交通运输、仓储及邮政业	Transport,Storage and Post	13.47	6.76	6.93	14.06	10.43
信息传输、计算机服务和软件业	Information Transmission,Computer Services and Software Industry	9.70	7.63	4.43	5.32	4.46
批发和零售业	Wholesale and Retail Trades	86.11	94.22	76.10	73.47	71.53
住宿和餐饮业	Hotel and Catering Services	10.05	9.64	8.43	4.68	4.55
金融业	Financial Intermediation	63.60	87.60	95.81	73.01	55.20
房地产业	Real Estate	162.09	206.21	197.74	150.79	149.74
租赁和商务服务业	Leasing and Business Services	46.44	77.42	131.38	121.19	105.50
科学研究和技术服务业	Scientific Research and Technical Services	7.90	10.61	9.25	11.91	16.46
居民服务和其他服务业	Services to Households and Other Services	50.81	55.68	40.38	32.07	31.77
教 育	Education	2.15	2.65	2.60	3.13	4.05
卫生和社会工作	Health and Social Work	2.50	3.03	3.86	5.45	7.78
文化、体育和娱乐业	Culture,Sports and Entertainment	3.03	2.39	2.68	2.27	3.29
公共管理、社会保障和社会组织	Public Management Social Security and Social Organization	35.98	55.37	57.77	92.37	102.49
其他行业	Others	4.89	5.55	14.92	9.21	10.02

8-10 国税税收收入(按企业类型分)

National Taxation Revenue (by Business Entities)

单位：亿元 (100 million yuan)

指　标	Item	2013	2014	2015	2016	2017
总　计	**Total**	**729.65**	**805.65**	**840.69**	**1028.03**	**1376.68**
内资企业	Domestic Enterprises	658.69	716.83	752.37	926.70	1239.13
国有企业	State-owned Enterprises	86.14	95.99	119.94	138.64	146.94
集体企业	Collective-owned Enterprises	6.54	9.45	6.63	8.53	10.53
股份合作企业	Cooperative Enterprises	7.15	10.08	8.93	6.90	7.98
联营企业	Joint Ownership Enterprises	0.44	0.35	0.07	0.10	0.18
#国有控股	State-owned Holding Company	0.07	0.05	0.05	0.05	0.08
股份公司	Joint-stock Company	500.17	550.56	580.90	723.45	977.32
#国有控股	State-owned Holding Company	360.34	387.71	393.82	360.10	532.31
私营企业	Private Enterprises	52.99	46.46	32.68	44.51	89.16
其它企业	Other Enterprises	5.26	3.94	3.22	4.57	7.02
港澳台投资企业	Enterprises Invested from Hong Kong, Macao and Taiwan	6.75	8.92	8.23	9.73	14.88
#国有控股	State-owned Holding Company	0.07	0.17	0.51	0.82	0.74
外商投资企业	Foreign Invested Enterprises	13.27	15.47	18.31	20.37	27.18
#国有控股	State-owned Holding Company	0.47	1.56	6.03	6.75	9.79
个体经营	Self-employed Individuals	50.94	64.43	61.78	71.23	95.49

8-11 地方系统税收收入(按企业类型分)

Local Taxation Revenue (by Business Entities)

单位：亿元 (100 million yuan)

指　标	Item	2013	2014	2015	2016	2017
总　计	**Total**	**816.85**	**981.43**	**1070.89**	**936.15**	**835.14**
内资企业	Domestic Enterprises	746.33	920.53	1010.25	875.06	766.82
国有企业	State-owned Enterprises	96.43	100.93	116.68	86.44	69.63
集体企业	Collective-owned Enterprises	11.86	11.42	11.56	10.40	4.54
股份合作企业	Cooperative Enterprises	5.11	6.46	6.12	4.80	2.74
联营企业	Joint Ownership Enterprises	0.34	0.56	0.75	0.39	0.19
#国有控股	State-owned Holding Company	0.01	0.00	0.49	0.30	0.14
股份公司	Joint-stock Company	506.20	642.69	735.67	635.67	540.97
#国有控股	State-owned Holding Company	50.98	56.31	272.54	244.51	266.44
私营企业	Private Enterprises	53.02	49.14	39.22	37.14	49.39
其它企业	Other Enterprises	73.37	109.34	100.25	100.22	99.36
港澳台投资企业	Enterprises Invested from Hong Kong, Macao and Taiwan	4.47	5.43	4.45	6.00	4.94
#国有控股	State-owned Holding Company	0.21	0.02	1.52	1.61	1.23
外商投资企业	Foreign Invested Enterprises	7.48	6.40	6.96	5.63	5.78
#国有控股	State-owned Holding Company	0.73	0.24	2.50	3.50	3.65
个体经营	Self-employed Individuals	58.57	49.07	49.23	49.46	57.60

8-12 国家税收收入(分行业、分税种)(2017)

单位：亿元

指　标	Item	合　计 Total
合　计	**Total**	**1376.68**
第一产业	Primary Industry	0.99
第二产业	Secondary Industry	708.37
采矿业	Mining	70.24
制造业	Manufacturing	406.92
电力、燃气及水的生产和供应业	Production and Supply of Electricity, Gas and Water	56.16
建筑业	Construction	175.06
第三产业	Tertiary Industry	667.30
交通运输、仓储及邮政业	Transport,Storage and Post	16.99
信息传输、软件和信息技术服务业	Information Transmission,Computer Services and Software	13.53
批发和零售业	Wholesale and Retail Trades	283.92
住宿和餐饮业	Hotels and Catering Services	4.12
金融业	Financial Intermediation	117.37
房地产业	Real Estate	94.89
租赁和商务服务业	Leasing and Business Services	37.66
科学研究和技术服务业	Scientific Research and Technical Services	12.38
居民服务、修理和其他服务业	Services to Households and Other Services	14.77
教　育	Education	1.46
卫生和社会工作	Health and Social Work	0.31
文化、体育和娱乐业	Culture,Sports and Entertainment	1.59
公共管理、社会保障和社会组织	Public Management ,Social Security and Social Organization	0.82
其他行业	Others	67.49

Taxation Revenue of the Central Government (By Industrial Sector and Taxation Category)

(100 million yuan)

国内增值税 Domestic Value-added Tax	#一般纳税人增值税 Value-added Tax from General Taxpayer	国内消费税 Domestic Consumption Tax	企业所得税 Corporate Income Tax	车辆购置税 Vehicle Purchasing Tax
825.86	**671.97**	**257.60**	**219.89**	**73.33**
0.67	0.36		0.19	0.12
446.31	338.14	210.46	50.45	1.15
65.44	64.88		4.70	0.10
167.53	164.85	210.46	28.44	0.48
49.16	45.00		6.89	0.11
164.18	63.41		10.42	0.46
378.86	333.47	47.14	169.25	72.06
12.22	7.34		2.06	2.70
4.29	3.44		9.18	0.06
155.43	143.54	47.13	80.05	1.31
3.87	1.64		0.21	0.04
64.28	63.64		52.97	0.12
78.71	74.59		15.98	0.20
31.36	21.04		5.31	0.98
10.23	7.47		2.04	0.12
13.82	7.75		0.72	0.23
1.10	0.48		0.13	0.23
0.11	0.07		0.12	0.08
1.40	1.01		0.16	0.03
0.44	0.09			0.38
1.60	1.37	0.01	0.32	65.58

8-13 地方系统税收收入(分行业、分税种)(2017)

单位：亿元

指　标	Item	合 计 Total	营业税 Business Tax	企业所得税 Corporate Income Tax
合 计	**Total**	**835.14**	**4.87**	**136.95**
第一产业	Primary Industry	4.33		0.02
第二产业	Secondary Industry	253.54	0.89	60.86
采矿业	Mining	53.77	0.03	9.48
制造业	Manufacturing	72.88	0.30	20.22
电力、燃气及水的生产和供应业	Production and Supply of Electricity, Gas and Water	15.77	0.04	1.95
建筑业	Construction	111.12	0.52	29.21
第三产业	Tertiary Industry	577.27	3.98	76.07
交通运输、仓储及邮政业	Transport,Storage and Post	10.43		1.28
信息传输、软件和信息技术服务业	Information Transmission, Software and Information Technology	4.46		0.35
批发和零售业	Wholesale and Retail Trades	71.53	0.03	24.48
住宿和餐饮业	Hotel and Catering Services	4.55	0.02	0.55
金融业	Financial Intermediation	55.20	-0.35	5.59
房地产业	Real Estate	149.74	4.04	26.88
租赁和商务服务业	Leasing and Business Services	105.50	0.12	10.14
科学研究和技术服务业	Scientific and Technical services	16.46	0.01	2.83
居民服务、修理和其他服务业	Resident Services, Repairs and Other Services	31.77	0.05	2.84
教　育	Education	4.05	0.06	0.32
卫生和社会工作	Health and Social Work	7.78		0.23
文化、体育和娱乐业	Culture,Sports and Entertainment	3.29	-0.01	0.42
公共管理、社会保障和社会组织	Public Management，Social Security and Social Organization	102.49	0.01	0.05
其他行业	Others	10.02		0.11

Taxation Revenue of the Local Government
(By Industrial Sector and Taxation Category)

(100 million yuan)

个人所得税 Individual Income Tax	城市维护建设税 City Maintenance and Construction Tax	房产税 House Property Tax	印花税 Stamp Tax	城镇土地使用税 Urban Land Use Tax	土地增值税 Land Appreciation Tax	其他各税 Other Taxes
121.34	**67.17**	**38.57**	**17.21**	**37.88**	**108.64**	**302.51**
0.21	0.05	0.14	0.11	0.08	0.01	3.71
31.16	39.75	10.38	5.75	12.35	19.78	72.62
10.01	3.44	0.44	0.42	1.13	3.22	25.60
9.61	23.75	4.93	1.54	6.91	0.76	4.86
4.11	2.92	1.67	0.60	1.53	0.10	2.85
7.43	9.64	3.34	3.19	2.78	15.70	39.31
89.97	27.37	28.05	11.35	25.45	88.85	226.18
3.72	0.65	0.80	0.27	0.52	0.18	3.01
2.49	0.20	0.74	0.25	0.21	0.09	0.13
8.68	12.86	2.74	2.38	2.76	2.30	15.30
1.27	0.21	0.85	0.03	0.25	0.81	0.56
24.06	4.27	2.55	1.03	0.64	1.28	16.13
6.82	4.78	9.25	2.72	9.99	46.11	39.15
7.56	1.93	7.47	2.27	6.66	26.96	42.39
3.26	0.68	0.58	0.17	1.30	0.73	6.90
5.35	0.81	1.11	1.43	1.46	2.03	16.69
3.23	0.05	0.12		0.17	0.01	0.09
7.28		0.06	0.02		0.03	0.16
1.77	0.07	0.14	0.03	0.11	0.16	0.60
14.32	0.79	1.39	0.53	1.11	7.52	76.77
0.16	0.07	0.25	0.22	0.27	0.64	8.30

主要统计指标解释

一般公共预算收入 指政府为履行职能，按国家法律法规规定收取的纳入预算内管理的各项税收及非税收入总和。1994年我国实行分税制改革后，一般公共预算收入划分为中央固定收入、地方固定收入、中央与地方共享收入三部分。其中，地方一般公共预算收入(习惯上称地方财政收入)由地方固定收入和中央与地方共享收入地方分成部分组成，具体又可分为税收收入和非税收入两类。

一般公共预算支出 指地方政府为履行职能需要，通过预算内资金安排的用于维持政权运转及支持各项社会事业发展等方面的支出。主要包括：

(1)一般公共服务：指政府提供基本公共管理与服务的支出，包括人大事务、政协事务、政府办公厅(室)及相关机构事务、发展与改革事务、统计信息事务、财政事务、税收事务、审计事务、海关事务、人力资源事务、纪检监察事务、人口与计划生育事务、商贸事务、知识产权事务、工商行政管理事务、国土资源事务、海洋管理事务、测绘事务、地震事务、气象事务、民族事务、宗教事务、港澳台侨事务、档案事务、共产党事务、民主党派事务及工商联事务、群众团体事务、彩票事务等。

(2)国防：指政府用于国防方面的支出，包括用于现役部队、预备役部队、民兵、国防科研事业、专项工程、国防动员等方面的支出。

(3)公共安全：指政府维护社会公共安全方面的支出，包括武装警察、公安、国家安全、检察、法院、司法行政、监狱、劳教、国家保密、缉私警察等。

(4)教育：指政府教育事务支出，包括教育行政管理、学前教育、小学教育、初中教育、普通高中教育、普通高等教育、初等职业教育、中专教育、技校教育、职业高中教育、高等职业教育、广播电视教育、留学生教育、特殊教育、干部继续教育、教育机关服务等。

(5)科学技术：指用于科学技术方面的支出，包括科学技术管理事务、基础研究、应用研究、技术研究与开发、科技条件与服务、社会科学、科学技术普及、科技交流与合作等。

(6)文化教育与传媒：指政府在文化、文物、体育、广播影视、新闻出版等方面的支出。

(7)社会保障和就业：指政府在社会保障与就业方面的支出，包括社会保障和就业管理事务、民政管理事务、财政对社会保险基金的补助、补充全国社会保障基金、行政事业单位离退休、企业改革补助、就业补助、抚恤、退役安置、社会福利、残疾人事业、城市居民最低生活保障、其他城镇社会救济、农村社会救济、自然灾害生活救助、红十字事务等。

(8)医疗卫生：指政府医疗卫生方面的支出，包括医疗卫生管理事务支出、医疗服务支出、医疗保障支出、疾病预防控制支出、卫生监督支出、妇幼保健支出、农村卫生支出等。

(9)城乡社区事务：指政府城乡社区事务支出，包括城乡社区管理事务支出、城乡社区规划与管理支出、城乡社区公共设施支出、城乡社区住宅支出、城乡社区环境卫生支出、建设市场管理与监督支出等。

(10)农林水事务：指政府农林水事务支出，包括农业支出、林业支出、水利支出、扶贫支出、农业综合开发支出等。

(11)交通运输：指政府交通运输和邮政业方面的支出，包括公路运输支出、水路运输支出、铁路运输支出、民用航空运输支出、邮政业支出等。

Explanatory Notes on Main Statistical Indicators

General Public Finance Budget Revenue refers to the sum of various tax and non-tax revenue which is charged into the budget management according to the national laws and regulations for the government to fulfill its functions. After the implementation of the tax reform in our country in 1994, General public revenue divided into the central fixed income, local fixed-income, central and local revenue sharing three parts. Among them, the local General public revenue (customarily known as local revenues) consists of Local fixed income and revenue sharing between central and local areas into parts, Specifically, it can be divided into tax revenues and non-tax revenue categories.

General Public Finance Budget Expenditure refers to local governments in order to fulfill functional needs, through budgetary funding arrangements for the operation and maintenance of the regime to support the development of social undertakings and other spending. It includes the following main items:

(1) Expenditure for general public services: It refers to the spending on the basic public management and services which provided by governments, including the expense on affairs of People's Congress, affairs of People's Political Consultative Conference, affairs of government general office and relative institutions, affairs of development and reform, affairs of statistics, affairs of finance, affairs of taxation, affairs of audit, affairs of customs, affairs of human resources and social security, affairs of discipline inspection and supervision, affairs of population and family planning, affairs of commerce and trade, affairs of intellectual property, affairs of administration for industry and commerce, affairs of land and resources, affairs of oceanic administration, affairs of surveying and mapping, affairs of earthquake, ethnic affairs, religious affairs, affairs of Hong Kong, Macao, Taiwan, and Overseas Chinese, affairs of archives administration, affairs of Chinese Communist Party, affairs of democratic parties and federation of industry and commerce, affairs of mass organization, and affairs of lottery, etc.

(2) Expenditure for national defence: It refers to the spending of government on national defence, including the expense on active force, reserve force, militia, scientific research on national defence, special projects, mobilization of national defence, etc.

(3) Expenditure for public security: It refers to the spending of government on maintaining social and public security, including the expense on armed police force, public security, state security, prosecution, courts, justice, prison, labour education and rehabilitation, protection of state secrecy, anti-smuggling police, etc.

(4) Expenditure for education: It refers to the spending of government on education, including the expense on the administration of education, pre-primary education, primary education, secondary education, high school education, regular higher education, primary vocational education, secondary vocational education, technical school education, vocational high school education and higher vocational education, radio and television education, student abroad education, special education, on the job training of cadres, education authorities services, etc.

(5) Expenditure for science and technology: It refers to the spending of government on science and technology (S&T), including the expense on the administration of S&T, basic research, applied research, research and development, conditions and services of S&T, popularization of social science, science and technology, exchanges and cooperation of S&T, etc.

(6) Expenditure for culture, sport and media: It refers to the spending of government on culture, cultural heritage, sports, radio, film, television, press and publication, etc.

(7) Expenditure for social safety net and employment effort: It refers to the spending of government on social safety net and employment, including the expense on administration of social safety net and employment, civil affairs, budgetary subsidy on the social insurance funds, subsidy on National Social Security Fund, retirees of administrative units and institutions, subsidy on enterprise reform, subsidy on employment effort, pension, placement of ex-serviceman, social welfare, the handicapped undertakings, the system of cost of living allowances for urban residents, other urban social relief, rural social relief, living relief of natural disasters, affairs of Red Cross Society, etc.

(8) Expenditure for medical and health care: It refers to the spending of government on medical and health care, including the expense on administration of medical and health care, medical services, health care, disease prevention and control, health inspection and supervision, women and children's health, rural health care, etc.

(9) Expenditure for urban and rural community affairs: It refers to the spending of government on urban and rural community affairs, including the expense on administration of urban and rural community, planning and management of urban and rural community, public facilities of urban and rural community, housing of urban and rural community, sanitation of urban and rural community, management and supervision on the construction market, etc.

(10) Expenditure for agriculture, forestry and water conservancy: It refers to the spending of government on agriculture, forestry and water conservancy, including the expense on agriculture, forestry, water conservancy, poverty alleviation, comprehensive agricultural development, etc.

(11) Expenditure for transportation: It refers to the spending of government on transportation and postal services, including the expense on road transportation, waterway transportation, railway transportation, civil aviation transportation, and postal services.

价格指数

Price Indices

9

简 要 说 明

一、主要内容

本篇资料主要反映生产、流通、消费与投资等环节的价格变动趋势和变动幅度。包括居民消费价格指数、商品零售价格指数、工业生产者出厂价格指数、工业生产者购进价格指数、农业生产资料价格指数、固定资产投资价格指数等。

二、统计范围及调查方法

1. 居民消费、商品零售价格指数：编制居民消费、商品零售价格指数的资料采用抽样调查和重点调查相结合的方法取得。

目前，居民消费价格调查按用途划分为8大类，262个基本分类，各调查市县每月调查600种以上的规格品价格；商品零售价格按用途划分为16个大类，229个基本分类，各地每月调查500种以上的规格品价格。

2. 工业生产者出厂价格指数：工业生产者出厂价格是工业品第一次出售时的出厂价格。该项调查采用重点调查与典型调查相结合的调查方法。重点调查对象为年主营业务收入2000万元及以上的工业法人企业；典型调查对象为年主营业务收入2000万元以下的工业法人企业。

目前《工业生产者出厂价格调查目录》包括11000多种产品，并将其划分为1702个基本分类；《工业生产者购进价格调查目录》包括6000多种产品，并划分为900多个基本分类。

3. 固定资产投资价格指数：固定资产投资价格调查采用重点调查与典型调查相结合的方法。固定资产投资价格调查所涉及的价格是构成固定资产投资额实体的实际购进价格或结算价格。调查内容包括构成当年建筑工程实体的钢材、木材、水泥、地方材料(如砖、瓦、灰、沙、石等)、化工材料(如油漆等)等主要建筑材料价格；作为活劳动投入的劳动力价格（单位工资）和建筑机械使用费用；设备工器具购置和其他费用投资价格。

三、资料来源

本篇资料由国家统计局贵州调查总队依据国家统计局统一制定的价格统计调查制度从基层采集原始数据加工整理后提供。

Brief Introduction

I. Main Contents

Data on price indices in this chapter show the changing trends and the change rates in the prices of production, trade, consumption and investment, including mainly consumer price indices, retail price indices, producer price indices for industrial products, purchasing price indices for industrial producers, producer price indices for farm products, price indices for investment in fixed assets.

II. Scope and Methodology of Data

1. Consumer Price Indices and Retail Price Indices: Data for compilation of the consumer price indices and the retail price indices in China are collected through a combination of sample surveys and surveys of key units.

At present, data are collected on over 600 specifications each month under 262 basic headings in 8 categories in the consumer price surveys. For the retail price surveys, data are collected on more than 500 specifications each month under 229 basic headings in 16 categories.

2. Producer Price Indices for Industrial Products: Producer prices for industrial products refer to the ex-factory price of manufactured goods when they are first sold. The survey program is a combined use of the key units' survey and typical units' survey methods. Key units refer to those industrial enterprises with annual revenue from the primary activities at and above 20 million yuan. Typical units refer to the industrial enterprises with annual revenue from the primary activities below 20 million yuan.

The survey catalog of Producer Prices for Industrial Products includes over 11,000 goods, and they are divided into 1702 basic classification; Survey catalog of Purchasing Price for Industrial Producers includes over 6000 goods, and they are divided into over 900 basic classifications.

3. Price Indices for Investment in Fixed Assets: Data on prices of investment in fixed assets are collected by a program involving the combined use of surveys on key units and surveys on typical units. The prices collected in the surveys of investment in fixed assets are the actual purchasing prices or settlement prices of entities of investment in fixed assets. The survey content includes the prices of main construction materials that constitute the architectural engineering entity in the year, such as steel, timber, cement, local construction materials (such as brick, tile, calcareous ashes, sand, stone, etc.), chemical materials (such as oil paint, etc.), the price of labor force as input (wages), prices for renting of building machinery and equipment, the purchasing price of equipment, tools and instruments and the prices of others investments.

III. Sources of Data

Data in this chapter are collected and compiled by the Department of Guizhou Survey, NBS. Which accordance with the scheme of price survey system stipulated by the NBS, and collect data from the grassroots units in, tabulate them and report them to the higher agencies.

9-1 居民消费价格分类指数
Consumer Price Indices by Category

(上年=100) (preceding year=100)

指　标	Item	2016	2017
居民消费价格总指数	**General Consumer Price Index**	**101.4**	**100.9**
非食品烟酒价格指数	Non-Food Price Index	100.4	101.3
服务价格指数	Services Price Index	101.4	101.5
消费品价格指数	**Consumer Goods Price Index**	**101.3**	**100.6**
非食品价格指数	Non-Food Price Index	100.5	101.4
食品烟酒	Food and	103.6	100.0
食品	Food	104.5	99.2
粮食	Grain	100.9	101.1
薯类	Tubers	108.5	101.0
豆类	Beans	100.9	100.0
食用油	Edible Oil and Fats	106.7	96.1
菜	Vegetables	106.4	97.9
畜肉类	Livetock for Slaughtering	112.0	95.6
禽肉类	Meat	98.7	99.6
水产品	Aqustic Products	101.8	101.7
蛋类	Eggs	97.7	97.4
奶类	Milk	100.1	99.5
干鲜瓜果类	Dried and Fresh Melons and Fruits	99.0	108.5
糖果糕点类	Candy and Cake	100.6	100.8
调味品	Flavoring	101.2	102.5
其他食品类	Other Foods	99.5	100.6
茶及饮料	Tea and Beverages	100.1	100.4
烟酒	Tobacco and Liquor	100.8	99.9
烟草	Tobacco	101.7	100.0
酒类	Liquor	98.8	99.6
白酒	Distilled Spirit	98.0	99.6
啤酒	Beer	100.6	98.9
在外餐饮	Dining Out	102.5	102.5

注：2016年价格统计制度改革，调整部分调查项目和统计口径，2016年数与往年数据不可比。(下表同)

Note: Due to the residents of the consumer price statistics system reform in 2016, some survey items and statistical caliber have been adjusted, so the data of 2016 and those of previous years are not comparable (the same applies to the table following).

9-1 续表1 continued

(上年=100) (preceding year=100)

指 标	Item	2016	2017
衣着	Clothing	99.6	100.1
服装	Garments	99.8	100.3
服装材料	Clothing Material	101.6	102.5
其他衣着及配件	Other Clothing and Accessories	100.5	100.4
衣着加工服务费	Clothing Manufacturing Servies	102.3	101.3
鞋类	Footwear	98.8	99.6
居住	Residence	100.8	101.5
租赁房房租	Renting	101.3	101.8
住房保养维修及管理	Housing Maintenance and Management	100.4	101.3
水电燃料	Water,Electricity and Fuels	100.5	100.8
自有住房	Privats Housing	101.0	101.9
生活用品及服务	Daily Supplies and Services	99.9	101.0
家具及室内装饰品	Furniture and Interior Decorations	99.5	102.3
家用器具	Household Appliances	98.8	101.4
家用纺织品	Home Textiles	99.9	100.1
家庭日用杂品	Daily Use Houshold Articles	100.4	100.4
个人护理用品	Personal Care Products	100.4	100.5
家庭服务	Household Services	101.5	102.6
交通和通信	Transportation and Communication	98.7	101.9
交通	Transportation	98.8	103.7
交通工具	Transportation Facility	98.5	99.2
交通工具用燃料	Fuels	95.4	111.4
交通工具使用和维修	Fees for Vehicles Use and Maintenance	100.7	100.8
交通费	Incity Traffic Fare	102.4	100.6
通信	Communication	98.6	99.5
通信工具	Communication Facility	94.2	97.3
通信服务	Communication Service	100.0	100.0
邮递服务	Post Service	98.7	100.2

9-1 续表2 continued

(上年=100) (preceding year=100)

指　标	Item	2016	2017
教育文化和娱乐	Recreation, Education and Culture Articles	101.3	101.3
教育	Education	101.9	102.3
教育用品	Teaching Materials and Refernce Books	100.2	100.9
教育服务	Education Services	101.9	102.4
文化娱乐	Culture and Recreational Articles	100.7	100.2
文娱耐用消费品	Entertainment Durable Consumer Goods	97.0	99.4
其他文娱用品	Other Recreational Items	100.3	99.9
文化娱乐服务	Culture and Recreational Articles Services	101.7	100.6
旅游	Touring and Outing	102.8	100.6
医疗保健	Health Care	101.5	101.8
药品及医疗器具	Medicine and Medical Instrument	100.7	101.8
中药	Traditional Chinese Medicine	101.0	101.8
西药	Western Medicine	100.8	101.8
滋补保健品	Health Care Appliances and Articles	100.1	103.4
医疗卫生器具	Medical Instrument	99.7	100.7
保健器具	Health Care Appliances	100.2	100.2
医疗服务	Health Care Services	102.1	101.8
综合医疗类	Comprehensive Medical	105.5	103.1
诊断类	Diagnostic	99.8	100.4
治疗类	Treatment	104.2	106.1
康复类	Rehabilitation	99.9	100.0
中医医疗服务类	Traditional Chinese Medicine Services	105.3	101.2
其他医疗服务	Other Medical Services	107.2	101.9
其他用品和服务	Other Articles and Services	101.0	101.0
其他用品类	Other Articles	101.7	100.9
首饰手表	Jewelry and Watch	104.8	101.8
其他杂项用品	Other Articles	99.4	100.2
其他服务类	Other Services	100.5	101.2
旅馆住宿	Hotel Accommodation	97.6	99.1
美容美发洗浴	Beauty Salons and Bathing	101.9	103.9
养老服务	Services for the Aged	100.2	100.7
金融保险	Financial Insurance	100.5	100.2
其他服务类	Other Services	100.5	99.9

9-2 商品零售价格分类指数
Retail Price Indices by Category

(上年=100) (preceding year=100)

指　标	Item	2016	2017
商品零售价格指数	**Retail Price Index**	**100.2**	**100.9**
食品	Food	104.2	99.8
粮食	Grain	101.1	100.7
薯类	Tubers	109.9	99.9
豆类	Beans	101.2	100.4
食用油	Edible Oil and Fats	105.6	97.1
菜	Vegetables	107.3	97.7
畜肉类	Livetock for Slaughtering	111.5	95.2
禽肉类	Meat	100.2	100.6
水产品	Aqustic Products	102.6	102.6
蛋类	Eggs	97.7	97.5
奶类	Milk	99.7	99.1
干鲜瓜果类	Dried and Fresh Melons and Fruits	98.5	107.3
糖果糕点类	Candy and Cake	100.9	101.1
调味品	Flavoring	101.7	103.1
其他食品类	Other Foods	99.5	100.8
在外餐饮	Dining Out	102.3	103.0
饮料、烟酒	Beverages,Tobacco and Liquor	100.5	100.0
服装、鞋帽	Garments,Shoes and Hats	99.8	100.4
纺织品	Textiles	99.9	100.7
家用电器及音像器材	Household Appliances, Music and Video Equipment	98.2	101.1
文化办公用品	Cultural and Office Appliances	98.9	99.7
日用品	Articles for Daily Use	100.0	100.2
体育娱乐用品	Sports and Recreation Articles	100.3	99.7
交通、通信用品	Transportation and Communication Appliances	97.6	98.8
家具	Furniture	100.0	102.8
化妆品	Cosmetics	100.6	100.3
金银饰品	Gold,Silver and Jewelry	106.6	102.1
中西药品及医疗保健用品	Traditional Chinese and Western Medicines and Health Care Articles	101.5	101.8
书报杂志及电子出版物	Books, Newspapers, Magazines and Electronic Publications	99.9	100.7
燃料	Fuels	96.1	107.6
建筑材料及五金电料	Building Materials and Hardware	99.8	101.6

9-3 工业生产者出厂价格分类指数

Producer Price Indices for Industrial Products by Category

(上年=100) (preceding year =100)

指 标	Item	2013	2014	2015	2016	2017
工业生产者出厂价格指数	**Producer Price Indices for Industrial Products**	**97.4**	**98.3**	**96.1**	**97.9**	**107.2**
按轻、重工业分	**Grouped by Light or Heavy Industries**					
轻工业	Light Industry	102.4	100.2	101.1	100.8	101.2
重工业	Heavy Industry	96.3	97.9	95.0	97.1	109.1
按用途分	**Grouped by Use**					
生产资料	Means of Production	96.1	97.8	94.8	97.1	109.6
采掘工业	Mining & Quarrying Industry	93.2	96.8	96.4	98.4	109.6
原材料工业	Raw Materials Industry	95.7	97.9	95.0	96.9	111.6
加工工业	Processing Industry	97.0	97.8	94.2	97.2	107.2
生活资料	Consumer Goods	102.4	100.3	100.9	100.5	100.4
食品类	Food	102.3	100.2	101.3	100.7	100.3
衣着类	Clothing	100.2	100.2	100.5	99.6	100.8
一般日用品	Articles for Daily Use	101.6	101.3	103.8	98.0	101.5
耐用消费品	Durable Consumer Goods	104.8	100.8	94.2	100.1	100.9
按工业大类行业分	**Grouped by Sector**					
#煤炭开采和洗选业	Mining and Washing of Coal	85.8	94.8	91.0	98.4	130.2
有色金属矿采选业	Mining and Processing of Non-Ferrous Metal Ores	96.2	91.5	99.5	96.0	108.1
非金属矿采选业	Mining and Processing of Nonmetal Ores	92.2	89.4	95.8	98.2	98.5
农副食品加工业	Processing of Food from Agricultural Products	107.0	101.3	103.3	99.1	102.5
食品制造业	Processing of Foods	101.9	101.8	100.5	101.9	102.2
饮料制造业	Manufacture of Beverages	102.1	99.3	103.0	102.2	100.5
烟草制品业	Manufacture of Tobacco	100.9	100.2	100.1	100.0	100.0
纺织业	Manufacture of Textile	97.4	100.0	100.0	100.0	100.0
纺织服装、鞋、帽制造业	Manufacture of Textile Wearing Apparel, Footware and Caps	100.2	100.5	100.3	99.5	99.7
皮革、毛皮、羽毛（绒)及其制品业	Manufacture of Leather, Fur, Feather and Related Products	100.2	100.0	100.5	99.6	102.2

注：工业大类行业按国民经济行业分类(GB/T 4754-2011)划分。

Note: Industrial sectors are classified by Sector of the National Economy (GB/T4754-2011) .

9-3 续表 Continued

(上年=100) (preceding year=100)

指 标	Item	2013	2014	2015	2016	2017
木材加工及木、竹、藤、棕、草制品业	Processing of Timber,Manufacture of Wood, Bamboo,Rattan,Palm and Straw Products	106.5	99.6	106.6	99.6	99.1
家具制造业	Manufacture of Furniture	100.1	100.3	100.0	100.0	102.9
造纸及纸制品业	Manufacture of Paper and Paper Products	102.5	97.0	100.8	99.4	111.2
印刷业和记录媒介的复制	Printing,Reproduction of Recording Media	99.8	102.4	101.6	99.5	100.2
文教体育用品制造业	Manufacture of Articles For Culture,Education and Sport Activities	102.4	107.3	91.3	98.7	100.0
石油加工、炼焦及核燃料加工业	Processing of Petroleum,Coking,Processing of Nuclear Fuel	85.0	97.5	87.1	105.3	149.3
化学原料及化学制品制造业	Manufacture of Raw Chemical Materials and Chemical Products	93.3	94.1	98.5	94.9	100.1
医药制造业	Manufacture of Medicines	102.1	100.3	99.5	98.7	98.8
橡胶制品业	Manufacture of Rubber	95.6	99.6	99.4	97.2	107.9
非金属矿物制品业	Manufacture of Non-metallic Mineral Products	102.8	99.4	90.9	98.4	111.9
黑色金属冶炼及压延加工业	Smelting and Pressing of Ferrous Metals	93.7	97.1	87.2	93.5	118.8
有色金属冶炼及压延加工业	Smelting and Pressing of Non-ferrous Metals	92.5	95.5	93.7	104.1	115.3
金属制品业	Manufacture of Metal Products	96.6	98.3	96.4	101.2	107.7
通用设备制造业	Manufacture of General Purpose Machinery	100.0	99.2	99.0	98.2	98.2
专用设备制造业	Manufacture of Special Purpose Machinery	104.3	101.0	100.7	99.9	100.5
交通运输设备制造业	Manufacture of Transport Equipment	95.6	91.9	100.0	99.8	100.2
电气机械及器材制造业	Manufacture of Electrical Machinery and Equipment	103.5	99.9	94.0	102.1	102.9
通信设备、计算机及其他电子设备制造业	Manufacture of Communication Equipment, Computers and Other Electronic Equipment	103.0	103.7	98.5	99.8	100.0
仪器仪表及文化、办公用机械制造业	Manufacture of Measuring Instruments and Machinery for Cultural Activity and Office Work	99.1	97.1	100.1	99.8	100.3
电力、热力的生产和供应业	Production and Supply of Electric Power and Heat Power	100.7	100.2	97.1	93.4	96.5
燃气生产和供应业	Production and Supply of Gas	115.5	104.7	107.4	94.2	99.6
水的生产和供应业	Production and Supply of Water	105.4	100.8	100.9	103.2	100.9

9-4 工业生产者购进价格指数

Purchasing Price Index for Industrial Producers

(上年=100) (preceding year =100)

指　　标	Item	2013	2014	2015	2016	2017
工业生产者购进价格指数	**Purchasing Price Indices for Industrial Producers**	**96.4**	**98.6**	**97.5**	**98.5**	**109.7**
燃料、动力类	Fuel and Power	96.3	100.3	98.0	98.0	115.9
黑色金属材料类	Ferrous Metals	93.8	98.0	88.5	97.7	106.1
#钢　材	Rolled-steel	93.8	95.7	90.5	98.6	107.7
有色金属材料和电线类	Nonferrous Metals	97.9	95.8	94.7	101.6	126.3
化工原料类	Raw Chemical Materials	85.2	92.9	98.9	97.6	107.2
木材及纸浆类	Timber and Paper Pulp	101.3	100.2	98.7	97.1	103.3
建筑材料及非金属矿类	Building Materials and Nonmetal Minerals Processing	102.2	98.1	94.7	97.1	107.0
其他工业原材料及半成品类	Other Industrial Raw Materials and Semi-products	104.9	101.2	100.1	99.7	102.6
农副产品类	Agricultural Products	104.9	101.7	102.4	98.7	99.3
纺织原料类	Textile Materials	104.2	105.1	101.7	99.5	100.4

9-5 农业生产资料价格分类指数

Price Indices for Means of Agricultural Production by Category

(上年=100) (preceding year =100)

指　　标	Item	2016	2017
农业生产资料价格指数	**Price Indices for Means of Agricultural Production**	**103.0**	**98.8**
农用手工工具	Farm Handtools	99.7	98.4
饲料	Forage	99.0	98.5
仔畜幼禽及产品畜	Commodity Animals	125.1	93.8
半机械化农具	Semi-mechanized Farm Tools	100.2	104.7
机械化农具	Mechanized Farm Machinery	99.4	99.5
化学肥料	Chemical Fertilizer	99.4	99.3
农药及农药器械	Pesticide & Its Appliances	98.5	100.3
化学农药	Chemical Pesticide	98.5	100.5
农药器械	Appliances for Pesticide	98.2	99.3
农机用油	Oil for Farm Machinery	97.7	106.2
其他农用生产资料	Others Means of Agricultural Production	99.3	99.7
农业生产服务	Service for Agricultural Production	104.7	104.0

注：2016年农业生产资料价格统计制度改革，调整部分调查项目和统计口径，2016年数与往年数据不可比。

Note: Due to the residents of the agricultural production price statistics system reform in 2016, some survey items and statistical caliber have been adjusted, so the data of 2016 and those of previous years are not comparable.

9-6 固定资产投资和房地产销售价格指数

Price Indices for Investment in Fixed Assets and Real Estate

(上年=100) (preceding year =100)

指 标	Item	2013	2014	2015	2016	2017
固定资产投资价格指数	**Price Indices for Investment in Fixed Assets**	**100.9**	**101.1**	**98.4**	**98.6**	**106.1**
建筑安装工程	Price Indices of Construction and Installation	101.5	101.3	98.1	98.3	107.3
人工费	Labor Costs	111.8	111.8	106.5	107.0	103.9
材料费	Materials Costs	97.9	97.7	94.4	93.0	110.6
钢 材	Rolled Steel	93.3	93.6	90.3	90.4	118.9
木 材	Timber	104.1	101.0	103.8	102.1	108.3
水 泥	Cement	96.0	103.6	93.7	90.9	107.2
电 料	Electrical Materials	101.2	96.5	100.7	98.2	103.8
化工材料	Raw Chemical Materials	99.9	100.3	91.2	96.2	102.6
地方建筑材料	Local Building Materials	103.5	101.0	100.6	96.8	107.2
其他材料	Others	106.2	106.0	100.9	100.3	105.1
机械使用费	Costs for Using Machine	101.7	101.6	102.0	102.2	101.9
设备、工器具购置	Purchase of Equipment,Tools and Instruments	99.2	99.3	99.5	99.2	100.7
其他费用	Others	100.1	101.1	99.4	100.9	100.7
新建住宅价格指数(贵阳市)	**Price Indices of New Residential Housings(Guiyang)**	**104.5**	**102.6**	**97.1**	**102.3**	**108.0**
新建商品住宅价格指数(贵阳市)	Price Indices of New Commodity Residential Housings(Guiyang)	105.0	102.8	96.8	102.3	108.1

主要统计指标解释

居民消费价格指数 是反映一定时期内城乡居民所购买的生活消费品价格和服务项目价格变动趋势和程度的相对数。

商品零售价格指数 是反映城乡商品零售价格变动趋势和程度的相对数。零售物价的变动直接反映城乡居民的生活支出和国家的财政收入，影响居民购买力和市场供需平衡，影响消费与积累的比例关系。

工业生产者价格指数 工业生产者价格包括工业企业产品第一次出售时的出厂价格和企业作为中间投入的原材料、燃料、动力购进价格(简称工业生产者购进价格)。工业生产者价格调查的目的在于及时、准确、科学地反映各工业行业产品价格水平及其变动趋势和幅度，为国民经济核算、计算工业发展速度、宏观经济分析和调控、理顺价格体系等提供科学、准确的依据。

农业生产资料价格指数 是反映一定时期内农业生产资料价格变动趋势和程度的相对数。农业生产资料价格指数分为农用手工工具、饲料、仔畜幼玩禽及产品畜、半机械化农具、机械化农具、化学肥料、农药及农药器械、农机用油、其他农业生产资料、农业生产服务。

固定资产投资价格指数 是反映固定资产投资额价格变动趋势和程度的相对数。固定资产投资额是由建筑安装工程投资完成额、设备、工器具购置投资完成额和其他费用投资完成额三部分组成的。编制固定资产投资价格指数应首先分别编制上述三部分投资的价格指数，然后采用加权算术平均法求出固定资产投资价格总指数。

Explanatory Notes on Main Statistical Indicators

Consumer Price Index reflects the trend and degree of changes in prices of consumer goods and services purchased by urban and rural residents during a given period.

Retail Price Index reflects the trend and degree of change in retail prices of commodities. The change and adjustment in retail prices directly affect the living expenditure of urban and rural residents, government revenue, purchasing power of residents and the equilibrium of market supply and demand, and the ratio of consumption to accumulation.

Price Index of Industrial Producer enterprises and enterprises as the prices of intermediate inputs of raw materials, fuel and power purchase price (hereinafter referred to as industrial producer price). Industrial producer prices survey was designed to timely, accurate and scientifically reflect various industrial products industry trends and changes in the price level and the magnitude of national accounts to calculate the speed of industrial development, macroeconomic analysis and control, rationalize the price system to provide scientific and accurate basis.

Price Indices of Means of Agricultural Production reflects the trend and degree of changes in prices of means of agricultural production during a given period. Price indices of means of agricultural production are composed of 10 categories including hand tools, feeds, newborn animal and domestic animals for meat, semi-mechanized farm machinery, mechanized farm machinery, chemical fertilizers, pesticides and spraying machinery, fuels for farm machinery, other means of agricultural production and services.

Price Index of Investment in Fixed Assets reflects the trend and degree of changes in prices of investment in fixed assets. The investment in fixed assets consists of three components, namely the investment in construction and installation, the investment in purchases of equipment and instrument, and the investment in other items. Price index of investment in fixed assets is calculated as the weighted arithmetic mean of the price indices of the three components of investment in fixed assets.

人民生活

People's Living Conditions 10

简要说明

一、主要内容

本篇资料反映人民生活现状及变化情况。

二、调查方法

2013 年起，按照城乡一体化住户收支与生活状况调查制度，国家统计局贵州调查总队每年收集调查户 12 个月的记账数据，在此基础上汇总计算出当年的全省居民可支配收入、城镇居民可支配收入、农村居民可支配收入等收支数据。

城乡一体化住户收支与生活状况调查是以省为总体，采用分层、多阶段、与人口规模大小成比例的概率抽样方法，随机抽选调查住宅，确定调查户。

城乡一体化住户收支与生活状况调查是在 95%置信度下，全省居民人均可支配收入抽样误差小于 1%。采用调查户日记账的方式采集居民收支数据，同时辅之以统一的调查问卷，收集与收入支出有关的其他调查内容。

三、资料来源

本篇资料由国家统计局贵州调查总队依据国家统计局统一制定的统计调查制度从基层采集原始数据加工整理后提供。

Brief Introduction

I. Main Contents

Data in this chapter show the people's living conditions and their changes in China.

II. Methodology of Data

In terms of the system of Integrated Urban and Rural Households on Income and Expenditures and Living

Conditions conducted since 2013, the Department of Guizhou Survey, NBS collected accounts of 160,000 households about 12 months, at this basis, NBS tabulated comparable national disposable income and expenditures of urban and rural households.

The integrated household survey is conducted by selecting sampled houses randomly, deciding surveyed households, with all households in the province as the population, with stratified sampling, multi-stage sampling, probability sampling in proportion to population scale.

Survey on Income and Expenditures and Living Conditions is required that the sampling error should not exceed ±1%, with a confidence probability as 95%. Methods of collecting income and expenditure data are keeping diaries of the households, and questionnaires as assistance to collect other relevant data.

Ⅲ. Sources of Data

Data in this chapter are collected and compiled by the Department of Guizhou Survey, NBS, which accordance with the scheme of statistic survey system stipulated by the NBS, and collect data from the grassroots units in, tabulate them and report them to the higher agencies.

10-1 城乡居民生活水平
People's Livelihood in Urban and Rural Areas

指 标	Item	2013	2014	2015	2016	2017
就业	**Employment**					
城镇居民家庭每户就业人口(人)	Average Number of Employed Persons per Urban Household(person)	1.61	1.56	1.54	1.58	1.59
城镇居民家庭每个就业者赡养人口(人)	Number of Dependents per Employee of Urban Household(person)	1.87	1.93	1.98	1.95	1.96
城镇平均每户就业面(%)	Proportion of Employment per Urban Household(%)	0.53	0.52	0.51	0.51	0.51
城镇登记失业人数(万人)	Number of Registered Unemployment Persons in Urban Areas (10000 persons)	13.66	14.09	14.49	14.78	14.90
城镇登记失业率(%)	Registered Unemployment Rate in Urban Areas(%)	3.26	3.27	3.29	3.24	3.23
农村平均每户整、半劳动力(人)	Average Number of Full/Semi Laborer Force per Rural Household(person)	3.00	2.07	2.15	2.21	2.21
农村居民家庭每一劳动力赡养人口(人)	Number of Dependents per Laborer of Rural Household(person)	1.56	1.69	1.64	1.62	1.63
收入与支出	**Income and Expenditure**					
城镇常住居民人均可支配收入(元)	Annual Per Capita Disposable Income of Urban Households(yuan)	20667	22548	24580	26743	29080
城镇常住居民人均消费性支出(元)	Annual Per Capita Consumption Expenditure of Urban Households(yuan)	13702.9	15255	16914	19202	20348
在岗职工平均工资(元)	Average Wage of Staff and Workers in their Posts(yuan)	49087	54685	62591	69678	75109
农村常住居民人均可支配收入(元)	Annual Per Capita Disposable Income of Rural Households (yuan)	5434	6671	7387	8090	8869
农村常住居民人均生活消费支出(元)	Annual Per Capita Living Consumption Expenditure of Rural Households (yuan)	4740	5970	6645	7533	8299
生活质量	**Life Quality**					
居民家庭恩格尔系数(%)	**Household's Engle Coefficient(%)**					
城 镇	Urban	35.9	34.9	34.0	33.2	33.0
农 村	Rural	43.0	41.7	39.8	38.7	38.0
居住条件	**Residence Condition**					
城镇居民人均住宅建筑面积(平方米)	Per Capita Floor Space of Residential Building in Urban Areas(sq.m)	34.84	36.58	36.37	37.17	37.52
农村居民人均住房面积(平方米)	Per Capita Floor Space of Residential Building in Rural Areas(sq.m)	27.08	31.61	32.33	34.16	34.54
交通条件	**Traffic Condition**					
城市人均拥有道路面积(平方米)	Per Capita Area of Paved Roads in City(sq.m)	8.95	9.72	10.86	12.28	12.50
每百户城镇居民拥有家用汽车(辆)	Number of Family Vehicles Per 100 Urban Households(unit)	15.84	19.66	23.74	33.52	34.97
每百户农村居民拥有家用摩托车(辆)	Number of Motorcycles Per 100 Rural Households(unit)	41.37	48.38	54.88	55.71	54.20
通信条件	**Communication Condition**					
每百户拥有移动电话(部)	Mobile Telephone Per 100 Households(set)					
城 镇	Urban	212	228	237	248	257
农 村	Rural	190	218	227	241	256
城市公用设施普及占有率	City Public Utility Rate					
用水普及率(%)	Rate of Access to Tap Water(%)	88.5	90.2	91.8	91.9	93.2
燃气普及率(%)	Rate of Access to Gas(%)	58.7	60.3	70.7	73.5	73.7
人均公园绿地面积(平方米)	**Per Capita Green Area(sq.m)**	7.98	8.66	9.61	11.65	13.02

注：2013年全国城乡一体化住户调查改革，调查范围、调查样本、调查对象以及调查方式均进行重大改革。贵州城镇住户调查范围由17个县（市、区）扩大到44个，农村住户调查范围由32个县（市、区）扩大到44个，调查样本全部更换。因此2013年起城乡住户有关数据请慎与往年比较（以下相关表同）。

Note: At 2013 in the National urban and rural household survey reform ,the survey range , survey samples , survey objects and investigation methods were carried out major reforms. The survey range of Guizhou urban household expanded from 17 counties(cities, districts) to 44, and that of rural hosehcld expanded from 32 couties (cities、 districts) to 44. The survey samples have all been replacedl. So please carefully compare the relevant data of urban and rural residents for 2013 with data in previous years (the relative tables in the chapter are the same) .

10-1 续表 continued

指 标	Item	2013	2014	2015	2016	2017
文化、教育和卫生	**Culture, Education and Health Care**					
文化	**Culture**					
广播节目综合人口覆盖率(%)	Radio Coverage Rate of the Population (%)	90.0	91.5	92.3	93.0	93.5
电视节目综合人口覆盖率(%)	TV Coverage Rate of the Population(%)	94.1	95.4	96.0	96.1	96.5
每百户彩色电视机拥有量(部/百户)	Number of Color TV per 100 Households(set)					
城镇	Urban	101.84	105.05	106.23	106.83	108.36
农村	Rural	96.53	98.88	101.76	103.11	104.00
每百户家用电脑拥有量(部/百户)	Number of Computers per 100 Households(set)					
城镇	Urban	55.72	63.56	64.44	62.68	64.39
农村	Rural	5.77	8.05	9.74	13.04	15.66
居民家庭文教娱乐支出比重(%)	Percentage of Household Expenditure on Education,Culture and Entertainment(%)					
城镇	Urban	14.2	13.6	13.7	13.0	13.4
农村	Rural	6.4	8.1	8.8	9.2	9.5
教育	**Education**					
学龄儿童入学率(%)	Enrollment Rate of School-age Children(%)	99.3	99.1	99.5	99.6	99.6
初中阶段毛入学率(%)	Enrollment Rate of Primary School Graduates Entering into Junior Secondary Schools(%)	101.1	102.5	104.0	107.9	108.8
高中阶段毛入学率(%)	Enrollment Rate of Juniorsecondary School Graduates Entering into Senior secondary Schools (%)	68.0	78.0	86.1	87.0	87.0
高等教育毛入学率(%)	Enrollment Rate of Senior secondary School Graduates Entering into Institution of Higher Education(%)	27.4	29.4	31.2	33.0	34.0
卫生	**Health Care**					
居民家庭医疗保健支出比重(%)	Percentage of Resident Expenditure on Health Care(%)					
城镇	Urban	4.6	6.1	5.2	5.5	5.8
农村	Rural	6.4	6.2	6.8	7.0	7.3
社会保障	**Social Security**					
城镇职工基本养老保险参保人数(万人)	Number of Urban Employees Joining in Basic Pension Insurance(10 000 persons)	337.29	361.45	392.09	423.58	588.17
#参保职工	Number of Employees	254.68	274.32	297.26	323.94	446.91
城镇职工基本医疗保险参保人数(万人)	Number of Urban Employees Joining in Urban Basic Medical Care System (10 000 persons)	344.72	354.76	372.74	389.81	410.42
失业保险参保人数(万人)	Number of Employees Joining in Unemployment Insurance (10 000 persons)	185.17	191.86	205.31	218.10	235.71
工伤保险参保人数(万人)	Number of Employees Joining in Work Injury Insurance (10 000 persons)	260.39	275.41	290.22	305.02	332.48
生育保险参保人数(万人)	Number of Persons Joining in Maternity Insurance(10 000 persons)	238.75	248.82	263.64	286.27	304.03
社会保险基金收入(亿元)	Revenue of Social Insurance Fund(100 million yuan)	351.06	386.81	463.97	582.84	953.81

注：1.城镇职工基本养老保险参保人数2013年为基本养老保险参保人数，统计口径一致。2.2016年起社会保险基金收入包括城乡居民基本养老保险和城乡居民基本医疗保险

Note：1.The number of people who get Urban workers' basic pension refers to basic pension insurance number from 2013, the statistics cabliers of both are the same. 2.Since 2016, the urban and rural residents' basic pension insurance and basic medical care insueance are included in the social insurance fund.

10-2 城镇居民家庭生活基本情况
Basic Conditions of Urban Households Life

指标	Item	2013	2014	2015	2016	2017
调查户数(户)	**Number of Households Surveyed (household)**	**1129**	**1612**	**1621**	**1635**	**1631**
平均每户常住家庭人口(人)	Average Number of Permanent Residents(person)	3.01	3.01	3.05	3.08	3.11
平均每户就业人员(人)	Average Number of Employed Persons Per Household (person)	1.61	1.56	1.54	1.58	1.59
平均每户就业面(%)	Average Proportion of Employment per Household(%)	0.53	0.52	0.51	0.51	0.51
平均每个就业者赡养人口(人)	Average Number of Dependents per Employee(person)	1.87	1.93	1.98	1.95	1.96
城镇常住居民人均年可支配收入(元)	**Per Capita Annual Disposable Income of Urban Household(yuan)**	**20667**	**22548**	**24580**	**26743**	**29080**
平均每人消费性支出(元)	**Per Capita Annual Consumption Expenditure(yuan)**	**13703**	**15255**	**16914**	**19202**	**20348**
食 品	Food	4915	5320	5757	6383	6723
衣 着	Clothing	1402	1246	1347	1525	1570
居 住	Residence	1496	2433	2994	3421	3560
家庭设备用品及服务	Household Facilities, Articles and Services	1084	1091	1079	1270	1359
医疗保健	Health Care and Medical Services	634	927	872	1050	1174
交通和通信	Transport and Communication	1870	1873	2248	2684	2829
教育文化娱乐服务	Education, Culture and Recreation Services	1950	2071	2313	2494	2731
其他商品与服务	Miscellaneous Goods and Services	352	294	305	375	402
平均每人消费性支出构成(%)(人均消费性支出=100)	**Composition of Per Capita Annual Consumption Expenditure (%)**					
食 品	Food	35.9	34.9	34.0	33.2	33.0
衣 着	Clothing	10.2	8.2	8.0	7.9	7.7
居 住	Residence	10.9	15.9	17.7	17.8	17.5
家庭设备用品及服务	Household Facilities, Articles and Services	7.9	7.1	6.4	6.6	6.7
医疗保健	Health Care and Medical Services	4.6	6.1	5.2	5.5	5.8
交通和通信	Transport and Communication	13.6	12.3	13.3	14.0	13.9
教育文化娱乐服务	Education, Culture and Recreation Services	14.2	13.6	13.7	13.0	13.4
其他商品与服务	Miscellaneous Goods and Services	2.6	1.9	1.8	2.0	2.0

10-3 城镇居民人均收支情况

Per Capita Income and Consumption Expenditure of Urban Households

单位：元 (yuan)

指　标		2014	2015	2016	2017
城镇居民人均收入	**Per Capita Income of Urban Households**				
可支配收入	Disposable Income	22548	24580	26743	29080
工资性收入	Income of Wages and Salaries	13148	14166	15351	16553
经营净收入	Net Business Income	3173	3730	4282	4722
财产净收入	Net Income from Property	1747	1868	1941	2185
转移净收入	Net Income from Transfer	4482	4816	5168	5621
现金可支配收入	Cash Disposable Income	21719	23568	25728	28063
工资性收入	Income of Wages and Salaries	13114	14142	15318	16524
经营净收入	Net Business Income	3540	4048	4683	5115
财产净收入	Net Income from Property	711	683	679	916
转移净收入	Net Income from Transfer	4353	4695	5048	5507
家庭现金总支出	**Total Households Cash Expenditure**	19936	24040	28110	30689
#消费支出	Consumption Expenditure	13312	14756	16892	18017
财产性支出	Expenses on Properties	96	72	104	123
转移性支出	Expenses on Transfers	828	947	1424	1626
#交纳的个人收入税	Individual Income Tax	33	38	53	68
其他转移性支出	Others	100	80	103	99
社会保障支出	Expenses on Social Seurity	575	736	1139	1351
购房与建房支出	Expenses on Purchasing or Building House	538	437	702	1683

10-4 城镇居民家庭人均消费性支出

Per Capita Consumption Expenditure of Urban Household

单位：元 (yuan)

指　标	Item	2013	2014	2015	2016	2017
消费性支出	**Consumption Expenditure**	**13703**	**15255**	**16914**	**19202**	**20348**
食　品	**Food**	**4915**	**5320**	**5757**	**6383**	**6723**
#粮　食	Grain	450	598	609	647	649
糖、烟、酒、饮料类	Sugar, Cigarette,Liquor and Beverage	711	783	890	1008	1088
在外饮食	Dining Out	725	742	835	948	1065
衣　着	**Clothing**	**1402**	**1246**	**1347**	**1525**	**1570**
居　住	**Residence**	**1496**	**2433**	**2994**	**3421**	**3560**
#房　租	Rent	186	141	162	178	160
水　费	Water	133	125	140	153	151
电　费	Electricity	542	505	553	574	582
燃料费	Fuels	219	171	174	179	170
家庭设备用品及服务	**Household Facilities,Articles and Services**	**1084**	**1091**	**1079**	**1270**	**1359**
#耐用消费品	Durable Consumer Goods	446	238	211	260	272
医疗保健	**Health Care and Medical Services**	**634**	**927**	**872**	**1050**	**1174**
交通和通信	**Transport and Communications**	**1870**	**1873**	**2248**	**2684**	**2829**
交　通	Transport	1006	1029	1349	1681	1822
通　信	Communications	864	844	899	1003	1007
教育文化娱乐服务	**Education, Culture and Recreation Services**	**1950**	**2071**	**2313**	**2494**	**2731**
#文化娱乐用品	Recreation Articles	314	336	330	346	347
书报杂志	Books,Newspaper and Magazines	30	32	28	23	26
文化娱乐服务	Recreation Services	639	731	796	784	814
其他商品和服务	**Miscellaneous Goods and Services**	**352**	**294**	**305**	**375**	**402**
恩格尔系数(%)	**Engel's Coefficient(%)**	**35.9**	**34.9**	**34.0**	**33.2**	**33.0**

10-5 城镇居民家庭人均购买主要商品数量
Per Capita Annual Purchases of Major Commodities of Urban Househoulds

单位：公斤 (kg)

指　标	Item	2013	2014	2015	2016	2017
粮　食	Grain	82.82	85.35	86.96	88.56	85.45
食用植物油	Edible Vegetable Oil	11.81	9.54	10.01	9.65	8.39
猪　肉	Pork	28.37	24.38	25.78	26.75	27.75
牛、羊肉	Beef and Mutton	2.27	1.97	2.21	2.53	2.41
禽　类	Poultry	7.36	7.11	7.59	8.39	7.33
蛋　类	Eggs	5.21	5.02	5.67	5.81	5.50
水产品类(元)	Aquatic Products(yuan)	88.59	86.29	106.32	122.81	132.74
鲜 菜	Fresh Vegetables	92.95	76.70	79.53	85.38	83.51
糖类(元)	Sugar(yuan)	43.03	37.58	36.78	40.00	39.48
烟草类(元)	Cigarettes(yuan)	429.95	400.61	452.31	510.74	535.68
酒　类	Liquor	6.20	5.30	5.09	5.18	4.83
糕点类	Cake	3.23	3.19	3.45	3.58	3.55
干鲜瓜果类	Dried and Fresh Melons and Fruits	36.31	36.57	40.11	45.29	46.40
奶类及制品(元)	Milk and Dairy Products(yuan)	160.14	170.50	201.40	229.09	254.63

10-6 每百户城镇居民家庭耐用消费品拥有量
Number of Durable Goods Owned Per 100 Urban Households

单位：台 (set)

指　标	Item	2013	2014	2015	2016	2017
摩托车(辆)	Motorcycle(unit)	15.39	20.83	17.91	14.76	13.99
家用汽车(辆)	Automobile(unit)	15.84	19.66	23.74	33.52	34.97
洗衣机	Washing Machine	95.50	95.70	97.90	97.92	99.63
电冰箱	Refrigerator	89.98	90.69	93.94	96.77	98.62
彩色电视机	Color TV Set	101.84	105.05	106.23	106.83	108.36
家用电脑	Household Computer	55.72	63.56	64.44	62.68	64.39
组合音响(套)	Hi-Fi Stereo Component System(unit)	14.41	13.49	12.06	10.34	12.08
照相机(架)	Camera(unit)	21.78	21.87	18.89	16.07	16.58
微波炉	Microwave Oven	40.73	40.91	42.78	45.72	46.87
空调器	Air Conditioner	18.70	20.48	27.81	30.85	34.48
淋浴热水器	Water Heater for Shower	77.36	76.63	82.28	87.66	90.71
健身器材(套)	Healthy Equipment(unit)	2.22	3.84	5.04	3.53	4.27
移动电话(部)	Mobile Phone(unit)	211.72	228.15	236.52	247.53	256.74

10-7 按收入等级分城镇居民家庭收入、消费情况(2017)

Statistics of Income and Consumption of Urban Househoulds by Level of Income

指　标	Item	低收入户 (20%) Low Income Households	中低收入户 (20%) Lower Middle Income Households	中等收入户 (20%) Middle Income Households	中高收入户 (20%) Upper Middle Income Households	高收入户 (20%) High Income Households
平均每人年可支配收入(元)	**Per Capita Annual Disposable Income(yuan)**	**10140**	**20514**	**28070**	**38333**	**61833**
人均购买主要商品数量	**Per Capita Purchases of Major Commodities**					
粮食(千克)	Grain(kg)	**98.13**	**102.73**	**107.28**	**105.53**	**121.36**
食用植物油(千克)	Edible Vegetable Oil(kg)	7.65	9.84	9.12	9.97	11.17
猪肉(千克)	Pork(kg)	21.86	25.96	28.63	31.91	33.66
牛肉(千克)	Beef(kg)	1.15	1.49	2.32	3.07	3.30
鸡(千克)	Chicken(kg)	2.94	4.76	5.93	6.56	7.40
鸭(千克)	Duck(kg)	0.52	0.75	0.94	1.05	1.21
鲜蛋(千克)	Eggs(kg)	3.53	4.56	5.16	6.04	6.45
鱼(千克)	Fish(kg)	2.13	2.79	3.62	4.12	4.72
鲜菜(千克)	Fresh Vegetables(kg)	65.47	78.51	88.55	90.48	104.47
糖类(元)	Sugar(yuan)	22.12	31.65	42.92	50.92	60.36
烟草类(元)	Cigarettes(yuan)	281.01	378.83	533.09	784.45	879.36
白酒(千克)	Liquor(kg)	1.63	2.19	2.23	3.84	3.35
鲜瓜果(千克)	Fresh Fruit(kg)	27.07	35.51	42.79	51.44	57.70
糕点(千克)	Cakes(kg)	2.13	2.23	2.98	4.01	4.73
鲜奶(千克)	Fresh Milk Products(kg)	3.55	6.72	9.72	11.97	13.22
每百户耐用消费品拥有量	**Number of Durable Goods Owned Per 100 Urban Households**					
摩托车(辆)	Motorcycle(unit)	23.69	12.99	12.20	10.08	11.01
家用汽车(辆)	Automobile(unit)	19.69	25.14	40.49	42.50	46.98
洗衣机(台)	Washing Machine(set)	99.24	100.57	100.90	100.01	97.46
电冰箱(台)	Refrigerator(set)	93.81	97.21	100.75	101.71	99.59
彩色电视机(台)	Color TV Set(set)	106.00	107.91	107.79	108.41	111.68
计算机(台)	Household Computer(set)	42.78	62.89	71.43	67.64	77.12
照相机(架)	Camera(unit)	4.89	9.58	17.82	19.82	30.72
微波炉(台)	Microwave Oven(set)	21.98	42.08	55.50	58.84	55.86
空调(台)	Air Conditioner(set)	23.04	28.62	46.08	30.39	44.20
热水器(台)	Water Heater for Shower(set)	81.31	87.72	94.89	92.69	96.89
健身器材(套)	Healthy Equipment(unit)	0.56	2.53	6.51	3.38	8.36
固定电话(部)	Fixed Telephone(unit)	15.07	21.20	27.57	25.62	34.05
移动电话(部)	Mobile Phone(unit)	282.54	279.31	257.91	240.34	223.71

10-8 农村居民家庭生活基本情况

Basic Conditions of Rural Households Life

指　　标	Item	2013	2014	2015	2016	2017
调查户数(户)	**Number of Households Surveyed(household)**	**2014**	**2748**	**2771**	**2779**	**2781**
平均每户常住人口(人)	Average Number of Permanent Residents Per Household (person)	4.68	3.49	3.53	3.59	3.60
平均每户整、半劳动力(人)	Average Number of Full/Semi Labour Force Per Household (person)	3.00	2.07	2.15	2.21	2.21
平均每一劳动力赡养人口(人)	Average Number of Dependents per Labour Force(person)	1.56	1.69	1.64	1.62	1.63
平均每人年收入(元)	**Per Capita Annual Income (yuan)**					
总收入	Total Income	7232	9352	10417	11776	12864
工资性收入	Income from Wages and Salaries	2573	2521	2897	3211	3636
家庭经营收入	Income from Household Operations	3922	5162	5730	6585	6986
财产性收入	Income from Properties	78	96	107	98	131
转移性收入	Income from Transfers	659	1572	1684	1882	2111
现金收入	Cash Income	5983	7667	8853	10329	8208
工资性收入	Income from Wages and Salaries	2572	2520	2895	3207	3630
家庭经营收入	Income from Household Operations	2690	3550	4292	5273	2797
财产性收入	Income from Properties	78	96	107	98	92
转移性收入	Income from Transfers	642	1472	1560	1751	1690
平均每人年总支出(元)	**Per Capita Annual Expenditure (yuan)**	**6753**	**10893**	**12121**	**14193**	**15357**
#人均生活消费支出	Per Capita Consumption Expenditure	4740	5970	6645	7533	8299
人均年末使用房屋面积(平方米)	**Average Per Capita Living Space at the Year-end(sq.m)**	**27**	**32**	**32**	**34**	**35**

10-9 农村居民家庭人均可支配收入

Per Capita Annual Net Income of Rural Households

单位：元 (yuan)

指　　标	Item	2013	2014	2015	2016	2017
农村常住居民人均可支配收入	**Per Capita Disposable Income of Rural Households**	**5434**	**6671**	**7387**	**8090**	**8869**
工资性收入	Income from Wages and Salaries	2573	2521	2897	3211	3636
家庭经营收入	Income from Household Operation	2356	2643	2879	3116	3285
第一产业	Primary Industry	1820	1978	2077	2037	1951
农业收入	Farming	1220	1193	1242	1231	1253
林业收入	Forestry	62	114	88	50	71
牧业收入	Animal Husbandry	524	664	741	751	626
渔业收入	Fishery	14	7	6	5	1
第二产业	Secondary Industry	96	97	159	157	217
制造业收入	Manufacturing		41	40	70	115
建筑业收入	Construction	58	48	110	83	102
第三产业	Tertiary Industry	440	569	643	922	1118
#交通运输仓储和邮政业收入	Transport, Post and Telecommunication Services	208	206	208	327	443
批发和零售业	Wholesale and Retail Trades		270	315	369	463
住宿和餐饮业	Hotels and Catering Services		23	34	86	73
居民服务修理和其他服务业	Service to Households,Repair and Other Services		74	58	102	107
转移性收入	Income from Transfer	427	1436	1527	1696	1856
财产性收入	Income from Property	78	71	84	67	92

10−10 农村居民家庭人均年总支出

Per Capita Annual Gross Expenditures of Rural Households

单位：元 (yuan)

指 标	Item	2013	2014	2015	2016	2017
全年总支出	**Gross Expenditure**	**6753**	**10893**	**12121**	**14193**	**15357**
#生活消费支出	Living Consumption Expenditure	4740	5970	6645	7533	8299
食 品	Food	2036	2489	2645	2915	3154
衣 着	Clothing	254	342	355	378	416
居 住	Residence	981	1202	1356	1518	1685
家庭设备、用品及服务	Household Facilities,Articles and Services	272	355	380	437	450
医疗保健	Health Care and Medical Services	302	373	449	528	602
交通和通信	Transport and Communications	490	636	784	961	1081
文教娱乐用品及服务	Culture,Education and Recreation Articles and Services	301	481	585	693	792
其他商品和服务	Miscellaneous Goods and Services	103	92	91	102	119
家庭经营费用支出	Expenditure for Household Operation	1353	2172	2528	3129	3331
#牧业生产支出	Animal Husbandry Costs	625	787	824	1030	1057
购置生产用固定资产支出	Expenditure for Purchasing of Productive Fixed Assets	170	161	183	263	222
转移性支出	Expenses on Transfers	484	137	156	186	254
财产性支出	Expenses on Properties	2	22	23	31	39
恩格尔系数(%)	**Engel's Coefficient(%)**	**43.0**	**41.7**	**39.8**	**38.7**	**38.0**

10-11 农村居民家庭人均年现金收支

Per Capita Annual Cash Income and Expenditure of Rural Households

单位：元 (yuan)

指 标	Item	2013	2014	2015	2016	2017
现金可支配收入合计	**Total Cash Disposable Income**	**5983**	**5718**	**6491**	**7374**	**8208**
工资性收入	Income of Wages and Salaries	2572	2520	2895	3207	3630
家庭经营现金收入	Income from Household Operations	2690	1789	2108	2535	2797
#第一产业收入	Primary Industry		971	1161	1297	1275
建筑业收入	Construction	88	62	122	98	122
批发和零售业	Wholesale and Retail Trades		323	350	409	507
交通运输仓储和邮政业收入	Transport, Post and Telecommunication Services	304	265	269	393	527
住宿和餐饮业	Hotels and Catering Services		26	38	94	80
居民服务修理和其他服务业	Service to Households,Repair and Other Services		80	62	115	117
转移性现金收入	Transfer Cash Income	642	1335	1404	1565	1690
#抚恤金	Pension	8	4	15	11	13
财产性现金收入	Property Cash Income	78	74	84	67	92
非收入所得合计	**Reward From Other Way**	**1971**	**1351**	**1256**	**1547**	**1984**
#银行、信用社贷款	Loans of Bank and Credit Union	186	288	332	474	418
借入款	Borrowed Money	453	721	653	816	737
收回借出款	Drawing Back Loan	55	102	106	94	86
从银行、信用社取回存款	Drawing Money from Banks and Credit Union	413	832	732	850	909
现金支出合计	**Total Cash Expenditure**	**5603**	**8774**	**9980**	**11917**	**12915**
#生产费用支出	Expenditure for Operating Costs	1230	1791	2184	2738	2954
生活消费支出	Living Consumption Expenditure	3888	4232	4848	5649	6234
转移性支出	Transfer Expenditures	483	137	156	186	254
借出款	Loan	16	14	21	32	14
归还借款	Loan Recession	159	193	250	222	244
存入银行、信用社	Deposit	245	60	13	36	192

10－12 农村居民家庭每人主要消费品消费量
Per Capita Annual Consumption of Major Consumer Goods in Rural Households

单位：公斤 (kg)

指 标	Item	2013	2014	2015	2016	2017
粮 食	Grain	151.57	163.55	152.65	144.14	133.99
#大 米	Rice	120.53	127.83	116.76	108.75	100.57
食用油	Edible Oil	5.98	8.05	7.06	7.06	6.58
肉禽及其制品	Meat,Poultry and Related Product	28.54	36.52	36.63	32.93	31.86
#猪 肉	Pork	24.58	32.11	31.61	28.11	27.15
家 禽	Poultry	2.43	3.30	3.63	3.55	3.44
蛋类及蛋制品	Eggs and Processed Products	3.26	3.57	3.54	3.29	3.24
水产品	Aquatic Products	0.80	1.01	1.12	1.22	1.24
#鱼 类	Fish	0.72	0.92	1.02	1.11	1.12
蔬 菜	Vegetables	95.49	97.17	92.29	86.10	81.29
瓜 果	Melon and Fruits	10.88	17.31	20.46	22.90	23.24
食 糖	Sugar	0.74	0.94	0.95	0.93	0.91
卷 烟(盒)	Cigarette(pack)	24.26	30.31	31.36	31.98	32.30
酒	Liquor	8.82	9.96	9.78	9.13	7.95

10－13 每百户农村居民家庭年末耐用消费品拥有量
Number of Durable Consumer Goods Owned By Per 100 Rural Households at the Year-end

单位：台 (set)

指 标	Item	2013	2014	2015	2016	2017
彩色电视机	Color TV Set	96.5	98.9	101.8	103.1	104.0
电冰箱	Refrigerator	50.4	58.6	62.4	77.6	82.3
洗衣机	Washing Machine	69.6	75.2	77.8	89.8	92.0
热水器	Water Heater	13.8	19.6	21.6	37.4	45.4
摩托车(辆)	Motorcycle(unit)	41.4	48.4	54.9	55.7	54.2
电话机(部)	Fixed Telephone(unit)	13.9	13.2	8.4	3.7	2.7
移动电话(部)	Mobile Phone(unit)	190.1	218.1	227.3	240.6	255.5

10-14 按收入五等份分农村居民家庭收入、消费情况（2017）
Income and Consumption of Rural Househoulds by Income Quintile

项 目	Item	低收入户 (20%) Low Income Households	中低收入户 (20%) Lower Middle Income Households	中等收入户 (20%) Middle Income Households	中高收入户 (20%) Upper Middle Income Households	高收入户 (20%) High Income Households
人均可支配收入(元)	**Per Capita Disposable Income(yuan)**	**2309**	**5767**	**8068**	**11332**	**20413**
#现金可支配收入	Cash Disposable Income	1985	5093	7334	10496	19586
平均每人总支出(元)	**Per Capita Expenditures(yuan)**	**13471**	**10918**	**13123**	**16928**	**24909**
#现金支出	Cash Expenditures	11538	8886	10692	14161	21566
平均每人主要消费品消费量(公斤)	**Per Capita Consumption of Majar Consumor Goods(kg)**					
粮 食	Grain	126.76	125.15	137.11	140.15	144.98
#稻 谷	Rice	94.85	93.45	104.23	105.19	108.25
食用油	Edible Oil	5.29	6.30	6.10	7.05	8.81
肉禽及其制品	Meat,Poultry and Related Product	23.99	28.61	31.99	34.63	43.95
#猪 肉	Pork	20.58	24.66	27.65	29.18	36.76
家 禽	Poultry	2.69	2.93	3.28	3.99	4.75
蛋类及蛋制品	Eggs and Processed Products	2.43	2.70	3.66	3.57	4.20
水产品	Aquatic Products	0.89	0.96	1.27	1.31	1.97
#鱼 类	Fish	0.81	0.88	1.13	1.17	1.80
蔬菜及菜制品	Vegetables	74.11	73.03	83.48	83.77	96.83
干鲜瓜果类	Melon and Fruits	17.06	20.35	23.82	25.80	32.11
食 糖	Sugar	0.80	0.82	0.93	0.93	1.14
卷 烟(盒)	Cigarette(pack)	23.75	26.25	31.19	40.12	46.11
酒	Liquor	6.35	6.27	8.48	8.92	10.71
每百户耐用消费品拥有量	**Number of Durable Consumer Goods Owned By Per 100 Rural Households**					
彩色电视机(台)	Color TV Set(set)	101.89	101.06	103.28	106.65	107.22
电冰箱(台)	Refrigerator(set)	73.42	75.60	83.49	86.54	92.50
洗衣机(台)	Washing Machine(set)	86.73	89.46	91.03	95.57	97.40
热水器(台)	Water Heater (set)	35.91	34.39	44.71	51.58	60.24
摩托车(辆)	Motorcycles(set)	46.20	52.40	55.05	60.46	56.89
固定电话(部)	Fixed Telephone(unit)	2.08	2.00	2.39	3.38	3.79
移动电话(部)	Mobile Phone(unit)	277.64	284.63	288.78	296.82	296.49

10−15 农村居民家庭人均经营费用和生产性固定资产购置
Per Capita Expenditure for Household Operations and Expenditure for Purchasing Productive Fixed Assets of Rural Households

单位：元 (yuan)

指　标	Item	2013	2014	2015	2016	2017
家庭经营费用支出	**Expenditure for Household Operations**	**1353.40**	**2171.76**	**2527.79**	**3129.35**	**3331.27**
#农业生产支出	Farming	465.93	582.11	616.58	746.51	599.85
林业生产支出	Forestry	16.60	10.19	13.83	15.66	34.84
牧业生产支出	Animal Husbandry	625.49	787.16	824.31	1029.94	1056.89
渔业生产支出	Fishery	2.51	4.99	6.37	8.83	9.60
制造业支出	Manufacturing		53.00	114.72	109.61	165.62
建筑业支出	Construction	21.57	29.85	141.96	111.35	143.92
批发和零售业支出	Wholesale and Retail Trades		290.83	411.12	695.25	909.59
交通运输仓储和邮政业支出	Transport, Post and Telecommunication	57.69	95.61	148.15	224.82	229.98
住宿和餐饮业支出	Hotels and Catering Services		17.01	98.90	70.50	45.94
居民服务修理和其他服务业支出	Service to Households, Repair and Other Services		14.03	99.55	90.22	96.51
购置生产用固定资产支出	**Expenditure for Purchasing Productive Fixed Assets**	**170.29**	**161.09**	**182.58**	**263.20**	**221.75**
役畜、产品畜	Draught Animals and Commodity Animals	39.06	76.70	57.65	98.48	65.96

10-16 历年城乡居民人均收支

单位：元

年 份 Year	城镇常住居民人均可支配收入 Per Capita Disposable Income of Urban Households	比上年增长(%) Tear-on year Increase Index (%)	指 数(1978年=100) Index (year of 1978=100)	城镇常住居民人均消费性支出 Per Capita Consumption Expenditures of Urban Households	#食 品 #Food
1978	261.26	1.2	100.0	246.53	150.15
1979	279.66	5.2	105.2	273.60	176.64
1980	343.83	11.9	117.7	334.32	202.32
1981	434.10	22.5	144.1	393.24	237.60
1982	459.73	3.8	149.6	403.92	243.96
1983	483.33	3.5	154.8	426.36	258.72
1984	558.00	12.3	173.8	480.36	279.48
1985	682.27	10.9	192.7	617.52	324.24
1986	824.40	13.6	218.8	722.28	381.84
1987	912.26	0.9	220.7	788.76	431.40
1988	1101.84	-0.6	219.4	1050.24	554.52
1989	1275.45	-1.8	215.4	1102.56	640.20
1990	1399.36	8.5	233.8	1163.25	658.19
1991	1593.54	9.6	256.2	1338.86	750.79
1992	1887.51	9.7	281.0	1564.34	886.89
1993	2300.38	5.1	295.4	1876.24	1021.42
1994	3196.06	14.1	337.2	2531.78	1353.13
1995	3916.25	2.2	344.5	3250.55	1752.41
1996	4210.74	-2.9	334.4	3572.78	1923.49
1997	4438.05	1.8	340.4	3555.69	1819.90
1998	4566.17	2.3	348.3	3799.38	1839.64
1999	4935.47	9.0	379.6	3964.35	1683.38
2000	5121.22	5.1	399.0	4278.28	1847.63
2001	5451.91	3.9	414.5	4492.25	1832.26
2002	5944.02	9.8	455.1	4598.30	1788.61
2003	6568.91	9.5	498.4	4947.62	1967.67
2004	7322.04	7.7	536.8	5494.43	2260.46
2005	8147.13	10.6	593.7	6156.27	2457.09
2006	9116.61	10.1	653.7	6848.39	2649.02
2007	10678.40	10.6	723.0	7758.69	3122.46
2008	11758.76	2.9	744.0	8349.21	3597.94
2009	12862.53	10.9	825.1	9048.29	3755.61
2010	14142.74	7.0	882.9	10058.29	4013.67
2011	16495.01	10.8	978.3	11352.88	4565.85
2012	18700.51	10.4	1080.0	12585.70	4992.85
2013	20667.07	7.4	1159.9	13702.87	4915.02
2014	22548.21	7.0	1241.1	15254.64	5319.60
2015	24579.64	7.4	1332.9	16914.20	5757.29
2016	26742.62	7.2	1428.9	19201.68	6382.64
2017	29079.84	7.5	1536.1	20347.79	6722.91

注：1.表中增长速度及指数已扣除价格因素。2.城镇常住居民人均可支配收入2013年及以前为城镇居民人均可支配收入，农村常住居民人均可支配收入2013年及以前为农民人均纯收入。3.农村常住居民人均消费性支出2013年及以前为农村居民数据。

Per Capita Income and Expenditures of Urban and Rural Households Over the Years

(yuan)

农村常住居民人均可支配收入 Per Capita Net Income of Rural Households	比上年增长 (%) Tear-on year Increase Index (%)	指数 (1978年=100) Index (year of 1978=100)	农村常住居民人均生活消费支出 Per Capita Consumption Expenditures of Rural Households	#食品 #Food
109.30	3.5	100.0	104.52	72.20
131.09	15.4	115.4	116.23	82.44
161.50	16.6	134.5	139.24	96.45
208.87	27.3	171.2	162.51	105.16
223.13	5.3	180.3	187.02	121.67
224.87	0.5	181.1	185.20	126.01
262.81	15.5	209.1	208.87	144.00
302.14	8.8	227.5	254.58	177.83
303.57	-3.9	218.6	271.60	190.60
341.84	6.4	232.5	304.22	212.90
397.74	-0.8	230.7	359.73	254.32
430.34	-7.3	213.9	407.28	282.92
435.14	-1.3	211.0	403.28	281.92
465.53	3.5	218.4	420.44	286.60
506.13	2.0	222.9	454.47	309.77
579.67	-1.4	219.8	550.11	390.45
786.84	6.6	234.2	684.27	484.41
1086.62	6.6	249.6	930.59	661.85
1276.67	5.5	263.3	1068.09	774.62
1298.54	4.2	274.4	1065.70	742.16
1334.46	4.4	286.5	1094.39	757.55
1363.07	4.7	299.9	1069.81	722.16
1374.16	3.6	310.7	1096.59	687.32
1411.73	3.7	322.2	1098.39	659.37
1489.91	4.3	336.1	1137.56	661.35
1564.66	4.7	353.2	1185.17	674.71
1721.55	5.6	373.0	1296.34	754.39
1876.96	5.2	392.4	1552.39	819.87
1984.62	4.7	410.8	1627.07	838.42
2373.99	11.6	458.5	1913.50	998.39
2796.93	8.9	499.3	2165.70	1119.64
3005.41	9.2	545.2	2421.95	1093.94
3471.93	12.6	613.9	2852.48	1319.43
4145.35	14.0	699.8	3455.76	1646.51
4753.00	11.5	780.3	3901.71	1740.58
5434.00	12.4	877.2	4740.18	2036.22
6671.22	10.3	967.5	5970.25	2488.50
7386.87	10.5	1069.1	6644.93	2644.56
8090.28	8.3	1157.8	7533.29	2915.38
8869.10	8.9	1260.9	8298.98	3153.61

Note: 1.The increase index and the index in the table have deducted price factors. 2.Before 2013, the Permaneht Residents in cities and towns refers to urban Residents; Rural Permanent Residents disposable income in 2013 and before was per-capita net income of farms. 3.Rural Permanent Residents Per capita Consumer in 2013 and before was Rural Residents Data.

主要统计指标解释

住户 指居住在一个住宅内，共同分享生活开支或收入的一群人。居住在同一房间内、不共同分享生活开支的人群，每个人都视为一个住户。住家保姆、住家家庭帮工视为单独的住户。

常住成员 指住户成员中，经常在家居住、或者调查期内居住时间超过一半的人员，以及本住户供养的学生。

季度调查的常住成员包括：

①过去三个月已经居住或未来三个月打算居住时间超过1.5个月的住户成员。

②过去三个月内每月至少在调查住宅居住一天以上，且没有在其他自有或独自租借的普通住宅中住过的人。或者说，在外与人合住或住在工棚、集体宿舍、工作地或其他临时性住所、又定期回家居住的人，也是本住户常住成员。

③由本住户供养的在校学生（包括大中专学生和研究生）。

就业面 指就业人口占家庭人口的百分比。

就业者赡养人口 指家庭人口与就业人口之比。

整、半劳动力 整劳动力指男子18周岁到50周岁，女子18周岁到45周岁；半劳动力指男子16周岁到17周岁，51周岁到60周岁；女子16周岁到17周岁，46周岁到55周岁，同时具有劳动能力的人。虽然在劳动年龄之内，但已丧失劳动能力的人，不应算为劳动力；超过劳动年龄，但能经常参加劳动的人，计入半劳动力数内。常住人口中的职工，若这些职工为劳动力，就包括在本户的整半劳动力中。

可支配收入 指调查户在调查期内获得的、可用于最终消费支出和储蓄的总和，即调查户可以用来自由支配的收入。可支配收入既包括现金，也包括实物收入。按照收入的来源，可支配收入包含四项，分别为：工资性收入、经营净收入、财产净收入和转移净收入。计算公式为：

可支配收入=工资性收入+经营净收入+财产净收入+转移净收入

其中：经营净收入=经营收入－经营费用－生产性固定资产折旧－生产税

财产净收入=财产性收入－财产性支出

转移净收入=转移性收入－转移性支出

工资性收入 指就业人员通过各种途径得到的全部劳动报酬和各种福利，包括受雇于单位或个人、从事各种自由职业、兼职和零星劳动得到的全部劳动报酬和福利。

经营净收入 指住户或住户成员从事生产经营活动所获得的净收入，是全部经营收入中扣除经营费用、生产性固定资产折旧和生产税之后得到的净收入。

财产净收入 指住户或住户成员将其所拥有的金融资产、住房等非金融资产和自然资源交由其他机构单位、住户或个人支配而获得的回报并扣除相关的费用之后得到的净收入。财产净收入包括利息净收入、红利收入、储蓄性保险净收益、转让承包土地经营权租金净收入、出租房屋净收入、出租其他资产净收入和自有住房折算净租金等。

财产净收入不包括转让资产所有权的溢价所得，这应该计入“非收入所得”。

转移性收入 指国家、单位、社会团体对住户的各种经常性转移支付和住户之间的经常性收入转移。包括政府、非行政事业单位、社会团体对居民转移的养老金或退休金、社会救济和补助、惠农补贴、政策性生活补贴、救灾款、经常性捐赠和赔偿以及报销医疗费等；住户之间的赡养收入、经常性捐赠和赔偿以及农村地区（村委会）在外（含国外）工作的本住户非常住成员寄回带回的收入等。

转移性收入不包括住户之间的实物馈赠。

城镇居民人均可支配收入（老口径） 指城镇家庭总收入扣除交纳的个人所得税和个人交纳的各项社会保障支出之后，按照城镇居民家庭人口平均的收入水平。其中家庭总收入是指该家庭中生活在一起的所有家庭人员从各种渠道得到的所有收入之和。更详细的解释可参照《城镇住户调查方案（2011 年统计年报和 2012 年定期报表)》。

农村居民人均纯收入（老口径） 指农村住户当年从各个来源得到的家庭总收入扣除有关费用性支出后，最终归农村居民所有的收入总和，按照农村住户人口平均的纯收入水平。更详细的解释可参照《农村住户调查方案（2011 年统计年报和 2012 年定期报表)》

消费支出 指住户用于满足家庭日常生活消费需要的全部支出，包括用于消费品的支出和用于服务性消费的支出。根据用途不同，消费支出可划分为食品烟酒、衣着、居住、生活用品及服务、交通通信、教育文化娱乐、医疗保健、其他用品及服务八大类。根据来源不同，消费支出可划分为现金消费支出、实物消费支出（含自产自用、来自单位、来自政府和其他社会组织）。

家庭收入分组方法 将所有调查户依户人均可支配收入由低到高排队，按 20%，20%，20%，20%，20%的比例依次分成：低收入户、中低收入户、中等收入户、中高收入户、高收入户等五组。

恩格尔系数 指食物支出金额在生活消费总支出金额中所占的比例。计算公式为：

$$恩格尔系数 = \frac{食品支出金额}{生活消费总支出金额} \times 100\%$$

Explanatory Notes on Main Statistical Indicators

Household refers to a group of people who live in a house, share a living expenses or income. Living in the same room, not to share the living expenses of the crowd, everyone is considered as a household. Nanny, home family workers are treated as a separate household。

Household Members refer to a member of the household who is living in a house, all of which share the expenses or income of the household.

Permanent Members refer to the members of the household who is often at home, or in the residence time of more than half of the residence time, and the students who support.

Quarterly Sruvey of Permanent Members include:

①The household members who have been living over the past three months or will live longer than 1.5 months in the next three months.

②The people who live In the investigation housing the past three months, at least over the past months, more than one day, and not live in ordinary homes, or on a lease. Or, in the outside and people share or live in sheds, dormitory, work or other temporary shelters and regular home living people, but also the households resident members.

③Students supported by the household.

Proportion Employment refers to the percentage of the population in the family.

Number of Dependents per Employee refers to the ratio of the household population to the employment population.

Full/Semi Labour Force Full labour force refers to persons capable of work, aged 18-50 for males and 18-45 for females. Semi labour force refers to persons capable of work, aged 16-17 and 51-60 for males and 16-17 and 46-55 for females. Persons at their working ages but not capable of work are not to be included as labour force. Persons not at working ages but participating regularly in work are included in semi labour force. For staff and workers who are usual residents, are included as full or semi labour force of the household if they are in the labour force.

Disposable income refers to the income of the household survey period, which can be used for final consumption and savings, or the income of the household can be used for free. Disposable income includes both cash, but also in kind. According to the sources of income, disposable income includes four items, respectively, income from wages and salaries, net business income, net income from properties and net income from transfer. Calculation formula:

Disposable income = wage income + net income + property net income + transfer net income

Where: operating net income = operating income - operating expenses - production of fixed assets depreciation - production tax

Property net income = property income - property expenses

Transfer of net income = transfer income-transfer expenditure

Income from Wages and Salaries refers to remuneration of labour and salaries from all kinds of sources, including those employed by other units or individuals, freelance work, part-time jobs, and sporadic labour.

Net Business Income refers to the income earned by households and their members engaged in the production and business activities. It refers to the net income of operating revenue minus operating costs, depreciation of productive fixed assets, and production tax.

Property Net Income refers to the net income received as returns by the household or household members of the financial assets, non-financial assets such as housing, to other institutions, households or individuals, and minus relevant costs. Net income from properties includes net income of interest, bonus income, net income of saving insurance, net income of rents of transferring management right of contract land, income of renting housing, income of renting other assets, net converted rents of self-owned housing. Net income from properties do not include premium of transferring ownership of assets.

Property net income does not include the premium income from the transfer of property rights, which should be included in the “non income”.

Transfer income refers to the regular transfer from country, institutions, social communities to households and between households. Including the government, the non administrative institutions, social groups of residents to move pension or retirement benefits, social benefits and subsidies, subsidies benefit farmers, policy subsidy, relief funds, regular donation and compensation and reimbursement of medical expenses; between tenants alimony income, often donations and compensation and rural areas (Village) (including foreign) of the households in non resident members return back to the income.

The transfer of income does not include the physical gifts between households.

The Per Capita Disposable Income of Urban Residents efers to the income tax and the average income level of the residents in urban families after the deduction of the income tax and the social security expenditure. The total household income is the sum of all the income of the family who lives in a variety of ways. More detailed explanation can be referred to the 《urban household survey (2011 statistical report and 2012 periodic report)》.

The Per Capita Net Income of Rural Residents (old caliber) refers to the total income of rural households in the year from various sources of household income after deducting the cost of the total income of rural residents, according to the average net income of rural households. A more detailed explanation can be referred to the 《Rural Household Survey Programme (2011 statistical report and the 2012 periodic report)》.

Consumer Spending refers to all the expenses that the household is used to meet the needs of the daily life of the family, including the expenses for the consumer goods and the expenses for the service. According to different purposes, the consumption expenditure can be divided into tobacco and food, clothing, housing, daily necessities and services, transportation and communication, education culture and entertainment, health care and other goods and services eight categories. According to different sources, consumer spending can be divided into cash consumption, real consumer spending (including self-produced their own, from the unit, from the government and other social organizations).

Household income grouping method according to the households, the average income per household was low to high, according to 20%, 20%, 20%, 20%, 20% of the proportion were divided into: low income households, middle and low income households, middle income households, middle and high income, high income households and other five groups.

Engel Coefficient refers to the percentage of expenditure on food in the total consumption expenditure, using the following formula:

$$\text{Engel Coefficient} = \frac{\text{expenditure on food}}{\text{total consumption expenditure}} \times 100\%$$

城市概况

General Survey of Cities

11

简 要 说 明

一、主要内容

本篇资料主要反映城市公用事业概况，包括：城市公用事业、城市气象、市政建设及设施、公共交通、城市绿化、环境卫生等。

二、统计范围

全省所有设市城市在建成区范围内所有的城市规划管理、投资、建设或经营管理相关设施的单位。

三、资料来源

本篇资料由省住房城乡建设厅、省交通运输厅、省气象局等单位提供。

Brief Introduction

I. Main Contents

Data in this chapter present the basic status of urban public utilities, mainly indicators include city public utility, city weather, municipal building and infrastructure, public transportation, urban greening, urban sanitation.

II. Scope of Statistics

Data in this chapter cover all units under the jurisdiction of cities which are engaged in urban planning and management, investment, construction and operation of relevant facilities.

III. Sources of Data

Data in this chapter are collected by the Provincial Bureau of Housing and Urban-Rural Development, Provincial Bureau of Traffic and Transportation, Provincial Bureau of Meteorological Service etc.

11-1 城市公用事业
City Public Utilities

指　标	Item	2013	2014	2015	2016	2017
城市建设	**City Areas and Floor Space of Buildings**					
城区面积(平方公里)	Urban Area (sq.km)	4708.90	4918.41	4933.60	5277.36	5619.42
建成区面积(平方公里)	Area of Built Districts (sq.km)	1315.86	1371.15	1458.83	1544.15	1729.22
城市建设用地面积(平方公里)	Area of Land Used for Urban Construction (sq.km)	1141.93	1203.92	1314.31	1390.57	1615.36
征用土地面积(平方公里)	Area of Land Put in Requisition for State Construction Projects (sq.km)	95.74	58.68	69.11	75.48	76.43
城市人口密度(人/平方公里)	Population Density of City Districts (persons/sq.km)	2411	2368	2426	2361	2371
城市供水、燃气	**Supply of Water and Gas**					
年末供水综合生产能力(万立方米/日)	Production Capacity of Tap Water Supply at Year-end (10000 cu.m/day)	364.28	371.97	381.31	420.35	462.96
供水管道长度(公里)	Length of Water Pipelines (km)	12579.11	13608.14	15239.84	17074.76	22688.00
建成区城市供水管道密度(公里/平方公里)	Water Pipelines Pensity of Built Districts of city(km/sq.km)	9.56	9.92	10.45	11.06	9.35
供水总量(万立方米)	Volume of Tap Water Supply (10000 cu.m)	74730	79789	85454	92090	101100
#生活用水	Water Consumption for Residential Use	39631	42847	45349	47534	52320
生产用水	Water Consumption for Productive Use	10196	10379	12076	14648	13764
用水人口(万人)	Number of Residents with Access to Tap Water (10000 persons)	1044.68	1050.33	1099.25	1156.55	1241.59
人均日生活用水(升)	Per Capita Daily Consumption of Tap Water for Residential Use (liter)	131.39	134.53	134.88	140.99	146.00
用水普及率 (%)	Coverage Rate of Urban Population with Access to Tap Water (%)	88.5	90.2	91.8	92.9	93.2
人工煤气生产能力(万立方米/日)	Production Capacity of Gaswork Gas (10 000 cu.m/day)	102	102	6	6	—
管道长度(公里)	Length of Gas Pipelines (km)	4065.69	4483.98	5442.03	6702.40	8329.32
人工煤气	Gaswork	2948.42	2954.25	770.95	774.53	—
液化石油气	Liquefied Petroleum Gas	189.95	129.39	153.58	138.76	180.73
天然气	Natural Gas	927.32	1400.34	4517.50	5789.11	8148.59
全年供气总量	Annual Volume of Gas Supply					
人工煤气(万立方米)	Gaswork (10 000 cu.m)	23788	16034	5540	2705	—
#家庭用量	Consumption of Gaswork Gas for Residential Use	12177	8461	2820	1564	—
液化石油气 (吨)	Liquefied Petroleum Gas(ton)	108144	113647	138443	143456	163929
#家庭用量	Consumption of Liquefied Gas for Residential Use	99340	106175	127853	130554	131660
天然气(万立方米)	Natural Gas Supply (10 000 cu.m)	16668	31311	39660	46411	80366
#家庭用量	Consumption of Natural Gas for Residential Use	3118	12573	18510	18751	22069
用气人口(万人)	Population with Access to Gas (10 000 persons)	666.26	701.73	846.24	898.62	982.34
人工煤气	Gaswork	126.60	127.50	31.00	31.00	—
液化石油气	Liquefied Petroleum Gas	402.53	419.23	527.18	546.73	594.17
天 然 气	Natural Gas	137.13	155.00	288.06	320.89	388.17
燃气普及率(%)	Coverage Rate of Urban Population with Access to Gas (%)	58.7	60.3	70.7	72.1	73.7
城市市政设施	**Municipal Infra-structure**					
年末实有道路长度(公里)	Length of Paved Roads at Year-end (km)	5787	6325	7014	8021	8723

11-1 续表 continued

指　　标	Item	2013	2014	2015	2016	2017
年末实有道路面积(万平方米)	Area of Paved Roads at Year-end (10 000sq.m)	10166	11324	13005	15297	16650
人均拥有道路面积(平方米)	Per Capita Area of Paved Roads(sq.m)	8.95	9.72	10.86	12.28	12.50
城市排水管道长度(公里)	Length of City Sewage Pipes(km)	8146	8856	9529	9761	11800
城市污水日处理能力(万立方米)	Daily Disposal Capacity of City Sewage (10 000 cu.m)	188	191	199	250	270
建城区城市排水管道密度(公里/平方公里)	Density of City Sewage Pipes(km/sq.km)	6.19	6.46	6.53	6.32	4.31
城市桥梁(座)	Number of City Bridges (unit)	901	931	1070	1164	1182
城市道路照明灯(千盏)	Number of Street Lights (1 000 units)	540	590	660	754	816
城市公共交通	**Public Traffic**					
年末公共交通运营车辆数(辆)	Number of Public Vehicles under Operation at Year-end (Buses and Trolley Buses)(unit)	6484	7355	7889	8565	9575
运营线路网长度(公里)	Length under Operation (km)	7161	9037	10542	12627	16284
公共交通客运总量(万人次)	Passengers Transported by Public Vehicles (10 000person-times)	153381	163336	153634	182464	189422
出租汽车(辆)	Number of Taxi(unit)	22946	24394	25697	28713	31336
城市绿化和园林	**City Greening**					
城市绿化覆盖面积(公顷)	Area of Parks and Green Land (hectare)	67029	71048	73980	78630.6	102206
公园绿地面积(公顷)	Park Green Areas (hectare)	9063	10090	11503	14520	17343
人均公园绿地面积(平方米)	Per Capita Area of Parks and Green Land(sq.m)	7.98	8.66	9.61	11.65	13.02
公园个数(个)	Number of Parks and Zoos(unit)	161	160	242	295	397
公园面积(公顷)	Area of Parks (hectares)	5743	6439	9135	10821	17540
建成区绿化覆盖率(%)	Green Covered Area as % of Completed Area (%)	24.94	24.35	28.15	30.04	32.84
城市环境卫生	**Environmental Sanitation**					
清扫保洁面积(万平方米)	Area under Cleaning Program (10 000 sq.m)	9028	9546	12161	15861	20904
生活垃圾清运量(万吨)	Volume of Garbage Disposal (10 000 tons)	461.47	490.44	501.17	522.34	576.74
市容环卫专用车辆设备总数(台)	Number of Special Vehicles for Environmental Sanitation (unit)	3134	3733	4254	5244	7087
公共厕所(座)	Number of Public Lavatories (unit)	2213	2311	2476	2529	3413
#三类以上	Third Grade and Above	1536	1689	1850	1870	2931

注：资料来源于省住房城乡建设厅、省交通运输厅(以下相关表同)。

Note: Data are provided by the Provincial Department of Housing and Urban Construction and the Provincial Department of transportation (the relative tables in the chapter are the same).

11-2 城市气象(2017)
Climate of Major Cities

城市名称	City	年平均气温(℃) Annual Average Temperature(℃)	年降水量(毫米) Annual Precipitation(mm)	年日照时数(小时) Annual Sunshine Hours(hour)	年平均相对湿度(%) Annual Average Relative Humidity(%)
全省平均		15.8	1239.4	1209.3	80.1
贵阳市	Guiyang	15.2	1165.9	1100.7	80.0
六盘水市	Liupanshui	13.4	1342.6	1311.9	80.0
遵义市	Zunyi	15.7	932.1	1262.4	80.0
安顺市	Anshun	14.8	1174.4	1256.2	80.0
毕节市	Bijie	13.9	881.2	1094.3	79.0
铜仁市	Tongren	17.6	1343.3	1170.8	76.0
兴义市	Xingyi	16.8	1666.4	1465.4	83.0
凯里市	Kaili	16.8	1069.7	1123.5	77.0
都匀市	Duyun	15.6	1587.6	911.6	84.0
清镇市	Qingzhen	14.8	1531.6	1165.8	82.0
盘州市	Panzhou	14.7	1259.2	1571.2	78.0
赤水市	Chishui	18.8	1100.8	1264.0	85.0
仁怀市	Renhuai	16.6	1104.5	1203.0	77.0
福泉市	Fuquan	15.8	1192.3	1029.1	80.0

注：资料来源于省气象局(下表同)。
Note:Data in the table are provided by the Provincial Meteorological Administration (the same applies to the next table).

11-3 城市平均气温（2017）
Monthly Average Temperature of Major Cities

单位：℃ (℃)

城市名称	City	1月 Jan.	2月 Feb.	3月 Mar.	4月 Apr.	5月 May	6月 June	7月 July	8月 Aug.	9月 Sept.	10月 Oct.	11月 Nov.	12月 Dec.
全省平均	Pingjun	7.5	7.9	10.3	17.0	19.6	20.9	24.2	24.4	22.0	16.4	11.8	6.9
贵阳市	Guiyang	6.6	7.5	9.2	16.5	18.8	20.1	23.5	23.6	21.7	16.4	11.4	6.5
六盘水市	Liupanshui	6.3	6.3	9.1	14.6	17	18.4	20.1	20.7	19.2	14.5	10.4	4.5
遵义市	Zunyi	6.6	7.1	9.2	17.1	19.7	20.8	25.3	25.7	22.6	16.2	11.3	6.7
安顺市	Anshun	6.8	7.3	9.6	16	18.5	19.9	22.2	22.4	20.9	15.8	11.5	6.1
毕节市	Bijie	5.7	5.7	8.3	14.9	17.8	19	22.4	22.7	20.3	15	9.8	5.1
铜仁市	Tongren	8.1	8.3	10.9	18.1	21.9	23.4	29.3	28.6	24.2	17.6	12.7	8.4
兴义市	Xingyi	10.1	10.7	13.6	18.4	20.5	21.8	22.1	22.6	21.9	17.4	13.9	8.6
凯里市	Kaili	7.8	8.2	10	18.2	21.1	22.6	26.4	26.5	23.7	17.4	12.2	7.6
都匀市	Duyun	7.3	7.7	9.3	17	19.4	21	24.1	24.1	22.1	16.5	11.2	7
清镇市	Qingzhen	6.6	7.2	9.3	16.2	18.3	19.8	22.8	23.1	21.2	16	11.2	6.3
盘州市	Panzhou	8.9	8.2	12.3	15.8	18.2	19.7	19.6	20.8	19.7	15.4	11.6	6.3
赤水市	Chishui	10	10.6	13.4	19.4	22.4	23.9	29.7	29.4	23.9	18.1	14.9	9.5
仁怀市	Renhuai	7.6	8.2	10.5	18	20.7	21.3	26.5	26.4	23.3	17.2	12.1	7.6
福泉市	Fuquan	7.2	7.8	9.2	17.2	19.8	21.5	24.8	25	22.6	16.6	11.3	6.9

11-4 城市建设(2017)

Basic Statistics on City Construction

单位：平方公里 (sq.km)

城市名称	City	城区面积 Urban Area	建成区面积 Area of Built Districts	城市建设用地面积 Area of Land Used for Urban Construction
贵 阳 市	Guiyang	1230.00	359.00	344.96
六盘水市	Liupanshui	276.64	72.50	61.25
遵 义 市	Zunyi	531.51	133.87	133.87
安 顺 市	Anshun	145.88	68.00	65.87
铜 仁 市	Tongren	57.66	42.89	39.28
兴 义 市	Xingyi	73.40	45.50	45.07
毕 节 市	Bijie	170.08	45.00	44.99
凯 里 市	Kaili	130.26	70.69	64.73
都 匀 市	Duyun	300.00	41.70	40.68
清 镇 市	Qingzhen	51.60	26.00	25.63
盘 州 市	Panzhou	30.00	19.60	15.60
赤 水 市	Chishui	75.40	17.50	11.09
仁 怀 市	Renhuai	89.00	24.30	24.30
福 泉 市	Fuquan	23.00	19.80	16.28

11-5 城市设施水平(2017)

Basic Statistics on Level of Public Facilities in Cities

城市名称	City	城市用水普及率(%) Coverage Rate of Urban Population with Access to Tap Water(%)	城市燃气普及率(%) Coverage Rate of Urban Population with Access to Gas(%)	人均城市道路面积(平方米) Per Capita Area of Paved Roads (sq.m)	人均公园绿地面积(平方米) Per Capita Area of Park and Green Land (sq.m)	每万人拥有公共交通车辆(标台) Number of Public Transportation Vehicles Per 10 000 Population(unit)
贵 阳 市	Guiyang	98.88	98.20	10.31	17.70	17.6
六盘水市	Liupanshui	90.50	86.14	12.94	11.55	19.9
遵 义 市	Zunyi	95.00	80.66	11.04	19.77	5.5
安 顺 市	Anshun	98.95	80.43	20.21	20.58	6.4
铜 仁 市	Tongren	92.30	69.49	7.58	6.90	4.6
兴 义 市	Xingyi	90.45	69.47	21.99	9.78	6.7
毕 节 市	Bijie	97.76	82.60	14.33	17.46	2.6
凯 里 市	Kaili	96.21	80.00	5.97	6.56	15.8
都 匀 市	Duyun	96.88	83.83	21.06	10.17	17.4
清 镇 市	Qingzhen	98.72	94.98	12.15	12.15	4.0
盘 州 市	Panzhou	96.08	82.29	21.48	12.43	4.8
赤 水 市	Chishui	93.73	57.29	13.70	13.21	7.1
仁 怀 市	Renhuai	94.97	97.48	6.07	8.56	2.8
福 泉 市	Fuquan	96.47	69.25	16.62	11.65	3.1

11−6 城市供水（2017）
Tap Water Supply in Cities

城市名称	City	年末供水综合生产能力（万立方米/日） Production Capacity of Tap Water Supply (year-end) (10 000 cu.m/day)	年末供水管道长度（公里） Length of Water Supply Pipelines (year-end) (km)	全年供水总量（万立方米） Total Annual Volume of Water Supply (10 000 cu.m)	#生活用水 For Residential Use	#生产用水 For Productive Use	用水人口（万人） Number of Residents with Access to Tap Water (10 000 persons)	人均日生活用水量（升） Per Capita Daily Consumption of Tap Water for Residential Use(liter)
贵阳市	Guiyang	151.50	4635.38	34992.73	16607.26	2770.01	281.80	237.07
六盘水市	Liupanshui	15.00	1546.48	3920.47	2162.37	1059.84	32.12	184.44
遵义市	Zunyi	36.60	2743.69	8620.17	4157.00	1151.00	99.75	141.40
安顺市	Anshun	17.65	572.25	3838.92	1612.83	1378.89	46.00	98.24
铜仁市	Tongren	16.00	239.00	3328.80	1768.60		38.00	173.05
兴义市	Xingyi	16.50	536.00	2131.30	1394.55	310.00	32.00	133.10
毕节市	Bijie	11.50	578.00	3132.00	1362.00	842.00	32.76	114.74
凯里市	Kaili	6.88	850.00	2519.02	1375.15	601.84	39.36	97.26
都匀市	Duyun	11.98	1005.30	2699.20	1239.45	376.53	24.86	220.57
清镇市	Qingzhen	10.00	236.95	1404.00	820.03	296.07	18.50	128.07
盘州市	Panzhou	4.30	511.00	1298.50	565.00	213.00	12.75	174.27
赤水市	Chishui	4.00	140.00	771.00	574.00	55.00	13.30	118.24
仁怀市	Renhuai	7.04	678.76	1838.26	418.12	590.43	23.77	92.06
福泉市	Fuquan	4.00	180.00	817.80	679.00		12.83	145.63

11−7 城市燃气(2017)
Supply of Gas in Cities

城市名称	City	管道长度（公里） Length of GasPipelines(km)			全年供气总量 Volume of Gas Supply			用气人口（万人） Population with Access to Gas (10 000 persons)		
		人工煤气 Coal Gas	液化石油气 Liquefied Petroleum Gas	天然气 Natural Gas	人工煤气（万立方米） Coal Gas (10000cu.m)	液化石油气（吨） Liquefied Petroleum Gas(ton)	天然气（万立方米） Natural Gas (10000cu.m)	人工煤气 Coal Gas	液化石油气 Liquefied Petroleum Gas	天然气 Natural Gas
贵阳市	Guiyang	—		3087	—	46000	30692	—	72.0	207.9
六盘水市	Liupanshui	—		785.23	—	1200	3123	—	1.9	28.7
遵义市	Zunyi	—		529.79	—	17736.05	11203	—	59.0	25.7
安顺市	Anshun	—		237	—	15785.72	2419	—	16.0	21.4
铜仁市	Tongren	—	93	89	—	5848.24	645	—	23.2	5.4
兴义市	Xingyi	—		74	—	5928	501	—	22.9	1.7
毕节市	Bijie	—		225	—	4961.5	855	—	23.8	3.9
凯里市	Kaili	—		108	—	4845.6	1491	—	25.6	7.2
都匀市	Duyun	—		276	—	2584.9	2959	—	16.0	5.6
盘州市	Panzhou	—		130	—	1000	400	—	9.4	1.5
清镇市	Qingzhen	—		298	—	1277.5	7434	—	3.3	14.6
赤水市	Chishui	—		306	—	256.6	1278	—	1.0	7.1
仁怀市	Renhuai	—		205	—	700	7255	—	19.2	5.2
福泉市	Fuquan	—		66	—	5461	46	—	8.2	1.0

11－8 城市市政设施（2017）
Municipal Infrastructure in Cities

城市名称	City	年末实有道路长度（公里）Length of Paved Roads (year-end) (km)	年末实有道路面积（万平方米）Area of Paved Roads (year-end) (10 000 sq.m)	城市桥梁（座）Number of City Bridges (unit)	城市排水管道长度（公里）Length of City Sewage Pipes (km)	城市污水日处理能力（万立方米）Daily Disposal Capacity of City Sewage (10 000 cu.m)	城市道路照明灯（千盏）Number of Street Lights (1 000 units)
贵 阳 市	Guiyang	1465.47	2937.48	360	3676.15	94.2	183.19
六盘水市	Liupanshui	204.42	459.10	61	102.00	6.5	30.12
遵 义 市	Zunyi	493.41	1159.03	22	536.00	22.9	81.84
安 顺 市	Anshun	396.79	939.70	49	590.97	12.5	29.14
铜 仁 市	Tongren	289	312.20	26	189.80	13.0	42.47
兴 义 市	Xingyi	339.64	777.96	26	516.76	7.5	19.14
毕 节 市	Bijie	233.06	480.17	39	203.38	10.5	9.00
凯 里 市	Kaili	220.51	486.07	32	199.88	10.4	58.20
都 匀 市	Duyun	281.42	540.46	52	345.10	6.6	22.67
清 镇 市	Qingzhen	77.63	227.67	8	92.07	5	4.10
盘 州 市	Panzhou	135.9	285.00	7	455.00	3.3	11.58
赤 水 市	Chishui	71.76	194.45	4	160.00	2.0	6.59
仁 怀 市	Renhuai	148.2	151.99	8	90.00	5.1	12.31
福 泉 市	Fuquan	94	221.00	11	114.49	2.0	3.62

11-9 城市绿地和园林(2017)
Parks and Green Areas in Cities

城市名称	City	建成区园林绿地面积(公顷) Area of Parks and Green Land(hectare)	公园绿地面积(公顷) ParkGreen Areas(hectare)	公园(个) Number of Parks(unit)	公园面积(公顷) Area of Parks(hectare)	建成区绿化覆盖率(%) Green Covered Area as % of Completed Area
贵阳市	Guiyang	13884	5046	19	3258	40.90
六盘水市	Liupanshui	2418	410	14	2149	37.22
遵义市	Zunyi	4988	2076	29	2035	39.66
安顺市	Anshun	2373	957	31	642	37.10
铜仁市	Tongren	1355	284	10	350	35.88
兴义市	Xingyi	1597	346	9	382	39.01
毕节市	Bijie	1401	585	9	621	32.28
凯里市	Kaili	1438	268	14	286	22.78
都匀市	Duyun	1457	261	9	340	35.97
清镇市	Qingzhen	1041	228	6	118	42.00
盘州市	Panzhou	690	165	3	181	36.00
赤水市	Chishui	658	187	11	175	40.79
仁怀市	Renhuai	378	214	3	4	16.95
福泉市	Fuquan	453	155	3	93	24.78

11-10 城市市容环境卫生(2017)
Urban Sanitation in Cities

城市名称	City	清扫保洁面积(万平方米) Area under Cleaning Program (10 000 sq.m)	生活垃圾清运量(万吨) Volume of Garbage Disposal (10 000 tons)	市容环卫专用车辆设备总数(台) Number of Special Vehicles for Environmental Sanitation (unit)	公共厕所(座) Number of Public Lavatories (unit)	#三类以上 Third Grade and Above	生活垃圾无害化处理率(%) Garbage harmless treatment rate (%)
贵阳市	Guiyang	4556	121.43	1951	620	620	97.5
六盘水市	Liupanshui	600	23.31	219	67	67	95.1
遵义市	Zunyi	2849	47.56	840	685	685	95.3
安顺市	Anshun	1017	21.80	569	159	159	95.0
铜仁市	Tongren	467	17.00	85	94	91	95.3
兴义市	Xingyi	1150	12.78	230	36		93.9
毕节市	Bijie	496	19.83	183	72	60	94.5
凯里市	Kaili	463	19.59	73	79	79	91.1
都匀市	Duyun	639	11.25	188	38	3	90.1
清镇市	Qingzhen	346	6.84	87	48	48	90.8
盘州市	Panzhou	210	6.50	54	62	62	91.0
赤水市	Chishui	159	4.37	41	32	32	92.1
仁怀市	Renhuai	290	6.50	164	55	55	93.1
福泉市	Fuquan	183	4.79	48	62	42	91.0

主要统计指标解释

用水普及率 指报告期末城区用水人口数与总人口的比率。计算公式：

$$用水普及率=\frac{城区用水人口（含暂住人口）}{城区人口+城区暂住人口}\times 100\%$$

人工煤气生产能力 指报告期末人工煤气生产厂制气、净化、输送等环节的综合生产能力，不包括备用设备能力。一般按设计能力计算，如果实际生产能力大于设计能力时，应按实际测定的生产能力计算。测定时应以制气、净化、输送三个环节中最薄弱的环节为主。

供气管道长度 指报告期末从气源厂压缩机的出口或门站出口至各类用户引入管之间的全部已经通气投入使用的管道长度。不包括煤气生产厂、输配站、液化气储存站、灌瓶站、储配站、气化站、混气站、供应站等厂(站)内的管道。按不同的材质、管径分别统计。

供气总量 指报告期燃气企业（单位）向用户供应的燃气数量。包括销售量和损失量。

燃气普及率 指报告期末使用燃气的人口与总人口的比率。计算公式为：

$$燃气普及率=\frac{城区用气人口（含暂住人口）}{城区人口+城区暂住人口}\times 100\%$$

桥梁 指为跨越天然或人工障碍物而修建的构筑物。包括跨河桥、立交桥、人行天桥以及人行地下通道等。

排水管道长度 指所有排水总管、干管、支管、检查井及连接井进出口等长度之和。计算时应按单管计算，即在同一条街道上如有两条或两条以上并排的排水管道时，应按每条排水管道的长度相加计算。

污水处理能力 指污水处理厂(或处理装置)每昼夜处理污水量的设计能力。

年末公共交通运营车辆数 指年末公交企业(单位)用于运营业务的全部车辆数。以企业(单位)固定资产台账中已投入运营的车辆数为准。

绿地面积 指报告期末用作园林和绿化的各种绿地面积。包括公园绿地、生产绿地、防护绿地、附属绿地和其他绿地的面积。其中公园绿地指城市中向公众开放的、以游憩为主要功能，有一定的游憩设施和服务设施，同时兼有健全生态、美化景观、防灾减灾等综合作用的绿化用地。它是城市建设用地、城市绿地系统和城市市政公用设施的重要组成部分。

公共绿地 指向公众开放的市级、区级、居住区级各类公园、街旁游园，包括其范围内的水域。其中居住区级公园应不小于1万平方米，街旁游园的宽度不小于8米，面积不小于400平方米。

生活垃圾清运量 指报告期收集和运送到各生活垃圾处理场（厂）和生活垃圾最终消纳点的生活垃圾的数量。统计时仅计算从生活垃圾源头和从生活垃圾转运站直接送到处理场和最终消纳点的清运量，对于二次中转的清运量不要重复计算。

供水综合生产能力 指按供水设施取水、净化、送水、出厂输水干管等环节设计能力计算的综合生产能力。包括在原设计能力的基础上，经挖、革、改增加的生产能力。计算时，以四个环节中最薄弱的环节为主确定能力。原则上按设计能力填报，对于经过更新改造后，实际生产能力与设计能力相差很大的，按实际能力填报。

供水管道长度 指从送水泵至用户水表之间所有管道的长度。不包括新安装尚未使用、水厂内以及用户建筑物内的管道。

在同一条街道埋设两条或两条以上管道时，应按每条管道的长度计算。

供水总量 指报告期供水企业（单位）供出的全部水量。包括有效供水量和漏损水量。其中有效供水量指水厂将水供出厂外后，各类用户实际使用到的水量。包括售水量和免费供水量。

生活用水量 包括公共服务用水和居民家庭用水。公共服务用水指为城市社会公共生活服务的用水。包括行政事业单位、部队营区和公共设施服务、社会服务业、批发零售贸易业、旅馆饮食业以及其他公共服务业等单位的用水。居民家庭用水指城市范围内所有居民家庭的日常生活用水。包括城市居民、农民家庭、公共供水站用水。

气温 指空气的温度，我国一般以摄氏度(℃)为单位表示。气象观测的温度表是放在离地面约1.5米处通风良好的百叶箱里测量的，因此，通常说的气温指的是离地面1.5米处百叶箱中的温度。其统计计算方法为：月平均气温是将全月各日的平均气温相加，除以该月的天数而得。年平均气温是将12个月的月平均气温累加后除以12而得。

相对湿度 指空气中实际所含水蒸气密度和同温度下饱和水蒸气密度的百分比值。其统计方法与气温相同。

降水量 指从天空降落到地面的液态或固态(经融化后)水，未经蒸发、渗透、流失而在地面上积聚的深度。其统计计算方法为：月降水量是将全月各日的降水量累加而得。年降水量是将12个月的月降水量累加而得。

日照时数 指太阳实际照射地面的时间。其统计方法与降水量相同。

Explanatory Notes on Main Statistical Indicators

Coverage Rate of Urban Population with Access to Tap Water refers to the ratio of the urban population with access to tap water to the total urban population at the end of reference period. The formula is:

$$\text{Coverage of urban population with access to tap water} = \frac{\text{Urban population with access to tap water}}{\text{Urban population}} \times 100\%$$

Production Capacity of Gaswork Gas refers to the overall production capacity of the urban gasworks in gas generation, purification and delivery at the end of the reference period, excluding capacity of the reserved facilities. In general, it is determined by the designed capacity, and when actual production capacity is larger than the designed capacity, the capacity is determined by the actual measurement on the weakest segment in the production, purification and delivery.

Length of Gas Pipelines refers to the total length of pipelines in use between the outlet of the compressor of gas-work or outlet of gas stations and the leading pipe of users, excluding pipelines within gasworks, delivery stations, LPG storage stations, refilling stations, gas-mixing stations and supply stations. It is according to different material, diameter, respectively statistics.

Volume of Gas Supply refers to the total volume of gas provided to users by gas-producing enterprises (units) during the reporting period, including the volume sold and the volume lost.

Coverage Rate of Urban Population with Access to Gas refers to the ratio of the urban population with access to gas to the total urban population at the end of the reference period. The formula is:

$$\text{Coverage rate of urban population with access to gas} = \frac{\text{Urban population with access to gas}}{\text{Urban population}} \times 100\%$$

Bridges refers to bridges built to cross over natural or man-made barriers, including bridges over rivers, overpasses for traffic and for pedestrians, underpasses for pedestrians, etc.

Length of Sewage Pipes refers to the total length of general drainage, trunks, branch and inspection wells, connection wells, inlets and outlets, etc. In the calculation, calculation shall be single-tube that is on the same street if two or more side by side drains, they should be added to the length of each drainage calculations.

Disposal Capacity of Sewage refers to the designed 24-hour capacity of sewage disposal by the sewage treatment works or facilities.

Number of Vehicles under Operation at Year-end refers to the total number of vehicles under operation by public transport enterprises (units) at the end of the year, based on the records of operational vehicles by the enterprises (units).

Area of Green Land refers to the end of the reporting period used for landscaping and green area. Including the park green land, production green land, protection green land, green land attached to institutions, and other green area. Park green area refers to open to the public amusement and rest with the facilities of amusement, rest and services. Its function includes perfecting ecology, beautifying landscape, and preventing and reducing disaster. It is an important part of urban construction land, urban green space system and urban public facilities.

Public Green Area refers to green areas open to the public such as municipal, community and neighborhood parks and roadside parks, including waters within parks. Neighborhood parks should occupy an area larger than 10,000 square meters, and the width of roadside parks should occupy an area larger than 400 square meters, with a width of more that 8 meters.

Consumption Wastes Transported refers to volume of consumption wastes collected and transported to disposal factories or sites during the reference period. The statistical calculations of the clearance volume is only from garbage and garbage transfer station directly to the treatment plant and the final consumer satisfaction point, for the secondary transit clearance volume, it cannot be duplicated.

Production Capacity of Water Supply refers to the designed overall production capacity of water facilities, covering the four segments of water collection, purification, conveyance, and outflow through trunk pipelines. Increased capacity through transformation and innovation projects is included as well. The capacity is determined mainly on the weakest of the above-mentioned four segments. In principle, according to the design capacity reporting, for after renovation, the actual production capacity and design capabilities are vary greatly. It is according to the actual ability reported.

Length of Water Supply Pipelines refers to the total length of all the pipelines between the water pumps and the user water meters, excluding pipelines newly installed but not used yet, pipeline in the water factory, and pipeline in the user's buildings. Buried in the same street two or more pipes, each pipe length shall be calculated.

Total Volume of Water Supply refers to the total volume of water supplied by water-works (units) during the reference period, including both the effective water supply and loss during the water supply. The effective water supply refers to the water supply for the water supply factory, the actual use of various types of water users. Including the sale of water and free water supply.

Consumption of Water for Residential Use refers to water consumption of households for daily life and water consumption of public service facilities. The latter refers to water consumption for urban public services, including the consumption of government agencies and public institutions, military barracks, public facilities, wholesale and retail outlets, restaurants, hotels, and other units providing public services. Household water consumption refers to consumption of water for daily life of all households within the boundary of cities, including households of urban residents and farmers, and public water supply stations.

Temperature refers to the air temperature, China uses centigrade as the unit. The thermometry used for water observation is put in a breezy shutter, which is 1.5 metres high from the ground. There fore the commonly used temperature refers to the temperature in the breezy shutter 1.5 metres away from the ground. The calculation method is as tollows.

Monthly average temperature is the summation of average daily temperature of one moth divided by the actual days of the particular month.

Annual average temperature is the summation of monthy average of a year divided by 12 months.

Relative Humidity refers to the ratio of actual water vapour pressure to the saturation water vapour pressure under the current temperature. The calculation method is the same as that of temperature.

Volume of Precipitation refers to the deepness of liquid state or solid state (thawed) water falling from the sky to the ground that has not been evaporated, infiltrated or run off. The calculation method is as follows: monthly precipitation is the summation of daily precipitation of month. Annual precipitation is the summation of 12 months precipitation of a year.

Sunshine Hours refers to the actual hours of sun irradiating the earth. The calculation method is the same as that of the precipitation.

资源和环境

Resources and Environment

12

简 要 说 明

一、主要内容

本篇资料主要反映全省自然资源状况和环境保护事业发展情况。

自然资源包括河流、矿产资源、森林资源、水资源等资料。

环境保护事业发展情况主要包括环保资金投入、废水治理、空气质量及污染治理、固体废物处理利用情况、环境污染事故、自然灾害等。

二、资料来源

河流、矿产资源、森林资源、水资源等资料分别由省水利厅、省国土资源厅、省林业厅提供，

环境保护资料由省环境保护厅、省住房城乡建设厅提供，自然灾害资料由省民政厅提供。

Brief Introduction

I. Main Contents

This chapter contains information that reflects natural resource conditions and the development of environment protection in Guizhou.

Data on natural resources cover rivers, mineral resources, forest resources, and water resources.

The development of environment protection mainly includes environmental protection capital investment, waste water treatment, air quality and pollution treatment, treatment and utilization of solid wastes; environment pollution, loss of natural calamities, etc.

II. Sources of Data

Data on rivers, mineral resources, forest resources and water resources, etc. are provided respectively by Guizhou Water Resources Department, Guizhou Land and Resources Department, Guizhou Forestry Department. Data on environmental protection are provided by Guizhou Environmental Protection Department, the Ministry of Housing and Urban-Rural Development, Data on natural calamities are provided by the Ministry of Civil Affairs.

12-1 主要河流(省内部分)主要特征值(2017)

Major Feature of Some Part of The Main River

水　系	Water System	流域面积(平方公里) Drainage Area(sq.km)	河长(千米) Length of River (1000 m)	平均坡降(‰) Average Slope Falling(‰)
长江流域	**Changjiang River Drainage**			
#赤水河	Chishuihe	11341	442	1.52
乌　江	Wujiang	66798	993	1.02
清水江	Qingshuijiang	30252	1053	0.49
洪州河	Hongzhouhe	1129	285	0.87
㵲阳河	Wuyanghe	6505	446	0.99
锦　江	Jinjiang	4045	309	1.16
松桃河	Songtaohe	1427	191	1.55
松坎河	Songkanhe	2332	223	1.37
牛栏江	Niulanjiang	2010	447	4.35
横江(洛泽河)	Hengjiang(Luozehe)	2944	340	4.18
珠江流域	**Zhujiang River Drainage**			
#南盘江	Nanpanjiang	7651		
北盘江	Beipanjiang	20953	456	2.61
红水河	Hongshuihe	15978		
都柳江	Duliujiang	15676	743	0.43
打狗河	Dagouhe	4206	392	1.40

注：资料来源于省水利厅。

Note:Data in the table are provided by the Provincial Department of Water Resources.

12-2 主要矿产资源(2017)
Major Mineral Resources

指 标	Item	计量单位 Unit	保有资源储量 Reserves	居全国位次 Order in Whole Country
饰面用灰岩	Limestone for decoration	万立方米(10000 cubic meters)	225515.78	1
锰矿	Manganese ore	万吨(10000tons)	75825.09	1
重晶石	Barite ore	万吨(10000tons)	11830.42	1
化肥用砂岩	Sandstone for fertilizer	万吨(10000tons)	10596.7	1
砖瓦用砂岩	Sandstone for brick and tile	万立方米(10000 cubic meters)	1774.69	1
光学水晶	Optical crystal	千克(kg)	175	1
玻璃用灰岩	Limestone for glass	万吨(10000tons)	38.7	1
砷矿[雄(雌)黄矿物]	Arsenic ore[realger(orpiment)mineral]	万吨(10000tons)	11.7	1
汞矿	Hydrargyrum ore	万吨(10000tons)	3.05	1
碘矿	Iodine	吨(ton)	80661.63	2
冶金用砂岩	Gritstone for metallurgy	万吨(10000tons)	8625.79	2
陶瓷用砂岩	Sandstone for ceramics	万吨(10000tons)	1042.5	2
饰面用辉绿岩	Diabase for decoration	万立方米(10000 cubic meters)	455.96	2
硫铁矿	Pyrite	亿吨(100million tons)	9.17	2
镓矿	Gallium ore	吨(ton)	58554.29	3
建筑石料用灰岩	Limestone for building	万立方米(10000 cubic meters)	50679.5	3
钪矿	Scandium ore	吨(ton)	1734.6	3
铸型用砂岩	Sandstone for cast	万吨(10000tons)	1734	3
锗矿	Germanium ore	吨(ton)	1110.05	3
熔炼水晶	Melting crystal	吨(ton)	1110	3
钒矿	Vanadium	万吨(10000tons)	581.25	3
稀土矿	Rare-earth ore	万吨(10000tons)	85.89	3
磷矿	Phosphorus ore	亿吨(100million tons)	42.51	3
建筑用砂	Sand for building	万立方米(10000 cubic meters)	5000.58	4
化工用白云岩	Dolomite for chemical	万吨(10000tons)	2417	4
锑矿	Antimony ore	万吨(10000tons)	34.39	4
锂矿	Lithium ore	万吨(10001tons)	16.94	4
铝土矿	Bauxite ore	亿吨(100million tons)	10.24	4
砖瓦用粘土	Clay rock for brick	万立方米(10000 cubic meters)	1448.67	5
金刚石	Diamond	克(g)	755	5
煤炭	Coal	亿吨(100million tons)	733.58	5
钛矿	Titanium ore	万吨(10001tons)	101.71	5
水泥配料用粘土	Clay rock for cement	万吨(10000tons)	11447.8	6
砖瓦用页岩	Shale for brick and tile	万立方米(10000 cubic meters)	4077.98	6
镍矿	Nickel ore	万吨(10000tons)	61.88	6
凹凸棒石粘土	Attapulgite clay	万吨(10000tons)	30.4	6
压电水晶	Piezoelectric quartz	千克(kg)	6201	7
玻璃用砂岩	Sandstone for glass	吨(ton)	5122.83	7
硒矿	Selenium ore	吨(ton)	773.6	7
金矿(岩金)	Gold ore	吨(ton)	487.97	7
铌钽矿	Niobium tantalum ore	吨(ton)	146	7
含钾岩石	Potassium-bearing rock	万吨(10000tons)	63.79	7
水泥配料用砂岩	Sandstone for cement batching	万吨(10000tons)	12283.92	8
镁(炼镁白云岩)	Magnesium (Magnesium dolomite)	万吨(10000tons)	11729.33	8
含钾砂页岩	Potassium sandshale	万吨(10000tons)	5084.02	8
建筑用白云岩	Dolomite for Construction	万立方米(10000 cubic meters)	1653.93	8
制灰用石灰岩	Limestone for ash	万吨(10000tons)	4785.64	9
钼矿	Molybdenum ore	万吨(10000tons)	89.52	9
玉石	Jade	吨(ton)	22134.61	10
耐火粘土	Refractory clay	万吨(10000tons)	6645.76	10
饰面用板岩	Killas for veneer	万立方米(10000 cubic meters)	1.76	10

注：资料来源于省国土资源厅。

Note:Data in this table are obtained from the Provincial Department of Land and Resources.

12-3 森林资源
Forest Resources

指　标	Item	2013	2014	2015	2016	2017
森林面积(万公顷)	**Forest Area(10000 Ha.)**	**845.00**	**863.22**	**880.00**	**916.00**	**974.20**
森林覆盖率(%)	Forest Coverage Rate (%)	48.0	49.0	50.0	52.0	55.3
森林蓄积量(亿立方米)	Total Standing Forest Stock(100 million cubic meters)	3.81	4.01	4.13	4.25	4.49
完成造林面积(万公顷)	Area of Fulfilled Forestation(10000 Ha.)	21.82	30.27	28.00	35.20	66.67
封山育林面积(万公顷)	Area of Seal Mountain Pass for Forestation(10000 Ha.)	8.37	8.73	2.30	8.98	8.87
实施退耕还林工程中：	**In Implement Cancel Infield for Forest Project**					
宜林荒山造林(万公顷)	Forestation for Feasible deserted Mountain(10000 Ha.)	1.20	0.47	0.22	—	—
天然林保护工程中：	**In Savageness Forest Protect Project**					
封山育林(万公顷)	Seal Mountain Pass for Forestation (10000 Ha.)	0.67	0.67	0.86	0.33	0.34
森林保护	**Forest Protection**					
森林火灾(起)	Forest Fire (unit)	208	201	153	37	18
森林火灾受害率(‰)	Rate of Fall Victim for Forest Fire (‰)	0.060	0.058	0.070	0.004	0.005
森林病虫鼠害面积(万公顷)	Area of Fall Victim for Insect Pest (10000 Ha.)	23.56	22.84	20.03	20.33	19.90
森林病虫鼠害防治面积(万公顷)	Prevention Area of Forest Insect Pest (10000 Ha.)	22.84	20.00	18.69	15.74	18.26
森林病虫鼠害防治率(%)	Prevention Rate of Forest Insect Pest (%)	96.9	87.6	93.3	77.4	91.8

注：1.资料来源于省林业厅(以下相关表同)。2.2016年已灭荒，取消“宜林荒山造林”统计。
Note: 1. The data in this table are obtained from Forest Department of Guizhou Province (the relative tables in the chapter are the same).2. In 2016, barren hills were eliminated, and the statistics of "afforestation in barren hills suitable for forest" have been cancelled.

12-4 自然保护区
Natural Reserves

指 标	Item	2013	2014	2015	2016	2017
自然保护区个数(个)	**Number of Nature Reserves (unit)**	**121**	**123**	**119**	**119**	**119**
#国家级自然保护区	Nature Reserves of National-level	9	9	9	10	10
省级自然保护区	Nature Reserves of Guizhou Province	7	7	7	8	8
地市级自然保护区	Nature Reserves of Region	21	21	17	16	16
县级自然保护区	Nature Reserves of County	84	86	86	85	85
自然保护区面积(万公顷)	Area of Nature Reserves (10000 hectares)	89.51	89.51	89.79	89.79	89.79
自然保护区面积占全省国土面积(%)	Percentage of Nature Reserves in Guizhou Province Land (%)	5.5	5.5	5.1	5.1	5.1
自然保护区中：	**In Nature Reserves**					
森林生态系统、野生动、植物类型(个)	Forest Biogeocenose,Wildness Animal and Plant (unit)	120	119	115	115	115
内陆湿地类型(个)	Wetlands inside Land(unit)	8	3	3	3	3
古生物遗迹类型(个)	Ancient Biology Relic(unit)	1	1	1	1	1
地质地貌类型(个)	Geological features(unit)	1	0	0	0	0

注：2015年开展自然保护区核查，重新核实相关数据，历史数据未作调整。
Note: The verification of nature reserves was carried out and relevant data was re-verified in 2015, and historical data were not adjusted.

12-5 森林公园
Forest Parks

指 标	Item	2013	2014	2015	2016	2017
森林公园(个)	Number of Forest Park (unit)	75	78	78	94	97
#国家级森林公园	Forest Park of National-level	22	25	25	25	30
省级森林公园	Forest Park of Guizhou Province-level	32	31	31	44	44
森林公园面积(万公顷)	Area of Forest Park (10000 Ha.)	26.2	27.2	27.2	29.5	27.8
森林公园面积约占全省国土面积(%)	Percentage of Forest Park Area to the Guizhou Total Land Areas(%)	1.5	1.6	1.6	1.7	1.6

12-6 水资源和水质监测

Water Resource and Monitoring of Water Quality

指 标	Item	2013	2014	2015	2016	2017
水资源总量(亿立方米)	**Total Amount of Water Resources (100 million cu.m)**	**759.78**	**1213.12**	**1153.72**	**1066.10**	**1051.51**
#地表水	Surface Water	759.78	1213.12	1153.72	1066.10	1051.51
人均水资源量(立方米)	Per Capita Water Resources (cu.m)	2169	3458	3269	2999.00	2937.00
供水总量(亿立方米)	Water Supply(100 million cu.m)	92.61	95.31	97.49	100.31	103.51
#地表水	Surface Water	90.62	82.34	94.51	96.46	101.06
用水总量(亿立方米)	Water Use(100 million cu.m)	92.61	95.31	97.49	100.31	103.51
河流水质	**Water Quality of River**					
监测河流(条)	Monitored River (unit)	44	44	44	79	79
监测河段断面(个)	Monitored Section of River (unit)	85	85	85	151	151
满足规定水质类别的断面占总监测断面百分比(%)	The Sections Meeting the Standard of Water Quality I-III Genus As Percentage of total Monitored Sections(%)	82.3	81.2	87.1	96.0	94.7
水质良好的出境断面(个)	Number of Favorable Water Quality Section(unit)	14	14	14	14	14
湖泊水质	**Water Quality of Lake**					
监测湖库(个)	Monitored Lake (unit)	8	8	8	8	8
监测点(个)	Monitored Point (unit)	25	25	25	25	25
满足规定水质类别的监测点(个)	Ratio of the Points Meeting Water Quality I-III Genus(unit)	10	16	16	21	21
占总监测点百分比(%)	As Percentage of total Monitored Points (%)	40.0	64.0	64.0	84.0	84.0

注：资料来源于省水利厅、省环境保护厅。

Note:Data in the table are provided by the Provincial Department of Water Resources and Provincial Department of Environmental Protection.

12-7 废水治理

Waste Water Treatment

指 标	Item	2013	2014	2015	2016	2017
废水排放总量(亿吨)	**Total Waste Water Discharged (100 million tons)**	**9.31**	**11.09**	**11.28**	**10.07**	**11.80**
#工业	Industrial Waste Water Discharged	2.29	3.27	2.92	1.64	1.74
生活	Living Waste Water Discharged	7.01	7.81	8.36	8.42	10.06
废水中化学需氧排放量(万吨)	**Emission in Waste Water(10000 tons)**	**32.81**	**32.67**	**31.83**	**25.60**	**27.25**
#工业	Industrial COD Emission	6.32	6.73	6.20	1.63	1.32
生活	Living COD Emission	19.81	19.52	19.44	23.34	25.73
当年完成工业废水治理项目(个)	Item of Industry Waste Water Treatment Completed in This Year(unit)	34	31	26	29	13
新增废水治理能力(万吨/日)	Newly Desinged Treatment and Utilization Capacity of Waste Water(10000 tons/day)	7.50	4.46	10.45	8.70	8.25
城市污水处理率(%)	Treatment Rate of City Waste Water (%)	84.8	86.9	90.0	90.5	90.8

12-8 环保系统机构、人员数

Number of Enviornmental Protection Agencies and Persons Engaged

指　标	Item	2013	2014	2015	2016
机构总数(个)	**Number of Agencies(unit)**	**425**	**433**	**462**	**479**
省	Province	14	14	15	13
地	Prefecture	66	70	74	66
县	County	345	349	373	400
年末人员总数(人)	**Number of Staff and Workers at the Year-end(person)**	**3832**	**3945**	**4294**	**4431**
省	Province	386	383	394	393
地	Prefecture	987	1011	1110	1027
县	County	2459	2551	2790	3011
#科研人员	Scientific and Technical Personnel	93	107	105	95
监测人员	Monitoring Personal	1058	1163	1160	1310
监察人员	Supervising and Administrative Personnel	1156	1272	1206	1406

注：资料来源于省环境保护厅(以下相关表同)。

Note: The data in the table are provided by the Provincial Department of Environmental Protection (the relative tables in the chapter are the same).

12-9 环境保护资金投入

Investment in Environmental Protection

单位：亿元　　(100 million yuan)

指　标	Item	2013	2014	2015	2016	2017	2017年比2016年增长(%) Increase Rate in 2017over2016(%)
环保资金投入	**Investment in Environmental Protection**	**133.70**	**175.25**	**161.16**	**177.18**	**171.43**	**-3.2**
环保资金投入占地区生产总值比重(%)	Investment in Environmental Protection as Percent of GDP(%)	1.7	1.9	1.5	1.5	1.3	**-13.3**
环保资金投入中：	**In Investment of Environmental Protection**						
老工业污染源治理	Treatment of Old Industry Pollution	19.56	18.48	10.70	5.69	5.89	**3.5**
建设项目“三同时”污染防治	"Three Simultaneities" Environmental Investment for New Project	2.85	18.39	13.18	23.54	20.24	**-14.0**
城市环境基础设施建设	Investment in Urban Environmental Infrastructure	60.33	84.05	87.67	93.96	86.00	**-8.5**
环境管理能力建设	Construction of Environment Management Capacity	3.19	3.87	3.53	4.86	16.56	**240.7**
工业污染治理设施运行费用	Operating Expense of Industry Pollution Treatment Facilities	47.77	50.46	46.08	49.13	42.75	**-13.0**
征收排污费总额	**Pollutant Discharge Fees**	**5.41**	**4.30**	**4.25**	**4.54**	**4.95**	**9.0**

注：“城市环境基础设施建设”数据由省住房城乡建设厅提供。

Note: The data of investment in urban environmental infrastructure are provided by Provincial Housing Department for Urban and Rural Development.

12-10 空气质量及污染治理
Air Quality and Treatment of Industrial Waste Gas

指 标	Item	2013	2014	2015	2016	2017	2017年比2016年增长(%) Increase Rate in 2017over2016(%)
城市空气质量	**Air Quality of City**						
达到国家环境空气质量二级标准城市(个)	Number of Cities Reaching the National Grade Ⅱ Standard of Air Quality of City (unit)	11	11	10	10	13	30
占统计城市数(%)	Percentage in Total(%)	84.6	84.6	76.9	76.9	100	30.0
城市空气污染物	**Contamination in City Atmosphere**						
二氧化硫年均浓度值(毫克/立方米)	Annual Average Concentration of SO2 (mg/cu.m)	0.039	0.026	0.020	0.016	0.015	-6.3
达到国家空气质量二级标准城市(个)	Number of Cities Reaching the National Grade Ⅱ Standard of Air Quality of City (unit)	12	13	13	13	13	持平
二氧化氮年均浓度值(毫克/立方米)	Annual Average Concentration of NO2 (mg/cu.m)	0.021	0.020	0.018	0.021	0.021	持平
达到国家空气质量一级标准城市(个)	Number of Cities Reaching the National Grade I Standard of Air Quality of City (unit)	13	13	13	13	13	持平
城市可吸入颗粒物年均浓度值(毫克/立方米)	Average Chroma of City Suspend Grain (mg/cu.m)	0.078	0.066	0.052	0.054	0.049	-9.3
达到国家空气质量二级标准城市(个)	Number of Cities Reaching the National Grade Ⅱ Standard of Air Quality of City (unit)	12	11	12	13	13	持平
废气中污染物排放	**Pullutant Emission in Waste Gas**						
二氧化硫排放总量(万吨)	Total Volume of SO2 Emission (10000 tons)	98.64	92.58	85.30	64.71	68.75	6.2
#工业	Industry	77.86	70.24	59.89	41.18	46.30	12.4
生活及其它废气中二氧化硫排放量	Volume of SO2 from Living and Other Waste Gas Emission	20.78	22.34	25.41	23.53	22.45	-4.6
烟(粉)尘排放总量(万吨)	Total Volume of Smoke and Dust Emission (10000 tons)	26.45	37.79	28.68	20.43	19.68	-3.7
#工业	Industry	22.53	34.30	23.18	14.61	14.74	0.9
生活及其它废气中烟(粉)尘排放量	Discharged Volume of Smoke and Dust from Living and Other Waste Gas Emission	3.92	3.48	4.36	5.82	4.94	-15.1
空气污染治理	**Air Pollution Treatment**						
工业废气中:	In Industrial Waste Gas						
二氧化硫去除率(%)	Rate of SO2 Removed (%)	70.3	77.2	76.1	85.0	84.6	-0.5
烟(粉)尘去除率(%)	Rate of Smoke and Dust Removed (%)	99.3	99.3	99.2	99.6	99.9	0.4
当年完成废气治理项目(个)	Item of Waste Gas Treatment Fulfilled in This Year (unit)	51	50	66	50	47	-6
新增废气治理能力(万标立方米/小时)	Newly Waste Gas Treatment Capacity inThis Year (10000 stere/hour)	7118.49	3348.46	2612.97	1961.96	1020.70	-48.0
城市燃气普及率(%)	Popularization Rate of City Coal Gas (%)	58.7	60.3	70.7	72.1	73.8	上升1.7个百分点

注:“烟(粉)尘排放总量”为原“烟尘排放总量”,“烟(粉)尘去除率”为原“烟尘去除率”。

Note: "Total volume of smoke and dust emission" refers to the original "total volume of dust emission"."Rate of smoke and dust removed" refers to the original "Rate of soot removed".

12-11 固体废物生产及处理
Production and Treatment of Industrial Solid Wastes

指　标	Item	2013	2014	2015	2016	2017	2017年比2016年增长(%) Increase Rate in 2017over2016(%)
工业固体废物产生量(万吨)	**Volume of Industrial Solid Wastes Produced (10000 tons)**	**8194.05**	**7394.22**	**7054.93**	**7753.01**	**9352.99**	**20.6**
工业固体废物倾倒丢弃量	Volume of Industrial Solid Waste Discharged	43.74	1.46	0.92	0.07	2.70	3752.3
工业固体废物治理	**Industrial Solid Wastes Treatment**						
当年完成工业固体废物治理项目(个)	Item of Industrial Solid Wastes Fulfilled in This Year (unit)	3	2		5	6	20.0
工业固体废物综合利用量(万吨)	Volume of Industrial Solid Wastes Comprehensively Utilized(10000 tons)	4135.41	4312.91	4299.36	4529.77	5200.61	14.8
工业固体废物处置量(万吨)	Volume of Industrial Solid Wastes Disposed(10000 tons)	2275.60	1382.22	1897.21	2043.83	2747.32	34.4
工业固体废物综合利用率(%)	Ratio of Industrial Solid Wastes Utilized(%)	50.5	56.9	59.8	58.1	54.7	下降3.4个百分点
生活垃圾处理	**Consumption Wastes Treatment**						
生活垃圾清运总量(万吨)	Consumption Wastes Collected and Transported (10000 tons)	461.47	490.44	501.17	522.34	576.74	10.4
生活垃圾处理总量(万吨)	Consumption Wastes Treatment (10000 tons)	351.56	386.59	427.38	464.40	520.68	12.1
#无害化处理量	Volume of Wastes Disposed	294.57	386.59	424.46	463.48	520.68	12.3
城市生活垃圾无害化处理率(%)	Treatment Rate of Consumption Wastes in Cities(%)	63.8	78.8	84.7	88.7	90.3	上升1.6个百分点

注："工业固体废物倾倒丢弃量"为原"工业固体废物排放量"。
Note: "Volume of Industrial Solid Waste Discharged" refers to original "Volume of Industrial Solid Waste Emission".

12－12 环境污染事故
Accident of Environment Pollution

指 标	Item	2013	2014	2015	2016	2017
环境污染事故(起)	**Number of Environmental Pollution Accidents(unit)**	**9**	**3**	**9**	**12**	**11**
#重大事故	Fatal Accident	—	—	—	—	—
较大事故	Major Accident	—	—	—	—	—
一般事故	Commonly Accident	9	3	9	12	11
#水污染事故	Water Pollution Accident	7	2	8	12	9
空气污染事故	Air Pollution Accident	2	1	1	—	1

12－13 自然灾害
Natural Disasters

指 标	Item	2013	2014	2015	2016	2017
遭受自然灾害县个数(个)	Number of Counties Suffering from Natural Disasters(unit)	85	88	86	82	88
受灾人口(万人次)	The Population Affected by Natural Disasters (10000 person-times)	2162.62	1385.28	581.03	663.30	532.43
农作物受灾面积(万公顷)	Area of Crop Affected by Natural Disasters (10000 hectares)	157.81	62.82	21.71	32.90	257.28
#绝收面积	The Gainless Area of Crop for Natural Disasters	36.28	9.74	3.16	5.10	40.79
因自然灾害造成直接经济损失(亿元)	The Direct Economy Loss for Natural Disasters (100 million yuan)	140.06	196.76	73.76	173.70	60.25

注：资料来源于省民政厅。

Note: The data in the table are provided by the provinvial Department of Civil Affairs.

主要统计指标解释

流域 每条河流都有自己的干流和支流，干支流共同组成这条河流的水系。每条河流都有自己的集水区域，这个集水区域就称为该河流的流域。

矿产资源 矿产指由地质作用形成，富集于地壳中或出露于地表达到工农业利用要求的有用矿物。矿产是一种重要的自然资源，是社会发展的重要物质基础。

矿产保有储量 指探明的矿产储量（包括工业储量和远景储量），扣除已开采部分和地下损失量后的年末实有储量，是反映国家矿产资源现状的重要指标。

森林面积 指由乔木树种构成，郁闭度0.2以上(含0.2)的林地或冠幅宽度10米以上的林带的面积，即有林地面积。森林面积包括天然起源和人工起源的针叶林面积、阔叶林面积、针阔混交林面积和竹林面积，不包括灌木林地面积和疏林地面积。

森林覆盖率 指一个国家或地区森林面积占土地总面积的百分比。森林覆盖率是反映森林资源的丰富程度和生态平衡状况的重要指标。在计算森林覆盖率时，森林面积包括郁闭度0.2以上的乔木林地面积和竹林地面积，国家特别规定的灌木林地面积、农田林网以及四旁(村旁、路旁、水旁、宅旁)林木的覆盖面积。计算公式为：

$$\text{森林覆盖率}=\frac{\text{森林面积}}{\text{土地总面积}}\times 100\%$$

活立木总蓄积量 指一定范围内土地上全部树木蓄积的总量，包括森林蓄积、疏林蓄积、散生木蓄积和四旁树蓄积。

造林面积 指报告期内在荒山、荒地、沙丘、退耕地等一切可以造林的土地上，采用人工播种、飞机播种、植苗造林、分植造林等方法新植成片乔木林和灌木林，经过检查验收符合《造林技术规程》要求的单位面积株数，并按《中华人民共和国森林法实施条例》规定，成活率达85%以上(含85%，年降雨量在400毫米以下且无浇灌条件的地区造林成活率达70%以上)的总面积。四旁植树如一侧在四行以上，连片面积0.066公顷(一亩)以上，应统计在造林面积内。造林面积，通常按所有制(国有、国有集体合作、集体和个人)、造林方式(人工、飞机播种)、主要林种用途(用材林、经济林、防护林、薪炭林、特种用途林)分组进行统计。

水资源 水在自然界中以固体、液体和气态三种聚集状态存在，分布于海洋、陆地(包括土壤)以及大气之中，通过水循环形成水资源。水资源包括经人类控制并直接可供灌溉、发电、给水、航运、养殖等用途的地表水和地下水，以及江河、湖泊、井、泉、潮汐、港湾和养殖水域等。水资源是发展国民经济不可缺少的重要自然资源。

地表水和地下水 陆地上的水因空间分布不同，分为地表水和地下水。地表水指分别存在于河流、湖泊、沼泽、冰川和冰盖等水体中水分的总称，又称陆地水。地下水指储存在地面以下饱和岩土孔隙、裂隙及溶洞中的水。

水资源总量 一定区域内的水资源总量指当地降水形成的地表和地下产水量，即地表径流量与降水入渗补给量之和，不包括过境水量。

用水总量 指分配给用户的包括输水损失在内的毛用水量。

工业废水排放量 指经过企业厂区所有排放口排到企业外部的工业废水量。包括生产废水、外排的直接冷却水、超标排放的矿井地下水和与工业废水混排的厂区生活污水，不包括外排的间接冷却水(清污不分流的间接冷却水应计算在内)。

废水中化学需氧量（COD）排放量 指每年排放的废水中的COD的量。

工业SO_2排放量 指报告期内企业在燃料燃烧和生产工艺过程中排入大气的SO_2总量，计算公式为：

工业SO_2排放量=燃料燃烧过程中SO_2排放量+生产工艺过程中SO_2排放量

生活及其他SO_2排放量 以生活及其他煤炭消费量和其含硫量为基础，根据以下公式计算：

生活及其他SO_2排放量=生活及其他煤炭消费量×含硫量×0.8×2

工业烟尘排放量 指企业厂区内燃料燃烧过程中产生的烟气中夹带的颗粒物排放量。

工业粉尘排放量 指企业在生产工艺过程中排放的能在空气中悬浮一定时间的固体颗粒物排放量。如钢铁企业的耐火材料粉尘、焦化企业的筛焦系统粉尘、烧结机的粉尘、石灰窑的粉尘、建材企业的水泥粉尘等。不包括电厂排入大气的烟尘。

生活及其他烟尘排放量 指除工业生产活动以外的所有社会、经济活动及公共设施的经营活动中燃烧所排放的烟尘纯重量。以生活及其他煤炭消费量为基础进行测算。

工业固体废物产生量 指报告期内企业在生产过程中产生的固体状、半固体状和高浓度液体状废弃物的总量，包括危险废物、冶炼废渣、粉煤灰、炉渣、煤矸石、尾矿、放射性废物和其他废物等；不包括矿山开采的剥离废石和掘进废石(煤矸石和呈酸性或碱性的废石除外)。酸性或碱性废石指采掘的废石其流经水、雨淋水的PH值小于4或PH值大于10.5者。

工业固体废物综合利用量 指报告期内企业通过回收、加工、循环、交换等方式，从固体废物中提取或者使其转化为可以利用的资源、能源和其他原材料的固体废物量(包括当年利用往年的工业固体废物贮存量)，如用作农业肥料、生产建筑材料、筑路等。综合利用量由原产生固体废物的单位统计。

工业固体废物综合利用率 指工业固体废物综合利用量占工业固体废物产生量(包括综合利用往年贮存量)的百分率。计算公式为：

$$工业固体废物综合利用率=\frac{工业固体废物综合利用量}{工业固体废物产生量+综合利用往年贮存量}\times 100\%$$

工业固体废物处置量 指报告期内企业将固体废物焚烧或者最终置于符合环境保护规定要求的场所，并不再回取的工业固体废物量(包括当年处置往年的工业固体废物贮存量)。处置方式有填埋(其中危险废物应安全填埋)、焚烧、专业贮存场(库)封场处理、深层灌注、回填矿井及海洋处置(经海洋管理部门同意投海处置)等。

生活垃圾清运量 指报告期收集和运送到各生活垃圾处理场（厂）和生活垃圾最终消纳点的生活垃圾的数量。统计时仅计算从生活垃圾源头和从生活垃圾转运站直接送到处理场和最终消纳点的清运量，对于二次中转的清运量不要重复计算。

生活垃圾无害化处理率 指报告期内生活垃圾无害化处理量与生活垃圾产生量的比率。计算公式为：

$$生活垃圾无害化处理率=\frac{生活垃圾无害化处理量}{生活垃圾产生量}\times 100\%$$

在统计时，由于生活垃圾产生量不易取得，可用清运量代替。“垃圾清运量”在审核时要与总人口（包括暂住人口）对应，一般城市人均日产生垃圾为1kg左右。

环境污染事故 指由于违反环境保护法规的经济、社会活动与行为，以及意外因素的影响或不可抗拒的自然灾害等原因，致使环境受到污染，国家重点保护的野生动植物、自然保护区受到破坏，人体健康受到危害，社会经济和人民财产受到损失，造成不良社会影响的突发性事件。

Explanatory Notes on Main Statistical Indicators

Drainage Area Each river has its own main stream and branches to form the water system of the river. Each river has its own catchment's area, which is also called as the drainage area of the river.

Mineral Resources refer to useful minerals that can be used for industrial or agricultural purposes enriched in lithosphere or on earth due to the geological process. Minerals resource is an important natural resources, and is the important material foundation for social development.

Mineral reserves refer to proven mineral reserves (including industrial reserves and prospective reserves), after deducting the amount of mining and underground loss of the end of the year after the real reserves, it is an important indicator of the state of mineral resources.

Forest Area refers to the area of forest where trees and bamboo grow with canopy density above 0.2, including land of natural woods and planted woods, but excluding bush land and thin forest land.

Forest Coverage Rate refers to the ratio of area of afforested land to total land area. It is a very important indicator that reflects the status of abundance of forest resource and ecosystem balance. Forest area includes the area of trees and bamboo grow with canopy density above 0.2, the area of shrubby tree according to regulations of the government, the area of forest land inside farm land and the area of trees planted by the side of villages, farm houses and along roads and rivers. The formula for calculating forest coverage rate is as follows:

$$\text{Forestrycoverage rate}(\%) = \frac{\text{Area of Afforested Land}}{\text{Area of Total Land}} \times 100\%$$

Total Standing Stock Volume refers to total stock volume of trees growing in forest area, including trees in forest, trees in sparse forest, scattered trees and trees planted by the side of villages, farm houses and along roads and rivers.

Total Area of Afforestation refers to the total area of land suitable for afforestation, including barren hills, idle land, sand dunes, rain for green land, on which acres of arbores or bushes are planted through manual planting, airplane planting, plant seedlings, etc. in accordance with the required density standards of the Technical Procedures of Afforestation, and with a survival rate of over 85% in line with the Implementing Rules of the Forest Law of the People's Republic of China (or a survival rate of 75% in areas with less that 400 mm of annual rainfall and without irrigation facilities). Included in the this category are trees planted alone the roadsides, riversides, or next to houses that occupy an area over 0.066 hectares, or where more than 4 lines of trees are planted. Total area of afforestation is further classified by ownership (state-owned, state-collective, collective or private), by approach of planting (manual, airplane), and by type of forests (timber, by-products, protection, fuel, special use, etc.).

Water Resource Water exists in the nature in solid, liquid and gaseous states, is distributed in the ocean, land (including earth) and air, and constitutes the water resource through the circulation of water. Water resource includes the surface water and underground water that is controlled by the human being for irrigation, power-generation, water supply, navigation and cultivation. It also includes rivers, lakes, wells, springs, tides, gulf and water area for cultivation. Water resource as an important natural resource is indispensable for the development of the national economy.

Surface Water and Underground Water Water on earth can be divided into surface water and underground water according to its distribution. Surface water refers to moisture exists in rivers, lakes, swamps, glaciers, icecaps and so on. It is also called land water. The underground water refers to water deposited underground in the cranny and the hole of saturated rock soil and in the water-eroded cave.

Total Water Resources refers to total volume of water resources measured as run-off for surface water from rainfall and recharge for groundwater in a given area, excluding transit water.

Water Use refers to gross water use distributed to users, including loss during transportation, broken down with use by agriculture, industry, living consumption and biological protection.

Waste Water Discharged by Industry refers to the volume of waste water discharged by industrial enterprises through all their outlets, including waste water from production process, directly cooled water, groundwater from mining wells which does not meet discharge standards and sewage from households mixed with waste water produced by industrial activities, but excluding indirectly cooled water discharged (It should be included if the discharge is not separated with waste water).

Volume of Chemical Oxygen Demand(COD) Generated by Waster Water refers to chemical oxygen demand generated through the annual discharge of waste water

SO_2 Emission through Industrial Activities refers to volume of sulphur dioxide emission from fuel burning and production process by enterprises during a given period of time. It is calculated as:

SO_2 emission through industrial activities = SO_2 emission from fuel burning + SO_2 emission from production process

SO_2 Emission through Non-industrial and Other Activities is calculated on the basis of consumption of coal by households and other activities and the sulphur content of coal with the following formula:

SO_2 emission through non-industrial and other activities = consumption of coal by households and other activities × sulphur content × 0.8 × 2

Industrial Soot Emission refers to volume of soot in smoke emitted in process of fuel burning in premises of enterprises.

Industrial Dust Emission refers to volume of dust emitted by production process of enterprises and suspended in the air for a given period of time, including dust from refractory material of iron and steel works, dust from coke-screening systems and sintering machines of coke plants, dust from lime kilns and dust from cement production in building material enterprises, but excluding soot and dust emitted from power plants.

Soot Emission by Consumption and Others refers to net volume of soot emitted by fuel burning from all social and economic activities and operation of public facilities other than industrial activities. It is calculated on the basis of coal consumption by households and others.

Industrial Solid Wastes Produced refers to total volume of solid, semi-solid and high concentration liquid residues produced by industrial enterprises from production process in a given period of time, including hazardous wastes, slag, coal ash, gangue, tailings, radioactive residues and other wastes, but excluding stones stripped or dug out in mining (gangue and acid or alkaline stones not included). A stone is acid or alkaline depending on the pH value of the water below 4 or above 10.5 when the stone is in, or soaked by, the water.

Industrial Solid Wastes Utilized refers to volume of solid wastes from which useful materials can be extracted or which can be converted into usable resources, energy or other materials by means of reclamation, processing, recycling and exchange (including utilizing in the year the stocks of industrial solid wastes of the previous year). Examples of such utilizations include fertilizers, building materials and road materials. The information shall be collected by the producing units of the wastes.

Rate of Utilization of Industrial Solid Wastes refers to the percentage of industrial solid wastes utilized over industrial solid wastes produced (including stocks of the previous years). It is calculated as:

$$\text{Rage of utilization of industrial solid wastes} = \frac{\text{volume of industrial solid wastes utilized}}{\text{industrial solid wastes produced} + \text{stock of previous years}} \times 100\%$$

Industrial Solid Wastes Disposed refers to quantity of industrial solid wastes which are burnt or placed ultimately in the sites meeting the requirements for environmental protection and not salvaged or recycled (including disposition in the year of those wastes of previous years). The disposition includes landfill (Safe landfills should be conducted for hazardous wastes), incineration, containment spaces, deep underground disposal, backfill in mining pits and disposal at sea.

Consumption Wastes Transported refers to volume of consumption wastes collected and transported to disposal factories or sites. Statistical calculations only when the source from garbage and garbage transfer station directly to the treatment plant and the final consumer satisfaction point clearance volume, for the secondary transit clearance volume can not be duplicated.

Ratio of Consumption Wastes Treated refers to consumption wastes treated over that produced. It is calculated as:

$$\text{Ratio of consumption wastes treated} = \frac{\text{consumption wastes treated}}{\text{consumption wastes produced}} \times 100\%$$

In practical statistics, as it is difficult to estimate, the volume of consumption wastes produced is replaced with that transported. During the audit, "Garbage clearance volume" and the total population to be (including temporary residents) corresponds, generally, urban waste generated per capita is about 1kg.

Environment Pollution and Destruction Accidents refers to sudden accidents, due to economic or social activities that are in contrast to environment protection laws or due to unforeseen factors or natural disasters, that lead to the environment pollution, the destruction of protected wild animals, plants or nature reserves, the damage to human health, the economic and property losses, and the negative impact on the society.

农 业

Agriculture 13

简 要 说 明

一、主要内容

本篇资料反映我省农业生产和农村经济的基本情况，包括农村基本情况、农业生产条件、农业机械拥有量、水利灌溉与除涝、农林牧渔业产值、主要农产品产量等。

二、统计范围

农业统计范围包括全社会除军马生产及农业科研机构进行的农业生产以外的所有农业生产活动。即农村各种经济组织和农户经营的农林牧渔业生产活动；各种专业性农、林、牧、渔场的农业生产活动；国家各级机关、团体、学校、部队进行的农业生产活动；集体所有制的乡、镇、村办农场的农业生产活动；以及工矿企业经营的农、林、牧、渔业生产活动。

三、资料来源

本篇资料由省统计局农村统计处、国家统计局贵州调查总队、省农委、省水利厅、省林业厅提供。

Brief Introduction

I. Main Contents

The data in this chapter show the basic conditions of agricultural production and rural economy, including basic situation of rural, conditions for agricultural production, quantity of agricultural machinery, facilities of water conservancy and efforts to eliminate water-logging, output of agriculture, forestry, animal husbandry and fishery, output of major products ect.

II. The Scope of Data

Statistics on agriculture cover all agricultural production activities except horse raising for military purpose and agricultural production activities undertaken by agriculture research institutions. In other words, included in agriculture statistics are production activities in agriculture, forestry, animal husbandry and fishery undertaken by rural economic units of various types and by rural households; production activities of farms specializing in agriculture, forestry, animal husbandry and fishery; production activities in agriculture undertaken by government agencies, institutions, schools and military units; production activities in agriculture undertaken by collective farms run by townships and villages; and production activities in agriculture, forestry, animal husbandry and fishery undertaken by manufacturing and mining enterprises.

II. Data Sources

Data on agricultural production are provided by Agriculture Department of Guizhou Provincial Bureau of Statistics, the Department of Guizhou Survey, NBS, the Committee on Agriculture of Guizhou Province, the Water Resources Department of Guizhou Province.

Data on forestry production afforestation are provided by Guizhou Forestry Department.

Data on aquatic production are provided by the Committee on Agriculture of Guizhou Province.

13-1 农村基本情况及农业生产条件
Basic Conditions of Rural Areas and Agricultural Production

指　标	Item	2013	2014	2015	2016	2017
农村基层组织	**Rural Grassroots Units**					
乡镇个数(个)	Number of Township and Town Governments(unit)	1388	1262	1197	1158	1156
村委会个数(个)	Number of Villagers' Committees(unit)	16859	16747	16612	14619	13436
农村社会基础设施	**Basic Facilities in Rural Areas**					
自来水受益村数(个)	Number of Villages with Access to Tap Water(unit)	13997	14153	14358	13518	13759
通有线电视的村数(个)	Villages with Automobile(unit)					8707
通宽带的村数(个)	Villages with Telephone Communication(unit)					11816
通有线广播的村数(个)	Villages with Wire Broadcast(unit)	7336	7722	7995	8014	—
农业机械化	**Agricultural Mechanization**					
农用机械总动力(万千瓦)	Total Power of Agricultural Machinery(10000 kw)	2240.80	2458.40	2575.15	2711.30	2812.42
柴油机	Diesel Engine	1601.13	1735.05	1800.13	1874.79	1794.01
汽油机	Gas Engine	77.45	94.32	106.59	117.49	223.70
电动机	Electromotor	555.60	625.94	668.11	718.70	794.38
其他机械	Others	6.63	3.09	0.32	0.32	0.32
农村主要物资消耗	**Main Materials Consumption for Agricultural Use**					
农用化肥施用量(折纯法)(万吨)	Consumption of Chemical Fertilizer (pure)(10000 tons)	99.54	101.29	103.69	103.67	95.65
农药使用量(吨)	Consumption of Chemical Pesticides(ton)	13744	13425	13722	13677	13399
农用塑料薄膜使用量(吨)	Consumption of Farm Plastic Membrane(ton)	48031	48949	49403	51053	51138

注：“农业机械化”资料来源于省农委。
Note: The data of "agricultural mechanization" are provided by the Provincial Agricultural Commission.

13-2 年末主要农业机械拥有量

Major Agricultural Machinery at the Year-end

指 标	Item	2013	2014	2015	2016	2017	2017年比2016年增长(%) Increase Rate in 2017over2016(%)
大中型拖拉机(万台)	Large and Medium-sized Tractors(10000 unit)	4.19	4.21	4.28	4.24	4.17	-1.6
大中型拖拉机配套农具(万套)	Large and Medium-sized Tractor Towing Farm Machinery (10000 unit)	1.53	1.62	1.71	1.62	1.69	4.1
小型拖拉机(万台)	Small Tractors (10000 unit)	8.59	9.52	9.92	10.30	11.29	9.6
小型拖拉机配套农具(万套)	Small Tractor Towing Farm Machinery (10000 unit)	2.90	3.10	3.01	2.85	2.94	3.1
农用排灌电动机(万台)	Drainage and Irrigation Electromotor Engines(10000 unit)	22.50	25.62	27.23	29.72	32.68	10.0
农用排灌柴油机(万台)	Drainage and Irrigation Diesel Engines (10000 unit)	19.98	21.14	23.68	24.55	25.29	3.0
联合收割机(台)	Combine Harvesters(unit)	1570	1812	2269	2535	2791	10.1

注：资料来源于省农委。

Note:The data in this table are provided by the Provincial Agricultural Commission.

13-3 灌溉、除涝治水

Irrigation, Flood Prevention, Water and Soil Conservation

项 目	Item	2013	2014	2015	2016	2017
水利投入(亿元)	Input of Water Conservancy(100 million yuan)	192.52	211.33	373.56	383.50	395.90
有效灌溉面积(千公顷)	Effective Irrigated Area(1000 Ha.)	1367.66	1429.49	1506.56	1552.92	1585.66
节水灌溉面积(千公顷)	Water-saving Irrigated Area (1000 Ha.)	304.37	313.28	325.58	323.52	332.82
除涝面积(千公顷)	Areas with Flood Prevention Measures(1000 Ha.)	53.49	89.90	97.56	99.29	121.42
水土流失治理面积(千公顷)	Area of Soil Erosion under Control(1000 Ha.)	5816.53	6046.39	6297.78	6556.46	6814.62
堤防长度(公里)	Total Length of Dikes(km)	2453.58	3025.19	3255.57	3415.64	3788.92
堤防保护面积(千公顷)	Area of Land Protected by Dikes (1000 Ha.)	196.39	287.72	302.28	313.53	337.50
旱涝保收面积(千公顷)	Area that Ensure Stable Yields Despite Droughtor Excessive Rain(1000 hectares)	672.47	679.29	729.44	742.77	742.00

注：资料来源于省水利厅。

Note:Data in this table are provided by the Provincial Department of Water Resources.

13-4 农林牧渔业增加值

Value-Added of Farming, Forestry, Animal Husbandry, Fishery and Their Services

单位：亿元 (100 million yuan)

指　标	Item	2013	2014	2015	2016	2017
农林牧渔业增加值	**Added Value of FFAFS**	**1031.70**	**1316.08**	**1712.65**	**1959.93**	**2139.97**
农　业	Farming	646.12	851.89	1096.54	1196.50	1306.43
林　业	Forestry	47.71	68.15	92.87	133.32	156.73
畜牧业	Animal Husbandry	280.68	331.16	415.94	494.31	531.08
渔　业	Fishery	23.96	29.25	35.26	37.68	38.03
农、林、牧、渔服务业	FFAF Services	33.23	35.63	72.04	98.12	107.69
农林牧渔业增加值增长速度(%)	**Added Value of FFAFS growth rate(%)**	**5.8**	**6.5**	**6.4**	**5.9**	**6.2**
农　业	Farming	5.7	8.1	8.1	6.8	7.1
林　业	Forestry	7.0	7.3	7.9	8.3	7.7
畜牧业	Animal Husbandry	4.9	1.8	1.2	2.9	4.4
渔　业	Fishery	20.0	19.7	17.1	15.6	3.5
农、林、牧、渔服务业	FFAF Services	4.8	3.3	4.6	3.7	3.9

注：2016—2017年为第三次全国农业普查修订数。

Note: The provincial data in 2016 and 2017 are the revised data of the third national agricultural census.

13-5 主要农作物播种面积
Sown Areas of Major Farm Crops

单位：千公顷 (1000 hectares)

指 标	Item	2013	2014	2015	2016	2017	2017年比2016年增长(%) Increase Rate in 2017 over 2016 (%)
农作物总播种面积	**Total Sown Areas**	**5390.11**	**5516.46**	**5542.17**	**5596.81**		
#粮食作物	Grain Crops	3118.42	3138.35	3114.91	3113.26	3051.24	-2.0
#稻 谷	Rice	684.45	681.96	675.14	674.26	661.28	-1.9
小 麦	Wheat	251.78	251.50	248.68	241.70	222.82	-7.8
玉 米	Corn	778.35	787.47	763.22	740.32	715.27	-3.4
大 豆	Soja	128.17	130.62	135.11	139.58	129.59	-7.2
薯 类	Tubers	937.90	944.50	944.13	966.52	976.45	1.0
#马铃薯	Potato	689.50	704.25	709.18	731.71	744.44	1.7
油 料	Oil-bearing Crops	560.76	582.14	590.96	662.23	671.86	1.5
#油菜籽	Rapeseeds	506.72	521.61	528.11	521.35	527.27	1.1
花 生	Peanuts	43.56	48.90	51.30	50.29	51.66	2.7
糖 料	Sugar Crops	27.93	27.85	26.80	12.16	12.53	3.0
#甘 蔗	Sugarcane	27.92	27.84	26.79	12.13	12.52	3.2
烟 叶	Tobacco	266.43	228.51	194.20	167.95	155.91	-7.2
#烤 烟	Flue-cured Tobacco	254.86	216.41	182.06	155.61	143.44	-7.8
药材类	Medicinal Materials	117.54	146.60	155.81	163.62	185.32	13.3
蔬 菜	Vegetable	847.72	924.25	980.22	1145.11	1235.11	7.9

注：2016—2017年经济作物数据为第三次农业普查修正数。（以下相关表同）

Note: The agricultural data of 2016 and 2017 are all revised data of the third agricultural census (the following tables are the same).

13-6 主要农作物产品产量

Yields of Major Farm Crops

单位：万吨 (10000 tons)

指　标	Item	2013	2014	2015	2016	2017	2017年比2016年增长(%) Increase Rate in 2017 over 2016 (%)
粮食作物	**Grain Crops**	**1029.99**	**1138.50**	**1180.00**	**1192.38**	**1178.54**	**-1.2**
#稻　谷	Rice	361.30	403.24	417.54	430.48	423.70	-1.6
小　麦	Wheat	51.51	61.50	61.67	59.74	58.85	-1.5
玉　米	Corn	298.03	313.81	324.08	324.38	313.56	-3.3
大　豆	Soja	8.04	11.78	12.60	13.78	12.83	-6.9
薯　类	Tubers	263.36	289.91	303.84	301.85	309.76	2.6
#马铃薯	Potato	211.40	226.60	237.62	233.35	242.04	3.7
油料作物	**Oil-bearing Crops**	**91.53**	**98.05**	**101.34**	**113.66**	**109.82**	**-3.4**
#油菜籽	Rapeseeds	81.78	86.69	89.03	88.75	89.22	0.5
花　生	Peanuts	8.25	9.71	10.50	10.64	10.81	1.6
甘　蔗	**Sugarcane**	**159.29**	**168.27**	**156.09**	**71.23**	**73.54**	**3.2**
烤　烟	**Flue-cured Tobacco**	**41.79**	**35.34**	**32.93**	**27.45**	**24.48**	**-10.8**
蔬菜及食用菌	**Vegetable and edible mushrooms**	**1500.45**	**1625.62**	**1731.88**	**2033.56**	**2272.16**	**11.7**

13-7 主要农作物单产

Yields of Major Farm Crops Per Mu

单位：公斤/亩 (kg/mu)

指　标	Item	2013	2014	2015	2016	2017	2017年比2016年增长(%) Increase Rate in 2017 over 2016 (%)
粮食作物	**Grain Crops**	**220**	**242**	**253**	**255**	**258**	**1.2**
#稻　谷	Rice	352	394	412	426	427	**0.3**
小　麦	Wheat	136	163	165	165	176	**6.7**
玉　米	Corn	255	266	283	292	292	**0.1**
大　豆	Soja	42	60	62	66	66	**0.0**
薯　类	Tubers	187	205	215	208	211	**1.7**
#马铃薯	Potato	204	215	223	213	217	**1.8**
油料作物	**Oil-bearing Crops**	**109**	**112**	**114**	**114**	**109**	**-4.4**
#油菜籽	Rapeseed	108	111	112	113	113	持平
花　生	Peanuts	126	132	136	141	139	**-1.4**
甘　蔗	**Sugarcane**	**3804**	**4029**	**3884**	**3913**	**3915**	**0.1**
烤　烟	**Flue-cured Tobacco**	**109**	**109**	**121**	**118**	**114**	**-3.4**

13-8 茶叶、水果面积及产量

Total Sown Areas and Yields of Tea, Fruit

指 标	Item	2013	2014	2015	2016	2017	2017年比2016年增长(%) Increase Rate in 2017 over 2016 (%)
面 积(千公顷)	**Area(1000 Ha.)**						
茶园	Tea Field Area	313.24	369.26	418.89	420.78	456.22	8.4
果园	Orchards Filed Area	228.13	262.14	300.48	332.75	406.35	22.1
产 量(万吨)	**Yield(10000 tons)**						
茶 叶	Tea	8.94	10.71	11.80	14.13	17.65	24.9
水 果	Fruits	167.75	196.38	224.90	235.84	283.53	20.2
#园林水果	Garden Fruit	105.74	125.98	147.65	168.04	210.99	25.6
#苹 果	Apples	3.25	4.39	5.27	5.65	7.07	25.1
梨	Pears	24.09	27.31	29.24	24.17	28.04	16.0
柑 桔	Citrus	25.48	28.91	32.01	20.57	25.39	23.4
香 蕉	Bananas	0.56	0.58	0.85	0.72	1.73	140.3
猕猴桃	Chinese Gooseberrys	2.21	2.50	5.25	7.04	9.47	34.5
柿 子	Persimmons	1.46	1.50	1.49	1.59	1.56	-1.8

注：水果产量含果用瓜。

Note: The yield of fruits includes melons.

13-9 造林及林产品产量

Areas of Forestation and Output of Forest Products

单位：吨 (ton)

指 标	Item	2013	2014	2015	2016	2017
当年造林面积(千公顷)	**Areas of Forestation in this year(1000 hectares)**	**218.2**	**302.7**	**280**	**350**	**667**
林产品产量	**Output of Forest Products**					
生 漆	Lacquer	1827	6955	8600	7649	6942
油桐籽	Tung-oil Seed	70863	73095	68312	66031	65902
油茶籽	Tea-oil Seed	31220	69438	71790	73980	74528
乌桕籽	Tallow-seed	2305	2666	2653	2194	1807
五倍籽	Nutgall	2633	7207	6881	6122	6971
棕 片	Palm-flake	4321	5166	5341	5462	5533
松 脂	Pine Resin	13799	15992	17869	17904	19077
核 桃	Walnuts	34315	57383	74791	93154	103465
板 栗	Chestnut	31621	53233	58015	54015	84033

注：1."造林面积"数据来源于省林业厅。2.由于统计方法制度改变，2014年起"林产品产量"数据来源于省林业厅。

Note:1."The areas of forestation" in the table are obtained from the Provincial Department of Forest.2 Due to the changing of statistics method, the data of "output of forestry products" since 2014 are provided by the Provincial Department of Forest.

13—10 畜牧业生产及水产品
Livestock Production and Aquatic Products

指 标	Item	2013	2014	2015	2016	2017	2017年比2016年增长(%) Increase Rate in 2017 over 2016 (%)
当年出栏数	**Number of Slaughtered Fattened Hogs, Ox,Goats and Sheep**						
猪(万头)	Slaughtered Fattened Hogs (10000 heads)	1832.28	1845.27	1795.26	1759.35	1825.15	3.7
牛(万头)	Ox by Sold and Killed(10000 heads)	115.22	117.35	133.26	140.72	150.99	7.3
羊(万头)	Goats by Sold and Killed (10000 heads)	205.39	220.38	246.14	263.86	286.05	8.4
肉类总产量(万吨)	**Total Yield of Meat(10000 tons)**	**199.74**	**201.80**	**201.94**	**199.28**	**207.57**	4.2
#猪 肉	Pork	163.73	165.55	160.75	154.96	160.10	3.3
牛 肉	Beef	14.13	14.68	16.76	17.85	19.06	6.8
羊 肉	Mutton	3.51	3.75	4.20	4.50	4.81	6.9
禽 肉	Poultry	15.48	14.84	16.31	17.72	18.78	6.0
其他畜产品产量	**Others**						
牛 奶(万吨)	Cow Milk(10000 tons)	5.45	5.71	6.20	6.39	6.56	2.7
禽 蛋(万吨)	Poultry Eggs(10000 tons)	15.44	16.20	17.58	18.78	18.69	-0.5
蜂 蜜(吨)	Honey(ton)	2468	2733	3017	3075	3566	16.0
大牲畜年末存栏数(万头)	**Large Animals(year-end) (10000 heads)**	**536.90**	**572.05**	**609.20**	**597.17**	**503.96**	-15.6
#牛	Cattle and Buffaloes	460.62	495.86	535.95	518.26	492.35	-5.0
猪年末存栏数(万头)	**Hogs(year-end) (10000 heads)**	**1604.10**	**1600.57**	**1558.96**	**1498.16**	**1596.89**	6.6
羊年末存栏数(万只)	**Sheep and Goats(year-end) (10000 heads)**	**299.59**	**337.40**	**354.67**	**349.24**	**383.47**	9.8
水产品(万吨)	**Aquatic Products (10000 tons)**	**16.70**	**20.99**	**24.98**	**24.65**	**25.48**	3.4

注：1．“水产品”数据来源于省农委。2.2016—2017年水产品数据为第三次农业普查修订数。

Note: 1.Data of "aquatic products" are obtained from the Provincial Agricultural Commission. 2.The data of aquatic products of 2016-2017 are the revision of the third agricultural census.

13-11 历年主要农产品产量

Output of Major Farm Products Over the Years

单位：万吨 (10000 tons)

年 份 Year	粮 食 Grain	油 料 Oil-Bearing Crops	烤 烟 Flue-cured Tobacco	水 果 Fruits	肉类总产量 Total Yield of Meat	水产品 Aquatic Products
1978	643.36	9.89	8.11	4.82	12.80	0.37
1979	623.05	10.90	9.54	4.68	22.84	0.38
1980	648.35	15.59	5.56	4.97	26.67	0.55
1981	567.36	34.04	11.93	6.23	31.61	0.58
1982	654.00	48.10	16.41	6.58	35.26	0.60
1983	703.00	28.50	13.62	7.19	38.58	0.81
1984	757.80	30.59	21.48	9.23	44.76	1.22
1985	594.96	31.97	26.55	10.14	50.46	1.35
1986	672.34	41.90	19.24	13.88	57.09	1.40
1987	673.17	46.34	21.19	15.19	62.26	1.80
1988	635.68	39.87	29.15	15.63	68.73	1.86
1989	708.25	32.93	31.58	16.80	71.82	2.01
1990	721.00	43.87	28.66	16.68	74.47	2.24
1991	885.50	61.79	38.53	17.17	81.65	2.29
1992	788.90	53.38	44.90	14.18	85.59	2.36
1993	869.50	43.28	49.66	16.53	88.91	2.55
1994	938.70	47.32	33.04	16.47	95.02	2.80
1995	948.85	58.83	33.53	20.97	105.69	3.27
1996	1002.60	55.62	52.27	19.46	103.65	3.50
1997	1025.90	58.97	68.66	25.14	106.77	4.21
1998	1100.00	62.24	29.19	27.50	113.33	5.02
1999	1125.21	67.31	32.32	32.57	117.09	5.50
2000	1161.30	74.34	31.09	58.33	124.06	6.24
2001	1100.30	71.32	26.38	62.93	131.70	6.89
2002	1034.20	72.48	30.65	71.57	145.02	7.46
2003	1104.30	72.31	28.72	78.75	156.99	7.96
2004	1149.58	82.71	29.98	87.17	171.06	8.85
2005	1152.06	84.89	34.45	95.96	187.01	9.46
2006	1038.00	68.24	30.71	109.19	163.70	6.71
2007	1100.86	69.66	31.22	112.86	150.60	7.68
2008	1158.00	68.39	37.71	114.28	161.46	7.80
2009	1168.27	78.68	36.92	119.74	169.60	8.03
2010	1112.30	60.34	37.02	123.47	179.09	8.79
2011	876.90	78.85	32.50	128.03	179.97	10.88
2012	1079.50	87.38	37.31	147.72	190.27	13.47
2013	1029.99	91.53	41.79	167.75	199.74	16.70
2014	1138.50	98.05	35.34	196.38	201.80	20.99
2015	1180.00	101.34	32.93	224.90	201.94	24.98
2016	1192.38	113.66	27.45	235.84	199.28	24.65
2017	1178.54	109.82	24.48	283.53	207.57	25.48

注：1.肉类总产量1978—1984年为猪牛羊肉产量，1985—1988年为猪牛羊禽肉产量，1989年起为猪牛羊禽肉产量和其他肉(如：马肉、狗肉、兔肉等)产量。2.2000年起水果产量含果用瓜。

Note:1.The Data of Total Yield of Meat included output of pork,beef and mutton from 1978 to 1984;it included Output of Pork,Beef,Mutton and Meat of Poultry from 1985 to 1988;after 1989,it includes output of pock,beef,mutton,meat of poultry and other meat(e.g.horse,dog,rabbit meat and so on). 2.After 2000,the data of yield of fruits included output of melon used as fruits.

主要统计指标解释

农业机械总动力 指主要用于农、林、牧、渔业的各种动力机械的动力总和。包括耕作机械、排灌机械、收获机械、农用运输机械、植物保护机械、牧业机械、林业机械、渔业机械和其他农业机械〔内燃机按引擎马力折成瓦(特)计算、电动机按功率折成瓦(特)计算〕。不包括专门用于乡、镇、村、组办工业、基本建设、非农业运输、科学试验和教学等非农业生产方面用的动力机械与作业机械。

农用化肥施用量 指本年内实际用于农业生产的化肥数量，包括氮肥、磷肥、钾肥和复合肥。化肥施用量要求按折纯量计算数量。折纯量是指把氮肥、磷肥、钾肥分别按含氮、含五氧化二磷、含氧化钾的百分之一百成份进行折算后的数量。复合肥按其所含主要成分折算。

有效灌溉面积 指具有一定的水源，地块比较平整，灌溉工程或设备已经配套，在一般年景下当年能够进行正常灌溉的耕地面积。

农林牧渔业总产值 指以货币表现的农、林、牧、渔业全部产品和对农林牧渔业生产活动进行的各种支持性服务活动的价值总量，它反映一定时期内农业生产总规模和总成果。农业总产值的计算方法通常是按农林牧渔业产品及其副产品的产量分别乘以各自单位产品价格求得；然后将四业产品产值及农林牧渔服务业产值相加即为农业总产值。

农作物播种面积 指实际播种或移植有农作物的面积。凡是实际种植有农作物的面积，不论种植在耕地上还是种植在非耕地上，均包括在农作物播种面积中。在播种季节基本结束后，因遭灾而重新改种和补种的农作物面积，也包括在内。

粮食产量 指全社会的产量。包括国有经济经营的、集体统一经营的和农民家庭经营的粮食产量，还包括工矿企业办的农场和其他生产单位的产量。粮食除包括稻谷、小麦、玉米、高粱、谷子及其他杂粮外，还包括薯类和豆类。其产量计算方法，豆类按去豆荚后的干豆计算；薯类(包括甘薯和马铃薯，不包括芋头和木薯)1963年以前按每4公斤鲜薯折1公斤粮食计算，从1964年开始改为按5公斤鲜薯折1公斤粮食计算。城市郊区作为蔬菜的薯类(如马铃薯等)按鲜品计算，并且不作粮食统计。其他粮食一律按脱粒后的原粮计算。

油料产量 指全部油料作物的生产量。包括花生、油菜籽、芝麻、向日葵籽、胡麻籽（亚麻籽）和其他油料。不包括大豆、木本油料和野生油料。花生以带壳干花生计算。

猪、牛、羊肉产量 指当年出栏并已屠宰、除去头蹄下水后带骨肉(即胴体重)的重量。

期初(末)畜禽存栏头(只)数 指报告期初(末)农村各种合作经济组织和国营农场、农民个人、机关、团体、学校、工矿企业、部队等单位以及城镇居民饲养的大牲畜、猪、羊、家禽等畜禽的存栏数。

水产品产量 指人工养殖的水产品和天然生长的水产品的捕捞量。包括海水的鱼类、虾蟹类、贝类和藻类以及内陆水域的鱼类、虾蟹类和贝类，不包括淡水生植物。

Explanatory Notes on Main Statistical Indicators

Total Power of Agricultural Machinery refers to total mechanical power of machinery used in farming, forestry, animal husbandry and fishery, including machinery for ploughing, irrigation and drainage, harvesting, transport, plant protection, animal husbandry, forestry and fishery and other agricultural machineries. (For the power of internal combustion engines, it is converted from its horsepower into watts while for electric motors the output power is converted into watts.) Machinery employed for non-agricultural purposes, such as the machines used in township-run and village-run industry, construction, non-agricultural transport, scientific experiments and teaching, are not included.

Consumption of Chemical Fertilizers in Agriculture refers to the quantity of chemical fertilizers applied in agriculture in the year, including nitrogenous fertilizer, phosphate fertilizer, potash fertilizer, and compound fertilizer. The consumption of chemical fertilizers is calculated in terms of volume of effective components by means of converting the gross weight of the respective fertilizers into weight containing effective component (e.g. nitrogen content in nitrogenous fertilizer, phosphorous pentoxide contents in phosphate fertilizer, and potassium oxide contents in potash fertilizer). Compound fertilizer is converted in regard to its major components.

Effective Irrigated Area refers to area of land that are effectively irrigated, i.e. relatively level land, where there are water sources or complete sets of irrigation facilities to lift and move adequate water for irrigation purpose under normal conditions.

Gross Output Value of Farming, Forestry, Animal Husbandry and Fishery refers to the total value of products of farming, forestry, animal husbandry and fishery, and total value of services in support of farming, forestry, animal husbandry and fishery activities. It reflects the total scale and results of agricultural production during a given period. Gross output value of agriculture is obtained by multiplying the output of each product or by-product by its price, resulting in the output value of each single item. The sum of output values of all products of farming, forestry, animal husbandry and fishery and services in support to those industries is then equal to the gross output value of agriculture.

Sown Area of Crops refers to area of land sown or transplanted with crops regardless of being in cultivated area or non-cultivated area. Area of land re-sown due to natural disasters is also included.

Grain Output refers to the total output in the whole country including grains produced by State farms, collective units, rural households, as well as by farms affiliated to industrial and mining enterprises and other production units. Grain includes rice, wheat, corn, sorghum, millet and other miscellaneous grains as well as tubers and beans. Output of beans refers to dry beans without pods. The output of tubers (sweet potatoes and potatoes, not including taros and cassava) are converted into that of grain at the ratio 4:1, i.e. 4 kilograms of fresh tubers were equivalent to 1 kilogram of grain up to 1963. Since 1964 the ratio for conversion has been 5:1. Tubers supplied as vegetables (such as potatoes) in cities and suburbs are calculated as fresh vegetables and their output is not included in the output of grain. Output of all other grains refers to husked grain.

Output of Oil-bearing Crops refers to the total production of oil-bearing crops of various kinds, including peanuts (dry, in shell), rapeseeds, sesame, sunflower seeds, flax seeds, and other oil-bearing crops. Soybeans, oil-bearing woody plants, and wild oil-bearing crops are not included.

Output of Pork, Beef, and Mutton refers to the meat of slaughtered hogs, cattle, sheep and goats with head, feet, and offal taken away.

Number of Livestock or Poultry in Stock at Beginning (or End) of Period refers to the total number of large animals, pigs, sheep, fowls, etc. raised by rural cooperative organizations, State farms, rural individuals, government agencies, schools, industrial and mining enterprises, army, and urban residents at the beginning (or end) of the reference period.

Output of Aquatic Products refers to catches of both artificially cultured and naturally grown aquatic products, including fish, shrimps, crabs and shellfish in sea and inland water as well as seaweed. Freshwater plants are not included.

工 业

Industry 14

简 要 说 明

一、主要内容

本篇资料反映全省工业生产情况，包括规模以上工业企业主要经济指标、规模以上大中型工业企业按工业行业大类和按地区分组的主要经济指标和效益指标、规模以上工业主要工业产品产量。

二、统计范围

本篇资料中规模以上工业企业的统计范围为年主营业务收入 2000 万元及以上的工业企业。

企业规模划分按 2011 年《统计上大中小微型企业划分办法》标准执行。

三、调查方法

根据工业统计年度报表有关资料整理汇总。

四、资料来源

由省统计局工业统计处提供。

Brief Introduction

I. Main Contents

Data in this chapter reflect the basic conditions of the industrial production, include Main economic indicators of industrial enterprises above designated size; Main economic indicators and efficiency indicators of large and medium-sized industrial enterprises above designated size classified by branch of industry and by city; Output and production capacity of key industrial above designated size products.

II. Scopes of Statistics

The scopes of industrial enterprises above designated size are all industrial enterprises with revenue from principal business above 20 million yuan.

Data by branch of industry in this chapter are based on the 2011's *National Industrial Classification of all Economic Activities*, and data by size of enterprise are based on the 2011's *Standards of Enterprises by Size*.

III. Methods of Survey

The data on industrial enterprises in this Chapter are compiled mainly on the basis of annual industrial statistics reporting forms.

IV. Sources of Data

Data in this chapter are provided by the Industrial Department of Guizhou Province statistics Bureau.

14-1 规模以上工业企业单位数

Number of Industrial Enterprises above Designated Size

单位：个 (unit)

指 标	Item	2013	2014	2015	2016	2017
规模以上工业企业单位数	**Number of Industrial Enterprises above Designated Size**	**3590**	**3895**	**4482**	**5123**	**5311**
#国有控股企业	State-holding Enterprises	502	509	525	554	512
按轻重工业分	**Grouped by Type of Light and Heavy Industries**					
轻工业	Light Industry	881	1075	1374	1714	1854
重工业	Heavy Industry	2709	2820	3108	3409	3457
按企业规模分	**Grouped by Size of Enterprises**					
大型企业	Large Enterprises	98	101	104	89	68
中型企业	Medium-sized Enterprises	779	800	844	773	509
小型企业	Small Enterprises	2503	2724	3196	3925	4170
微型企业	Mini-sized Enterprises	210	270	338	336	564
按登记注册类型分	**Grouped by Status of Registration**					
内资企业	Domestic Funded Enterprises	3518	3809	4393	5032	5212
国有企业	State-owned Enterprises	225	156	161	142	65
集体企业	Collective-owned Enterprises	27	18	16	12	10
股份合作企业	Cooperative Enterprises	22	11	8	8	6
联营企业	Joint Ownership Enterprises	10	7	3	2	2
有限责任公司	Limited Liability Corporations	1381	1594	1602	1691	1621
股份有限公司	Share-holding Corporations Limited	119	131	135	140	139
私营企业	Private Enterprises	1700	1851	2436	3008	3344
其他企业	Other Enterprises	34	41	32	29	25
港、澳、台商投资企业	Enterprises Invested from Hong Kong,Macao and Taiwan	32	44	49	55	64
外商投资企业	Foreign Funded Enterprises	40	42	40	36	35

注：1.规模以上工业统计口径为年主营业务收入2000万元及以上工业企业(以下相关表除特殊标注外，均同)。2.企业规模按国家统计局新制定的《统计上大中小微企业划分办法》执行。

Note: 1.The statistics of industrial enterprises above designated size was industrial enterprises with annual revenue from principal business over 20 million yuan(the same as in the following tables except for special note). 2.The standard of size is executed according to "Statistics issued by the division of the large, medium, small and micro-enterprises" which is the newly established by National Bureau of Statistics.

14-2 按行业分规模以上工业企业单位数

Number of Industrial Enterprises above Designated Size by Industrial Sector

单位：个 (unit)

指 标	Item	2013	2014	2015	2016	2017
规模以上工业企业单位数	**Number of Industrial Enterprises above Designated Size**	**3590**	**3895**	**4482**	**5123**	**5311**
采矿业	Mining	1090	965	953	951	920
#煤炭开采和洗选业	Mining and Washing of Coal	916	782	734	666	605
黑色金属矿采选业	Mining and Processing of Ferrous Metal Ores	39	35	35	37	36
有色金属矿采选业	Mining and Processing of Non-Ferrous Metal Ores	29	29	31	27	30
非金属矿采选业	Mining and Processing of Non-metal Ores	106	119	153	220	247
制造业	Manufacturing	2300	2714	3282	3884	4146
#农副食品加工业	Processing of Food from Agricultural Products	199	233	291	342	363
食品制造业	Manufacture of Foods	76	88	109	143	147
酒、饮料和精制茶制造业	Manufacture of Liquor, Beverages and Refined Tea	248	292	376	466	491
烟草制品业	Manufacture of Tobacco	5	2	2	2	2
纺织业	Manufacture of Textile	15	16	13	20	26
纺织服装、服饰业	Manufacture of Textile, Wearing Apparel and Accessories	17	33	56	72	70
皮革、毛皮、羽毛及其制品和制鞋业	Manufacture of Leather,Fur,Feather and Related Products and Footware	11	23	29	31	35
木材加工和木、竹、藤、棕、草制品业	Processing of Timber, Manufacture of Wood, Bamboo, Rattan,Palm and Straw Products	95	104	119	128	98
家具制造业	Manufacture of Furniture	16	24	37	55	56
造纸和纸制品业	Manufacture of Paper and Paper Products	39	45	56	61	63
印刷业和记录媒介复制业	Printing and Reproduction of Recording Media	16	19	33	40	44
文教、工美、体育和娱乐用品制造业	Manufacture of Articles for Culture, Education, Arts and Crafts, Sport and Entertainment Activities	15	18	30	45	56
石油加工、炼焦和核燃料加工业	Processing of Petroleum,Coking and Processing of Nuclear Fuel	33	23	19	16	24
化学原料和化学制品制造业	Manufacture of Raw Chemical Materials and Chemical Products	199	212	233	245	234
医药制造业	Manufacture of Medicines	93	107	117	139	148
橡胶和塑料制品业	Manufacture of Rubber and Plastics Products	70	98	117	147	169
非金属矿物制品业	Manufacture of Non-metallic Mineral Products	501	632	766	903	991
黑色金属冶炼和压延加工业	Smelting and Pressing of Ferrous Metals	193	172	164	140	110
有色金属冶炼和压延加工业	Smelting and Pressing of Non-ferrous Metals	87	85	83	91	87
金属制品业	Manufacture of Metal Products	72	109	141	157	183
通用设备制造业	Manufacture of General Purpose Machinery	49	60	79	89	97
专用设备制造业	Manufacture of Special Purpose Machinery	51	65	74	90	89
汽车制造业	Manufacture of Automobiles	34	37	52	62	72
铁路.船舶.航空航天和其他运输设备制造业	Manufacture of Railroad, Ship, Aerospace and Other Transportation Equipment	37	42	47	48	57
电气机械和器材制造业	Manufacture of Electrical Machinery and Apparatus	71	97	133	171	186
计算机、通信和其他电子设备制造业	Manufacture of Computers, Communication and Other Electronic Equipment	28	43	57	117	187
仪器仪表制造业	Manufacture of Measuring Instruments and Machinery	9	10	15	17	19
其他制造业	Others	13	16	17	27	19
废弃资源综合利用业	Utilization of Waste Resources	7	8	14	16	19
电力、热力、燃气及水的生产和供应业	Production and Supply of Electric Power, Heat Power, Gas and Water	200	216	247	288	245
电力、热力生产和供应业	Production and Supply of Electric Power and Heat Power	165	171	197	225	165
燃气生产和供应业	Production and Supply of Gas	16	20	21	24	29
水的生产和供应业	Production and Supply of Water	19	25	29	39	51

注：2013年—2016年数据按国民经济行业分类（GB/T4754—2011）划分，2017年数据按国民经济行业分类（GB/T4754—2017）划分。（以下相关表同）

Note: Data in this table are classified by sector of the National Economy (GB/T4754-2011) (the relative tables in the chapter are the same).

14-3 规模以上工业增加值
Value added of Industry above Designated Size

单位：亿元 (100 million yuan)

指 标	Item	2013	2014	2015	2016	2017	2017年比2016年增长(%) Increase Rate in 2017 over 2016(%)
规模以上工业增加值	**Value added of Industry above Designated Size**	**2531.92**	**3117.60**	**3542.03**	**4032.11**	**4104.80**	**9.5**
#国有控股企业	State-holding Industry	1319.74	1503.54	1604.86	1725.22	1724.36	8.0
#私营企业	Private Enterprises	590.19	761.01	914.99	1178.33	1333.03	11.9
按轻重工业分	**Grouped by Type of Light and Heavy Industries**						
轻工业	Light Industry	969.29	1185.13	1374.19	1559.37	1628.59	12.2
重工业	Heavy Industry	1562.63	1932.47	2167.84	2472.74	2476.22	7.7
按企业规模分	**Grouped by Size of Enterprises**						
大型企业	Large Enterprises	1109.45	1206.87	1196.59	1189.08	1222.04	9.5
中型企业	Medium-sized Enterprises	756.28	956.96	895.07	926.35	891.00	12.6
小型企业	Small Enterprises	658.12	937.85	1426.93	1793.86	1851.50	8.7
微型企业	Mini-sized Enterprises	8.07	15.91	23.44	122.83	140.26	2.4
按登记注册类型分	**Grouped by Status of Registration**						
国有企业	State-owned Enterprises	724.16	737.96	730.27	720.34	211.36	5.4
集体企业	Collective-owned Enterprises	8.72	3.89	6.35	7.52	6.94	7.3
股份合作企业	Cooperative Enterprises	19.53	15.23	12.28	11.21	4.49	0.1
股份制企业	Share-holding Enterprises	1354.78	1917.08	2353.38	2867.94	3456.85	10.5
外商及港澳台商投资企业	Enterprises with Funds from Foreign, Hong Kong, Macao and Taiwan	44.65	75.05	99.66	118.11	116.50	29.1
其他企业	Other Enterprises	380.08	368.40	340.10	307.00	308.67	-6.8

注：工业增加值按当年价格计算，增长速度按可比价计算(以下相关表同)。

Note:Value-added of industry above designated size is calculated by income approach and the increase rate is calculated at the comparable price(the relative tables in the chapter are the same).

14-4 按行业分规模以上工业增加值

Value added of Industry above Designated Size by Sector

单位：亿元 (100 million yuan)

指 标	Item	2013	2014	2015	2016	2017	2017年比2016年增长(%) Increase Rate in 2017over 2016 (%)
规模以上工业增加值	**Value added of Industry above Designated Size**	**2531.92**	**3117.60**	**3542.03**	**4032.11**	**4104.80**	**9.5**
采矿业	Mining	641.94	789.17	813.84	837.72	859.23	-1.5
#煤炭开采和洗选业	Mining and Washing of Coal	558.35	676.28	684.68	675.30	697.40	-4.9
黑色金属矿采选业	Mining and Processing of Ferrous Metal Ores	16.25	20.17	23.21	25.46	21.68	-4.1
有色金属矿采选业	Mining and Processing of Non-Ferrous Metal Ores	7.64	13.46	20.78	25.89	27.93	10.9
非金属矿采选业	Mining and Processing of Non-metal Ores	59.03	77.96	84.14	109.28	108.88	9.0
制造业	Manufacturing	1564.04	1977.28	2350.35	2750.23	2769.76	11.8
#农副食品加工业	Processing of Food from Agricultural Products	30.33	39.90	55.89	75.64	77.78	11.8
食品制造业	Manufacture of Foods	26.42	34.36	45.10	57.08	62.35	9.9
酒、饮料和精制茶制造业	Manufacture of Liquor, Beverages and Refined Tea	495.62	613.85	716.05	815.09	817.15	13.5
烟草制品业	Manufacture of Tobacco	274.74	302.19	303.81	281.58	288.04	2.0
纺织业	Manufacture of Textile	2.89	2.59	4.21	6.21	9.27	44.6
纺织服装、服饰业	Manufacture of Textile, Wearing Apparel and Accessories	3.19	6.80	13.16	18.62	19.81	16.6
皮革、毛皮、羽毛(绒)及其制品和制鞋业	Manufacture of Leather,Fur,Feather and Related Products,and Footware	4.16	7.69	11.71	14.04	14.12	16.3
木材加工及木、竹、藤、棕、草制品业	Processing of Timber, Manufacture of Wood, Bamboo, Rattan, Palm and Straw Products	24.93	33.12	40.00	46.17	22.71	-8.1
家具制造业	Manufacture of Furniture	6.40	8.30	9.52	13.29	16.67	33.0
造纸及纸制品业	Manufacture of Paper and Paper Products	13.02	18.95	23.36	26.20	29.35	10.3
印刷和记录媒介复制业	Printing and Reproduction of Recording Media	6.21	9.71	14.11	20.69	17.28	12.0
文教、工美、体育和娱乐用品制造业	Manufacture of Articles for Culture, Education, Arts and Crafts, Sport and Entertainment Activities	1.00	2.70	4.52	8.02	8.92	8.4
石油加工、炼焦及核燃料加工业	Processing of Petroleum,Coking and Processing of Nuclear Fuel	20.52	17.62	33.95	37.59	14.92	-24.2
化学原料及化学制品制造业	Manufacture of Raw Chemical Materials and Chemical Products	124.84	141.46	159.75	178.76	166.58	4.2
医药制造业	Manufacture of Medicines	68.45	85.53	101.63	126.57	148.30	21.3
橡胶和塑料制品业	Manufacture of Rubber and Plastics Products	21.84	35.76	44.32	45.62	48.58	5.2
非金属矿物制品业	Manufacture of Non-metallic Mineral Products	106.79	190.56	248.63	316.75	358.69	6.5
黑色金属冶炼及压延加工业	Smelting and Pressing of Ferrous Metals	64.19	79.42	79.11	78.80	64.42	-4.6
有色金属冶炼及压延加工业	Smelting and Pressing of Non-ferrous Metals	94.07	140.13	151.11	182.96	131.48	10.5
金属制品业	Manufacture of Metal Products	25.53	29.98	40.75	51.05	53.07	1.8
通用设备制造业	Manufacture of General Purpose Machinery	21.23	28.75	33.75	33.50	30.09	11.9
专用设备制造业	Manufacture of Special Purpose Machinery	12.92	21.76	29.76	36.49	25.72	-5.4
汽车制造业	Manufacture of Automobiles	27.17	28.97	37.03	68.28	75.60	19.1
铁路、船舶、航空航天和其他运输设备制造业	Manufacture of Railroad, Ship, Aerospace and Other Transportation Equipment	27.90	34.87	38.87	46.01	56.31	5.4
电气机械及器材制造业	Manufacture of Electrical Machinery and Apparatus	13.99	21.90	34.46	49.48	72.56	35.1
计算机、通信和其他电子设备制造业	Manufacture of Computers, Communication and Other Electronic Equipment	20.93	20.73	52.51	93.38	118.64	86.3
仪器仪表制造业	Manufacture of Measuring Instruments and Machinery	3.60	2.80	3.30	3.75	6.29	68.3
其他制造业	Other Manufacture	15.01	9.39	8.75	6.19	7.80	9.6
废弃资源综合利用业	Utilization of waste Resources	1.48	2.95	3.87	4.29	2.86	-16.3
电力、热力、燃气及水的生产和供应业	Production and Supply of Electric Power, Heat Power,Gas and Water	325.94	351.15	377.85	444.16	475.81	14.3
电力、热力生产和供应业	Production and Supply of Electric Power and Heat Power	318.03	340.17	364.53	421.85	440.31	13.0
燃气生产和供应业	Production and Supply of Gas	2.03	1.59	1.11	4.61	10.84	35.5
水的生产和供应业	Production and Supply of Water	5.87	9.39	12.21	17.71	24.66	32.9

14—5 规模以上工业总产值

Gross Output Value of Industry above Designated Size

单位：亿元 (100 million yuan)

指 标	Item	2013	2014	2015	2016	2017
规模以上工业总产值	**Gross Output Value of Industry above Designated Size**	**8074.60**	**9507.33**	**10793.22**	**11877.28**	**11048.29**
#国有控股企业	State-holding Enterprises	3614.78	3966.86	4156.73	4111.19	3896.94
按轻重工业分	**Grouped by Type of Light and Heavy Industries**					
轻工业	Light Industry	1864.15	2305.15	2760.50	3225.10	3144.77
重工业	Heavy Industry	6210.45	7202.18	8032.72	8652.18	7903.52
按企业规模分	**Grouped by Size of Enterprises**					
大型企业	Large Enterprises	2943.70	3071.41	3280.57	3120.85	3080.78
中型企业	Medium-sized Enterprises	2594.80	2927.48	3262.41	4125.92	2270.51
小型企业	Small Enterprises	2509.81	3342.34	4030.13	4470.81	5293.40
微型企业	Mini-sized Enterprises	26.29	166.10	220.11	159.70	403.60
按登记注册类型分	**Grouped by Status of Registration**					
内资企业	Domestic Funded	7838.06	9177.68	10420.81	11562.20	10753.42
国有企业	State-owned Enterprises	1691.64	1365.87	1489.23	871.18	743.67
集体企业	Collective-owned Enterprises	20.30	19.82	18.74	18.67	14.96
股份合作企业	Cooperative Enterprises	27.08	16.50	20.58	21.74	8.28
联营企业	Joint Ownership Enterprises	14.09	5.46	1.76	0.79	5.19
有限责任公司	Limited Liability Corporations	3353.49	4537.25	4878.92	5857.70	5118.89
股份有限公司	Share-holding Corporations Limited	618.21	684.87	748.92	796.77	682.84
私营企业	Private Enterprises	2092.04	2511.40	3233.03	3972.63	4157.32
其他企业	Other Enterprises	21.21	36.51	29.64	22.73	22.28
港、澳、台商投资企业	Enterprises with Funds from Hong Kong, Macao and Taiwan	88.90	180.78	230.10	162.54	181.72
外商投资企业	Foreign Funded Enterprises	147.64	148.87	142.30	152.54	113.14

注：2016年经名录管理部门认定，部分规模以上工业企业登记注册类型变更，导致相关指标数据变动。

Note: In 2016, it was determined by the directory management department that part of the industrial enterprises above designated size has been changed the type of registration, leading to changes in relevant indicators of data.

14-6 按行业分规模以上工业总产值

Gross Output Value of Industry above Designated Size by Sector

单位：亿元 (100 million yuan)

指　标	Item	2013	2014	2015	2016	2017
规模以上工业总产值	**Gross Output Value of Industry above Designated Size**	**8074.60**	**9507.33**	**10793.22**	**11877.28**	**11048.29**
采矿业	Mining	1636.46	1885.27	1965.49	2021.30	1807.17
#煤炭开采和洗选业	Mining and Washing of Coal	1445.11	1607.47	1635.64	1605.12	1447.59
黑色金属矿采选业	Mining and Processing of Ferrous Metal Ores	32.46	44.23	56.34	62.27	59.94
有色金属矿采选业	Mining and Processing of Non-Ferrous Metal Ores	31.47	57.21	64.47	68.31	66.08
非金属矿采选业	Mining and Processing of Non-metal Ores	127.42	176.36	209.04	285.36	230.43
制造业	Manufacturing	5129.44	6265.79	7397.04	8500.44	8080.39
#农副食品加工业	Processing of Food from Agricultural Products	220.62	270.76	330.34	390.10	376.06
食品制造业	Manufacture of Foods	95.51	125.93	162.63	185.21	192.87
酒、饮料和精制茶制造业	Manufacture of Liquor, Beverages and Refined Tea	597.52	715.96	880.11	1055.57	1067.86
烟草制品业	Manufacture of Tobacco	348.60	374.70	367.34	334.42	341.21
纺织业	Manufacture of Textile	11.13	13.46	17.56	22.86	29.83
纺织服装、服饰业	Manufacture of Textile, Wearing Apparel and Accessories	12.19	28.07	50.64	65.74	50.83
皮革、毛皮、羽毛及其制造业和制鞋业	Manufacture of Leather,Fur,Feather and Related Products,and Footware	25.27	39.12	54.77	60.98	53.17
木材加工和木、竹、藤、棕、草制品业	Processing of Timber, Manufacture of Wood, Bamboo, Rattan, Palm and Straw Products	112.62	137.48	161.20	192.52	69.67
家具制造业	Manufacture of Furniture	15.44	21.78	32.39	45.68	54.01
造纸和纸制品业	Manufacture of Paper and Paper Products	42.65	59.64	84.27	105.97	81.80
印刷和记录媒介复制业	Printing and Reproduction of Recording Media	18.82	26.72	39.47	50.03	50.62
文教、工美、体育和娱乐用品制造业	Manufacture of Articles for Culture, Education, Arts and Crafts, Sport and Entertainment Activities	7.38	14.58	29.00	45.40	46.75
石油加工、炼焦和核燃料加工业	Processing of Petroleum,Coking and Processing of Nuclear Fuel	107.69	152.01	184.91	122.58	79.78
化学原料和化学制品制造业	Manufacture of Raw Chemical Materials and Chemical Products	645.66	684.96	777.08	831.46	694.09
医药制造业	Manufacture of Medicines	300.47	354.29	401.60	451.50	380.49
橡胶和塑料制品业	Manufacture of Rubber and Plastics Products	174.14	223.26	252.66	253.15	255.80
非金属矿物制品业	Manufacture of Non-metallic Mineral Products	610.93	888.12	1021.62	1281.43	1311.77
黑色金属冶炼和压延加工业	Smelting and Pressing of Ferrous Metals	624.08	648.59	647.44	632.44	421.65
有色金属冶炼和压延加工业	Smelting and Pressing of Non-ferrous Metals	423.86	426.74	452.50	546.86	447.67
金属制品业	Manufacture of Metal Products	106.04	156.32	188.67	217.57	225.73
通用设备制造业	Manufacture of General Purpose Machinery	66.75	94.83	115.87	135.15	117.13
专用设备制造业	Manufacture of Special Purpose Machinery	71.08	102.21	113.81	136.22	119.55
汽车制造业	Manufacture of Automobiles	145.77	172.51	228.90	258.84	267.30
铁路、船舶、航空航天和其他运输设备制造业	Manufacture of Railwag, ship, Aerospace and Other Transport Equipment	111.67	163.43	192.22	180.76	203.67
电气机械和器材制造业	Manufacture of Electrical Machinery and Apparatus	130.50	179.03	210.30	282.06	275.69
计算机、通信和其他电子设备制造业	Manufacture of Computers, Communication and Other Electronic Equipment	61.13	130.41	309.57	510.47	766.09
仪器仪表制造业	Manufacture of Measuring Instruments and Machinery	10.34	11.38	14.27	16.42	18.96
其他制造业	Other Manufacture	23.57	38.73	58.09	65.82	59.88
废弃资源综合利用业	Utilization of Waste Resources	7.73	10.39	16.77	18.56	17.50
电力、热力、燃气及水的生产和供应业	Production and Supply of Electric Power, Heat Power,Gas and Water	1308.70	1356.27	1430.69	1355.54	1160.73
电力、热力生产和供应业	Production and Supply of Electric Power and Heat Power	1263.73	1301.61	1382.33	1298.83	1094.78
燃气生产和供应业	Production and Supply of Gas	31.69	37.79	25.89	26.11	34.73
水的生产和供应业	Production and Supply of Water	13.28	16.87	22.47	30.60	31.22

14-7 规模以上工业企业主要经济指标

Major Economic Indicators of Industrial Enterprises above Designated Size

指 标	Item	2013	2014	2015	2016	2017
固定资产净值年平均余额(亿元)	Average Balance of Net Value of Fixed Assets (100 million yuan)	3574.57	4183.65	4601.60	4975.59	5468.76
流动资产年平均余额(亿元)	Average Balance of Circulating Funds (100 million yuan)	3643.86	4398.96	5172.39	5778.54	6237.70
主营业务收入(亿元)	Revenue from Principal Business (100 million yuan)	7357.43	8655.87	9876.81	11172.44	10647.55
利税总额(亿元)	Total Pre-tax Profits(100 million yuan)	1268.68	1310.38	1460.84	1625.14	1756.78
#利润总额	Total Profits	636.59	628.68	732.76	847.02	903.43
产值利税率(%)	Ratio of Pre-Tax Profits to Output Value(%)	15.71	13.78	13.53	13.68	15.90
资金利税率(%)	Ratio of Pre-Tax Profit to Assets(%)	17.58	15.27	14.95	15.11	15.01
销售利税率(%)	Ratio of Pre-Tax Profit to Sales(%)	17.24	15.14	14.79	14.55	16.50
资本保值增值率(%)	Ratio of Assets Appreciation YOY(%)	117.66	115.87	117.94	111.14	108.21
总资产贡献率(%)	Contribution rate of Total Assets(%)	19.11	13.00	12.41	12.75	12.85
资产负债率(%)	Ratio of Debts to Assets(%)	58.20	63.68	63.52	63.37	62.40
流动资产周转次数(次/年)	Turnover of Current Assets (times/year)	1.72	1.86	1.77	1.90	1.65
成本费用利润率(%)	Ratio of Profits to Costs(%)	14.53	8.03	8.24	8.42	9.52
产销率(%)	Sales as Percentage of Output(%)	95.17	95.22	90.99	97.25	92.26

14-8 大中型工业企业主要经济指标

Major Economic Indicators of Large and Medium-sized Industrial Enterprises

指 标	Item	2013	2014	2015	2016	2017
固定资产净值年平均余额(亿元)	Average Balance of Net Value of Fixed Assets(100 million yuan)	3024.00	3494.72	3768.82	3966.04	3994.67
流动资产年平均余额(亿元)	Average Balance of Circulating Funds (100 million yuan)	2814.22	3347.32	3806.38	4208.11	4483.37
主营业务收入(亿元)	Revenue from Principal Business (100 million yuan)	5135.87	5589.52	6062.97	6863.16	5464.59
利税总额(亿元)	Total Pre-tax Profits(100 million yuan)	1023.18	1024.28	1111.30	1244.72	1218.85
#利润总额	Total Profits	490.38	467.07	521.30	622.50	583.16
资本保值增值率(%)	Ratio of Assets Appreciation YOY(%)	117.82	116.97	108.67	109.08	101.07
总资产贡献率(%)	Contribution rate of Total Assets(%)	14.39	13.02	12.63	13.07	13.17
资产负债率(%)	Ratio of Debts to Assets(%)	66.20	64.90	65.89	64.71	62.90
流动资产周转次数(次/年)	Turnover of Current Assets (times/year)	1.70	1.59	1.53	1.58	1.22
成本费用利润率(%)	Ratio of Profits to Costs(%)	10.65	9.38	9.76	10.34	12.44
产销率(%)	Sales as Percentage of Output(%)	94.36	94.67	87.09	97.73	86.51

14-9 规模以上工业主要产品产量

Output of Major Industrial Products above Designated Size

单位：万吨 (10000 tons)

指　　标	Item	2013	2014	2015	2016	2017
粗钢	Crude Steel	531.44	551.81	466.59	515.86	439.90
成品钢材	Rolled Steel	573.28	552.39	463.04	526.18	495.72
铁合金	Ferroalloys	327.25	348.18	332.61	311.71	251.35
原铝	Electrolyzed Aluminium	112.28	65.21	85.52	86.48	101.85
氧化铝	Aluminum Oxide	360.32	407.93	373.46	449.61	433.14
铝材	Aluminium Material	27.15	58.17	55.75	75.06	55.28
磷矿石	Phosphate Rock	2905.44	3397.42	4323.10	5256.00	4817.00
生铁	Pig Iron	539.22	498.64	407.58	371.36	343.71
农用化肥	Chemical Fertilizer	524.26	533.52	582.47	611.31	538.47
轮胎外胎(万条)	Tires(10000 units)	602.15	546.46	484.78	494.19	497.59
水泥	Cement	8352.95	9386.89	9909.52	10748.76	11356.51
发电量(亿千瓦小时)	Electricity (100 million kwh)	1620.08	1682.27	1740.92	1839.71	1856.53
#水电	Hydropower	423.09	622.26	723.65	678.36	658.42
煤气生产量(亿立方米)	Gas Production (100 million cu.m)	92.17	83.95	65.03	70.12	69.22
卷烟(万箱)	Cigarettes(10000 cases)	254.29	258.36	252.34	232.13	215.21
饮料酒(万千升)	Alcohol Beverages (10000 kiloliters)	91.21	116.99	139.81	152.79	143.90
#白酒	White Spirit	30.49	38.05	42.79	49.01	45.21
食用植物油	Edible Vegetable Oil	32.69	35.79	41.94	46.75	38.96
中成药	Traditional Chinese Medicine	7.92	7.68	8.53	10.52	9.78
家用电冰箱(万台)	Household Refrigerators (10000 sets)	155.33	168.22	174.14	146.99	125.90
彩色电视机(万部)	Color Television Sets (10000 sets)	121.97	115.68	138.64	191.24	205.45

14—10 规模以上工业企业主要经济指标(2017)

Major Economics Indicators of Industrial Entevprises above Designated Size

单位：亿元 (100 million yuan)

指 标	Item	工业总产值 Total Output Value of Industry	资产合计 Total Assets	主营业务收入 Revenue from Principal Business	利税总额 Total Profits and Taxes	#利润总额 Total Profits
总 计	**Total**	**11048.29**	**15228.11**	**10647.55**	**1756.78**	**903.43**
#国有控股企业	State-holding Enterprises	3896.94	9343.83	4099.47	1068.21	510.25
按登记注册类型分	**Gorouped by Status of Registration**					
内资企业	Domestic-funded Enterprises	10753.42	14761.33	10361.69	1719.34	881.13
国有企业	State-owned Enterprises	743.67	1085.46	710.14	38.39	9.75
中央企业	Central Enterprises	708.14	1003.70	680.17	32.97	8.25
地方企业	Local Enterprises	35.54	81.77	29.98	5.42	1.49
集体企业	Collective-owned Enterprises	14.96	9.44	12.99	1.59	1.10
股份合作企业	Cooperative Enterprises	8.28	3.45	6.03	0.73	0.21
联营企业	Joint Ownership Enterprises	5.19	0.18	5.23	0.07	0.03
有限责任公司	Limited Liability Corporations	5118.89	9394.55	5203.41	1174.91	586.11
股份有限公司	Share-holding Corporations Limited	682.84	1446.42	605.98	94.40	44.65
私营企业	Private Enterprises	4157.32	2807.72	3796.66	405.99	236.93
其他企业	Others Enterprises	22.28	14.10	21.25	3.25	2.36
港.澳.台商投资企业	Enterprises Invested from Hong Kong,Macao and Taiwan	181.72	299.48	187.59	19.82	11.91
外商投资企业	Foreign Invested Enterprises	113.14	167.31	98.27	17.62	10.39
按轻重工业分	**Grouped by Type of Light and Heavy Industry**					
轻工业	Light Industry	3144.77	3793.01	3023.56	1100.63	600.99
重工业	Heavy Industry	7903.52	11435.10	7623.99	656.15	302.44
按企业规模分	**Grouped by Size of Enterprises**					
大型企业	Large Enterprises	3080.78	6415.15	3419.10	1026.37	512.37
中型企业	Medium-sized Enterprises	2270.51	3970.38	2045.48	192.48	70.79
小型企业	Small Enterprises	5293.40	4265.83	4834.25	512.41	303.13
微型企业	Mini-sized Enterprises	403.60	576.76	348.71	25.52	17.14

14-11 规模以上工业企业分行业主要经济指标(2017)

单位：亿元

指 标	Item	企业单位数(个) Number of Enterprises(unit)
总 计	**Total**	**5311**
采矿业	Mining	920
#煤炭开采和洗选业	Mining and Washing of Coal	605
黑色金属矿采选业	Mining and Processing of Ferrous Metal Ores	36
有色金属矿采选业	Mining and Processing of Non-Ferrous Metal Ores	30
非金属矿采选业	Mining and Processing of Non-metal Ores	247
制造业	Manufacturing	4146
农副食品加工业	Processing of Food from Agricultural Products	363
食品制造业	Manufacture of Foods	147
酒、饮料和精制茶制造业	Manufacture of Liquor, Beverages and Refined Tea	491
#白酒制造	Manufacture of Liquors	154
烟草制品业	Manufacture of Tobacco	2
纺织业	Manufacture of Textile	26
纺织服装、服饰业	Manufacture of Textile, Wearing Apparel and Accessories	70
皮革、毛皮、羽毛及其制品和制鞋业	Manufacture of Leather,Fur,Feather and Related Products, and Footware	35
木材加工和木、竹、藤、棕、草制品业	Processing of Timber, Manufacture of Wood, Bamboo, Rattan, Palm and Straw Products	98
家具制造业	Manufacture of Furniture	56
造纸和纸制品业	Manufacture of Paper and Paper Products	63
印刷和记录媒介复制业	Printing and Reproduction of Recording Media	44
文教、工美、体育和娱乐用品制造业	Manufacture of Articles for Culture, Education, Arts and Crafts,Sport and Entertainment Activities	56
石油加工、炼焦和核燃料加工业	Processing of Petroleum, Coking and Processing of Nuclear Fuel	24
化学原料和化学制品制造业	Manufacture of Raw Chemical Materials and Chemical Products	234
医药制造业	Manufacture of Medicines	148
橡胶和塑料制品业	Manufacture of Rubber and Plastics Products	169
非金属矿物制品业	Manufacture of Non-metallic Mineral Products	991
黑色金属冶炼和压延加工业	Smelting and Pressing of Ferrous Metals	110
有色金属冶炼和压延加工业	Smelting and Pressing of Non-ferrous Metals	87
金属制品业	Manufacture of Metal Products	183
通用设备制造业	Manufacture of General Purpose Machinery	97
专用设备制造业	Manufacture of Special Purpose Machinery	89
汽车制造业	Manufacture of Automobiles	72
铁路、船舶、航空航天和其他运输设备制造业	Manufacture of Railroad, Ship, Aerospace and Other Transportation Equipment	57
电气机械和器材制造业	Manufacture of Electrical Machinery and Apparatus	186
计算机、通信和其他电子设备制造业	Manufacture of Computers, Communication and Other Electronic Equipment	187
仪器仪表制造业	Manufacture of Measuring Instruments and Machinery	19
其他制造业	Other Manufacture	19
废弃资源综合利用业	Utilization of Waste Resources	19
电力、热力、燃气及水的生产和供应业	Production and Supply of Electric Power, Heat Power, Gas and Water	245
电力、热力生产和供应业	Production and Supply of Electric Power and Heat Power	165
#电力生产	Production of Electric Power	155
电力供应	Distribution of Electric Power	10
燃气生产和供应业	Production and Supply of Gas	29
水的生产和供应业	Production and Supply of Water	51

Main Economic Indicators of Industrial Enterprises above Designated Size by Sector

(100 million yuan)

工业总产值 Total Output Value of Industry	资产合计 Total Assets	主营业务收入 Revenue from Principal Business	利税总额 Total Profits and Taxes	利润总额 Total Profits
11048.29	**15228.11**	**10647.55**	**1756.78**	**903.43**
1807.17	2481.30	1679.90	244.78	102.26
1447.59	2256.43	1355.35	196.53	78.27
59.94	24.37	54.13	5.59	1.46
66.08	50.26	63.72	14.05	5.22
230.43	142.81	203.25	28.28	17.07
8080.39	9154.91	7886.87	1445.13	793.98
376.06	202.13	370.20	26.81	18.64
192.87	116.55	173.52	23.28	16.97
1067.86	2186.90	1070.03	655.87	441.48
761.10	1985.39	802.74	620.10	416.94
341.21	352.62	334.94	251.53	27.60
29.83	20.26	23.59	1.09	0.42
50.83	29.46	48.27	3.56	2.20
53.17	24.01	56.16	4.23	3.34
69.67	44.43	71.06	4.61	2.32
54.01	20.04	52.43	5.08	3.30
81.80	67.54	75.83	8.06	6.30
50.62	40.44	45.35	6.93	5.40
46.75	19.54	49.34	4.00	2.65
79.78	96.03	77.26	4.42	2.73
694.09	1290.84	970.44	38.07	16.29
380.49	469.93	329.17	75.77	49.50
255.80	196.32	228.75	17.28	9.82
1311.77	1160.26	1232.31	142.30	86.00
421.65	429.36	402.17	18.42	1.93
447.67	507.78	412.22	38.50	25.04
225.73	265.45	218.53	20.08	13.25
117.13	118.04	105.15	6.57	3.52
119.55	107.54	94.38	6.04	2.96
267.30	186.80	255.96	17.34	7.52
203.67	451.93	195.06	8.32	5.04
275.69	290.13	246.91	18.65	11.60
766.09	362.81	656.73	32.11	23.71
18.96	21.46	14.84	1.76	0.99
59.88	65.32	56.41	2.94	2.61
17.50	7.74	17.15	1.14	0.67
1160.73	3591.90	1080.77	66.86	7.20
1094.78	3205.46	1007.29	46.22	-7.43
518.46	2360.06	455.57	24.91	-9.32
576.32	845.41	551.71	21.31	1.90
34.73	94.84	43.34	4.83	0.83
31.22	291.60	30.15	15.81	13.80

14-12 规模以上国有控股工业企业主要经济指标(2017)

单位：亿元

指 标	Item	企业单位数(个) Number of Enterprises(unit)
总 计	**Total**	**512**
按轻重工业分	**Grouped by Type of Light and Heavy Industry**	
轻工业	Light Industry	54
重工业	Heavy Industry	458
按企业规模分	**Grouped by Scale of Enterprise**	
大型企业	Large Enterprises	46
中型企业	Medium-sized Enterprises	146
小型企业	Small Enterprises	253
微型企业	Mini-sized Enterprises	67
按工业行业分	**Grouped by Industrial Sector**	
采矿业	Mining	71
#煤炭开采和洗选业	Mining and Washing of Coal	56
黑色金属矿采选业	Mining and Processing of Ferrous Metal Ores	3
有色金属矿采选业	Mining and Processing of Nonferrous Metal Ores	2
非金属矿采选业	Mining and Processing of Nonmetal Ores	10
制造业	Manufacturing	278
#农副食品加工业	Processing of Food from Agricultural Products	9
酒、饮料和精制茶制造业	Manufacture of Wine,Soft drinks and Refined tea	18
烟草制品业	Manufacture of Tobacco	2
纺织服装、服饰业	Manufacture of Textile, Wearing Apparel and Accessories	4
木材加工和木、竹、藤、棕、草制品业	Timber Processing , Bamboo , Cane , Palm Fiber and Straw Products	3
印刷和记录媒介复制业	Printing,Reproduction of Recording Media	3
化学原料和化学制品制造业	Manufacture of Raw Chemical Materials and Chemical Products	29
橡胶和塑料制品业	Manufacture of Rubber and Plastics Products	4
非金属矿物制品业	Manufacture of Non-metallic Mineral Products	64
黑色金属冶炼和压延加工业	Smelting and Pressing of Ferrous Metals	7
有色金属冶炼和压延加工业	Smelting and Pressing of Non-ferrous Metals	19
金属制品业	Manufacture of Metal Products	13
通用设备制造业	Manufacture of General Purpose Machinery	14
专用设备制造业	Manufacture of Special Purpose Machinery	13
汽车制造业	Manufacture of Automobiles	10
铁路、船舶、航空航天和其他运输设备制造业	Manufacture of Railway, Ship, Aerospace and Other Transportation Equipment	26
电气机械和器材制造业	Manufacture of Electrical Equipment and Apparatus	6
计算机、通信和其他电子设备制造业	Manufacture of Computers,Communication and Other Electronic Equipments	13
仪器仪表制造业	Manufacture of Measuring Instruments and Machinery	4
其他制造业	Other Manufacture	5
电力、热力、燃气及水的生产和供应业	Production and Supply of Electric Power, Heat Power, Gas and Water	163
电力、热力的生产和供应业	Production and Supply of Electric Power and Heat Power	112
燃气生产和供应业	Production and Supply of Gas	9
水的生产和供应业	Production and Supply of Water	42

Major Economic Indicators of State-controlled

(100 million yuan)

工业总产值 Total Output Value of Industry	资产合计 Total Assets	主营业务收入 Revenue from Principal Business	利税总额 Total Profits and Taxes	#利润总额 Total Profits
3896.94	**9343.83**	**4099.47**	**1068.21**	**510.25**
1028.36	2162.52	1087.11	844.53	434.08
2868.58	7181.30	3012.36	223.68	76.17
2569.16	5839.89	2932.08	966.83	478.86
843.26	2079.35	747.36	34.57	-13.07
398.65	1100.17	366.00	60.21	39.00
85.88	324.41	54.03	6.60	5.45
296.83	1050.20	346.56	55.09	20.52
274.51	1011.95	323.63	47.69	16.37
1.83	6.23	1.81	0.05	-0.14
7.56	5.27	6.49	2.28	0.08
12.93	26.75	14.63	5.07	4.21
2524.30	5045.51	2756.97	957.03	488.53
10.77	6.73	9.57	0.88	0.55
605.88	1726.08	671.30	588.06	403.39
341.21	352.62	334.94	251.53	27.60
2.47	3.24	1.71	-0.36	-0.40
1.89	10.90	1.85	-0.81	-0.90
1.93	2.41	2.10	0.12	0.07
303.79	953.05	582.24	13.88	1.73
77.54	103.07	51.36	3.11	0.32
200.20	348.73	179.18	34.16	20.72
158.13	296.51	154.54	10.25	0.49
229.93	293.20	219.47	24.05	15.66
56.87	77.41	56.97	3.38	1.92
25.22	52.93	22.93	1.20	0.45
26.72	52.61	19.04	0.43	-0.49
54.87	54.80	53.89	5.07	3.01
169.41	434.13	166.73	6.44	3.76
18.94	9.54	14.34	0.41	0.31
117.42	94.63	91.24	9.25	6.07
6.58	9.02	5.16	0.56	0.39
37.51	54.48	36.36	2.47	2.40
1075.33	3245.91	995.49	56.04	1.19
1042.10	3005.06	960.89	42.32	-10.68
9.22	11.40	11.41	0.15	-0.04
24.01	229.45	23.19	13.57	11.91

14-13 规模以上集体工业企业主要经济指标(2017)

Main Economic Indicators of All Collective-owned Industrial Enterprises above Designated Size

单位：亿元 (100 million yuan)

指 标	Item	企业单位数(个) Number of Enterprises (unit)	工业总产值 Total Output Value of Industry	资产合计 Total Assets	主营业务收入 Revenue from Principal Business	利税总额 Total Profits and Taxes	#利润总额 Total Profits
总 计	**Total**	**10**	**14.96**	**9.44**	**12.99**	**1.59**	**1.10**
按轻重工业分	**Grouped by Type of Light and Heavy Industry**						
轻工业	Light Industry	4	5.26	1.53	5.20	0.28	0.17
重工业	Heavy Industry	6	9.70	7.90	7.79	1.31	0.93
按企业规模分	**Grouped by Size of Enterprises**						
#中型企业	Medium-sized Enterprises	2	8.37	4.69	7.03	1.06	0.78
小型企业	Small Enterprises	8	6.59	4.75	5.95	0.53	0.32
按工业行业分	**Grouped by Industries Sector**						
制造业	Manufacturing	8	10.91	3.79	10.27	0.54	0.30
#非金属矿物制品业	Manufacture of Non-metallic Mineral Products	2	4.83	1.07	4.67	0.21	0.10
黑色金属冶炼和压延加工业	Smelting and Pressing of Ferrous Metals	1	0.20	0.67	0.38	0.04	0.03

14—14 规模以上外商投资和港澳台商投资工业企业主要经济指标(2017)

Major Economic Indicators of all above Designated Size Industrial Enterprises Funded by Foreigners and Hong kong, Macao and Taiwan

单位：亿元 (100 million yuan)

指 标	Item	企业单位数(个) Number of Enterprises (unit)	工业总产值 Gross Value of Industrial Output	资产合计 Total Assets	主营业务收入 Revenue from Principal Business	利税总额 Total Profits and Taxes	#利润总额 Total Profits
总 计	**Total**	**99**	**294.87**	**466.78**	**285.85**	**37.44**	**22.30**
#亏损企业	Loss Making Enterprises	17	67.74	104.31	59.86	-5.12	-7.20
#港、澳、台商投资企业	Enterprises with Funds from Hong kong, Macao and Taiwan	64	181.72	299.48	187.59	19.82	11.91
合资经营企业(港或澳、台资)	Joint Venture Enterprises(with Funds from Hong Kong, Macao and Taiwan)	28	106.20	190.33	102.20	6.68	3.21
港澳台商独资经营企业	Enterprises with Sole Funds from Hong Kong,Macao and Taiwan	26	65.45	98.19	75.87	12.03	7.90
外商投资企业	Foreign Funded Enterprises	35	113.14	167.31	98.27	17.62	10.39
中外合资经营企业	Cooperation Enterprises	16	28.19	46.77	24.42	3.49	1.76
外资企业	Foreign Funded Enterprises	14	65.37	91.99	54.10	9.29	4.72
按轻重工业分	**Grouped by Type of Light and Heavy Industry**						
轻工业	Light Industry	41	100.57	99.72	104.98	16.32	10.15
重工业	Heavy Industry	58	194.30	367.07	180.87	21.12	12.15
按企业规模分	**Grouped by Size of Enterprise**						
大型企业	Large Enterprises	2	17.87	29.63	17.40	2.05	0.85
中型企业	Medium-sized Enterprises	18	99.82	215.20	104.81	17.94	12.11
小型企业	Small Enterprises	68	171.28	203.15	157.38	15.87	8.47
微型企业	Mini-sized Enterprises	11	5.91	18.81	6.26	1.58	0.88
按工业行业分	**Grouped by Industrial Sector**						
采矿业	Mining	7	21.89	11.13	17.34	1.57	-0.40
#黑色金属矿采选业	Mining and Processing of Ferrous Metal Ores	3	9.79	0.91	9.79	0.77	0.21
制造业	Manufacturing	77	226.78	248.09	225.16	34.83	23.15
#农副食品加工业	Processing of Food from Agricultural Products	7	16.55	5.64	17.83	1.04	0.68
酒、饮料和精制茶制造业	Manufacture of Liquor, Beverages and Refined Tea	12	32.26	24.90	28.33	4.41	2.17
纺织服装、服饰业	Manufacture of Textile, Wearing Apparel and Accessories	1	0.21	0.18	0.21		-0.01
印刷和记录媒介复制业	Printing,Reproduction of Recording Media	2	5.14	9.07	4.40	1.41	1.27
化学原料和化学制品制造业	Manufacture of Raw Chemical Materials and Chemical Products	6	15.81	18.91	16.26	5.14	4.16
医药制造业	Manufacture of Medicines	7	19.69	36.05	27.35	5.59	3.18
橡胶和塑料制品业	Manufacture of Rubber and Plastics	3	16.17	9.17	17.13	2.76	2.11
非金属矿物制品业	Manufacture of Non-metallic Mineral Products	15	47.76	67.03	45.81	9.42	6.73
有色金属冶炼和压延加工业	Smelting and Pressing of Non-ferrous Metals	2	22.38	22.84	20.59	2.42	2.13
汽车制造	Manufacture of Automobiles	2	4.08	4.46	2.97	0.33	0.13
电气机械和器材制造业	Manufacture of Electrical Machinery and Apparatus	2	16.63	15.42	14.82	0.78	0.17
计算机、通信和其他电子设备制造业	Manufacture of Computers, Communication and Other Electronic Equipment	6	14.24	14.66	13.83	-0.52	-0.81
电力、热力、燃气及水的生产和供应业	Production and Supply of Electric Power, Heat Power, Gas and Water	15	46.19	207.53	43.37	1.06	-0.45
#电力、热力的生产和供应业	Production and Supply of Electric Power and Heat Power	9	35.69	123.62	34.21	-1.92	-3.06
水的生产和供应业	Production and Supply of Water	5	10.50	82.65	8.89	2.97	2.60

14-15 规模以上工业企业主要经济效益指标(2017)

Main Indicators on Economic Efficiency of all Industrial Enterprises above Designated Size

单位：% (%)

指标	Item	产值利税率 Ratio of Pre-Tax Profit to Output Value	资金利税率 Ratio of Pre-Tax Profit to Asset	销售利税率 Ratio of Pre-Tax Profit to Sales
总计	**Total**	**15.9**	**15.0**	**16.5**
内资企业	Domestic Enterprises	16.0	15.1	16.6
国有企业	State-owned	5.2	4.2	5.4
中央企业	Central	4.7	4.1	4.8
地方企业	Local	15.3	4.7	18.1
集体企业	Collective-owned Enterprises	10.6	22.5	12.2
股份合作企业	Cooperation Enterprises	8.8	12.2	12.1
联营企业	Joint-owned Enterprises	1.3	35.9	1.3
有限责任公司	Limited Liability Corporations	23.0	15.9	22.6
股份有限公司	Share-holding Corporations Enterprises	13.8	9.7	15.6
私营企业	Private Enterprises	9.8	19.6	10.7
其他企业	Others	14.6	28.0	15.3
港、澳、台商投资企业	Enterprises Invested from Hong kong,Macao and Taiwan	10.9	9.4	10.6
外商投资企业	Foreign Invested Enterprises	15.6	12.4	17.9
在总计中：	of the Total:			
#国有控股企业	State-controlled Enterprises	27.4	14.7	26.1
按轻重工业分	**Grouped by type of Light and Heavy Industry**			
轻工业	Light Industry	35.0	36.4	36.4
重工业	Heavy Industry	8.3	7.6	8.6
按企业规模分	**Grouped by Size of Enterprises**			
大型企业	Large Enterprises	33.3	20.7	30.0
中型企业	Medium-sized Enterprises	8.5	5.5	9.4
小型企业	Small Enterprises	9.7	17.2	10.6
微型企业	Mini-sized Enterprises	6.3	9.9	7.3
按工业行业分	**Grouped by Industrial Sector**			
采矿业	Mining	13.5	15.5	14.6
#煤炭开采和洗选业	Mining and Washing of Coal	13.6	13.8	14.5
黑色金属矿采选业	Mining and Processing of Ferrous Metal Ores	9.3	35.4	10.3
有色金属矿采选业	Mining and Processing of Non-Ferrous Metal Ores	21.3	41.6	22.0
非金属矿采选业	Mining and Processing of Non-metal Ores	12.3	26.9	13.9
制造业	Manufacturing	17.9	19.8	18.3
#农副食品加工业	Processing of Food from Agricultural Products	7.1	17.8	7.2
食品制造业	Manufacture of Foods	12.1	26.1	13.4
酒、饮料和精制茶制造业	Manufacture of Liquor, Beverages and Refined Tea	61.4	38.9	61.3
烟草制品业	Manufacture of Tobacco	73.7	77.5	75.1
纺织业	Manufacture of Textile	3.7	7.3	4.6
纺织服装、服饰业	Manufacture of Textile, Wearing Apparel and Accessories	7.0	14.7	7.4
皮革、毛皮、羽毛及其制品和制鞋业	Manufacture of Leather,Fur,Feather and Related Products, and Footwear	8.0	20.5	7.5

14-15 续表 continued

单位：% (%)

指 标	Item	产值利税率 Ratio of Pre-Tax Profits to Output Value	资金利税率 Ratio of Pre-Tax Profits to Assets	销售利税率 Ratio of Pre-Tax Profits to Sales
木材加工和木、竹、藤、棕、草制品业	Processing of Timber, Manufacture of Wood, Bamboo,Rattan, Palm and Straw Products	6.6	11.8	6.5
家具制造业	Manufacture of Furniture	9.4	34.8	9.7
造纸和纸制品业	Manufacture of Paper and Paper Products	9.9	14.8	10.6
印刷和记录媒介复制业	Printing and Reproduction of Recording Media	13.7	23.9	15.3
文教、工美、体育和娱乐用品制造业	Manufacture of Articles for Culture, Education, Arts and Crafts,Sport and Entertainment Activities	8.6	23.8	8.1
石油加工、炼焦和核燃料加工业	Processing of Petroleum,Coking and Processing of Nuclear Fuel	5.5	5.9	5.7
化学原料和化学制品制造业	Manufacture of Raw Chemical Materials and Chemical Products	5.5	3.6	3.9
医药制造业	Maufacture of Medicines	19.9	23.0	23.0
橡胶和塑料制品业	Manufacture of Rubber and Plastics Produets	6.8	10.3	7.6
非金属矿物制品业	Manufacture of Non-metallic Mineral Products	10.8	15.6	11.5
黑色金属冶炼和压延加工业	Smelting and Pressing of Ferrous Metals	4.4	5.6	4.6
有色金属冶炼和压延加工业	Smelting and Pressing of Non-ferrous Metals	8.6	9.6	9.3
金属制品业	Manufacture of Metal Products	8.9	8.0	9.2
通用设备制造业	Manufacture of General Purpose Machinery	5.6	6.3	6.2
专用设备制造业	Manufacture of Special Purpose Machinery	5.1	6.7	6.4
汽车制造业	Manufacture of Automobiles	6.5	11.3	6.8
铁路、船舶、航空航天和其他运输设备制造业	Manufacture of Railway, Ship, Aerospace and other Transport Equipment	4.1	2.3	4.3
电气机械和器材制造业	Manufacture of Electrical Machinery and Apparatus	6.8	7.8	7.6
计算机、通信和其他电子设备制造业	Manufacture of Computers,Communication and Other Electronic Equipment	4.2	11.8	4.9
仪器仪表制造业	Manufacture of Measuring Instruments and Machinery	9.3	10.3	11.9
其他制造业	Other Manufacture	4.9	4.8	5.2
废弃资源综合利用业	Utilization of Waste Resources	6.5	20.2	6.6
电力、热力、燃气及水的生产和供应业	Production and Supply of Electric Power, Heat Power, Gas and Water	5.8	2.4	6.2
电力、热力生产和供应业	Production and Supply of Electric Power and Heat Power	4.2	1.8	4.6
燃气生产和供应业	Production and Supply of Gas	13.9	9.6	11.1
水的生产和供应业	Production and Supply of Water	50.6	8.0	52.4

14-16 规模以上国有控股工业企业主要经济效益指标(2017)

Major Indicators on Economic Efficiency of State-controlled Industrial Enterprises above Designated Size

单位：% (%)

指 标	Item	产值利税率 Ratio of Pre-Tax Profits to Output Value	资金利税率 Ratio of Pre-Tax Profits to Assets	销售利税率 Ratio of Pre-Tax Profits to Sales
总 计	**Total**	**27.4**	**14.7**	**26.1**
按轻重工业分	**Grouped by Type of Light and Heavy Industry**			
轻工业	Light Industry	82.1	46.7	77.7
重工业	Heavy Industry	7.8	4.1	7.4
按企业规模分	**Grouped by Size of Enterprises**			
大型企业	Large Enterprises	37.6	21.4	33.0
中型企业	Medium-sized Enterprises	4.1	1.8	4.6
小型企业	Small Enterprises	15.1	9.0	16.5
微型企业	Mini-sized Enterprises	7.7	4.9	12.2
按工业行业分	**Grouped by Industrial sector**			
采矿业	Mining	18.6	9.2	15.9
#煤炭开采和洗选业	Mining and Washing of Coal	17.4	8.3	14.7
黑色金属矿采选业	Mining and Processing of Ferrous Metal Ores	2.7	4.1	2.8
有色金属矿采选业	Mining and Processing of Non-Ferrous Metal Ores	30.2	77.7	35.1
非金属矿采选业	Mining and Processing of Non-metal Ores	39.2	24.5	34.7
制造业	Manufacturing	37.9	23.7	34.7
#农副食品加工业	Processing of Food from Agricultural Products	8.2	19.5	9.2
酒、饮料和精制茶制造业	Manufacture of Liquor, Beverages and Refined Tea	97.1	44.5	87.6
烟草制品业	Manufacture of Tobacco	73.7	77.5	75.1
纺织服装、服饰业	Manufacture of Textile, Wearing Apparel and Accessories	-14.6	-12.2	-21.1
木材加工和木、竹、藤、棕、草制品业	Processing of Timber,Manufacture of Wood, Bamboo,Rattan,Palm and Straw Products	-42.9	-19.3	-43.8
印刷和记录媒介复制业	Printing and Reproduction of Recording Media	6.2	5.1	5.7
化学原料和化学制品制造业	Manufacture of Raw Chemical Materials and Chemical Products	4.6	1.8	2.4
橡胶和塑料制品业	Manufacture of Rubber and Plastics Produets	4.0	3.4	6.1

14-16 续表 continued

单位：% (%)

指 标	Item	产值利税率 Ratio of Pre-Tax Profits to Output Value	资金利税率 Ratio of Pre-Tax Profits to Assets	销售利税率 Ratio of Pre-Tax Profits to Sales
非金属矿物制品业	Manufacture Non-metallic Mineral Pruducts	17.1	12.2	19.1
黑色金属冶炼和压延加工业	Smelting and Pressing of Ferrous Metals	6.5	4.7	6.6
有色金属冶炼和压延加工业	Smelting and Pressing of Non-ferrous Metals	10.5	10.9	11.0
金属制品业	Manufacture of Metal Products	5.9	5.7	5.9
通用设备制造业	Manufacture of General Purpose Machinery	4.8	2.2	5.2
专用设备制造业	Manufacture of Special Purpose Machinery	1.6	1.1	2.3
汽车制造业	Manufacture of Automobiles	9.2	10.6	9.4
铁路、船舶、航空航天和其他运输设备制造业	Manufacture of Railway, Ship, Aerospace and Other Transport Equipment	3.8	1.8	3.9
电气机械和器材制造业	Manufacture of Electrical Machinery and Apparatus	2.2	4.6	2.9
计算机、通信和其他电子设备制造业	Manufacture of Computers,Communication and Other Electronic Equipment	7.9	10.9	10.1
仪器仪表制造业	Manufacture of Measuring Instruments and Machinery	8.5	7.3	10.9
其他制造业	Other Manufacture	6.6	5.0	6.8
电力、热力、燃气及水的生产和供应业	Production and Supply of Electric Power, Heat Power, Gas and Water	5.2	2.1	5.6
电力、热力的生产和供应业	Production and Supply of Electric Power and Heat Power	4.1	1.7	4.4
燃气生产和供应业	Production and Supply of Gas	1.6	1.8	1.3
水的生产和供应业	Production and Supply of Water	56.5	7.6	58.5

14-17 规模以上集体工业企业主要经济效益指标(2017)
Main Indicators on Economic Benefit of Collective-owned Industrial Enterprises above Designated Size

单位：% (%)

指 标	Item	产值利税率 Ratio of Pre-Tax Profits to Output Value	资金利税率 Ratio of Pre-Tax Profits to Assets	销售利税率 Ratio of Pre-Tax Profits to Sales
总 计	**Total**	**10.6**	**22.5**	**12.2**
按轻重工业分	**Grouped by Type of Light and Heavy Industry**			
轻工业	Light Industry	5.3	19.6	5.4
重工业	Heavy Industry	13.5	23.2	16.8
按企业规模分	**Grouped by Size of Enterprises**			
中型企业	Medium-sized Enterprises	12.7	38.8	15.1
小型企业	Small Enterprises	8.0	12.2	8.9
按工业行业分	**Grouped by Industrial Sector**			
采矿业	Mining	26.5	42.0	40.6
#煤炭开采和洗选业	Mining and Processing of Ferrous Metal Ores	26.5	42.41	40.6
制造业	Manufacturing	4.9	14.5	5.3
#非金属矿物制品业	Manufacture of Non-metallic Mineral Products	4.3	16.8	4.5
黑色金属冶炼和压延加工业	Smelting and Pressing of Ferrous Metals	20.0	8.4	10.5

14-18 大中型工业企业主要经济指标占全省规模以上工业比重(2017)
Percentages of Main Indicators of Large and Medium Industrial Enterprises as the whole Industrial Enterprises above Designated Size

单位：亿元

指 标	Item	规模以上工业 Industrial Enterprises above Designated Size	#大中型工业企业 Large and Medium industrial Enterprises	
			绝对数 Absolute Figure	占规模以上工业比重(%) Percentage Taken to Industrial Enterprises above Designated Size(%)
企业单位数(个)	Number of Industrial Enterprises(unit)	5311	577	10.9
#亏损企业个数(个)	Number of Loss Making Industrial Enterprises(unit)	713	135	18.9
工业总产值	Gross Value of Industrial Output	11048.29	5351.29	4.7
工业增加值	Value-added of Industry	4104. 80	2113.04	51.5
资产总计	Total Assets	15228.11	10385.53	68.2
流动资产年平均余额	Average Balance of Current Assets	6237.70	4483.37	71.9
固定资产净值年平均余额	Annual Average Balance Net Value of Fixed Assets	5468.76	3994.67	73.0
负债总计	Total Liabilities	9502.08	6532.75	68.8
主营业务收入	Revenue from Principal Business	10647.55	5464.59	51.3
主营业务成本	Cost of Principal Business	8307.78	3996.99	48.1
主营业务税金及附加	Tax and Extra Charges from Principal Business	394.39	322.88	81.9
亏损企业亏损额	Total Deficit of Loss Making Industrial Enterprises	149.66	111.80	74.7
利税总额	Total Profits and Taxes	1756.78	1218.85	69.4
资金利税率(%)	Ratio of Pre-Tax Profits and Assets(%)	15.01	14.38	95.8

14−19 规模以上大中型工业企业分行业主要经济指标(2017)

单位：亿元

指　标	Item	企业单位数(个) Number of Enterprises(unit)
总　计	**Total**	**577**
采矿业	Mining	179
#煤炭开采和洗选业	Mining and Washing of Coal	165
黑色金属矿采选业	Mining and Processing of Ferrous Metal Ores	6
有色金属矿采选业	Mining and Processing of Non-Ferrous Metal Ores	1
非金属矿采选业	Mining and Processing of Non-metal Ores	7
制造业	Manufacturing	364
#农副食品加工业	Processing of Food from Agricultural Products	12
食品制造业	Manufacture of Foods	9
酒、饮料和精制茶制造业	Manufacture of Liquor, Beverages and Refined Tea	26
烟草制品业	Manufacture of Tobacco	2
纺织业	Manufacture of Textile	4
纺织服装、服饰业	Manufacture of Textile, Wearing Apparel and Accessories	5
皮革、毛皮、羽毛及其制品和制鞋业	Manufacture of Leather, Fur, Feathers and other Products and Footwear	6
木材加工和木、竹、藤、棕、草制品业	Processing of Timber, Manufacture of Wood, Bamboo,Rattan, Palm and Straw Products	9
家具制造业	Manufacture of Fumiture	1
造纸和纸制品业	Manufacture of Paper and Paper Products	1
印刷和记录媒介复制业	Printing, and Reproduction of Recording Media	3
文教、工美、体育和娱乐用品制造业	Manufacture of Articles for Culture, Education, Arts and Crafts, Sport and Entertainment Activities	8
石油加工、炼焦和核燃料加工业	Processing of Petroleum, Coking and Processing of Nuclear Fuel	4
化学原料和化学制品制造业	Manufacture of Raw Chemical Materials and Chemical Products	29
医药制造业	Manufacture of Medicines	25
橡胶和塑料制品业	Manufacture of Plastics	9
非金属矿物制品业	Manufacture of Non-metallic Mineral Products	50
黑色金属冶炼和压延加工业	Smelting and Pressing of Ferrous Metals	13
有色金属冶炼和压延加工业	Smelting and Pressing of Non-ferrous Metals	19
金属制品业	Manufacture of Metal Products	12
通用设备制造业	Manufacture of General Purpose Machinery	6
专用设备制造业	Manufacture of Special Purpose Machinery	7
汽车制造业	Manufacture of Automobiles	15
铁路、船舶、航空航天和其他运输设备制造业	Manufacture of Railway, Ship, Aerospace and Other Transport Equipment	23
电气机械和器材制造业	Manufacture of Electrical Machinery and Apparatus	15
计算机、通信和其他电子设备制造业	Manufacture of Computers,Communication and Other Electronic Equipment	41
仪器仪表制造业	Manufacture of Measuring Instruments and Machinery	3
其他制造业	Other Manufacture	7
电力、热力、燃气及水的生产和供应业	Production and Supply of Electric Power, Heat Power, Gas and Water	34
电力、热力的生产和供应业	Production and Supply of Electric Power and Heat Power	25
燃气生产和供应业	Production and Supply of Gas	1
水的生产和供应业	Production and Supply of Water	8

Main Indicators on Economic of Large and Medium Industrial Enterprises by Sector

(100 million yuan)

工业总产值 Gross Value of Industrial Output	资产合计 Total Assets	主营业务收入 Revenue from Principal Business	利税总额 Total Profits and Taxes	#利润总额 Total Profits
5351.29	**10385.53**	**5464.59**	**1218.85**	**583.16**
643.67	1691.09	682.93	117.91	45.23
613.57	1627.68	653.68	110.90	40.94
14.87	7.50	14.92	1.62	0.25
1.60	1.89	1.60	0.25	0.11
13.63	54.02	12.73	5.14	3.93
3787.98	6310.94	3909.93	1076.29	565.33
29.27	34.49	23.06	1.82	1.28
59.52	63.44	48.14	11.88	9.62
660.07	1864.32	717.63	598.09	407.58
341.21	352.62	334.94	251.53	27.60
4.28	6.99	3.59	0.10	0.05
6.16	8.54	5.50		0.06
25.00	13.97	33.91	2.16	1.88
7.28	16.81	7.13	-0.38	-0.73
4.03	3.84	4.21	0.76	0.42
14.52	26.70	11.60	3.17	2.84
5.39	11.84	5.31	1.38	1.06
9.40	3.32	9.39	0.81	0.52
58.07	76.53	56.11	2.84	1.89
425.79	1101.03	695.65	12.82	-0.49
180.30	312.98	163.60	45.89	27.93
94.83	116.45	69.24	5.60	2.34
252.16	403.43	217.91	37.68	23.77
206.65	320.40	203.30	11.48	0.03
312.04	430.98	291.48	30.89	21.08
48.00	82.75	50.30	2.98	1.36
21.13	31.77	15.70	1.05	0.84
23.79	40.21	23.42	1.27	0.54
184.37	131.86	176.64	13.09	4.72
162.81	423.56	159.98	5.96	3.30
107.27	129.29	95.25	9.58	6.35
498.64	239.08	443.56	20.87	16.95
5.68	6.74	4.27	0.47	0.25
40.32	57.00	39.11	2.50	2.41
919.63	2383.51	871.74	24.66	-27.40
895.79	2160.64	844.14	17.94	-30.41
8.32	54.86	13.92	3.74	0.56
15.52	168.01	13.68	2.98	2.45

14-20 规模以上工业销售产值(2017)
Output Value of Industrial Sales above Designated Size

单位：亿元 (100 million yuan)

指　　标	Item	销售产值 Sales Value	#出口交货值 Delivery Value of Industry
总　　计	**Total**	**10193.55**	**247.77**
#国有控股企业	State-controlled Enterprises	3218.71	85.62
按登记注册类型分	**By status of Registration**		
内资企业	Domestic Enterprises	9910.44	241.91
国有企业	State-owned Enterprises	175.85	1.08
中央企业	Central	143.56	1.08
地方企业	Local	32.29	
集体企业	Collective-owned Enterprises	14.61	
股份合作企业	Cooperation Enterprises	8.14	
联营企业	Joint-owned Enterprises	5.19	
有限责任公司	Limited Liability Corporations	4988.71	189.37
股份有限公司	Share holding Corporations Limited	630.60	18.48
私营企业	Private Enterprises	4065.68	32.98
其他企业	Others	21.67	
港、澳、台商投资企业	Enterprises with Funds from Hong kong,Macao and Taiwan	175.61	4.49
外商投资企业	Foreign Funded Enterprises	107.50	1.37
按轻重工业分	**Grouped by Type of Light and Heavy Industry**		
轻工业	Light Industry	3096.71	18.18
重工业	Heavy Industry	7096.84	229.60
按企业规模分	**Grouped by Scale of Enterprise**		
大型企业	Large Enterprises	2466.61	166.13
中型企业	Medium-sized Enterprises	2163.68	36.03
小型企业	Small Enterprises	5170.03	44.83
微型企业	Mini-sized Enterprises	393.24	0.78

14-21 规模以上工业主要产品产量、销售量和产销率(2017)

Output, Sales Volume, Ratio of Products Social of Major Industrial Products above Designated Size

指 标	Item	产 量 Output	销售量 Quantity of Sale	产销率(%) Ratio of Products Sold(%)	2017年比2016年增长(%) Increase Rate in 2017 over 2016(%)	
					产 量 Output	销售量 Quantity of Sale
铁矿石原矿(万吨)	Iron ore (10000 tons)	231.77	231.86	100.0	2.7	2.8
精制食用植物油(万吨)	Refined edible vegetable oil (10000 tons)	38.96	37.12	95.3	-17.0	-12.3
乳制品(万吨)	Dairy products (10000 tons)	11.07	10.99	99.2	4.7	3.2
白酒(折65度，商品量)(万千升)	Liquor (65 fold, quantity) (10000000L)	45.21	40	88.5	10.0	8.8
饮料(万吨)	Soft drinks (10000 tons)	661.25	619	93.6	4.6	持平
卷烟（万箱）	Cigarettes(10000 cases)	215.21	210.49	97.8	-7.3	-10.6
纱(万吨)	Yarn (10000 tons)	3.75	3.69	98.4	-18.5	-5.9
布（万米）	Cloth (10000 meters)	2499.25	2252.40	90.1	-12.7	-17.8
服装（万件）	Clothing (10000 pieces)	9273.03	8884.00	95.8	4.5	3.4
机制纸及纸板(外购原纸加工除外)(万吨)	Machine made paper and paperboard (except purchased paper processing) (million tons)	35.50	35.14	99.0	49.9	49.1
硫酸(折100%)(万吨)	Sulfuric acid (100% fold) (10000 tons)	829.56	38.81	4.7	3.4	-61.5
碳化钙(电石，折 300升/千克)(万吨)	Calcium (calcium carbide, fold 300 L / kg) (million tons)	0.76	0.76	100.0	-88.6	-88.7
合成氨(无水氨)(万吨)	Ammonia (anhydrous ammonia) (10000 tons)	176.26	146.35	83.0	-23.7	-1.2
农用氮、磷、钾化学肥料(折纯)(万吨)	Agricultural nitrogen, phosphorus and potassium chemical fertilizers (folded) (10000 tons)	538.47	528.95	98.2	-1.1	-0.5
氮肥(折含氮100%)(万吨)	Nitrogen fertilizer (nitrogen 100%) (10000 tons)	167.38	163.45	97.7	-18.2	-18.0
磷肥(折五氧化二磷100%)(万吨)	Phosphate fertilizer(P2O5 100%) (million tons)	364.55	355.73	97.6	9.6	9.7
化学农药原药(折有效成分100%)(万吨)	Chemical pesticide (100% fold) (10000 tons)	0.34	0.32	95.6	38.5	37.8
涂料(万吨)	Coatings (10000 tons)	13.80	14.26	103.3	378.9	228.5
初级形态塑料(万吨)	Primary form plastics (10000 tons)	8.82	8.76	99.4	5.8	5.6
合成洗涤剂(万吨)	Synthetic detergent (10000 tons)	9.72	9.81	101.0	-0.4	2.6
橡胶轮胎外胎（万条）	Rubber tire(10000 bars)	497.59	507.47	102.0	0.7	-1.4

14-21 续表 continued

指 标	Item	产 量 Output	销售量 Quantity of Sale	产销率(%) Ratio of Products Sold(%)	2017年比2016年增长(%) Increase Rate in 2017 over 2016(%)	
					产 量 Output	销售量 Quantity of Sale
塑料制品（万吨）	Plastic products (10000 tons)	136.86	126.11	92.2	7.1	1.5
水泥（万吨）	Cement (10000 tons)	11356.51	11284.71	99.4	8.2	7.7
平板玻璃（万重量箱）	Flat glass (weight box)	1503.95	1480.81	98.5	49.0	48.4
生铁（万吨）	Pig iron (10000 tons)	343.71	16.32	4.7	-4.6	-38.0
粗钢（万吨）	Rough steel (10000 tons)	439.90	4.55	1.0	6.1	
钢材（万吨）	Steel (10000 tons)	495.72	495.98	100.1	1.1	-0.5
十种有色金属（万吨）	Ten kinds of nonferrous metals (10000 tons)	109.35	104.26	95.3	53.5	47.5
氧化铝（万吨）	Alumina (10000 tons)	433.14	427.90	98.8	21.3	15.4
原铝(电解铝)（万吨）	Raw aluminium (electrolytic aluminium) (10000 tons)	101.85	97.22	95.5	63.5	57.0
金属切削机床（台）	Metal cutting machine tools (unit)	1477	1663.00	112.6	-19.5	12.0
挖掘机(台）	Excavator	751	703.00	93.6	41.2	8.5
汽车（万辆）	Car (10000 vehicles)	8.99	8.67	96.5	-0.7	-0.4
基本型乘用车(轿车)（万辆）	Basic passenger car (car) (10000 vehicles)	0.68	0.68	100.0	45.7	45.7
载货汽车（万辆）	Truck (10000 vehicles)	7.69	7.40	96.2	0.1	-0.9
新能源汽车（万辆）	New energy vehicles (10000 vehicles)	0.05	0.02	34.2	-68.5	-1.6
发电机组(发电设备)（万千瓦）	Generator sets (power generation equipment) (kw)	7.16	6.20	86.7	8.2	-6.3
家用电冰箱（家用冷冻冷藏箱）（万台）	Household refrigerators (household freezers) (10000 units)	125.90	122.73	97.5	0.9	-1.6
电子计算机整机（万台）	Computer complete machine (10000 units)	27	24	89.8	55.5	46.0
移动通信手持机(手机)（万台）	Mobile communication handset (mobile phone) (10000)	3051	2817	92.3	207.8	174.3
彩色电视机（万台）	Colour TV set (10000 units)	205.45	204.73	99.6	7.4	8.0
集成电路（万块）	Integrated circuit (10000 blocks)	15175.89	14038.00	92.5	29.7	43.0

14－22 高技术产业基本情况

Basic Statistics on High-tech Industry

指　　标	Item	2013	2014	2015	2016	2017
规模以上高技术企业数(个)	Number of High-tech Enterprises (unit)	147	170	215	300	449
从业人员年平均人数(万人)	Annual Average Number of Employees(10 000 persons)		7.81	8.74	10.91	13.31
工业总产值(亿元)	Gross Value of Industrial Output (100 million yuan)	518.96	638.31	889.72	1209.54	1603.95
主营业务收入(亿元)	Revenue from Principal Business (100 million yuan)	412.53	531.80	734.27	971.20	1249.68
利税总额(亿元)	Pre-Tax Profits (100 million yuan)	50.90	69.41	92.97	88.54	98.43
利润总额(亿元)	Profits (100 million yuan)	30.47	43.92	56.92	58.83	69.28

注：高技术产业统计口径为年主营业务收入2000万元及以上工业企业。

Note: High tech industry's statistics caliber is the industrial enterprise with the main business income of 20 million yuan and above.

14−23 历年工业增加值

Value-added of Industry Over the Years

单位：亿元 (100 million yuan)

年 份 Year	全部工业增加值 Value-added of Industry	#规模以上工业增加值 Value-added of Industry above Designated Size	轻工业 Light Industry	重工业 Heavy Industry
1996	225.36	188.43	74.71	113.72
1997	251.10	204.72	75.27	129.45
1998	273.82	181.80	76.48	105.32
1999	294.42	196.04	77.46	118.58
2000	328.73	216.99	82.16	134.83
2001	360.73	236.57	87.66	148.91
2002	395.45	271.09	88.20	182.89
2003	473.38	346.49	116.72	229.77
2004	577.40	476.75	147.79	328.96
2005	707.35	585.85	177.19	408.66
2006	839.13	747.38	218.52	528.86
2007	978.86	890.48	267.87	622.61
2008	1195.30	1051.26	302.25	749.01
2009	1252.67	1170.29	352.38	817.91
2010	1516.87	1227.17	413.99	813.18
2011	1846.96	1638.71	545.78	1092.93
2012	2237.13	2055.46	773.04	1282.42
2013	2707.29	2531.92	969.29	1562.63
2014	3165.32	3117.60	1185.13	1932.47
2015	3342.99	3542.03	1374.19	2167.84
2016	3715.64	4032.11	1559.37	2472.74
2017	4260.48	4104.80	1628.59	2476.22

注：规模以上工业增加值统计口径1996—2010年为年主营业务收入500万元及以上的工业企业，2011年起为年主营业务收入2000万元及以上的工业企业（以下相关表同）。

Note:The statistical caliber of value added of industry above designated size from 1996 to 2010 referred to the industry enterprises whose main business revenue achieved 5 million yuan and above. After 2011, industrial statistics refers to industry enterprises whose main busines revenue achieve 20 million yuan and above (the relative tables in the chapter are the same).

14-24 历年工业增加值增长速度
Growth Rate of Value-added of Industry Over the Years

单位：%

年 份 Year	全部工业增加值 Value-added of Industry	#规模以上工业增加值 Value-added of Industry above Designated Size	轻工业 Light Industry	重工业 Heavy Industry
1996	12.1	10.3	11.0	9.8
1997	11.8	9.0	6.0	11.1
1998	10.4	10.2	8.1	11.5
1999	11.8	6.2	0.8	9.3
2000	7.5	13.8	12.2	14.7
2001	9.2	12.6	6.4	13.6
2002	11.0	16.2	13.4	17.6
2003	13.3	16.9	9.8	20.3
2004	15.9	20.1	22.1	19.2
2005	13.0	17.0	25.3	13.3
2006	13.8	17.5	13.1	19.7
2007	14.0	16.8	13.9	18.1
2008	8.6	10.1	14.0	8.4
2009	10.2	10.6	11.6	10.2
2010	15.7	15.8	15.9	15.7
2011	18.9	21.0	22.7	20.1
2012	15.5	16.2	17.6	15.5
2013	13.1	13.6	12.7	14.1
2014	11.1	11.3	11.5	11.2
2015	9.8	9.9	8.3	10.9
2016	9.9	9.9	10.1	9.8
2017	9.0	9.5	12.2	7.7

14-25 历年规模以上工业主要经济指标
Main Indicators of Industrial Enterprises above Designated Size Over the Years

单位：亿元 (100 million yuan)

年份 Year	主营业务收入 Revenue from Principal Business	轻工业 Light Industry	重工业 Heavy Industry	利税总额 Total Profits and Taxes	轻工业 Light Industry	重工业 Heavy Industry
1996	434.00	129.12	304.88	50.61	29.73	20.88
1997	419.82	128.07	291.75	60.82	38.42	22.40
1998	463.24	149.81	313.43	62.25	37.38	24.87
1999	507.55	162.34	345.21	65.81	40.47	25.34
2000	593.80	178.54	415.26	87.44	45.66	41.78
2001	646.01	193.35	452.66	94.30	51.27	43.03
2002	752.97	213.50	539.47	104.43	57.76	46.67
2003	974.30	248.48	725.82	135.87	72.15	63.72
2004	1325.95	274.04	1051.91	201.21	85.43	115.78
2005	1577.16	338.02	1239.14	232.49	113.50	118.99
2006	1948.57	389.38	1559.19	299.09	137.05	162.04
2007	2430.62	486.28	1944.34	403.49	187.27	216.22
2008	2922.35	567.80	2354.55	453.53	233.66	219.87
2009	3234.59	674.36	2560.23	470.60	252.25	218.35
2010	3926.01	807.13	3118.88	671.39	326.72	344.67
2011	5022.11	1091.79	3930.32	901.36	463.03	438.33
2012	5966.52	1299.99	4666.53	1172.15	608.19	563.96
2013	7357.43	1697.41	5660.02	1268.68	722.35	546.33
2014	8655.87	2064.97	6590.89	1310.38	781.12	529.27
2015	9876.81	2471.60	7405.20	1460.84	844.46	616.38
2016	11172.44	2939.85	8232.59	1625.14	939.70	685.44
2017	10647.55	3023.56	7623.99	1756.78	1100.63	656.15

14-25 续表 continued

年 份 Year	利润总额 Total Profits	轻工业 Light Industry	重工业 Heavy Industry	资产合计 Total Assets	轻工业 Light Industry	重工业 Heavy Industry
1996	-3.57	-2.47	-1.10	960.79	257.78	703.01
1997	0.76	0.65	0.11	1076.72	294.65	782.07
1998	1.64	-0.65	2.29	1166.76	312.79	853.97
1999	0.65	1.14	-0.49	1328.55	357.12	971.43
2000	12.56	4.48	8.08	1517.13	371.83	1145.30
2001	18.59	6.98	11.61	1698.58	412.57	1286.01
2002	21.41	10.82	10.59	1797.46	404.54	1392.92
2003	37.52	19.00	18.52	1958.57	409.35	1549.22
2004	61.99	18.03	43.96	2441.52	430.64	2010.88
2005	70.79	34.31	36.48	2734.05	458.41	2275.64
2006	110.91	48.52	62.39	3214.39	514.26	2700.13
2007	174.41	81.29	93.12	3521.19	541.49	2979.70
2008	181.83	108.56	73.27	4566.10	700.92	3865.18
2009	191.73	109.42	82.31	5066.17	819.69	4246.48
2010	317.63	149.62	168.01	5960.13	1007.10	4953.03
2011	456.20	220.40	235.80	6990.58	1200.82	5789.76
2012	627.02	307.74	319.28	8302.29	1458.24	6844.05
2013	636.59	370.74	265.85	10339.87	1989.29	8350.58
2014	628.68	397.58	231.10	11747.39	2338.93	9408.46
2015	732.76	426.74	306.02	13540.06	2853.81	10686.25
2016	847.02	491.66	355.36	14319.98	3507.17	10812.81
2017	903.43	600.99	302.44	15228.11	3793.01	11435.10

14-26 历年主要工业产品产量
Output of Major Industrial Products Over the Years

年份 Year	卷烟 (万箱) Cigarettes (10000 cases)	茅台酒 (吨) Mao-Tai Chiew (ton)	发电量 (亿千瓦小时) Electricity (100 million kwh)	粗钢 (万吨) Crude Steel (10000 tons)	成品钢材 (万吨) Steel Products (10000 tons)	水泥 (万吨) Cement (10000 tons)	农用化肥 (万吨) Chemical Fertilizer (10000 tons)	磷矿石 (万吨) Phosphorite Material (10000 tons)
1978	31.60	1067	41.43	8.73	4.95	130.93	11.57	169.02
1979	34.30	1143	44.90	9.11	6.48	148.38	21.8	124.61
1980	44.00	1200	45.17	8.66	7.75	144.47	30.34	188.02
1981	48.70	1055	43.55	8.60	5.17	145.82	30.22	170.03
1982	56.10	1181	57.86	10.62	9.43	161.07	30.98	207.98
1983	64.40	1189	69.51	11.63	13.73	182.26	32.37	216.72
1984	85.70	1320	76.46	13.87	18.93	206.94	36.85	214.34
1985	106.10	1266	78.07	19.28	20.47	231.26	30.31	92.77
1986	102.10	1267	82.52	26.34	21.45	247.31	34.99	162.58
1987	146.40	1331	84.90	32.67	25.30	258.10	39.32	248.39
1988	188.40	1300	90.12	33.17	23.13	293.38	39.23	281.82
1989	205.10	1727	96.53	37.78	22.96	295.51	43.49	285.46
1990	208.00	1879	103.87	47.11	25.36	278.29	46.73	323.86
1991	194.00	1959	116.03	52.71	31.87	308.13	51.65	342.96
1992	202.90	2089	129.35	64.19	48.83	370.44	51.54	348.42
1993	193.60	2281	146.56	70.67	53.03	406.68	60.06	307.00
1994	204.90	3390	197.21	69.89	56.14	463.10	53.60	341.43
1995	202.90	3978	231.55	65.94	51.69	468.34	61.02	390.81
1996	197.70	4365	248.80	59.47	51.60	522.00	57.50	446.40
1997	205.30	4468	255.75	78.77	57.65	632.00	69.17	509.91
1998	195.80	5072	291.77	100.28	77.28	559.42	72.82	436.51
1999	187.60	5074	334.46	140.09	118.77	710.29	73.12	493.92
2000	187.40	5397	404.70	166.90	150.93	783.88	84.05	588.70
2001	180.80	7317	480.25	146.99	138.61	920.01	86.75	669.91
2002	177.80	9625	547.12	194.65	177.79	1121.11	158.49	729.20
2003	183.19	10869	636.60	206.10	192.97	1324.66	186.89	783.68
2004	194.74	12836	713.04	208.07	203.22	1428.80	213.78	801.98
2005	208.21	8885	786.78	237.83	214.85	1557.97	268.28	878.79
2006	211.73	9719	974.66	332.51	256.57	1799.40	338.76	1034.60
2007	220.71	10789	1166.32	349.36	328.14	1943.10	321.84	1198.83
2008	226.74	11308	1192.08	345.64	337.52	2048.94	262.21	1317.18
2009	232.24	12161	1363.09	343.10	337.62	2664.78	347.28	1360.66
2010	239.24	12911	1358.69	360.48	391.04	3694.84	384.92	1579.21
2011	245.23	13815	1359.01	434.01	462.77	5250.89	360.37	2084.18
2012	249.35	14272	1548.44	531.27	560.22	6100.45	503.82	2281.95
2013	254.29	15729	1620.08	531.44	573.28	8352.95	524.26	2905.44
2014	258.36	18319	1682.27	551.81	552.39	9386.89	533.52	3397.42
2015	252.34	22373	1740.92	466.59	463.04	9909.52	582.47	4323.10
2016	232.13	25167	1839.71	515.86	526.18	10748.76	611.31	5256.00
2017	215.21	24474	1856.53	439.90	495.72	11356.51	538.47	4817.00

注：1.表中工业产品产量1998年以前为全社会口径，1998年及以后为规模以上工业企业数据。2.茅台酒产量从2001年起计量单位为千升，2005年起按包装量统计。

Note: 1.Before 1998, the data of industrial product output from this chart referred to all the industries in society and it refers to the industrial enterprises above designated size after 1998. 2.The measurement unit of the production of Maotai is Kiloliter from 2001. And, it has measured at packages from 2005.

主要统计指标解释

工业 指从事自然资源的开采，对采掘品和农产品进行加工和再加工的物质生产部门。具体包括：(1)对自然资源的开采，如采矿、晒盐等(但不包括禽兽捕猎和水产捕捞)；(2)对农副产品的加工、再加工，如粮油加工、食品加工、缫丝、纺织、制革等；(3)对采掘品的加工、再加工，如炼铁、炼钢、化工生产、石油加工、机器制造、木材加工等，以及电力、自来水、煤气的生产和供应等；(4)对工业品的修理、翻新，如机器设备的修理、交通运输工具（如汽车）的修理等。

工业统计调查单位为独立核算法人工业企业。

独立核算法人工业企业指从事工业生产经营活动的单位。独立核算法人工业企业应同时具备以下条件：①依法成立，有自己的名称、组织机构和场所，能够承担民事责任；② 独立拥有和使用资产、承担负债、有权与其他单位签订合同；③独立核算盈亏，并能够编制资产负债表。

国有控股企业 包括：（1）在企业的全部实收资本中，国有经济成分的出资人拥有的实收资本（股本）所占企业全部实收资本（股本）的比例大于50%的国有绝对控股。（2）在企业的全部实收资本中，国有经济成分的出资人拥有的实收资本（股本）所占比例虽未大于 50%，但相对大于其他任何一方经济成分的出资人所占比例的国有相对控股；或者虽不大于其他经济成分，但根据协议规定拥有企业实际控制权的国有协议控股。（3）投资双方各占 50%，且未明确由谁绝对控股的企业，若其中一方为国有经济成分的，一律按国有控股处理。

本篇涉及的其他企业登记注册类型的解释详见综合篇。

资产总计 指企业过去的交易或者事项形成的、由企业拥有或者控制的、预期会给企业带来经济利益的资源。资产一般按流动性分为流动资产和非流动资产。其中流动资产可分为货币资金、交易性金融资产、应收票据、应收账款、预付款项、其他应收款、存货等；非流动资产可分为长期股权投资、固定资产、无形资产及其他非流动资产等。根据会计“资产负债表”中“资产总计”项目的期末余额数填报。

流动资产合计 资产满足以下条件之一应归为流动资产：（1）预计在一个正常营业周期中变现、出售或耗用，主要包括存货、应收账款等；（2）主要为交易目的而持有；（3）预计在资产负债表日起一年内（含一年）变现；(4）自资产负债日起一年内，交换其他资产或清偿负债的能力不受限制的现金或现金等价物。包括货币资金、应收票据、应收账款、存货等项目。根据会计“资产负债表”中“流动资产合计”项目的期末余额数填报。

负债合计 指企业过去的交易或者事项形成的，预期会导致经济利益流出企业的现时义务。负债一般按偿还期长短分为流动负债和非流动负债。根据会计“资产负债表”中“负债合计”项目的期末余额数填报。

主营业务收入 指企业确认的销售商品、提供劳务等主营业务的收入。根据会计“主营业务收入”科目的期末贷方余额填报。

主营业务成本 指企业经营主要业务所发生的成本总额。根据会计“主营业务成本”科目的期末借方余额填报。

主营业务税金及附加 指企业经营主要业务应负担的营业税、消费税、城市维护建设税教育费附加等。根据会计“主营业务税金及附加”科目的期末借方余额填报。

利润总额 指企业在一定会计期间的经营成果，是生产经营过程中各种收入扣除各种耗费后的盈余，反映企业在报告期内实现的盈亏总额。根据会计“利润表”中“利润总额”项目的本期金额数填报。

应交增值税 指企业按税法规定，从事货物销售或提供加工、修理修配劳务等增加货物价值的活动本期应交纳的税金。

计算公式为：

应交增值税=销项税额-（进项税额-进项税额转出）-出口抵减内销产品应纳税额-减免税款+出口退税

进项税额指企业在报告期内购入货物或接受应税劳务而支付的、准予从销项税额中抵扣的增值税额。

销项税额指企业在报告期内销售货物或提供应税劳务应收取的增值税额。

总资产贡献率　反映企业全部资产的获利能力，是企业经营业绩和管理水平的集中体现，是评价和考核企业盈利能力的核心指标。计算公式为：

$$\text{总资产贡献率} = \frac{\text{利润总额} + \text{税金总额} + \text{利息支出}}{\text{平均资金总额}} \times 100\%$$

公式中：税金总额为主营业务税金及附加与应交增值税之和；平均资产总额为期初期末资产之和的算术平均值。

资产负债率　该指标既反映企业经营风险的大小，也反映企业利用债权人提供的资金从事经营活动的能力。计算公式为：

$$\text{资产负债率} = \frac{\text{负债总额}}{\text{资产总额}} \times 100\%$$

资产与负债均为报告期期末数。

流动资产周转次数　指一定时期内流动资产完成的周转次数、反映投入工业企业流动资金的周转速度。计算公式为：

$$\text{流动资产周转次数} = \frac{\text{产品销售收入}}{\text{全部流动资产平均余额}}$$

公式中：全部流动资产平均余额为期初和期末的流动资产之和的算术平均值。

成本费用利润率　反映企业投入的生产成本及费用的经济效益，同时也反映企业降低成本所取得的经济效益。计算公式为：

$$\text{成本费用利润率} = \frac{\text{利润总额}}{\text{成本费用总额}} \times 100\%$$

公式中：成本费用总额为主营业务成本、销售费用、管理费用、财务费用之和。

Explanatory Notes on Main Statistical Indicators

Industry refers to the material production sector which is engaged in the extraction of natural resources and processing and reprocessing of minerals and agricultural products, including (1) extraction of natural resources, such as mining, salt production (but not including hunting and fishing); (2) processing and reprocessing of farm and sideline produces, such as rice husking, flour milling, wine making, oil pressing, silk reeling, spinning and weaving, and leather making; (3) manufacture of industrial products, such as steel making, iron smelting, chemicals manufacturing, petroleum processing, machine building, timber processing; water and gas production and electricity generation and supply; (4)repairing of industrial products such as the repairing of machinery and means of transport (including cars).

In industrial statistics surveys, the units of enquiry are corporate industrial enterprises with independent accounting systems.

Corporate industrial enterprises with independent accounting systems refer to enterprises engaging in industrial production activities, which meet the following requirements: (1) They are established legally, having their own names, organizations, location and able to take civil liability; (2) They possess and use their assets independently, assume liabilities and are entitled to sign contracts with other units; (3) They are financially independent and compile their own balance sheets.

State-holding Enterprises including: (1) Absolute state-holding in which the contributors of state-owned parts possess more than 50% of all the paid-in capital (stocks) of the enterprises; (2) Relative state-holding in which the contributors of state-owned parts possess no more than 50% of the paid-in capital (stocks) of the enterprises, but more than that of any other contributors; or Agreed state-holding in which the contributors of state-owned parts possess no more than other contributors but have actual control over the enterprises according to agreements; (3) In the case both contributors possess 50% and it is not clear which one is in absolute holding position, the enterprise is regarded as state-holding enterprise if one of the contributor has state-owned elements.

Total Assets refer to all resources that are owned or controlled by enterprises through previous trades or transactions with expectation of making economic profits. Classified by the degree of liquidity, total assets include current assets, and non-current assets. Current assets can be classified into monetary assets, trading financial assets, notes receivable, accounts receivable, advanced payments, other prepaid money and inventories. Non-current assets can be divided into long-term equity investment, fixed assets, intangible assets and other non-current assets. Date on this indicator can be obtained by the year-end figures of total assets in the Assets and Liability Table of accounting records of enterprises.

Total Current Assets refers to the assets that meet one of the following requirements: (1) expected to be cashed, sold or used in a normal operation cycle, mainly including inventory and accounts receivable; (2) be owned for trading prupose mainly; (3) expected to be cashed in one year (including one year) from the day of the Assets and Liability Table; (4) unlimited cash or cash equivalents that can be exchanged with other assets or being capable of settling debts during one year since the day of Assets and Liability Table. Included are monetary assets, notes receivable, accounts receivable and inventories. Data on this indicator can be obtained by the year-end figures of total current assets in the Assets and Liability Table of the accounting records of enterprises.

Total Liabilities refers to payable liabilities of enterprises that accumulated from previous trades or transactions with expectation of economic profits leaking out. In terms of payment, it can be divided into liquid liabilities and long-term liabilities. Data on this item is obtained from the year-end figures on total liabilities from the Assets and Liability Table of the accounting record of the enterprises.

Revenue from Principal Business refers to the income confirmed of an enterprise from the principal business of selling products and providing labor services. Data on this indicator can be obtained from the year-end credit balance of "revenue from principal business" in the accounting record of enterprise.

Cost of Principal Business refers to the total cost occurred from the principal business of the enterprise. Date can be obtained from the year-end debit balance of "cost of principal business" in the accounting record of enterprise.

Tax and Extra Charges from Principal Business refers to the sales tax, consumption tax, urban maintenance and construction tax and education expenses shouldered by the enterprise from its principal business. Date are obtained from the year-end debit balance of "tax and extra charges from principal business" in the accounting record of enterprise.

Total Profits refers to the operation results in a certain accounting period, and it is the balance of various incomes minus various spendings in the course of operation reflecting the total profits and losses of enterprises in reference period. Date are obtained from the amount of "total profits" in the "profit table" of the accounting record of enterprise.

Value-added Tax Payable refers to the payable tax according to Tax Law of enterprises which engaged in selling of goods or providing services that bring added value to the goods, such as processing, repairing, fitting and other activities. The formula is as follows:

Value-added Tax Payable = tax on sales – (tax on purchase – transferred tax on purchase) – exports deduct tax payable on domestic sales – tax relief + the export tax rebate.

Tax on Purchase refers to the value-added tax payable by enterprises that purchase goods or receiving taxable services during the reference period and this part of the tax is allowed to be deducted from the tax on sales.

Tax on Sales refers to the value-added tax chargeable by enterprises that sell goods or provide taxable services during the reference period.

Ratio of Profits, Taxes and Interests to Average Assets reflects the profit-making capability of all assets, manifests the performance and management of the enterprise, and is a key indicator for evaluating the profit-making potential of the enterprise. It is calculated as follows:

$$\text{Ration of Profits, Taxes and Interests to Average Assets}(\%) = \frac{\text{total profits+total taxes+interest payment}}{\text{average assets}} \times 100\%$$

In the above formula, total taxes is the sum of tax of and extra charges on the principal business and value-added tax payable; and average assets is the arithmetic mean of the sum of beginning assets and ending assets.

Ratio of Debts to Assets reflects both the operation risk and the capability of the enterprise in making use of the capital from the creditors. It is calculated as follows:

$$\text{Ratio of Debts to Assets}(\%) = \frac{\text{total debts}}{\text{total assets}} \times 100\%$$

Both assets and debts are figures at the end of the reference period.

Turnover of Current Assets refers to the number of times of turnover of current assets in a given period of time, which reflects the speed of the turnover of current assets of industrial enterprises, and is calculated as follows:

$$\text{Turnover of Working Capital} = \frac{\text{sales revenue of products}}{\text{average balance of total working capital}}$$

In the above formula, average balance of total current assets refers to the arithmetic mean of the sum of current assets at the beginning and at the end of the reference period.

Ratio of Profits to Total Industrial Costs refers to the ratio of profits realized in a given period to the total costs in the same period, which reflects the economic efficiency of input cost and is calculated as follows:

$$\text{Ratio of Profits to Total Industrial Cost}(\%) = \frac{\text{total profits}}{\text{total costs}} \times 100\%$$

Total costs in the above formula are the sum of cost of principal business, marketing cost, management cost and financial cost.

建筑业

Construction 15

简 要 说 明

一、主要内容

本篇资料主要反映全省建筑业发展情况。包括企业数、从业人员、建筑业总产值、房屋建筑面积、利润税金、劳动生产率等。

二、统计范围

建筑业统计范围是纳入企业一套表名录库的资质以上建筑业企业。

三、统计调查方法

根据国家统计局制定的《建筑业统计报表制度》整理汇总。

三、资料来源

本篇资料由省统计局固定资产投资统计处提供。

Brief Introduction

I. Main Contents

Data in this chapter show the general situation and the development of the construction industry in Guizhou Province. They include the number of enterprises; number of employed persons; gross output value and of the construction industry; floor space of buildings under construction; profits and taxes; and labour productivity, etc.

II. Scope of Statistics

The scope of construction industry data in this chapter is the construction enterprises above qualification which belong to the basic units of integrated business enterprise survey.

III. Methods of Survey

Data on construction enterprises are collected in accordance with the Statistical Reporting System of Construction stipulated by the National Bureau of Statistics.

IV. Sources of Data

Data in this chapter are provided by Fixed Assets Investment Department of Guizhou Provincial Bureau of Statistics.

15−1 建筑业主要指标
Main Economic Indicators on Construction Enterprises

指　标	Item	2013	2014	2015	2016	2017
建筑业企业个数(个)	**Number of Construction Enterprises (unit)**	**678**	**841**	**892**	**891**	**1029**
年末从业人员(万人)	Number of Emplyed Persons at the Year-end (10000 persons)	41.22	45.64	47.41	67.53	77.64
自有固定资产原价(亿元)	Fixed Assets Owned(original value) (100 million yuan)		114.17	131.24	146.19	153.31
自有固定资产净价(亿元)	Fixed Assets Owned(net value)(100 million yuan)		65.96	75.04	80.00	91.53
自有机械设备台数(万台)	Number of Machinery and Equipment Owned (10000 sets)			8.13	8.23	8.01
自有机械设备净值(亿元)	Net Value of Machinery and Equipment Owned (100 million yuan)			44.65	61.09	72.75
自有机械设备总功率(万千瓦)	Total Power of Machinery and Equipment Owned (10000 kw)			217.62	340.54	385.98
建筑业总产值(亿元)	**Gross Output Value of Construction (100 million yuan)**	**1365.00**	**1640.24**	**1947.74**	**2362.95**	**2932.96**
#本年固定资产折旧	Depreciation of Fixed Assets		9.57	9.18	9.50	10.62
应付职工薪酬	Wages Payable		166.30	147.83	194.38	249.14
工程结算税金及附加	Taxes and Extra Charges on Project Settle Accounts		53.52	58.22	33.01	23.94
营业利润	Operating Profits		35.55	44.70	55.33	97.92
房屋建筑施工面积(万平方米)	**Floor Space of Buildings under Construction (10000 sq.m)**	**12174**	**13890**	**16770**	**19355**	**18054**
房屋建筑竣工面积(万平方米)	**Floor Space of Buildings Completed (10000 sq.m)**	**2450**	**2801**	**3194**	**4112**	**4714**
利润总额(亿元)	Total Profits(100 million yuan)		35.07	45.70	60.11	100.85
税金总额(亿元)	Total Taxes(100 million yuan)		63.16	69.98	82.57	107.93
劳动生产率(元/人)	**Overall Labor Productivity(yuan/person)**					
按总产值计算	In Terms of Gross Output Value	368122	367684	349275	349909	366276
技术装备率(元/人)	Value of Machines Per Laborer(yuan/person)			8006	9047	9109
动力装备率(千瓦/人)	Power of Machines Per Laborer(kw/person)			4.59	5.04	4.97
房屋建筑面积竣工率(%)	Ratio of Floor Space of Buildings Completed(%)	20.13	20.17	19.05	21.25	26.13
产值利润率(%)	Ratio of Profit to Gross Output Value(%)		2.1	2.3	2.5	3.4
产值利税率(%)	Ratio of Pre-tax Profit to Gross Output Value(%)		5.9	5.9	6.0	7.1

注：2016年起建筑业数为有工作量的企业数据。（以下相关表同）

Note: The number of construction is the enterprises with work load from 2016. (the same as in the following table)

15-2 建筑业主要生产指标(2017)

指 标	Item	企业个数(个) Number of Constru-stion Enterp-rises (unit)	年末从业人员(万人) Number of Persons Engaged (10000 persons)	签订合同额(亿元) Value of Signed Contract (100 million yuan)	#本年新签合同额 New Value of Signed Contract in this year
总 计	**Total**	**1029**	**77.64**	**7880.64**	**4437.32**
#国有及国有控股	State-owned and state-controlled Construction Enterprises	156	30.32	5116.39	2632.94
#施工总承包企业	General Contractors	853	73.65	7698.28	4305.14
专业承包企业	Special Contractors	176	3.99	182.36	132.18
按登记注册类型分组	**By Registration Status**				
#内资企业	Domestic Funded	1028	77.63	7879.52	4437.32
#国有企业	State-owned	38	5.49	512.77	277.64
集体企业	Collective-owned	54	2.17	111.94	72.78
股份有限公司	Company Limited with Share Holding	41	4.17	1233.67	558.89
私营企业	Private Enterprises	501	19.67	704.81	463.44
按国民经济行业分组	**By Sector**				
房屋和土木工程建筑业	Building and Civil Engineering Construction	860	70.82	7303.06	4003.01
房屋工程建筑	Building Engineering Construction	675	51.09	4172.81	2488.17
土木工程建筑	Civil Engineering Construction	185	19.74	3130.25	1514.84
建筑安装业	Construction Installation	91	4.77	437.02	346.34
建筑装饰业	Construction Decoration	44	1.27	57.30	31.86
其他建筑业	Others	34	0.77	83.26	56.11

Main Production Indicators on Construction Enterprises

建筑业总产值(亿元) Total Output Value of Construction (100 million yuan)	#在外省完成的产值 Value of Construction Which Fulfilled outside of Guizhou Province	#建筑工程 Output Value of Construction	#安装工程 Output Value of Installation	房屋建筑施工面积(万平方米) Floor Space of Buildings under Construction (10000 sq.m)	#本年新开工面积 Started This Year
2932.96	**686.20**	**2600.35**	**235.52**	**18054.42**	**5950.60**
1782.85	564.51	1598.90	165.13	8485.85	2551.37
2826.14	680.87	2546.08	205.21	17932.87	5892.29
106.82	5.33	54.27	30.31	121.55	58.31
2932.90	686.20	2600.30	235.52	18052.86	5950.60
246.18	59.67	143.30	101.01	758.26	211.30
52.61		47.28	1.94	390.99	243.52
386.47	123.86	378.03	5.01	4500.29	1135.54
368.67	4.16	317.69	32.74	2473.45	1003.46
2643.10	634.89	2422.05	149.68	17091.75	5671.97
1620.20	312.46	1516.13	45.12	16163.33	5372.41
1022.90	322.43	905.92	104.56	928.42	299.56
213.62	43.90	124.89	81.63	920.13	276.09
27.85	2.24	12.13	1.71	0.96	0.54
48.39	5.17	41.28	2.50	41.58	2.00

15-3 建筑业企业房屋建筑(2017)

指　标	Item	竣工面积（万平方米）Floor Space of Buildings Completed (10000sq.m)	#厂房、仓库 Workshop Storehouse	#住 宅 Residential Buildings	#教育用房 Educational Buildings
总　计	**Total**	**4714.08**	**155.86**	**3137.81**	**349.22**
#国有及国有控股	Construction Enterprises of State-owned and state-controlled	1543.68	43.67	1232.72	59.38
#施工总承包企业	General Contractors	4692.34	153.08	3121.94	349.22
专业承包企业	Special Contractors	21.74	2.78	15.87	
按登记注册类型分组	**By Registration Status**				
#内资企业	Domestic Funded	4714.08	155.86	3137.81	349.22
#国有企业	State-owned	168.03	8.14	116.67	8.95
集体企业	Collective-owned	222.60	1.82	143.60	20.71
股份有限公司	Company Limited with Share Holding	1082.52	1.64	844.90	14.39
私营企业	Private Enterprises	1000.22	20.62	634.88	92.15
按国民经济行业分组	**By Sector**				
#房屋和土木工程建筑业	Building and Civil Engineering Construction	4544.92	136.91	3040.84	319.22
房屋工程建筑	Building Engineering Construction	4463.07	130.89	3006.50	309.28
土木工程建筑	Civil Engineering Construction	81.86	6.02	34.34	9.94
建筑安装业	Construction Installation	158.72	17.43	93.83	30.00

House Buildings by Construction Enterprises

		总 造 价					
#卫生医疗用房 Medical Buildings	#科研用房 Scientific Research Buildings	(元/平方米) Total cost of Buildings Completed (yuan/sq.m)	#厂房、仓库 Workshop Storehouse	#住 宅 Residential Buildings	#教育用房 Educational Buildings	#卫生医疗用 房 Medical Buildings	#科研用房 Scientific Research Buildings
132.68	**11.86**	**1650**	**1781**	**1469**	**1510**	**1579**	**1359**
27.07	1.95	1687	1509	1550	1650	1854	2528
132.56	11.86	1649	1792	1466	1510	1578	1359
0.12		1824	1199	2060		2508	
132.68	11.86	1650	1781	1469	1510	1579	1359
1.35	0.81	1049	2365	977	979	1455	1570
4.07	2.07	1332	1376	1363	1412	1480	978
10.03	3.35	1831	1887	1490	858	1430	671
28.12	0.81	1395	1198	1341	1320	1241	1546
130.12	11.86	1657	1782	1471	1537	1570	1359
127.59	11.84	1653	1740	1471	1527	1549	1346
2.53	0.02	1879	2689	1470	1828	2628	1328
2.56		1464	1839	1391	1220	2028	

15-4 历年建筑业总产值和房屋施工、竣工面积

Gross Output Value of Construction and Floor Space of Building Over the Years

年份 Year	建筑业总产值(亿元) Gross Output Value of Construction (100 million yuan)	#国有及国有控股 State-owned and State-controlled	房屋施工面积(万平方米) Floor Space Under Construction (10000 sq.m)	房屋竣工面积(万平方米) Floor Space Completed (10000 sq.m)
1978	4.40	3.55	313	164
1979	4.44	3.40	371	185
1980	4.55	3.37	380	198
1981	4.76	3.27	392	213
1982	5.34	3.46	450	236
1983	6.22	3.85	501	258
1984	7.54	4.79	551	293
1985	9.81	6.34	662	342
1986	11.27	7.21	720	368
1987	12.93	8.62	725	378
1988	15.30	10.43	823	326
1989	15.57	11.07	765	305
1990	16.98	11.85	699	328
1991	20.32	14.09	739	335
1992	26.20	18.13	906	393
1993	37.65	26.63	1250	597
1994	48.69	36.65	1119	467
1995	55.40	44.58	1191	477
1996	66.49	52.45	1216	510
1997	76.70	59.78	1278	585
1998	83.20	62.42	1457	592
1999	96.65	70.91	1671	694
2000	109.06	77.04	1792	824
2001	150.20	110.40	1946	892
2002	181.12	133.62	2309	1054
2003	212.29	164.02	2520	980
2004	255.45	191.63	2820	1251
2005	271.23	207.88	3153	1150
2006	312.34	247.90	3369	1108
2007	348.79	271.69	3813	1204
2008	393.88	303.28	4230	1216
2009	523.91	408.00	4953	1244
2010	622.96	496.00	5756	1350
2011	824.72	659.29	6779	1530
2012	1039.95	859.68	8254	1863
2013	1365.00	1103.42	12174	2450
2014	1640.24	1264.19	13890	2801
2015	1947.74	1497.31	16770	3194
2016	2362.95	1556.54	19355	4112
2017	2932.96	1918.88	18054	4714

主要统计指标解释

建筑业总产值 是以货币形式表现的建筑业企业在一定时期内生产的建筑业产品和提供服务的总和。建筑业总产值包括：

(1)建筑工程产值：指列入建筑工程预算内的各种工程价值。

(2)安装工程产值：指设备安装工程价值，不包括被安装设备本身价值。

(3)其他产值：建筑业总产值中除建筑工程、安装工程以外的产值。包括房屋构筑物修理产值、非标准设备制造产值、总包企业向分包企业收取的管理费以及不能明确划分的施工活动所完成的产值。

a.房屋构筑物修理产值：指房屋和构筑物修理所完成的产值，但不包括被修理房屋、构筑物本身价值和生产设备的修理价值。

b.非标准设备制造产值：指加工制造没有定型的非标准生产设备的加工费和原材料价值(如化工厂、炼油厂用的各种罐、槽，矿井生产统一使用的各种漏斗、三角槽、阀门等)以及附属加工厂为本企业承建工程制作的非标准设备的价值。

在外省完成的产值 指建筑业企业在其他省份施工所完成的建筑业产值。

签订合同额 指建筑业企业在报告期直接同建设单位签订的各种国内工程合同的总价款和以前年度同建设单位签订的各种国内工程合同的未完成工程转入本年度继续施工工程合同的总价款余额。

房屋建筑施工面积 指在报告期内施工的全部房屋建筑面积，包括本期新开工的房屋面积、上期施工跨入本期继续施工的房屋面积、上期停缓建在本期恢复施工的房屋面积、本期竣工的房屋面积及本期施工后又停缓建的房屋面积。

房屋建筑竣工面积 指在报告期内房屋建筑按照设计要求全部完工，达到了住人和使用条件，经验收鉴定合格，正式移交使用单位的房屋建筑面积。

Explanatory Notes on Main Statistical Indicators

Gross Output Value of Construction refers to total construction products and services, expressed in money terms, produced or rendered by construction and installation enterprises during a given period of time. It includes:

(1) Output value of construction projects: the value of projects covered by the project budgets;

(2) Output value of installation projects: the value of the installation of equipment, (excluding the value of the equipment to be installed);

(3) Other output values: the output value of construction industry apart from that of construction projects and installation projects. It includes: output value of repair of buildings and structures; output value of non-standard equipment manufacturing; overhead expenses received by contracted enterprises from the sub-contracted enterprises and the completed output value of construction activities for which there is no clear definition.

a. Output value of repair of buildings and structures: the value created through the repairs of buildings or structures. It does not include the value of buildings or structures being repaired and the value of the repair of production equipment;

b. Output value of manufactured non-standard equipment: the value of non-standard production equipment, including raw materials and manufacturing cost, made for the construction project (i.e., chemical plant; kettles or tanks used by refineries; various fillers, triangle tanks, valves used by mines). It also includes the output value of equipment manufactured by subsidiary workshops.

The output value in the other province refers to the output value produced by the construction enterprises in other provinces .

The total amount of the contract refers to the construction company in the reporting period directly with the construction unit signed a variety of domestic engineering contracts and the total price of the previous year with the construction unit signed a variety of domestic engineering contracts to complete the project transferred to the current year to continue construction contract price Balance.

Floor Space of Buildings Under Construction refers to floor space of buildings under construction during the reference period, including the space of buildings for which construction has newly started, buildings for which construction has started earlier and is continuing during the reference period, and buildings for which construction has been suspended earlier but has restarted during the reference period, buildings completed during the reference period, and buildings under construction but construction has subsequently been during the reference period.

Floor Space of Buildings Completed refers to the total floor space of each of the buildings that are completed in the reference period in accordance with the requirements of the design, up to the standard for being resided in and put into use, and have been checked and accepted by concerned departments as qualified ones.

运输和邮电

Transport, Postal and Telecommunication Services

16

简 要 说 明

一、主要内容

本篇资料反映全省交通运输业、邮政和电信业、大数据等方面发展的基本状况。

交通运输业资料主要包括：铁路、公路、水运、航空四种运输方式的线路里程、各种运输方式完成的货物运输量和旅客运输量等资料。

邮政、电信业资料主要包括：营业网点及邮政邮路情况，电信主要通信能力，主要的邮电业务完成情况等资料。

大数据资料主要包括：互联网发展情况，软件和信息技术服务业等资料。

二、统计范围

1.铁路资料：包括国家铁路（含控股合资）、地方铁路和非控股合资铁路运营情况，不含军用铁路及由厂矿企事业单位自建的铁路专用线和不办理公共营业的专用铁路。

2.公路、水运资料：(1)公路和水路线路里程为年末通车和通航里程数，不含未正式投入使用的公路和航道里程；(2)民用汽车拥有量根据省公安厅交通管理局车管部门登记注册的车辆资料整理；(3)公路、水路客货运输量资料，由省交通运输厅负责收集整理；(4)公路、水路运输量统计包括全面调查和非全面调查两种方式，统计范围是在省交通运输主管部门登记注册的从事公路、水路客、货运输的营业性的车辆和船舶所完成的运输量。

3.民航运输资料：统计对象为在贵州境内注册从事民用航空运输飞行和通用飞行的航空运输企业和定期航班通航机场，不包括在贵州境内运输飞行的外国航空公司。统计范围为各航空公司从事国内运输、港澳台运输、国际运输的定期航班航线条数及里程、运输量及飞机构成和运营情况、通用航空飞行完成情况等。

4.邮政和电信业资料：包括邮政企业和获得快递业务经营许可的快递企业，以及从事电信运营的中国电信、中国移动、中国联通三家基础电信企业（不含专用网业务资料），主营业务收入100万元以上的软件和信息技术服务业等企业。邮电业务量按业务种类分为邮政业务量和电信业务量。

三、资料来源

本篇资料由省统计局服务业统计处负责整理、编辑。有关资料分别来源于省交通运输厅、成都铁路分局、省交警总队车辆管理所、贵州省机场集团有限公司、省邮政管理局、省邮政储蓄银行、省通信管理局。

Brief Introduction

I. Main Contents

Data in this chapter present the development of transportation, post and telecommunications industry and big data in Guizhou.

Data on transport cover mainly the length of the routes of four means of transportation, freight traffic and passenger traffic accomplished by various means of transportation, etc.

Data on post and telecommunications industry cover mainly the situation of post and telecommunication offices and postal routes; main telecommunication capacity; business volume of postal and telecommunication services achieved.

Big Data cover mainly the development of Internet, services of software and information technology, etc.

II. Scope of Statistics

1. Data on railway transportation: including the operation and management of the national, local and joint-venture railways but not including railways for military purpose, lines built by industrial and mining enterprises and special railways not for commercial use.

2. Data on highways and waterways: (1) The length of highways and waterways refer to the length open to traffic or navigation at the end of the year, but not including the highways and waterways under construction or not officially having been put into use. (2) Data on the possession of civil motor vehicles are provided by the divisions of vehicle management, subordinate to the Traffic Management Bureau of Guizhou Public Security. (3) Data on passenger traffic and freight traffic by highways and waterways are collected and prepared by the Ministry of Transport of Guizhou province. (4) Data on highway and waterway transportation are collected through both comprehensive reporting system and non-comprehensive reporting system. The statistical scope encompasses all the enterprises, institutional units and individuals (including joint-households) registered in the Guizhou Provincial Transportation Department and engaged in highway or waterway freight or passenger transport business.

3. Data on civil aviation transport: The targets of statistical collection are enterprises registered for engagement in civil aviation transport flights and flights for general purposes and general aviation airports with

scheduled flights. Excluded are foreign companies which operate flights within Guizhou territory. The scope of statistics encompasses number of lines, mileage flown, transport volume, composition of the fleets operational situation of the airlines， performance of general purpose flights in respect of province transport, transport between China mainland and Hong Kong, Macao and Taiwan, and international transport.

4. Data on post and telecommunications industry: Data in this category include postal enterprises and express delivery companies with annual revenue above 2 million yuan, the three major enterprises of telecommunication: China Telecom, China Mobile and China Unicom (not including services provided through dedicated networks), and enterprises of software and IT services with turnover from primary activities above one million yuan. By types of business, the business volume of post and telecommunications is divided into postal services and telecommunication services; by coverage it is divided into province service, international service, and service between the Mainland and Hong Kong, Macao (business volume of the service to Taiwan is covered in that for Hong Kong and Macao).

III. Sources of Data

Data in this chapter are processed and compiled by the Service Department of Guizhou Provincial Bureau of Statistics. Data on transportation are from Guizhou Provincial Transportation Department,Guizhou Traffic Police Headquarters,Chengdu Rallway Branch Bureau, Guizhou Airport Group Co., Ltd., Guizhou Provincial Postal Administration, Guizhou Postal Saving Bank,Guizhou Communication Administration .

16－1 境内运输线路长度

Length of Domestic Transportation Routes

单位：公里 (km)

指标	Item	2013	2014	2015	2016	2017	2017年比2016年增长(%) Increase Rate in 2017 over 2016(%)
铁路营业里程	**Length of Railways in Operation**	**2093**	**2373**	**2810**	**3270**	**3285**	**0.5**
#复线里程	Double-tracking Length	667	938	1356	1630	1630	持平
#高速铁路营运里程	Length of High-speed Railways		234	560	835	860	3.0
公路线路里程	**Length of Highways**	**172564**	**179079**	**186407**	**191626**	**194379**	**1.4**
按行政等级分	**Classified by Administrative Level**						
国　道	State Road	4560	4654	4905	11620	11735	1.0
#国家高速公路	Expressway	1890	1985	2231	3179	3280	3.2
省　道	Provincial Road	8582	9199	10044	19980	20331	1.8
县　道	County Road	17572	17574	17582	34456	34501	0.1
乡　道	Township Road	18463	18489	18512	45827	45822	—
村　道	Village Road	122629	128399	134600	79744	81990	2.8
专用公路	Accommodation Highway	759	764	764	—	—	—
按技术等级分	**Classified by Technical Grade**						
等级公路	Expressway and Class I to IV Highways	95419	107573	120613	132264	148839	12.5
高速公路	Expressway	3284	4007	5128	5434	5835	7.4
#四车道	Four-lane	3204	3926	4983	5288	5497	3.9
一　级	First Class	256	393	489	1140	1313	15.3
二　级	Second Class	4128	4497	6159	6681	7468	11.8
三　级	Third Class	8466	8714	7520	7483	7235	-3.3
四　级	Fourth Class	79285	89962	101317	111527	126988	13.9
等外公路	Highways Below Class IV	77145	71506	65794	59363	45540	-23.3
按路面类型分	**Classified by Pavement**						
有铺装路面(高级)	Paved Road (advanced)	31799	45085	60929	74310	97622	31.4
沥青混凝土	Asphalt Concrete	6862	9364	12602	15316	17662	15.3
水泥混凝土	Cement Concrete	24937	35721	48327	58994	79960	35.5
简易铺装路面	Simple Paved Road	34357	35147	34505	33469	33018	-1.3
未铺装路面	Not-paved Road	106408	98848	90973	83847	63739	-24.0
晴雨通车里程	Can be open to traffic in rainy or sunny days	172564	179079	186407	191626	182197	-4.9
可绿化里程	Greening mileage	160440	166501	173177	178816	54389	-69.6
养护里程	Maintained Road	172564	178213	183486	189081	192180	1.6
内河航道里程	**Length of Navigable Inland Waterways**	**3563**	**3661**	**3661**	**3664**	**3664**	**持平**

注：1.资料来源于省交通运输厅、成都铁路分局(以下相关表同)。2.公路线路里程包括村道里程。3.铁路复线里程数据为成都铁路局管辖范围内的数据。4.2016年路网调整，将专用公路调整到类似省道、县道、乡道、村道。

Note:1. Data in the table are obtained from the Provincial Department of Transports and Chengdu Railway Branch (the relative tables in the chapter are the same). 2. Since 2008, the total length of highways has included the length of village road. 3. The data of Double-tracking railway length belongs to the domination area of Chengdu Railway Bureau. 4. According to the road network adjustment in 2016, accommodation highway has been classified into the level of provincial road, county road, township road and village road.

16−2 民用航空运输
Civil Aviation Transportation

指　　标	Item	2013	2014	2015	2016	2017	2017年比2016年增长(%) Increase Rate in 2017 over 2016(%)
机场个数(个)	**Numbei of Civil Airports(unit)**	**9**	**10**	**10**	**10**	**11**	**10.0**
通航城市(个)	Cities Navigation (unit)	68	81	81	92	101	9.8
#国际及地区城市	International and Regional Cities	7	12	14	20	21	5.0
运输航班(架次)	Transport flights (unit)	107450	140219	155668	186999	233875	25.1
进出港旅客(万人次)	**Passengers Get in and Get out of the Airports(10000 person-times)**	**1125.46**	**1420.68**	**1563.28**	**1873.81**	**2457.65**	**31.2**
#进港旅客	Passengers Get in the Airports	532.77	663.25	735.97	862.99	1118.54	29.6
民航货邮吞吐量(万吨)	**Volume of Freight Handled in Civil Aviation(10000 tons)**	**7.76**	**8.31**	**8.96**	**9.86**	**10.70**	**8.5**

注：1.资料来源于贵州省机场集团有限公司。2.通航城市数量仅为贵阳龙洞堡机场通航的城市。

Note: 1. Data in the table are provided by Airports Group Corporation Ltd. of Guizhou Province. 2. The number of navigable city only includes that of guiyang airport.

16−3 民用汽车拥有量
Possession of Civil Vehicles

单位：万辆 (10000 units)

指　　标	Item	2013	2014	2015	2016	2017	2017年比2016年增长(%) Increase Rate in 2017over 2016(%)
民用汽车合计	**Total**	**202.76**	**246.36**	**294.31**	**350.57**	**415.71**	**18.6**
#载客汽车	Passenger Vehicles	158.03	195.17	240.35	294.26	355.32	20.8
载货汽车	Trucks	41.50	47.77	50.33	52.69	56.49	7.2
#私人汽车	Private Vehicles	167.87	208.95	255.97	312.35	375.93	20.4

注：资料来源于省交警总队车辆管理所。

Note:Data in the table are obtained from the vehicle management office of the provincial traffic police corps.

16-4 快递业务量
Business Volume of Express services

指　标	Item	2013	2014	2015	2016	2017
快递（万件）	**Pieces of Express Mail Services (10000 pcs)**	**2931.23**	**4669.09**	**7034.25**	**11260.13**	**15781.90**
国内同城快递	Local Express Service	398.35	950.20	1407.73	2854.89	4704.42
国内异地快递	National Express Service	2519.23	3702.48	5620.50	8397.20	11067.63
国际及港澳台	Hong Kong, Macao, Taiwan and International Express Service	13.64	16.40	6.02	8.04	9.85
快递业务收入（亿元）	**Revenue from Express Service (10000 yuan)**	**6.03**	**9.82**	**13.24**	**21.79**	**31.15**

注：资料来源于省邮政管理局。

Note: Data in this table are provided by provincial postal administration.

16-5 旅客运量及周转量
Passenger Traffic and Passenger-Kilometers

指　标	Item	2013	2014	2015	2016	2017
旅客运量(万人)	**Passenger Traffic(10000 persons)**	**83435**	**86572**	**87541**	**89464**	**91804**
铁　路	Railways	4322	4409	4901	5169	5797
公　路	Highways	77358	80231	80621	82199	83809
水　运	Waterways	1755	1932	2019	2096	2198
旅客周转量(亿人公里)	**Passenger-Kilometers(100 million passenger-km)**	**593.62**	**635.50**	**658.23**	**674.86**	**720.15**
铁　路	Railways	211.21	217.39	229.92	226.00	249.50
公　路	Highways	377.87	412.92	422.79	443.10	463.93
水　运	Waterways	4.54	5.19	5.52	5.76	6.72

注：1.公路、水路运输量采用全国公路水路运输量专项调查数据。 2.由于交通运输部对公路、水运运输量统计方案进行调整，2013年起相关数据统计口径发生变化，相同指标数据与往年不可比。(下表同)

Note: 1. National highway and waterway transportation volume survey data are used to highway and waterway transportation volume. 2. Because the traffic department of transportation has adjusted the highway projects, the same indicators of waterway transport statistics in 2013 are not comparable with the correlation data in 2012 (the same as in the following tables).

16-6 货物运输量及周转量
Freight Traffic and Ton-Kilometers

指　标	Item	2013	2014	2015	2016	2017
货物运输量(万吨)	**Freight Traffic (10000 tons)**	**72700**	**85673**	**84540**	**89525**	**96241**
铁　路	Railways	6458	6319	5736	5634	5278
公　路	Highways	65100	78017	77341	82237	89298
水　运	Waterways	1142	1337	1463	1654	1665
货物周转量(亿吨公里)	**Freight Ton-Kilometers (100 million ton-km)**	**1292.11**	**1442.24**	**1379.00**	**1482.00**	**1656.25**
铁　路	Railways	655.85	634.35	561.27	566.40	602.60
公　路	Highways	610.64	776.95	782.47	873.23	1008.58
水　运	Waterways	25.62	30.94	35.26	42.37	45.07

16-7 电信主要指标
Major Indicators of Telecommunications

指　标	Item	2013	2014	2015	2016	2017	2017年比2016年增长(%) Increase Rate in 2017over 2016(%)
电信业务总量(亿元)	Business of Volume Telecommunications (100 million yuan)	278.15	353.98	481.00	796.58	825.29	146.2
交换机总容量(万门)	Capacity of Telephone Exchanges (10000 line)	5870.04	5671.60	5545.40	5280.50	5238.30	-0.8
移动电话交换机容量(万户)	Capacity of Mobile Telephone Exchanges (10000 subscribers)	4954	4928	4955	4908	4908	持平
长途光缆线路长度(万公里)	Length of Long Distance Optical Cable Lines(10000km)	3.50	46.13	64.90	80.64	90.00	11.6
年末固定电话用户数(万户)	Number of Fixed Line Telephone at the Year-end (10000 subscribers)	362.99	339.10	312.53	258.69	247.90	-4.2
#农村电话用户	Rural Fixed Telephone Subscribers	93.39	77.75	62.91	48.28	45.40	-6.0
城市电话用户	Urban Fixed Telephone Subscribers	269.60	261.36	249.62	210.41	202.50	-3.8
#公　用	Public Telephone	31.86	30.74	20.18	9.33	8.00	-14.3
移动电话用户(万户)	Number of Mobile Telephone Subscribers (10000 subscribers)	2871.75	3059.85	3172.30	3262.43	3792.30	16.2
移动短信业务量(亿条)	Short Message Services (100 million messages)	140.06	123.36	67.90	97.23	93.68	-3.7
互联网宽带接入端口(万个)	Broad Band Subscribers Port of Internet (10 000 ports)	575.95	668.40	916.68	1094.98	1283.30	17.2
电话普及率(包括移动电话)(部/百人)	Popularization Rate of Telephone (Include Mobile Telephone) (sets/100 persons)	93.25	97.98	100.50	99.76	112.86	3.1
#移动电话普及率	Popularization Rate of Mobile Telephone	82.78	88.21	91.50	92.43	105.93	13.5
已通电话的行政村比重(%)	Percentage of Administrative Villages Already on Call (%)	100	100	100	100	100	持平
国内长途电话(万分钟)	Number of Long Distance Telephone Calls Inside Country(10000 minutes)	77143	66294	144468	138093	106311	-23.0
国际及港澳长途电话(万分钟)	Number of Long Distance Telephone Calls outside Country or to Macao、Hong Kong (10000 minutes)	65.95	50.31	37.31	32.73	16.73	-48.9

注：1.资料来源于省通信管理局。2.电信业务总量2013—2016年采用2010年不变价计算，2017年按2015年不变价计算。3.电信业务总量增长速度按2015年不变价计算。4.电话普及率、移动电话普及率2017年采用2017年年末常住人口计算。

Note: 1.Data in the table are obtained from the provincial communications authority bureau. 2. Business of volume telecommunications from 2013 to 2016 is calculated at constant prices of 2010, and that of 2017 is calculated at constant prices of 2015. 3. The increase rate of business of volume telecommunications is calculated at comparable prices of 2015. 4. Popularization rate of telephone and mobile telephone of 2017 is calculated by the

16-8 邮政主要指标

Major Indicators of Post

指 标	Item	2013	2014	2015	2016	2017	2017年比2016年增长(%) Increase Rate in 2017over 2016(%)
邮电局所总数(处)	**Number of Post and Telecommunication Offices (unit)**	**20582**	**21380**	**14832**	**14057**	**15751**	12.1
#邮政	Post	1326	1737	1778	1821	1828	0.4
电信	Telecommunication	19256	19643	13054	12236	13923	13.8
邮路网路总长度(公里)	Length of Postal Routes (km)	154810	164841	187688	185922	148484	-20.1
#汽车邮路	Number of Highway Postal Routes	38400	43177	45748.5	49390.6	56927.8	15.3
铁路邮路	Number of Railways Postal Routes	5880	2536	2536	—	—	—
邮政业务总量(亿元)	Business Volume of Postal Services (100 million yuan)	22.64	27.75	33.77	42.69	53.23	24.7
函件(万件)	Number of Letters(10000 pcs)	5192	3809	3795	4321	7773	79.9
报刊、杂志累计订销数(万份)	Issue of Newspapers and Magazines (10000 copies)	40469	40003	40830	35882	39888	11.2
国内快递(万件)	Pieces of Express Mail Services inside Nation(10000 pcs)	1071	4653	7028	11252	15772	40.2
国际快递(万件)	Pieces of Express Mail Services outside Nation(10000 pcs)	2.63	16.4	6.02	8.04	9.85	22.5
邮政储蓄期末余额(亿元)	Post Deposits at the Year-end (100 million yuan)	556.61	623.63	662.05	775.61	880.81	13.6
集邮业务(万枚)	Stamps for Collection(10000 pcs)	2720.4	2616.1	3274.1	4808.7	4398.1	-8.5
长话业务电路(2M)	Long Distance Cable Lines(2M)	665440	1024266	1244378	—	—	—

注：1.资料来源于省邮政管理局、省邮政储蓄银行、省通信管理局。2.邮电局所总数含授权代理点、电信部门特约代理点。3.2014年国家邮政局对相关指标口径、名称调整，本表邮路网路总长度为邮路总长度，国内快递和国际快递2013年分别为“国内特快专递”和“国际特快专递”，更名指 标数据与往年数据不可比。4.国内、国际特快专递含快递企业数据。5.2016年邮政集团火车改汽车邮运，取消铁路邮路指标。

Note: 1.This information comes from the province postal service, the postal savings bank, and Guizhou Communication Administration. 2. The total number of the post office contains authorized agents and special agents of telecom department. 3.According to CSPB caliber and name adjustment of relevant indicators in 2014, the total length “postal” index changes to Length of Postal Routes, and "Express Mail Services inside Nation" and " Express Mail Services outside Nation" were "domestic express" and "international express" respectively in 2013. The renamed data cannot be compared with that of previous years. 4.Domestic and international express mail include data of delivery enterprise. 5.The provincial postal service changed the train trasportation to car in 2016, and the indextion of railway mail route was cancelled.

16−9 历年交通运输

Transportation Over the Years

年份 Year	铁路营业里程(公里) Length of Railways in operation (km)	公路线路里程(公里) Length of Highways(km)	客运量(万人) Passenger Traffic (10000 persons)	铁路 Railway	公路 Highway	水运 Waterway	货运量(万吨) Freight Traffic (10000 tons)	铁路 Railway	公路 Highway	水运 Waterway
1978	1365	25954	3294	977	2260	57	3467	1320	2083	64
1979	1373	26166	4608	1083	3462	63	3599	1314	2209	76
1980	1374	27367	5950	1164	4700	86	3424	1395	1953	76
1981	1373	27422	7175	1224	5873	78	3541	1481	1991	69
1982	1396	27499	8026	1288	6648	90	3825	1581	2164	80
1983	1396	27675	8259	1456	6707	96	4233	1665	2488	80
1984	1411	27872	9915	1620	8184	111	4600	1777	2735	88
1985	1419	27999	10874	1638	9102	134	5717	1874	3758	85
1986	1419	28383	11033	1458	9387	188	6551	1949	4510	92
1987	1420	29823	13512	1461	11854	197	7613	2043	5479	91
1988	1420	30445	14361	1633	12564	164	8570	2074	6413	83
1989	1420	30716	14923	1530	13125	268	9459	2178	7170	111
1990	1420	31157	17048	1256	15682	110	9840	2315	7414	111
1991	1419	31588	19081	1255	17718	108	10008	2365	7551	92
1992	1423	31889	21641	1251	20262	128	11349	2498	8752	99
1993	1423	32092	23494	1366	22010	118	11495	2537	8851	107
1994	1423	32398	27076	1515	25313	248	12189	2599	9453	137
1995	1423	32487	36151	1572	34304	275	12586	2657	9806	123
1996	1423	32700	42429	1843	40245	341	12182	2770	9192	220
1997	1640	33211	46644	1957	44416	271	13077	2739	10117	221
1998	1648	33604	48468	2048	45987	433	13577	3044	10219	314
1999	1654	33973	49457	2194	46807	456	14065	3272	10449	344
2000	1641	34643	53032	2251	50313	468	15615	3577	11684	354
2001	1644	34618	54665	2017	52154	494	16344	3875	12114	355
2002	1893	44220	55980	1947	53478	555	17399	4356	12685	358
2003	1900	45304	55074	1796	52695	583	18224	4971	12886	367
2004	1891	46128	58707	1855	56077	775	19439	5504	13541	394
2005	1986	46893	64450	2191	61414	845	21771	6169	15082	520
2006	2014	113278	69270	2536	65786	948	24709	6826	17284	599
2007	2012	123247	74440	2979	70377	1084	26788	7289	18834	665
2008	1962	125365	80056	3199	75350	1507	33576	6683	26156	737
2009	1983	142561	84981	3204	80044	1733	34844	6997	27031	816
2010	2002	151644	97793	3437	92426	1930	40310	7991	31409	910
2011	2070	157820	120554	3939	114429	2186	44890	7219	36684	987
2012	2058	164542	142809	3902	136454	2453	52765	6665	45000	1100
2013	2093	172564	83435	4322	77358	1755	72700	6458	65100	1142
2014	2373	179079	86572	4409	80231	1932	85673	6319	78017	1337
2015	2810	186407	87541	4901	80621	2019	84540	5736	77341	1463
2016	3270	191626	89464	5169	82199	2096	89525	5634	82237	1654
2017	3285	194379	91804	5797	83809	2198	96241	5278	89298	1665

注：1.资料来源于省交通运输厅、成都铁路分局。2.2006年起，公路线路里程包括村道里程；2008年公路、水路运输量采用全国公路水路运输量专项调查数据(下表同)。3.2013年由于交通运输部对公路、水运运输量统计方案进行调整，相关数据统计口径发生变化，相同指标数据与以往年份不可比(下表同)。

Note: 1. Data in the table are obtained from provincial transports department and Chengdu Railway Branch. 2.Since 2006, the data of total length has contained the length of village road; the data of highways and waterways freight traffic highways have been adapted to special volume investigation data in 2008 (the same applies to the next table). 3.Because the statistics schemes of highway, waterway transport volume are adjusted by the Ministry of Transport of the People's Republic of China in 2013, the correlation data statistics caliber changed, the same indicators can not compare with previous years (the same applies to the next table).

16-10 历年旅客周转量和货物周转量
Passenger-kilometers and Freight Ton-kilometers Over the Years

年份 Year	旅客周转量(亿人公里) Passenger-kilometers (100 million passenger-km)	铁路 Railway	公路 Highway	水运 Waterway	货物周转量(亿吨公里) Freight Ton-kilometers (100 million ton.km)	铁路 Railway	公路 Highway	水运 Waterway
1978	25.50	16.04	9.26	0.20	79.60	72.30	6.57	0.73
1979	31.54	19.66	11.68	0.20	93.99	86.49	6.59	0.91
1980	37.69	22.77	14.67	0.25	96.03	88.99	5.91	1.13
1981	43.28	25.32	17.73	0.23	100.43	93.19	6.23	1.01
1982	46.93	26.70	19.99	0.24	109.69	98.99	9.50	1.20
1983	52.35	30.69	21.40	0.26	117.22	104.86	10.97	1.39
1984	61.04	36.21	24.55	0.28	132.72	119.19	11.61	1.92
1985	74.07	45.11	28.64	0.32	151.42	133.22	16.32	1.88
1986	76.45	47.39	28.70	0.36	171.03	148.13	20.44	2.46
1987	93.19	53.22	39.60	0.37	186.09	156.33	26.87	2.89
1988	105.67	61.20	44.14	0.33	196.04	159.75	33.50	2.79
1989	105.73	58.08	47.16	0.49	216.45	174.59	38.96	2.90
1990	102.90	49.20	53.34	0.36	224.31	179.72	41.84	2.75
1991	117.61	54.84	62.52	0.25	232.91	186.96	42.51	3.44
1992	136.77	66.62	69.84	0.31	268.80	214.88	49.84	4.08
1993	156.26	80.86	75.12	0.28	292.96	239.40	49.12	4.44
1994	173.71	88.72	84.53	0.46	298.44	243.87	50.06	4.51
1995	180.09	91.23	88.32	0.54	301.28	245.76	51.34	4.18
1996	185.94	88.32	96.84	0.78	317.70	261.99	51.07	4.64
1997	191.02	97.97	92.52	0.53	336.08	277.95	54.06	4.07
1998	201.77	101.13	99.97	0.67	330.30	270.40	54.84	5.06
1999	229.20	118.37	109.95	0.88	370.03	305.68	60.28	4.07
2000	238.36	120.79	116.54	1.03	404.07	334.11	65.86	4.10
2001	251.06	124.22	125.76	1.08	439.30	364.71	70.36	4.23
2002	250.79	116.10	133.60	1.09	486.03	407.26	74.25	4.52
2003	248.55	112.08	135.31	1.16	547.01	465.92	76.63	4.46
2004	278.21	125.87	150.79	1.55	610.88	520.70	84.27	5.91
2005	312.40	145.71	164.91	1.78	646.55	544.31	94.15	8.09
2006	349.82	160.98	186.91	1.93	680.96	557.70	114.48	8.78
2007	369.20	160.51	206.40	2.29	721.26	583.85	127.99	9.42
2008	407.59	163.00	241.15	3.44	809.93	564.31	234.96	10.66
2009	430.56	162.41	264.06	4.09	897.38	644.41	241.60	11.37
2010	514.41	189.38	320.46	4.57	1012.20	706.45	293.00	12.75
2011	631.74	204.58	422.01	5.15	1060.69	696.36	350.10	14.23
2012	718.22	199.20	513.07	5.95	1177.78	693.68	467.60	16.50
2013	593.62	211.21	377.87	4.54	1292.11	655.85	610.64	25.62
2014	635.50	217.39	412.92	5.19	1442.24	634.35	776.95	30.94
2015	658.23	229.92	422.79	5.52	1379.00	561.27	782.47	35.26
2016	674.86	226.00	443.10	5.76	1482.00	566.40	873.23	42.37
2017	720.15	249.50	463.93	6.72	1656.25	602.60	1008.58	45.07

16-11 互联网主要指标发展情况

Main Indicators on Internet Development at Year-end

单位：万个 (10000 units)

指 标	Item	2013	2014	2015	2016
互联网宽带接入端口	Broad Band Subscribers Port of Internet (10000 ports)	494.2	580.6	875.8	1113.9
互联网拨号用户(万户)	Dial-up Subscribers of Internet (10000 subscribers)	5.4	5.4	5.3	
移动互联网用户(万户)	Mobile Internet Subscribers(10000 subscribers)		2004.8	2212.3	2528.7
移动互联网接入流量(万G)	Flow Accessed to Mobile Internet(10000 G)		3418.3	8488.1	20948.9
互联网宽带接入用户(万户)	Broadband Subscribers of Internet (10000 subscribers)	292.4	310.9	386.8	459.5
#城市宽带接入用户	Urban Broadband Subscribers	247.8	259.0	313.9	361.5
农村宽带接入用户	Rural Broadband Subscribers	44.5	51.6	72.8	97.9
#家庭宽带接入用户	Household Broadband Subscribers		269.2	345.4	413.5
单位宽带接入用户	Institution Broadband Subscribers		41.6	41.3	46.0
互联网上网人数(万人)	Number of Internet Users(10000 persons)	1146	1222	1346	1524
域名数（万个）	Number of Domain Names(10000 units)	4.3	8.6	13.6	18.8
网站数（万个）	Number of Websites(10000 sites)	1.0	1.0	1.3	1.5
网页数（万个）	Number of Webpages(10000 pages)	417.1	2002.1	32992.3	18057.6
IPv4地址数（万个）	IPv4 Addresses(10000)	169.3	146.1	154.1	154.1

注：数据来源于《中国统计年鉴》。

Note: Data come from China Statistical Yearbook.

16-12 软件和信息技术服务业主要经济指标

Main Indicators on Software and Information Technology Services

单位：万元

指 标	Item	2013	2014	2015	2016
软件业务收入	Software Income	707286	885739	1102422	1278329
#软件产品收入	Software Products Income	286687	351207	424495	502687
#信息技术服务收入	Income from IT Service	20720	519464	659197	767758
#嵌入式系统软件收入	Embedded System and Software Income	11772	15068	18730	7884

注：1.本表统计口径为主营业务收入100万元以上的软件和信息技术服务业等企业。 2.数据来源于《中国统计年鉴》。

Note: 1. This table statistics caliber is the main business income of more than 1 million yuan of software and information technology services industry and other enterprises. 2.Data are from China Statistical Yearbook.

16−13 按行业分企业信息化及电子商务情况(2017)

行 业	Item	企业数 (个) Number of Enterprises (unit)	期末使用计算机数 (台) Computers Used at the End of Period(unit)
总　计	**Total**	16323	506080
采矿业	Mining	891	25058
制造业	Manufacturing	4043	103613
电力、热力、燃气及水生产和供应业	Production and Supply of Electricity, Heat, Gas and Water	244	54690
建筑业	Construction	1206	38149
批发和零售业	Wholesale and Retail Trades	3493	72431
交通运输、仓储和邮政业	Transport, Storage and Post	407	26035
住宿和餐饮业	Hotels and Catering Services	1240	19630
信息传输、软件和信息技术服务业	Information Transmission, Software and Information Technology	177	49388
房地产业	Real Estate	2828	44701
租赁和商务服务业	Leasing and Business Services	510	15446
科学研究和技术服务业	Scientific Research and Technical Services	163	16920
水利、环境和公共设施管理业	Management of Water Conservancy, Environment and Public Facilities	98	2431
居民服务、修理和其他服务业	Service to Households, Repair and Other Services Education	293	3246
教育	Education	182	12047
卫生和社会工作	Health and Social Service	248	11443
文化、体育和娱乐业	Culture, Sports and Entertainment	300	10852

注：1.有电子商务交易活动的企业是指通过互联网开展电子商务销售或电子商务采购的企业。2.调查范围：规模以上工业、有资质的建筑业、限额以上批发和零售业、规模以上服务业、限额以上住宿和餐饮业、房地产开发经营业法人单位。3.本表数据是一套表平台汇总数。

Informatization and E-Commerce of Enterprises by Industrial Sector

每百人使用计算机数(台) Computers Used Per 100 Persons(unit)	企业拥有网站数(个) Websites of Enterprises (unit)	每百家企业拥有网站数(个) Websites Per 100 Enterprises (unit)	有电子商务交易活动		电子商务销售额(亿元) Sales of E-Commerce(100 million yuan)	电子商务采购额(亿元) Purchases of E-Commerce (100 million yuan)
			企业数(个) Enterprises (unit)	比重(%) Proportion (%)		
24	7277	45	1661	10.2	1436.2	516.2
11	316	35	19	2.1	0.1	0.1
18	2292	57	458	11.3	439.3	105.5
65	130	53	18	7.4	0.1	4.8
7	512	42	48	4.0	0.0	12.5
44	1342	38	351	10.0	860.8	385.7
31	146	36	28	6.9	9.5	0.1
33	494	40	402	32.4	8.4	0.5
118	195	110	49	27.7	42.3	1.1
33	1025	36	143	5.1	2.1	4.3
19	216	42	34	6.7	69.5	1.4
70	91	56	5	3.1	0.0	0.0
10	57	58	20	20.4	1.7	0.0
14	89	30	25	8.5	0.3	0.1
80	98	54	9	4.9	0.0	0.0
41	143	58	15	6.0	0.1	0.1
66	131	44	37	12.3	2.2	0.1

Note: 1.Enterprises with e-commerce transaction activities refer to enterprises that carry out e-commerce sales or e-commerce purchases through the internet. 2. Scope of investigation: above scale industry, qualified construction industry, wholesale and retail trade above designated size, above scale service industry, real estate development through business legal person unit. 3. The above data are a set of table platform preliminary total number.

主要统计指标解释

铁路营业里程 又称营业长度，指投入客货运输营业或临时营业的线路长度。

公路线路里程 指报告期末公路的实际长度。包括城间、城乡间、乡（村）间能行驶汽车的公共道路，公路通过城镇街道的里程，公路桥梁长度、隧道长度、渡口宽度。不包括城市街道里程，断头路里程，农（林）业生产用道路里程，工（矿）企业等内部道路里程。按已竣工验收或交付使用的实际里程计算；两条或多条公路共同经由同一路段的重复里程，只计算一次。

内河航道里程 指在一定时期内，能通航运输船舶及排筏的天然河流、湖泊水库、运河及通航渠道的长度。包括全年季节性通航累计三个月以上的航道，不包括仅供零散流放竹、木排的河道。两省以河为界的航道里程，双方均按一半计算，以免重复。该指标可以反映内河水运网的规模、水平和发展情况。

货(客)运量 指在一定时期内，各种运输工具实际运送的货物(旅客)数量。货运按吨计算，客运按人计算。货物不论运输距离长短、货物类别，均按实际重量统计。旅客不论行程远近或票价多少，均按一人一次客运量统计；半价票、小孩票按一人统计。

货物(旅客)周转量 指在一定时期内，由各种运输工具运送的货物(旅客)数量与其相应运输距离的乘积之总和。计算货物周转量通常按发出站与到达站之间的最短距离，也就是计费距离计算。计算公式为：

$$\text{货物(旅客)周转量} = \Sigma \text{货物(旅客)运输量} \times \text{运输距离}$$

移动电话用户 指通过移动电话交换机进入移动电话网、占用移动电话号码的电话用户。用户数量以报告期末在移动电话营业部门实际办理登记手续进入移动电话网的户数进行计算，一部移动电话统计为一户。

固定电话用户 指在电信运营企业营业网点办理开户登记手续并已接入固定电话网上的全部电话用户。包括普通电话用户、公用电话用户、窄带综合业务数字网(N—ISDN)用户、智能网专用接入终端用户等。按行政区划分为城市电话用户和农村电话用户。1997年以前，市内电话用户是指接入县城及县以上城市的电话网上的电话用户；农村电话用户是指接入县邮电局农话台及县以下农村电话交换点，以县城为中心(除市话用户外)联通县、乡(镇)、行政村、村民小组的用户。从1997年起，电话用户数分组以用户所在区域划分，调整为城市电话用户和乡村电话用户，与过去的按市内电话和农村电话划分方法不同。电话用户总数、电话机总部数统计范围不变。

城市电话用户 指直辖市、省辖市、地级市、县级市的市区、市郊区及县城(包括县人民政府所在地的县城关区或行政建制相当于县人民政府所在地的镇)范围内接入局用交换机的电话用户数，包括分布在农村地区的独立工矿区、林区、驻军等接入局用交换机的电话用户数。

农村电话用户 指县城关区以下的集镇和农村接入局用交换机的电话用户数。

Explanatory Notes on Main Statistical Indicators

Length of Railways in Operation also is known as operating length and refers to the total length of the trunk line for passenger and freight transportation in full operation or temporary operation.

Length of Highways refers to the actual length of highways at the end of reference period. It covers public roads running vehicles among cities, city and rural areas, township (villages), highways passing through streets at small cities and towns, length of bridges and tunnels, width of ferry piers. It does not include the length of streets in cities, dead end highways, the length of streets built for agricultural (forest) production and inside factories (mines). It can only be calculated with the actual mileage having been completed, checked and accepted or put into operation. If two or more highways go the same section of the way, the length of the section is only calculated for once and no duplication is allowed.

Length of Navigable Inland Waterways refers to the length of the natural rivers, lakes, reservoirs and canals that are open to navigation for ships and rafts during a given period. It includes the channels with annual seasonal navigation for more than three months other than the waterways only for scattered bamboo and wooden rafts. If two provinces share one river as the border, the length of waterways will be half divided for each province to avoid duplication. This indicator can reflect the scale, level and development situation of the inland waterway network.

Freight (Passenger) Traffic refers to the weight of freight (number of passenger) transported with various means within a specific period of time. Freight transport is calculated in tons and passenger traffic is calculated in the number of persons. Despite the type of freight and travelling distance, the freight transport is calculated in the actual weight of the goods: and despite the travelling distance and ticket price, the passenger traffic is calculated by the principle that one person can be counted only once in one travel. The passenger who travel with a half price ticket or a child ticket is also calculated as one person.

Freight Ton-kilometers (Passenger-kilometers) refer to the sum of the products of the volume of transported cargo (passengers) multiplying by the transport distance. Normally, the shortest distance between the departure station and the destination station (i.e., the payable distance) is the basis to calculate the freight ton-kilometers. The formula is as follows:

Freight Ton-kilometers (Passenger-kilometers) =∑ {Freight (Passenger) Traffic × Distance of Transportation}

Mobile Telephone Subscribers refer to the persons who are connected with the mobile telephone communication network through the mobile telephone switchboards and occupy mobile phone numbers. In the reporting period the number of users in the mobile phone operating divisions actual registration number of households into the mobile phone network to calculate, a mobile phone is counted as a household.

Local Telephone Subscribers refer to all subscribers who have gone through registration procedures in the operation points of enterprises engaged in telecommunications and are hence connected to the local telecommunications service provider through fixed line network. Included are general subscribers, public telephones subscribers, N-ISDN subscribers and intelligent network terminal subscribers. They are also classified in terms of administrative districts as urban telephone subscribers and rural telephone subscribers according to location. Before 1997, the "local phone users" refers to access cities above county and county telephone line telephone subscribers; "Rural

Telephone User" refers to access the post office, if farmers Taiwan county and below county rural telephone exchange points, to the county as the center (except local subscriber outside) Unicom county and township (town), administrative villages, village groups of users. From 1997 onwards, the number of telephone users adjust to the user group area classified as "urban telephone subscribers" and "rural telephone subscribers," with the past by local and rural telephone divided in different ways. But the number of telephone users and telephone statistical range are unchanged.

Urban Telephone Subscribers refer to number of telephone subscribers, located at municipalities, cities under the jurisdiction of province, cities at prefecture level, downtown and suburb of city at county level town and county towns (including country towns where county government located, and towns of county level according to the administrative organizational system), that are connected to the public line telephone network, including rural mineral area, forest area, military area.

Rural Telephone Subscribers refer to telephone subscribers, located at the towns below the level of county town and villages, that are connected to the public line telephone network.

批发、零售、住宿和餐饮业

17

Wholesale, Retail Trades, Hotels and Catering Services

简 要 说 明

一、主要内容

本篇资料主要反映全省批发和零售业、住宿和餐饮业的基本情况和经营状况。包括：社会消费品零售总额、限额以上批发和零售业的基本情况、商品交易、限额以上住宿和餐饮业基本情况。

二、统计范围

限额以上批发和零售业的法人企业、个体经营户，零售连锁集团，成交额在亿元以上的商品交易市场，以及参与商品零售、餐饮经营活动的各行业法人企业、产业活动单位和个体经营户。限额以上批发和零售业统计单位指：批发业，年主营业务收入 2000 万元及以上；零售业，年主营业务收入 500 万元及以上。

限额以上住宿和餐饮业法人企业、个体经营户；餐饮连锁集团；旅行社、星级饭店和旅游者。限额以上住宿和餐饮业统计单位为年主营业务收入 200 万元及以上。

三、统计调查方法

限额以上单位采用全面调查方法。

四、资料来源

本篇资料由省统计局贸易外经统计处提供。

Brief Introduction

I. Main Contents

Data in this chapter reflect the development and operation of wholesale and retail trades，hotel and catering services.

Data on wholesale and retail trades' main contents include total retail sales of consumer goods, basic conditions, operating and financial status of the wholesale and retail trades above designated size, commodity trading.

Data on hotel and catering services mainly include the basic conditions, operating and financial status of hotel and catering services above the designated size etc.

II. Scope of Statistics

Included in this chapter are the registered enterprises and self-employed individuals of wholesale and retail trades; chain enterprises; large commodity markets with transaction value over 100 million yuan; and corporation enterprises, economic active establishments and self-employed individuals involved in retail trades; catering services. The criteria for wholesale and retail sale trades above designated size are as follows: wholesale trade with annual principal business sales over 20 million yuan; retail trade, with annual principal business sales over 5 million yuan.

Data in this chapter cover the corporate enterprises of hotel and catering services above the designated size, self-employed households of hotel and catering services; chain catering services, travel agencies, star-rated hotels and tourists; The statistical unit of the enterprises of hotel and catering services above the designated size is the annual income of main business at and over 2 million yuan.

III. Methods of Survey

Data on all corporate enterprises of wholesale and retail trades above designated size, all corporate enterprises of hotel and catering services above designated size, are collected through comprehensive reporting system.

IV. Sources of Data

Data in this chapter are collected and processed by the Department of Trade and External Economic Relations of Guizhou Provincial Bureau of Statistics.

17-1 社会消费品零售总额

Total Retail Sales of Consumer Goods

年份 Year	社会消费品零售总额(亿元) Total Retail Sales of Consumer Goods(100 million yuan)	按地域分 By Area		按行业分 By Sector	
		城镇 Urban	乡村 Rural	批发和零售业 Wholesale and Retail Trade	住宿和餐饮业 Hotel and Catering Services
1978	21.23	14.83	6.40		
1979	23.57				
1980	26.73	15.07	11.66		
1981	30.48				
1982	34.55				
1983	38.43				
1984	43.64				
1985	52.25	35.58	16.67		
1986	57.25				
1987	66.39				
1988	83.40				
1989	83.84				
1990	85.90	59.44	26.46		
1991	92.92				
1992	106.75				
1993	143.09				
1994	165.01				
1995	204.45	156.48	47.97		
1996	241.57	184.14	57.43		
1997	274.68	209.43	65.25		
1998	299.97	227.26	72.71		
1999	324.67	247.84	76.83		
2000	355.58	273.27	82.31	322.73	24.23
2001	391.14	302.50	88.64	352.09	30.04
2002	430.64	334.07	96.57	384.66	37.34
2003	474.57	370.01	104.56	422.31	43.24
2004	535.31	420.64	114.67	467.28	58.64
2005	615.75	485.50	130.25	539.60	65.63
2006	710.00	558.10	151.90	619.35	78.29
2007	858.15	667.83	190.32	720.80	121.43
2008	1075.24	838.81	236.43	952.04	106.90
2009	1265.46	971.37	275.88	1114.40	132.85
2010	1531.64	1233.74	297.90	1373.41	158.23
2011	1899.92	1561.07	338.85	1710.15	189.77
2012	2266.27	1863.59	402.68	2049.70	216.57
2013	2601.20	2148.26	452.94	2370.95	230.25
2014	2936.85	2425.25	511.60	2679.29	257.56
2015	3283.02	2711.57	571.45	2991.84	291.18
2016	3708.99	3030.73	678.26	3386.39	322.61
2017	4154.00	3388.54	765.46	3784.41	369.58

17-2 限额以上批发业和零售业

Basic Conditions of Enterprises above Designated Size of Wholesale and Retail Trades

指 标	Item	2013	2014	2015	2016	2017
批发业	**Wholesale Trade**					
法人企业(个)	Number of Corporation Enterprises (unit)	640	780	776	822	1072
年末从业人数(人)	Engaged persons at Year-end (person)	51442	57986	56699	57390	62036
商品购进额(亿元)	Total Purchases Value (100 million yuan)	1878.97	2042.79	2306.87	2347.63	3031.47
商品销售额(亿元)	Total Sales Value (100 million yuan)	2391.89	2750.52	3182.40	3243.07	3808.26
期末商品库存额(亿元)	Stock(year-end) (100 million yuan)	223.23	230.47	239.46	270.85	225.68
零售业	**Retail Trade**					
法人企业(个)	Number of Corporations Enterprises(unit)	1178	1463	1651	2044	2424
年末从业人数(人)	Engaged Persons at Year-end (person)	67485	78431	83972	91185	101667
商品购进额(亿元)	Total Purchases value (100 million yuan)	970.87	1139.38	1246.16	1424.17	1731.99
商品销售额(亿元)	Total Sales value (100 million yuan)	1143.96	1399.19	1529.29	1784.16	2092.80
期末商品库存额(亿元)	Total stock at Year-end (100 million yuan)	89.11	151.30	177.50	145.16	161.02
年末零售营业面积(万平方米)	Retail Operating Area at year-end(10000 sq.m)	294.38	357.01	391.01	456.05	506.14

17-3 限额以上批发业企业(2017)

单位：万元

指　　标	Item	法人企业(个) Number of Corporation Enterprises (Unit)
合　　计	**Total**	**1072**
按登记注册类型分	**by Status of Registration Status**	
内资企业	**Domestic Funded Enterprises**	**1066**
国有企业	State-owned Enterprises	40
集体企业	Collective-owned Enterprises	16
有限责任公司	Limited Liability Corporations	360
国有独资公司	State Sole Funded Corporations	56
其他有限责任公司	Other Limited Liability Corporations	304
股份有限公司	Share-holding Corporations Ltd.	24
私营企业	Private Enterprises	624
私营独资企业	Private-funded Enterprises	4
私营有限责任公司	Private Limited Liability Corporations	608
私营股份有限公司	Private Share-holding Corporations Ltd	12
其他企业	Other Enterprises	2
港、澳、台商投资企业	**Enterprises with Funds From HongKong, Macao and Taiwan**	**3**
与港澳台商合资经营企业	Joint-venture with Hong Kong, Macao and Taiwan	2
港澳台商独资企业	Hong Kong, Macao and Taiwan Private-funded Enterprises	1
外商投资企业	**Foreign Funded Enterprises**	**3**
中外合资经营企业	Joint-venture Enterprises	1
外资企业	Overseas-funded Enterprise	1
其他外商投资企业	Other Overseas-funded Enterprise	1
按国民经济行业分（2011）	**by Sector**	
农、林、牧产品批发	**Wholesale of Agricultural, Forestry and Livestock Products**	**24**
谷物、豆及薯类批发	Wholesale of Cereal, Bean and Tubers	7
种子批发	Wholesale of Seeds	3
饲料批发	Wholesale of Feedstuff	3
林业产品批发	Wholesale of Forestry products	2
牲畜批发	Wholesale of Livestock	5
其他农牧产品批发	Other Farm and Ranch Products	4
食品、饮料及烟草制品批发	**Wholesale of Food, Beverages and Tobacco**	**175**
米、面制品及食用油批发	Wholesale of Rice, Flour and Edible Oil	35
糕点、糖果及糖批发	Wholesale of Pastries, Candy and Sugar	2
果品、蔬菜批发	Wholesale of Fruits and Vegetables	9
肉、禽、蛋、奶及水产品批发	Wholesale of Meat, Poultry, Eggs and Aquatic Products	22
盐及调味品批发	Wholesale of Salts and Condiments	14
营养和保健品批发	Wholesale of Nutraceutical Products	2
酒、饮料及茶叶批发	Wholesale of Wine, Beverages and Tea	74
烟草制品批发	Wholesale of Tobaccos	10
其他食品批发	Wholesale of Other Food	7

注：表中行业分类按国民经济行业分类(GB/T4754—2011划分)(以下相关表同)。

Basic Conditions of Enterprises above Designated Size of Wholesale Trade

(10000 yuan)

从业人数(人) Engaged Persons (person)	购进总额 Total Value	销售总额 Total value			年末库存额 Stock (year-end)
			批发 Wholesale Trade	零售 Retail Trade	
62036	**30314729**	**38082638**	**36182275**	**1900363**	**2256804**
61470	**30029659**	**37745884**	**35861037**	**1884847**	**2246569**
20630	5026623	7823996	7760229	63767	771999
381	82298	79942	62466	17475	8704
21822	17668939	21869547	20690075	1179473	1048759
3716	4156968	5799585	5724240	75345	219810
18106	13511970	16069962	14965835	1104128	828949
1356	1541903	1657563	1299657	357905	43768
17262	5702807	6305457	6040249	265207	373321
38	31800	31695	27989	3707	416
16713	5588078	6181353	5921897	259457	362565
511	82929	92408	90364	2044	10340
19	7090	9380	8361	1020	18
126	**240412**	**274909**	**265152**	**9757**	**7546**
113	212288	246288	246058	230	7330
13	28124	28620	19094	9526	216
440	**44658**	**61846**	**56086**	**5760**	**2689**
33	6301	6556	6556		100
200	22633	38953	34611	4342	871
207	15724	16337	14919	1418	1718
673	**106600**	**119433**	**106996**	**12437**	**17936**
223	36566	42373	36319	6053	11075
110	6230	11822	11740	83	4411
27	18196	18535	18334	202	181
15	8466	8476	8476		3
182	22856	23162	20859	2303	1616
116	14287	15065	11268	3797	649
28089	**13166491**	**17791078**	**17146416**	**644662**	**1406082**
1807	338685	375276	342925	32351	72483
94	6661	8335	6014	2321	437
232	52014	55328	43648	11680	6977
1058	108722	117236	105026	12210	8094
873	110348	122484	122114	371	10851
107	31018	36774	33893	2881	4098
5573	9132302	11003150	10428446	574704	567864
17930	3360019	6043383	6042788	596	732565
415	26722	29111	21562	7550	2713

Note: Industries in this table are classifiated by sector of national economy industry(GB/T4754-2011)(the relative tables in this chapter are the same).

17-3 续表

单位：万元

指　　标	Item	法人企业(个) Number of Corporation Enterprises (Unit)
纺织、服装及家庭用品批发	**Wholesale of Textiles, Garments and Househild Artides**	**30**
服装批发	Wholesale of Garments	4
鞋帽批发	Wholesale of Shoes and Hats	1
化妆品及卫生用品批发	Wholesale of Cosmetics and Sanitary Articles	5
厨房、卫生间用具及日用杂货批发	Wholesale of Kitchen Utensils, Toilet Ware and Daily Sundry Goods	4
灯具、装饰物品批发	Wholesale of Lamps and Decorative Articles	2
家用电器批发	Wholesale of Household Electrical Appliances	13
其他家庭用品批发	Wholesale of Other Household Articles	1
文化、体育用品及器材批发	**Wholesale of Cultural, Sports Articles and Equipment**	**12**
文具用品批发	Wholesale of Cultural Articles	3
图书批发	Wholesale of Books	2
其他文化用品批发	Wholesale of Other Cultural Articles	7
医药及医疗器材批发	**Wholesale of Medicines and Medical Appliances**	**142**
西药批发	Wholesale of Western Medicines	84
中药批发	Wholesale of Traditional Chinese Medicines	35
医疗用品及器材批发	Wholesale of Medical Articles and Appliances	23
矿产品、建材及化工产品批发	**Wholesale of Mineral Products, Building Materials and Chemical Products**	**583**
煤炭及制品批发	Wholesale of Coal and Related Products	178
石油及制品批发	Wholesale of Petroleum and Related Products	18
非金属矿及制品批发	Wholesale of Nonmetal Minerals and Related Products	13
金属及金属矿批发	Wholesale of Metal Materials and Metal Minerals	119
建材批发	Wholesale of Building Materials	155
化肥批发	Wholesale of Fertilizer	51
农药批发	Wholesale of Farm Chemicals	1
其他化工产品批发	Wholesale of Other Chemical Products	48
机械设备、五金产品及电子产品批发	**Wholesale of Machinery, Hardware and Electronic Products**	**87**
农业机械批发	Wholesale of Agricultural Machinery	4
汽车批发	Wholesale of Automobiles	28
汽车零配件批发	Wholesale of Automobiles Fittings	6
摩托车及零配件批发	Wholesale of Motorcycles and Fittings	5
五金产品批发	Wholesale of Hardware Products	5
计算机、软件及辅助设备批发	Wholesale of Computer, Software and Assistance Appliances	6
通讯及广播电视设备批发	Wholesale of Communication. Broadcast and Television Equipments	8
其他机械设备及电子产品批发	Wholesale of Other Machinery and Electric Products	25
贸易经纪与代理	**Trade Brokering and Agency**	**2**
贸易代理	Trade Agency	2
其他批发业	**Other Wholesales**	**17**
再生物资回收与批发	Wholesale of Recycled Materials	7
其他未列明批发业	Other Wholesale Not Classified Elsewhere	10

continued

(10000 yuan)

从业人数(人) Engaged Persons (person)	购进总额 Total Value	销售总额 Total value	批 发 Wholesale Trade	零 售 Retail Trade	年末库存额 Stock (year-end)
1741	**320816**	**352350**	**333150**	**19199**	**40434**
304	29004	30241	28301	1940	7658
139	15607	17039	15441	1598	1921
158	21964	23855	20290	3565	5372
171	17009	20135	19249	886	3040
39	7601	9021	7201	1820	49
887	225673	247098	239237	7861	21860
43	3959	4961	3431	1530	535
1004	**178135**	**199347**	**194318**	**5030**	**16670**
43	16606	17123	15826	1297	1860
379	143297	157910	156413	1496	12022
582	18233	24315	22078	2237	2788
9376	**2674940**	**3160718**	**3096462**	**64257**	**234212**
6696	2070267	2391776	2338101	53675	182751
2175	435565	496137	487154	8983	32146
505	169109	272805	271207	1598	19315
14927	**11921465**	**14362304**	**13319082**	**1043222**	**438128**
4737	2676228	3026581	2957128	69453	62662
1644	1038770	1070527	289192	781335	20834
193	196883	211031	203877	7155	3105
3081	3874438	5675470	5599690	75780	115611
2169	1204026	1329917	1274003	55915	60825
1271	1493523	1470417	1426986	43431	111658
119	14432	17570	14408	3162	8021
1713	1423165	1560791	1553800	6992	55411
5316	**1763518**	**1882342**	**1776565**	**105777**	**87747**
47	7259	12549	12398	151	2157
869	282121	326287	263498	62789	20363
288	270767	289945	288194	1751	7467
106	81969	81768	81448	320	11102
138	55465	58354	58331	23	1703
186	31859	32738	25382	7356	1888
357	620153	625880	624370	1510	8142
3325	413925	454822	422945	31877	34925
5	**5127**	**18792**	**18694**	**98**	**160**
5	5127	18792	18694	98	160
905	**177637**	**196274**	**190592**	**5682**	**15436**
405	99021	110087	110046	41	4927
500	78617	86188	80547	5641	10509

17−4 限额以上批发业企业主要财务指标(2017)

Main Financial Indicators of Enterprises above Designated Size of Wholesale Trade

单位：万元 (10000 yuan)

指　　标	Item	主营业务收入 Revenue from Principal Business	主营业务成本 Cost of Principal Business	主营业务税金及附加 Taxes and Other Charges on Principal Business	销售费用 Selling Expenses	营业利润 Operating Profits
总　计	**Total**	**33324035**	**26651482**	**743546**	**1102275**	**4112285**
按登记注册类型分	**by Status of Registration**					
内资企业	**Domestic Funded Enterprises**	**32999881**	**26372188**	**735725**	**1087854**	**4103214**
国有企业	State-owned Enterprises	6864187	5008427	595033	369304	612479
集体企业	Collective-owned Enterprises	77956	66801	303	4159	390
有限责任公司	Limited Liability Corporations	19022225	14888526	113544	484382	3319863
国有独资公司	State Sole Funded Corporations	5072092	3885872	29377	214744	862973
其他有限责任公司	Other Limited Liability Corporations	13950133	11002654	84168	269638	2456890
股份有限公司	Share-holding Corporations Ltd	1567798	1388870	3617	42775	60190
私营企业	Private Enterprises	5460569	5012822	23222	187204	109972
私营独资企业	Private-funded Enterprises	29207	18629	138	217	809
私营有限责任公司	Private Limited Liability Corporations	5345211	4918645	22906	181983	107089
私营股份有限公司	Private Share-holding Corporations Ltd	86151	75549	178	5004	2074
其他企业	Other Enterprises	7146	6743	7	30	321
港、澳、台商投资企业	**Enterprises with Funds From HongKong, Macao and Taiwan**	**271511**	**240062**	**7565**	**4584**	**6845**
合资经营企业(港或澳、台资)	Joint-venture Enterprises (HongKong, Macao or Taiwan)	242891	211938	7544	4404	6822
港、澳、台商独资经营企业	Hong Kong, Macao and Taiwan Private-funded Enterprises	28620	28124	21	180	23
外商投资企业	**Foreign Funded Enterprises**	**52644**	**39233**	**256**	**9837**	**2226**
中外合资经营企业	Joint-venture Enterprises	5604	5286	5	170	2
外资企业	Overseas-funded Enterprise	33077	22906	196	2877	6148
其他外商投资企业	Other Overseas-funded Enterprise	13963	11041	55	6791	-3925
按国民经济行业分	**by Sector**					
农、林、牧产品批发	**Wholesale Agricultural, Forestry Livestock Products**	**111847**	**101046**	**213**	**2756**	**3323**
谷物、豆及薯类批发	Wholesale of Cereal, Bean and Tubers	38133	34151	19	1538	428
种子批发	Wholesale of Seeds	10953	7443	38	383	2356
饲料批发	Wholesale of Feedstuff	16892	16396	3	86	-120
林业产品批发	Wholesale of Forestry products	8139	8063	8	10	12
牲畜批发	Wholesale of Livestock	23157	21999	71	604	-286
其他农牧产品批发	Other Farm and Ranch Products	14572	12994	75	134	934
食品、饮料及烟草制品批发	**Wholesale of Food, Beverages and Tobacco**	**15336868**	**9978168**	**675894**	**673101**	**3678269**
米、面制品及食用油批发	Wholesale of Rice, Flour and Edible Oil	345929	317534	681	12221	-2198
糕点、糖果及糖批发	Wholesale of Pastries, Candy and Sugar	8637	7359	18	497	465
果品、蔬菜批发	Wholesale of Fruits and Vegetables	52622	46777	582	868	2937
肉、禽、蛋、奶及水产品批发	Wholesale of Meat, Poultry, Eggs and Aquatic Products	103074	90159	1574	5044	3633
盐及调味品批发	Wholesale of Salts and Condiments	108988	90501	606	9921	1040
营养和保健品批发	Wholesale of Nutraceutical Products	31581	28826	44	1258	114
酒、饮料及茶叶批发	Wholesale of Wine, Beverages and Tea	9434004	5755697	123029	373812	3114383
烟草制品批发	Wholesale of Tobaccos	5226077	3619375	548881	268399	555901
其他食品批发	Wholesale of Other Food	25956	21941	479	1082	1993

17-4 续表 continued

单位：万元 (10000 yuan)

指标	Item	主营业务收入 Revenue from Principal Business	主营业务成本 Cost of Principal Business	主营业务税金及附加 Taxes and Other Charges on Principal Business	销售费用 Selling Expenses	营业利润 Operating Profits
纺织、服装及家庭用品批发	**Wholesale of Textiles, Garments and Househild Artides**	**306347**	**267204**	**680**	**15557**	**9095**
服装批发	Wholesale of Garments	25823	23265	24	1522	249
鞋帽批发	Wholesale of Shoes and Hats	14563	12826	21	526	176
化妆品及卫生用品批发	Wholesale of Cosmetics and Sanitary Articles	21939	11491	44	247	275
厨房、卫生间用具及日用杂货批发	Wholesale of Kitchen Utensils, Toilet Ware and Daily Sundry Goods	18542	16991	36	1396	-75
灯具、装饰物品批发	Wholesale of Lamps and Decorative Articles	8454	6656	12	762	674
家用电器批发	Wholesale of Household Electrical Appliances	212795	192083	537	10847	7880
其他家庭用品批发	Wholesale of Other Household Articles	4231	3893	6	257	-85
文化、体育用品及器材批发	**Wholesale of Cultural, Sports Articles and Equipment**	**195827**	**160768**	**95**	**7433**	**21459**
文具用品批发	Wholesale of Cultural Articles	14635	13656	10	650	158
图书批发	Wholesale of Books	159249	129663	1	6102	18430
其他文化用品批发	Wholesale of Other Cultural Articles	21943	17448	84	680	2871
医药及医疗器材批发	**Wholesale of Medicines and Medical Appliances**	**2738720**	**2426112**	**6717**	**111232**	**109043**
西药批发	Wholesale of Western Medicines	2076665	1847923	4134	73515	91504
中药批发	Wholesale of Traditional Chinese Medicines	427353	375585	1516	26106	8107
医疗用品及器材批发	Wholesale of Medical Articles and Appliances	234702	202604	1067	11611	9432
矿产品、建材及化工产品批发	**Wholesale of Mineral Products, Building Materials and Chemical Products**	**12739697**	**11921806**	**57684**	**250367**	**273972**
煤炭及制品批发	Wholesale of Coal and Related Products	2717250	2418817	38050	113306	67085
石油及制品批发	Wholesale of Petroleum and Related Products	893673	693627	1405	37469	116436
非金属矿及制品批发	Wholesale of Nonmetal Minerals and Related Products	184950	175284	443	1382	4801
金属及金属矿批发	Wholesale of Metal Materials and Metal Minerals	4823893	4726423	3761	27602	10841
建材批发	Wholesale of Building Materials	1193687	1103332	3847	15980	65117
化肥批发	Wholesale of Fertilizer	1416106	1374509	6578	12865	9306
农药批发	Wholesale of Farm Chemicals	15810	13713	2	1195	-1120
其他化工产品批发	Wholesale of Other Chemical Products	1494329	1416100	3597	40569	1506
机械设备、五金产品及电子产品批发	**Wholesale of Machinery, Hardware and Electronic Products**	**1703835**	**1623403**	**1563**	**35823**	**12030**
农业机械批发	Wholesale of Agricultural Machinery	12521	11022	17	358	865
汽车批发	Wholesale of Automobiles	270530	256122	355	5870	-334
汽车零配件批发	Wholesale of Automobiles Fittings	247816	232491	252	11438	3141
摩托车及零配件批发	Wholesale of Motorcycles and Fittings	71773	68404	65	1886	1199
五金产品批发	Wholesale of Hardware Products	50007	47339	139	1203	483
计算机、软件及辅助设备批发	Wholesale of Computer, Software and Assistance Appliances	28096	25868	34	492	-671
通讯及广播电视设备批发	Wholesale of Communication. Broadcast and Television Equipments	600708	593225	74	1563	868
其他机械设备及电子产品批发	Wholesale of Other Machinery and Electric Products	422384	388933	626	13013	6481
贸易经纪与代理	Trade Brokering and Agency	18792	17296	112	796	148
贸易代理	Trade Agency	18792	17296	112	796	148
其他批发业	**Other Wholesales**	**172103**	**155679**	**588**	**5209**	**4947**
再生物资回收与批发	Wholesale of Recycled Materials	94126	88739	374	1331	1777
其他未列明批发业	Other Wholesale Not Classified Elsewhere	77977	66941	214	3878	3170

17-5 限额以上零售业企业(2017)

单位：万元

指　　标	Item	法人企业(个) Number of Corporations Enterprises (Unit)
合　　计	**Total**	**2424**
按登记注册类型分	**by Status of Registration**	
内资企业	**Domestic Funded Enterprises**	**2387**
国有企业	State-owned Enterprises	31
集体企业	Collective-owned Enterprises	11
股份合作企业	Cooperation Enterprises	1
联营企业	Joint Ownership Enterprises	1
集体联营企业	Collective Joint Ownership Enterprises	1
有限责任公司	Limited Liability Corporations	658
国有独资公司	State Sole Funded Corporations	34
其他有限责任公司	Other Limited Liability Corporations	624
股份有限公司	Share-holding Corporations Ltd.	36
私营企业	Private Enterprises	1637
私营独资企业	Private-funded Enterprise	233
私营合伙企业	Private Partnership Enterprises	28
私营有限责任公司	Private Limited Liability Corporations	1338
私营股份有限公司	Private Share-holding Corporations Ltd.	38
其他企业	Other Enterprises	12
港、澳、台商投资企业	**Enterprises with Funds From Hongkong, Macao and Taiwan**	**23**
与港澳台商合资经营企业	Joint-venture Enterprises with Hong Kong, Macao and Taiwan	15
港澳台商独资企业	Hong Kong, Macao and Taiwan Enterpises with Sole Fund	7
其他港澳台投资企业	Other Hong Kong, Macao and Taiwan investment Enterprises	1
外商投资企业	**Foreign Funded Enterprises**	**14**
中外合资经营企业	Joint-venture Enterprises	2
外资企业	Enterprises with Sole Fund	11
其他外商投资企业	Other Overseas-funded Enterprises	1
按国民经济行业分	**by Sector**	
综合零售	Integrated Retail	329
百货零售	Retail of General Merchandise	149
超级市场零售	Retail of Supermarkets	166
其他综合零售	Other Integrated Retail	14
食品、饮料及烟草制品专门零售	**Retail of Food,Beverages and Tobaccos**	**258**
粮油零售	Retail of Grain and Oil	62
糕点、面包零售	Retail of Pastries and Bread	2
果品、蔬菜零售	Retail of Fruits and Vegetables	24
肉、禽、蛋、奶及水产品零售	Retail of Meat, Poultry, Eggs and Aquatic Products	17
营养和保健品零售	Retail of Nutrition and health products	1
酒、饮料及茶叶零售	Retail of Wine,Beverages and Tea	127
其他食品零售	Other Food Retail	25
纺织、服装及日用品专门零售	**Sperial Retail of Textiles,Wearing Apparel and Household Artides**	**36**
服装零售	Retail of Costumes	20
鞋帽零售	Retail of Shoes and Hats	4
化妆品及卫生用品零售	Retail of Cosmetics and Hygiene Products	2

Basic Conditions of Enterprises above Designated Size in Retail Trade

(10000 yuan)

从业人数(人) Engaged Persons (person)	购进总额 Total Vslus	销售总额 Total Vslus	批发 Wholesale Trade	零售 Retail Trade	年末库存额 Stock(year-end)
101667	**17319941**	**20927996**	**2203939**	**18724056**	**1610152**
94986	**16404105**	**19882366**	**2134378**	**17747988**	**1501003**
716	88865	94989	28026	66963	12832
106	67917	95161	15770	79392	3835
173	20948	20346		20346	742
16	28353	35441		35441	821
16	28353	35441		35441	821
38949	6972746	8697753	1008932	7688821	730912
3020	718782	1648586	413171	1235414	59821
35929	6253964	7049167	595761	6453407	671091
5981	2230790	3237349	618389	2618960	95895
48864	6981643	7686523	462723	7223799	654652
3229	233899	260172	1904	258268	21957
380	28905	38677	590	38087	3468
44049	6518499	7191102	449154	6741948	593872
1206	200341	196572	11075	185497	35355
181	12842	14804	538	14266	1314
3251	**380450**	**487190**	**69562**	**417628**	**24822**
1194	281682	373878	61907	311972	13756
2035	95973	110541	4903	105638	10981
22	2795	2771	2752	19	85
3430	**535386**	**558440**		**558440**	**84328**
1431	282707	276772		276772	31874
1964	248483	277637		277637	52230
35	4196	4031		4031	224
29130	1961903	2381741	25765	2355976	185368
8465	842225	991819	10984	980835	59483
19619	1026440	1281678	4027	1277651	119957
1046	93239	108244	10755	97490	5928
5602	**728646**	**927688**	**199348**	**728341**	**71618**
1565	148102	155340	11348	143992	27384
28	1490	1633		1633	30
789	64374	78397	34259	44138	4051
357	159790	207882	67220	140663	1207
16	554	912		912	21
2292	318249	439076	73509	365567	35993
555	36087	44448	13012	31437	2931
3198	**139098**	**184525**	**13236**	**171289**	**45531**
2190	110335	144281	8855	135426	33348
819	17165	26528	2104	24424	9447
24	3960	4258	300	3958	984

17-5 续表

单位：万元

指　标	Item	法人企业(个) Number of Corporations Enterprises (Unit)
钟表、眼镜零售	Retail of Horologe and Spectacles	4
厨房用具及日用杂品零售	Retail of Kitchen utensils and Daily Sundry Goods	1
其他日用品零售	Retail of Other Daily Consumer Use	5
文化、体育用品及器材专门零售	**Retail of Cultural, Sports Appliances and Equipments**	**79**
文具用品零售	Retail of Stationary	12
体育用品及器材零售	Retail of Sports Goods	2
图书、报刊零售	Retail of Books, Newspaper and Periodicals	30
音像制品及电子出版物零售	Retail of Audio and Visual Products and Electronic Publications	3
珠宝首饰零售	Retail of Jewelry	12
工艺美术品及收藏品零售	Retail of Arts and Handicrafts and Collections	12
乐器零售	Retail of Musical Instruments	4
照相器材零售	Retail of Photographic Equipments	1
其他文化用品零售	Retail of Other Cultural Articles	3
医药及医疗器材专门零售	**Retail of Medicines and Medical Appliances**	**115**
药品零售	Retail of Medicines	110
医疗用品及器材零售	Retail of Medical Applies and Equipments	5
汽车、摩托车、燃料及零配件专门零售	**Retail of Motor Vehicles, Motorcycles, Fuel and Parts**	**1226**
汽车零售	Retail of Automobiles	936
汽车零配件零售	Retail of Automobile Fittings	13
摩托车及零配件零售	Retail of Motorcycles and Parts	42
机动车燃料零售	Retail of Automotive Fuels	235
家用电器及电子产品专门零售	**Special Retail of Household Electrical Appliances and Electronic Products**	**243**
家用视听设备零售	Retail of Household Audio and Vedio Appliances	39
日用家电设备零售	Retail of Household Electrical Appliances	108
计算机、软件及辅助设备零售	Retail of Computer, Software and Assistant Appliances	71
通信设备零售	Retail of Communication Equipments	23
其他电子产品零售	Retail of Other Electronic Products	2
五金、家具及室内装饰材料专门零售	**Special Retail of Hardware, Furniture and Interior Decoration Materials**	**78**
五金零售	Retail of Hardware	11
灯具零售	Retail of Light Fittings	3
家具零售	Retail of Furniture	42
木质装饰材料零售	Retail of Wooden Decorative Materials	4
陶瓷、石材装饰材料零售	Retail of Ceramics, Stone Decorative Materials	6
其他室内装饰材料零售	Retail of Other Electronic Products	12
货摊、无店铺及其他零售业	**Stalls, Non-shop and Other Retails**	**60**
互联网零售	E-commerce Retail	23
邮购及电视、电话零售	Retails by Post, TV and Telephone	1
旧货零售	Retail of Second-hand Goods	1
生活用燃料零售	Retail of Fuel for Daily Use	24
其他未列明零售业	Other Retails Not Classified Elsewhere	11

continued

(10000 yuan)

从业人数(人) Engaged Persons (person)	购进总额 Total Vslus	销售总额 Total Vslus			年末库存额 Stock(year-end)
			批 发 Wholesale Trade	零 售 Retail Trade	
74	5493	6142	772	5371	1235
23	181	677		677	98
68	1964	2639	1206	1433	420
2597	**238006**	**257680**	**35214**	**222466**	**29115**
110	7249	8371	1368	7003	1027
47	2987	3365		3365	1016
1335	144135	150584	18699	131885	15762
109	11324	13826	3750	10076	421
265	14451	16760		16760	8075
413	24784	26200	827	25373	1813
185	6594	8045	0	8045	94
19	1218	1313		1313	234
114	25264	29215	10569	18646	672
11122	**537276**	**658935**	**148483**	**510453**	**76761**
11069	531390	651774	147431	504342	76146
53	5886	7162	1051	6110	616
40524	**11989226**	**14451496**	**1383273**	**13068223**	**1067466**
30405	8613187	9250164	276006	8974157	931010
1259	22219	884670	152998	731672	31575
491	54403	56432	497	55936	7749
8369	3299417	4260231	953772	3306458	97132
5906	**879234**	**950042**	**265813**	**684230**	**73748**
844	96122	108414	10207	98207	16450
2825	463930	496037	57004	439033	36826
832	73106	83402	8817	74584	11279
1014	235359	250387	189784	60603	8606
391	10717	11802		11802	587
922	**121046**	**136930**	**16407**	**120524**	**13582**
77	14406	12854	7265	5589	3565
25	1616	2109	121	1989	478
522	41578	43418	1116	42302	6891
66	4636	5436	252	5184	1060
121	42949	55967	5910	50057	698
111	15861	17146	1743	15403	889
2666	**725506**	**978958**	**116402**	**862556**	**46965**
1169	480874	663559	43705	619854	35249
272	121794	155964		155964	3754
3	615	876		876	10
954	107583	132208	66429	65779	5513
268	14639	26351	6268	20083	2439

17-6 限额以上零售业企业主要财务指标(2017)

Main Financial Indicators of Enterprises above Designated Size of Retail Trade

单位：万元 (10000 yuan)

指 标	Item	主营业务收入 Revenue from Principal Business	主营业务成本 Cost of Principal Business	主营业务税金及附加 Taxes and Other Charges on Principal Business	销售费用 Selling Expenses	营业利润 Operating Profits
总 计	**Total**	**18519840**	**16520252**	**65240**	**929407**	**568999**
按登记注册类型分	**by Status of Registration**					
内资企业	**Domestic Funded Enterprises**	**17580163**	**15738832**	**60717**	**832577**	**512194**
国有企业	State-owned Enterprises	86978	68087	389	3230	10461
集体企业	Collective-owned Enterprises	83599	73885	337	1629	5896
股份合作企业	Cooperation Enterprises	17433	16257	45	803	316
联营企业	Joint Ownership Enterprises	30292	24056	48	1617	2103
集体联营企业	Collective Joint Ownership Enterprises	30292	24056	48	1617	2103
有限责任公司	Limited Liability Corporations	7590445	6757082	24820	420659	136372
国有独资公司	State Sole Funded Corporations	1383800	1323738	4071	57246	-20935
其他有限责任公司	Other Limited Liability Corporations	6206645	5433344	20749	363414	157308
股份有限公司	Share-holding Corporations Ltd.	2725858	2402918	5095	124886	205012
私营企业	Private Enterprises	7032244	6385129	29948	279294	151440
私营独资企业	Private-funded Enterprises	239814	199454	2692	10982	15183
私营合伙企业	Private Partnership Enterprises	35359	28939	351	2154	1269
私营有限责任公司	Private Limited Liability Corporations	6575167	5996374	25917	258945	128055
私营股份有限公司	Private Share-holding Corporations Ltd.	181904	160362	988	7213	6934
其他企业	Other Enterprises	13315	11419	36	461	594
港、澳、台商投资企业	**Enterprises with Funds From HongKong, Macao and Taiwan**	**433970**	**366267**	**2567**	**47712**	**31651**
合资经营企业(港或澳、台资)	Joint-venture Enterprises	333313	285853	2160	24869	28718
港、澳、台商独资经营企业	Enterpises with Sole Fund	97887	78218	348	22811	2571
其他港澳台投资企业	Others	2771	2197	59	31	362
外商投资企业	**Foreign Funded Enterprises**	**505706**	**415153**	**1957**	**49118**	**25155**
中外合资经营企业	Joint-venture Enterprises	259902	210450	1315	26631	11854
外资企业	Enterprises with Sole Fund	242360	201499	640	22216	13466
其他外商投资企业	Other Overseas-funded Enterprises	3445	3204	2	271	-165
按国民经济行业分	**by Sector**					
综合零售	**Integrated Retail**	**2066366**	**1695880**	**14977**	**245580**	**85803**
百货零售	Retail of General Merchandise	845536	681098	8692	92436	50792
超级市场零售	Retail of Supermarkets	1124870	932152	6013	145445	34561
其他综合零售	Other Integrated Retail	95960	82630	272	7699	450
食品、饮料及烟草制品专门零售	**Retail of Food,Beverages and Tobaccos**	**823477**	**697524**	**6741**	**29662**	**57774**
粮油零售	Retail of Grain and Oil	142065	126975	847	5703	1071
糕点、面包零售	Retail of Pastries and Bread	1564	1363	18	31	52
果品、蔬菜零售	Retail of Fruits and Vegetables	72898	60922	221	3727	5245
肉、禽、蛋、奶及水产品零售	Retail of Meat, Poultry, Eggs and Aquatic Products	180005	176730	53	1215	918
营养和保健品零售	Retail of nutrition and health care products	821	474	76	81	136
酒、饮料及茶叶零售	Retail of Wine,Beverages and Tea	389628	301100	4651	17387	48173
其他食品零售	Other Food Retail	36496	29960	875	1518	2180
纺织、服装及日用品专门零售	**Special Retail of Textiles, Wearing Apparel and Household Articles**	**161052**	**125330**	**796**	**22466**	**5840**
服装零售	Retail of Costumes	126310	98603	549	16942	5655
鞋帽零售	Retail of Shoes and Hats	22655	16454	153	4802	-259
化妆品及卫生用品零售	Retail of Cosmetics and Hygiene Products	3721	3333	55	201	30

17-6 续表 continued

单位：万元 (10000 yuan)

指 标	Item	主营业务收入 Revenue from Principal Business	主营业务成本 Cost of Principal Business	主营业务税金及附加 Taxes and Other Charges on Principal Business	销售费用 Selling Expenses	营业利润 Operating Profits
钟表、眼镜零售	Retail of Horologe and Spectacles	5011	4351	17	326	205
厨房用具及日用杂品零售	Retail of Kitchen utensils and Daily Sundry Goods	578	424	7	118	-175
其他日用品零售	Retail of Other Daily Consumer Use	2777	2164	15	78	383
文化、体育用品及器材专门零售	**Retail of Cultural, Sports Appliances and Equipments**	**241780**	**199173**	**1285**	**12142**	**15375**
文具用品零售	Retail of Stationary	7212	5960	66	167	676
体育用品及器材零售	Retail of Sports Goods	2875	2444	26	164	106
图书、报刊零售	Retail of Books, Newspaper and Periodicals	142645	118415	55	7868	6978
音像制品及电子出版物零售	Retail of Audio and Visual Products and Electronic Publications	13765	11436	8	715	750
珠宝首饰零售	Retail of Jewelry	14930	11710	474	1000	657
工艺美术品及收藏品零售	Retail of Arts and Handicrafts and Collections	25509	17997	600	607	5325
乐器零售	Retail of Musical Instruments	7817	6695	9	200	672
照相器材零售	Retail of Photographic Equipments	1123	1006	2	145	-33
其他文化用品零售	Retail of Other Cultural Articles	25904	23511	46	1276	245
医药及医疗器材专门零售	**Retail of Medicines and Medical Appliances**	**574108**	**440977**	**3360**	**79120**	**18175**
药品零售	Retail of Medicines	567601	435296	3337	78934	17854
医疗用品及器材零售	Retail of Medical Applies and Equipments	6508	5681	23	186	321
汽车、摩托车、燃料及零配件专门零售	**Retail of Motor Vehicles, Motorcycles, Fuel and Parts**	**12842003**	**11823766**	**28862**	**418992**	**236805**
汽车零售	Retail of Automobiles	8458118	7930541	18609	222427	118584
汽车零配件零售	Retail of Automobile Fittings	728207	762922	1659	29672	-69927
摩托车及零配件零售	Retail of Motorcycles and Parts	52269	45844	549	1593	2377
机动车燃料零售	Retail of Automotive Fuels	3603409	3084459	8045	165300	185771
家用电器及电子产品专门零售	**Special Retail of Household Electrical Appliances and Electronic Products**	**838416**	**746346**	**3629**	**47413**	**20752**
家用视听设备零售	Retail of Household Audio and Vedio Appliances	96920	86111	412	5789	1265
日用家电设备零售	Retail of Household Electrical Appliances	435773	382024	2130	29130	11099
计算机、软件及辅助设备零售	Retail of Computer, Software and Assistant Appliances	77547	67370	528	2317	3728
通信设备零售	Retail of Communication Equipments	213980	199281	507	10145	2856
其他电子产品零售	Retail of Other Electronic Products	14195	11560	52	33	1804
五金、家具及室内装饰材料专门零售	**Special Retail of Hardware, Furniture and Interior Decoration Materials**	**125859**	**103903**	**2611**	**3029**	**11581**
五金零售	Retail of Hardware	12687	11140	189	156	727
灯具零售	Retail of Light Fittings	1996	1483	9	242	215
家具零售	Retail of Furniture	40487	31778	847	1389	4583
木质装饰材料零售	Retail of Wooden Decorative Materials	4918	3759	22	462	211
陶瓷、石材装饰材料零售	Retail of Ceramics, Stone Decorative Materials	48674	41728	1187	420	3965
其他室内装饰材料零售	Retail of Other Electronic Products	17097	14015	357	360	1882
货摊、无店铺及其他零售业	**Stalls, Non-shop and Other Retails**	**846778**	**687353**	**2979**	**71003**	**116895**
互联网零售	E-commerce Retail	569882	458234	1647	28053	104033
邮购及电视、电话零售	Retails by Post, TV and Telephone	133303	104098	341	37829	4254
旧货零售	Retail of Second-hand Goods	843	610	21	111	21
生活用燃料零售	Retail of Fuel for Daily Use	120210	105877	768	3750	7673
其他未列明零售业	Other Retails Not Classified Elsewhere	22540	18535	203	1260	914

17-7 商品交易市场
Commodity Exchange Markets

单位：个 (unit)

指 标	Item	2013	2014	2015	2016	2017
商品交易市场数	**Number of Commodity trading markets**	**1521**	**1494**	**1300**	**1244**	**1365**
消费品市场数	**Number of Consumable Markets**	**1443**	**1449**	**1257**	**1200**	**1283**
消费品综合市场	Consumable Comprehensive Markets	586	616	556	560	538
农副产品市场	Agricultural Subproduct Markets	742	717	603	497	567
工业消费品市场	Industrial Consumable Markets	42	43	31	27	49
其他消费品市场	Other Consumable Markets	73	73	67	116	129
生产资料市场数	**Number of Production Markets**	**78**	**45**	**43**	**44**	**82**
生产资料综合市场	Production Comprehensive Markets	12	4	8	14	21
工业生产资料市场	Industrial Production Markets	28	32	27	22	17
农业生产资料市场	Agricultural Production Markets	8	7	6	7	35
其他生产资料市场	Others	30	2	2	1	9

注：资料来源于省工商局。
Note:Data in the table are provided by the Provincial Administration for Industry and Commerce.

17-8 限额以上住宿业和餐饮业
Basic Conditions of Enterprises above Designated Size in Hotels and Catering Services

指　　标	Item	2013	2014	2015	2016	2017
住宿业	**Hotels**					
法人企业(个)	Number of Corporation Enterprises(unit)	395	464	494	573	642
年末从业人数(人)	Engaged Hersons at Year-end (person)	32580	34125	32722	34744	39253
营业额(亿元)	Business Revenue (100 million yuan)	41.99	46.70	50.83	60.59	68.70
#客房收入	From Hotel Rooms	25.25	28.57	30.97	37.03	42.75
餐费收入	From Meals	13.12	14.01	15.02	18.18	20.39
客房数(万间)	Number of Rooms(10000 rooms)	4.39	6.02	5.46	8.43	9.56
床位数(万张)	Number of Beds(10000 beds)	7.31	9.51	8.95	13.90	14.90
年末餐饮营业面积(万平方米)	Business Area of Catering Services at Year-end(10000 sq.m)	56.81	66.68	73.13	101.05	116.98
餐饮业	**Catering Services**					
法人企业(个)	Number of Corporation Enterprises (unit)	304	385	385	511	603
年末从业人数(人)	Employed Persons at Year-end (person)	19645	17355	15016	17334	20419
营业额(亿元)	Business Revenue (100 million yuan)	21.12	22.70	23.67	31.65	36.84
#餐费收入	From Meals	17.99	19.10	19.75	27.01	32.44
年末餐饮营业面积(万平方米)	Business Area of Catering Services at Year-end(10000 sq.m)	53.90	58.73	54.61	63.82	71.46

17−9 限额以上住宿业企业(2017)

单位：万元

指 标	Item	法人企业(个) Number of Corporations Enterprises (unit)	从业人员平均人数(人) Engaged Persons at Year-end (person)	营业额 Business Revenue	#客房收入 from Hotel Rooms	#餐费收入 from Meals
合计	**Total**	**642**	**38585**	**687036**	**427451**	**203891**
按登记注册类型分	**by Status of Registration**					
内资企业	**Domestic Funded Enterprises**	**635**	**37725**	**676763**	**421924**	**199933**
国有企业	State-owned Enterprises	20	1954	34487	17668	12733
集体企业	Collective-owned Enterprises	6	116	5800	4270	1408
有限责任公司	Limited Liability Corporations	175	16121	313872	172968	106065
国有独资公司	State Sole Funded Corporations	16	2381	43537	16174	20767
其他有限责任公司	Other Limited Liability Corporations	159	13740	270335	156794	85298
股份有限公司	Share-holding Corporations Ltd.	5	247	5583	3559	1681
私营企业	Private Enterprises	424	19109	314106	220989	77748
私营独资企业	Private-funded Enterprises	83	1734	42790	32151	7841
私营合伙企业	Private Psrtrership Enterprises	13	579	8082	5565	2011
私营有限责任公司	Private Limited Liability Corporations	317	16263	254095	178376	66017
私营股份有限公司	Private Share-holding Corporations Ltd	11	533	9140	4896	1879
其他企业	Other Enterprises	5	178	2915	2471	299
港、澳、台商投资企业	**Enterprises with Funds From Honkong, Macao and Taiwan**	**4**	**389**	**6250**	**3449**	**2331**
与港澳台商合资经营企业	Joint-venture Enterprises with Hong Kong, Macao and Taiwan	1	222	3024	1939	937
港澳台商独资企业	Hong Kong, Macao and Taiwan Enterpises with Sole Fund	2	130	1993	898	955
港澳台商投资股份有限公司	Hong Kong, Macao and Taiwan Investment co. LTD	1	37	1233	611	439
外商投资企业	**Enterprises with Foreign Investment**	**3**	**471**	**4023**	**2079**	**1627**
中外合资经营企业	Joint-venture Enterprises	2	262	3580	1895	1368
外资企业	Enterprises with Sole Fund	1	209	443	184	259
按国民经济行业分	**by Sector**					
旅游饭店	Tourist Hotel	404	29871	545474	324115	173270
一般旅馆	Fonda	221	7815	127497	93778	26904
其他住宿业	Others	17	899	14065	9559	3717

Basic Conditions of Enterprises above Designated Size in Hotel Services

(10000 yuan)

主营业务收入 Revenue from Principal Business	主营业务成本 Cost of Principal Business	主营业务税金及附加 Taxes and Other Charges on Principal Business	利润总额 Total profit	资产总计 Total Assets	#流动资产合计 Total Current Assets	#固定资产合计 Total Fixed Assets	负债合计 Total Liabilities	所有者权益 Total Owners' Equity
645963	**314888**	**12731**	**-16368**	**2138826**	**951519**	**731481**	**1404347**	**734480**
636140	**310156**	**12304**	**-15453**	**2109672**	**947307**	**714488**	**1390770**	**718902**
31705	17223	828	1036	47603	18012	26724	28113	19490
5800	2363	501	1901	12429	3119	9309	2450	9979
289212	137863	5719	-18594	1086173	529612	371549	764222	321952
40044	18732	227	-575	157150	99905	32130	95114	62037
249168	119132	5492	-18020	929023	429707	339418	669108	259915
5487	3070	397	726	10708	7388	3319	7297	3411
301203	148535	4837	-287	945711	388297	298531	585451	360260
42009	26493	1008	3579	79076	27132	38588	30162	48914
8669	4622	114	1346	11132	3748	6521	4359	6774
242380	112057	3661	-5771	834113	349311	246164	538370	295742
8145	5363	54	559	21390	8106	7259	12560	8830
2735	1102	21	-236	7049	879	5056	3238	3811
6022	**3227**	**303**	**-27**	**12208**	**2099**	**9948**	**8788**	**3420**
2856	1776	97	-479	8500	623	7725	7897	603
1933	769	107	78	1724	479	1237	875	848
1233	683	99	375	1984	998	986	16	1968
3801	**1505**	**124**	**-888**	**16946**	**2113**	**7045**	**4789**	**12157**
3386	586	124	284	16424	1842	6793	4367	12057
414	919		-1172	522	270	252	422	100
511148	238235	10098	-16775	1791346	805922	590179	1226190	565156
121513	68310	2407	601	324577	132437	134349	170420	154157
13302	8343	226	-194	22904	13160	6953	7737	15167

17−10 限额以上餐饮业企业(2017)

单位：万元

指　标	Item	法人企业(个) Number of corporation Enterprises (unit)	从业人员平均人数(人) On average of staff (engaged persons)	营业额 Business Revenue	#餐费收入 From Meals
合计	**Total**	**603**	**19889**	**368425**	**324362**
按登记注册类型分	**by Status of Registration**				
内资企业	**Domestic Funded Enterprises**	**602**	**19881**	**368031**	**323968**
国有企业	State-owned Enterprises	2	145	895	630
集体企业	Collective-owned Enterprises	1	39	306	235
有限责任公司	Limited Liability Corporations	78	4095	95897	81987
国有独资公司	State Sole Funded Corporations	3	67	1093	1063
其他有限责任公司	Other Limited Liability Corporations	75	4028	94803	80924
股份有限公司	Share-holding Corporations Ltd.	4	290	5740	3550
私营企业	Private Enterprises	510	15185	262586	235240
私营独资企业	Private-funded Enterprises	174	2562	65193	60567
私营合伙企业	Private Psrtrership Enterprises	6	445	5784	5403
私营有限责任公司	Private Limited Liability Corporations	321	11694	185329	164827
私营股份有限公司	Private Share Holding Co.Ltd	9	484	6280	4443
其他企业	Other Enterprises	7	127	2607	2326
港、澳、台商投资企业	**Enterprises with Funds From HongKong, Macao and Taiwan**	**1**	**8**	**394**	**394**
与港澳台商合资经营企业	Joint-venture Enterprises with HongKong, Macao and Taiwan	1	8	394	394
按国民经济行业分	**by Sector**				
正餐服务	Restaurant	579	18676	351449	308263
快餐服务	Fast Food	7	209	2908	2773
饮料及冷饮服务	Beverages and Cold Drinks	3	47	1737	1457
咖啡馆服务	Coffee Library Services	2	37	1283	1263
其他饮料及冷饮服务	Other Beverage and Cold Drinks	1	10	454	194
其他餐饮业	Others	14	957	12330	11869
小吃服务	Snack Service	3	36	953	574
餐饮配送服务	Food Delivery Service	9	840	10390	10326
其他未列明餐饮业	Other food and beverage industry not Listed	2	81	987	969

Basic Conditions of Enterprises above Designated Size in Catering Services

(10000 yuan)

主营业务收入 Revenue from Principal Business	主营业务成本 Cost of Principal Business	主营业务税金及附加 Taxes and Other Charges on Principal Business	利润总额 Total profit	资产总计 Total Assets	#流动资产合计 Current Assets	#固定资产合计 Total Fixed Assets	负债合计 Total Liabilities	所有者权益 Total Owners' Equities
352690	**223644**	**4575**	**29299**	**411066**	**211471**	**138754**	**242678**	**168388**
352317	**223334**	**4575**	**29270**	**410856**	**211447**	**138568**	**242511**	**168344**
601	512	13	-378	367	334	33	666	-299
297	114	1	-15	445	126	273	960	-515
90471	54536	960	7075	83361	49428	23164	52563	30799
1043	484	7	74	653	324	137	327	325
89428	54052	953	7001	82709	49104	23028	52235	30473
5584	2147	277	1207	9590	8987	255	8543	1047
252776	164231	3284	21038	314763	151910	113771	178871	135892
64051	43943	882	6870	36872	14085	18720	9111	27761
5506	2208	86	348	7808	3048	3834	2503	5305
177273	114294	2185	11830	215849	105432	71145	118012	97837
5946	3787	131	1990	54233	29345	20072	49245	4989
2589	1794	40	343	2330	662	1072	910	1421
373	**310**	**0**	**29**	**210**	**24**	**186**	**167**	**44**
373	310	0	29	210	24	186	167	44
336682	211312	4440	28154	394771	200530	135042	234377	160395
2852	1639	37	263	1902	1176	524	655	1247
1645	1435	6	15	1547	1182	14	1257	290
1308	1146	5	15	1487	1124	14	1236	251
337	290	1		60	58		21	39
11512	9258	92	867	12846	8584	3175	6390	6457
931	530	42	291	729	93	612	415	314
9639	8001	21	618	11499	8275	2435	5714	5785
942	726	30	-42	618	216	128	261	358

主要统计指标解释

社会消费品零售总额 指企业（单位、个体户）通过交易直接售给个人、社会集团非生产、非经营用的实物商品金额，以及提供餐饮服务所取得的收入金额。个人包括城乡居民和入境人员，社会集团包括机关、社会团体、部队、学校、企事业单位、居委会或村委会等。

社会消费品零售总额包括：（1）售给城乡居民作为生活用的商品和修建房屋用的建筑材料；（2）售给社会集团的各种办公用品和公用消费品；（3）售给机关、团体、学校、部队、企业、事业单位的职工食堂和旅店(招待所)附设专门供本店旅客食用，不对外营业的食堂的各种食品、燃料；企业、单位和国营农场直接售给本单位职工和职工食堂的自己生产的产品；（4）售给部队干部、战士生活用的粮食、副食品、衣着品、日用品、燃料；（5）售给来华的外国人、华侨、港澳台同胞的消费品；（6）居民自费购买的中、西药品、中药材及医疗用品；（7）报社、出版社直接售给居民和社会集团的报纸、图书、杂志，集邮公司出售的新、旧纪念邮票、特种邮票、首日封、集邮册、集邮工具等；（8）旧货寄售商店自购、自销部分的商品；（9）煤气公司、液化石油气站售给居民和社会集团的煤气灶具和罐装液化石油气；（10）农民售给非农业居民和社会集团的商品。不包括售给国民经济各部门企业、事业单位(包括国有经济的农场)生产经营用的各种原材料、燃料、设备、工具等和售给批发和零售贸易业、住宿和餐饮业作为转卖用的商品，旧货寄售商店受托寄售卖出的商品，服务业的营业收入，邮局出售邮票的收入，自来水、电力、煤气生产(供应)单位的产品供应收入，也不包括农民之间的商品销售。

商品购进额 指从本企业以外的单位和个人购进（包括从国外直接进口）作为转卖或加工后转卖的商品金额（含增值税）。商品购进包括：（1）从工农业生产者、批发和零售业企业、住宿和餐饮业企业、出版社或报社的出版发行部门和其他服务业企业购进的商品；（2）从机关团体、事业单位购进的商品；（3）从海关、市场管理部门购进的缉私和没收的商品；（4）从居民收购的废旧商品等，不包括：①企业为本单位自身经营用，不是作为转卖而购进的商品，如材料物资、包装物、低值易耗品、办公用品等；②未通过买卖行为而收入的商品，如接受其他部门移交的商品、借入的商品、收入代其他单位保管的商品、其他单位赠送的样品、加工回收的成品等；③经本单位介绍，由买卖双方直接结算，本单位只收取手续费的业务；④销售退回和买方拒付货款的商品；⑤商品溢余。

商品销售额 指对本单位以外的单位和个人出售的商品金额（包括售给本单位消费用的商品，含增值税）。商品销售包括：（1）售给城乡居民和社会集团消费用的商品；（2）售给农业、工业、建筑业、服务业等国民经济各行业用于生产、经营用的商品，包括售予批发和零售业作为转卖或加工后转卖的商品；（3）对国（境）外直接出口的商品。不包括：①未通过买卖行为付出的商品，如随机构变动移交给其他企业单位的商品、借出的商品、归还受其他单位委托代保管的商品、付出的加工原料和赠送给其他单位的样品等；②经本单位介绍，由买卖双方直接结算，本单位只收取手续费的业务；③购货退回的商品；④商品损耗和损失；⑤出售本单位自用的废旧物资。

商品库存额 对于批发和零售业法人单位和个体经营户，是指报告期末取得所有权的全部商品金额（含增值税）；对于批发和零售业产业活动单位，是指报告期末实际在库且归属法人具有所有权的全部商品金额（含增值税）。它反映批发和零售业企业(单位)的商品库存情况和对市场商品供应的保证程度。商品库存包括：(1)存放在批发和零售业经营单位(如门市部、批发站、经营处)仓库、货场、货柜和货架中的商品；(2)挑选、整理、包装中的商品；(3)已记入购进而尚未运到本单位的商品，即发货单或银行承兑凭证已到而货未到的商品；(4)寄放他处的商品，如因购货方拒绝承付而暂时存放在购货方的商品和已办完加工成品收回手续而未提回的商品；(5)委托其他单位代销(未作销售或调出)尚未售出的商品；(6)代其他单位购进尚未交付的商品。库存商品不包括所有权不属于本单位的商品、委托外单位加工生产尚未收回成品的商品、外贸企业代理其他单位从国外进口尚未付给订货单位的商品、代国家物资储备部门保管的商品等。

住宿业 指有偿为顾客提供临时住宿的服务活动。不包括提供长期住宿场所的活动，如出租房屋、公寓等，列入房地产开发经营。

餐饮业 指在一定场所，对食物进行现场烹饪、调制，并出售给顾客主要供现场消费的服务活动。

营业额 指住宿和餐饮业法人企业（单位）在经营活动中因提供服务或销售商品等取得的收入。包括客房收入、餐费收入、商品销售额和其他收入。其中，客房收入指住宿和餐饮业法人企业（单位）在经营活动中因提供住宿服务取得的收入。餐费收入指住宿和餐饮业法人企业（单位）因为顾客提供就餐服务取得的收入，包括经烹饪、调制加工后出售的各种食品，如主食、炒菜、凉拌菜等的收入。

Explanatory Notes on Main Statistical Indicators

Total Retail Sales of Consumer Goods refer to enterprises (units and self-employed) by trading sold directly to individuals, social groups, non production and non business use of the physical amount of goods, and provide catering services achieved the amount of revenue. Individuals, including urban and rural residents and immigration personnel, social groups, including organs, social groups, troops, Schools, enterprises and institutions, neighborhood committees, etc.

The total retail sales of consumer goods include: (1) commodities sold to urban and rural residents for their daily use and building materials sold to them for the construction or repair of houses; (2) office appliances and supplies sold to institutions; (3) food and fuels sold to canteens of institutions, enterprises ,schools ,military units and to canteens of hotels and hostels that only serve their guests ,and commodities produced by enterprises ,institutions or state farms and sold directly to their employees or their canteens; (4) grain and non-staple food, clothing ,daily articles and fuels sold to military personnel; (5)consumer goods sold to foreigners, overseas Chinese, and Chinese compatriots from Taiwan, Hong Kong and Macao during their stay in the mainland of China; (6) Chinese and western medicines, herbs and medical facilities purchased by residents; (7) newspapers, books and magazines directly sold to residents and social groups by publishers, new and old commemorative stamps, special stamps, first-day covers, stamp albums and other stamp-collection articles sold by stamp companies; (8) consumer goods purchased and then sold by second-hand shops; (9) stoves and other heating facilities and liquefied gas sold by gas companies to households and institutions; and (10) commodities sold by farmers to non-agricultural residents and social groups. Excluded under this heading are: raw materials, fuels, equipment, tools sold to enterprises, institutions and state farms for production purpose; commodities sold to trade establishments for re-selling; commissioned sales at second-hand shops; operational income of urban public utilities; stamps sold at post offices; income of water, power, gas production and supply establishments from the supply of their products; and sales of commodities among farmers.

Purchases of Commodities refer to the total value of purchases of commodities by enterprises (establishments) from other establishments or individuals (including direct import from abroad) for the purpose of re-selling, either with or without further processing of the commodities purchased. The commodities include: (1) commodities purchased from agricultural and industrial producer, wholesaler, retailer, publishing house and other service business; (2) commodities purchased from institutions and government departments; (3) confiscated goods purchased from the customs authorities or market management agencies; (4) second-hand goods and wastes purchased from residents; The commodities exclude: ①commodities purchased by enterprises (establishments) for use in their own business operation, commodities obtained without buying or selling procedures such as materials, consumable goods of low value, office appliance, etc. ②received goods without trading, such as goods handed over from others, borrowed goods, preserved goods for others, donated goods from others, processed and retrieved goods, etc. ③goods of direct settlement between buyer and seller with handling fees introduced by others, ④goods returned or refused to pay by the buyer, ⑤excessive goods.

Sales of Commodities refer to value of commodities sold by the establishments to other establishments and individuals (including goods sold for self consumption, including the value-added tax). The commodities include: (1) commodities sold to urban and rural residents and social groups for their consumption; (2) commodities sold to establishments in all industries for their production and operation, including agriculture, industry, construction, transportation, post and telecommunications, catering services, and public utility including commodities sold to wholesale and retail establishments for re-selling, with or without further processing; and (3) commodities for direct export to abroad. Excluded are ①extended commodities without trading, such as goods handed over to other enterprises and institutions becase of the change of organizations, lent goods, returned goods preserved for others, extended processing materials and samples donated to others, ②goods of direct settlement between buyer and seller with handling fees introduced by others, ③goods returned after purchase, ④damaged and spoiled goods, ⑤waste and used goods of self use.

Stock of Commodities refers to total commodities possessed by wholesaler and retailer of various types of registration status at the end of the reference period, reflecting the commodity stock level of various wholesaler and retailer and the potential for market supply. It includes: (1) commodities located in storage, garages, counters, and shelves of operating places (such as sale stores, wholesale centers, and operating offices); (2) commodities in the process of being selected, sorted, and packed; (3) commodities not arrived but recorded as purchase in the account, i.e. commodities not arrived but payment receipts for the commodities from the sellers or the banks arrived; (4) commodities deposited in other places rather than places mentioned above, for instance: commodities in the hold of purchasers temporarily due to the refusal of payment and commodities not taken back after going through the formalities; (5) commodities entrusted to other units to sell but not sold yet; (6) commodities purchased for other units but not delivered yet. Commodities not included as stock are those not owned by the enterprises (units), commodities on commission for processing but not yet delivered, imported commodities of agency of foreign trade enterprise but not yet delivered to ordering units and finally those put in stock on behalf of the state material reserves units.

Hotel Services refer to the activities of enterprises providing paid services of lodging to the customer, excluding the activities of providing long period of services of lodging, such as leased house and apartments, which are shown in development and operation of real estate.

Catering Services refer to the activities of enterprises providing on-the-spot services of selling food cooked and prepared to the customer in certain sites.

Business Revenue refers to revenue received from providing services or selling commodities by enterprises and establishments engaged in hotels and catering services, including income from hotels, from catering services, from selling of commodities and from other services. Income from hotels refers to income of enterprises and establishments engaged in hotels and catering services by providing lodging services. Income from catering services refers to income of enterprises and establishments engaged in hotels and catering services by providing catering services, including selling of cooked or prepared foods, such as staple food, cooked dishes, or cold dishes.

旅游业

Tourism 18

简 要 说 明

一、主要内容

本篇主要反映全省旅游业发展变化情况。包括旅游业基本情况、旅游外汇收入、旅游业接待经营、风景名胜区等基本情况。

二、资料来源

本篇资料由省旅游发展委提供。

Brief Introduction

I. Main Contents

Data in this chapter reflect the development of tourism in Guizhou. They mainly include: tourism basic conditions, tourism foreign exchange earnings, tourism reception business, basic conditions of scenic area etc.

II. Sources of Data

Data in this chapter are provided by Guizhou Tourism Development Committee.

18-1 旅游业
Tourism

指　标	Item	2013	2014	2015	2016	2017
旅行社总数(个)	**Total Number of Travel Agencies(unit)**	**321**	**337**	**353**	**364**	**392**
出境游组团旅行社	International Travel Agencies	16	19	22	27	30
国内及入境旅游旅行社	Domestic Travel Agencies	305	318	331	337	362
旅行社职工人数(人)	**Number of Staff and Workers of Travel Agencies(person)**	**3852**	**5242**	**5540**	**5873**	**6229**
出境游组团旅行社	International Travel Agencies	316	1010	1120	1135	1203
国内及入境旅游旅行社	Domestic Travel Agencies	3536	4232	4420	4738	5026
旅游总人数(万人次)	**Total Number of Tourists (10000 person-times)**	**26761.28**	**32134.94**	**37630.01**	**53148.42**	**74417.43**
入境旅游人数	Number of Overseas Visitor Arrivals	77.70	85.50	94.09	110.19	126.79
外国人	Foreigners	31.97	35.94	39.83	51.83	64.86
港澳同胞	Chinese Compatriots From Hong Kong and Macao	22.93	24.55	27.06	29.13	31.00
台湾同胞	Chinese Compatriots From Taiwan Province	22.80	25.01	27.20	29.24	30.93
国内旅游人数	Total Number of Domestic Tourists	26683.58	32049.44	37535.92	53038.23	74290.64
旅游总收入(亿元)	**Tourism Earnings (100 million yuan)**	**2370.65**	**2895.98**	**3512.82**	**5027.54**	**7116.81**
国际旅游外汇收入(万美元)	Foreign Exchange Earnings from International Tourism (USD 10000)	20143.41	21671.23	20111.94	25270.74	28326.58
国内旅游收入(亿元)	Earnings from Domestic Tourism (100 million yuan)	2358.18	2882.66	3500.46	5011.94	7097.91
三大旅行社接待入境旅游人数(万人次)	**Number of International Tourists Received by Three Major Travel Service (10000 person-times)**	**3.66**	**5.62**	**4.43**	**3.69**	**3.44**

注：1.资料来源于省旅游发展委；2.2015年旅游统计口径调整，旅游收入按过夜游客花费和一日游游客花费进行核算，2014年及以前国际旅游外汇收入按过夜游客花费核算。（以下相关表同）

Note: 1.Data in the table are come from Guizhou Tourism Development Committee 2.The tourism statistics caliber are changed in 2015,tourism earnings were calculated by overnight tourism and one-day tour tourism consumption. Foreign exchange earnings from international tourism were calulated by overnight tourism consumption in and before 2014. (the relative tables are the same)

18—2 旅游外汇收入

Foreign Exchange Earnings from Tourism

单位：万美元 (USD 10000)

指　　标	Item	2013	2014	2015	2016	2017
旅游外汇收入	**Tourism foreign exchange earnings**	**20143.41**	**21671.20**	**20111.94**	**25270.74**	**28326.58**
长途交通	Long Distance Transportation	5881.90	5981.26	5144.37	6463.61	9381.93
游　　览	Sightseeing	1087.70	931.86	1148.28	1442.81	1690.54
住　　宿	Accommodation	2598.50	2383.84	1594.18	2003.77	2387.49
餐　　饮	Food and Beverage	1631.60	1625.34	1091.67	1372.06	1565.25
商品销售	Shopping	5398.40	5894.57	6421.88	8068.14	9446.99
娱　　乐	Entertainment	725.20	1516.99	612.98	770.68	848.21
邮电通讯	Postal and Communication Services	543.90	476.77	616.73	775.73	814.98
市内交通	Local Transportation	745.30	671.81	394.65	495.26	525.32
其他服务	Other Service	1530.90	2188.79	3087.20	3878.67	1665.87

18—3 接待外国旅游人数(按地区分)

Number of Overseas Tourists Visiting Guizhou(by Country/Territory)

单位：人次 (person-time)

指　　标	Item	2013	2014	2015	2016	2017	2017年比2016年增长(%) Increase Rate in 2017 over2016(%)
接待外国旅游人数	**Number of Overseas Tourists Visiting Guizhou**	**319743**	**359356**	**398307**	**518277**	**648563**	**25.1**
亚　　洲	Asia	131790	138688	144648	197080	281768	43.0
非　　洲	Africa	2250	4580	10193	11063	11812	6.8
欧　　洲	Europe	85065	103327	116948	153731	169055	10.0
拉丁美洲	Latin America	64987	67391	68720	89745	112393	25.2
大 洋 洲	Oceania	30406	31482	26686	34176	49991	46.3
其　　他	Others	5245	13888	31112	32482	23544	-27.5

18-4 来黔境外旅游人数及人均消费支出
Number of Overseas Tourists Visiting Guizhou and Average Per Capita Spending

指　标	Item	2013	2014	2015	2016	2017	2017年比2016年增长(%) Increase Rate in 2017 over2016(%)
来黔境外旅游人数（万人次）	**Number of Foreign Tourists Visiting Guizhou(10000 person-times)**	**77.70**	**85.50**	**94.09**	**110.19**	**126.79**	**15.1**
外国人	Foreigner	31.98	35.94	39.83	51.83	64.86	25.1
港澳同胞	Chinese Compatriots From Hong Kong and Macao	22.92	24.55	27.06	29.13	31.00	6.4
台湾同胞	Chinese Compatriots from Taiwan Province	22.80	25.01	27.20	29.24	30.93	5.8
平均每人逗留天数(天/人)	Average Days Tourists Stay in Guizhou Per Capita (day/person)	1.41	1.44	1.51	1.85	2.15	16.2
平均每人每天消费支出(美元/人、天)	Average Per Capita Daily Spending (USD/person-day)	181.05	180.65	201.01	189.29	203.11	7.3

18-5 旅馆业接待经营
Operation of Hotels

指　标	Item	2013	2014	2015	2016	2017
接待能力	**Capacity**					
年末客房数(间)	Guest Rooms (Year-end) (unit)	314771	330520	371718	521275	766831
年末客房床位数(张)	Guest Beds (Year-end) (bed)	565387	592899	661588	920173	1340539
客房开房率(%)	Room Occupancy Rate(%)	59.9	57.7	58.5	61.7	59.5
#星级宾馆	Star-rated Hotels	60.6	57.7	57.3	60.2	58.6
实际住宿人次数(万人次)	Actual Number of Guests (10000 person-times)	7707.83	9268.64	10862.62	14362.34	17971.59
#海外来黔	Overseas Visitors	18.67	20.53	22.99	26.44	32.40
实际住宿人天数(万人天)	Actual Number of Guests and Days of Stay (10000 person-days)	11330.51	13902.96	16728.43	22405.25	28574.83
#海外来黔	Overseas Visitors	26.32	29.56	34.71	48.91	69.66
经营和财务	**Management and Financial**					
营业收入(万元)	Operational Revenue(10000 yuan)	1724281	2171985	2775128	5630845	9750029

注：2017年统计方法制度改革，本表2013—2016年旅馆业接待经营数据作同口径调理。

Note: According to the statistical method system reform in 2017, the data of hotel reception and operation from 2013 to 2016 are adjusted based on the same caliber.

18-6 星级饭店个数
Star-rated Hotels

单位：个 (unit)

指　　标	Item	2013	2014	2015	2016	2017
星级饭店个数	**The number of Star-rated Hotels**	**377**	**358**	**343**	**308**	**286**
按经济类型分	**Grouped by Ownership**					
国有经济	State-owned	77	63	63	56	43
集体经济和私营经济	Collective-owned	299	294	279	248	239
外商投资经济	Foreign Funded	1	1	1	4	4
按规模分	**Grouped by Capacity**					
客房总数300间以上	With Above than 300 Rooms	7	7	11	14	12
客房总数200-299间	With 200-299 Rooms	20	17	18	19	19
客房总数100-199间	With 100-199 Rooms	84	81	95	82	76
客房总数99间以下	With Less than 100 Rooms	266	253	219	193	179

18-7 风景名胜区
National Parks

名　　称	Name	级　别	地　　址
红枫湖风景名胜区	Hongfeng Lake National Park	国家级	贵州省贵阳市清镇市、贵安新区、安顺市平坝区
黄果树风景名胜区	Huangguoshu Waterfalls National Park	国家级	贵州省安顺市镇宁、关岭县
龙宫风景名胜区	The Dragon Palace National Park	国家级	贵州省安顺市西秀区
织金洞风景名胜区	Zhijin Cave National Park	国家级	贵州省毕节市织金县
九洞天风景名胜区	Jiudongtian National Park	国家级	贵州省毕节市大方、纳雍县
马岭河峡谷风景名胜区	Malinghe Canyon ----Wanfeng Lake National Park	国家级	贵州省黔西南州兴义市
㵲阳河风景名胜区	Wuyang River National Park	国家级	贵州省黔东南州镇远、施秉、黄平县
黎平侗乡风景名胜区	Liping Dong-Village National Park	国家级	贵州省黔东南州黎平县
荔波樟江风景名胜区	Libo Zhangjiang National Park	国家级	贵州省黔南州荔波县
都匀斗篷山——剑江风景名胜区	Duyun Doupeng Mountain----Jianjiang National Park	国家级	贵州省黔南州都匀市
赤水风景名胜区	Chishui National Park	国家级	贵州省遵义市赤水市
九龙洞风景名胜区	Jiulong Cave National Park	国家级	贵州省铜仁市
紫云格凸河风景名胜区	Ziyun Getu River National Park	国家级	贵州省安顺市紫云县
平塘风景名胜区	Pingtang National Park	国家级	贵州省黔南州平塘县
瓮安江界河风景名胜区	Wengan Jiangjie River National Park	国家级	贵州省黔南州瓮安县
榕江苗山侗水风景名胜区	Rongjiang Mountain and Water Landscapes with Miao and Dong Dong Cultures National Park	国家级	贵州省黔东南州榕江县
石阡温泉群风景名胜区	Shiqian Hot Well Flock National Park	国家级	贵州省铜仁市石阡县
沿河乌江山峡风景名胜区	Yanhe Wujiang River Sanxia National Park	国家级	贵州省铜仁市沿河县
百花湖风景名胜区	Baihua Lake National Park	省级	贵州省贵阳市清镇市、观山湖区
花溪风景名胜区	Huaxi National Park	省级	贵州省贵阳市花溪区
息烽风景名胜区	Xifeng National Park	省级	贵州省贵阳市息烽县
修文阳明风景名胜区	Xiuwen Yangming National Park	省级	贵州省贵阳市修文县
贵阳香纸沟风景名胜区	Guiyang Xiangzhigou National Park	省级	贵州省贵阳市乌当区
开阳风景名胜区	Kaiyang National Park	省级	贵州省贵阳市开阳县
贵阳相思河风景名胜区	Guiyang Xiangsi River National Park	省级	贵州省贵阳市乌当区
清镇暗流河风景名胜区	Qingzhen Undercurrent River National Park	省级	贵州省贵阳市清镇市
普定梭筛风景名胜区	Puding Suoshai National Park	省级	贵州省安顺市普定县
关岭花江大峡谷风景名胜区	Guanling Huajiang Canyon National Park	省级	贵州省安顺市关岭县
平坝天台山——斯拉河风景名胜区	Pingba Tiantai Mountain ----Sila River National Park	省级	贵州省安顺市平坝区
百里杜鹃风景名胜区	One-Hundred-Li Azalea Belt National Park	省级	贵州省毕节市大方、黔西县
贵州屋脊赫章韭菜坪风景名胜区	Guizhou Fastigium Hezhang Jiucaiping National Park	省级	贵州省毕节市赫章县
鲁布革风景名胜区	Lubuge National Park	省级	贵州省黔西南州兴义市
泥凼石林风景名胜区	Nidang shilin National Park	省级	贵州省黔西南州兴义市
安龙招堤风景名胜区	Anlong Zhaodi National Park	省级	贵州省黔西南州安龙县
贞丰三岔河风景名胜区	Zhenfeng Sancha River National Park	省级	贵州省黔西南州贞丰县

18-7 续表 continued

名称	Name	级别	地址
晴隆三望坪风景名胜区	Qinglong Sanwangping National Park	省级	贵州省黔西南州晴隆县
兴仁放马坪风景名胜区	Xingren Fangmaping National Park	省级	贵州省黔西南州兴仁县
岑巩龙鳌河风景名胜区	Cengong Longao River National Park	省级	贵州省黔东南州岑巩县
剑河风景名胜区	Jianhe National Park	省级	贵州省黔东南州剑河县
镇远高过河风景名胜区	Zhenyuan Gaoguo River National Park	省级	贵州省黔东南州镇远县
雷山风景名胜区	Leishan National Park	省级	贵州省黔东南州雷山县
锦屏三板溪——隆里古城风景名胜区	Jinping Sanbanxi----Longli National Park	省级	贵州省黔东南州锦屏县
丹寨风景名胜区	Danzhai National Park	省级	贵州省黔东南州丹寨县
从江风景名胜区	Congjiang National Park	省级	贵州省黔东南州从江县
龙里猴子沟风景名胜区	Longli Monkey Fossa National Park	省级	贵州省黔南州龙里县
福泉洒金谷风景名胜区	Fuquan Sajingu National Park	省级	贵州省黔南州福泉市
惠水涟江——燕子洞风景名胜区	Huishui good Bonus -- Swallow Cave Scenic Park	省级	贵州省黔南州惠水县
长顺杜鹃湖——白云山风景名胜区	Changshun Dujuan Lake--Baiyun Mountain National Park	省级	贵州省黔南州长顺县
三都都柳江风景名胜区	Sandu Duliu River National Park	省级	贵州省黔南州三都县
贵定洛北河风景名胜区	Guiding Luobei River National Park	省级	贵州省黔南州贵定县
独山深河桥风景名胜区	Dushan Shenhe Bridge National Park	省级	贵州省黔南州独山县
遵义娄山风景名胜区	Zunyi Loushan Mountain National Park	省级	贵州省遵义市汇川区、红花岗区、播州区、桐梓县
绥阳宽阔水风景名胜区	Suiyang Kuankuoshui National Park	省级	贵州省遵义市绥阳县
仁怀茅台风景名胜区	Renhuai Moutai National Park	省级	贵州省遵义市仁怀市
习水风景名胜区	Xishui National Park	省级	贵州省遵义市习水县
余庆大乌江风景名胜区	Yuqing Wujiang River National Park	省级	贵州省遵义市余庆县
湄潭湄江风景名胜区	Meitan National Park	省级	贵州省遵义市湄潭县
梵净山——太平河风景名胜区	Fanjing Mountain----Taiping River National Park	省级	贵州省铜仁市江口县
印江木黄风景名胜区	Yinjiang Muhuang National Park	省级	贵州省铜仁市印江县
思南乌江白鹭洲风景名胜区	Sinan Wujiang River Bailuzhou National Park	省级	贵州省铜仁市思南县
松桃豹子岭——寨英风景名胜区	Songtao Baozi Mountain----Zhaiying National Park	省级	贵州省铜仁市松桃县
万山汞都——夜郎谷风景名胜区	Wanshan mercury night - Lang Valley Scenic Park	省级	贵州省铜仁市万山区
玉屏北洞萧笛之乡风景名胜区	Yuping Beidong Xiaodi-Village National Park	省级	贵州省铜仁市玉屏县
六枝牂牁江风景名胜区	Liuzhi Zangke River National Park	省级	贵州省六盘水市六枝特区
盘县古银杏风景名胜区	Panxian Ancientry Gingko National Park	省级	贵州省六盘水市盘州市
盘县大洞竹海风景名胜区	PanXian Dadong Banboo Sea National Park	省级	贵州省六盘水市盘州市
盘县坡上草原风景名胜区	PanXian Grassland on Mountain National Park	省级	贵州省六盘水市盘州市
南开风景名胜区	Nankai National Park	省级	贵州省六盘水市钟山区、水城县
务川洪渡河风景名胜区	Wuchuan Hongduhe National Park	省级	贵州省遵义市务川县
罗甸大小井风景名胜区	Luodian Daxiaojin National Park	省级	贵州省黔南州罗甸县
德江乌江傩文化风景名胜区	Dejiang Wujiang Riverside National Park	省级	贵州省铜仁市德江县

18-8 全国重点文物保护单位
Historical and Cultrual Relics under Key Protection

文物单位名称	Name	地址
平坝天台山伍龙寺	Pingba Tiantai Wulong Temple	贵州省安顺市平坝区
云山屯古建筑群(含本寨)	The Ancientry Construction of Yunshantun(Including the Village)	贵州省安顺市西秀区
安顺文庙	Anshun Temple	贵州省安顺市西秀区
穿洞遗址	The Ruins of Chuandong	贵州省安顺市普定县
宁谷遗址	The Ruins of Ninggu	贵州省安顺市西秀区
黔西观音洞遗址	The Site of Kwan-yin Cave Qianxi	贵州省毕节市黔西县
赫章可乐遗址	The Ruins of Kele in Hezhang	贵州省毕节市赫章县
织金古建筑群	The Ancientry Construction Zhijin	贵州省毕节市织金县
川滇黔省革命委员会旧址	Finish the Committee old address of Chuan Dian Qian Province Revolution	贵州省毕节市大方县
奢香墓	The Mausoleum of Lady She Xiang	贵州省毕节市大方县
大屯土司庄园	Datun Headman's Castle	贵州省毕节市毕节市
马头寨古建筑群	The Ancientry Construction of Matouzhai	贵州省贵阳市开阳县
阳明洞和阳明祠	Yangming Cave and Yangming Ancestral Temple	贵州省贵阳市修文县、云岩区
文昌阁和甲秀楼	Wenchang Pavilion and Jiaxiu Floor	贵州省贵阳市贵阳市
息烽集中营旧址(含玄天洞)	The Site of Concentration Camp Xifeng(including Tien-dong)	贵州省贵阳市息烽县
大洞遗址	The Site of Dadong Cave	贵州省六盘水市盘州市
郎德上寨古建筑群	The Ancientry Construction Langdeshangzhai	贵州省黔东南州雷山县
地坪风雨桥	Diping Pavilion Bridge	贵州省黔东南州黎平县
飞云崖古建筑群	The Ancientry Construction of Feishanya	贵州省黔东南州黄平县
旧州古建筑群	The Ancientry Construction of Jiuzhou	贵州省黔东南州黄平县
黎平会议会址	The Site of Liping Conference	贵州省黔东南州黎平县
和平村旧址	The Former Site of Peace Village	贵州省黔东南州镇远县
青龙洞	Qinglong Cave	贵州省黔东南州镇远县
增冲鼓楼	Zengchong Drum-tower	贵州省黔东南州从江县
福泉城墙	Ming Dynasty Wall in Fuquan	贵州省黔南州福泉市
葛镜桥	Gejing Bridge	贵州省黔南州福泉市
交乐墓群	Jiaole Tombs	贵州省黔西南州兴仁县
“二十四道拐”抗战公路	"Twenty-four Shui" Road War	贵州省黔西南州晴隆县
石阡万寿宫	Shiqian Wanshou Palace	贵州省铜仁市石阡县
万山汞矿遗址	The Site of Wanshan Hydrargyrum	贵州省铜仁市万山区
东山古建筑群	The Ancient Building Complex of Dongshan	贵州省铜仁市铜仁市
寨英古建筑群	The Ancient Building Complex of Zhaiying	贵州省铜仁市松桃县
思唐古建筑群	The Ancientry Construction Sitang	贵州省铜仁市思南县
黔东特区革命委员会旧址	The Site of Qiandong SAR Revolution Committee	贵州省铜仁市沿河县、德江县、印江县
遵义会议会址	The Site of Zunyi Conference	贵州省遵义市红花岗区
遵义海龙屯	Zunyi Hailongtun	贵州省遵义市汇川区
杨粲墓	Yangcan Tomb	贵州省遵义市汇川区
红军四渡赤水战役旧址	The Former Site of Battle of the Red Army Siduchishui	贵州省遵义市习水县、仁怀市、汇川区
湄潭浙江大学旧址	The Former Site of Zhejiang University in Meitan	贵州省遵义市湄潭县

注：资料来源于省文化厅，表中文物单位为第一至六批全国重点文物保护单位。

Note:Data in this table come from the Provincial Department of Culture.The units in this table are the sixth batch of national key cultural relics protection units.

18-8 续表 continued

名　称	Name	地址
龙广观音洞遗址	The Ruins of Guanglong Cave	贵州省黔西南州安龙县
普安铜鼓山遗址	The Ruins of Puan Timbal Hill	贵州省黔西南州普安县
茶马古道	Tea-Horse Road	四川、云南、贵州
务川大坪墓群	Wuchuan Daping Tombs	贵州省遵义市务川县
兴义万屯墓群	Xingyi Wan Tuen Tombs	贵州省黔西南州兴义市
平坝棺材洞	Pingba Coffin Hole	贵州省安顺市平坝区
惠水仙人桥洞葬	Huishui Fairy Bridge Burial Cave	贵州省黔南州惠水县
黔南水族墓群	Qiannan Aquarium Tombs	贵州省黔南州三都县、荔波县
小冲墓群	Small punch Tombs	贵州省六盘水市盘州市
明十八先生墓	Eighteen persons' Tomb of Ming Dynasty	贵州省黔西南州安龙县
鲍家屯水利工程	Baojiatun Hydraulic	贵州省安顺市西秀区
镇远城墙	Zhenyuan Walls	贵州省黔东南州镇远县
安顺武庙	Anshun Wumiao	贵州省安顺市西秀区
隆里古建筑群	The Ancient Building Complex of Longli	贵州省黔东南州锦屏县
石阡府文庙	Shiqian Temple	贵州省铜仁市石阡县
榕江大利村古建筑群	The Ancient Building Complex in the Village Rongjiang Dali	贵州省黔东南州榕江县
楼上村古建筑群	The Ancient Building Complex in the Village Loushang	贵州省铜仁市石阡县
岩门长官司城	Yanmen Long lawsuit City	贵州省黔东南州黄平县
锦屏飞山庙	Jinping Feishan Temple	贵州省黔东南州锦屏县
高阡鼓楼	Gaoqian Drum-tower	贵州省黔东南州从江县
宰俄鼓楼	Zaie Drum-tower	贵州省黔东南州从江县
金勾风雨桥	Jingou Pavilion Boasting	贵州省黔东南州从江县
鲁屯牌坊群	Lu Tun Archway	贵州省黔西南州兴义市
复兴江西会馆	Jiangxi Hall in the Town of Fuxing	贵州省遵义市赤水市
三门塘古建筑群	The Ancient Buildings Complex in the Village of Sanmentang	贵州省黔东南州天柱县
敖氏和罗氏墓群石刻	Ao and Roche' Tombs of Carved Stone	贵州省毕节市金沙县
尚稽陈玉壂祠	Chenyu Temple in the Town of Shangji	贵州省遵义市播州区
兴义刘氏庄园	The Liu Manor in Xingyi	贵州省黔西南州兴义市
茅台酒酿酒工业遗产群	Maotai Wine Industry Heritage Group	贵州省遵义市仁怀市
王若飞故居	Wang Ruofei's Former Residence	贵州省安顺市西秀区
述洞独柱鼓楼	Duzhu Drum-tower in the Village of Shudong	贵州省黔东南州黎平县
重安江水碾群	Chongan River Shuinian Group	贵州省黔东南州黄平县

注：表中文物单位为第七批全国重点文物保护单位。
Note:The units in this table are the seventh batch of national key cultural relics protection units.

18−9 历年旅游人数及收入
Tourism Numbers and Earnings Over the Years

年 份 Year	国内旅游人数 (万人次) Number of Domestic Visitors (10000 person-times)	国内旅游收入 (亿元) Earnings from Domestic Tourism (100 million yuan)	入境旅游人数 (万人次) Number of Overseas Visitor Arrivals (10000 person-times)	#外国人 (万人次) Foreigners (10000 person-times)	国际旅游外汇收入(万美元) Foreign Exchange Earnings from Intennational Tourism(10000 USD)
1980			0.17	0.07	0.70
1981			0.23	0.06	2.49
1982			0.51	0.18	5.73
1983			0.71	0.19	8.03
1984	204	0.07	1.02	0.27	15.86
1985	244	0.07	1.13	0.29	61.95
1986	248	0.05	1.40	0.46	100.19
1987	261	0.07	1.88	0.77	137.22
1988	296	0.18	2.36	0.75	162.54
1989	397	0.18	1.37	0.47	136.75
1990	399	0.19	2.41	0.74	180.90
1991	630	0.66	3.75	1.04	307.35
1992	1426	2.21	7.63	1.87	686.13
1993	1647	4.29	10.25	4.26	1049.45
1994	1700	4.28	12.08	7.61	2109.63
1995	1750	7.18	13.65	7.78	2897.73
1996	1800	8.53	12.53	6.67	3811.95
1997	1850	30.81	15.02	7.81	4429.10
1998	1880	35.14	15.13	6.77	4831.18
1999	1910	43.75	16.70	6.57	5501.54
2000	1980	57.95	18.39	7.12	6092.23
2001	2100	75.81	20.55	7.85	6873.23
2002	2200	99.86	22.81	8.45	7950.63
2003	1835	114.36	7.70	2.40	2893.91
2004	2480	161.02	23.10	7.63	8020.27
2005	3099	242.83	27.62	9.26	10141.36
2006	4716	377.79	32.14	10.70	11515.66
2007	6220	504.04	43.00	15.48	12917.55
2008	8151	643.82	39.54	18.22	11697.37
2009	10400	797.69	39.95	16.28	11044.40
2010	12863	1052.64	50.01	18.61	12957.88
2011	16961	1420.70	58.51	23.62	13507.18
2012	21331	1849.49	70.50	30.42	16893.60
2013	26684	2358.18	77.70	31.97	20143.41
2014	32049	2882.66	85.50	35.94	21671.23
2015	37536	3500.46	94.09	39.83	20111.94
2016	53038	5011.94	110.19	51.83	25270.74
2017	74291	7097.91	126.79	64.86	28326.58

主要统计指标解释

入境游客人数 指报告期内来中国(大陆)观光、度假、探亲访友、就医疗养、购物、参加会议或从事经济、文化、体育、宗教活动的外国人、港澳台同胞等游客(即入境旅游人数)。统计时，入境游客按每入境1次统计1人次。

入境游客包括入境过夜游客和入境一日游游客。

国内游客人数 指报告期内在中国(大陆)观光游览、度假、探亲访友、就医疗养、购物、参加会议或从事经济、文化、体育、宗教活动的中国(大陆)居民，其出游的目的不是通过所从事的活动谋取报酬。统计时，国内游客按每出游1次统计1人次。

国内游客包括国内过夜游客和国内一日游游客。

国际旅游(外汇)收入 入境游客在中国(大陆)境内旅行、游览过程中用于交通、参观游览、住宿、餐饮、购物、娱乐等全部花费。

出境游组团旅行社 指从事招徕、组织、接待中国内地居民出国旅游，赴香港特别行政区、澳门特别行政区和台湾地区旅游，以及招徕、组织、接待在中国内地的外国人、在内地的香港特别行政区、澳门特别行政区居民和在大陆的台湾地区居民出境旅游的业务的旅行社。

国内及入境旅游旅行社 指从事招徕、组织和接待中国内地居民在境内旅游的业务和从事招徕、组织、接待外国旅游者来我国旅游，香港特别行政区、澳门特别行政区旅游者来内地旅游，台湾地区居民来大陆旅游，以及招徕、组织、接待在中国内地的外国人，在内地的香港特别行政区、澳门特别行政区居民和在大陆的台湾地区居民在境内旅游的业务的旅行社。

国内旅游收入 国内游客在旅游过程中(由游客或游客的代表为游客)支付的一切旅游支出就是国家(省、区、市)的国内旅游收入。旅游支出应包括过夜游客和一日游游客在整个游程中行、游、住、食、购、娱，以及为亲友、家人购买纪念品、礼品等方面的旅游支出，不包括为商业目的购物、购买房、地、车、船等资本性或交易性的投资、馈赠亲友的现金及给公共机构的捐赠。

星级饭店 指设备、设施、服务符合《旅游饭店星级的划分与评定》（GB/T14308-2003），通过相关旅游管理部门评定，并取得星级饭店称号的饭店（含预备星级饭店）。

Explanatory Notes on Main Statistical Indicators

Number of Oversea Visitor arrivals refers to the number of foreigners, Chinese compatriots from Hong Kong, Macao and Taiwan Chinese who come to China within the reference period for sight-seeing, vacation, visiting relatives, medical treatment, shopping, attending conference, or to engage in economic, cultural, sports and religious activities(namely the number of oversea arrivals). In compiling statistics, each time of entering China is counted as one person-time.

The number of overseas visitor arrivals includes inbound overnight tourists and one-day tourists.

Number of domestic tourists refers to the number of Chinese (mainland) residents who travel within China (mainland) for sight-seeing, vacation, visiting relatives, medical treatment, shopping, attending conference, or to engage in economic, cultural, sports and religious activities. In compiling statistics, each time of travelling is counted as one person-time.

Domestic tourists are including domestic overnight visitors and domestic day trip visitors.

Foreign Exchange Earnings from International Tourism refer to the total expenditure of foreigners, overseas Chinese, Chinese compatriots from Hong Kong, Macao and Taiwan during their stay in the mainland of China on transportation of sighting, accommodation, food, shopping and entertainment.

Outbound travel agencies refer to the agencies which is engaged in the solicitation, organization, hospitality Chinese mainland residents to travel abroad, to visit Hong Kong SAR, Macao SAR and Taiwan tourism and attract, organize the reception of foreigners in the Chinese mainland, the mainland Hong Kong SAR, Macao SAR residents and residents of Taiwan on the mainland outbound travel business travel.

Domestic and inbound tourism travel agencies refer to the agencies which is engaged in soliciting travel, organization and hospitality Chinese mainland residents to travel in the territory and engaged in soliciting business, organization, reception of foreign tourists to China's tourism, Hong Kong SAR, Macao SAR mainland tourists to travel to the mainland for Taiwan residents tourism and attract, organization, reception of foreigners in China Mainland, the Mainland Hong Kong SAR, Macao SAR residents and residents of Taiwan on the mainland tourism business.

Income from Domestic tourism refers to the payment of all tourism expenditure revenue domestic tourists in the tourism process (by the representatives of visitors or tourists for tourists) payment of all tourism expenditure is the national (provincial, autonomous regions and municipalities) of domestic tourism revenue. Travel expenses shall include overnight visitors and day visitors in the entire run Bank of China, travel, housing, food, shopping and entertainment, as well as friends, family, buy souvenirs, gifts and other aspects of tourism expenditure, not including for commercial purposes, shopping, purchase house, ground, cars, boats and other capital investment or trading, cash and gift donations to public institutions.

Star-rated Hotels refer to hotels rated with stars as assessed by the relevant tourism authorities according to GB/T14308-2003 standard with reference to their infrastructure, facilities and service levels.

金融业

Financial Intermediation

19

简 要 说 明

一、主要内容

本篇资料主要反映全省金融、保险和证券业发展情况。

二、资料来源

1.金融资料由中国人民银行贵阳中心支行、贵州银监局提供。

2.保险业资料由中国保险监督管理委员会贵州监管局提供。

3.证券资料由中国证监会贵州监管局提供。

Brief Introduction

I. Main Contents

Data in this chapter show the development of financial, securities and insurance industries of Guizhou.

II. Sources of Data

(1) Data on financial are provided by Guiyang Central Sub-branch of The People's Bank of China, Guizhou Bureau of China Banking Regulatory Commission.

(2) Data on securities are provided by Guizhou Bureau of China Insurance Regulatory Commission.

(3) Data on securities are provided by Guizhou Bureau of China Securities Regulatory Commission.

19-1 各类金融机构
Financial Institutions

单位：个 (unit)

指 标	Item	2013	2014	2015	2016	2017
银行类	**Banking Institutions**	**4581**	**4748**	**4915**	**5102**	**5329**
#商业银行	Commercial Banks	1766	2326	2654	2950	3063
外资银行	Foreign Funded Banks	1	1	1	1	1
非银行类	**Non-Bank Financial Intermediaries**	**6**	**6**	**6**	**7**	**7**
#财务公司	Finance Companies	5	5	5	5	5
信托公司	Trust Companies	1	1	1	1	1

注：资料来源于贵州银监局。

Note: Data in the table are obtained from Guizhou Banking Regulatory Commission.

19-2 金融机构人民币各项存贷款余额
Saving Deposits and Loans Blance of Financial Institutions

单位：亿元 (100 million yuan)

指 标	Item	2013	2014	2015	2016	2017	2017年比2016年增长(%) Increase Rate in 2017 over 2016(%)
资金来源合计	**Sources of Funds**	**12234.52**	**14036.29**	**18299.80**	**22449.89**	**26433.92**	**17.7**
各项存款	**Total Deposits**	**13265.01**	**15263.26**	**19438.64**	**23770.93**	**26088.89**	**9.8**
#财政存款	Fiscal Deposits	424.78	534.84	761.66	802.56	824.05	2.7
个人存款	Personal Deposits	5919.05	6620.56	7394.86	8531.81	9580.29	12.3
资金运用合计	**Uses of Funds**	**12234.52**	**14036.29**	**18299.80**	**22449.89**	**26433.92**	**17.7**
各项贷款	**Total Loans**	**10104.30**	**12368.30**	**15051.94**	**17857.80**	**20860.34**	**16.8**
#短期贷款	Short-term Loans	2244.51	2803.96	3143.33	3426.45	3791.62	10.7
中长期贷款	Medium-term & Long-term Loans	7759.30	9403.72	11680.25	14115.25	16798.37	19.0

注：资料来源于中国人民银行贵阳中心支行。

Note: Data in the table are obtained from Guiyang Central Branch of PBC.

19−3 保 险

Insurance

单位：个 (unit)

指　标	Item	2013	2014	2015	2016	2017	2017年比2016年增长(%) Increase Rate in 2017 over 2016(%)
机构数	**Total**	**991**	**1052**	**1102**	**1148**	**1226**	**6.8**
省级分公司	Provincial Branches	23	25	27	29	31	6.9
地市级分公司	Branches at Prefecture Level	137	146	150	160	170	6.3
县级支公司	Branches at County Level	447	496	540	566	616	8.8
办事处或营业部	Business Offices and Departments	38	36	36	35	36	2.9
营销服务部	Marketing Department	346	349	349	358	372	3.9
职工人数	**Total**	**11860**	**12827**	**16493**	**17138**	**18848**	**10.0**
省级分公司	Provincial Branches	2761	2792	3642	3323	3546	6.7
地市级分公司	Branches at Prefecture Level	5542	5868	7901	8483	9219	8.7
县级支公司	Branches at County Level	2741	3340	4076	4798	5003	4.3
办事处或营业部	Business Offices and Departments	291	354	279	259	402	55.2
营销服务部	Marketing Departments	525	473	595	325	678	108.6

注：资料来源于中国保险监督管理委员会贵州监管局(以下相关表同)。

Note:Data in the table are obtained from the Provincial Insurance Regulatory Bureau (the relative tables in the chapter are the same).

19-4 财产保险

Property Insurance

单位：万元 (10000 yuan)

指　　标	Item	2013	2014	2015	2016	2017	2017年比2016年增长(%) Increase Rate in 2017 over 2016(%)
保费收入	**Premium**	**934898**	**1173603**	**1403184**	**1625878**	**1918309**	**18.0**
企业财产保险	Enterprise Property Insurance	40438	40015	39312	38272	40577	6.0
机动车辆保险	Motor Vehicle Insurance	755887	930033	1103547	1274947	1469550	15.3
货物运输保险	Freight Transport Insurance	6625	6657	5396	5303	4904	-7.5
责任保险	Liability Insurance	37825	44302	53580	73176	82083	12.2
信用保证保险	Export Credit and Guarantee Insurance	14946	24239	55143	39443	63428	60.8
农业保险	Agriculture Insurance	16194	43949	51795	66179	82600	24.8
其他保险	Other Insurance	62983	84409	94410	128558	175167	36.3
储金	**Deposits**	**41765**	**7369**	**15954**	**7429**	**15592**	**109.9**
赔案件数(万件)	**Cases of Claims (10000 cases)**	**85.61**	**124.54**	**159.31**	**173.10**	**200.36**	**15.7**
赔款支出	**Claim and Payment**	**468568**	**588310**	**695516**	**844489**	**982906**	**16.4**
企业财产保险	Enterprise Property Insuance	11836	17981	24265	21513	18238	-15.2
机动车辆保险	Motor Vehicle Insurance	397667	490885	564657	672762	769981	14.5
货物运输保险	Freight Transport Insurance	443	837	528	642	1436	123.8
责任保险	Liability Insurance	17984	23992	23345	32483	44446	36.8
信用保证保险	Export Credit and Guarantee Insurance	1049	2148	15193	15094	25672	70.1
农业保险	Agriculture Insurance	7108	11033	19856	26709	32800	22.8
其他保险	Other Insurance	32481	41435	47671	75286	90335	20.0
未决赔款	**Outstanding Claim**	**250852**	**321479**	**334596**	**363035**	**399813**	**10.1**

注：本表包括人保财险、太保产险、平安产险、天安保险、安邦保险、阳光产险、大地产险、国寿产险、都邦产险、太平保险、华安产险、鼎和产险、华泰产险、安诚产险、锦泰产险、永诚产险、永安产险、国元农业、中华联合、众诚20家财产保险分公司数据以及众安产险等互联网保险公司归为贵州省数据(下表同)。

Note: Data in the table include figures of the Guizhou Branches of PICC, Pacific Property Insurance Company, Ping'an Property Insurance Company, Tianan Insurance Company, Anbang Insurance Company, Yangguang Property Insurance Company, Dadi Property Insurance Company, China Life Property & Casualty Insurance Company, DuBang Insurance，China Taiping Life Insurance Company, Sinosafe General Insurance Company, Dinghe Insurance Company, Huatai Insuurance company, An-cheng Insurance Company, JinTai Property & Casualty Insurance Company, Alltrust Property Insurance Company, Chinia united Property Insurance Company, Guoyuan Agricultural Insurance Company, Company (the same applies to the next table).

19－5 财产保险主要指标(2017)
Major Indicators on Property Insurance

指 标	Item	合 计 Total	企业财产保险 Enterprise Property Insurance	家庭财产保险 Family Property Insurance	机动车辆保险 Motor Vehide Insurance	工 程 保 险 Engin-eering Insurance	责 任 保 险 Liability Insu-rance	保 证 保 险 Guarantee Insu-rance	信 用 保 险 Export Credit Insurance
承保件数(万件)	Amount Insured (10000 cases)	2845	1	18	872	0	27	48	0
保险金额或责任限额(亿元)	Insurance Value or Liability Limit (100 million yuan)	122391.31	5067.48	1269.23	33453.40	1673.54	27047.94	32.52	9.96
签单保费(万元)	Premium of Sign Bill (10000 yuan)	1968343	42716	12021	1510549	36388	83571	60239	9594
赔付件数(万件)	Amount Claim and Payment (10000 cases)	200.36	0.44	2.62	134.08	0.21	3.32	10.65	0.11
已决赔款(万元)	Settled claim (10000 yuan)	941567	18502	8735	736068	10579	40328	20349	8748
未决赔款(万元)	Outstanding claim (10000 yuan)	399813	12200	782	294296	19180	25144	4107	188

19－5 续表 continued

指 标	Item	船 舶 保 险 Ship Insurance	货物运输保险 Freight Transport Insurance	特殊风险保险 Special Risk Insurance	农 业 保 险 Agric-ultural Insurance	健康险 Health Insu-rance	意外伤害保险 Accident Injury Insurance	其他险 Others Insu-rance
承保件数(万件)	Amount Insured(10000 cases)	0.04	14.42	0.01	1.63	94.26	869.78	899.57
保险金额或责任限额(亿元)	Insurance Value or Liability Limit (100 million yuan)	0.97	1146.68	344.92	1076.95	12752.59	38508.65	6.48
签单保费(万元)	Premium of Sign Bill(10000 yuan)	115.03	4999.15	1067.95	81509.45	56054.96	68419.28	1099.82
赔付件数(万件)	Amount Claim and Payment (10000 cases)		0.06	0.01	2.71	18.20	2.26	25.69
已决赔款(万元)	Settled claim(10000 yuan)	74.21	426.39	41.09	31430.74	37987.53	27728.84	569.24
未决赔款(万元)	Outstanding claim(10000 yuan)	719.23	965.15	397.69	17353.20	2915.24	21538.05	27.65

注：赔付件数指已决赔付件数。

Note: The number of claims refers to the amount of the claim.

19-6 人寿保险
Life Insurance

单位：万元 (10000 yuan)

指　标	Item	2013	2014	2015	2016	2017	2017年比2016年增长(%) Increase Rate in 2017 over 2016(%)
保费收入	**Premium**	**881254**	**957021**	**1174783**	**1586953**	**1958979**	**23.4**
#新单保费	Premium of New Guarantee Slip	342673	355082	637017	911726	1010762	10.9
#个人业务	Personal Business	814520	876164	1084522	1460316	1812505	24.1
人寿保险	Life Insurance	741759	781899	959155	1284249	1561347	21.6
意外伤害险	Accident Injury Insurance	21633	29090	34567	41688	50922	22.2
健康险	Health Insurance	51127	65174	90800	134379	200235	49.0
团体业务	Group Business	66734	80857	90261	126636	146474	15.7
人寿保险	Life Insurance	7262	7001	11618	3669	4685	27.7
意外伤害险	Accident Injury Insurance	19346	20373	18224	18613	23865	28.2
健康险	Health Insurance	40126	53484	60419	104354	117924	13.0
有效保单件数(万件)	**Cases of Virtual Guarantee Slip(10000 cases)**	**544.51**	**607.77**	**696.39**	**738.03**	**1042.13**	**41.2**
赔款及给付支出	**Claim and Payment**	**255813**	**308371**	**374195**	**470792**	**555165**	**17.9**
个人业务	Personal Business	193168	206479	277551	344051	373533	8.6
赔款支出	Benefit Paid	9625	10661	12242	13832	18314	32.4
年金给付	Payment for Annuity	38340	32937	54191	64985	77243	18.9
满期给付	Payment for Expiration	125087	137244	177615	224294	223545	-0.3
死伤医疗给付	Payment for Death and Injured person	22336	25636	33503	40940	54432	33.0
团体业务	Group Business	45891	101892	96644	126740	181632	43.3
赔款支出	Claim and Payment	20269	52988	63364	89093	137835	54.7
年金给付	Payment for Annuity	3340	4795	4426	4978	4751	-4.6
满期给付	Payment for Expiration	35585	42676	27326	30120	34640	15.0
死伤医疗给付	Payment for Death and Injured Person	1232	1432	1528	2550	4405	72.7

注：本表数据包含华贵人寿、中国人、太保寿险、平安寿险、新华人寿、泰康人寿、平安养老、太平人寿、人保寿险、富德生命人寿、泰康养老、阳光人寿12家人寿保险分公司数据(下表同)。

Note: Data in the table include figures of the Guizhou Branches of Huagui Life Insurance Company, China Life Insurance Company, Pacific Life Insurance Company, Ping'an Life Insurance Company, Xinhua Life Insurance Company, Taikang Life Insurance Company, Ping'an pension Insurance and Life Insurance Company, Taiping Life Insurance Company, PICC Life Insurance Company, Funde Sino Life Insurance Company, Funde Sino Life Insurance Company, Taikang pension Insurance and Life Insurance Company, Sunshine Life Insurance Company (the same applies to the next table) .

19—7 人寿保险主要指标(2017)

Major Indicators on Life Insurance

单位：万元 (10000 yuan)

指标项目	Item	合计 Total	寿险业务 Life Insurance Busi-ness	普通寿险 Normal Life Insurance	个人业务 Pers-onal	团体业务 Group	分红寿险 Share out Bonus	个人业务 Personal	团体业务 Group
保费收入	Premium	1958979	1566032	800379	795720	4658	752584	752557	27
期末有效保险金额(亿元)	Virtual Insurance Value at the year-end(100 million yuan)	119714.33	10003.47	8742.84	8273.48	469.36	980.38	977.40	2.98
期末有效承保人次(万人)	Virtual Insurance Person-time at the year-end (10000 persons)	8580.69	1269.35	1039.90	814.14	225.76	156.10	146.19	9.91
期末有效承保保单件数(万件)	Cases of Virtual Guarantee Slip at the year-end (10000 cases)	1042.13	562.03	349.37	343.47	5.89	146.57	144.73	1.84
赔款和给付支出	Expenditure for Claim and Payment	555165	379711	130265	87722	42543	246454	246425	29
#赔款支出	Claim and Payment	156149							
死伤医疗给付	Payment for Death,Injury or Medical Treatmnet	58837	39823	31182	28001	3181	6539	6539	
满期给付	Mature Payment	258185	257894	58529	23889	34640	198475	198475	
年金给付	Payment for Annuity	81994	81994	40554	35832	4722	41440	41411	29
退保金	Insurance Withdrawed	347733	344883	266594	266570	24	78285	78284	1
在售产品数量（个）	Amount of Products under Selling(unit)	2024	682	398	351	47	184	173	11

19—7 续表 continued

单位：万元 (10000 yuan)

指标项目	Item	投资连结产品 Life Insurance Product in investment	万能寿险 Omnip-otence Life Insurance	健康险业务 Health Insu-rance	个人业务 Personal	团体业务 Group	意外伤害保险业务 Unforeseen Injury Insurance
保费收入	Premium	172	12898	318159	200235	117924	74787
期末有效保险金额(亿元)	Virtual Insurance Value at the year-end (100 million yuan)	4.19	276.05	92805.60	7007.63	85797.97	16905.26
期末有效承保人次(万人)	Virtual Insurance Person-time at the year-end(10000 persons)	0.51	72.84	4763.89	1276.53	3487.36	2547.46
期末有效承保保单件数(万件)	Cases of Virtual Guarantee Slip at the year-end(10000 cases)	0.46	65.63	209.80	183.98	25.82	270.30
赔款和给付支出	Expenditure for Claim and Payment	87	2905	157864	29543	128321	17591
#赔款支出	Claim and Payment			138559	11462	127097	17591
死伤医疗给付	Payment for Death,Injury or Medical Treatmnet	24	2077	19015	17790	1224	
满期给付	Mature Payment	63	827	290	290		
年金给付	Payment for Annuity		0				
退保金	Insurance Wthdrawed	0.08	4.42	2850.03	2338.57	511.47	
在售产品数量（个）	Amount of Products under Selling (unit)	13	87	917	668	249	425

19-8 贵州上市公司股票发行情况(2017)

Summary List of Stocks Publicly Issued by Guizhou Enterprises

单位：亿股 (100 million shares)

上市公司名称	Listed Companies	上市时间 Listed Time	板块类别 Setor of Listed Companies	总股本(亿股) Total Capital Stock	流通股 Gover-nment Share	募集资金总额(亿元) Total Amount Issued (100 million yuan)
中天城投	Zhongtian Financial Group Company Limited	1994.02.02	主板	70.46	65.05	
黔轮胎	Gui Zhou Tyre Co., Ltd.	1996.03.08	主板	7.75	7.75	
中航重机	Guizhou Liyuan Hydraulic Components Co., Ltd.	1996.11.06	主板	7.78	7.78	
振华科技	China Zhenhua(Group) Science & Technology Co., Ltd.	1997.07.03	主板	4.69	4.69	
天成控股	Controlled Company Co., Ltd.	1997.11.27	主板	5.09	5.09	
高鸿股份	Gohigh Data Networks Technology Co., Ltd.	1998.06.09	主板	9.07	8.28	
南方汇通	South Huiton Co., Ltd.	1999.06.06	主板	4.22	4.22	
赤天化	Guizhou Chitianhua Corp.	2000.02.21	主板	17.36	12.45	
红星发展	Guizhou Redstat Developing Co., Ltd.	2001.03.20	主板	2.91	2.91	
盘江股份	Guizhou Panjiang Refined Coal Co., Ltd.	2001.05.31	主板	16.55	16.55	
贵州茅台	Kweichow Moutai Co., Ltd.	2001.08.27	主板	12.56	12.56	
贵航股份	Guizhou Guihang Automotive Components Co., Ltd.	2001.12.27	主板	4.04	4.04	
益佰制药	Guizhou Yibai Phamacy Co., Ltd.	2004.03.23	主板	7.92	7.92	
贵绳股份	Guizhou Guisheng Co., Ltd.	2004.05.14	主板	2.45	2.45	
航天电器	Guizhou Spaceflight Dianqi Co., Ltd.	2004.07.26	中小板	4.29	4.29	
久联发展	Guizhou Jiulian Development Co., Ltd.	2004.09.08	中小板	3.27	3.27	
黔源电力	Guizhou Qianyuan Electric Power Co., Ltd.	2005.03.03	中小板	3.05	3.05	
信邦制药	Guizhou Xinbang Pharmaceutical Co., Ltd.	2010.04.16	中小板	16.67	11.37	
贵州百灵	Guizhou Bailing Group Pharmaceutical Co., Ltd.	2010.06.03	中小板	14.11	7.32	
朗玛信息	Longmastrr Inforation & Technology Co., Ltd.	2012.02.16	创业版	3.38	2.03	
贵阳银行	Bank of Guiyang	2016.08.16	主板	22.99	12.39	
永吉股份	Yongji Shares	2016.12.12	主板	4.23	2.28	
贵广网络	GUI Guang Network	2016.12.26	主板	10.43	2.98	
新天药业	Guiyang Xintian Pharmaceutical Co.,ltd.	2017.05.08	中小板	1.17	0.65	3.17
勘设股份	Guizhou Transportation Planning Survey&design Academe Co.,ltd.	2017.08.09	主板	1.24	0.31	9.11
川恒股份	Guizhou Chanhen Chemical Corporation	2017.08.25	中小板	4.07	0.40	2.81
贵州燃气	Guizhou Gas Group Corporation Ltd.	2017.10.26	主板	8.13	1.22	2.70

注：1.资料来源于中国证监会贵州监管局。2.募集资金总额包括首发、增发、配股、可转债等募集的资金。

Note: 1.Data in the table are provided by the Guizhou Securities Regulatory Bureau of the CSRC. 2.Total Raised Capitals,including money raised by the first, issuing, convert-ible bonds of listed companies. The total amount of funds raised of Guizhou Panjiang Refined coalco, LTD. indude infusion of funds.

19-9 历年金融机构人民币各项存贷款余额
Saving Deposits and Loans Balance of Financial Institutions Over the Years

单位：亿元 (100 million yuan)

年 份 Year	各项存款余额 Total Deposits Balance	#个人储蓄存款 Personal Saving Deposits	人均储蓄余额（元） Per Captia Savings Deposit (yuan)	各项贷款余额 Total Loans Balance
1978	18.05	1.84	6.91	21.62
1979	19.82	2.42	8.93	23.31
1980	24.43	3.73	13.54	24.94
1981	25.75	5.28	18.85	30.10
1982	30.75	7.26	25.46	33.99
1983	35.25	8.86	30.68	36.07
1984	45.33	12.33	42.27	46.22
1985	52.27	16.61	56.27	63.41
1986	69.76	22.21	74.06	89.67
1987	83.79	30.37	99.60	107.76
1988	91.92	34.99	112.87	125.17
1989	107.35	44.54	141.44	142.73
1990	144.39	61.27	190.32	183.91
1991	187.06	80.30	243.99	234.56
1992	232.80	102.07	305.80	290.01
1993	291.22	141.88	419.16	357.00
1994	364.84	181.05	527.30	421.07
1995	478.21	247.62	710.89	513.41
1996	586.26	311.19	881.12	610.51
1997	712.80	362.87	1013.43	761.88
1998	815.43	423.08	1164.96	840.63
1999	945.80	484.51	1315.23	899.83
2000	1106.64	539.49	1445.23	1064.82
2001	1341.11	641.67	1698.83	1212.23
2002	1553.00	759.05	1988.13	1403.92
2003	1898.62	912.84	2368.88	1714.04
2004	2322.27	1094.55	2816.16	2020.04
2005	2777.54	1350.90	3633.79	2303.93
2006	3300.08	1596.86	4304.20	2696.11
2007	3826.37	1790.14	4889.76	3128.63
2008	4736.93	2237.05	6189.96	3569.27
2009	5898.26	2676.09	7503.41	4656.50
2010	7363.92	3244.99	9250.26	5747.53
2011	8742.79	3934.48	11325.50	6841.92
2012	10540.06	4806.09	13824.51	8274.78
2013	13265.01	5919.05	16944.93	10104.30
2014	15263.26	6620.56	18888.19	12368.30
2015	19438.64	6861.43	19499.51	15051.94
2016	23770.93	7795.01	22005.82	17857.80
2017	26088.89	8581.34	24054.21	20860.34

注：1.2005年及以后各年人均储蓄余额采用按人口普查修订后常住半年的年平均人口计算，以前年份按常住一年口径计算。2.表中个人储蓄存款及人均储蓄余额2010年及以前为城乡居民储蓄存款和城乡居民人均储蓄。

Note: 1.Per captia savings deposit are calculated by permanent population in half a year scope since 2005, and by permanent population in one year scopebefore 2005. 2.The year 2010 and before personal savings deposit and per captia savings deposit respectively refer to resident savings and per captia savings deposit of urban and rural.

主要统计指标解释

存款　指企业、机关、团体或居民根据资金必须收回的原则，把货币资金存入银行或其他信用机构保管并取得一定利息的一种信用活动形式。根据存款对象的不同可划分为企业存款、财政存款、机关团体存款、基本建设存款、城镇储蓄存款、农村存款等科目。它是银行信贷资金的主要来源。

贷款　指银行或其他信用机构根据资金必须归还的原则，按一定利率，为企业、个人等提供资金的一种信用活动形式。我国银行贷款分为流动资金贷款、固定资产贷款、城乡个体工商户贷款以及农业贷款等科目。

保费　指投保人为取得保险保障，按保险合同约定向保险人支付的费用。

赔款　指保险人对保险事故造成的损失，根据合同约定向被保险人或受益人给予的经济补偿。

给付　人身保险合同中，保险人向被保险人或受益人给付保险金的行为。

Explanatory Notes on Main Statistical Indicators

Deposit　is a form of credit by which enterprises, institutions, organizations or households can put money into banks and other credit institutions for safekeeping and interest earning under the principle of free withdrawal. According to different depositors, deposits are divided into enterprise deposits, treasury deposits, deposits of government agencies and organizations, capital construction deposits, urban savings deposits, rural deposits and other deposits. Deposits are major sources of the credit funds of banks.

Loan　is a form of credit by which banks and other credit institutions provide funds at certain interest rate to enterprises and individuals in the light of the principle of unconditional repayment. Loans from Chinese banks include circulating capital loans, fixed assets loans, loans to urban and rural individuals engaged in industrial and commercial business and agricultural loans.

Premium　refers to the fee paid by the insurant to the insurer to obtain the obligation of compensation from the insurance within the agreed terms.

Settled Claim　is the economic compensation that for the insurance losses caused by the accident and according to the contract, the insurer paid to the insured or the beneficiary.

Payment　is the Insurance payments behavior that in the life insurance contract, the insurer paid for the insured or the beneficiary.

教育

Education 20

简 要 说 明

一、主要内容

本篇资料主要反映全省教育事业发展情况。包括：公办教育和民办教育、学历教育和非学历教育。具体有高等教育(研究生教育、普通高等教育和成人高等教育)、中等教育(高中阶段教育和初中阶段教育)、初等教育(小学)、学前教育、民族教育、学校数、在校学生数、招生数、毕业生数、教职工数和专任教师数等。

二、资料来源

本篇资料由省教育厅、省人力资料社会保障厅提供。

Brief Introduction

I. Main Contents

Data in this chapter show the development of education, cover the situations on education funded by government and non-government agencies, and the education with and without academic credentials including higher education (education of postgraduates, general higher education and adult education), secondary education (senior and junior high schools), elementary education (primary schools), preschool education, national education, the number of schools, the number of students enrolled, the number of new students enrolled, the number of graduates, the number of staff and workers, the number of full-time teachers.

II. Sources of Data

Data in this chapter are provided by Guizhou Provincial Department of Education, the Ministry of Human Resources and Social Security of Guizhou province.

20−1 各级各类学校数

Number of Schools by Level and Type

单位：所　　(unit)

指　　标	Item	2013	2014	2015	2016	2017
研究生培养机构	Institutions Providing Postgraduate Programs	9	8	8	8	9
普通高等学校	Regular Higher Education Institutions	52	55	59	64	70
成人高等学校	Adult Higher Education Institutions	4	4	4	3	3
中等职业教育	Secondary Vocational Education	218	209	206	195	192
调整后中等职业教育	Adjusted Secondary Vocational Education	0	1	0	0	0
普通中等专业教育	Regular Specialized Secondary Schools	58	63	67	66	66
职业高中	Vocational Senior Secondary Schools	146	133	129	120	119
成人中等专业学校	Adult Specialized Secondary Schools	14	12	10	9	7
普通中学	Regular Secondary Schools	2664	2604	2558	2536	2499
高　中	Senior Secondary Schools	448	438	430	437	451
初　中	Junior Secondary Schools	2216	2166	2128	2099	2048
# 九年一贯制学校	9-Year Schools	607	573	561	551	544
小　学	Primary Schools	10632	9275	8520	7818	7113
幼儿园	Kindergartens	4016	4767	5993	8008	9772
特殊教育	Special Education	60	65	75	76	76
工读学校	Correctional Work-Study Schools	6	7	11	15	18
成人中学	Adult Secondary Schools	23	28	1	0	1
成人技术培训学校	Adult Technical Training Schools	6994	7098	6146	5886	5084
成人小学	Adult Primary Schools	4169	3560	3071	2783	2926

注：1.资料来源于省教育厅。2.2015起调整后中高职业教育整合到职业高中。(以下相关表同)

Note:1.Data in the table are provided by the Provincial Department of Education. 2.After the adjustments in 2015, secondary and higher vocational education is integrated into vocational senior secondary schools. (the relative tables in the chapter are the same)

20-2 各级各类学校专任教师数

Number of Full-time Teachers by Level and Type of School

单位：人 (person)

指 标	Item	2013	2014	2015	2016	2017
专任教师	**Number of Full-time Teachers**					
培养研究生的单位	Institutions Providing Postgraduate Programs	3409	3316	3518	3948	4302
普通高等学校	Regular Higher Education Institutions	25351	28144	30515	33087	35072
成人高等学校	Adult Higher Education Institutions	368	371	379	334	326
中等职业教育	Secondary Vocational Education	14326	16342	17787	17717	18181
调整后中等职业教育	Adjusted Secondary Vocational Education		55			
普通中等专业教育	Regular Specialized Secondary Schools	4816	5861	6944	6827	6520
职业高中	Vocational Senior Secondary Schools	8209	9181	9595	9581	10369
成人中等专业学校	Adult Specialized Secondary Schools	1265	1209	1167	1220	1203
其它机构	Other Institutions	36	36	81	89	89
普通中学	Regular Secondary Schools	162309	171988	179875	188127	191622
高 中	Senior Secondary Schools	46964	52365	56198	61030	64094
初 中	Junior Secondary Schools	115345	119623	123677	127097	127528
小 学	Primary Schools	192953	192850	193511	197069	202061
幼儿园	Kindergartens	34188	43081	55856	73415	83376
特殊教育	Special Education	1093	1241	1408	1637	1728
工读学校	Correctional Work-Study Schools	88	120	183	206	256
成人中学	Adult Secondary Schools	21	60	3	0	13
成人技术培训学校	Adult Technical Training Schools	5920	6203	6106	5542	5605
成人小学	Adult Primary Schools	2789	2249	1538	1693	3309

20−3 各级各类学校招生数

Number of New Students Enrollment by Level and Type of School

单位：人 (person)

指　标	Item	2013	2014	2015	2016	2017
研究生	Postgraduates	4937	5097	5407	5736	7117
普通高等教育	Regular Higher Education Institutions	131245	145849	160181	195553	209522
成人高等教育	Adult Higher Education	38368	43256	35288	32371	34743
#成人高等学校	Adult Higher Education Institutions	5290	5050	2873	711	351
中等职业教育	Secondary Vocational Education	247135	235809	228109	196615	183061
普通中等专业教育	Regular Specialized Secondary Schools	91983	89722	86060	76656	72428
职业高中	Vocational Senior Secondary Schools	111222	101813	103783	92185	88619
成人中等专业教育	Adult Specialized Secondary Education	43930	44274	38266	27774	22014
#成人中等专业学校	Adult Specialized Secondary Schools	517	1145	774	511	806
普通中学	Regular Secondary Schools	1046445	1016349	976148	952023	948978
高　中	Senior Secondary Schools	330212	349047	343484	342626	348498
初　中	Junior Secondary Schools	716233	667302	632664	609397	600480
小　学	Primary Schools	510554	554793	607667	640446	650473
幼儿园	Kindergartens	694176	763491	786694	806156	738023
特殊教育	Special Education	2684	2769	4852	4443	5269
工读学校	Correctional Work-Study Schools	538	253	490	524	808

注：1.2013年实施教育“9+3”计划，加大成人中等专业教育力度。 2.2015起调整后中等职业教育整合到职业高中,2013—2014年职业高中作同口径调整。（以下相关表同）

Note: 1.In 2013， the implementation of education " 9 +3" program has increased adult secondary professional education efforts. 2.After the adjustments in 2015, secondary and higher vocational education is integrated into vocational senior secondary schools, and vocational senior secondary schools is adjudted as the same caliber from 2013 to 2014. (the relative tables in the chapter are the same)

20−4 各级各类学校在校生数

Number of Students Enrollment by Level and Type of School

单位：人 (person)

指　标	Item	2013	2014	2015	2016	2017
在校生数	**Total Enrollment**					
研究生	Postgraduate	14057	14667	15484	16448	18591
普通高等教育	Regular Higher Education Institutions	419040	460401	500882	573932	627672
成人高等教育	Adult Higher Education	101698	116719	121577	117317	106930
#成人高等学校	Adult Higher Education Institutions	11457	12789	10924	5439	5398
中等职业教育	Secondary Vocational Education	475512	544462	602491	550922	503118
普通中等专业教育	Regular Specialized Secondary Schools	204053	220320	238123	224468	207934
职业高中	Vocational Senior Secondary Schools	220885	248331	269295	248017	230943
成人中等专业教育	Adult Specialized Secondary Education	50574	75811	95073	78437	64241
#成人中等专业学校	Adult Specialized Secondary Schools	2290	2010	2528	1728	1913
普通中学	Regular Secondary Schools	2960110	3010982	2958569	2885106	2840913
高　中	Senior Secondary Schools	857077	942656	978870	993695	1011043
初　中	Junior Secondary Schools	2103033	2068326	1979699	1891411	1829870
小　学	Primary Schools	3555333	3463056	3463095	3533745	3620770
幼儿园	Kindergartens	1077687	1198864	1304713	1446274	1534207
特殊教育	Special Education	12721	13535	17888	20235	25840
工读学校	Correctional Work-Study Schools	623	501	600	658	1043
成人中学	Adult Secondary Schools	768	1163	90		432
成人技术培训学校	Adult Technical Training Schools	1755865	1693020	1646885	1490563	1354921
成人小学	Adult Primary Schools	110207	128434	174654	134974	155365

20-5 各级各类学校毕业生数
Number of Graduates by Level and Type of School

单位：人 (person)

指　标	Item	2013	2014	2015	2016	2017
毕业生数	**Graduates**					
研究生	Postgraduate	4093	4396	4538	4728	4929
普通高等教育	Regular Higher Education Institutions	92395	99562	116824	116794	149037
成人高等教育	Adult Higher Education	22657	24335	29840	34098	45408
#成人高等学校	Adult Higher Education Institutions	2217	3314	4506	2794	1808
中等职业教育	Secondary Vocational Education	100281	108500	118846	173046	158978
调整后中等职业教育	Adjusted Secondary Vocational Education				704	
普通中等专业教育	Regular Specialized Secondary Schools	50400	51645	51064	69551	65849
职业高中	Vocational Senior Secondary Schools	44881	45393	52809	75224	66897
成人中等专业教育	Adult Specialized Secondary Education	5000	11462	14973	27567	26232
#成人中等专业学校	Adult Specialized Secondary Schools	749	563	266	996	223
普通中学	Regular Secondary Schools	868894	912527	983124	999546	981299
高　中	Senior Secondary Schools	210409	238495	280735	307414	323440
初　中	Junior Secondary Schools	658485	674032	702389	692132	657859
小　学	Primary Schools	723478	664842	636867	604027	595600
幼儿园	Kindergartens	491678	499442	524936	566890	604508
特殊教育	Special Education	1378	1470	1523	2049	2407
工读学校	Correctional Work-Study Schools	588	178	364	506	813
成人中学	Adult Secondary Schools	3313	3517	300	0	0
成人技术培训学校	Adult Technical Training Schools	1740821	1631110	1614488	1453015	1337112
成人小学	Adult Primary Schools	99934	124921	143437	126823	137645

20−6 教师职称

Technical Rank of Teachers

单位：人 (person)

指　标	Item	2013	2014	2015	2016	2017
高等学校教师数	**Teachers of Regular Higher Education Institutions**	**25719**	**28515**	**30894**	**33421**	**35398**
正高级	Senior	2515	2684	2944	3016	3343
副高级	Sub-senior	8103	8773	9600	10654	11164
中　级	Middle	9000	9297	9843	10589	10422
初　级	Junior	3663	4408	4650	5298	5990
无职称	No Rank	2438	3353	3857	3864	4479
中等职业学校教师数	**Teachers of Secondary Vocational Education**	**14326**	**16342**	**17787**	**17717**	**18181**
正高级	Senior	22	36	37	38	53
副高级	Sub-senior	2405	2632	2768	2958	2967
中　级	Middle	4775	5100	5476	5458	5436
初　级	Junior	4099	4941	5811	6071	6290
无职称	No Rank	3025	3633	3695	3192	3435
普通中学教师数	**Teachers of Regular Secondary Schools**	**162309**	**171988**	**179875**	**188127**	**191622**
中学高级	Senior-rank of Secondary Teacher	19840	24535	28574	32817	34090
中学一级	First-rank of Secondary Teacher	52650	56566	61044	64165	66473
中学二级	Second-rank of Secondary Teacher	62142	61182	60499	61729	63223
中学三级	Third-rank of Secondary Teacher	4084	3772	3572	3032	2550
未评职称	No Rank of Secondary Teacher	23593	25933	26186	26384	25286
小学教师数	**Teachers of Regular Primary Schools**	**192953**	**192850**	**193511**	**197069**	**202061**
中学高级	Senior-rank of Secondary Teacher	555	516	445	508	1956
小学高级	Senior-rank of Primary Teacher	83842	94840	101943	106573	105559
小学一级	First-rank of Primary Teacher	69341	60301	56362	53460	55721
小学二级	Second-rank of Primary Teacher	14883	14448	13813	14315	14837
小学三级	Third-rank of Primary Teacher	1219	564	705	1251	1310
未评职称	No rank of Primary Teacher	23113	22181	20243	20962	22678

20−7 各级各类学校女学生和女教师数

Female Students and Teachers by Level and Type of School

单位：人 (person)

指　标	Item	2013	2014	2015	2016	2017
在校女生数	**Number of Female Students Entrollment**					
普通高等教育	Regular Higher Education	223391	251116	278605	322576	352750
成人高等教育	Adult Higher Education	56646	66826	72816	74158	66934
中等职业教育	Vocational Secondary Education	252847	284816	310726	284525	259239
普通中学	Regular Secondary Schools	1430914	1453719	1432512	1401212	1381877
#高　中	Senior Secondary Schools	425058	472304	498604	514941	528648
初　中	Junior Secondary Schools	1005856	981415	933908	886271	853229
小　学	Primary Schools	1654132	1609910	1609191	1644721	1690658
女教师数	**Number of Female Teachers**					
普通高等学校	Regular Higher Education Institutions	12591	14049	15468	16478	18200
成人高等学校	Adult Higher Education Institutions	196	201	206	190	191
中等职业学校	Secondary Vocational Schools	6360	7597	8348	8466	8982
普通中学	Regular Secondary Schools	64728	71113	76305	81948	85501
#高　中	Senior Secondary Schools	19864	22871	25190	27785	29839
初　中	Junior Secondary Schools	44864	48242	51115	54163	55662
小　学	Primary Schools	92794	95082	97172	101178	106597

20-8 各级各类学校师生比

Student-Teacher Ratio by Level and Type of School

单位：学生/教师 (Student/Teacher)

指　标	Item	2013	2014	2015	2016	2017
普通高等学校	Regular Higher Education Institutions	16.53	16.36	16.41	17.35	17.90
普通高中	Regular Senior Secondary School	18.25	18.00	17.42	16.28	15.77
初　中	Junior Secondary School	18.23	17.29	16.01	14.88	14.35
小　学	Primary School	18.43	17.96	17.90	17.93	17.92

20-9 各级各类学校学生入学率

Enrollment Rate by Level and Type of School

单位：% (%)

指　标	Item	2013	2014	2015	2016	2017
小学学龄儿童入学率	Enrollment Rate of School-age Children in Primary Schools	99.3	99.1	99.5	99.6	99.6
小学毕业生升学率	Percentage of Graduates of Primary Schools Entering into Junior Secondary Schools	99.0	100.0	99.3	100.0	100.0
初中阶段毛入学率	Rate of Primary School Graduates Entering into Junior Secondary Schools	101.1	102.5	104.0	107.9	108.8
高中阶段毛入学率	Rate of Junior Secondary School Graduates Entering into Senior Secondary Schools	68.0	78.0	86.1	87.0	87.0
高等教育毛入学率	Rate of Senior Secondary School Graduates Entering into Institution of Higher Learning	27.4	29.4	31.2	33.0	34.0

20－10 普通高等学校基本情况(2017)

Baisic Statistics on Regular Institutions of Higher Education

单位：人 (person)

类别	Sort	学校数(所) Number of Schools (unit)	毕业生数 Graduates with Degrees or Diplomas	招生数 New Enrollment	在校学生人数 Enro-llment	教职员工 Teachers, Staff & Workers	#专任教师 Full-time Teachers	#正、副教授 Senior and Sub-senior Professors
普通高等院校	**Regular Institutions of Higher Education**	**70**	**149037**	**209522**	**627672**	**47896**	**35072**	**14408**
综合大学	Comprehensive Universities	21	49432	69645	202501	14312	10293	4079
理工院校	Science & Engineering	14	20270	35217	90364	6548	5156	1241
农业院校	Agriculture	1		2068	2865	286	203	52
医药院校	Medicine & Pharmacy	12	22253	29571	98564	8151	6144	2979
师范院校	Teacher Training	13	33909	40412	132862	10988	7813	3818
财经院校	Finance & Economics	6	15056	20881	65608	5004	3576	1235
政法院校	Politics and Law	1	1731	1531	4772	420	297	134
民族院校	Ethnic Minortities	2	6386	10197	30136	2187	1590	870
高等职业技术学院	**Vocational and Technical Colleges**	**34**	**52690**	**91743**	**232580**	**15091**	**11839**	**2699**

20－11 普通高等学校分科专任教师数(2017)

Number of Full-time Teachers in Institutions of Higher Education by Field of Study

单位：人 (person)

类别	Sort	专任教师数 Full-time Teachers	正高级 Senior	副高级 Subsenior	中级 Middle	初级 Junior	无职称 No Rank
总计	**Total**	**35072**	**3329**	**11079**	**10329**	**5881**	**4454**
哲学	Philosophy	1044	110	358	284	183	109
经济学	Economics	1791	138	538	461	396	258
法学	Law	1902	205	678	605	191	223
教育学	Education	3167	248	1067	1024	444	384
文学	Literature	4459	304	1604	1441	636	474
历史学	History	555	83	222	136	65	49
理学	Science	3555	425	1344	958	421	407
工学	Engineering	7209	432	2037	2318	1319	1103
农学	Agriculture	1039	180	387	220	93	159
医学	Medicine	5622	904	1660	1420	1081	557
管理学	Management	2885	215	756	847	650	417
艺术学	Art	1844	85	428	615	402	314

20－12 研究生数

Number of Postgraduates

单位：人 (person)

指 标	Item	2013	2014	2015	2016	2017
招研究生数	Number of New Postgraduates Entrants	4937	5097	5407	5736	7117
#女 性	Female	2648	2816	2986	3363	4133
在校研究生数	Number of Postgraduates Enrollment	14057	14667	15484	16448	18591
#女 性	Female	7390	7852	8385	9160	10541
毕业研究生数	Number of Postgraduates Graduate	4093	4396	4538	4728	4929
#女 性	Female	2085	2282	2378	2553	2740

20－13 技工学校基本情况

Statistics on Technical Schools

单位：人 (person)

指 标	Item	2013	2014	2015	2016	2017	2017年比2016年增 长(%) Increase Rate in 2017 over 2016 (%)
学校数（所）	Number of Schools (unit)	34	34	47	55	51	-7.3
招生数	Number of Entrants	21912	34648	39220	36839	35486	-3.7
在校学生数	Number of Students Enrolment	40985	61458	73177	85207	86366	1.4
毕业生数	Number of Graduates	6721	7810	14098	19421	20064	3.3
教职工数	Teachers and Staff	3867	5620	7806	6455	7333	13.6
专任教师数	Full-time Teachers	3455	5591	7384	6153	6813	10.7
文化技术理论课教师	Classroom Teachers	2040	2979	3563	3173	3676	15.9
生产实习课指导教师	Practical Training Teachers	758	1149	2080	1556	1498	-3.7
理论实习一体化教师	Classroom cum Practical Training Teachers	657	1463	1741	1424	1639	15.1

注：资料来源于省人力资源社会保障厅。

Note: Data in the table are obtained from Provincial Department of Human Resources and Social Security.

20-14 中等职业学校(机构)数 (2017)
Number of Secondary Vocational Schools

单位：个 (unit)

指 标	Item	总 计 Total	地方部门 Local Depart-'ments	教育部门 Depart-'ments of Education	非教育部门 Departments of Non-Education	民 办 Private
中等职业学校	**Secondary Vocational Schools**	**192**	**145**	**105**	**40**	**47**
普通中等专业学校	Regular Specialized Secondary Schools	66	60	30	30	6
成人中等专业学校	Adult Specialized Secondary Schools	7	7	1	6	
职业高中学校	Vocational Senior Secondary Schools	119	78	74	4	41

20-15 中等职业学校(2017)
Secondary Vocational Schools

单位：人 (person)

指 标	Item	学校数(所) Schools (unit)	毕 业 生 数 Grad-uates	招生数 New Enrollment	在 校 学生数 Total Enrolment	教职员工 Teachers, Staff & Workers	#专任教师 Full-time Teachers
中等职业学校	**Secondary Vocational Schools**	**192**	**158978**	**183061**	**503118**	**21839**	**18181**
普通中等专业学校	Regular Specialized Secondary Schools	66	65849	72428	207934	8243	6520
成人中等专业学校	Adult Specialized Secondary Educaiton	7	26232	22014	64241	1571	1203
职业高中	Vocational Senior Secondary Schools	119	66897	88619	230943	11914	10369
#其他机构(教学点)	Others Institutions	2				111	89

20-16 中等职业学校（机构)学生分科类情况（2017）
Students in Secondary Vocational Schools by Field of Study

单位：人 (person)

指标	Item	招生数 New Enrollment	#应届毕业生 Current Year Graduates	#初中毕业生 Junior Secondary School Graduates	在校学生数 Total Enrollment	毕业生数 Graduates	#获得职业资格证书 With Certificate On Professional Competence
总计	**Total**	**183061**	**168104**	**165551**	**503118**	**158978**	**122463**
农林牧渔类	Farming,Forestry,Animal Husbandry and Fishery	10122	7463	7086	30974	15443	10166
资源环境类	Resources and Environment	40	35	35	519	994	946
能源与新能源类	Energy and New Energy	334	313	286	1930	884	780
土木水利类	Civil and Hydraulic Engineering	6772	6282	6160	18554	8397	6355
加工制造类	Manufacturing	12136	10594	10474	31817	14370	10623
石油化工类	Petroleum and Chemical	60	56	56	292	798	80
轻纺食品类	Light Textile and Food	3000	2425	2247	8364	3544	2880
交通运输类	Transportation	27048	25283	24670	72590	17781	13656
信息技术类	Information Technologies	29381	27238	26828	82771	24550	18902
医药卫生类	Medicine and Health	24003	21377	21292	64423	22014	17687
休闲保健类	Leisure and Health-care	3916	3685	3678	8754	1361	1058
财经商贸类	Finance and Trade	11765	10696	10534	35071	6792	5239
旅游服务类	Tourism and services	14075	13290	13202	36520	9669	8081
文化艺术类	Culture and Art	3692	3535	3304	12567	3780	2958
体育与健身	Physical Education	803	684	684	1893	430	390
教育类	Education	32898	32132	32010	85023	20755	15710
司法服务类	Justice Services	81	81	81	331	267	133
公共管理与服务类	Public Management and Services	802	802	802	4550	3744	3568
其他	Other	2133	2133	2122	6175	3405	3251

20－17 民族教育
Minority Nationality Education

指　标	Item	2013	2014	2015	2016	2017
学校数(所)	**Number of Schools(unit)**					
普通高校	Regular Higher Education Institutions	2	2	2	2	2
普通中学	Regular Secondary Schools	211	206	205	206	203
小　学	Primary Schools	605	588	578	538	506
专任教师数(人)	**Full-time Teachers(person)**					
普通高校	Regular Higher Education Institutions	5777	7105	7598	8382	8726
成人高校	Adult Higher Education Institutions	64	98	73	70	66
普通中学	Regular Secondary Schools	66469	69363	72776	76121	78662
#高　中	Senior Secondary Schools	18816	20463	22157	23644	25197
中等职业学校	Secondary Vocational Schools	3719	4030	4592	4869	4966
小　学	Primary Schools	81916	77444	81069	83276	85108
在校生数(人)	**Number of Total Enrollment (person)**					
普通高等教育	Regular Higher Education Institutions	144480	169124	188547	223224	256633
成人高等教育	Adult Higher Education	35373	36488	34469	35201	30647
普通中学	Regular Secondary Schools	1195659	1233687	1233488	1228209	1230147
#高　中	Senior Secondary Schools	349855	384598	404915	418217	432444
中等职业学校	Secondary Vocational Schools	179593	194642	212603	193880	186741
小　学	Primary Schools	1519620	1491503	1503617	1544896	1590718
毕业生数(人)	**Number of Graduates(person)**					
普通中学	Regular Secondary Schools	346312	365203	396618	407965	410816
#高　中	Senior Secondary Schools	84314	97856	115010	125494	133505
小　学	Primary Schools	292089	277398	266062	259388	260308

20−18 民办教育
Private Education

指 标	Item	2013	2014	2015	2016	2017
学校数(所)	**Number of Schools(unit)**					
普通高等学校	Regular Higher Education Institutions	11	11	13	14	15
中等职业教育学校	Secondary Vocational Schools	64	55	57	47	47
普通中学	Regular Secondary Schools	404	411	431	456	475
#高 中	Senior Secondary Schools	93	94	95	110	127
小 学	Primary Schools	260	261	258	250	230
在校学生数(人)	**Number of Total Enrollment (person)**					
普通高等学校	Regular Higher Education Institutions	73850	82312	90469	104691	114140
中等职业教育学校	Secondary Vocational Schools	39057	41558	43646	39494	38753
普通中学	Regular Secondary Schools	199010	217087	231068	254958	280550
#高 中	Senior Secondary Schools	63377	75836	88487	102516	124465
小 学	Primary Schools	160602	158272	155714	154893	172136
教职员工数(人)	**Teachers, Staff and Workers (person)**					
普通高等学校	Regular Higher Education Institutions	4655	5430	6164	6730	7005
中等职业教育学校	Secondary Vocational Schools	2163	1984	2353	2240	2144
普通中学	Regular Secondary Schools	18330	20490	22597	25392	28270
小 学	Primary Schools	4454	4807	4950	4939	5257
专任教师数(人)	**Full-time Teachers(person)**					
普通高等学校	Regular Higher Education Institutions	3520	3998	4620	5191	5365
中等职业教育学校	Secondary Vocational Schools	1331	1341	1576	1502	1532
普通中学	Regular Secondary Schools	13575	15206	17104	19613	21405
小 学	Primary Schools	3631	3828	3959	3879	4104

20−19 成人教育
Adult Education

指 标	Item	2013	2014	2015	2016	2017
学校数(所)	**Number of Schools(unit)**					
成人高等教育学校	Adult Higher Education Institutions	4	4	4	3	3
成人中等专业教育学校	Adult Specialized Secondary Schools	14	12	10	9	7
成人中学	Adult Secondary Schools	23	28	1	0	1
成人技术培训学校	Adult Technical Training Schools	6994	7098	6146	5886	5084
成人小学	Adult Primary Schools	4169	3560	3071	2783	2926
在校生数(万人)	**Number of Students Enrollment (10000 persons)**					
成人高等教育	Adult Higher Education	10.17	11.67	12.16	11.73	10.69
成人中等专业教育	Adult Specialized Secondary Education	5.06	7.58	9.51	7.84	6.42
成人中学	Adult Secondary Schools	0.08	0.12	0.01	0.00	0.04
成人技术培训学校	Adult Technical Training Schools	175.59	169.30	164.69	149.06	135.49
成人小学	Adult Primary Schools	11.02	12.84	17.47	13.50	15.54
毕业生数(万人)	**Number of Graduates (10000 persons)**					
成人高等教育	Adult Higher Education	2.27	2.43	2.98	3.41	4.54
成人中等专业教育	Adult Specialized Secondary Education	0.50	1.15	1.50	2.76	2.62
成人中学	Adult Secondary Schools	0.33	0.35	0.03	0.00	0.00
成人技术培训学校	Adult Technical Training Schools	174.08	163.11	161.45	145.30	133.71
成人小学	Adult Primary Schools	9.99	12.49	14.34	12.68	13.76

20-20 历年教育事业发展情况

年份 Year	在校学生数(万人) Students Enrollment(1 0000 persons)			小学毕业生升学率(%) Percentage of Graduates of Primary Schools Entering into Junior Secondary Schools(%)
	普通高等学校 Regular Institutions of Higher Education	普通中学 Regular Secondary Schools	小学 Primary Schools	
1978	1.33	137.17	423.60	76.1
1979	1.78	126.07	413.71	70.0
1980	1.71	110.24	404.22	62.6
1981	1.81	96.58	403.49	56.7
1982	1.67	89.53	412.30	53.8
1983	1.68	82.39	415.79	51.5
1984	2.03	85.13	436.56	53.1
1985	2.30	91.59	447.68	54.2
1986	2.52	99.00	461.99	53.8
1987	2.60	102.35	458.27	47.7
1988	2.73	98.63	449.70	56.6
1989	2.76	93.31	440.36	67.1
1990	2.70	96.54	435.05	60.8
1991	2.57	100.23	433.85	59.6
1992	2.67	103.99	435.94	59.9
1993	2.93	100.55	439.81	63.9
1994	3.23	103.08	455.30	70.5
1995	3.47	108.43	475.34	72.7
1996	3.57	113.47	489.32	71.5
1997	3.85	121.54	503.82	75.8
1998	4.26	127.10	505.36	75.1
1999	5.65	138.63	500.96	77.8
2000	7.55	157.20	500.21	78.7
2001	10.82	184.60	490.17	84.4
2002	12.27	212.81	484.28	88.2
2003	14.94	235.30	476.87	92.4
2004	17.99	249.34	479.41	96.0
2005	20.68	254.96	473.76	97.4
2006	22.15	256.31	474.38	97.8
2007	24.17	256.00	466.31	95.6
2008	26.75	261.78	469.79	98.7
2009	29.91	269.45	456.87	97.7
2010	32.33	276.75	433.50	96.3
2011	34.41	282.71	408.74	96.5
2012	38.38	287.38	380.08	96.3
2013	41.90	296.01	355.53	99.0
2014	46.04	301.10	346.31	100.0
2015	50.09	295.86	346.31	99.3
2016	57.39	288.51	353.37	100
2017	62.77	284.09	362.08	100

Development of Education Over the Years

学龄儿童入学率(%) Percentage of School-Aged Children Enrolled(%)	专任教师数(人) Number of Full-time Teachers(person)		
	普通高等学校 Regular Higher Education Institutions	普通中学 Regular Secondary Schools	小学 Primary Schools
89.5	2753	54227	155930
86.1	3357	55532	151860
80.8	3638	51950	155708
78.5	3606	46892	159494
78.3	3986	44646	152176
81.2	4183	43821	152338
83.6	4555	41879	155715
84.9	4830	45159	157622
86.9	5177	47119	162105
89.2	5559	50216	161689
89.9	5588	51618	163514
88.8	5530	53279	164298
91.3	5469	55528	166662
90.3	5371	57074	168364
92.4	5542	59006	166769
93.8	5550	60453	165276
95.1	5540	63059	168842
96.0	5599	64292	168358
96.7	5600	66842	166526
97.4	5699	69355	168493
97.7	5929	72865	167823
98.2	6050	76654	170680
98.5	7240	81156	174822
98.2	9007	88079	173238
98.2	11079	97641	177920
98.2	11775	107312	179367
97.8	13792	115616	180793
98.3	14353	122721	183679
98.6	15398	128274	188762
98.6	16964	131087	191991
97.2	18037	135360	200024
98.4	19634	139302	199189
97.9	20351	143128	197913
98.6	21855	147396	197094
99.3	22803	156325	197983
99.3	25351	162309	192953
99.1	28144	171988	192850
99.5	30515	179875	193511
99.6	33087	188127	197069
99.6	35072	191622	202061

主要统计指标解释

普通高等学校 指通过国家普通高等教育招生考试，招收高中毕业生为主要培养对象，实施高等学历教育的全日制大学、独立设置的学院，独立学院和高等专科学校、高等职业学校及其他普通高教机构。

成人高等学校 指通过国家成人高等教育招生考试，招收具有高中毕业或同等学历的人员为主要培养对象，利用函授、业余、脱产等多种形式，对其实施高等学历教育的学校。包括：职工高等学校、农民高等学校、管理干部学院、教育学院、独立函授学院、广播电视大学、其他成人高教机构。

小学学龄儿童入学率 指调查范围内已入小学学习的学龄儿童占校内外学龄儿童总数(包括弱智儿童，不包括盲聋哑儿童)的比重。计算公式为：

小学学龄儿童入学率=已入学的小学学龄儿童数/校内外小学学龄儿童总数×100%

Explanatory Notes on Main Statistical Indicators

Regular Institutions of Higher Education refer to recruiting graduates from senior secondary schools as the main target by National Matriculation TEST. They include full-time universities, colleges, institutions of higher professional education, institutions of higher vocational education, institutions of higher vocational education and others.

Institutions of Higher Education for Adults refer to educational establishments, enrolling staff and workers with senior secondary school or equivalent education, and providing higher education courses in many forms of correspondence, spare time, or full time for adults. Professionals thus trained receive a qualification equivalent to graduates studying regular courses at regular universities, colleges and professional colleges. Institutions of higher learning for adults include schools of higher education for staff and workers, schools of higher education for peasants, colleges for management cadres, pedagogical colleges, independent correspondence colleges, Radio and TV universities and other educational establishments.

Enrollment Ratio of Primary Schools refers to the proportion of school age children enrolled at schools to the total number of school age children both in and outside schools (including retarded children, but excluding blind, deaf and mute children). The formula is:

$$\text{Net Enrolment Ratio of Primary Schools} = \frac{\text{Total Primary School-age Children at Schools}}{\begin{array}{c}\text{Total Primary School-age Children}\\ \text{Whether or Not Attending School}\end{array}} \times 100\%$$

科学技术

Technology 21

简 要 说 明

一、主要内容

本篇资料主要反映全省科技事业发展状况。包括全社会规模以上工业法人单位、政府属研究机构、高等学校的研究与试验发展（R&D）活动情况；规模以上工业法人单位创新活动开展情况；专利申请和授权情况；高技术企业生产及研发活动情况；科技成果情况；科协系统科技活动情况等。

二、统计范围

科技活动统计范围为全社会有研究与试验发展（R&D）活动的企事业单位，具体包括规模以上工业法人单位、地级及以上独立核算的政府属科学研究与技术开发机构及科技信息与文献机构、全日制普通高等学校及附属医院，以及研究与试验发展（R&D）活动相对密集行业（包括农、林、牧、渔业，建筑业，交通运输、仓储和邮政业，信息传输、软件和信息技术服务业，金融业，租赁和商务服务业，科学研究和技术服务业，水利、环境和公共设施管理业，卫生和社会工作，文化、体育和娱乐业等）中从事研究与试验发展（R&D）活动的企事业单位。

创新活动统计范围为规模以上工业法人单位。

三、统计调查方法

研究与试验发展(R&D)活动情况采用全面调查取得；创新活动情况采用全面调查取得；科协、专利等资料采用抽样等多种调查方法取得。

四、资料来源

本篇综合资料由省统计局社会科技统计处根据科技综合统计报表有关资料整理汇总，规模以上工业法人单位科技活动情况根据企业（单位）科技活动统计报表的有关资料整理汇总。

政府属研究机构资料、专利申请和授权资料由省科技厅提供。

科协系统科技活动资料由省科协提供。

Brief Introduction

I. Main Contents

Statistics in this chapter reflect the development of science and technology in Guizhou province. It contains the data on research and development (R&D) activities of the whole society, industrial corporate units above designated size, scientific and technological institutions under the government and institutions of higher education; data on innovation activities of industrial corporate units above designated size; data on patents application accepted and granted; data on production, research and development activities of high-tech enterprises; data on scientific and technological achievements; data on the scientific and technological activities in the system of associations for science and technology.

Ⅱ.Scope of Statistics

Data on scientific and technological activities cover research and development (R&D) activities of enterprises and institutions of whole society, mainly including industrial corporate units above designated size, scientific research and technological development institutions and scientific and technological information and literature institutions of prefecture level and above under the government with independent accounting, full-time universities and colleges, affiliated hospitals, and enterprises and institutions engaged in R&D activities in relatively R&D-intensive industries (such as agriculture, forestry, animal husbandry, fishery, construction, transport, storage and post, information transmission, software and information technology service, finance, leasing and business services, scientific research and technical services, management of water conservancy, environment and public facilities, health and social service, culture, sports and entertainment).

Data on innovation activities cover industrial corporate units above designated size.

Ⅲ.Statistical Methodology

Data on R&D activities are collected through complete surveys. Data on innovation activities are collected through complete surveys. Data on scientific and technological associations, patents are collected through sample surveys and other surveys.

Ⅳ. Sources of Data

Social and Scientific Department of Guizhou Provincial Bureau of Statistics provides provincial comprehensive data on the basis of comprehensive reporting forms of science and technology; data on scientific and technological activities of industrial corporate units above designated size based on reporting forms of enterprises'(units') scientific and technological activities in this article.

Guizhou Science and Technology Department provides information on scientific and technological institutions under the government, and the data on patent apply and authorize.

Guizhou Association for Science and Technology provides data on the scientific and technological activities of associations for science and technology.

21-1 科技活动

Scientific and Technological Activities

指　标	Item	2013	2014	2015	2016	2017	2017年比2016年增长(%) Increase Rate in 2017 over 2016(%)
科技活动人员(人)	**Persons Engaged in Scientific and Technological Activities (person)**	**69101**	**71771**	**75153**	**90604**	**—**	**—**
科研机构	**Scientific Research Institutions**						
科研机构数(个)	Number of Institutions(unit)	357	449	482	741	744	0.4
科研用仪器设备原价(万元)	Original Cost of Instrument and Equipment for Scientific Research(10000yuan)	446569	432228	513542	542829	586266	8.0
#进　口	Import	121437	122116	120473	113808	139330	22.4
研究与实验发展(R&D)	**Research and Development**						
研究与试验发展(R&D)人员(人)	R&D Personnel(person)	36113	38158	40516	45222	52746	16.6
#博士毕业	Doctor	2067	2472	2825	2810	2827	0.6
#硕士毕业	Master	5934	7049	7669	7780	8572	10.2
研究与试验发展(R&D)经费支出(万元)	Expenditure on R&D(10000yuan)	471850	554795	623196	734006	958815	30.6
科技产出	**S&T Output**						
专利申请数(件)	Number of Patents Application(piece)	4598	5449	5756	6856	10376	51.3
#发明专利	Inventions	2018	2699	2768	3037	4458	46.8
专利授权数(件)	Number of Patents Granted(piece)	516	652	1432	1583	2247	41.9
#发明专利	Inventions	151	182	340	361	339	-6.1
有效发明专利数(件)	Number of Inventions In Force(piece)	2672	4080	6240	7175	10400	44.9
专利所有权转让及许可数(件)	Number of Patents Ownership Assigned and Granted (piece)	30	53	67	112	141	25.9
专利所有权转让及许可收入(万元)	Revenue from Patents Ownership Assigned and Granted(10000yuan)	217	9512	914	4919	4144.9	-15.7
植物新品种权授予数(项)	Number of New Plant Breed Rights Granted(unit)	17	15	29	46	28	-39.1
形成国家或行业标准数(项)	Number of Standards Adopted by State or Industry(unit)	188	172	185	353	187	-47.0
发表科技论文(篇)	Scientific Papers Issued(piece)	18629	19360	20746	20710	21251	2.6
出版科技著作(种)	Publication on Science and Technology(kind)	490	588	647	739	890	20.4

注：资料来源于省科技厅(以下相关表同)。

Note: Data in the table are obtained from the Department of Science and Technology (the relative tables in the chapter are the same) .

21－2 研究与试验发展(R&D)活动
Scientific Research and Development

指 标	Item	2013	2014	2015	2016	2017	2017年比2016年增长(%) Increase Rate in 2017 over 2016(%)
有研究与试验发展(R&D)活动的单位(个)	**Number of Institutions Having R&D Activities(unit)**	**359**	**416**	**477**	**850**	**1166**	**37.2**
R&D人员(人)	**R&D Personnel(person)**	**36113**	**38158**	**40516**	**45222**	**52746**	16.6
#女性	Female	11588	11727	12290	13473	14991	11.3
#研究人员	Research Personnel	20109	21979	21296	22874	24780	8.3
#全时人员	Full-time Personnel	18582	20115	21153	25501	30962	21.4
非全时人员	Part-time Personnel	17531	18043	19363	19721	21784	10.5
#博士毕业	Doctor	2067	2472	2825	2810	2827	0.6
硕士毕业	Master	5934	7049	7669	7780	8572	10.2
本科毕业	Bachelor	11969	12433	13415	19739	22363	13.3
其他学历	Others	16143	16204	16607	14893	18984	27.5
R&D人员折合全时当量(人年)	**Full-time Equivalent of R&D Personnel(person-year)**	**23888**	**23962**	**23537**	**24124**	**28290**	**17.3**
#研究人员	Research Personnel	12067	12656	11542	11873	13327	12.3
#基础研究	Basic Research	3080	3418	3454	3606	3993	10.7
应用研究	Applied Research	3070	3263	4179	2937	3906	33.0
试验发展	Experimental Development	17736	17281	15903	17581	20391	16.0
R&D经费内部支出(万元)	**Intramural Expenditure on R&D (10000yuan)**	**471850**	**554795**	**623196**	**734006**	**958815**	**30.6**
#基础研究	Basic Research	53888	59759	77790	74255	98003	32.0
应用研究	Applied Research	49680	63878	66723	69501	125749	80.9
试验发展	Experimental Development	368282	431158	478683	590251	735063	24.5
#日常性支出	Daily Expenditure	399301	471326	517345	593820	762786	28.5
#人员劳务费	Personnel Service Fees	109830	141056	168728	177765	232849	31.0
资产性支出	Expenditure on Assets	72548	83468	105851	140186	196029	39.8
#仪器和设备	Insrument and Equipment	51185	63321	76126	120962	166170	37.4
#政府资金	Government Appropriation Funds	123526	132720	160345	152854	260656	70.5
企业资金	Self-raised Funds by Enterprises	315922	388509	418891	537892	657388	22.2
境外资金	Overseas Funds	323	503	128	752	1071	42.4
其他资金	Other Funds	32079	33063	43832	42508	39700	-6.6
经费投入强度(%)	**Intensity of Funds Input(%)**	**0.59**	**0.60**	**0.59**	**0.62**	**0.71**	**0.09个百分点**
R&D项目(课题)数(项)	Projects of R&D(unit)	14284	16203	16912	17573	20453	16.4
R&D项目(课题)参加人员折合全时当量(人年)	Participants(man-year)	21000	21787	21360	21679	25777	18.9
#研究人员	Research Personnel	10691	11366	10084	9955	11449	15.0
R&D项目(课题)经费内部支出(万元)	Intramural Expenditure on R&D(10000yuan)	399251	457529	497299	673116	865479	28.6

21-3 规模以上工业企业科技活动

Scientific and Technological Activities of Industrial Enterprises above Designated Size

指 标	Item	2013	2014	2015	2016	2017
科技活动人员(人)	**Persons Engaged in Scientific and Technological Activities (person)**	**36826**	**38210**	**39450**	**51301**	—
科研机构	**Scientific Research Institutions**					
科研机构数(个)	Number of Institutions(unit)	165	224	242	474	442
科研用仪器设备原价(万元)	Original Cost of Instrument and Equipment for Scientific Research(10000yuan)	345935	302154	364192	389994	403695
#进 口	Import	83242	70781	59864	69079	73119
研究与实验发展(R&D)	**Research and Development**					
研究与试验发展(R&D)人员(人)	R&D Personnel(person)	21071	20771	22465	27677	32616
#研究人员	Research Personnel	7579	8197	7363	9126	9775
#全时人员	Full-time Personnel	12095	13071	14034	18331	21813
#博士毕业	Doctor	64	123	107	140	212
硕士毕业	Master	471	1030	1163	1251	1492
研究与试验发展(R&D)人员折合全时当量(人年)	Full-time Equivalent of R&D Personnel (Person-year)	16049	15659	14916	15773.9	18786.4
#研究人员	Research Personnel	6327	6305	5235	5491.4	6167.3
#基础研究	Basic Research	16	37		69.5	106.7
应用研究	Applied Research	346	289	1216	402.1	567.5
试验发展	Experimental Development	15687	15332	13699	15302.2	18112.5
研究与试验发展(R&D)经费支出(万元)	Expenditure on R&D(10000yuan)	342541	410132	457303	556853	648576
#基础研究	Basic Research	101	486		550	2949.5
应用研究	Applied Research	4952	11371	15766	12121	19217
试验发展	Experimental Development	337488	398276	441537	544182	626409
#日常性支出	Daily Expenditure	309056	362687	403774	460863	525440
#人员劳务费	Personnel Service Fees	71593	98072	122028	124092	138333
资产性支出	Expenditure on Assets	33485	47446	53529	95990	123136
#仪器和设备	Instrument and Equipment	30952	41739	52285	94906	121749
#政府资金	Government Appropriation Funds	47086	38657	51877	46900	73466
企业资金	Self-raised Funds by Enterprises	286509	364976	400371	499387	559695
境外资金	Overseas Funds	125	294		447	740.2
其他资金	Other Funds	8820	6206	5056	10119	14675
科技产出	**Statistics on S&T Outputs**					
专利申请数(件)	Number of Patents Application(piece)	3446	4051	3782	4341	5344
#发明专利	Inventions	1516	1918	1953	2021	2542
有效发明专利数(件)	Number of Valid Patents for Invention(piece)	1985	3146	4096	5411	6805
专利所有权转让及许可数(件)	Number of Patents Ownership Assigned and Granted (piece)	26	42	60	102	116
专利所有权转让及许可收入(万元)	Revenue from Patents Ownership Assigned and Granted(10000yuan)		9363	774	4702	2389
形成国家或行业标准数(项)	Number of Standards Adopted by State or Industry (unit)	165	158	156	313	167
发表科技论文(篇)	Scientific Papers Issued(piece)	1014	1165	1096	1232	1379

注：规模以上工业企业指年主营业务收入2000万元及以上工业企业。

Note: The industrial enterprises which are above designated size refer to the industrial enterprises with the sales revenue above 20 million yuan.

21-4 规模以上工业企业新产品开发及生产情况(2017)

New product Development and Production of Industrial Enterprises above Designated Size

指标	Item	新产品开发项目数(项) The number of new pruduct development (unit)	新产品开发经费支出(万元) Expenditure on New Product Development (10000 yuan)	新产品销售收入(万元) Sales Revenue of New Product (10000 yuan)	#出口 Exports
合　　计	Total	2537	577811	6055568	357346
#大中型工业企业	Large and Medium-sized Industrial Enterprises	1402	401044	5006740	342555
按登记注册类型分	**by Status of Registration**				
内资企业	Domestic Funded Enterprises	2471	565858	5899417	354091
#国有企业	State-owned Enterprises	168	45703	314849	4375
有限责任公司	Limited Liability Corporations	1414	330355	3636007	258142
股份有限公司	Share-holding Corporations Ltd.	264	74758	1183854	89147
港、澳、台商投资企业	Enterprises with Funds From Honkong, Macao and Taiwan	42	8425	147337	
外商投资企业	Foreign Funded Enterprises	24	3528	8815	3254
按行业分	**By Industrial Sector**				
#煤炭开采和洗选业	Mining and Washing of Coal	33	13353	62864	
食品制造业	Manufacture of Foods	21	5316	13062	16
酒、饮料和精制茶制造业	Manufacture of Liquor, Beverages and Refined Tea	104	29058	528888	13
烟草制品业	Manufacture of Tobacco	102	11665	309062	
石油加工.炼焦及核燃料加工业	Processing of Petroleum, Coking, Processing of Nuclear Fuel	2	49		
化学原料及化学制品制造业	Manufacture of Raw Chemical Material and Chemical Products	114	34110	1017848	192190
医药制造业	Manufacture of Medicines	329	58828	715370	1007
非金属矿物制品业	Manufacture of Non-metallic Mineral Products	123	15960	121148	51
黑色金属冶炼和压延加工业	Smelting and Pressing of Ferrous Metals	22	10160	200087	400
有色金属冶炼和压延加工业	Smelting and Pressing of Non-ferrous Metals	43	8505	399344	4392
金属制品业	Manufacture of Metal Product	101	17341	308324	14570
通用设备制造业	Manufacture of General Purpose Machinery	94	13287	117100	1506
专用设备制造业	Manufacture of Special Purpose Machinery	103	17564	82849	5339
汽车制造业	Manufacture of Automobiles	71	30638	166110	8115
计算机、通信和其他电子	Manufacture of Computer, Communication and other Electronic Equipment	384	38867	455411	170
电力、热力生产和供应业	Production and Supply of Electric Power and Heat Power.	100	19364	71007	

21-5 政府属独立研究与开发机构科技活动
Scientific and Technological Activities of Government-affiliated Independent Research Institutions

指　标	Item	2013	2014	2015	2016	2017	2017年比2016年增长(%) Increase Rate in 2017 over 2016 (%)
科技机构数(个)	**Number of S&T Institutions(unit)**	**105**	**106**	**105**	**82**	**75**	**-8.5**
县级以上自然类研究与开发机构	The Scientific Research and Development Institution above the county level.	62	63	65	65	60	-7.7
县级以上社会、人文科学研究机构	The Research Institutions of Social and Human Studies above the county level.	4	4	4	5	5	持平
县级以上部门属科技情报与文献机构	Department of S&T Informations and Literature Institutions at County and Higher Levels	6	6	6	6	5	-16.7
县级政府部门属研究与开发机构	Scientific Research and Development Institutions at County Level	8	8	6	6	5	-16.7
县级以上研究与开发转制机构	Conversed Scientific Research and Development Institution at County and Higher Levels	25	25	24			
科技活动人员数(人)	**Personnel Engaged in S&T Activities (person)**	**4948**	**5499**	**5373**	**4088**	**4206**	**2.9**
县级以上自然类研究与开发机构	The Scientific Research and Development Institution above the county level.	3106	3300	3463	3579	3722	4.0
县级以上社会、人文科学研究机构	The Research Institutions of Social and Human Studies above the county level.	226	213	256	280	281	0.4
县级以上部门属科技情报与文献机构	Department of S&T Informations and Literature Institutions at County and Higher Levels	150	142	155	154	143	-7.1
县级政府部门属研究与开发机构	Scientific Research and Development Institutions at County Level	104	89	75	75	60	-20.0
县级以上研究与开发转制机构	Conversed Scientific Research and Development Institution at County and Higher Levels	1362	1755	1424			
大学本科及以上学历人数(人)	**University,College and Above(person)**	**3792**	**4266**	**4268**	**3347**	**3484**	**4.1**
县级以上自然类研究与开发机构	The Scientific Research and Development Institution above the county level.	2330	2581	2743	2935	3070	4.6
县级以上社会、人文科学研究机构	The Research Institutions of Social and Human Studies above the county level.	201	190	232	261	263	0.8
县级以上部门属科技情报与文献机构	Department of S&T Informations and Literature Institutions at County and Higher Levels	112	114	127	125	118	-5.6
县级政府部门属研究与开发机构	Scientific Research and Development Institutions at County Level	31	29	22	26	33	26.9
县级以上研究与开发转制机构	Conversed Scientific Research and Development Institution at County and Higher Levels	1118	1352	1144			

注：2016年起，政府属独立研究与开发机构科技活动单位不再包含县级以上研究与开发转制机构，此类机构改革转制为企业。

Note:Since 2016, Independent research and development institutions of science and technology activities which is Within the jurisdiction of the government no longer contain institutions for research and development above the county level. Such institutions have been transformed into enterprises.

21—5 续表 continued

指 标	Item	2013	2014	2015	2016	2017	2017年比2016年增长(%) Increase Rate in 2017 over 2016(%)
经费收入总额(万元)	**Funding for S&T Activities(10000 yuan)**	**258654**	**285659**	**304397**	**145968**	**147316**	**0.9**
县级以上自然类研究与开发机构	The Scientific Research and Development Institution above the county level.	104276	123615	127359	132770	132365	-0.3
县级以上社会、人文科学研究机构	The Research Institutions of Social and Human Studies above the county level.	5956	5904	7960	7971	9045	13.5
县级以上部门属科技情报与文献机构	Department of S&T Informations and Literature Institutions at County and Higher Levels	2576	2941	3963	3897	4341	11.4
县级政府部门属研究与开发机构	Scientific Research and Development Institutions at County Level	1170	1130	1343	1330	1565	17.7
县级以上研究与开发转制机构	Conversed Scientific Research and Development Institution at County and Higher Level	144676	152069	163772			
经费支出总额(万元)	**Expenditures on S&T Activities (10000 yuan)**	**254670**	**265331**	**310368**	**176926**	**138172**	**-21.9**
县级以上自然类研究与开发机构	The Scientific Research and Development Institution above the county level.	109580	116474	141746	163287	122931	-24.7
县级以上社会、人文科学研究机构	The Research Institutions of Social and Human Studies above the county level.	4951	4225	6617	8491	9891	16.5
县级以上部门属科技情报与文献机构	Department of S&T Informations and Literature Institutions at County and Higher Level	2634	2679	3740	3945	4284	8.6
县级政府部门属研究与开发机构	Scientific Research and Development Institutions at County Level	1152	1050	1292	1203	1066	-11.4
县级以上研究与开发转制机构	Conversed Scientific Research and Development Institution at County and Higher Level	136353	140903	156973			
研究与试验发展经费支出(R&D经费支出)(万元)	**Expenditure on R&D(10000 yuan)**	**55735**	**59558**	**78874**	**60959**	**63277**	**3.8**
县级以上自然类研究与开发机构	The Scientific Research and Development Institution above the county level.	42667	46414	61393	54461	56345	3.5
县级以上社会、人文科学研究机构	The Research Institutions of Social and Human Studies above the county level.	1510	2014	4037	6049	6676	10.4
县级以上部门属科技情报与文献机构	Department of S&T Informations and Literature Institutions at County and Higher Level		375	508	449	256	-43.0
县级以上研究与开发转制机构	Conversed Scientific Research and Development Institution at County and Higher Level	11558	10755	12935			

21-6 省部级以上成果登记(完成人员)

Staffs Personnel of Provincial or Ministerial Level and above

单位：人次 (person-time)

指标	Item	2013	2014	2015	2016	2017
合 计	**Total**	**1712**	**2009**	**1386**	**1339**	**1468**
按学历分	**by Education Background**					
博士	Doctor	242	314	219	280	369
硕士	Master	419	555	435	417	444
大本	Undergraduate Student	954	1001	651	534	589
大专	Junior College Student	75	115	68	89	54
中专	Secondary Specialized School Student	13	17	8	14	9
其他	Others	9	7	5	5	3
按年龄结构分	**by Type of Age**					
35岁以下(含35岁)	thirty-five and below	500	570	399	398	403
36-45岁	thirty-six to forty-five	625	762	479	428	516
46-55岁	forty-six to fifty-five	466	541	415	390	449
56-65岁	fifty-six to sixty-five	94	123	74	93	89
65岁以上	above sixty-five	27	13	19	30	11
按技术职称分	**by Type of Title**					
院士	Academicians	2		1	1	3
正高	Senior Title	398	444	329	366	410
副高	Sub-senior Title	531	751	454	339	544
中级	Middle Title	551	594	444	457	403
初级	Primary Title	149	137	100	102	54
其他	Others	81	83	58	74	54

21—7 省部级以上成果登记（数量及投资额）
Number of Achievements and Investment of Projects at Provincial or Ministerial Level and above（number & investment）

指　标	Item	2013	2014	2015	2016	2017
成果登记(项)	**Achievement Registration(item)**	**141**	**147**	**115**	**120**	144
发明专利授权数(件)	Invention of Patent Authorigations Granted (piece)	150	174	116	247	316
制订标准数(个)	Number of Standards for Formulation (unit)	8	7	4	8	3
按成果类别分(项)	by Type of Achievement Sort (item)					
#基础理论成果	Basic Theory Achievement	26	22	25	28	36
应用技术成果	Applied Technical Achievement	115	124	89	92	108
按成果应用属性分(项)	by Type of Achievement Application Property (item)					
# 原始性创新	Original Invention	8	9	13	22	54
国外引进消化 吸收创新	Absorb and Digest Invention of Foreign Indraught	26	12	12	22	12
国内技术二次开发	Twice Development of Inner Technology	81	103	64	48	42
项目投资额(万元)	**Project Investment (10000 yuan)**	**58093**	**295362**	**114161**	**98050**	164272
国家资金	Government Funds	4376	2122	6153	6621	70195
部门资金	Department Funds	3905	36693	12809	5429	2803
地方资金	Local Funds	5324	6297	4647	14759	34754
基金投入	Fund Input	228	124	272	297	240
自有资金	Self-raised Funds	43807	249584	90280	69963	54069
银行贷款	Loans from Bank	200	500		900	900
国外资金	Foreign Funds.				25	86
其他资金	Other Funds	253	42		56	1225
净利润(万元)	**After-Tax Profit (10000 yuan)**	**125554**	**296395**	**64726**	**293909**	**2581655**
实交税金(万元)	**Tax (10000 yuan)**	**83925**	**134026**	**35752**	**82758**	**2270754**

21-8 事业、企业单位各类专业技术人员

Specialized Technical Personnel in Enterprises and institutions

单位：万人 (10000 persons)

指 标	Item	2013	2014	2015	2016	2017
总 计	**Total**	**61.91**	**64.22**	**66.28**	**68.95**	**71.22**
#女 性	Female	27.79	29.63	31.14	33.00	34.56
按专业分	**By Specialized Subject**					
#工程技术人员	Engineering Technical Personnel	6.07	6.26	6.70	7.03	7.48
农业技术人员	Agricultural Technical Personnel	2.38	2.35	2.39	2.50	2.56
卫生技术人员	Medical Technical Persomnel	9.10	9.58	10.01	10.43	10.84
科学研究人员	Scientific Research Personnel	0.19	0.25	0.27	0.28	0.33
教学人员	Teaching Personnel	39.24	40.16	40.96	42.27	43.24
按专业技术职务分	**By Professional Titles**					
#高 级	Senior	4.69	5.48	6.37	7.27	7.98
中 级	Medium	20.35	22.94	24.79	26.31	26.97
初 级	Junior	31.71	29.92	29.51	29.11	29.73
按学历分	**By Education Background**					
大学本科以上	University,College and above	27.90	31.79	35.05	38.95	43.08
大学专科	Specialized Institutions of Higher Education	26.11	25.46	25.02	24.40	23.25
中专以下	Senior Middle School and the Level below	7.91	6.97	6.22	5.60	4.88

注：1.资料来源于省人力资源社会保障厅。 2.本表数据按岗位统计，不含非公经济单位和中央驻黔单位数据。

Note: 1.Data in the table are obtained from the Provincial Department of Human Resources and Social Security; 2.Data in this table are counted by post, and don't include non-public economic units and the central unit of data in Guizhou.

21—9 专利申请受理及授权

Patent Application Accepted and Granted

单位：件 (item)

指 标	Item	2013	2014	2015	2016	2017
受理专利总计	**Total Patent Applications Accepted**	**17405**	**22471**	**18295**	**25315**	**34610**
按种类分	Grouped by Sort					
发 明	Inventions	3988	8203	7538	10953	13885
实用新型	Utility Models	6456	7335	8317	11081	16898
外观设计	Designs	6961	6933	2440	3281	3827
按对象分	Grouped by Applicant					
非职务发明创造	Non-service Creations and Inventions	3089	7896	3277	4709	6920
职务发明创造	Service Creations and Inventions	14316	14575	15018	20606	27690
大专院校	Universities and Colleges	1056	1176	1864	3637	5532
科研单位	Research Institutions	626	542	632	724	897
工矿企业	Industrial and Mineral Enterprises	12100	12413	11614	15045	18875
机关团体	Government Agencies and Organizations	534	444	908	1200	2386
授权专利总计	**Total Patent Authorigations Granted**	**7915**	**10107**	**14115**	**10425**	**12559**
按种类分	**Grouped by Sort**					
发 明	Inventions	776	1047	1501	2036	1875
实用新型	Utility Models	3916	5207	7007	6525	7986
外观设计	Designs	3223	3853	5607	1864	2698
按对象分	Grouped by Applicant					
非职务发明创造	Non-service Creations and Inventions	1731	1369	4635	1847	2340
职务发明创造	Service Creations and Inventions	6184	8738	9480	8578	10219
大专院校	Universities and Colleges	345	460	1074	1529	1908
科研单位	Research Institutions	333	377	392	307	301
工矿企业	Industrial and Mineral Enterprises	5426	7795	7794	6581	7656
机关团体	Government Agencies and Organizations	80	106	220	161	354

注：资料来源于省科技厅。

Note: Data in the table are obtained from the provincial science and technology department.

21-10 科协系统科学技术普及情况
Popularization of science and Technology

指 标	Item	2013	2014	2015	2016	2017	2017年比2016年增长(%) Increase Rate in 2017 over 2016 (%)
科学技术普及活动	**Science and Teohnology Popularization Activities**						
举办科普宣讲活动(次)	Popular Science Propaganda Activities(unit)	3020	5028	6122	5720	1454	-74.6
宣讲活动受众人数(万人次)	Audience of Preaching Activity (10000 Person-time)	311	372	368	339	445	31.2
参加活动科技人员（万人次)	Personnel Participated in the scientific and Technical Activities (10000 Person-time)	8	10	14	10	3	-74.0
科普基础设施建设	**Infrastrueture Construction in Popularizatime of Science**						
科技馆(个)	Number of Science and Technology Museum(unit)	3	3	3	3	3	持平
全年参观人数(万人次)	Number of Participants (10000 Person-time)	28	19	35	35	58	67.1
#少儿参观人数	Number of Child and Youth's participation	19	12	15	13	27	108.2
科普画廊建筑面积(宣传栏、橱窗)(平方米)	Gallery construction Area in popularization of science (square meter)	42801	52258	38183	47054	49809	5.9
科普画廊展示面积（平方米)	Gallery Exhobition Area in popularization of science (square meter)	64920	87836	64114	71135	71746	0.9

注：资料来源于省科协。

Note: Data in the table are provided by Guizhou Associa for Science and Technology.

主要统计指标解释

科技活动 指在自然科学、农业科学、医药科学、工程与技术科学、人文与社会科学领域(简称科学技术领域)中，与科技知识的产生、发展、传播和应用密切相关的有组织的活动。可分为研究与试验发展(R&D)、研究与试验发展成果应用及相关的科技服务三类活动。

科技活动人员 指直接从事科技活动、以及专门从事科技活动管理和为科技活动提供直接服务，累计的实际工作时间占全年制度工作时间10%及以上的人员。(1)直接从事科技活动的人员包括：在独立核算的科学研究与技术开发机构、高等学校、各类企业及其他事业单位内设的研究室、实验室、技术开发中心及中试车间(基地)等机构中从事科技活动的研究人员、工程技术人员、技术工人及其它人员；虽不在上述机构工作，但编入科技活动项目(课题)组的人员；科技信息与文献机构中的专业技术人员；从事论文设计的研究生等。(2)专门从事科技活动管理和为科技活动提供直接服务的人员，包括：独立核算的科学研究与技术开发机构、科技信息与文献机构、高等学校、各类企业及其他事业单位主管科技工作的负责人，专门从事科技活动的计划、行政、人事、财务、物资供应、设备维护、图书资料管理等工作的各类人员，但不包括保卫、医疗保健人员、司机、食堂人员、茶炉工、水暖工、清洁工等为科技活动提供间接服务的人员。该指标用来反映投入科技活动人力的规模。

科技活动人员：指从业人员中的科技管理人员、课题活动人员和科技服务人员。**其中，科技管理人员：**指院、所领导及业务、人事管理人员。包括：从事科技计划管理、课题管理、成果管理、专利管理、科技统计、科技档案管理、科技外事工作、人事管理、教育培训、财务等与科技活动有关的人员；**课题活动人员：**指编制在研究室或课题组的人员；**科技服务人员：**指直接为科技工作服务的各类人员，如从事图书、信息与文献、测试、试制、咨询、物资器材供应等工作的人员，以及实验室、试验工厂（车间）、试验农场的人员。不包括司机、门卫、食堂人员、医务人员、清洁工、幼儿园和托儿所的工作人员，以及主要从事生产、经营活动人员。

研究与试验发展(R&D) 指在科学技术领域，为增加知识总量、以及运用这些知识去创造新的应用进行的系统的创造性的活动，包括基础研究、应用研究、试验发展三类活动。国际上通常采用R&D活动的规模和强度指标反映一国的科技实力和核心竞争力。

科学研究与试验发展(R&D活动)：是指为了增进知识(包括有关人类、文化和社会的知识)，以及运用这些知识创造新应用，所进行的系统的、创造性的工作。

基础研究：是一种实验性或理论性的工作，主要是为了获得关于现象和可观察事实的基本原理的新知识，不预设任何特定的应用或使用目的。

应用研究：是指为了获取新知识而进行的创造性研究，但它主要针对某一特定的实际目的或目标。应用研究通常是为了确定基础研究成果或知识的可能的用途，或是为达到某一具体的、预定的实际目的，确定新的(原理性)方法或途径。

试验发展：是指是利用从科学研究、实际经验中获取的知识和产生的额外知识，以形成新的产品、工艺（流程），或改进现有产品、工艺（流程），而进行的系统性工作。

R&D 人员：指本单位人员及外聘研究人员和在读研究生中参加 R&D 课题的人员、R&D 课题管理人员和为 R&D 活动提供直接服务的人员，不包括为 R&D 课题提供间接服务的人员（如生活服务人员），也不包括全年从事 R&D 活动工作量不到 0.1 年的人员。

R&D 人员折合全时当量：指全时人员折合全时工作量与所有非全时人员工作量之和，结果取整数。一个全时人员的折合全时工作量计为 1，非全时人员按实际投入工作量进行累加。例如：有两个全时人员(他们的工作量分别为 0.9 年和 1.0 年)和三个非全时人员(他们的工作量分别为 0.2 年、0.3 年和 0.7 年)，则折合为：折合全时工作量＝1+1+0.2+0.3+0.7=3(人年)（四舍五入）。

科技活动经费支出：指调查单位在报告期内用于内部开展科技活动实际支出的费用，包括来自科研渠道以及其他各种渠道的经费实际用于科技活动支出的费用,包括外协加工费。

专利　一般是专利权的简称，指专利权人对发明创造享有的专利权。即国家依法在一定时期内授予发明创造或者其权利继受者独占使用其发明创造的权利。

专利同时也指具体专利技术，即受国家认可并在公开的基础上进行法律保护的技术或者方案。

专利还可指具体的物质文件，即国家颁发的确认申请人对其发明创造享有的专利证书或记载发明创造内容的专利文献。

发明　对产品、方法或其改进所提出的新的技术方案。

Explanatory Notes on Main Statistical Indicators

Scientific and Technological Activities(S&T Activities) refer to organized activities which are closely related with the creation, development, dissemination and application of the scientific and technical knowledge in the fields of natural sciences, agricultural science, medical science, engineering and technological science, humanities and social sciences (referred to as scientific and technological fields). S&T activities can be classified in to 3 categories: research and development (R&D) activities, application of R&D results, and related S&T services.

Personnel Engaged in S&T Activities refer to personnel directly engaged in S&T activities, in the management of S&T activities, and in providing direct service to S&T activities, who spend over 10% of the total working hours in a year in S&T activities. (1) Personnel directly engaged in S&T activities include researchers, engineers, technicians and other related personnel engaged in S&T activities in independent-accounting R&D institutions, institutions of higher learning, and in research institutes, laboratories, technology development centers and central experiment workshops under enterprises and institutions. Also included are people working in S&T research project teams, professional and technical personnel working in S&T information archiving institutes, and graduate students working on the design of their thesis. (2) Personnel engaged in the management of S&T activities and in providing direct service to S&T activities include senior management people responsible for S&T activities in independent-accounting R&D institutions, S&T information archiving institutes, institutions of higher learning, and in enterprises and institutions where S&T activities are undertaken. Also included are people responsible for the planning, administration, personnel management, financial management, logistics supply, equipment maintenance, information and library management that are related with S&T activities. People providing indirect services are excluded, such as security, medical service, drivers, plumbers, cleaners and those providing catering and related service. This indicator reflects the size of personnel engaged in S&T activities.

Science and technology activities staff refers to the scientific and technological management ,project and technical services person in employee。The scientific and technological management refers to the Instructor leadership and business, personnel management persons which including related person Engaged in science and technology program management, project management, results management, patent management, science and technology statistics, science and technology file management, science and technology foreign affairs, personnel management, education and training, finance and other scientific and technological activities ;project staff refers to the person who are staffed in a research room or task group;Technical service person refers to the various types of staff who work for scientific and technological ,such as work on books, information and literature, testing, trial production, consulting, supplies and other equipment, as well as laboratories, test factories (workshops), experimental farms.Those staff are not including the driver, guard, canteen staff, medical staff, cleaners, kindergartens and nursery staff, and mainly engaged in production and business activities.

Research and Development (R&D) refers to systematic and creative activities in the field of science and technology aiming at increasing the knowledge and using the knowledge for new application. R&D includes 3 categories of activities: basic research, applied research and experimentation for development. The scale and intensity of R&D are widely used internationally to reflect the strength of S&T and the core competitiveness of a country in the world.

Scientific research and experimental development (R & D activities) refers to the systematic, creative work carried out in order to enhance knowledge (including knowledge about human, cultural and social), and the use of this knowledge to create new applications.

Basic Research refers to empirical or theoretical research aiming at obtaining new knowledge on the fundamental principles regarding phenomena or observable facts to reveal the intrinsic nature and underlying laws and to acquire new discoveries or new theories. Basic research takes no specific or designated application as the aim of the research.

Applied Research refers to creative research aiming at obtaining new knowledge on a specific objective or target. Purpose of the applied research is to identify the possible uses of results from basic research, or to explore new (fundamental) methods or new approaches.

Experiments and Development refer to systematic activities aiming at using the knowledge from basic and applied researches or from practical experience to develop new products, materials and equipment, to establish new production process, systems and services, or to make substantial improvement on the existing products, process or services.

R & D Personnel refer to persons engaged in research, management and supporting activities of R & D, including persons in the project teams, persons engaged in the management of S&T activities of enterprises and supporting staff providing direct service to the research projects, and not including annual research and experimental development activities in less than 0.1 years of staff workload.

Full-time Equivalent of R&D Personnel refers to the sum of the full-time persons and the full-time equivalent of part-time persons converted by workload. A full-time staff equivalent to full-time work is counted as a part-time personnel according to actual efforts to accumulate. For instance, if there are 2 full-time persons and 3 part-time workers (20%, 30% and 70% of working hours respectively on R&D activities), the full-time equivalent are 2+0.2+0.3+0.7=3.2 person-years.

Expenditure on science and technology activities refers to real expenditure of surveyed units on their own science and technology activities ,Including funding from scientific research channels and other channels for the actual cost of expenditure on scientific and technological activities, including external assistance in processing expenditure.

Patent is an abbreviation for the patent right and refers to the exclusive right of ownership by the inventors or designers for the creation or inventions, given from the patent offices after due process of assessment and approval in accordance with the Patent Law.

Patent also refers to a specific patented technology that recognized by the State and public legal protection on the basis of technical or program.

Patent document also refers to a specific substance, which confirm that the applicant issued by the state enjoyed their inventions patented inventions certificate or record the content of patent documents.

Inventions refer to new technical proposals to the products or methods or their modifications.

文化、体育和卫生

Culture, Sports and Public Health

22

简 要 说 明

一、主要内容

本篇资料主要反映全省文化、体育、卫生事业发展情况。

文化、体育内容包括文化事业机构、文化娱乐、艺术表演团体、群众艺术馆、广播电视、期刊报纸出版、体育运动员获奖、群众体育活动等。

卫生内容包括医疗卫生机构、卫生人员、卫生设施、卫生经费、基层医疗卫生服务、妇幼保健、疾病控制、医疗保障制度等情况。

二、资料来源

新闻出版、广播、电视资料由省新闻出版广电局提供。

文化资料由省文化厅提供。

体育资料由省体育局提供。

卫生资料由省卫生计生委提供。

Brief Introduction

I. Main Contents

Data in this chapter mainly reflect the development of culture, sports and public health undertakings.

Data on culture and sports include culture undertakings, culture and entertainment, art performance troupes, mass art centers, radio and television; the publication of magazines and newspapers, the awards of athlete, the activities of mass sports.

Data on public health include the number of medical and health institutions, health personnel, health facility, health expenses, medical and health services at grass-root level, maternal and child health, disease control and health security system.

II. Sources of Data

Data on news and publication, radio broadcasting and television are provided by Guizhou Provincial administration of press, publication, radio, film and television.

Data on culture are provided by Guizhou Provincial Department of Culture.

Data on sports are provided by Sport Administration of Guizhou Province.

Data on public health are provided by Health and Family Planning Commission of Guizhou Province.

22-1 文化事业机构和人员
Number of Institution and Personel in Culture Industry

指 标	Item	2013	2014	2015	2016	2017
机构总计(个)	**Total Number of Institutions (unit)**	**2241**	**2235**	**2204**	**2230**	**2298**
艺术事业	Art Institutions	113	113	103	125	146
文物事业	Cultural Relics	152	150	150	150	155
图书馆事业	Libraries	94	95	96	98	98
群众文化事业	Mass Culture	1687	1686	1665	1666	1694
文艺科研	Art Research Institutions	2	2	2	2	3
其他文化事业	Other Culture Units	193	189	188	189	202
人员总计(人)	**Total Number of Persons Engaged(person)**	**17996**	**17902**	**17637**	**18929**	**17318**
艺术事业	Arts	3955	3744	3257	3857	3976
文物事业	Cultural Relics	1693	1551	1692	1847	2277
图书馆事业	Libraries	1014	1015	1046	1078	1081
群众文化事业	Mass Culture	5986	6006	5957	6370	6617
文艺科研	Art Research Institutions	21	20	21	26	25
其他文化事业	Others	5327	5566	5664	5751	3342

注：1.资料来源于省文化厅(以下相关表同)。2.机构和人员数不含文化市场新分的机构和人员数。3.2013年对1个机构两块牌子从业人员进行重新划分，因此文物业从业人员有所减少。

Note: 1.Data in the table are provided by the Provinvial Department of Culture (the relative tables in the chapter are the same). 2. Number of Instituiions and Personnel in the table exclude newly increased Institutions and Personnel. 3. In 2013, one institution with two brands practitioners were divided again, so the property practitioners has decreased.

22-2 文化事业单位数

Basic Statistics on Culture Establishment

单位：个 (unit)

指　标	Item	2013	2014	2015	2016	2017
艺术表演场所	Arts Performance Places	6	6	6	6	6
公共图书馆	Public Libraries	94	95	96	98	98
博物馆、纪念馆	Museums and Memorials	75	74	73	73	84
群众艺术馆、文化馆	Mass Art Centers and Cultural Centers	98	98	98	99	99
档案馆	Archives	107	107	108	108	108

注:2013年起，博物馆、纪念馆统计范围增加民间博物馆机构。
Note: The statistical range of museums and memorials has included folk museum agencies in 2013.

22-3 文化娱乐业(2017)

Culture and Entertainment Industry

指　标	Item	机构数(个) Institutions (unit)	从业人员(人) Number of Employed Persons(person)	营业收入(万元) Operating Revenue (10000 yuan)	营业利润(万元) Primary Business Profit (10000 yuan)
总　计	**Total**	**6914**	**38622**	**362954**	**115770**
非国有艺术表演团体	Non-state Performing Arts Groups	96	1993	15085	4634
娱乐场所	Places of Entertainment	2494	21071	208153	62769
互联网上网服务营业场所（网吧）	Internet access service establishments (internet cafes)	4324	15558	139716	48367

22-4 艺术表演场所(2017)

Art Preformances Places

指　标	Item	机构数(个) Number of Instit-utions (unit)	从业人员(人) Number of Staff and Workers (person)	座席数(个) Seats (unit)	演(映)出场次(场) Number of Perfo-rmances (show)	#艺术演出场次 Art Perfo-rmance	观众人次(万人次) Number of Spectators (10000 person -times)
总　计	**Toatl**	**9**	**200**	**610**	**450**	**330**	**3.30**
#省　级	Province Level	4	54				
地　级	Prefectural Level	2	25				
县　级	County Level	3	121	610	450	330	3.30
#文化系统	Cultural Organizations and Institutions	6	79				

注：2017年文化系统6个艺术表演场所均处于改扩建中，全年无演出。
Note: There is no performance throughout the year of 2017 for the culture system's 6 arts performance places were all in expansion.

22-5 文化部门艺术表演团体(2017)

Art Troupes of Culture Sector

指　标	Item	剧团数(个) Number of Troupes (unit)	从业人员(人) Number of Employed Persons (person)	国内演出(场) Number of Domestic Performances (show)	#在农村演出 Shows in Rural Areas	国内观众人数(万人次) Number of Domestic Spectators (10000 person-times)
总　计	**Total**	**23**	**620**	**2350**	**970**	**2124.18**
按隶属关系分	**By Jurisdiction of Management**					
#国有剧团	State-owned Troupes	22	613	2310	960	2122.08
按剧种分	**By Type of Art**					
话剧、儿童剧、滑稽剧团	Drama, Children's Play and Comedy Troupes					
歌舞、音乐类	Song and Dance Troupe,Music Troupes	22	488	2150	900	2107.62
京剧、昆曲类	Peking Opera Troupes and Kunqu Troupes					
地方戏曲类	Local Opera Troupes	1	132	200	70	16.56
杂技、魔术、马戏类	Acrobatics , Magic, Circus Troupes					
曲艺类	Folk Arts					
综合性艺术表演团体	Comprehensive Art Perfonabce					

22-6 群众文化馆(站)(2017)

Mass Culture Centers (Stations)

指　标	Item	合计 Total	文化馆 Culture Centers	文化站 Culture Stations
馆(站)个数(个)	**Number of Centers(unit)**	**1694**	**99**	**1595**
组织各类讲座次数(次)	Organizing Lectures(time)	**477**	477	
组织文艺活动次数(次)	Organizing Art Performances(time)	**22534**	5713	16821
举办业余文艺训练班(班次)	Conducting Amateur Art Training Courses(class)	**10075**	2800	7275
#结业人数(万人次)	Number of Persons Completed(10000 person-times)	**64.1**	18.36	45.74
举办展览次数(次)	Number of Exhibitions(unit)	**3516**	534	2982

22-7 广播、电视
Radio and Television Industry

指　　标	Item	2013	2014	2015	2016	2017
广播电视台(座)	Broadcasting and Television Stations(unit)	85	84	85	85	85
广播节目综合人口覆盖率(%)	Radio Coverage Rate of the Population(%)	90.0	91.5	92.3	93.0	93.5
广播节目自办套数(套)	Number of Radio Programs with Ownership(set)	38	40	46	46	46
#公共广播	Public Radio	38	40	46	46	46
广播节目制作时间(万小时)	Length of Radio Programs Produced (10 000 hours)	12.06	12.50	13.81	14.27	14.57
公共广播节目播出时间(万小时)	Length of Public Radio Programs Broadcasted (10 000 hours)	22.55	22.74	25.33	24.87	24.82
电视节目综合人口覆盖率(%)	TV Coverage Rate of Population(%)	94.1	95.4	96.0	96.1	96.5
有线广播电视用户数(万户)	Users of Cable Radio and TV (10 000 households)	394.28	386.18	421.92	457.00	576.43
数字电视用户数(万户)	Number of Users of Digital TV (10 000 households)	394.28	386.18	421.92	452.75	576.43
有线广播电视入户率(%)	Popularization Rate of Cable Radio and TV (%)	32.1	30.8	33.1	35.0	43.3
电视节目自办套数(套)	Number of TV Programs with Ownership(set)	102	102	103	103	103
#公共电视	Public TV	102	102	103	103	103
电视节目制作时间(万小时)	Length of TV Programs Produced (10 000 hours)	4.15	4.27	4.26	3.81	3.87
公共电视节目播出时间(万小时)	Length of Public TV Programs Broadcasted (10 000 hours)	23.50	24.07	27.25	25.53	43.26
电视剧播出数(万部)	Number of TV Plays Broadcasted (10 000 sets)	0.25	0.21	0.23	0.27	0.52
#进口电视剧播出数(部)	Imported TV Plays(set)	107	50	50	65	32
电视剧播出数(万集)	Number of TV Plays Broadcasted (10 000 parts)	5.75	4.67	6.34	7.14	14.15
#进口电视剧播出数	Imported TV Plays	0.24	0.12	0.12	0.18	0.10

注：资料来源于省新闻出版广电局(以下相关表同)。

Note: Data in the table are provided by Guizhou Provinvial Press and Publication Bureau (the relative tables in the chapter are the same).

22-8 广播、电视节目播出时间(2017)

Broadcasting Hours of Radio and Television Programs

单位：小时 (hour)

指　标	Item	全年公共节目播出时间 Broadcasting Hours	#新闻咨询类节目 News	#专题服务类节目 Special Subject	#综合益智类节目 General Entertainment
广播电台	**All Radio Broadcasting Stations**	**248173**	**45332**	**48902**	**43367**
省　级	Province Level	61210	6101	8934	14163
地　级	Prefectural Level	113776	23315	29534	18422
县　级	County Level	73186	15914	10433	10781
电视台	**All Television Stations**	**432609**	**83956**	**44371**	**14128**
省　级	Province Level	43916	6419	6775	1168
地　级	Prefectural Level	129561	20582	16568	5966
县　级	County Level	259131	56954	21026	6993

22-9 图书出版

Books Published

指　标	Item	2013	2014	2015	2016	2017
出版图书(种)	**Number of Publications(kind)**	**894**	**845**	**738**	**1013**	**1062**
#新出版	New Publications	667	721	564	742	769
总印数(万册)	Printed Copies (10000 copies)	6278	10099	9636	8823	9151
总印张数(万印张)	Printed Sheets (10000 sheets)	44066	64882	65251	66039	68651

22−10 杂志出版
Magazines Published

指　标	Item	2013	2014	2015	2016	2017
出版杂志(种)	**Number of Publications(kind)**	**88**	**90**	**90**	**90**	**93**
每期平均印数(万册)	Average Printed Copies Per Issue (10000 copies)	84	84	80	80	74
总印数(万册)	Printed Copies (10000 copies)	1575	1523	1756	1713	1734
总印张数(万印张)	Printed Sheets (10000 sheets)	7792	7890	9109	8790	8897

22−11 报纸出版
Newspaper Published

指　标	Item	2013	2014	2015	2016	2017
出版报纸(种)	**Number of Publications (kind)**	**43**	**42**	**42**	**42**	**39**
每期平均印数(万份)	Average Printed Copies Per Issue (10000 copies)	156	147	126	114	100
总印数(万份)	Printed Copies (10000 copies)	38954	36409	33375	30351	27733
总印张数(万印张)	Printed Sheets (10000 sheets)	162120	156095	105503	82334	70465

22−12 报纸分类出版数量(2017)
Number of Newspaper Published by Category

指　标	Item	出版报纸(种) Number of Public-ations (kind)	每期平均印数(万份) Average Publication Per Issue (10000 copies)	总印数(万份) Total Printed (10000 copies)	总印张数(万印张) Total Printed Sheets (10000 sheets)
总　计	**Total**	**5**	**31.24**	**10845.30**	**33686.83**
#贵州日报	Guizhou Daily	1	17.44	6346.81	20801.51
贵州都市报	Guizhou Urban Newspaper	1	5.27	1885.01	5215.38
贵阳晚报	Guiyang Evening Newspaper	1	7.09	2538.08	7330.65
每周广播电视报	Broadcasting and Television Weekly Newspaper	2	1.45	75.40	339.30

22−13 体育运动员
Athletes

单位：人 (person)

指　　标	Item	2013	2014	2015	2016	2017
优秀运动员	**Excellent Athletes**	**173**	**153**	**188**	**248**	**182**
#女运动员	Female	74	55	78	112	89
专职教练员	**Full-time Coaches**	**219**	**212**	**199**	**237**	**210**
#女专职教练员	Female	67	58	56	66	52
等级运动员发展人数	**Number of Certified Athletes**	**301**	**279**	**403**	**469**	**522**
等级裁判员发展人数	**Number of Certified Referees**	**2059**	**2315**	**1191**	**1738**	**1005**

注：资料来源于省体育局(以下相关表同)。
Note: The data in the table are provided by the provincial Sport Administration (the relative tables in the chapter are the same).

22−14 体育运动获奖
Medals Won by Guizhou Athletes in Domestic and International Competitions

单位：项 (unit)

指　　标	Item	2013	2014	2015	2016	2017
国内外大赛第一名	Number of the First-Order	7	23	7	17	23
国内外大赛第二名	Number of the Second-Order	13	11	8	10	19
国内外大赛第三名	Number of the Third-Order	17	15	31	15	18

22−15 公共体育场地
Number of Public Stadiums and Gymnasiums

单位：个 (unit)

指　　标	Item	2013	2014	2015	2016	2017
总　　计	**Total**	**1653**	**3570**	**2260**	**2213**	**14046**
#体育场馆	Stadiums	3	11	11	23	123
全民健身活动中心	The National fitness activities center	18	6	4	4	23
乡镇体育健身工程	Villages and Towns sports fitness sites					1178
村级农民体育健身工程	Villages farmer sports fitness sites					11631
全民健身路径工程(条)	**Body-building Activities of The Whole Nation(unit)**					**1091**

注：2014年起体育系统报表制度改革，只统计体育系统场地数。2013年数据为第六次全国体育场地普查初步汇总数。
Note: The reporting system of sport system has changed since 2014, which only account the number of the spots. The data in 2013 was the preliminary summary data of the sixth national stadium census.

22-16 卫生事业
Health Care

指标	Item	2013	2014	2015	2016	2017
卫生机构(个)	**Number of Health Institutions(unit)**	**29182**	**28995**	**28740**	**28023**	**28053**
#医院、卫生院	Hospitals and Township Hospitals	2429	2612	2631	2661	2682
床位数(万张)	**Number of Beds(10000 beds)**	**16.33**	**18.17**	**19.65**	**21.02**	**23.29**
#医院、卫生院床位	Number of Hospital and Township Hospitals Beds	15.58	17.84	18.73	19.99	22.09
卫生人员合计(万人)	**Number of Employed Personnel in Health Care Institutions (10000 persons)**	**22.23**	**23.73**	**25.89**	**27.74**	**30.19**
#卫生技术人员	Medical Technical Personnels	15.66	16.98	18.70	20.47	22.59
#执业(助理)医师	Licensed(Assistant) Doctors	5.59	5.78	6.34	6.90	7.55
#注册护士	Registered Nurse	5.94	6.71	7.61	8.60	9.80
医疗机构病床使用率(%)	**Utilization Rate in Medical Institutions(%)**	**81.3**	**77.1**	**74.0**	**70.7**	**72.5**
人均卫生费(元)	**Expenditure for Health of each Person(yuan)**	**1580**	**1578**	**1847**	**2472**	
平均每千人拥有：	**Per 1000 Person：**					
床位数(张)	Beds(set)	3.81	4.20	5.57	5.91	6.51
#医院、卫生院床位	Number of Hospital Beds	3.64	4.12	5.31	5.62	6.17
卫生人员(人)	Number of Employed Personnel in Health Care Institutions(person)	5.19	5.49	7.33	7.80	8.43
#卫生技术人员	Medical Technical Personnels	3.65	3.93	5.30	5.76	6.31
#执业(助理)医师	Licensed(Assistant) Doctors	1.30	1.34	1.80	1.94	2.11
医院服务情况	**Hospital Services**					
诊疗人次(万人次)	Visits (10000 person-times)	4063.16	4474.63	4966.24	5626.39	6390.52
入院人数(万人)	Inpatients (10000 persons)	406.70	443.42	480.10	507.89	571.92
出院人数(万人)	Patients Discharged from Hospital (10000 persons)	401.46	438.95	465.45	501.92	567.55
每百门诊急诊入院人数（人）	Inpatients per 100 Outpatient and Emergency Visits (person)	10.43	10.29	10.10	9.45	9.33
病床使用率(%)	Utilization Rate of Beds (%)	85.8	82.7	80.8	78.3	79.9
出院者平均住院日(天)	Average Stay Days in Hospital(day)	8.50	8.50	8.50	8.50	8.10

注：1.资料来源于省卫生计生委(以下相关表同)。2.机构数含村卫生室。3.医院服务情况指医院类别的医疗服务情况。4.2013—2014年每千人口指标以户籍人口数为基数计算，2015年起每千人口指标以常住人口数为基数计算。5.人均卫生费2013年为推算数。

Note:1.The data are obtained from the Provincial Health and Family Planning Commission (the following table is the same). 2. Number of institutions includs village clinics. 3. Hospital services refer to the medical services in the hospital category. 4.From 2013 to 2014, the per thousand population index was calculated from the household registration number as the base, and from 2015 on, the per thousand population index was calculated from the permanent resident population number as the base. 5. Expenditure for health of each person was calculated from that of 2013 as the base.

22-17 卫生机构、床位、人员数(2017)
Number of Health Institutions,Beds and Personnels

指 标	Item	机构数(个) Institutions (unit)	床位数(张) Hospital Beds (Bed)	人员数(人) Number of Personnels (person)	#卫生技术人员数 Medical Technical Personnels
合 计	**Total**	**28053**	**232903**	**301900**	**225870**
医 院	Hospitals	1270	178209	175407	147039
#市	City	620	94199	101857	84743
县	County	650	84010	73550	62296
#综合医院	Genaral Hospital	940	128086	132483	112401
县医院	Hospitals at County Level	65	33080	34917	30404
中医医院	Hospital Specialized in TCM	95	20988	20897	17765
中西医结合医院	Hospitals of Integrated Traditional Chinese with Western Medicine	20	2721	2924	2432
民族医院	Nationalities Hospitals	9	622	585	488
专科医院	Specialized Hospitals	203	25562	18418	13875
护理院	Nursing Hospital	3	230	100	78
疗养院(所)	Sanatoriums	2	194	94	47
社区卫生服务中心(站)	Community Health Service Centers (Stations)	702	3469	10296	8706
社区卫生服务中心	Community Health Service Centers	202	3469	6227	5176
社区卫生服务站	Community Health Service Stations	500		4069	3530
卫生院	Health Centers	1412	42731	46538	39810
#农村乡镇卫生院	Rural Township Health Centers	1362	41754	44940	38503
中心卫生院	Central Health Centers	547	24962	24242	20835
乡卫生院	Ecumenic Health Centers	815	16792	20698	17668
门诊部、诊所、医务室	Outpatient Department Clinic and Infirmary	3722	—	11942	11251
#私人办诊所	Private Clinique	3261	—	8684	8505
专科防治所(站)	Specialized Disease Prevention and Treatment Institution	10	665	268	198
疾控中心(卫生防疫站)	CDC(Epidemic Prevention Station)	100	—	5324	4368
#县疾控中心	CDC at County Level	65	—	2721	2330
卫生监督机构	Sanitation Supervise Centers	101	—	1809	1441
#县卫生监督机构	Sanitation Supervise Centers at County Level	67	—	1061	887
妇幼保健院(所、站)	Women and Children Care Agencies	98	7635	10917	9373
#县妇幼保健院(所、站)	Women and Children Care Agenciesat County level	65	3937	5020	4300
医学科学研究机构	Research Institution of Medicine Science	2	—	34	33
村卫生室	Health Clinics of Village	20555	—	37539	2430
其他卫生机构	Other Health Project Institution	79		1732	1174
按主办单位分	**By Host Unit**				
政府办	Government Office	4481	153432	186300	156006
卫计部门办	Health Department	4378	149533	184085	154479
社会办	Industrial and Other Department	12175	26282	48171	22524
个人办	Private	11397	53189	67429	47340
按经济类型分	**By Type of Economic**				
公立	The Public	11940	163333	211751	167019
国有	State-owned	4911	163132	197836	165793
集体	Collective	7029	201	13915	1226
民营	Private	16113	69570	90149	58851
联营	Joint venture	182	848	811	483
私营	Private	14814	55625	75146	47973
其他	other	1117	13097	14192	10395

注：2017年专业计划生育服务机构整合到基层医疗卫生机构，故其他卫生机构减少。卫生院减少主要原因是部分地区乡镇行政区划调整合并以及城镇化后卫生院变更为社区卫生服务中心。村卫生室减少主要原因是部分行政村合并和少数村医流失，村卫生室合并或关停。

Note: In 2017, professional family planning service institutions was integrated into grass-roots medical and health institutions, so other health institutions was educed. The decrease of health centers was mainly caused by the adjustment and consolidation of administrative division of townships and towns in some areas and the change of health centers into community health service centers after urbanization. The decrease of village health clinics was mainly caused by the merger of some administrative villages and the loss of a few village doctors.

22-18 卫生防疫防治和妇幼卫生事业

Sanitation and Epidemic Prevention,Maternity and Child Care

指　标	Item	2013	2014	2015	2016	2017
专科疾病防治院(所、站)机构数(个)	**Specialized Disease Prevention and Treatment Institution(unit)**	**10**	**9**	**10**	**10**	**10**
人员总数(人)	Number of Personnels(person)	261	384	381	177	268
#卫生技术人员数	Medical Technical Personnels	212	287	287	139	198
床位数(张)	Hospital Beds(bed)	486	455	675	276	665
疾病预防控制中心机构数(个)	**Center for Disease Control and Prevention (unit)**	**101**	**101**	**100**	**100**	**100**
人员总数(人)	Number of Personnels(person)	4952	4944	5060	5233	5324
#卫生技术人员数(人)	Medical Technical Personnels (person)	3958	3953	4098	4288	4368
妇幼保健机构数(个)	**Institutions of Maternity and Child Care (unit)**	**98**	**100**	**102**	**101**	**98**
人员总数(人)	Number of Personnels(person)	4889	5355	6828	8839	10917
#卫生技术人员数(人)	Medical Technical Personnels (person)	4201	4596	5905	7615	9373
床位数(张)	**Hospital Beds(bed)**	**4141**	**4376**	**5485**	**7047**	**7635**

22-19 县及县以上医院、卫生院(2017)

Hospitals and Health Centers at County Level and above

指 标	Item	机构合计 (个) Insti-tutions (unit)	诊疗人次数 (万人次) Number of Visits and Inpatients (10000 person-times)	#门 诊 (万人次) Number of Visits in Clinics (10000 person-times)	入院人数 (万人) Inpatients (10000 person)	出院人数 (万人) Outpatients (10000 person)
县及县以上医院合计	**Hospitals at County Level and above**	**1270**	**6390.52**	**5417.87**	**571.92**	**567.55**
#综合医院	General Hospitals	940	5156.13	4337.67	456.76	453.72
中医医院	Hospitals Specialized in Traditional Chinese Medicine	95	782.36	681.47	75.45	74.83
妇幼保健院(所、站)	**Maternity and Child Care Hospital(Centers orStations)**	**98**	**492.77**	**413.27**	**26.78**	**26.83**
#妇幼保健院	Maternity and Child Care Hospital	73	456.61	378.18	25.43	25.50
卫生院合计	**Health Centers**	**1412**	**3126.27**	**2965.86**	**126.16**	**125.04**
#农村乡镇卫生院	Rural Health Centers	1362	3062.42	2904.20	123.78	122.67
中心卫生院	Central Health Centers	547	1668.94	1566.70	77.84	77.16
乡卫生院	Ecumenic Health Centers	815	1393.48	1337.50	45.94	45.51

22-19 续表 continued

指 标	Item	平均开放病床数 (张) Average Beds Opened (bed)	病床周转次数 (次/年) Turnover of Beds (time/year)	病床工作日 (日/床) Working Days of Bed (day/Bed)	病床使用率 (%) Utili-zation Rate of Beds(%)	出院者平均住院日 (天/人) Average Stay Days in Hospital (day/Person)	每百门(急)诊入院人数(人) Inpatients Per 100 OutPatient and Emergency Visits（person）
县及县以上医院合计	**Hospitals at County Level and above**	**169442**	**33.5**	**291.6**	**79.9**	**8.1**	**9.33**
#综合医院	General Hospitals	121755	37.3	294.0	80.6	7.6	9.23
#中医医院	Hospitals Specialized in Traditional Chinese Medicine	20285	36.9	312.6	85.7	8.2	10.02
妇幼保健院(所、站)	**Maternity and Child Care Hospital(Centers orstations)**	7403	36.2	218.6	59.9	5.8	5.73
#妇幼保健院	Maternity and Child Care Hospital	6667	38.2	233.2	63.9	5.9	5.88
卫生院合计	**Health Centers**	**40612**	**30.8**	**171.6**	**47.0**	**4.9**	**4.18**
#农村乡镇卫生院	Rural Township Health Centers	39675	30.9	172.3	47.2	4.9	4.19
中心卫生院	Central Health Centers	23663	32.6	185.0	50.7	5.0	4.86
乡卫生院	Ecumenic Health Centers	16011	28.4	153.6	42.1	4.7	3.40

22-20 县、乡、村三级医疗、预防、保健

Health Organization at County,Town and Village Level

指 标	Item	2013	2014	2015	2016	2017
县医院个数(个)	**Number of Hospitals at County Level (unit)**	**70**	**70**	**68**	**67**	**65**
平均每院病床数(张)	Average Number of Beds Per Hospital(bed)	333.17	416.47	441.07	458.22	508.92
平均每院人员数(人)	Average Personnels Per Hospital(person)	322.06	380.57	416.91	481.99	537.18
#平均每院卫生技术人员数	Average Medical Technical Personnels Per Hospital Per Station	282.39	334.79	362.22	420.34	467.75
县妇幼保健院(所、站)机构数(个)	**Maternity and Child Care Centers at County Level (unit)**	**57**	**61**	**64**	**68**	**65**
平均每院(所、站)床位数(张)	Average Number of Beds Per Station (bed)	38.84	39.10	43.78	52.04	60.57
平均每院(所.站)人员数(人)	Average Personnels Per Station (person)	36.61	41.00	57.34	65.46	77.23
#每院(所.站)卫生技术人员数	Medical Technical Personnels Per Stati on	31.89	35.34	49.45	56.29	66.15
县疾病预防控制中心机构数(个)	**Center for Disease Control and Prevention at County Level (unit)**	**75**	**71**	**69**	**68**	**65**
平均每所站人员数(人)	Personnels Per Station(person)	37.84	37.89	40.64	41.21	41.86
#平均每站卫生技术人员数	Average Medical Technical Personnels Per Station	31.75	31.51	34.10	35.09	35.85
农村乡镇卫生院机构数(个)	**Institutions of Rural Health Centers (unit)**	**1430**	**1427**	**1419**	**1399**	**1362**
农村乡镇卫生院床位数(张)	Number of Beds of Rural Rural Health Centers (bed)	36812	38178	38454	39905	41754
平均每院床位数(张)	Average Number of Beds Per Hospital(bed)	25.74	26.75	27.10	28.52	30.66
平均每千乡村人口乡镇卫生院床位数(张)	Average Number of Beds of Rural Health Centers Hospitals Per 1000 Rural Personnels(bed)	1.03	1.06	1.88	2.01	2.33
农村乡镇卫生院人员数(人)	Personnels of Rural Health Centers (person)	29725	32845	39014	42420	44940
平均每院人员数(人)	Average Personnels Per Hospital (person)	20.79	23.02	27.49	30.32	33.00
平均每千乡村人口乡镇卫生院人员数(人)	Average Medical Technical Personnels of Rural Health Centers Per 1000Rural Personnels(person)	0.83	0.91	1.91	2.14	2.33
村卫生室个数(个)	**Number of Health Clinics of Village (unit)**	**21220**	**20945**	**20832**	**20652**	**20555**
村卫生室覆盖率(%)	Coverage Rate of Health Clinics of Village (%)	100.0	100.0	100.0	100.0	100.0
开展合作医疗的村数(个)	Number of Villages of Carrying out Rural Cooperative Medical Treatment(unit)	16869	18878	18723	14616	13436
开展合作医疗的村覆盖率(%)	Coverage Rate of Villages of Carrying out Rural Cooperative Medical Treatment (%)	100.0	100.0	100.0	100.0	100.0
平均每村设置医疗点数(个)	Average Number of Medical Treatment Stations Per Village(unit)	1.26	1.11	1.11	1.41	1.53
乡村医生和卫生员数(人)	Doctors and Health Workers(person)	36328	36294	36019	34684	35109
#乡村医生所占比例(%)	Proportion of Rural Doctors(%)	75.5	75.0	74.3	77.0	76.2
平均每村乡村医生和卫生员数(人)	Average Number of Doctors and Health Workers Per Village (person)	2.15	1.73	1.92	2.37	2.61
平均每千乡村人口乡村医生和卫生员数(人)	Average Number of Doctors and Health Workers Per 1000 Rural Personnels (person)	1.01	1.00	1.76	1.75	1.82

注：1.县医院指卫生计生部门办的县综合医院，不含县级市和区。2.“村卫生室覆盖率”=设置村卫生室的村数/行政村总数。3.2014年及以前每千农业人口数以省公安厅提供的乡村户籍人口数为基数计算，2015年以后每千乡村人口数以统计局提供的乡村常住人口数为计算基数。

Note: 1.Hospitals at county level running by the health department refers to general hospital,and exclude county-level city and district. 2."The coverage rate of township hospitals"=number of villages with medical treatment stations/the number of administrative villages. 3.The number of rural residents per thousand in 2014 and before was calculated based on the number of rural registered population provided by the provincial public security bureau. The number of rural residents per thousand after 2015 was calculated based on the number of permanent rural residents provided by the bureau of statistics.

22-21 28种传染病报告发病及死亡人数(2017)

List of 28 Infectious Diseases Reported and Number of Death

单位：人 (person)

顺位 No.	发病 Diseases		死亡 Death	
	疾病名称 Diseases	发病人数Persons	疾病名称 Diseases	死亡人数Persons
1	肺结核 Pulmonary Tuberculosis	43426	艾滋病 AIDS	870
2	病毒性肝炎 Viral Hepatitis	27100	肺结核 Pulmonary Tuberculosis	117
3	梅毒 Syphilis	14162	狂犬病 Hydrophobia	24
4	细菌性和阿米巴性痢疾 Dysentery	1538	乙脑 Encephalitis B	
5	淋病 Gonorrhea	2852	新生儿破伤风 Newborn Tetanus	1
6	伤寒副伤寒 Typhoid and Paratyphoid Fever	548	病毒性肝炎 Viral Hepatitis	9
7	艾滋病 AIDS	3045	梅毒 Syphilis	4
8	猩红热 Scarlet Fever	829	细菌性和阿米巴性痢疾 Dysentery	
9	流行性乙型脑炎 Encephalitis B	16	钩端螺旋体病 Leptospirosis	
10	狂犬病 Hydrophobia	26	流行性脑脊髓膜炎 Epidemic Encephalitis	1
11	流行性出血热 Hemorrhage Fever	58	流行性出血热 Hemorrhage Fever	
12	百日咳 Pertussis	156	人感染高致病性禽流感 Highly Pathogenic Avian Influenza	
13	麻疹 Measles	30	淋病 Gonorrhea	
14	钩端螺旋体病 Leptospirosis	11	伤寒副伤寒 Typhoid and Paratyphoid Fever	
15	新生儿破伤风 Newborn Tetanus	7	疟疾 Malaria	
16	疟疾 Malaria	24	麻疹 Measles	
17	流行性感冒(包含甲型H1N1流感) A(H1N1)Flu	3946	流行性感冒(包含甲型H1N1流感) A(H1N1)Flu	
18	布鲁氏菌病 Brucellosis	104	炭疽 Anthrax	
19	流行性脑脊髓膜炎 Epidemic Encephalitis	1	鼠疫 The Plague	
20	炭疽 Anthrax	1	血吸虫病 Schistosomiasis	
21	人感染高致病性禽流感 Highly Pathogenic Avian Influenza		百日咳 Pertussis	
22	血吸虫病 Schistosomiasis		布鲁氏菌病 Brucellosis	
23	霍乱 Cholera		猩红热 Scarlet Fever	
24	鼠疫 The Plague		登革热 Dengue Fever	
25	登革热 Dengue Fever	3	霍乱 Cholera	
26	传染性非典型肺炎 SARS		传染性非典型肺炎 SARS	
27	脊髓灰质炎 Poliomyelitis		脊髓灰质炎 Poliomyelitis	
28	白喉 Diphtheria		白喉 Diphtheria	

22-22 28种传染病报告发病率、死亡率及病死率(2017)
List of Incidence, Death and Mortality Rates of 28 Infectious Disease Reported

顺位 No.	发病 Disease Incidence		死亡 Death		病死 Mortality Rate	
	疾病名称 Diseases	发病率(1/10万) Incidence (1/100 000)	疾病名称 Diseases	死亡率(1/10万) Death Rate (1/100 000)	疾病名称 Diseases	病死率(%) Mortality Rate (%)
1	肺结核 Pulmonary Tuberculosis	122.15	狂犬病 Hydrophobia	0.07	人禽流感 Highly Pathogenic Avian Influenza	
2	病毒性肝炎 Viral Hepatitis	76.23	艾滋病 AIDS	2.44	狂犬病 Hydrophobia	92.31
3	梅毒 Syphilis	39.83	肺结核 Pulmonary Tuberculosis	0.33	新生儿破伤风 Newborn Tetanus	14.29
4	细菌性和阿米巴性痢疾 Dysentery	4.33	流行性乙型脑炎 Encephalitis B		流脑 Epidemic Encephalitis	100.00
5	淋病 Gonorrhea	8.02	病毒性肝炎 Viral Hepatitis	0.03	钩端螺旋体病 Leptospirosis	
6	伤寒+副伤寒 Typhoid and Paratyphoid Fever	1.54	新生儿破伤风 Newborn Tetanus	0.002	流行性乙型脑炎 Encephalitis B	
7	艾滋病 AIDS	8.56	梅毒 Syphilis	0.01	流行性出血热 Hemorrhage Fever	
8	猩红热 Scarlet Fever	2.33	细菌性和阿米巴性痢疾 Dysentery		肺结核 Pulmonary Tuberculosis	0.27
9	流行性乙型脑炎 Encephalitis B	0.05	流脑 Epidemic Encephalitis	0.003	淋病 Gonorrhea	
10	狂犬病 Hydrophobia	0.07	流行性出血热 Hemorrhage Fever		梅毒 Syphilis	0.03
11	流行性出血热 Hemorrhage Fever	0.16	人禽流感 Highly Pathogenic Avian Influer		细菌性和阿米巴性痢疾 Dysentery	
12	百日咳 Pertussis	0.44	淋病 Gonorrhea		病毒性肝炎 Viral Hepatitis	0.03
13	麻疹 Measles	0.08	伤寒+副伤寒 Typhoid and Paratyphoid Fever		炭疽 Anthrax	
14	钩端螺旋体病 Leptospirosis	0.03	疟疾 Malaria		流行性感冒(包含甲型H1N1流 A(H1N1)Flu	
15	新生儿破伤风 Newborn Tetanus	0.01	流行性感冒(包含甲型H1N1流感) A(H1N1)Flu		鼠疫 The Plague	
16	疟疾 Malaria	0.07	炭疽 Anthrax		麻疹 Measles	
17	流行性感冒(包含甲型H1N1流感) A(H1N1)Flu	11.10	麻疹 Measles		疟疾 Malaria	
18	布鲁氏菌病 Brucellosis	0.29	血吸虫病 Schistosomiasis		百日咳 Pertussis	
19	流脑 Epidemic Encephalitis	0.003	鼠疫 The Plague		血吸虫病 Schistosomiasis	
20	炭疽 Anthrax	0.003	百日咳 Pertussis		伤寒+副伤寒 Typhoid and Paratyphoid Fever	
21	人禽流感 Highly Pathogenic Avian Influenza		淋病 Gonorrhea		布鲁氏菌病 Brucellosis	
22	登革热 Dengue Fever	0.01	布鲁氏菌病 Brucellosis		猩红热 Scarlet Fever	
23	血吸虫病 Schistosomiasis		猩红热 Scarlet Fever		登革热 Dengue Fever	
24	鼠疫 The Plague		登革热 Dengue Fever		霍乱 Cholera	
25	霍乱 Cholera		霍乱 Cholera		传染性非典型肺炎 SARS	
26	传染性非典型肺炎 SARS		传染性非典型肺炎 SARS		脊灰 Poliomyelitis	
27	脊灰 Poliomyelitis		脊灰 Poliomyelitis		白喉 Diphtheria	
28	白喉 Diphtheria		白喉 Diphtheria			

22-23 5岁以下儿童和孕产妇死亡率
Mortality Rate of the Maternal and Children Aged under 5

指 标	Item	2013	2014	2015	2016	2017
新生儿死亡率(‰)	**Newborn Mortality Rate(‰)**	**4.6**	**5.1**	**4.6**	**4.5**	**4.5**
城 市	Urban	3.7	2.9	4.2	3.5	3.9
农 村	Rural	5.1	6.2	4.8	5.0	4.8
婴儿死亡率(‰)	**Infant Mortality Rate(‰)**	**9.2**	**7.9**	**8.7**	**7.9**	**7.4**
城 市	Urban	6.3	4.7	7.6	5.5	5.7
农 村	Rural	10.7	9.5	9.2	9.1	8.3
5岁以下儿童死亡率(‰)	**Mortality Rate of Children under 5(‰)**	**13.0**	**11.7**	**12.2**	**10.9**	**10.5**
城 市	Urban	8.9	7.0	10.3	7.5	7.6
农 村	Rural	15.1	14.2	13.2	12.7	11.9
孕产妇死亡率(1/10万)	**Maternal Mortality Rate(1/100 000)**	**22.4**	**29.4**	**24.6**	**27.3**	**22.8**
城 市	Urban	26.3	30.8	31.8	28.7	26.1
农 村	Rural	21.4	29.1	20.9	26.5	21.3

注：数据源自省妇幼卫生监测数据。
Note: Data are obtained from the Annual Report of Maternal and Child Health.

22-24 新型农村合作医疗
Conditions of New Cooperative Medical System

指 标	Item	2013	2014	2015	2016	2017
开展新农合县（市、区、特区)数(个)	Number of Counties Implementing of NCMS (unit)	88	88	88	88	88
参加新农合人数(万人)	Number of Enrollee s(10000 persons)	3213.95	3247.40	3292.33	3025.28	3067.58
参合率(%)	Enrollment Rate(%)	98.7	98.9	99.1	99.3	99.5
当年筹资总额(亿元)	Total Fund Raised at Current Year (100 million yuan)	107.34	127.82	149.48	153.85	172.34
人均筹资(元)	Per Capita Premiums(yuan)	330	390	450	510	570
当年基金支出(亿元)	Payout at Current Year (10000 million yuan)	116.40	123.28	124.90	132.74	167.87
补偿受益人次(万人次)	Number of Beneficiaries from Reimbursement(10000person-times)	5520.51	5755.28	5464.12	5567.93	6402.86

22-25 历年卫生事业发展情况
Development of Health Care Over the Years

年 份 Year	卫生机构数(个) Number of Health Institutions (unit)	#医院、卫生院 Hospitals Health Center's	卫生机构床位数(张) Number of Beds in Health Institutions(bed)	#医院、卫生院 Hospitals Health Center's	卫生技术人员数(人) Medical Technical Personnels (person)	#执业(助理)医师 Licensed (Assistant) Doctors	每万人口拥有Per 10000 person 床位数(张) Number of Beds(bed)	执业(助理)医师数(人) Number of Licensed(Assistant) Doctors(person)
1978	6274	4510	40274	37533	58190	21228	14.0	7.9
1979	6267	4516	42812	40001	60635	21868	14.6	8.0
1980	6246	4529	43627	40835	63766	26491	14.7	9.5
1981	6634	4588	44752	41314	68918	26798	14.6	9.5
1982	6595	4605	46226	42301	70671	27097	14.7	9.4
1983	6605	4602	47555	43292	72988	28433	14.9	9.8
1984	6673	4643	49271	44123	75808	29309	15.0	10.0
1985	6480	3295	49805	45226	76722	29153	15.2	9.8
1986	6760	3358	50893	46259	79776	30475	15.3	10.1
1987	6716	3349	52595	48059	81599	31305	15.6	10.2
1988	7021	3896	54193	49543	84904	35249	15.8	11.3
1989	6926	3620	57428	52063	84891	35646	16.4	11.2
1990	6949	3721	59013	53074	86120	37185	16.2	11.4
1991	6908	3630	59168	53978	87774	37978	16.3	11.5
1992	4734	1624	57767	52405	87927	38537	15.6	11.5
1993	3908	1623	57720	51888	84409	38060	15.2	11.2
1994	3930	1660	59648	53766	88053	40358	15.5	11.7
1995	3934	1692	60295	54475	87005	40260	15.5	11.5
1996	10932	1870	58205	54051	84273	43548	15.2	12.2
1997	8955	1870	57560	53627	84348	43236	14.9	12.0
1998	9113	1877	57844	54492	84400	44138	14.9	12.1
1999	9703	1874	58624	55138	85613	45473	14.9	12.3
2000	8992	1878	58380	55148	85397	45673	14.8	12.2
2001	8791	1872	59120	55876	86103	46412	14.8	12.3
2002	7027	1857	59850	57742	79727	36964	15.1	11.3
2003	6499	1866	59281	56273	77557	36911	14.9	11.2
2004	6664	1850	61313	58113	76699	36911	14.9	12.2
2005	6571	1843	61784	58398	77805	35521	16.6	9.5
2006	6147	1855	66452	62586	82324	41147	17.9	11.1
2007	5907	1939	75806	71400	85298	42100	20.7	11.5
2008	5848	1934	83132	78129	89313	38830	23.0	10.7
2009	5736	1982	97527	91164	95270	40171	27.3	11.3
2010	5637	2005	105277	97490	102527	42158	30.0	12.0
2011	5683	2071	117534	108029	112210	44037	27.7	10.4
2012	27379	2210	136542	129670	152608	49200	32.1	11.2
2013	29182	2429	163332	155848	156557	55877	38.1	13.0
2014	28995	2512	181728	174002	169799	57802	42.0	13.4
2015	28740	2631	196517	187334	187361	63412	55.7	18.0
2016	28023	2661	210247	199930	204687	69007	59.1	19.4
2017	28053	2682	232903	220940	225870	75535	65.1	21.1

注：1.表中数据2011年及以前的数据不含村卫生室,2012年起含村卫生室；2.每万人口指标2011年以前以常住人口数为基数计算，2011年起以户籍人口数为基数计算。2015年起以常住人口为基数计算。

Note: 1.In the year of 2011 and before data in this table exclude health clinics of village, but including health clinics of village in 2012 and after. 2.Before 2011, per ten thousand population indicators were calculated on the number of permanent resident population, but since 2011 they have calculated on the number of household registered population. After 2015, the resident population was calculated on the base number.

主要统计指标解释

文化事业机构 指由文化部门主办或实行行业管理的文化及相关产业机构以及由文化部门主办的非文化及相关产业机构等。

艺术表演团体 指由文化部门主办或实行行业管理（经文化行政部门审批并领取营业性演出许可证），专门从事表演艺术等活动的各类专业艺术表演团体，含民间职业剧团（不包括群众业余文艺表演团队）。

艺术表演观众人数(人次) 指在国内和国外的艺术表演的观众人数。包括售票、包场等有演出收入的场次人数和政府采购的公益性演出场次人数及参加汇演、调演等无演出收入的公开演出场次人数，包括流动舞台车演出场次人数，不包括彩排和内部观摩等无演出收入的场次人数。

广播节目综合人口覆盖率 指根据国家广电总局制定的《广播电视人口覆盖率统计技术标准和方法》进行统计调查的，在对象区内采用无线、有线、卫星等技术手段能够收听到包括中央、省、地市、县广播节目其中任意一套的人口数占全国总人口数的百分比。

电视节目综合人口覆盖率 指根据国家广电总局制定的《广播电视人口覆盖率统计技术标准和方法》进行统计调查的，在对象区内采用无线、有线、卫星等技术手段能够收看到包括中央、省、地市、县级电视节目中任意一套的人口数占全国总人口数的百分比。

等级运动员发展人数 指经考核正式批准授予等级运动员称号的人数。运动员等级分为国际级运动健将、运动健将、一级运动员、二级运动员。

等级裁判员发展人数 指经考核正式批准授予等级裁判员称号的人数。裁判员等级分为国际级裁判员、国家级裁判员、一级裁判员、二级裁判员。

体育场 指有400米跑道(中心含足球场)，有固定道牙，跑道6条以上，并有固定看台的室外田径场地。体育场按看台容纳观众人数分为：甲级25000人以上，乙级15000−25000人，丙级5000−15000人，丁级5000人以下。

体育馆 指有固定看台，可供篮球、排球、羽毛球、乒乓球、体操等项目训练比赛活动用的室内运动场地。体育馆按看台容纳观众人数分为：甲级6000人以上，乙级4000−6000人，丙级2000−4000人，丁级2000人以下。

医院 包括综合医院、中医医院、中西医结合医院、民族医院、各类专科医院和护理院。包括医学院校附属医院，不包括专科疾病防治院、妇幼保健院和疗养院。

社区卫生服务中心(站) 指为本社区居民提供预防、医疗、保健、康复、健康教育、计划生育技术服务等的基层卫生机构。包括社区卫生服务中心和社区卫生服务站。

卫生技术人员 包括执业医师、执业助理医师、注册护士、药师(士)、检验及影像技师(士)、卫生监督员和见习医(药、护、技)师(士)等卫生专业人员(不包括药剂员、检验员、护理员等)，不包括从事管理工作的卫生技术人员(如院长、副院长、党委书记等)。其中见习医师(士)指毕业于高中等院校医学专业但尚未取得医师执业证书的医师和医士。

执业医师 指具有《医师执业证》及其“级别”为“执业医师”且实际从事临床工作的人员，不包括取得执业证书但从事管理工作的人员（如院长、书记等）。执业医师类别分为临床、中医、口腔和公共卫生。

执业助理医师　指具有《医师执业证》及其"级别"为"执业助理医师"且实际从事临床工作的人员，不包括取得执业证书但从事管理工作的人员。执业助理医师类别分为临床、中医、口腔和公共卫生。

孕产妇死亡率

$$孕产妇死亡率=\frac{该年该地区孕产妇死亡人数\times 100000}{某年某地区活产率\times 100000}$$

5岁以下儿童死亡率

$$5岁以下儿童死亡率=\frac{该年该地区5岁以下儿童死亡人数}{某年某地区活产率}\times 1000‰$$

婴儿死亡率　指某地区一年内出生未满28天（0—27天）的婴儿死亡人数与该地区当年全部活产数的比率。

$$婴儿死亡率=\frac{该年该地区婴儿死亡人数}{某年某地区活产数}\times 10000‰$$

参加新农合人数　指根据本地新农合的实施方案，到本年度新农合筹资截止时，已缴纳参加新农合资金的人口数。

Explanatory Notes on Main Statistical Indicators

Cultural Institutions　defined by the cultural industry management department sponsored or cultural institutions and related industries as well as non-organized by the cultural sector and related industries and cultural institutions.

Art Performance Troupe　defined by the cultural industry management department sponsored or carried (by the cultural administrative departments for approval and obtain business performance license), specializing in the performing arts and other activities of the various professional performing arts groups, including the professional troupes (Excluding the masses of amateur theatrical performance team).

Number of Spectators at Art Performance　refers to the domestic and foreign performing arts attendance. Including ticketing, private use, which are the number of performances and screenings of revenue for government procurement and participation in the number of public performances show and other non-public performances show the number of performances, including the number of mobile stage vehicle, not including rehearsals and internal observation and other the number of non-performing income screenings.

The Population Coverage Rate of Radio　refers to the percentage of population, who can receives to one of central, provincial, city, prefecture, and county radio programs by wireless, cable, satellite and other technical means, in the surveying area, to national total population, according to Statistical Standard and Method on Television and Radio Coverage of Population established by the State Administration of Broadcasting, Film and Television.

The Population Coverage Rate of Television　refers to the percentage of population, who can watch one of central, provincial, city, prefecture, and county television programs by wireless, cable, satellite and other technical means, in the surveying area, to national total population, according to Statistical Standard and Method on Television and Radio Coverage of Population established by the State

Administration of Broadcasting, Film and Television.

Number of Athletes in Grades refers to the number of athletes who have been given titles through examination. The titles of athletes include international masters of sports, masters of sports, first-grade and second-grade.

Number of Referees in Grades refers to the number of referees who have been given titles after examination. They are classified as international referees, national referees and referees of the first and second grades.

Stadiums refer to stadiums for track and field events with six lane 400-meter tracks around soccer fields, permanent track marks and permanent bleachers. Stadiums are classified according to seating capacity. They include: Class A stadiums seating 25000 people each. Class B stadiums seating 15000 to 25000 people each, Class C stadiums seating 5000 to 15000 people each, and Class D stadiums seating fewer than 5000 people.

Gymnasiums refer to indoor sports grounds with permanent seats in which basketball, volleyball. badminton, table tennis and gymnastics competitions can be held. Gymnasiums are classified according to seating capacity. They include Class A gymnasiums seating over 6000 people, Class B gymnasiums seating 4000 to 6000 people, Class C gymnasiums seating 2000 to 4000 people, and Class D gymnasiums seating fewer than 2000 people.

Hospitals include: polyclinics, traditional Chinese medical hospitals, hospitals integrated with traditional Chinese therapeutics and western therapeutics, ethical hospitals, various specialties hospitals and nursing hospitals, including medical colleges affiliated hospitals, but excluding specialized prevention and treatment hospital, maternal and child health care hospitals and convalescent hospitals.

Community Health Service Centers (stations) refer to the primary units that provide the health care for community residents, such as disease prevention and control, medical treatment, health care, rehabilitation, health education, family planning technical services, including community health service centers and community health service stations.

Medical Technical Personnel refers to practicing physicians, practicing physician assistant, registered nurses, pharmacists (who), inspection and imaging technician (who), health supervisors and trainee doctors (medicine, nursing, technology) division (disabilities) and other health professionals (not including pharmacy staff , inspectors, care workers, etc.), not including those engaged in the management of health and technical personnel (such as president, vice president, party secretary, etc.). The trainee doctors (who) refers graduated from high school and other institutions but has not yet obtained physician medical specialty physicians and healers practicing certificate.

Licensed Doctors refer to the medical workers who have obtained the licenses of qualified doctors and are employed in medical treatment, disease prevention or healthcare institutions, excluding the licensed doctors engaged in management job. The classification of licensed doctors is clinician, Chinese medicine, dentist and public health.

Licensed Assistant Doctors refer to the medical workers who have obtained the licenses of qualified assistant doctors and are employed in medical treatment, disease prevention or healthcare institutions, excluding the licensed assistant doctors engaged in management job. The classification of licensed assistant doctors is clinician, Chinese medicine, dentist and public health.

Maternal Mortality Rate

$$\text{Maternal Mortality Rate} = \frac{\text{number of maternal deaths} \times 100000}{\text{live births} \times 100000}.$$

Mortality Rate of Children under 5

$$\text{Mortality Rate of Children under 5} = \frac{\text{death number of children under 5}}{\text{live birth}} \times 1000‰.$$

Newborn Mortality Rate refers to the ratio of neonatal deaths of new birth under the age of 28 days (0-27 days) in a year of the region to the total number of live births of this region.

$$\text{Newborn Mortality Rate} = \frac{\text{death number of newborn}}{\text{live birth}} \times 1000‰.$$

Number of Persons Participated in the New Rural Cooperative Medical System refers to the number of persons who have given payment to the new cooperative medical system by the deadline of fundraising during the year according to the implementation plan of the new system.

社会服务及其他

Social Services and Others

23

简 要 说 明

一、主要内容

本篇资料主要反映社会服务、残疾人事业发展、公检法司、交通事故情况及火灾情况。

社会服务内容包括消费者协会受理投诉、生产安全、社会保险、社会福利、民政事业、残疾人事业基本情况、婚姻情况、殡葬服务情况等。

公检法司内容包括司法部门律师、公证、调解工作情况，人民检察院办案情况，人民法院审理案件和收结案情况等。

二、资料来源

本篇资料分别由省司法厅、省消费者协会、省人民检察院、省高级人民法院、省安全监管局、省公安厅、省人力资源社会保障厅、省民政厅、省残联提供。

Brief Introduction

I. Main Contents

Data in this chapter mainly reflect the development of civil affairs, work for persons with disabilities, legal and judicial affairs, traffic accidents and fire accidents.

Data on civil affairs include: consumers association receiving complaints, production safety, social insurance, social welfare, civil affairs, basic statistics on the work for persons with disabilities, marriage registration service, funeral and interment services.

Data on public security, procuratorial, legal and judicial affairs cover information such as statistics on lawyers, notarization and mediation, cases handled by procuratorate’s offices, cases accepted and settled by the people’s courts.

II. Sources of Data

Data in this chapter are provided respectively by Guizhou Provincial Department of Justice, Guizhou Consumers Association, the People's Procuratorate of Guizhou, Guizhou Higher People's Court, Guizhou Provincial Administration of Work Safety, Department of Public Security of Guizhou Province, Human Resources and Social Security Department of Guizhou Province, Department of Civil Affairs of Guizhou Province, Guizhou Disabled Peoples' Federation.

23-1 律师、公证、调解工作
Lawyers,Notarization and Mediation

指 标	Item	2013	2014	2015	2016	2017
律师工作	**Lawyers**					
法律律师事务所(个)	Number of Law Offices(unit)	328	357	405	485	559
专职律师(人)	Full-time Lawyers(person)	2778	3509	3348	4072	4708
辅助工作人员(人)	Assistant(person)	551	1404	1761	1701	1470
聘请常年法律顾问(个)	Number of Permanent Legal Advisors(person)	4738	4398	4278	5967	8071
全年办理(件)	Number of Cases in Whole Year(case)	138712	129181	134763	207003	179088
刑事案件诉讼代理	Agent of Criminal Cases	8282	7874	8581	7334	11810
民事诉讼代理	Agent of Civil Cases	18860	20630	25603	28742	36249
行政诉讼代理	Agent of Administrative Action	856	507	1127	1340	2980
经济案件诉讼代理	Agent of Economic Cases	8695	9006	9672	13825	15004
非诉讼法律事务	Agent of Non-litigious Legal Affairs	1579	1120	1412	1784	5737
解答法律询问	Agent of Legal Advisory Services	85915	84839	85847	109872	98713
代写法律事务文书	Agent of Legal Document Written on Behalf of Clients	11885	7700	10683	8952	7640
调解成功	Successful Mediation	2640	1453	1510	1729	955
公证工作	**Notarization**					
公证处(个)	Number of Notary Offices(unit)	97	97	97	97	98
公证员(人)	Notaries(person)	235	258	245	242	261
公证辅助人员(人)	Assistant Notaries(person)	143	226	150	180	174
办理公证文书(件)	Number of Notarized Documents(case)	96634	96627	98878	100454	114816
#经济合同公证	Notarized Documents on Economic Affairs	27882	29114	19794	16994	15877
#涉外公证	Foreign-related Notarization	15051	15837	16130	16851	16672
国内公证	Domestic Notarization	68752	80790	82748	83603	98144
公证费收入(万元)	Income of Notarization(10000 yuan)	2664	3148	3295	2660	3031
人民调解工作	**Number of People's Mediation**					
人民调解委员会(个)	Number of People's Mediation Committees(unit)	22543	20082	19968	19738	19554
人民调解人员(人)	Number of Mediators(person)	115804	104983	106107	106889	103743
调解民间纠纷(件)	Number of Civil Disputes Mediated(case)	187966	180113	169465	147947	141967
调解成功率(%)	The Rate of Success of Mediation(%)	96.9	97.9	97.1	97.2	96.8
基层法律服务工作	**Law Service at Basic Level**					
法律服务所(个)	Offices for Law Service(unit)	436	473	383	492	491
法律工作者(人)	Law Staffs(person)	1913	2137	1469	2473	2487
代理案件(件)	Cases Deputed(case)	13594	14296	19581	15247	19513
刑释解教人员安置帮教工作	**Settling and Assisting and Teaching Work for People That Has Been Released After Serving a Sentence**					
设立工作机构(个)	Institutions Established(unit)	94	98	94	96	90
工作人员(人)	Staffs(person)	189	210	182	188	279
安置人数(人)	Number of Persons Settled Down(person)	25137	31227	36165	33541	24515
帮教人数(人)	Number of Persons Assisted and Teached(person)	31853	37578	41237	39369	29026

注：资料来源于省司法厅(下表同)。
Note:Data in the table are obtained from the Provincial Department of Justice (the same applies to the next table).

23-2 国内公证文书分类
Domestic Notarial Documents by Type

单位：件 (piece)

指　　标	Item	2014	2015	2016	2017
总　　计	**Total**				
经济合同(协议)合计	**Total Economic contracts (agreements)**	**29114**	**19794**	**16994**	**15877**
#买卖合同(购销、房屋买卖)	Contract of sale (purchase and sales, house sale)	2534	1962	1838	1914
企业经营合同(联营合同、企业租赁、资产经营责任制)	Business Contracts (joint venture contract, corporate leasing, asset management responsibility)	164	2		288
借款合同(贷款)	Contracts for Loan of Money (Loan)	9167	3904	3238	4650
劳务(劳动)合同	Labor Service(Labor) Contract	5	14	8	31
建筑工程合同(建筑工程承包)	Contracts for Construction Projects(Construction Contract)	1	1		
承包合同(农林牧副渔承包、工商服务承包、乡镇企业承包)	Contract Agreements(agriculture, forestry, animal husbandry and fishery contracting,business services contracting, township enterprises contracting)	32	20	11	16
租赁合同(财产租赁、房屋租赁)	Leasing Contracts (property lease, rental)	693	413	152	57
扶养协议(遗赠扶养协议、赡养协议)	Child Support Agreement(Legacy support agreement, maintenance agreement)	43	30	26	60
出国留学协议(留学协议)	Study abroad agreement(Study protocol)	140	186	208	30
其他(其他民事协议、计划生育)	Others (Other Civil Agreements,Planned Parenthood)	2707	1237	1410	3182
民事法律关系公证合计	**Total civil legal relations Notary**	**755**	**44740**	**48458**	**45361**
#收养关系(收养、解除收养)	Adoptive Relationship (adoption, termination of adoptive)	25	37	60	55
继承(继承权)	Inherit(Inheritance)	12480	14710	15192	21133
财产权(产权、宅基地使用权)	Property rights (property， land use rights)	20	21	9	10
亲属关系	Kinship Confirmation	806	864	729	762
单方法律行为	**Unilateral legal acts(By the end of 2012 after the Justice Department modified statistical reports,the notarial matters were classified)**	**32150**	**30445**	**32168**	**35317**
#委托(委托书、法人委托书)	Delegate (power of attorney, power of attorney)	15027	15291	17823	21208
声明(声明书)	Declaration	11854	11941	11461	12185
赠与(赠与书)	handsel(Gift book)	2619	1561	1100	871
遗嘱	testament	1174	460	486	470
现场监督类	**Site supervision class**	**1728**	**1212**	**1308**	**1200**
#招标投标	Bidding	105	31	156	29

23-3 消费者协会受理投诉

Cases Accepted and Heard by Consumer Association

单位：件 (piece)

指 标	Item	2013	2014	2015	2016	2017
总 计	**Total**	**5479**	**3051**	**3214**	**2660**	**2377**
#家用电器类	Household Appliances	1248	678	660	459	308
#视听产品	Televison	64	45	48	46	
电冰箱	Refrigerators	8	3	3	16	
洗衣机	Washing Machines	1	2	3	8	
空调器	Air-Conditioner		1		6	
摩托车	Motorcycles	3	2	6	11	
医疗器械	Assistant Things of Medical Treatment	7	6	2	1	
服装鞋帽	Garment,Shoes and Caps	730	462	373	221	199
家 具	Furniture	102	40	48	31	36
食 品	Foods	522	275	273	253	216
房屋及装修建材	Houses and Fitment Material	441	282	349	209	186
#房 屋	Houses	80	94	97	35	41
装饰材料	Fitment Material	197	77	109	122	96
电信服务	Telecome	147	100	147	78	49
邮政业服务	Mail	66	38	94	50	37
农用生产资料类	Agricultural Production Materials	126	75	43	27	25
其他类	Others	473	197	292	355	430

注：资料来源于省消费者协会。

Note: Data in the table are obtained from the Provincial Consumer's Association.

23-4 检察院主要业务
Cases of Procuratorate

指 标	Item	2013	2014	2015	2016	2017
职务犯罪(件)	**Crime by Taking Advantage of Duty(case)**					
受 案	Cases Accepted	951	1473	2388	2007	1774
立 案	Cases Registered	922	1037	1083	1004	991
结 案	Cases Settled	907	972	1053	941	1079
批准、决定批捕	**Total of Arrests**					
案件数（万件）	Cases (10000 cases)	2.19	2.25	2.20	2.10	2.08
人 数（万人）	Persons (10000 persons)	3.11	3.13	2.98	2.82	2.80
决定起诉	**Total of Public Prosecutions**					
案件数（万件）	Cases (10000 cases)	2.75	2.91	2.83	2.94	2.93
人 数（万人）	Persons (10000 persons)	4.00	4.15	3.91	3.97	4.00

注：资料来源于省人民检察院。

Note: Data in the table are obtained from the Provincial People's Procuratorate.

23-5 人民法院刑事一审案件收案
First Trail Criminal Cases Accepted by Courts

单位：件 (case)

指 标	Item	2013	2014	2015	2016	2017
总 计	**Total**	**27819**	**30094**	**32163**	**31725**	**30552**
危害国家安全罪	Offences Against State Security	5	3	1	1	1
危害公共安全罪	Offences Against Public Security	3417	3784	4354	5247	5140
破坏社会主义市场经济秩序罪	Offences Against Socialist Economic Order	519	650	672	821	870
侵犯公民人身权利民主权利罪	Offences Against Citizens' Personal and Democratic Rights	5196	5581	5578	4958	4606
侵犯财产罪	Offences Against Properties	9891	9501	10014	9600	9453
妨害社会管理秩序罪	Offences Against Social Management of Order	7939	9557	10303	9572	9280
危害国防利益罪	Offences Against National Defense	1	2	2	2	2
贪污贿赂罪	Offences on Corruption and Bribery	738	876	1077	1345	1021
渎职罪	Offences on Abuse and Dereliction of Duty	113	139	159	178	179
其他	Other		1	3	1	

注：资料来源于省高级人民法院(以下相关表同)。

Note: Date in the table are obtained from Provincial Higher People's Court (the relative tables in the chapter are the same).

23-6 人民法院刑事一审案件结案
First Trail Criminal Cases Settled by Courts

单位：件 (case)

指 标	Item	2013	2014	2015	2016	2017
总 计	**Total**	**27534**	**28597**	**30137**	**30656**	**29611**
危害国家安全罪	Offences Against State Security	5	3	1	1	1
危害公共安全罪	Offences Against Public Security	3405	3673	4230	5163	5083
破坏社会主义市场经济秩序罪	Offences Against Socialist Economic Order	492	564	555	718	768
侵犯公民人身权利民主权利罪	Offences Against Citizens' Personal and Democratic Rights	5113	5185	5205	4733	4448
侵犯财产罪	Offences Against Properties	9844	9179	9653	9367	9299
妨害社会管理秩序罪	Offences Against Social Management of Order	7885	9186	9885	9338	9019
危害国防利益罪	Offences Against National Defense	1	2	2	2	2
贪污贿赂罪	Offences on Corruption and Bribery	684	695	506	1195	851
渎职罪	Offences on Abuse and Dereliction of Duty	105	109	98	139	140
其他	Other		1	2		

23-7 人民法院刑事案件中青少年犯罪
Juvenile Delinquency Among Criminal Cases

单位：人 (person)

指 标	Item	2013	2014	2015	2016	2017
刑事罪犯总数	**Number of Criminals**	**35272**	**31483**	**34668**	**33820**	**41110**
#青少年罪犯	Juvenile Criminals	10645	10024	10010	8324	10878
#不满18岁	Less Than 18	3282	2940	2994	2240	2551
18-25岁	Aged 18-25	7363	7084	7016	6084	8327
青少年罪犯占刑事罪犯(%)	Proportion of Juvenile Criminals to Total Criminals(%)	30.2	31.8	28.9	24.6	26.5

23-8 生产安全
Production Safety

指　标	Item	2016	2017
各类事故死亡人数合计(人)	**Number of Deaths for Production Security Accidents(person)**	**1360**	**1299**
农林牧渔业	Farming,Forestry,Animal Husbandary, Fishery	4	1
#农业机械	Agricultural Machinery	2	
采矿业	Mining Industry	23	65
#煤矿	Coal Mine	16	58
非煤矿山	Non-coal Mine	7	7
商贸制造业	Trade Manufacturing	28	27
#化工	Chemical Industry	5	
烟花爆竹	Fireworks	1	1
冶金机械八行业	Metallurgical Machinery Eight Industry	19	10
建筑业	Construction	104	69
#房屋建筑及市政工程	Building Contruction and Municipal Works	39	31
交通建设工程	Traffic Construction Project	26	30
交通运输和仓储业	Transportation and Warehousing	1173	1127
#铁路运输业	Railway Transportation Industry	33	39
道路运输业	Road Transportation Industry	1139	1087
其他行业	Other Industry	28	10
亿元地区生产总值生产安全事故死亡人率(人/亿元)	Production Safety Accidents of GDP per billion yuan Death Rate(Person - 100 million yuan)	0.116	0.096
工矿商贸就业人员10万人生产安全事故死亡率(人/10万人)	Industrial, Commercial and Employment Personnel 100 Thousand People,Production Safety Accident Mortality(person-100 thousand persons)	2.161	1.901
煤矿百万吨死亡人率(人/百万吨)	Coal Mine Million tons Tortality Rate(person-million tons)	0.096	0.36

注：1、资料来源于省安全监管局。2、2016年起国家安全监管总局实行新的生产安全事故统计报表制度，统计口径发生变化，与历史统计数据不可比。

Note：1.The data are obtained from the Provincial Safety Supervision Bureau. 2.Since 2016, the State Administration of Safety Supervision and Administration has implemented a new statistical reporting system for production safety accidents, and the statistical caliber has changed, which is not comparable with historical statistics.

23-9 火灾事故情况
Fire Accidents

指 标	Item	2013	2014	2015	2016	2017
实际发生数(起)	**Number of Fire Accidents(case)**	**2915**	**4221**	**3483**	**4008**	**3996**
按火灾原因分	**Grouped by Cause**					
生产作业	Operation	110	150	96	110	120
电 气	Electric	1277	1784	1584	1990	1864
吸 烟	Smoking	64	104	67	60	52
生活用火不慎	Not Careful with Cooking Fire	518	802	619	740	752
玩 火	Playing with Fire	111	182	115	104	89
自 燃	Natural Fire	57	91	97	103	110
不 明	Uncertain	125	77	42	93	73
其 他	Others	653	1031	784	808	936
死亡人数(人)	Number of Deaths(person)	66	59	49	36	33
受伤人数(人)	Number of Injuries(person)	41	27	28	22	16
直接财产损失(万元)	Direct Property Loss (10000 yuan)	11203	17667	6538	8416	10617
平均每起事故损失(万元)	Average Loss of Fire (10000 yuan)	3.84	4.19	1.87	2.09	2.66

注：资料来源于省公安厅(下表同)。

Note: Data in the table are obtained from provincial department of public security(the same applies to the next table).

23-10 社会保险
Social Insurance

指标	Item	2013	2014	2015	2016	2017
社会保险基金	**Social Security Fund**					
社会保险基金收入(亿元)	Revenue(100 million yuan)	351.06	386.81	463.97	582.84	953.81
社会保险基金支出(亿元)	Expenses(100 million yuan)	279.25	319.42	362.85	487.49	796.67
社会保险基金累计结余(亿元)	Balance at year-end(100 million yuan)	502.47	569.86	670.98	871.43	1028.56
城乡居民基本养老保险	**Basic Pension Insurance for Urban and Rural Residents**					
城乡居民基本养老保险参保人数(万人)	The number of insured (10 000 persons)	1439.34	1586.64	1649.03	1703.08	1748.55
城乡居民基本养老保险基金收入(亿元)	Revenue(100 million yuan)	43.84	47.78	62.20	58.58	63.28
城乡居民基本养老保险基金支出(亿元)	Expenses(100 million yuan)	28.90	32.00	46.14	43.04	44.37
城镇职工基本养老保险	**Basic Pension Insurance of urban Staff**					
城镇职工基本养老保险参保人数(万人)	Number of Urban Employees Joining in Basic Pension Insurance(10 000 persons)	337.29	361.45	392.09	423.58	588.17
#参保职工	Number of Employees	254.68	274.32	297.26	323.94	446.91
城镇职工基本养老保险基金收入(亿元)	Revenue(100 million yuan)	240.21	259.83	315.38	331.29	667.10
城镇职工基本养老保险基金支出(亿元)	Expenses(100 million yuan)	178.45	207.80	242.16	283.88	575.69
离退休人员社区管理服务率(%)	Rate of Community Management and Services for Retirees(%)	73.2	75.0	76.04	77.00	78.01
基本医疗保险	**Basic Medical Care Insurance**					
基本医疗保险参保人数(万人)	Number of Persons Joining in Basic Medical Care Insurance(10 000 persons)	672.09	687.14	955.45	973.59	1001.34
职工	Urban Worker	344.72	354.76	372.74	389.81	410.42
#农民工	Migrant Worker	17.83	16.79	17.78	18.26	17.58
城乡居民	Urban Residents	327.37	332.38	582.71	583.78	590.92
基本医疗保险基金收入(亿元)	Revenue(100 million yuan)	84.33	96.274	135.93	158.00	186.62
职工	Urban Worker	76.32	88.416	112.11	131.50	154.09
城乡居民	Urban Residents	8.01	7.858	23.83	26.51	32.53
基本医疗保险基金支出(亿元)	Expenses(100 million yuan)	80.12	94.04	114.37	129.88	143.49
职工	Urban Worker	74.14	86.74	97.29	111.22	120.71
城乡居民	Urban Residents	5.98	7.30	17.08	18.66	22.77
失业保险	**Unemployment Insurance**					
失业保险参保人数(万人)	Number of Persons Joining in Unemployment Insurance(10 000 persons)	185.17	191.86	205.31	218.10	235.71
领取失业金人数(万人)	Beneficiaries of Unemployment Insurance Fund(10 000 persons)	1.33	1.54	1.73	2.37	2.24
失业保险基金收入(亿元)	Revenue(100 million yuan)	17.97	20.29	17.71	17.03	13.80
失业保险基金支出(亿元)	Expenses(100 million yuan)	13.09	9.77	8.46	13.91	11.31
#失业金（亿元）	Jobless Claims	1.01	1.45	1.91	2.99	3.30
职业培训补贴支出(亿元)	Expenses of Professional Training (100 million yuan)	0.24	0.18	0.08	0.06	0.25
工伤保险	**Work Injury Insurance**					
工伤保险参保人数(万人)	Number of Persons Joining in Injury Insurance (10 000 persons)	260.39	275.41	290.22	305.02	332.48
#农民工	Migrant Worker	87.46	90.25	89.13	87.37	92.88
工伤保险基金收入(亿元)	Revenue(100 million yuan)	13.07	14.13	14.21	12.45	15.15
工伤保险基金支出(亿元)	Expenses(100 million yuan)	11.45	11.99	11.52	11.89	12.65
生育保险	**Maternity Insurance**					
生育保险参保人数(万人)	Number of Persons Joining in Basic Maternity Insurance(10 000 persons)	238.75	248.82	263.64	286.27	304.03
生育保险基金收入(亿元)	Revenue(100 million yuan)	3.50	4.14	4.56	5.48	7.86
生育保险基金支出(亿元)	Expenses(100 million yuan)	2.11	3.12	3.41	4.90	9.16

注：1、资料来源于省人力资源社会保障厅；2、2014年起，因制度整合，原新型农村社会养老保险统计口径调整为城乡居民基本养老保险；2017年起，城镇职工基本医疗保险调整为职工基本医疗保险。3、社会保险基金2016年前统计口径为“老五险”，2016年起，增加城乡居民基本养老保险和城乡居民基本医疗保险。

Note: 1.Data in the table are obtained from Provincial Department of Human Resources and Social Security. 2.Since 2014, basce pension insurance for urban and rural residents refers to the new rural social pension insurance. Since 2015, the basic medical insurance in urban and rural areas of Qianxinan Prefecture in the community sector statistics,and the basic medical insurance for urban residents was adjusted to urban residents basic medical insurance (township).

23－11 社会福利机构

Social Welfare Institutions and Enterprises

单位：个 (unit)

项 目	Item	2013	2014	2015	2016	2017
总 计	**Total**	**14986**	**21077**	**22894**	**24611**	**24344**
提供住宿的社会服务机构	Social Welfare Institutions with Acammoclations	1286	519	936	1015	980
社会福利企业	Social Welfare Enterprises	48	41	32	32	—
优抚事业单位	Administration Agencies for Martyrs	81	80	64	59	39
救助类单位	Collecting and Repatriation Units	72	75	78	81	51
殡仪服务单位	Funeral and Interment services Institutions	139	148	148	126	123
彩票发行单位	Lottery Issuing Units	12	13	13	13	12
社区服务单位	Community Service Facilities	13348	19773	21623	23285	23139

注：1.资料来源于省民政厅。2.提供住宿的社会服务活动机构2013年为收养性福利单位，2014年起调整为提供住宿的社会服务活动机构，包括：为老年人与残疾人提供收留抚养服务的机构、为智障与精神病人提供收留抚养服务的机构、为儿童提供收留抚养和救助服务的机构、其他提供住宿的服务机构。根据民政部要求，未办理统一社会信用代码的农村敬老院不能做机构统计，需调整到社区服务机构和设施中，待办理统一社会信用代码证后方能调回。3.救助类单位、殡葬服务单位和优抚事业单位等个数减少，系因民政部规范统计口径，对未办理社会统一信用代码证的机构一概在社区服务设施中统计。4.社区服务单位由社区指导中心、社区服务中心、社区服务站等机构和设施组成。

Note: 1.The data in the table are provided by the provincial department of civol affairs. 2.In 2011-2013,institutions where provide social services agency accommodation were regarded as adapting welfare unit, while those institution were adjusted to provide social service activities, including institutions where provide accomoodations for elderly, disabilities, mental patients or children, and institutions provide other services. According to the requirements of the ministry of civil affairs, rural nursing homes without unified social credit codes cannot make institutional statistics, they need to be adjusted to community service institutions and facilities, and they can only be transferred back after applying unified social credit codes. 3.The reduction in the number of salvors, funeral service units and special care institutions is due to the standardization of statistics by the ministry of civil affairs, and the statistics of organizations that have not received the social unified credit code certificate are made in community service facilities. 4.Community service units are composed of community guidance centers, community service centers, community service stations and other institutions and facilities.

23－12 社会福利机构工作人员

Staff Employed by Social welfare Institutions and Enterprises

单位：人 (person)

项 目	Item	2013	2014	2015	2016	2017
总 计	**Total**	**75184**	**102058**	**106069**	**112991**	**110743**
提供住宿的社会服务机构	Social Welfare Institutions with Accommodations	5488	5955	5666	6278	6473
社会福利企业	Social Welfare Enterprises	2424	2145	1882	1880	—
优抚安置事业单位	Administration Agencies for Martyrs	351	338	329	323	300
救助类单位	Collecting and Repatriation Units	429	431	494	463	393
殡仪服务单位	Funeral and Interment services Institutions	3192	3483	3660	3564	3726
彩票发行单位	Lottery Issuing Units	188	236	265	262	301
社区服务单位	Community Service Facilities	63112	89470	93773	100221	99550

23-13 社会服务及设施和民政事业发展主要指标

Main Indicators of Social Services & Facilities and Civil Administration Career Development

指　　标	Item	2013	2014	2015	2016	2017
城市社区服务设施数(个)	**Number of Urban Community Service Facilities(unit)**	**4721**	**3110**	**3452**	**5013**	**5494**
#城市社区服务单位数	Number of Community Service Institutions	2268	2586	3005	3600	4234
城镇便民利民服务网点(个)	Number of Urban Service Points for Civilian (unit)	14577	15515	15309	14599	—
乡镇敬老院覆盖率(%)	Coverage Rate of Villages and Town Elderly Welfare Homes(%)	78.4	81.4	93.1	93.9	94.0
提供住宿的社会服务机构床位数(张)	Number of Beds of Welfare Home (unit)	67129	86111	161327	188108	186841
提供住宿的社会服务机构床位利用率(%)	Using Rate of Bed(%)	36.0	49.8	40.5	36.2	36.1
享受城市低保人数(万人)	Number of Persons Receiving Lowest Cost of living in Urban Area (10000 persons)	51.00	47.00	40.00	35.82	31.50
城市低保生活保障支出(万元)	Expenditure of Lowest Cost of living in Urban Area(10000 yuan)	174125	167700	168125	164852.8	159150.8

注：为保持口径一致，提供住宿的社会服务机构床位数均为机构及设施在用床位数，不包括建成未投入使用的床位数。

Note: In order to keep the same caliber, the number of beds for social service organizations providing accommodation is the number of beds for institutions and facilities in use, excluding those for the construction of unused beds.

23-14 社会福利救济主要支出

Major Expenditures of Welfare Relief Funds

单位：万元　　(10000 yuan)

指　　标	Item	2013	2014	2015	2016	2017
总　　计	**Total**	**972636**	**970604**	**1013671**	**1088656**	**1199400**
优抚对象补助金额	Funds for Family Members of Martyrs and Disabled Veterans	130472	123959	138089	159311	168715
#国家支出	Government Funds	130472	123959	138089	159311	168715
传统救济对象的国家救济金额	Funds for Family Members of Traditional Relief	2629	5702	11928	10749	11863
最低生活保障支出	Expenditure for Persons Receiving Lowest Cost-of-living	786453	777983	786193	829746	868537
#城　市	For Urban Areas	174125	167700	168126	164853	159151
农　村	For Rural Areas	612328	610283	618067	664893	709386
提供住宿社会服务机构支出	Funds for Adopting Social Welfare Institutioı	19781	23065	33617	31673	21041
#国家支出	Government Funds	19781	23065	33617	31673	24883

注：1.优抚对象包括：死亡抚恤，伤残抚恤，在乡复员、退伍军人生活补助，义务兵优待金，其他优抚支出。 2.传统救济对象的统计口径2017年起变更为其他社会救助（含传统救济），包括其他城市生活救助（含传统救济）和其他农村生活救助（含传统救济），反映除最低生活保障、临时救助、特困人员供养外的城乡生活困难居民生活救助支出。

Note:1.Entitled groups including:death pension, disability pension, in the township demobilized, veterans living allowance, compulsory special allowances, special care and other expenses. 2.Traditional Relieves groups including:five guarantees, the city "three noes" rescue, vagrants and beggars,temporary relief, traditional Relief.

23-15 享受补助、救济人员
Persons Receiving Subsidies and Relief Funds

单位：万人 (10000 persons)

指　标	Item	2013	2014	2015	2016	2017
城乡居民最低生活保障人数	**Number of Urban and Rural Residents Receiving Minimum Living Allowance**	**528**	**463**	**372**	**340.63**	**291.51**
城　市	Urban Area	51	47	40	35.82	31.50
农　村	Rural Area	477	416	332	304.81	260.01
传统救济人数	Number of Persons Receiving Traditional Relief Funds	1.83	2.15	2.38	2.13	2.03

23-16 享受国家定期抚恤、补助、救济人员数
Persons Receiving Regular Subsidy and Commiseration of Country

单位：人 (person)

指　标	Item	2013	2014	2015	2016	2017
合　计	**Total**	**261395**	**232737**	**222427**	**228416**	**227187**
伤残抚恤人数	Number of Persons Receiving Disability Commiseration	15999	14801	14330	14399	14319
“三属”抚恤人数	Number of Persons Comfort and Compensated Bereaved Family	4759	3652	3178	3026	2819
#烈士家属	Family Numbers of Martyr	2734	1967	1636	1583	1412
#牺牲、病故军人家属	Family Numbers of Immolate & Die of Illness Armyman	2025	1685	1542	1443	1407
定期补助人数	Number of Persons Receiving Regular Subsidies	240637	214284	204919	210991	210049
#复退军人定补人数	Number of Ex-servicemen	69774	45738	37290	34217	30880
#参战、参试定补人数	Number of Persons Receiving Regular Subsidies for War and Test	90285	86861	84254	86404	85878

注：参战、参试定补人数统计口径为参加对越自卫反击战及核试验等人员。

Note:Persons receiving regular subsidies for sar and sest refer to these persons taking part in acting in self-defence war and nuclear test.

23-17 殡葬服务情况
Funeral and Interment Services

指　标	Item	2013	2014	2015	2016	2017
殡葬类单位数（个）	Number of Funeral and Interment Enterprises	139	148	148	126	123
从业人员（人）	Employed Persons(Porson)	3192	3483	3660	3564	3726
火化炉数（台）	Number of Cremators(unit)	117	124	136	169	178
火化数（万具）	Cremated Remains(10000 units)	6.82	7.21	8.11	9.22	9.61
#安葬数（万具）	Number of the Buried(10000 units)	1.67	1.85	2.37	2.89	3.04
火化率（%）	Cremation Rate(%)	27.8	29.9	39.8	40	40.6

注：1、安葬数为当年安葬数。2、民政部规范统计口径，对未办理统一社会信用代码证的机构不在机构台账中统计；对殡仪馆与公墓由一个单位承包的，只填报殡仪馆，不填报公墓，故殡葬类单位数减少。

Note: 1. Number of the buried refers to the number in current year. 2. The ministry of civil affairs standardizes the scope of statistics and does not make statistics on institutions that have not dealt with unified social credit code certificate. If the funeral homes and cemeteries are contracted by one unit, only the funeral homes shall be reported, and the cemeteries shall not be reported, so the number of funeral

主要统计指标解释

公证员 指按照《公证法》规定，在公证机构从事公证业务的执业公证员、公证助理员、行政人员、其他人员。

办理公证文书 指公证处在一定时期内办结的公证文书件数。公证文书按司法部规定或批准的格式制作，包括国内公证和涉外公证两部分。国内公证分为经济合同公证和民事法律关系公证两大类。

人民调解人员 指人民调解委员会委员和人民调解委员会聘任的，负责对《人民调解法》规定人民调解委员会可以受理的民间纠纷进行调解的人员。

调解民间纠纷 是指人民调解委员会通过说服、疏导等方法，促成当事人在平等协商基础上自愿达成调解协议，解决民间纠纷的活动。

批准、决定逮捕 指人民检察院对公安机关、国家安全机关、监狱管理机关提出逮捕的犯罪嫌疑人进行审查，根据事实，依法做出逮捕决定。该指标主要反映人民检察院对提请逮捕犯罪嫌疑人进行审查后依法做出批准逮捕决定的情况。

青少年罪犯 指人民法院在报告期内判决发生法律效力的有罪判决中14周岁以上不满25周岁的罪犯。其中14周岁以上不满18周岁的罪犯为未成年罪犯。

基本养老保险参保人数 指报告期末按照国家法律、法规和有关政策规定参加基本养老保险并在社保经办机构已建立缴费记录档案的人数，包括中断缴费但未终止养老保险关系的职工人数，报告期末参加基本养老保险的离休、退休和退职人员，不包括只登记未建立缴费记录档案的人数。

基本医疗保险参保人数 指报告期末按国家有关规定参加基本医疗保险的人数。包括参加保险的职工人数和退休人员人数。

失业保险参保人数 指报告期末按照国家法律、法规和有关政策规定参加了失业保险的城镇企业事业单位的职工及地方政府规定参加失业保险的其他人员的人数。

工伤保险参保人数 指报告期末依据国家有关规定参加工伤保险的职工人数和有雇工的个体工商户的雇工数。

生育保险参保人数 指报告期末依据有关规定参加生育保险的职工人数。

城市社区服务设施数 是指社区服务站、社区服务中心、其他社区服务设施的总和。是面向老年人及家庭的商品递送、医疗保健、家庭保洁、日间照料、陪伴服务等为社区居家老服务的设施和突出综合服务功能，将党员活动室、就业保障网络、社区卫生服务站、文化活动室、图书馆、“爱心超市”社区捐款接收站点、警务站（室）、老年活动室、未成年人文化活动场所等具有综合服务功能的设施。原则上，每个社区服务站设施的最低标准能满足社区居委会办公所需，并配置多功能社区活动场所，建筑面积不低于200平方米。在此基础上可根据社区居民的实际需求，重点强化若干类服务功能。

城市居民最低生活保障人数 指在报告期末家庭平均收入在当地规定的最低生活保障线以下的家庭人员及国家规定有民政部门救济的特殊人员和60年代精减退职老职工救济人员等。

农村居民最低生活保障人数 指报告期末在建立农村最低生活保障制度的地区，得到当地政府或集体给予最低生活保障的农业人口家庭人数。

Explanatory Notes on Main Statistical Indicators

Notary Personnel refers to judicial workers of the state notary offices handling notarization work according to law. They include notaries, assistant notaries,administrators and other people working for notary offices.

Notarized Documents refer to the number of notarial documents that the notary has gone through within a certain period. The notary documents are drawn up in accordance with the regulations of the Ministry of Justice, including domestic documents and foreign-related documents.Domestic documents are divided into two major categories, documents on economic contracts and documents on civil legal relations.

Mediators refer to workers on peoples mediation committees responsible for mediating in civil disputes and cases of slight infraction of the law. They include members of the mediation committees and mediators of mediation groups.

Mediation of civil disputes refers to the people's mediation committee through persuasion, persuasion and other methods, to facilitate the parties to reach a voluntary agreement on the basis of equality, the settlement of civil disputes.

Approval for Arrest refers to the decision made by people's procurator ate office, in accordance with the law and relevant facts, to approve the arrest of the suspect(s) as proposed by the public security departments, state security departments or prisons authority. This indicator reflects approved arrests made by people's procuratorate offices that are proposed by related departments.

Juvenile Criminals refers to the offenders within the age range of 14 to 25 convicted guilty by the court during the reporting period while those between 14 and 18 are defined as minor offenders.

Number of Urban Residents Entitled to Minimum Living Allowances refers to the number of those whose average family income is below a minimum local standard by the end of the reporting period and special staff who were relieved by states provide State regulations and the District Department and 1960s streamline relief workers older workers retire, etc.

Number of Rural Residents Entitled to Minimum Living Allowances refers to the number of those receiving the minimum living allowances from the local government or community in the rural areas where this allowances system is in place as of the end of the reporting period.

Number of Service Facilities in Urban Communities refers to community service centers, community service centers, other community service facilities combined. Is for the elderly and home delivery of goods, health care, household cleaning, day care, companionship services, home care services for community facilities and outstanding comprehensive service functions, will party room, employment security networks, community health service stations, cultural activities room, library, "love supermarket" community donations receiving stations, police stations (room), old activity room, minors and other cultural activities with comprehensive service functions of the facility. In principle, each community service station facilities to meet the minimum standards required for community neighborhood committee office, and configure the multi-purpose community activities, building area of not less than 200 square meters. On this basis, according to the actual needs of community residents, can focus on enhancing certain types of services.

Number of Basic Pension Insurance refer to the people participating in the basic pension insurance program according to national laws, regulations and related policies at the end of the reference period, who have already had payment records in social security management agencies, including those who have interrupt payment without terminating the insurance program. Those who have registered in the program but with no payment records are not included.

Number of Basic Medical Care Insurance refers to the number of people participating in the basic medical care insurance program according to related regulations as at the end of reference period, including number of staff and workers and retirees participating in this insurance program.

Number of Unemployment Insurance refers to the number of staff and workers in urban enterprises or institutions who have participated in the unemployment insurance program according to relevant policies and regulations, and other people who have participated according to local government regulations, as at the end of reference period.

Number of Work Injury Insurance refers to the number of staff and workers who have participated in the work injury insurance program according to relevant national regulations and hirelings who were hired by individual industrial and commercial households.

Number of Maternity Insurance refers to the number of staff and workers who have participated in the maternity insurance program according to relevant regulation at the end of the reporting period.

民族自治地方

Minority Nationality Autonomous Areas

24

简 要 说 明

一、主要内容

本篇资料主要反映全省民族自治地方经济社会发展情况。

二、资料来源

本篇资料由省民政厅、省统计局、省民宗委、省财政厅提供。民族自治地方及少数民族统计部分资料根据《民族自治地方国民经济和社会发展统计报表》加工、整理。

Brief Introduction

I. Main Contents

Data in this chapter present the social and economic development of ethnic minority autonomous regions of Guizhou.

II. Sources of Data

Data in this chapter are provided by the Provincial Civil Affairs Bureau, the Provincial Bureau of Statistics, the Provincial Committee of Ethnic and Religious Affairs, the Provincial Department of Finance. Data on ethnic minority autonomous regions are collected, prepared and provided by Ethnic and Religious Affairs Commission of Guizhou Province, basis on National Autonomous Areas for National Economic and Social Development Statistical Reports.

24-1 民族自治地方行政区划

Administrative Division of Minority Nationality Autonomous Areas

单位：个 (unit)

民族自治州(县)名称	Autonomous Prefecture(County)	地级 Prefectural Level	县级 County Level	#县级市 City at County Level	成立时间 Time of Come into Existence	土地面积(平方公里) Total Land Area(sq.km)
黔西南布依族苗族自治州	Qianxinan(Bouyei & Miao)Autonomous State	1	8	1	1982年05月01日	16804
黔东南苗族侗族自治州	Qiandongnan(Miao & Dong)Autonomous State	1	16	1	1956年07月23日	30337
黔南布依族苗族自治州	Qiannan(Bouyei & Miao)Autonomous State	1	12	2	1956年08月08日	26197
道真仡佬族苗族自治县	Daozhen(Gelao & Miao)Autonomous County		1		1987年11月29日	2156
务川仡佬族苗族自治县	Wuchuan(Gelao & Miao)Autonomous County		1		1987年11月26日	2773
镇宁布依族苗族自治县	Zhenning(Bouyei & Miao)Autonomous County		1		1963年09月11日	1703
关岭布依族苗族自治县	Guanling(Bouyei & Miao)Autonomous County		1		1981年12月31日	1468
紫云苗族布依族自治县	Ziyun(Miao & Bouyei)Autonomous County		1		1966年02月11日	2284
威宁彝族回族苗族自治县	Weining(Yi,Hui & Miao)Autonomous County		1		1954年11月11日	6296
玉屏侗族自治县	Yuping(Dong)Autonomous County		1		1984年11月07日	516
印江土家族苗族自治县	Yinjiang(Tujia & Miao)Autonomous County		1		1987年11月20日	1961
沿河土家族自治县	Yanhe(Tujia)Autonomous County		1		1987年11月23日	2469
松桃苗族自治县	Songtao(Miao)Autonomous County		1		1956年12月31日	2861
三都水族自治县	Sandu(Shui)Autonomous County		1		1957年01月02日	2384

注：资料来源于省民政厅。
Note: Data in the table are provided by the Provincial Department of Civil Affairs.

24-2 少数民族分布

Geographic Distribution of Minority Nationalities

民族	Nationality	分布的主要地区	Main Geographic Distribution
苗族	Miao	黔东南州、黔南州、黔西南州、松桃县、紫云县、务川县、水城县	Qiandongnan,Qiannan,Qianxinan,Songtao,Ziyun Wuchuan,Shuicheng
布依族	Bouyei	黔南州、黔西南州、镇宁县、紫云县	Qiannan,Qianxinan,Zhenning,Ziyun
侗族	Dong	黔东南州、玉屏县、碧江区、石阡县	Qiandongnan,Yuping,Bijiang,Shiqian
土家族	Tujia	铜仁市	Tongren
彝族	Yi	毕节市、六盘水市	Bijie,Liupanshui
仡佬族	Gelao	遵义市、关岭县、石阡县	Zunyi,Guanling,Shiqian
水族	Shui	三都县	Sandu
回族	Hui	威宁县、兴仁县、平坝区、兴义市	Weining,Xingren,Pingba,Xingyi
白族	Bai	毕节市、盘州市	Bijie,panahou
瑶族	Yao	黔东南州、荔波县	Qiandongnan,Libo
壮族	Zhuang	从江县、独山县、荔波县、都匀市	Congjiang,Dushan,Libo,Duyun
畲族	She	凯里市、麻江县、都匀市、福泉市	Kaili,Majiang,Duyun,Fuquan
毛南族	Maonan	平塘县、独山县、惠水县	Pingtang,Dushan,Huishui
蒙古族	Mongolian	毕节市、石阡县、思南县	Bijie,Shiqian,Sinan
仫佬族	Mulam	凯里市、麻江县、黄平县	Kaili,Majiang,Huangping
满族	Man	黔西县、大方县、金沙县、云岩区	Qianxi,Dafang,Jinsha,Yunyan
羌族	Qiang	石阡县、江口县	Shiqian,Jiangkou

24−3 民族自治地方经济社会主要指标
Major Social and Economic Indicators of Minority Nationality Autonomous Areas

指　标	Item	2013	2014	2015	2016	2017	2017年比2016年增长(%) Increase Rate in 2017 over 2016(%)
人口	**Population**						
年末常住人口(万人)	Number of Resident Population at Year-end(10000 persons)	1356.74	1355.78	1357.77	1365.49	1372.93	0.5
#少数民族人口	Minority Population	873.06	872.44	875.76	1079.86	1075.43	-0.4
地区生产总值	**Gross Domestic Product**						
地区生产总值(亿元)	Gross Domestic Product(100 million yuan)	2343.01	2855.13	3327.29	3813.68	4243.99	10.6
财政、金融	**Government Finance and Banking**						
一般公共预算收入(亿元)	General Public Budget Revenue (100 million yuan)	278.43	313.82	361.86	387.42	376.36	-2.9
一般公共预算支出(亿元)	General Public Budget Expenditure (100 million yuan)	940.82	1053.88	1226.29	1327.22	1481.37	11.6
金融机构人民币各项存款余额(亿元)	Total Savins Deposit Balance at Year-end (100 million yuan)	2832.45	3160.29	4100.77	5301.08	5910.04	11.5
#个人储蓄存款	Urban and Rural Resident Savings Deposit Balance	1690.41	1908.34	1989.58	2339.21	2653.40	13.4
金融机构人民币各项贷款余额(亿元)	Total Loan Balance at Year-end (100 million yuan)	1795.05	2198.22	2751.04	3489.23	4271.76	22.4
农业	**Agriculture**						
农林牧渔业增加值(亿元)	Gross Output Value of Farming, Forestry, Animal Husbandry and Fishery (100 million yuan)		849.73	729.74	849.73	928.44	6.5
粮食产量(万吨)	Grain Output(10000 tons)	476.80	516.85	522.88	530.75	522.43	-1.6
油菜籽产量(万吨)	Output of Rapeseeds(10000 tons)	27.27	22.94	31.23	32.57	39.62	21.6
大牲畜存栏数(万头)	The Number of Cattle and Buffaloes in Stock(year-end)(10000 heads)			242.72	269.11		
猪年底存栏数(万头)	Hogs(year-end)(10000 heads)	691.17	681.07	608.40	635.93	666.08	4.7
羊年底存栏数(万只)	Sheep and Goats(year-end)(10000 heads)	187.04	194.04	160.71	204.97		
工业（规模以上）	**Industry**						
企业数（个）	Number of enterprises(unit)	1336	1635	1694	2010	2059	2.4
工业增加值（亿元）	Value added of industry(100 million yuan)	567.75	736.64	873.81	1021.17	975.72	10.3
运输邮电	**Transportation, Post and Telecommunication**						
公路里程(公里)	Length of Highways(km)	83746	89496	107834	92568	94960	2.6
邮路总长度(公里)	Length of Postal Routes(km)	21662	40143	43302	20230		
商业	**Trade**						
社会消费品零售总额(亿元)	Total Retail Sales of Consumer Goods (100 million yuan)	607.50	746.03	833.34	942.95	1057.00	12.1
人均水平	**Per Capita Standard of Living**						
人均地区生产总值(元)	Per Capita Gross Domestic Product(yuan)	17297	21059	24524	28008	30912	10.0
人均一般公共预算收入(元)	Per Capita General Public Budget Revenue(yuan)	2055	2315	2667	2837	2741	-3.4
人均储蓄(元)	Per Capita Urban and Rural Resident Savings(yuan)	12480	14076	14664	17179	19327	12.5

注：1.规模以上工业统计口径为年主营业务收入2000万元及以上工业企业。2.人均水平数据按常住半年人口计算。

Note: 1.The statistical caliber of industrial above designated size are the ones whose main business income is over 20 million yuan. 2.Data of per capita standard of living are calculated according to resident population staying at home for 6 months.

24-4 民族自治地方经济社会主要指标(2017)
Major Social and Economic Indicators of Minority Nationality Autonomous Areas

指　　标	Item	民族自治地方 Minority Nationality Autonomous Areas	民族自治州 Minority Nationality Autonomous Prefecture	民族自治县 Minority Nationality Autonomous County
人口	**Population**			
年末常住人口(万人)	Number of Population at The Year-end (10000persons)	1372.93	966.46	433.51
#少数民族人口	Minority Population	1075.43	788.47	323.27
人口密度(人/平方公里)	Population Density(person/sq.km)	142.53	131.79	170.69
地区生产总值(亿元)	**Gross Domestic Product(100 million yuan)**	4243.99	3200.37	1110.92
第一产业增加值	Value-added of Primary Industry	883.44	602.25	300.33
第二产业增加值	Value-added of Secondary Industry	1246.64	977.70	279.61
第三产业增加值	Value-added of Tertiary Industry	2113.92	1620.42	530.97
农业	**Agriculture**			
乡村从业人口(万人)	Rural Employed population(10000 persons)	965.67	651.67	334.18
农用机械总动力(万千瓦)	Total power of Agricultural machinery(10000 kw)	1170.27	899.33	290.94
化肥使用量(折纯量)(万吨)	Consumption of Chemical Fertilizers(10000 tons)		25.59	
有效灌溉面积(千公顷)	Effective Irrigated Areas(1000 hectares)	1747.44	1592.36	179.68
农作物播种面积(千公顷)	Total Sown Areas (1000 hectares)	2464.84	1685.18	832.46
#粮　食	Grain	1289.39	873.06	443.45
油料作物	Rapeseeds	260.49	185.24	81.96
粮食总产量(万吨)	Total Grain Yield(10000 tons)	522.43	350.79	180.49
油菜籽产量(万吨)	Output of Rapeseeds(10000 tons)	39.62	30.25	10.50
烤烟产量(万吨)	Output of Flue -cured Tobacco (10000 tons)	12.10	6.50	5.61
茶叶产量(万吨)	Output of Tea (10000 tons)	6.93	4.85	2.24
当年造林面积(千公顷)	Afforested Areas in 2014(1000 hectares)	17717.48	17591.66	127.49
牲畜当年存栏数	The Number of Total Livestock			
大牲畜(万头)	Cattle and Buffaloes(10000 heads)			
猪(万头)	Hogs(10000 heads)	666.08	430.62	248.85
羊(万只)	Sheep and Goats(10000 heads)		121.62	
牲畜当年出栏数	Number of Slaughtered Animals			
牛(万头)	Cattle and Buffaloes(10000 heads)		90.47	
猪(万头)	Hogs(10000 heads)	609.07	396.03	229.50
羊(万只)	Sheep and Goats(10000 heads)	264.74	185.56	79.88
肉类总产量(万吨)	Output of Meat(10000 tons)	102.58	71.28	33.04
水产品产量(万吨)	Total Aquatic Products(10000 tons)	33.81	13.08	35.16
农林牧渔业增加值(亿元)	Gross Output Value of Farming,Forestry,Animal Husbandry and Fishery(100 million yuan)	928.44	633.28	315.05

24-4 续表 continued

指 标	Item	民族自治地方 Minority Nationality Autonomous Areas	民族自治州 Minority Nationality Autonomous Prefectures	民族自治县 Minority Nationality Autonomous Counties
#农 业	Farming	549.11	369.83	191.32
林 业	Forestry	71.48	53.33	19.86
牧 业	Animal Husbandry	233.52	157.50	80.86
渔 业	Fishery	29.33	21.58	8.30
工业(规模以上)	**Industry(above designated size)**			
企业单位数(个)	Number of Enterprises(unit)	2059	1582	513
工业增加值(亿元)	Value-added of Industry(100 million yuan)	975.72	810.45	173.46
利润总额(亿元)	Total Profits(100 million yuan)	128.09	104.36	27.24
商业	**Trade**			
社会消费品零售总额(亿元)	Total Retail Sales of Consumer Goods (100 million yuan)	1057.00	845.14	226.87
财政、金融	**Government Finance and Banking**			
一般公共预算收入(亿元)	General Public Budget Revenue (100 million yuan)	376.36	319.94	59.97
一般公共预算支出(亿元)	General Public Budget Expenditure (100 million yuan)	1481.37	1111.05	396.30
金融机构人民币各项存款余额(亿元)	Total Savins Deposit Balance at Year-end (100 million yuan)	5910.04	4668.02	1353.02
#个人储蓄存款	Urban and Rural Resident Savings Deposit Balance	2653.40	2065.46	637.04
金融机构人民币各项贷款余额(亿元)	Total Loan Balance at Year-end(100 million yuan)	4271.76	3421.68	929.86
交通运输	**Traffic**			
公路里程(公里)	Length of Highways(km)	94960	65262	31391
邮电、通讯	**Post and Telecommunications**			
邮路总长度(公里)	Length of Postal Routes(km)	72289	62753	9996
农村投递线路总长度(公里)	Rural Delivery Routes(km)	57438	35310	22946
互联网宽带接入用户(万户)	Number of Fixed Telephone Subscribers at the Year-end (10000 units)	240.02	181.20	65.16

24-5 民族自治地方一般公共预算收入(2017)

General Public Financial Budget Revenue of Minority Nationality Autonomous Areas

单位：万元 (10000 yuan)

指 标	Item	民族自治地方 Miniority Nationality Autonomous Area	民族自治州 Nationality Minority Autonomous Prefecture	民族自治县 Minority Nationality Autonomous County
一般公共预算收入	**General Public Budget Revenue**	**3763612**	**3199423**	**599699**
税收收入	**Tax Revenue**	**2649738**	**2243407**	**430464**
#增值税	Value-added Tax	691689	588199	111717
企业所得税	Corporate Income Tax	151666	136002	17240
个人所得税	Individual Income Tax	75633	65241	11084
资源税	Resource Tax	51914	47739	4496
城市维护建设税	City Maintenance and Construction Tax	120181	105747	15707
耕地占用税	Farm Land Occupation Tax	641465	511261	140038
契 税	Deed Tax	233188	201127	32362
非税收入	**Non-tax Revenue**	**1113874**	**956016**	**169235**
#专项收入	Special Program Receipts	128625	101400	28335
行政事业性收费收入	Change of Administrative and Institutional Units	222883	201514	25183
罚没收入	Penalty Receipts	201107	172196	32398
国有资本经营收入	Operation Income of State-owned Assets	27740	27740	
国有资源(资产)有偿使用收入	Income from use of Stated-owned Resources(Assets)	399593	334259	67335

注：资料来源于省财政厅(下表同)。
Note:Data in the table are obtained from Guizhou Provincial Finance Department(the same applies to the next table).

24-6 民族自治地方一般公共预算支出(2017)

General Public Budget Expenditure of Minority Nationality Autonomous Areas

单位：万元 (10000 yuan)

指 标	Item	民族自治地方 Miniority Nationality Autonomous Area	民族自治州 Minority Nationality Autonomous Prefecture	民族自治县 Minority Nationality Autonomous County
一般公共预算支出	**General Public Financial Budget Expenditure**	**14813746**	**11110461**	**3963036**
#一般公共服务	Expenditure for General Public Service	1734544	1355125	409022
国 防	Expenditure for National Defense	10645	8735	2010
公共安全	Expenditure for Public Security	697987	568923	138826
教 育	Expenditure for Education	3313280	2432590	944454
科学技术	Expenditure for Science and Technology	256203	198278	61525
文化体育与传媒	Expenditure for Culture,Sports and Media	187579	153315	38224
社会保障和就业	Expenditure for Social Safety Net and Employment Effort	1502299	1104800	417104
医疗卫生	Expenditure for Medical and Health Care	1648730	1244560	432589
节能环保	Energy Saving and Environment Protection	438167	302464	142485
城乡社区事务	Urban and Rural Community Affairs	463221	372890	97123
农林水事务	Agriculture,Forestry and Water Conservancy	2124840	1562580	602372
交通运输	Transportation	713884	551136	172395
其他支出	Other Expenditures	43936	39473	4610

市(州)、县(市、区、特区)资料

Main Statistics of City (State,Prefecture) and County (City,District,Special Region)

25

简 要 说 明

一、主要内容

本篇资料主要反映全省市（州）、县（市、区、特区）经济社会发展基本情况。

二、资料来源

本篇资料分别由省统计局、国家统计局贵州调查总队、省公安厅、省人力资源社会保障厅、省财政厅、省农委、中国人民银行贵阳中心支行、省交通运输厅、省通信管理局、省邮政管理局、省教育厅、省卫生计生委等单位提供。

Brief Introduction

I. Main Contents

Data in this chapter present the social and economic development of city (prefecture), county (city, district or special administrative region).

II. Sources of Data

Data in this chapter are provided respectively by Guizhou Provincial Bureau of Statistics, Guizhou Survey Organization of NBS, Department of Public Security, Department of Human resources and Social Security of Guizhou Province, Guizhou Provincial Finance Bureau, Provincial Committee of Agriculture, Guiyang Central Sub-branch of The People’s Bank of China,

Guizhou Provincial Department of Traffic and Transportation, Guizhou Communications Administation, Guizhou Provincial Postal Administation, Guizhou provincial Bureau of Education, Health and Family Planning Commission of Guizhou Province.

25−1 各市(州)地区生产总值及增速(2017)

Gross Domestic Product and Its Composition by Region

市(州)名称	City (Autonomous Prefectures)	地区生产总值 Gross Domestic Product	第一产业增加值 Primary Industry	第二产业增加值 Secondary Industry	#工业 Industry	第三产业增加值 Tertiary Industry	人均地区生产总值(元) Per Capita Gross Domestic Product(yuan)
绝对数(亿元)	**Level (100 million yuan)**						
贵阳市	Guiyang	3537.96	147.33	1375.18	872.57	2015.45	74493
六盘水市	Liupanshui	1461.71	134.82	729.38	617.86	597.51	50136
遵义市	Zunyi	2748.59	402.34	1241.05	1016.14	1105.20	44060
安顺市	Anshun	802.46	135.70	267.82	203.75	398.94	34345
毕节市	Bijie	1841.61	378.61	692.19	545.95	770.81	27690
铜仁市	Tongren	969.86	219.73	277.53	196.01	472.60	30801
黔西南州	Qianxinan	1067.60	204.08	340.68	273.92	522.84	37471
黔东南州	Qiandongnan	972.18	195.87	224.11	141.88	552.20	27654
黔南州	Qiannan	1160.59	202.30	412.91	306.47	545.38	35481
比上年增长(%)	**Composition(%)**						
贵阳市	Guiyang	11.3	6.3	10.0	9.5	12.6	9.2
六盘水市	Liupanshui	11.1	6.6	10.7	10.1	12.4	10.4
遵义市	Zunyi	12.1	6.8	11.9	11.5	14.3	11.6
安顺市	Anshun	12.3	6.7	12.1	11.6	14.2	11.5
毕节市	Bijie	11.7	6.8	10.1	9.3	15.6	11.3
铜仁市	Tongren	11.5	6.6	11.8	10.6	13.6	10.9
黔西南州	Qianxinan	12.5	6.6	10.7	9.7	16.2	11.8
黔东南州	Qiandongnan	5.2	6.4	-0.8	1.7	8.1	4.7
黔南州	Qiannan	12.1	6.6	11.5	10.7	14.5	11.4

注：表中绝对数按当年价格计算，增长速度按可比价格计算。

Note:Data of absolute figures in the table are calculated at current prices,and increase rates are calculated at comparable prices.

25-2 各市(州)年末常住人口

Permanent Population at the year-end by Region

单位：万人 (10000 persons)

市(州)名称	City (State)	2013	2014	2015	2016	2017
贵阳市	Guiyang	452.19	455.60	462.18	469.68	480.20
六盘水市	Liupanshui	287.45	288.20	288.99	290.69	292.41
遵义市	Zunyi	614.25	615.49	619.21	622.84	624.83
安顺市	Anshun	230.05	230.81	231.35	232.86	234.44
毕节市	Bijie	653.82	654.12	660.61	664.18	665.97
铜仁市	Tongren	310.40	311.65	312.24	314.07	315.69
黔西南州	Qianxinan	282.22	281.12	282.16	283.82	286.00
黔东南州	Qiandongnan	348.34	347.75	348.54	350.74	352.37
黔南州	Qiannan	323.50	323.30	324.22	326.12	328.09

25-3 各市(州)户籍人口

Household Registered Population by Region

市(州)名称	City (Autonomous Prefectures)	总户数(万户) Total Number of Household (10000 households)		平均每户人数(人) Population of Per Household(person)	
		2016	2017	2016	2017
贵阳市	Guiyang	127.96	128.09	3.14	3.19
六盘水市	Liupanshui	107.41	104.65	3.16	3.26
遵义市	Zunyi	247.17	245.26	3.24	3.28
安顺市	Anshun	88.36	89.13	3.39	3.37
毕节市	Bijie	261.72	251.94	3.50	3.66
铜仁市	Tongren	133.08	133.88	3.31	3.29
黔西南州	Qianxinan	103.14	103.31	3.47	3.49
黔东南州	Qiandongnan	139.97	134.26	3.41	3.55
黔南州	Qiannan	129.19	129.49	3.23	3.24

注：资料来源于省公安厅(下表同)。

Note:Data in the table are obtained from Guizhou Provincial Department of Public Security (the same table below).

25-3 续表 Continued

单位：万人 (10000 persons)

市(州)名称	City (Autonomous Prefectures)	年末人口数 Total Population at The Year-end		按性别分 Grouped by sex			
				男 Male		女 Female	
		2016	2017	2016	2017	2016	2017
贵阳市	Guiyang	401.35	408.31	202.94	205.69	198.41	202.62
六盘水市	Liupanshui	339.86	341.56	178.07	180.41	161.79	161.15
遵义市	Zunyi	801.83	805.15	418.62	419.82	383.21	385.33
安顺市	Anshun	299.98	300.54	154.64	155.72	145.34	144.82
毕节市	Bijie	916.85	922.64	481.45	483.93	435.40	438.72
铜仁市	Tongren	440.60	440.24	231.50	231.82	209.10	208.42
黔西南州	Qianxinan	357.63	360.61	185.83	187.57	171.80	173.04
黔东南州	Qiandongnan	477.43	475.99	253.83	254.36	223.60	221.63
黔南州	Qiannan	417.28	419.89	217.91	219.32	199.37	200.57

25-4 各市(州)非私营单位在岗职工年平均人数、年平均工资(2017)

Number of Staff and Workers and Their Annual Average Wages in Non-private units by Region

市(州)名称	City (Autonomous Prefectures)	合计 Total	国有经济 State -owned units	城镇集体经济 Urban Collective-owned Units	其他经济类型 Units of Other Types of Ownership	2017年比2016年增长(%) Increase Rate in 2017 over 2016(%)
在岗职工年平均人数(万人)	**Annual Average of Staff and Workers (10000 persons)**	**281.68**	**151.17**	**3.91**	**126.60**	**2.5**
贵阳市	Guiyang	96.70	32.72	1.10	62.88	4.8
六盘水市	Liupanshui	20.64	8.05	0.20	12.39	1.8
遵义市	Zunyi	39.24	23.84	0.44	14.96	0.7
安顺市	Anshun	18.38	9.44	0.30	8.64	8.4
毕节市	Bijie	32.64	23.64	0.40	8.60	5.2
铜仁市	Tongren	17.54	13.30	0.37	3.87	1.8
黔西南州	Qianxinan	14.14	9.82	0.26	4.06	-0.3
黔东南州	Qiandongnan	22.54	17.87	0.40	4.27	-5.3
黔南州	Qiannan	19.86	12.49	0.44	6.93	-0.9
年平均工资(元)	**Annual Average Wages (yuan)**	**75109**	**84470**	**84410**	**63644**	**7.8**
贵阳市	Guiyang	73939	86737	49070	67713	4.8
六盘水市	Liupanshui	75775	100675	144761	58495	18.4
遵义市	Zunyi	78813	84433	98301	69284	6.6
安顺市	Anshun	69391	81757	108066	54523	4.0
毕节市	Bijie	67640	72010	96571	54274	7.5
铜仁市	Tongren	85017	92529	54250	62120	9.1
黔西南州	Qianxinan	83689	94610	87163	57099	14.8
黔东南州	Qiandongnan	75302	78558	119135	57589	9.3
黔南州	Qiannan	75286	85696	96463	55181	11.2

25-5 各市(州)消费(2017)
Consumption by Region

单位：亿元 (100 million yuan)

市(州)名称	City (Autonomous Prefectures)	社会消费品零售总额 Total retail sales of social consumer goods	比上年增长(%) Growth Rate(%)
贵阳市	Guiyang	1335.28	11.7
六盘水市	Liupanshui	371.94	12.1
遵义市	Zunyi	811.69	12.2
安顺市	Anshun	197.11	11.8
毕节市	Bijie	381.98	12.3
铜仁市	Tongren	210.85	12.7
黔西南州	Qianxinan	243.92	12.5
黔东南州	Qiandongnan	322.08	11.0
黔南州	Qiannan	279.14	12.6

25-6 各市(州)能源利用效率(2017)
Energy Using Efficiency by Region

市(州)名称	City (Autonomous Prefectures)	单位地区生产总值能耗(吨标准煤/万元) Energy Consumption Per Unit of GDP(ton of SEC/10000 yuan)	单位地区生产总值能耗比上年增长(%) Growth Rate of Energy Consumption Per Unit of GDP over Preceding Year(%)	单位地区生产总值电耗(千瓦时/万元) Electricity Consumption Per Unit of GDP (KWh/10000 yuan)	单位地区生产总值电耗比上年增长(%) Growth Rate of Electricity Consumption Per Unit of GDP over Preceding Year(%)
贵阳市	Guiyang	0.62	-7.54	760	-3.7
六盘水市	Liupanshui	1.09	-7.60	957	-9.5
遵义市	Zunyi	0.64	-7.94	1281	2.6
安顺市	Anshun	0.72	-9.80	1248	7.6
毕节市	Bijie	0.63	-7.58	748	-1.6
铜仁市	Tongren	0.72	-7.36	1026	-5.4
黔西南州	Qianxinan	0.75	-14.29	1175	-0.6
黔东南州	Qiandongnan	0.87	-2.13	947	16.0
黔南州	Qiannan	0.75	-7.84	1081	6.6

25-7 各市(州)一般公共预算收入(2017)

General Public Financial Budget Revenue by Region

市(州)名称	City (Autonomous Prefectures)	一般公共预算收入(亿元) General Public Budget Revenue(100 million yuan)	税收收入 Tax Revenue	#增值税 Value Added Tax	#企业所得税 Corporate Income Tax	#个人所得税 Individual Income Tax	非税收入 Non-Tax Revenue	#专项收入 Special Program Receipts	2017年比2016年增长(%) Increase Rate in 2017over 2016(%)
贵阳市	Guiyang	377.85	296.48	104.35	37.04	16.02	81.37	27.32	8.0
六盘水市	Liupanshui	138.62	104.27	25.51	4.09	2.66	34.35	3.29	6.1
遵义市	Zunyi	216.39	168.04	73.96	12.82	7.11	48.34	13.48	17.9
安顺市	Anshun	76.24	54.96	14.66	3.60	1.48	21.29	2.11	12.3
毕节市	Bijie	123.84	90.79	27.09	5.15	3.55	33.05	7.31	12.3
铜仁市	Tongren	65.64	48.83	16.93	2.24	1.50	16.80	2.95	11.7
黔西南州	Qianxinan	114.38	82.41	16.66	4.60	2.31	31.97	3.08	3.1
黔东南州	Qiandongnan	86.56	56.09	16.47	3.67	2.00	30.46	3.13	-19.9
黔南州	Qiannan	119.01	85.84	25.69	5.33	2.21	33.17	3.92	13.1

注：资料来源于省财政厅(下表同)。

Note:Data in the table are obtained from Guizhou Provincial Financial Department(the same applies to the next table).

25-8 各市(州)一般公共预算支出(2017)

General Public Budget Expenditure by Region

市(州)名称	City (Autonomous Prefectures)	一般公共预算支出(亿元) General Public Financial Budget Expenditure (100 million yuan)	#一般公共服务 Expenditure for General Public Service	#教育 Expenditure for Education	#科学技术 Expenditure for Science and Technology	#文化体育与传媒 Expenditure for Culture, Sports and Media	#社会保障和就业 Expenditure for Social Security and Employment	#医疗卫生 Expenditure for Medical and Health Care	#节能环保 Expenditure for Energy Saving and Environmental Protection	#农林水事务 Expenditure for Agriculture, Forestry and Water Conservancy	2017年比2016年增长(%) Increase Rate in 2017 over 2016(%)
贵阳市	Guiyang	582.48	78.08	104.77	16.65	7.94	54.30	42.50	18.61	40.28	10.9
六盘水市	Liupanshui	292.27	28.83	66.89	6.15	3.97	28.24	32.57	16.72	36.25	3.1
遵义市	Zunyi	636.58	60.31	128.23	8.25	7.30	63.92	75.13	15.62	73.96	21.6
安顺市	Anshun	255.89	28.37	47.63	2.64	2.92	28.29	26.00	10.89	34.50	15.0
毕节市	Bijie	527.75	43.79	129.79	10.66	5.30	63.63	67.56	12.71	62.53	16.7
铜仁市	Tongren	399.97	40.41	92.00	5.83	4.57	44.52	42.56	13.35	54.44	17.3
黔西南州	Qianxinan	331.32	40.61	80.26	7.45	4.29	27.95	34.77	12.57	47.01	9.0
黔东南州	Qiandongnan	401.56	52.36	85.52	4.58	5.51	46.09	48.17	6.55	57.65	6.4
黔南州	Qiannan	378.16	42.54	77.48	7.80	5.54	36.45	41.52	11.13	51.60	15.2

25－9 各市(州)金融机构人民币各项存贷款余额(2017)

Saving Deposits and Loans Balance of Financial Institutions by Region

单位：亿元 (100 million yuan)

市(州)名称	City (Autonomous Prefectures)	金融机构人民币各项存款余额 Total Deposits	#个人储蓄存款 Personal Savings Deposits	金融机构人民币各项贷款余额 Total Loans
贵阳市	Guiyang	10814.51	2313.47	10403.12
六盘水市	Liupanshui	1351.29	546.41	1071.75
遵义市	Zunyi	4661.22	1710.73	2792.34
安顺市	Anshun	1173.14	465.19	812.39
毕节市	Bijie	1990.38	852.82	1321.29
铜仁市	Tongren	1416.25	626.84	991.77
黔西南州	Qianxinan	1499.65	535.16	983.58
黔东南州	Qiandongnan	1507.66	779.08	1110.10
黔南州	Qiannan	1660.71	751.22	1328.00

注：资料来源于中国人民银行贵阳中心支行。

Note:Data in the table are obtained from the People's bank of China Guiyang Branch.

25－10 各市(州)城镇常住居民家庭人均年收支(2017)

Per capita Income and Expenditure of Urban Resident by Region

单位：元 (yuan)

市(州)名称	City (Autonomous Prefectures)	城镇常住居民人均可支配收入 Per Capita Annual Disposable Income of Urban Resident	2017年比2016年增长（%） Increase Rate in 2017 over 2016(%)	城镇常住居民人均消费性支出 Per Capita Annual Consumption Expenditnre of Urban Resident	2017年比2016年增长（%） Increase Rate in 2017 over 2016(%)
贵阳市	Guiyang	32186	9.1	26063	7.1
六盘水市	Liupanshui	27893	9.5	17407	8.8
遵义市	Zunyi	29617	9.3	17764	4.6
安顺市	Anshun	27224	9.4	18919	10.8
毕节市	Bijie	27320	9.1	15736	11.2
铜仁市	Tongren	26944	9.3	18275	9.4
黔西南州	Qianxinan	27758	9.2	18008	10.5
黔东南州	Qiandongnan	27659	9.4	15834	4.4
黔南州	Qiannan	28565	9.6	18207	6.5

注：增长速度未扣除价格因素。（下表同）

Note: The Increase Rate has deducted price factors (the same applies in the following tables).

25-11 各市(州)农村常住居民家庭人均年收支(2017)

Per Capita Net Income and Living Expenditure of Rural Households by Region

单位：元 (yuan)

市(州)名称	City (Autonomous Prefectures)	农村常住居民人均可支配收入 Annual Per Capita Disposable Income of Rural Households	2017年比2016年增长(%) Increase Rate in 2017 over 2016 (%)	农村常住居民人均生活消费支出 Annual Per Capita Living Expenditures of Rural Households	2017年比2016年增长(%) Increase Rate in 2017 over 2016 (%)
贵阳市	Guiyang	14264	10.0	12369	12.0
六盘水市	Liupanshui	9069	10.2	8232	9.2
遵义市	Zunyi	11130	10.1	10290	13.1
安顺市	Anshun	8956	10.3	8649	-4.2
毕节市	Bijie	8473	10.5	8073	11.3
铜仁市	Tongren	8425	10.4	7702	9.2
黔西南州	Qianxinan	8596	10.5	7831	11.2
黔东南州	Qiandongnan	8388	10.6	7095	1.9
黔南州	Qiannan	9746	10.2	9281	1.7

25-12 各市(州)分类价格指数

Urban Price Indices of Major Cities by Region

(上年=100) (preceding year=100)

城市名称	City	居民消费价格指数 Residents Consumer Price Index		商品零售价格指数 Retail Price Index	
		2016	2017	2016	2017
贵阳市	Guiyang	101.1	101.0	99.5	101.4
六盘水市	Liupanshui	101.8	101.6	101.8	100.7
遵义市	Zunyi	101.2	101.5	100.6	101.3
安顺市	Anshun	101.6	100.7	100.7	100.9
毕节市	Bijie	102.0	101.5	100.5	100.4
铜仁市	Tongren	102.1	101.0	101.2	100.3
黔西南州	Xingyi	102.1	101.1	100.4	101.0
黔东南州	Kaili	101.5	100.2	100.5	99.9
黔南州	Duyun	101.9	100.6	100.9	100.5

25−13 各市(州)农业机械总动力及拥有量(2017)

Total Power and Possession of Agricultural Machinery by Region

市(州)名称	City (Autonomous Prefecture)	农业机械总动力(万千瓦) Total Power of Agricultural Machinery (10000 kw)	大中型拖拉机(台) Number of Large and Medium-sized Agricultural (set)	小型拖拉机(台) Number of Small Tractors (set)	农用水泵(台) Agricultural Water Pump (set)
贵阳市	Guiyang	197.04	3188	3665	35086
六盘水市	Liupanshui	186.50	1770	6630	28325
遵义市	Zunyi	473.55	7877	6106	119202
安顺市	Anshun	211.51	4134	4844	72188
毕节市	Bijie	538.47	6177	66733	51511
铜仁市	Tongren	306.01	3527	8132	81452
黔西南州	Qianxinan	284.66	3205	3938	69653
黔东南州	Qiandongnan	297.40	3898	5271	57009
黔南州	Qiannan	317.27	7947	7550	92579

注：资料来源于省农委。

Note:Data in this table are obtained from the Agricultural Committee of Guizhou Province.

25−14 各市(州)农林牧渔业增加值、乡村从业人员数(2017)

Value-Added of Farming, Forestry, Animal Husbandary, Fishery and Their Services by Region Number of Rural Employees

单位：亿元 (100 million yuan)

市(州)名称	City (Autonomous Prefecture)	乡村从业人员数(万人) Number of Rural Employees (10000 people)	农林牧渔业增加值 Value-Added of Farming,Forestry, Animal Husbandary, and Fishery	农业 Farming	林业 Forestry	牧业 Animal Husbandary	渔业 Fishery	农林牧渔服务业 Services of FFAF	2017年比2016年增长(%) Increase Rate in 2017over 2016 (%)
贵阳市	Guiyang	113.58	156.90	105.86	1.06	38.75	1.66	9.57	6.2
六盘水市	Liupanshui	140.54	141.61	89.18	9.87	35.26	0.50	6.80	6.5
遵义市	Zunyi	415.78	422.05	261.56	21.88	106.78	12.12	19.71	6.7
安顺市	Anshun	156.36	142.10	85.57	8.50	36.09	5.54	6.39	6.6
毕节市	Bijie	442.25	401.49	254.78	20.36	100.77	2.70	22.88	6.7
铜仁市	Tongren	228.31	231.05	135.49	16.50	57.53	10.21	11.32	6.5
黔西南州	Qianxinan	187.10	215.05	128.40	13.01	53.98	8.69	10.97	6.5
黔东南州	Qiandongnan	243.33	205.51	106.77	30.76	50.55	7.78	9.64	6.3
黔南州	Qiannan	221.24	212.72	134.66	9.56	52.97	5.11	10.43	6.5

25−15 各市(州)农用化肥施用量(2017)

Consumption of Chemical Fertilizers for Agricultural Use by Region

单位：吨 (ton)

市(州)名称	City (Autonomous Prefecture)	合计 Total	氮肥 Nitrogenous Fertilizer	磷肥 Phosphate Fertilizer	钾肥 Potash Fertilizer	复合肥 Compound Fertilizer	2017年比2016年增长(%) Increase Rate in 2017over2016(%)
贵阳市	Guiyang	54259	25347	4181	7011	17720	-10.2
六盘水市	Liupanshui	63434	40048	6673	4374	12339	-7.7
遵义市	Zunyi	192573	88362	25340	20578	58294	-13.6
安顺市	Anshun	63537	27708	10972	5496	19361	-6.8
毕节市	Bijie	220508	111432	20933	21197	66946	-1.8
铜仁市	Tongren	106337	47002	13670	9940	35725	-7.0
黔西南州	Qianxinan	70088	40274	10227	8125	11461	-11.7
黔东南州	Qiandongnan	73161	25985	9659	5497	32021	-8.0
黔南州	Qiannan	112649	59286	13137	10154	30072	-5.1

注：本表按折纯法计算。

Note:Data in this table are calculated by converting the gross weight into weight containing 100% effective component.

25−16 各市(州)主要经济作物播种面积和产量(2017)

Sown Areas and Yields of Major Cash Crops by Region

市(州)名称	City (Autonomous Prefecture)	播种面积（千公顷）Sown Areas (1000 hectares)		产量（万吨）Yield (10000 tons)			
		油菜籽 Rapeseeds	烤烟 Flue-cured Tobacco	油菜籽 Rapeseeds	烤烟 Flue-cured Tobacco	茶叶 Tea	水果 Fruits
贵阳市	Guiyang	29.34	5.92	5.26	1.15	0.51	27.89
六盘水市	Liupanshui	15.35	8.36	2.24	1.23	0.19	13.77
遵义市	Zunyi	96.82	38.63	19.14	6.67	7.41	39.08
安顺市	Anshun	60.45	5.85	9.64	0.93	0.55	23.25
毕节市	Bijie	61.57	33.60	11.64	5.70	0.33	25.15
铜仁市	Tongren	64.40	12.65	11.05	2.31	3.81	30.43
黔西南州	Qianxinan	78.12	20.78	11.50	3.16	0.74	18.60
黔东南州	Qiandongnan	48.72	11.24	7.81	2.07	1.42	41.69
黔南州	Qiannan	72.51	6.41	10.94	1.26	2.69	63.68

25-17 各市(州)水产品产量(2017)

Output of Major Aquatic Products by Region

市(州) 名 称	City (Autonomous Prefecture)	水产品 (吨) Aquatic Products (ton)
贵 阳 市	Guiyang	9821
六盘水市	Liupanshui	1132
遵 义 市	Zunyi	46641
安 顺 市	Anshun	20004
毕 节 市	Bijie	9714
铜 仁 市	Tongren	35375
黔西南州	Qianxinan	53570
黔东南州	Qiandongnan	45175
黔 南 州	Qiannan	32042

注：1. "水产品"数据来源于省农委。2.2017年数据为第三次全国农业普查结果修订数。

Note: 1. Output of aquatic products in this table are obtained from the Agricultural Commission of Guizhou province. 2. The data of 2017 are the revision of the results of the third national agricultural census.

25-18 各市(州)规模以上工业增加值比重(2017)

The Proportion of Total Gross Industrial Value-added above Designated Size by Region

单位：亿元 (100 million yuan)

市(州) 名 称	City (Autonomous Prefecture)	工业增加值占全省比重 (%) Industrial Value-added	2017年比2016年 增长 (%) Increase Rate in 2017 over 2016 (%)
贵 阳 市	Guiyang	19.6	9.7
六盘水市	Liupanshui	12.1	10.2
遵 义 市	Zunyi	27.4	11.7
安 顺 市	Anshun	5.2	12.1
毕 节 市	Bijie	11.1	10.6
铜 仁 市	Tongren	5.5	10.9
黔西南州	Qianxinan	7.0	10.6
黔东南州	Qiandongnan	2.2	1.5
黔 南 州	Qiannan	9.8	11.6

注：统计口径为年主营业务收入2000万元及以上的工业企业(下表同)。

Note: The Statistical caliber of the table refers to the industries which main business revenue achieve 20 million yuan and above. (the same applies to the next table).

25-19 各市(州)规模以上工业企业主要工业产品产量(2017)
Ouput of Major Industrial Products above Designated Size by Region

市(州)名称	City (Autonomous Prefecture)	发电量(亿千瓦小时) Electricity (100 million kwh)	化 肥(万吨) Chemical Fertilizer(10000 tons)	水 泥(万吨) Cement (10000 tons)
贵阳市	Guiyang	117.84	399.66	1269.67
六盘水市	Liupanshui	432.12		1023.25
遵义市	Zunyi	258.86	19.03	2062.56
安顺市	Anshun	82.60	3.14	933.07
毕节市	Bijie	400.79		1253.33
铜仁市	Tongren	110.12	0.56	984.25
黔西南州	Qianxinan	298.81	14.29	1089.17
黔东南州	Qiandongnan	91.70		872.89
黔南州	Qiannan	63.71	101.80	1868.33

25-20 各市(州)公路里程(2017)
Length of Highways by Region

单位：公里 (km)

市(州)名称	City (Autonomous Prefecture)	公路里程 Total Length of Highways	#等级公路 Expressway and class Ⅰ to Ⅳ Highway	#高速公路 Expressway	#有铺装路面(高级) Paved Road (advanced)	#沥青混凝土 Asphalt concrete
贵阳市	Guiyang	10342.22	9791.30	602.54	6567.22	1305.15
六盘水市	Liupanshui	14226.15	12382.21	367.93	6359.55	1706.33
遵义市	Zunyi	32942.37	22850.74	1073.23	15185.55	3109.07
安顺市	Anshun	13847.22	7407.72	397.02	5593.39	1337.80
毕节市	Bijie	31895.76	24729.76	725.32	12890.65	1954.33
铜仁市	Tongren	25863.00	20167.98	607.47	15091.29	1551.90
黔西南州	Qianxinan	17365.25	13837.36	431.13	8323.21	1662.84
黔东南州	Qiandongnan	29447.48	22022.91	754.74	16490.39	2456.79
黔南州	Qiannan	18449.58	15648.77	875.12	11120.99	2577.30

注：资料来源于省交通运输厅。

Note:Data in the table are obtained from Guizhou Provincial Department of Transportation.

25-21 各市(州)邮政、电信主要指标(2017)

Major Indicators of Post and Telecommunications by Region

市(州)名称	City (Autonomous Prefecture)	年末固定电话用户数(万户) Number of Fixed Line Telephone at the Year-end (10000 subscribers)	移动电话用户(万户) Number of Mobile Telephone Subscribers (10000 subscribers)	互联网宽带接入用户(万户) Number of Subscribers of Internet Service (10000 subscribers)	报刊、杂志累计订销数(万份) Issue of Newspapers and Magazines (10000 copies)	邮政储蓄期末余额(亿元) Post Deposits at the Year-end (100 million yuan)	移动互联网用户(万户) Number of Mobile Telephone Subscribers (10000 subscribers)
贵阳市	Guiyang	83.85	748.95	145.60	8592.80	89.47	542.13
六盘水市	Liupanshui	20.09	327.09	39.79	2791.33	51.79	215.31
遵义市	Zunyi	51.54	652.67	95.28	7128.67	231.22	470.62
安顺市	Anshun	15.10	228.20	35.66	2468.55	39.22	164.55
毕节市	Bijie	17.60	517.87	52.92	4466.61	102.98	374.22
铜仁市	Tongren	13.12	302.91	44.69	3934.92	99.11	215.99
黔西南州	Qianxinan	11.36	297.44	43.85	2674.03	60.63	197.78
黔东南州	Qiandongnan	18.55	367.13	58.20	4018.88	101.24	267.12
黔南州	Qiannan	16.79	337.02	49.47	3811.87	105.15	255.90

注：资料来源于省通信管理局、省邮政管理局、省邮政储蓄银行。

Note:Date in the table are obtained from the Provincial Communications Authority Bureau, the Provincial Postal Service and Postal Savings bank of China Guizhou Branch.

25-22 各市(州)教育事业主要指标(2017)

Major Indicators of Education by Region

市(州)名称	City (Autonomous Prefecture)	高等教育 Higher Education		普通中学 Secondary Schools		小学 Primary Schools	
		学校数(所) Number of schools (unit)	在校学生(人) Students Enrollment (person)	学校数(所) Number of schools (unit)	在校学生(人) Students Enrollment (person)	学校数(所) Number of schools (unit)	在校学生(人) Students Enrollment (person)
贵阳市	Guiyang	36	441603	321	238028	554	374739
六盘水市	Liupanshui	2	17187	221	225736	473	279071
遵义市	Zunyi	7	89644	437	465139	1211	571037
安顺市	Anshun	4	19965	144	172219	475	249838
毕节市	Bijie	5	33557	459	659270	1686	832153
铜仁市	Tongren	5	39807	258	320543	824	328853
黔西南州	Qianxinan	2	16744	257	253095	683	323615
黔东南州	Qiandongnan	3	35225	226	278532	673	357941
黔南州	Qiannan	9	59461	176	228351	534	303523

注：1.资料来源于省教育厅。2.高等教育学校数包括普通高等学校、成人高等学校，高等教育在校学生包括研究生、普通高等教育、成人高等教育。

Note: 1.Data in the table are obtained from Guizhou Provincial Department of Education. 2.Institutions of higher education include Localization of Chinese Academy of Sciences,regular schools of higher education,and adult institutions of higher education.Students enrollment include those students enrolling in postgradu-ates education,ragular institutions of higher education and adult institution of higher education.

25−23 各市(州)卫生人员数(2017)

Number of Employed Persons in Health Care Institutions by Region

单位：人 (person)

市(州)名称	City (Autonomous Prefecture)	总计 Total	卫生技术人员 Medical Technical Personnel	#执业(助理)医师 Licensed (Assistant) Doctors	执业医师 Licensed Doctor	#注册护士 Registered Nurse	#药师(士) (assistant) Pharmacist	#技师(士) (assistant) Laboratory Technician	乡村医生和卫生员 Village Doctors and Assistants	其他技术人员 Other Technical Personnel	管理人员 Administrative Personnel	工勤技能人员 Logistics Technical Workers
贵阳市	Guiyang	55199	44623	16903	15671	20532	1836	2406	1711	2612	3529	2724
六盘水市	Liupanshui	21224	16096	5106	4231	7177	647	986	2333	807	916	1072
遵义市	Zunyi	58394	43889	14432	11774	19241	1754	2433	5868	2737	2496	3404
安顺市	Anshun	15212	11282	3743	3027	4690	432	689	1935	516	778	701
毕节市	Bijie	44825	30396	9205	6206	13753	1035	1633	8470	1648	2583	1728
铜仁市	Tongren	28334	20605	6432	4887	8571	722	1281	4685	778	1206	1060
黔西南州	Qianxinan	21711	15858	5322	4025	6528	624	858	2662	875	1109	1207
黔东南州	Qiandongnan	33121	24729	7896	5610	10045	941	1552	4745	874	1443	1330
黔南州	Qiannan	23880	18392	6496	4953	7433	771	1169	2700	617	1032	1139

注：资料来源于省卫生计生委。（以下相关表同）

Note:Data in the table are obtained from Guizhou Provincial Department of Health and Fanily Planning(the same applies to relative tables below).

25−24 各市(州)每千人口拥有卫生技术人员数(2017)

Medical Technical Personnel in Health Care Institutions Per 1000 Persons by Region

单位：人 (person)

市(州)名称	City (Autonomous Prefecture)	卫生技术人员 Medical Technical Personnel		执业(助理)医师 Licensed(Assistant) Doctors		注册护士 Registered Nurses	
		合计 Total	每千人口拥有 Per 1000 Person	合计 Total	每千人口拥有 Per 1000 Person	合计 Total	每千人口拥有 Per 1000 Person
贵阳市	Guiyang	44623	9.29	16903	3.52	20532	4.28
六盘水市	Liupanshui	16096	5.50	5106	1.75	7177	2.45
遵义市	Zunyi	43889	7.02	14432	2.31	19241	3.08
安顺市	Anshun	11282	4.81	3743	1.60	4690	2.00
毕节市	Bijie	30396	4.56	9205	1.38	13753	2.07
铜仁市	Tongren	20605	6.53	6432	2.04	8571	2.72
黔西南州	Qianxinan	15858	5.54	5322	1.86	6528	2.28
黔东南州	Qiandongnan	24729	7.02	7896	2.24	10045	2.85
黔南州	Qiannan	18392	5.61	6496	1.98	7433	2.27

注：每千人口拥有数按常住人口数计算。

Note: The number of persons per thousand is calculated as the number of permanent residents.

25-25 各市(州) 社区卫生服务中心(站)医疗服务情况(2017)

Medical Services of Community Health Service Centers(Stations) by Region

市(州)名称	City (Autonomous Prefecture)	社区卫生服务中心 Community Health Service Centers						社区卫生服务站 ommunity Health Service Statio	
		诊疗人次(万人次) Visits (10 000 person-times)	入院人数(人) Inpatients (person)	病床使用率(%) Utilization Rate of Beds (%)	出院者平均住院日(日) Average Stay Days in Hospital (day)	医师日均担负诊疗人次(人次) Daily Visits Each Doctor (person-time)	医师日均担负住院床日(日) Daily Inpatients Each Doctor (day)	诊疗人次(万人次) Visits (10 000 person-times)	医师日均担负诊疗人次(人次) Daily Visits Each Doctor (person-time)
贵阳市	Guiyang	99.47	6288	40.46	8.5	8.1	0.5	57.21	9.5
六盘水市	Liupanshui	15.97	3265	96.26	5.5	11.2	1.8	36.68	6.8
遵义市	Zunyi	65.84	39736	62.32	4.5	8.6	1.7	123.81	10.6
安顺市	Anshun	7.09	5772	64.53	4.7	8.6	2.2	19.49	6.1
毕节市	Bijie	49.48	7991	50.04	7.0	11.7	1.3	4.88	15.0
铜仁市	Tongren	41.25	8070	25.23	4.8	9.1	0.6	26.93	10.1
黔西南州	Qianxinan	3.38	502	5.06	2.2	7.1	0.2	48.45	12.1
黔东南州	Qiandongnan	13.24	1538	43.77	4.5	4.5	0.3	0.74	3.0
黔南州	Qiannan	28.49	2003	12.09	6.6	4.8	0.2	11.60	16.6

25-26 各市(州)火灾情况(2017)

Fires by Region

市(州)名称	City (Autonomous Prefecture)	火灾(起) Fire Accidents (case)	死亡(人) Deaths (person)	受伤(人) Injuries (person)	直接财产损失(万元) Direct fire loss (10000 yuan)
贵阳市	Guiyang	1707	21	11	2073
六盘水市	Liupanshui	776	2	5	3056
遵义市	Zunyi	494	1		827
安顺市	Anshun	399		4	1531
毕节市	Bijie	341	12	4	2046
铜仁市	Tongren	729	5	3	1136
黔西南州	Qianxinan	846	9		1560
黔东南州	Qiandongnan	588			487
黔南州	Qiannan	583	2	1	2201

注：1.资料来源于省公安厅；2.公安系统对贵安新区单独统计，本表数据不含贵安新区数。2017年贵安新区发生火灾46起，人员伤亡1人，直接财产损失为30万元。

Note:1.Data in the table are obtained from Guizhou Provincial Department of Public Security.2.The data in this table do not contain the number of Guian new area.The Public security system counts Guian new area alone. In 2015, 10 fires occurred in Guian new area, with no casualties, and the direct property loss was 49 thousand yuan.

25-27 各市(州)医疗卫生机构服务情况(2017)

Services in Hospitals by Region

市(州)名称	City (Autonomous Prefecture)	诊疗人次(万人次) Visits (10 000 person-times)	#医院 Hospital	#农村乡镇卫生院 Rural Township Health Centers	入院人数(万人) Inpatients (10000 persons)	#医院 Hospital	#农村乡镇卫生院 Rural Township Health Centers	出院人数(万人) Patients Discharged from Hosptials (10000 persons)	#医院 Hospital	#农村乡镇卫生院 Rural Township Health Centers
贵阳市	Guiyang	2723.48	1470.78	220.91	95.51	84.30	3.95	95.46	84.19	3.93
六盘水市	Liupanshui	950.94	367.69	264.50	50.14	37.20	9.25	50.48	37.62	9.17
遵义市	Zunyi	3244.12	1227.55	623.24	174.91	123.20	42.58	173.52	122.08	42.35
安顺市	Anshun	688.55	313.88	114.89	38.03	29.54	5.37	37.85	29.40	5.35
毕节市	Bijie	2206.10	764.32	473.67	103.55	83.99	16.30	102.06	82.94	15.86
铜仁市	Tongren	1423.26	512.88	400.81	78.12	59.56	15.12	77.14	58.72	14.98
黔西南州	Qianxinan	1138.84	454.99	198.13	47.05	40.57	4.29	46.31	39.84	4.29
黔东南州	Qiandongnan	1462.84	605.07	382.28	87.11	62.73	21.24	86.71	62.46	21.13
黔南州	Qiannan	1425.09	673.36	383.99	58.14	50.82	5.69	57.56	50.31	5.60

25-27 续表 continued

市(州)名称	City (Autonomous Prefecture)	每百门诊急诊入院人数(人) Inpatientsper 100 Outpatient and Emergency Visits (person)	#医院 Hospital	#农村乡镇卫生院 Rural Township Health Centers	病床使用率(%) Utilization Rate of Beds (%)	#医院 Hospital	#农村乡镇卫生院 Rural Township Health Centers	出院者平均住院日(天) Average Stay Days in Hospital (day)	#医院 Hospital	#农村乡镇卫生院 Rural Township Health Centers
贵阳市	Guiyang	4.84	5.80	1.8	80.38	83.49	39.55	9.9	10.3	5.2
六盘水市	Liupanshui	7.18	10.85	3.59	66.95	75.65	39.98	7.6	8.3	5.3
遵义市	Zunyi	8.58	10.53	7.03	83.47	86.8	74.54	7.2	8.1	5.1
安顺市	Anshun	8.04	9.91	4.94	75.06	81.62	46.4	7.7	8.5	4.4
毕节市	Bijie	8.15	11.56	3.6	62.07	70.83	35.43	7.1	7.5	5.2
铜仁市	Tongren	8.06	12.86	3.89	66.2	76.4	47.77	6.5	6.9	5.2
黔西南州	Qianxinan	6.69	9.30	2.35	60.75	70.05	25.21	6.4	6.7	4.3
黔东南州	Qiandongnan	8.72	10.88	5.96	74.43	83.83	52.82	7.2	8.2	4.4
黔南州	Qiannan	5.21	7.65	1.49	69.14	81.76	27.28	7.6	8.1	4.2

25−28 各县(市、区、特区)地区生产总值(2017)

Gross Domestic Product by County(City,District,Special region)

单位：亿元 (100 million yuan)

县(市、区、特区)名称	County (City，District，Special region)	地区生产总值 Gross Domestic Product	第一产业增加值 Primary Industry	第二产业增加值 Secondary Industry	#工业 Industry	第三产业增加值 Tertiary Industry	2017年比2016年增长(%) Increase Rate in 2017over 2016(%)
南明区	Nanming	731.67	1.88	173.20	53.40	556.60	11.9
云岩区	Yunyan	751.94	0.58	136.16	60.05	615.20	11.2
花溪区	Huaxi	602.28	20.10	357.24	287.73	224.94	12.3
乌当区	Wudang	180.86	15.99	88.31	62.52	76.56	12.0
白云区	Baiyun	220.16	6.37	116.24	100.03	97.55	11.6
观山湖区	Guanshanhu	189.16	3.52	70.77	22.70	114.86	12.7
开阳县	Kaiyang	235.02	31.67	131.69	90.72	71.66	13.1
息烽县	Xifeng	186.68	18.48	90.84	79.68	77.36	12.2
修文县	Xiuwen	187.40	23.01	89.31	68.70	75.08	12.1
清镇市	Qingzhen	314.40	25.74	148.47	62.86	140.19	12.8
钟山区	Zhongshan	467.34	6.30	217.83	190.68	243.20	11.0
六枝特区	Liuzhi	184.26	35.00	58.45	48.35	90.81	12.0
水城县	Shuicheng	258.25	39.60	123.39	104.69	95.26	11.2
盘州市	Panzhou	578.43	53.91	344.31	286.41	180.22	12.5
红花岗区	Honghuagang	479.96	33.63	168.50	128.99	277.83	12.2
汇川区	Huichuan	326.07	25.54	147.63	128.85	152.90	13.5
播州区	Bozhou	313.30	48.15	147.27	116.23	117.88	13.9
桐梓县	Tongzi	159.58	33.59	62.63	42.51	63.36	12.1
绥阳县	Suiyang	113.10	34.71	33.26	19.79	45.13	13.6
正安县	Zhengan	100.64	28.64	22.21	10.43	49.79	15.5
※道真县	Daozhen	65.15	22.23	13.28	6.25	29.65	12.1
※务川县	Wuchuan	69.07	22.85	15.39	5.89	30.83	11.9
凤冈县	Fenggang	77.39	24.91	19.41	11.08	33.07	11.6
湄潭县	Meitan	104.64	30.02	27.36	19.26	47.26	12.0
余庆县	Yuqing	80.86	19.84	23.92	14.90	37.10	9.3
习水县	Xishui	171.20	31.27	78.92	58.51	61.01	14.5
赤水市	Chishui	110.53	18.27	48.38	39.13	43.88	14.4
仁怀市	Renhuai	640.77	28.70	447.45	434.76	164.62	12.3
西秀区	Xixiu	317.77	37.40	109.02	92.52	171.35	13.4
平坝区	Pingba	131.11	19.08	65.26	52.36	46.77	13.8
普定县	Puding	113.00	17.77	44.17	36.53	51.06	13.4
※镇宁县	Zhenning	101.52	18.47	25.73	14.10	57.32	14.3
※关岭县	Guanling	88.05	21.31	18.91	6.97	47.83	11.0
※紫云县	Ziyun	64.41	21.67	9.98	5.22	32.76	9.9
七星关区	Qixingguan	372.11	65.85	118.36	95.00	187.90	12.2
大方县	Dafang	223.37	42.56	89.90	70.10	90.90	11.6
黔西县	Qianxi	215.24	36.45	90.06	67.16	88.73	12.0
金沙县	Jinsha	253.45	30.92	137.48	115.31	85.05	12.7
织金县	Zhijin	195.16	38.69	70.09	46.09	86.37	12.8
纳雍县	Nayong	211.00	32.09	107.64	90.40	71.27	12.3
※威宁县	Weining	250.73	81.61	63.00	46.73	106.12	12.9
赫章县	Hezhang	144.03	45.60	29.47	23.11	68.96	12.1
碧江区	Bijiang	159.58	14.04	62.36	43.76	83.18	12.5
万山区	Wanshan	48.16	9.81	19.88	14.94	18.47	12.4

注：1.※为少数民族自治县(以下相关表同)。2.表中绝对数按当年价格计算，增长速度按可比价格计算。

Note:1.Counties with ※ refer to autonomous counties (the relative tables in this chapter are the same).2.Absolute Figures in the table are calculated at prices,and increase rates are calculated at comparable prices.

25-28 续表 continued

单位：亿元 (100 million yuan)

县(市、区、特区)名 称	County (City, District, Special region)	地区生产总值 Gross Domestic Product	第一产业增加值 Primary Industry	第二产业增加值 Secondary Industry	#工 业 Industry	第三产业增加值 Tertiary Industry	2017年比2016年增长(%) Increase Rate in 2017over 2016(%)
江口县	Jiangkou	56.07	14.91	14.07	6.46	27.09	11.4
※玉屏县	Yuping	78.63	9.60	42.72	38.34	26.31	11.7
石阡县	Shiqian	79.06	26.17	11.57	6.71	41.32	12.1
思南县	Sinan	130.07	34.99	30.85	19.36	64.23	11.9
※印江县	Yinjiang	95.37	26.54	17.78	12.11	51.05	12.1
德江县	Dejiang	107.22	26.75	21.70	13.04	58.77	12.2
※沿河县	Yanhe	103.23	28.66	19.75	10.49	54.82	12.2
※松桃县	Songtao	127.46	28.25	42.40	34.72	56.81	12.0
兴义市	Xingyi	416.63	39.10	143.26	121.36	234.27	12.7
兴仁县	Xingren	151.93	28.62	48.50	36.36	74.81	13.4
普安县	Puan	81.94	18.42	32.08	25.13	31.45	13.3
晴隆县	Qinglong	75.44	18.18	23.08	16.79	34.18	12.4
贞丰县	Zhenfeng	122.85	27.09	53.61	44.57	42.15	13.6
望谟县	Wangmo	65.37	24.54	7.19	3.65	33.64	14.0
册亨县	Ceheng	51.89	19.28	5.26	3.57	27.35	13.3
安龙县	Anlong	118.73	28.85	34.51	27.93	55.37	14.1
凯里市	Kaili	231.04	15.64	53.15	36.87	162.25	0.5
黄平县	Huangping	57.71	17.62	6.56	3.01	33.53	10.0
施秉县	Shibing	37.94	9.07	8.60	5.98	20.27	5.8
三穗县	Sansui	43.60	8.67	9.80	4.63	25.13	9.0
镇远县	Zhenyuan	67.69	13.20	22.41	16.90	32.08	7.0
岑巩县	Cengong	46.51	8.79	13.41	11.67	24.31	7.5
天柱县	Tianzhu	79.07	17.53	22.94	17.20	38.61	6.4
锦屏县	Jinping	42.72	8.67	12.59	11.56	21.46	4.3
剑河县	Jianhe	44.44	11.69	6.78	3.53	25.97	7.2
台江县	Taijiang	33.80	7.27	6.00	3.57	20.53	10.3
黎平县	Liping	83.42	19.37	13.98	5.94	50.07	8.5
榕江县	Rongjiang	63.17	17.38	17.27	6.95	28.52	9.4
从江县	Congjiang	60.91	17.54	15.25	3.50	28.12	8.0
雷山县	Leishan	31.83	7.47	5.07	2.20	19.28	12.1
麻江县	Majiang	32.70	8.44	7.82	6.53	16.45	6.2
丹寨县	Danzhai	31.15	7.53	6.96	4.69	16.67	6.6
都匀市	Duyun	213.00	16.98	75.34	44.57	120.68	12.7
福泉市	Fuquan	155.53	15.23	69.66	50.80	70.63	13.8
荔波县	Libo	56.34	9.78	15.59	12.25	30.97	11.9
贵定县	Guiding	88.76	11.86	39.64	28.46	37.27	13.2
瓮安县	Wengan	129.90	25.20	45.88	40.35	58.83	13.0
独山县	Dushan	82.63	18.63	24.92	22.43	39.08	13.0
平塘县	Pingtang	64.18	20.44	11.49	7.06	32.25	12.7
罗甸县	Luodian	73.72	16.56	25.50	19.54	31.67	12.1
长顺县	Changshun	59.91	13.64	15.26	13.09	31.02	12.3
龙里县	Longli	89.44	10.49	55.38	44.31	23.58	13.4
惠水县	Huishui	98.70	24.35	31.45	25.65	42.90	12.1
※三都县	Sandu	67.29	19.14	10.68	4.19	37.47	12.4

25-29 各县(市、区、特区)人均地区生产总值(2017)

Per Capita Gross Domestic Product by County(City, District, Special region)

单位：元 (yuan)

县(市、区、特区)名称	County (City, District, Special region)	人均地区生产总值 Per Capita Gross Domestic Product(yuan)	增长速度(%) Increase Rate in 2017 over 2016(%)
南明区	Nanming	80605	9.4
云岩区	Yunyan	75523	11.1
花溪区	Huaxi	91313	10.1
乌当区	Wudang	73507	9.8
白云区	Baiyun	76694	9.4
观山湖区	Guanshanhu	67859	5.0
开阳县	Kaiyang	62157	11.0
息烽县	Xifeng	79219	8.7
修文县	Xiuwen	68536	10.0
清镇市	Qingzhen	64505	10.9
钟山区	Zhongshan	77055	10.8
六枝特区	Liuzhi	36650	11.5
水城县	Shuicheng	34468	10.2
盘州市	Panzhou	54724	11.7
红花岗区	Honghuagang	56158	11.5
汇川区	Huichuan	57090	12.8
播州区	Bozhou	45807	13.3
桐梓县	Tongzi	30232	11.7
绥阳县	Suiyang	29496	13.2
正安县	Zhengan	25958	15.1
※道真县	Daozhen	26378	11.8
※务川县	Wuchuan	21400	11.5
凤冈县	Fenggang	24706	11.3
湄潭县	Meitan	27424	11.5
余庆县	Yuqing	33841	8.9
习水县	Xishui	32810	14.2
赤水市	Chishui	45214	13.8
仁怀市	Renhuai	114454	11.7
西秀区	Xixiu	40688	12.6
平坝区	Pingba	41139	11.8
普定县	Puding	28797	13.2
※镇宁县	Zhenning	35459	13.8
※关岭县	Guanling	30884	10.6
※紫云县	Ziyun	23593	9.4
七星关区	Qixingguan	32162	11.8
大方县	Dafang	28281	11.1
黔西县	Qianxi	30397	11.5
金沙县	Jinsha	44442	12.2
织金县	Zhijin	24465	12.3
纳雍县	Nayong	30943	11.9
※威宁县	Weining	19506	12.4
赫章县	Hezhang	21799	11.6
碧江区	Bijiang	50182	10.9
万山区	Wanshan	40900	10.4
江口县	Jiangkou	32077	10.9
※玉屏县	Yuping	63131	8.4
石阡县	Shiqian	25799	11.8
思南县	Sinan	25879	11.6
※印江县	Yinjiang	33288	11.6
德江县	Dejiang	28799	12.1
※沿河县	Yanhe	22783	11.9
※松桃县	Songtao	25867	11.6
兴义市	Xingyi	50299	10.1
兴仁县	Xingren	36165	12.9
普安县	Puan	32040	13.6
晴隆县	Qinglong	30573	12.5
贞丰县	Zhenfeng	39571	12.8
望谟县	Wangmo	27474	15.3
册亨县	Ceheng	27817	14.8
安龙县	Anlong	32685	13.6
凯里市	Kaili	42459	-0.2
黄平县	Huangping	21772	9.4
施秉县	Shibing	28764	5.2
三穗县	Sansui	27843	8.3
镇远县	Zhenyuan	32933	6.4
岑巩县	Cengong	28709	6.9
天柱县	Tianzhu	30089	5.8
锦屏县	Jinping	27542	3.7
剑河县	Jianhe	24391	6.6
台江县	Taijiang	30169	9.7
黎平县	Liping	21277	8.0
榕江县	Rongjiang	21896	8.8
从江县	Congjiang	20805	7.4
雷山县	Leishan	26983	11.5
麻江县	Majiang	26522	5.5
丹寨县	Danzhai	25205	5.9
都匀市	Duyun	45904	11.3
福泉市	Fuquan	52686	13.3
荔波县	Libo	43542	10.5
贵定县	Guiding	36641	12.7
瓮安县	Wengan	33087	12.5
独山县	Dushan	30463	12.6
平塘县	Pingtang	26641	12.3
罗甸县	Luodian	28345	11.4
长顺县	Changshun	31894	11.9
龙里县	Longli	55504	12.9
惠水县	Huishui	27683	11.6
※三都县	Sandu	24942	11.9

25−30 各县(市、区、特区)年末常住人口

Permanent Population at Year-end by County (City, District, Special region)

单位：万人 (10000 persons)

县(市、区、特区)名称	County (City, District, Special region)	2013	2014	2015	2016	2017
南明区	Nanming	86.30	87.07	87.97	89.64	91.90
云岩区	Yunyan	99.09	99.21	99.44	99.54	99.59
花溪区	Huaxi	63.08	63.34	64.17	65.21	66.71
乌当区	Wudang	23.23	23.47	23.91	24.33	24.88
白云区	Baiyun	27.18	27.35	27.90	28.39	29.02
观山湖区	Guanshanhu	22.72	23.66	25.15	26.78	28.97
开阳县	Kaiyang	36.29	36.42	36.86	37.39	38.23
息烽县	Xifeng	21.90	22.01	22.50	23.16	23.97
修文县	Xiuwen	25.91	26.19	26.65	27.04	27.65
清镇市	Qingzhen	46.49	46.88	47.64	48.20	49.28
钟山区	Zhongshan	59.78	60.08	60.23	60.84	60.46
六枝特区	Liuzhi	49.66	49.78	49.90	50.15	50.40
水城县	Shuicheng	73.86	74.01	74.26	74.36	75.49
盘州市	Panzhou	104.15	104.33	104.60	105.34	106.06
红花岗区	Honghuagang	67.48	67.74	68.46	85.26	85.67
汇川区	Huichuan	45.23	45.36	45.99	56.98	57.25
播州区	Bozhou	93.64	93.90	94.39	68.28	68.51
桐梓县	Tongzi	52.20	52.38	52.54	52.73	52.84
绥阳县	Suiyang	38.15	37.96	38.11	38.30	38.39
正安县	Zhengan	38.33	38.39	38.57	38.72	38.82
※道真县	Daozhen	24.38	24.47	24.59	24.67	24.73
※务川县	Wuchuan	31.87	31.95	32.09	32.24	32.31
凤冈县	Fenggang	30.98	31.03	31.19	31.29	31.36
湄潭县	Meitan	37.64	37.71	37.90	38.11	38.20
余庆县	Yuqing	23.57	23.62	23.74	23.86	23.93
习水县	Xishui	51.77	51.80	51.96	52.11	52.25
赤水市	Chishui	24.04	24.09	24.21	24.41	24.48
仁怀市	Renhuai	54.98	55.09	55.47	55.88	56.09
西秀区	Xixiu	76.64	76.90	77.21	77.90	78.30
平坝区	Pingba	29.83	29.93	31.12	31.50	32.25
普定县	Puding	37.89	38.02	39.10	39.20	39.28
※镇宁县	Zhenning	28.40	28.49	28.45	28.55	28.70
※关岭县	Guanling	30.21	30.28	28.36	28.46	28.56
※紫云县	Ziyun	27.08	27.19	27.11	27.25	27.35
七星关区	Qixingguan	113.47	113.50	114.93	115.55	115.85
大方县	Dafang	77.90	77.94	78.45	78.87	79.08
黔西县	Qianxi	68.99	69.02	70.33	70.71	70.91
金沙县	Jinsha	55.59	55.62	56.65	56.95	57.11
织金县	Zhijin	78.53	78.55	79.23	79.66	79.87
纳雍县	Nayong	67.28	67.31	67.73	68.10	68.28
※威宁县	Weining	126.73	126.82	127.68	128.37	128.71
赫章县	Hezhang	65.33	65.36	65.62	65.97	66.16
碧江区	Bijiang	30.54	30.93	31.16	31.58	32.02
万山区	Wanshan	11.43	11.48	11.51	11.65	11.90

注：由于行政区划调整，2013年花溪区、乌当区、观山湖区、清镇市、凯里市、麻江县数据为现行行政区划统计数。2016年红花岗区、汇川区、播州区数据为现行政区划统计数。

Note：Due to the adjustment of administrative divisions, 2013 Huaxi District, Wudang District, Guanshanhu District, Qingzhen City, Kaili City, Majiang County for the current administrative statistics data. In 2016, Honghuagang District Huichuan District, Bozhou District data for now administrative division of statistics.

25-30 续表 continued

单位：万人 (10000 persons)

县(市、区、特区)名 称	County(City, District, Special region)	2013	2014	2015	2016	2017
江口县	Jiangkou	17.29	17.36	17.37	17.44	17.52
※玉屏县	Yuping	11.93	11.99	12.03	12.14	12.77
石阡县	Shiqian	30.42	30.47	30.51	30.64	30.65
思南县	Sinan	49.90	49.95	50.01	50.23	50.29
※印江县	Yinjiang	28.40	28.46	28.48	28.58	28.72
德江县	Dejiang	36.80	37.05	37.11	37.26	37.20
※沿河县	Yanhe	45.02	45.03	45.08	45.30	45.32
※松桃县	Songtao	48.67	48.93	48.98	49.25	49.30
兴义市	Xingyi	78.88	78.86	79.36	82.40	83.26
兴仁县	Xingren	41.98	41.78	41.78	41.85	42.17
普安县	Puan	25.61	25.60	25.80	25.50	25.65
晴隆县	Qinglong	24.81	24.80	24.80	24.60	24.75
贞丰县	Zhenfeng	30.55	30.54	30.74	30.87	31.22
望谟县	Wangmo	25.26	24.46	24.48	23.65	23.94
册亨县	Ceheng	19.15	19.14	19.16	18.65	18.66
安龙县	Anlong	35.98	35.94	36.04	36.30	36.35
凯里市	Kaili	53.29	53.41	53.81	54.31	54.52
黄平县	Huangping	26.30	26.25	26.28	26.44	26.57
施秉县	Shibing	13.08	13.06	13.08	13.16	13.22
三穗县	Sansui	15.57	15.50	15.52	15.62	15.70
镇远县	Zhenyuan	20.40	20.36	20.39	20.51	20.60
岑巩县	Cengong	16.14	16.04	16.06	16.16	16.24
天柱县	Tianzhu	26.08	26.04	26.07	26.21	26.35
锦屏县	Jinping	15.38	15.35	15.37	15.47	15.55
剑河县	Jianhe	18.09	18.06	18.08	18.18	18.26
台江县	Taijiang	11.12	11.10	11.11	11.18	11.23
黎平县	Liping	38.93	38.86	38.91	39.11	39.30
榕江县	Rongjiang	28.67	28.59	28.63	28.78	28.92
从江县	Congjiang	29.12	29.02	29.06	29.21	29.34
雷山县	Leishan	11.70	11.68	11.70	11.77	11.82
麻江县	Majiang	12.22	12.20	12.22	12.30	12.36
丹寨县	Danzhai	12.25	12.23	12.25	12.33	12.39
都匀市	Duyun	45.54	45.48	45.57	46.09	46.71
福泉市	Fuquan	29.24	29.20	29.32	29.44	29.60
荔波县	Libo	12.73	12.71	12.72	12.84	13.04
贵定县	Guiding	23.92	23.92	24.04	24.19	24.26
瓮安县	Wengan	38.86	38.82	38.94	39.21	39.31
独山县	Dushan	26.95	26.93	26.95	27.09	27.16
平塘县	Pingtang	23.88	23.88	23.94	24.05	24.13
罗甸县	Luodian	25.64	25.65	25.77	25.93	26.09
长顺县	Changshun	18.64	18.62	18.66	18.75	18.82
龙里县	Longli	16.03	15.99	16.04	16.07	16.16
惠水县	Huishui	35.37	35.35	35.46	35.54	35.77
※三都县	Sandu	26.73	26.74	26.80	26.92	27.04

25−31 各县(市、区、特区)户籍人口(2017)
Household Registered Population by County (City, District, Special region)

单位：万人 (10000 persons)

县(市、区、特区)名称	County (City, District, Special region)	年末总人口 Permanent Population at the year-end	县(市、区、特区)名称	County (City, District, Special region)	年末总人口 Permanent Population at the year-end
南明区	Nanming	62.62	万山区	Wanshan	16.74
云岩区	Yunyan	64.87	江口县	Jiangkou	24.63
花溪区	Huaxi	51.04	※玉屏县	Yuping	15.88
乌当区	Wudang	21.42	石阡县	Shiqian	41.44
白云区	Baiyun	21.90	思南县	Sinan	68.14
观山湖区	Guanshanhu	28.70	※印江县	Yinjiang	45.12
开阳县	Kaiyang	45.26	德江县	Dejiang	55.04
息烽县	Xifeng	27.25	※沿河县	Yanhe	68.30
修文县	Xiuwen	32.40	※松桃县	Songtao	72.65
清镇市	Qingzhen	52.86			
			兴义市	Xingyi	87.87
钟山区	Zhongshan	47.92	兴仁县	Xingren	56.24
六枝特区	Liuzhi	73.27	普安县	Puan	34.89
水城县	Shuicheng	94.12	晴隆县	Qinglong	34.22
盘州市	Panxian	126.24	贞丰县	Zhenfeng	42.21
			望谟县	Wangmo	32.25
红花岗区	Honghuagang	55.02	册亨县	Ceheng	24.41
汇川区	Huichuan	39.03	安龙县	Anlong	48.53
播州区	Bozhou	126.82			
桐梓县	Tongzi	74.11	凯里市	Kaili	57.01
绥阳县	Suiyang	56.14	黄平县	Huangping	38.61
正安县	Zhengan	65.65	施秉县	Shibing	17.43
※道真县	Daozhen	35.09	三穗县	Sansui	22.90
※务川县	Wuchuan	47.35	镇远县	Zhenyuan	27.49
凤冈县	Fenggang	44.52	岑巩县	Cengong	23.50
湄潭县	Meitan	50.66	天柱县	Tianzhu	41.48
余庆县	Yuqing	30.75	锦屏县	Jinping	23.43
习水县	Xishui	76.73	剑河县	Jianhe	27.07
赤水市	Chishui	31.71	台江县	Taijiang	16.76
仁怀市	Renhuai	71.55	黎平县	Liping	55.92
			榕江县	Rongjiang	36.95
西秀区	Xixiu	92.00	从江县	Congjiang	36.96
平坝区	Pingba	37.46	雷山县	Leishan	16.19
普定县	Puding	50.54	麻江县	Majiang	16.79
※镇宁县	Zhenning	40.50	丹寨县	Danzhai	17.50
※关岭县	Guanling	40.08			
※紫云县	Ziyun	39.96	都匀市	Duyun	50.01
			福泉市	Fuquan	33.54
七星关区	Qixingguan	164.85	荔波县	Libo	18.15
大方县	Dafang	119.92	贵定县	Guiding	30.01
黔西县	Qianxi	100.19	瓮安县	Wengan	48.97
金沙县	Jinsha	70.63	独山县	Dushan	35.46
织金县	Zhijin	122.57	平塘县	Pingtang	33.18
纳雍县	Nayong	104.87	罗甸县	Luodian	35.99
※威宁县	Weining	153.39	长顺县	Changshun	26.87
赫章县	Hezhang	86.22	龙里县	Longli	23.69
			惠水县	Huishui	46.73
碧江区	Bijiang	32.29	※三都县	Sandu	37.28

注：资料来源于省公安厅。
Note: Data in the table above are obtained from the Public Security Department of Guizhou Province.

25−32 各县(市、区、特区)一般公共预算收入(2017)

General Public Financial Budget Revenue by County (City, District, Special region)

县(市、区、特区)名 称	County (City,District,Special region)	一般公共预算收入(亿元) General Public Budget Revenue(10000 yuan)	#增值税 Value added Tax	2017年比2016年增长(%) Increase Rate in 2017 over 2016(%)
南明区	Nanming	39.47	11.24	2.3
云岩区	Yunyan	32.65	10.62	5.2
花溪区	Huaxi	41.89	11.02	14.8
乌当区	Wudang	20.69	4.96	7.5
白云区	Baiyun	29.68	9.44	11.4
观山湖区	Guanshanhu	42.51	9.54	9.0
开阳县	Kaiyang	14.75	2.02	9.2
息烽县	Xifeng	7.90	1.46	8.9
修文县	Xiuwen	9.12	2.11	6.4
清镇市	Qingzhen	16.17	3.77	9.0
钟山区	Zhongshan	24.03	2.80	8.8
六枝特区	Liuzhi	13.01	1.27	5.3
水城县	Shuicheng	21.52	2.36	4.5
盘州市	Panzhou	50.53	9.81	4.1
红花岗区	Honghuagang	27.68	8.67	24.7
汇川区	Huichuan	16.77	6.26	11.7
播州区	Bozhou	19.93	4.64	12.2
桐梓县	Tongzi	6.06	1.57	15.5
绥阳县	Suiyang	6.21	1.13	16.0
正安县	Zhengan	8.12	1.27	59.4
※道真县	Daozhen	4.49	0.80	11.8
※务川县	Wuchuan	5.14	1.00	25.6
凤冈县	Fenggang	2.94	0.70	10.8
湄潭县	Meitan	4.64	1.08	6.6
余庆县	Yuqing	4.31	0.96	-0.7
习水县	Xishui	8.55	2.86	20.7
赤水市	Chishui	5.79	1.25	11.7
仁怀市	Renhuai	44.98	23.51	22.3
西秀区	Xixiu	27.51	5.33	18.2
平坝区	Pingba	11.89	2.64	15.3
普定县	Puding	7.43	1.06	12.3
※镇宁县	Zhenning	6.75	0.89	8.2
※关岭县	Guanling	4.81	0.78	11.0
※紫云县	Ziyun	4.67	0.66	-1.5
七星关区	Qixingguan	25.50	5.82	8.0
大方县	Dafang	7.50	1.25	13.0
黔西县	Qianxi	9.01	1.82	9.1
金沙县	Jinsha	19.00	4.03	15.0
织金县	Zhijin	8.66	2.64	16.7
纳雍县	Nayong	8.62	1.11	13.1
※威宁县	Weining	11.20	1.86	15.4
赫章县	Hezhang	4.42	0.83	14.4
碧江区	Bijiang	12.91	3.52	15.0
万山区	Wanshan	3.31	0.89	16.7

注：资料来源于省财政厅(下表同)。

Note:Data in the table are obtained from Guizhou Provincial Financial Department(the same applies to the next table).

25－32 续表 continued

县(市、区、特区)名 称	County (City,District,Special region)	一般公共预算收入(亿元) General Public Budget Revenue (10000 yuan)	#增值税 Value Added Tax	2017年比2016年增长(%) Increase Rate in 2017over 2016(%)
江口县	Jiangkou	1.92	0.50	12.2
※玉屏县	Yuping	5.03	1.12	15.8
石阡县	Shiqian	3.78	0.86	14.7
思南县	Sinan	5.11	1.32	3.9
※印江县	Yinjiang	2.79	0.65	11.8
德江县	Dejiang	5.63	1.30	12.1
※沿河县	Yanhe	4.73	1.22	15.7
※松桃县	Songtao	6.81	1.37	3.7
兴义市	Xingyi	36.30	4.12	1.0
兴仁县	Xingren	15.16	1.65	5.6
普安县	Puan	8.48	0.80	4.7
晴隆县	Qinglong	5.62	0.89	5.4
贞丰县	Zhenfeng	11.31	1.08	3.1
望谟县	Wangmo	3.40	0.81	11.1
册亨县	Ceheng	3.39	0.43	9.7
安龙县	Anlong	10.06	1.67	20.5
凯里市	Kaili	24.17	5.12	-32.4
黄平县	Huangping	3.22	0.50	-5.6
施秉县	Shibing	1.88	0.43	-32.6
三穗县	Sansui	3.13	0.34	-11.3
镇远县	Zhenyuan	5.81	0.71	-27.1
岑巩县	Cengong	3.26	0.54	-18.9
天柱县	Tianzhu	5.51	0.79	-4.0
锦屏县	Jinping	2.18	0.48	2.1
剑河县	Jianhe	3.47	0.41	-14.0
台江县	Taijiang	2.37	0.31	-1.0
黎平县	Liping	3.64	0.62	-32.3
榕江县	Rongjiang	4.85	0.67	-19.5
从江县	Congjiang	4.05	0.63	-12.7
雷山县	Leishan	2.23	0.31	-13.2
麻江县	Majiang	1.20	0.27	-45.7
丹寨县	Danzhai	1.40	0.29	-6.4
都匀市	Duyun	20.84	3.85	19.3
福泉市	Fuquan	15.50	2.36	9.9
荔波县	Libo	3.68	0.84	17.4
贵定县	Guiding	7.01	1.04	10.4
瓮安县	Wengan	13.60	2.12	12.5
独山县	Dushan	4.50	1.12	12.4
平塘县	Pingtang	3.39	0.85	12.6
罗甸县	Luodian	3.77	1.34	13.2
长顺县	Changshun	3.07	0.57	-10.6
龙里县	Longli	10.94	2.15	20.2
惠水县	Huishui	6.82	1.42	5.1
※三都县	Sandu	3.55	0.82	17.2

25−33 各县(市、区、特区)一般公共预算支出(2017)

General Public Budget Expenditure by County (City, District, Special region)

县（市、区、特区）名　称	County (City,District, Special region)	一般公共预算支出(亿元) General Public Budget Expenditures (10000 yuan)	#教育支出 Expenditure for Education	2017年比2016年增长(%) Increase Rate in 2017 over 2016(%)
南明区	Nanming	53.40	12.12	11.8
云岩区	Yunyan	49.33	11.11	5.1
花溪区	Huaxi	77.37	13.05	27.8
乌当区	Wudang	29.79	5.39	7.3
白云区	Baiyun	40.13	6.74	3.9
观山湖区	Guanshanhu	56.67	4.98	13.6
开阳县	Kaiyang	31.76	7.79	4.2
息烽县	Xifeng	25.93	5.02	6.1
修文县	Xiuwen	25.21	5.77	0.8
清镇市	Qingzhen	36.11	10.99	0.4
钟山区	Zhongshan	35.48	11.08	0.1
六枝特区	Liuzhi	48.95	11.62	9.7
水城县	Shuicheng	63.81	14.84	3.7
盘州市	Panzhou	94.22	20.45	-5.5
红花岗区	Honghuagang	63.89	12.09	11.0
汇川区	Huichuan	42.24	7.42	29.9
播州区	Bozhou	52.65	12.83	10.3
桐梓县	Tongzi	43.63	8.86	34.9
绥阳县	Suiyang	32.53	6.38	25.8
正安县	Zhengan	39.40	9.54	30.2
※道真县	Daozhen	25.07	5.59	14.0
※务川县	Wuchuan	31.35	6.71	18.9
凤冈县	Fenggang	29.56	5.66	23.7
湄潭县	Meitan	31.23	7.44	19.4
余庆县	Yuqing	20.44	5.60	13.5
习水县	Xishui	46.96	10.64	18.0
赤水市	Chishui	32.48	4.56	26.1
仁怀市	Renhuai	61.60	15.06	10.5
西秀区	Xixiu	63.06	12.82	-0.8
平坝区	Pingba	39.50	7.77	40.1
普定县	Puding	30.68	6.68	11.4
※镇宁县	Zhenning	32.83	5.16	18.2
※关岭县	Guanling	28.07	5.01	20.4
※紫云县	Ziyun	27.94	5.63	16.4
七星关区	Qixingguan	69.97	20.26	10.0
大方县	Dafang	50.28	14.19	9.9
黔西县	Qianxi	38.86	8.87	3.7
金沙县	Jinsha	49.70	8.83	6.8
织金县	Zhijin	55.64	13.88	9.5
纳雍县	Nayong	48.19	13.78	12.8
※威宁县	Weining	70.94	24.08	5.6
赫章县	Hezhang	43.22	12.30	20.6
碧江区	Bijiang	30.78	7.55	10.4
万山区	Wanshan	22.06	4.23	28.1

25－33 续表 continued

县（市、区、特区）名 称	County (City,District, Special region)	一般公共预算支出(亿元) General Public Budget Expenditures (10000 yuan)	#教育支出 Expenditure for Education	2017年比2016年增长(%) Increase Rate in 2017 over 2016(%)
江口县	Jiangkou	21.13	4.56	3.7
※玉屏县	Yuping	23.84	3.48	25.2
石阡县	Shiqian	33.43	7.87	2.9
思南县	Sinan	49.40	11.36	17.6
※印江县	Yinjiang	39.91	8.58	30.4
德江县	Dejiang	47.44	11.57	30.2
※沿河县	Yanhe	47.70	12.00	18.9
※松桃县	Songtao	42.69	11.83	13.5
兴义市	Xingyi	70.47	20.32	1.1
兴仁县	Xingren	41.61	9.93	2.0
普安县	Puan	29.41	6.36	7.4
晴隆县	Qinglong	25.57	6.05	1.8
贞丰县	Zhenfeng	35.42	10.68	2.5
望谟县	Wangmo	29.92	8.35	17.3
册亨县	Ceheng	23.78	4.84	32.5
安龙县	Anlong	35.54	10.13	1.9
凯里市	Kaili	48.60	12.23	-13.2
黄平县	Huangping	24.83	5.74	23.2
施秉县	Shibing	14.99	2.49	2.2
三穗县	Sansui	17.66	4.70	11.0
镇远县	Zhenyuan	19.23	4.02	-2.0
岑巩县	Cengong	20.67	4.46	20.8
天柱县	Tianzhu	28.10	5.94	13.5
锦屏县	Jinping	18.66	3.39	9.5
剑河县	Jianhe	23.08	4.76	17.5
台江县	Taijiang	16.58	3.60	2.7
黎平县	Liping	33.14	7.79	8.4
榕江县	Rongjiang	26.49	6.68	1.4
从江县	Congjiang	28.30	5.70	13.6
雷山县	Leishan	15.76	3.52	-4.6
麻江县	Majiang	14.48	2.73	11.8
丹寨县	Danzhai	14.70	3.34	5.7
都匀市	Duyun	43.39	8.95	13.3
福泉市	Fuquan	32.52	6.24	6.8
荔波县	Libo	20.83	4.42	9.5
贵定县	Guiding	24.09	4.85	9.4
瓮安县	Wengan	34.76	7.99	15.8
独山县	Dushan	27.17	4.94	18.8
平塘县	Pingtang	23.61	5.35	3.8
罗甸县	Luodian	28.22	5.54	29.4
长顺县	Changshun	20.44	3.97	14.7
龙里县	Longli	27.74	5.55	20.4
惠水县	Huishui	31.80	7.49	19.5
※三都县	Sandu	25.98	6.38	10.3

25–34 各县(市、区、特区)城镇常住居民人均可支配收入(2017)

Per Capita Disposable income of Urban Households by County (City, District, Special region)

单位：元 (yuan)

县(市、区、特区)名 称	County (City,District, Special region)	城镇常住居民人均可支配收入 Per Capita Disposable Income of Urban Households	2017年比2016年增长(%) Increase Rate in 2017 over 2016 (%)
南明区	Nanming	32895	8.9
云岩区	Yunyan	32959	8.9
花溪区	Huaxi	31559	9.3
乌当区	Wudang	31420	9.4
白云区	Baiyun	31507	9.1
观山湖区	Guanshanhu	31657	9.2
开阳县	Kaiyang	31482	9.7
息烽县	Xifeng	30185	9.6
修文县	Xiuwen	31302	9.5
清镇市	Qingzhen	31317	9.5
钟山区	Zhongshan	29741	9.5
六枝特区	Liuzhi	25826	10.1
水城县	Shuicheng	25867	10.2
盘州市	Panzhou	26752	9.0
红花岗区	Honghuagang	32089	8.8
汇川区	Huichuan	32089	8.8
播州区	Bozhou	31326	9.1
桐梓县	Tongzi	26662	9.3
绥阳县	Suiyang	27706	9.6
正安县	Zhengan	26659	10.0
※道真县	※Daozhen	26645	9.9
※务川县	※Wuchuan	26594	9.7
凤冈县	Fenggang	26639	9.5
湄潭县	Meitan	29536	8.1
余庆县	Yuqing	26721	9.1
习水县	Xishui	27344	9.7
赤水市	Chishui	28606	9.6
仁怀市	Renhuai	31406	9.5
西秀区	Xixiu	28935	9.5
平坝区	Pingba	26791	9.3
普定县	Puding	25925	9.2
※镇宁县	※Zhenning	25678	9.5
※关岭县	※Guanling	25427	9.4
※紫云县	※Ziyun	24427	9.2
七星关区	Qixingguan	29029	8.8
大方县	Dafang	26301	9.0
黔西县	Qianxi	26813	8.1
金沙县	Jinsha	29054	8.5
织金县	Zhijin	26375	9.3
纳雍县	Nayong	26556	9.7
※威宁县	※Weining	26182	8.6
赫章县	Hezhang	26176	8.6
碧江区	Bijiang	29135	9.4
万山区	Wanshan	27767	9.3
江口县	Jiangkou	26727	9.1
※玉屏县	※Yuping	27849	9.0
石阡县	Shiqian	25986	9.2
思南县	Sinan	26212	9.6
※印江县	※Yinjiang	26031	9.1
德江县	Dejiang	26298	9.7
※沿河县	※Yanhe	25833	9.5
※松桃县	※Songtao	26171	9.8
兴义市	Xingyi	29561	8.5
兴仁县	Xingren	26979	10.3
普安县	Puan	26610	9.3
晴隆县	Qinglong	26222	8.2
贞丰县	Zhenfeng	26794	10.0
望谟县	Wangmo	26049	9.6
册亨县	Ceheng	26187	8.4
安龙县	Anlong	26714	9.7
凯里市	Kaili	29355	9.6
黄平县	Huangping	27280	9.2
施秉县	Shibing	26805	8.7
三穗县	Sansui	27696	10.1
镇远县	Zhenyuan	27418	9.9
岑巩县	Cengong	26981	8.6
天柱县	Tianzhu	27083	9.5
锦屏县	Jinping	26716	8.5
剑河县	Jianhe	27211	9.1
台江县	Taijiang	26243	8.8
黎平县	Liping	27188	8.9
榕江县	Rongjiang	26875	9.4
从江县	Congjiang	27529	10.2
雷山县	Leishan	27128	10.0
麻江县	Majiang	26756	9.0
丹寨县	Danzhai	27482	9.8
都匀市	Duyun	30904	9.1
福泉市	Fuquan	29296	10.0
荔波县	Libo	27925	9.6
贵定县	Guiding	27415	10.3
瓮安县	Wengan	28899	9.7
独山县	Dushan	27914	10.4
平塘县	Pingtang	26856	9.9
罗甸县	Luodian	26720	8.6
长顺县	Changshun	26280	9.6
龙里县	Longli	29174	10.2
惠水县	Huishui	28286	9.7
※三都县	※Sandu	26282	9.6

注：增长速度未扣除价格因素。（下表同）

Note: The Increase Rate has not deducted price factors (the same applies in the following tables)

25－35 各县(市、区、特区)农村常住居民人均可支配收入(2017)

Per Capita Net Income of Rural Households by County (City, District, Special region)

单位：元 (yuan)

县(市、区、特区)名 称	County (City,District, Special region)	农村常住居民人均可支配收入 Per Capita Annual Disposable Income of Rural Households	2017年比2016年增长(%) Increase Rate in2017 over 2016(%)
南明区	Nanming	16434	9.5
云岩区	Yunyan	16520	9.3
花溪区	Huaxi	14782	9.8
乌当区	Wudang	15574	9.7
白云区	Baiyun	16511	9.4
观山湖区	Guanshanhu	15730	9.6
开阳县	Kaiyang	13640	10.3
息烽县	Xifeng	13089	10.4
修文县	Xiuwen	13130	10.3
清镇市	Qingzhen	13885	10.1
钟山区	Zhongshan	11945	9.6
六枝特区	Liuzhi	8698	10.4
水城县	Shuicheng	8470	10.2
盘州市	Panzhou	9347	10.3
红花岗区	Honghuagang	13284	9.2
汇川区	Huichuan	13306	9.3
播州区	Bozhou	12945	9.9
桐梓县	Tongzi	10795	10.1
绥阳县	Suiyang	11538	10.2
正安县	Zhengan	9189	10.8
※道真县	※Daozhen	9178	10.7
※务川县	※Wuchuan	9124	10.5
凤冈县	Fenggang	10198	10.0
湄潭县	Meitan	12137	9.8
余庆县	Yuqing	10631	9.6
习水县	Xishui	9469	10.4
赤水市	Chishui	11134	10.3
仁怀市	Renhuai	11244	9.8
西秀区	Xixiu	10956	10.4
平坝区	Pingba	9314	10.5
普定县	Puding	8337	10.6
※镇宁县	※Zhenning	8013	10.8
※关岭县	※Guanling	7992	11.0
※紫云县	※Ziyun	7989	10.5
七星关区	Qixingguan	8611	10.1
大方县	Dafang	8538	10.3
黔西县	Qianxi	8565	10.5
金沙县	Jinsha	9468	9.5
织金县	Zhijin	8458	10.9
纳雍县	Nayong	8025	10.0
※威宁县	※Weining	8423	10.2
赫章县	Hezhang	8018	10.3
碧江区	Bijiang	11463	10.6
万山区	Wanshan	8553	10.8
江口县	Jiangkou	8285	10.5
※玉屏县	※Yuping	10534	10.9
石阡县	Shiqian	8197	10.0
思南县	Sinan	8090	10.4
※印江县	※Yinjiang	8058	10.1
德江县	Dejiang	8048	10.5
※沿河县	※Yanhe	8016	10.2
※松桃县	※Songtao	8068	10.7
兴义市	Xingyi	10940	9.8
兴仁县	Xingren	8507	10.3
普安县	Puan	7977	11.3
晴隆县	Qinglong	7583	11.3
贞丰县	Zhenfeng	8314	10.8
望谟县	Wangmo	7294	11.5
册亨县	Ceheng	7478	11.4
安龙县	Anlong	8130	9.5
凯里市	Kaili	10786	10.6
黄平县	Huangping	8004	10.3
施秉县	Shibing	8671	10.2
三穗县	Sansui	8596	11.3
镇远县	Zhenyuan	8485	10.8
岑巩县	Cengong	8425	10.0
天柱县	Tianzhu	8580	10.5
锦屏县	Jinping	7781	9.9
剑河县	Jianhe	7951	10.1
台江县	Taijiang	7569	11.0
黎平县	Liping	7963	10.4
榕江县	Rongjiang	7965	11.1
从江县	Congjiang	8438	10.7
雷山县	Leishan	8406	11.2
麻江县	Majiang	8050	10.9
丹寨县	Danzhai	8177	11.4
都匀市	Duyun	10961	9.0
福泉市	Fuquan	10071	10.2
荔波县	Libo	9314	10.2
贵定县	Guiding	9763	10.3
瓮安县	Wengan	10109	10.4
独山县	Dushan	9579	10.7
平塘县	Pingtang	9092	10.8
罗甸县	Luodian	9573	9.9
长顺县	Changshun	9214	10.6
龙里县	Longli	10191	10.5
惠水县	Huishui	9801	10.0
※三都县	※Sandu	9151	10.4

25−36 各县（市、区、特区）乡村从业人员(2017)

Number of Rural Employment by County (City, District, Special region)

单位：人 (person)

县(市、区、特区)名称	County (City,District, Special region)	合计 Total	2017年比2016年增长(%) Increase Rate in 2017 over 2016 (%)
南明区	Nanming	25922	2.4
云岩区	Yunyan	29577	-5.5
花溪区	Huaxi	158790	5.5
乌当区	Wudang	76906	-14.9
白云区	Baiyun	52911	7.4
观山湖区	Guanshanhu	68533	
开阳县	Kaiyang	183695	0.3
息烽县	Xifeng	119581	0.4
修文县	Xiuwen	189484	9.0
清镇市	Qingzhen	230364	4.9
钟山区	Zhongshan	80556	-5.8
六枝特区	Liuzhi	360163	-2.1
水城县	Shuicheng	471137	5.4
盘州市	Panzhou	493539	-16.1
红花岗区	Honghuagang	281466	1.7
汇川区	Huichuan	205689	0.3
播州区	Bozhou	511402	2.6
桐梓县	Tongzi	400468	-4.4
绥阳县	Suiyang	353921	0.9
正安县	Zhengan	391622	-10.3
※道真县	Daozhen	196738	-8.0
※务川县	Wuchuan	282041	1.6
凤冈县	Fenggang	238194	1.1
湄潭县	Meitan	263904	-1.2
余庆县	Yuqing	182076	1.4
习水县	Xishui	362893	0.0
赤水市	Chishui	146856	0.0
仁怀市	Renhuai	340548	0.3
西秀区	Xixiu	381608	0.3
平坝区	Pingba	217553	-0.6
普定县	Puding	261828	3.6
※镇宁县	Zhenning	207828	-2.1
※关岭县	Guanling	238989	1.4
※紫云县	Ziyun	255826	5.6
七星关区	Qixingguan	723331	0.7
大方县	Dafang	648440	6.1
黔西县	Qianxi	477281	-2.1
金沙县	Jinsha	255457	-7.1
织金县	Zhijin	561541	0.8
纳雍县	Nayong	494984	0.2
※威宁县	Weining	846788	0.6
赫章县	Hezhang	414701	1.4
碧江区	Bijiang	108312	0.1
万山区	Wanshan	69977	0.6
江口县	Jiangkou	119651	-4.9
※玉屏县	Yuping	92500	2.0
石阡县	Shiqian	275574	0.1
思南县	Sinan	391816	2.5
※印江县	Yinjiang	253760	-0.7
德江县	Dejiang	205918	-3.3
※沿河县	Yanhe	332904	0.3
※松桃县	Songtao	432671	1.7
兴义市	Xingyi	394490	0.3
兴仁县	Xingren	258430	1.6
普安县	Puan	183918	3.4
晴隆县	Qinglong	174179	-3.1
贞丰县	Zhenfeng	234707	0.1
望谟县	Wangmo	165899	-1.3
册亨县	Ceheng	148900	1.8
安龙县	Anlong	310458	0.1
凯里市	Kaili	214698	-1.3
黄平县	Huangping	215072	0.7
施秉县	Shibing	70390	4.0
三穗县	Sansui	126101	-0.1
镇远县	Zhenyuan	123962	0.1
岑巩县	Cengong	134413	2.3
天柱县	Tianzhu	222186	-0.1
锦屏县	Jinping	126416	0.1
剑河县	Jianhe	148320	0.4
台江县	Taijiang	94586	0.8
黎平县	Liping	264335	-6.2
榕江县	Rongjiang	217404	0.4
从江县	Congjiang	194311	-0.7
雷山县	Leishan	83678	-0.8
麻江县	Majiang	96885	0.7
丹寨县	Danzhai	100538	2.0
都匀市	Duyun	197124	-0.4
福泉市	Fuquan	147416	-3.3
荔波县	Libo	106388	-1.6
贵定县	Guiding	144558	-6.9
瓮安县	Wengan	299012	0.5
独山县	Dushan	204982	-0.1
平塘县	Pingtang	201688	0.1
罗甸县	Luodian	178439	-0.4
长顺县	Changshun	141441	3.5
龙里县	Longli	131929	9.3
惠水县	Huishui	257683	-5.2
※三都县	Sandu	201733	0.5

25-37 各县(市、区、特区)农林牧渔业增加值(2017)

Value-Added of Farming, Forestry, Animal Husbandry Fishery and Their Services

单位：万元 （10000 yuan）

县(市、区、特区)名称	County (City,District, Special region)	合计 Total	农业 Farming	林业 Forestry	牧业 Animal Husbandry	渔业 Fishery	农林牧渔服务业 Services of FFAT	2017年比2016年增长(%) Increase Rate in 2017 over 2016 (%)
南明区	Nanming	18862	16227		2540		95	2.5
云岩区	Yunyan	5770	5025		725		20	5.5
花溪区	Huaxi	213389	164993	124	35847	60	12365	6.2
乌当区	Wudang	169653	131826	529	27086	427	9785	6.3
白云区	Baiyun	68232	52665	544	10418	77	4528	6.1
观山湖区	Guanshanhu	39050	28195	128	5181	1716	3830	6.2
开阳县	Kaiyang	335360	199868	2788	112305	1733	18666	6.4
息烽县	Xifeng	196138	123379	637	52928	7864	11330	6.5
修文县	Xiuwen	244183	164397	205	64930	571	14080	6.3
清镇市	Qingzhen	278380	172048	5607	75587	4127	21011	6.0
钟山区	Zhongshan	74946	44219	354	18329	98	11946	6.4
六枝特区	Liuzhi	369352	236388	18463	92167	3042	19292	6.5
水城县	Shuicheng	407980	281841	12161	101819	191	11968	6.6
盘州市	Panzhou	563851	329381	67709	140301	1694	24766	6.5
红花岗区	Honghuagang	348553	235372	5407	85012	10549	12213	6.3
汇川区	Huichuan	265880	178574	4362	71028	1386	10530	6.5
播州区	Bozhou	527550	325293	3655	107069	45467	46066	6.7
桐梓县	Tongzi	352737	211923	28417	86995	8537	16865	6.5
绥阳县	Suiyang	359996	245889	5650	88770	6836	12851	6.8
正安县	Zhengan	296509	174608	34320	74030	3439	10111	6.7
※道真县	Daozhen	232442	141602	18750	59880	2030	10180	6.8
※务川县	Wuchuan	238118	146504	18196	61098	2716	9605	6.9
凤冈县	Fenggang	260398	154611	25801	65459	3265	11262	6.6
湄潭县	Meitan	315828	195044	9048	78486	17584	15666	6.7
余庆县	Yuqing	208859	134419	6479	52843	4651	10467	6.4
习水县	Xishui	325768	195385	8523	105337	3439	13084	7.0
赤水市	Chishui	190511	82229	41318	52268	6887	7809	6.9
仁怀市	Renhuai	297332	194173	8844	79507	4454	10354	6.5
西秀区	Xixiu	390659	255616	15503	92014	10871	16655	6.8
平坝区	Pingba	200443	119885	14314	47544	9086	9614	6.6
普定县	Puding	187047	110197	10964	48082	8442	9363	6.5
※镇宁县	Zhenning	192964	113388	8374	48910	14043	8249	6.7
※关岭县	Guanling	222132	130687	14223	60270	7888	9064	6.6
※紫云县	Ziyun	227720	125929	21584	64103	5104	10999	6.4
七星关区	Qixingguan	749798	498607	34613	172453	1296	42829	6.5
大方县	Dafang	452641	280172	25799	116329	3293	27048	6.8
黔西县	Qianxi	385989	251077	12638	98041	2777	21456	7.1
金沙县	Jinsha	336087	190880	21384	87383	9598	26842	7.0
织金县	Zhijin	414307	253572	20592	106477	6238	27428	6.6
纳雍县	Nayong	338472	206549	24812	87326	2195	17590	6.8
※威宁县	Weining	860324	560221	35605	219383	843	44272	6.9
赫章县	Hezhang	477265	306707	28170	120344	740	21304	6.6
碧江区	Bijiang	146813	88630	13579	33320	4884	6399	6.7
万山区	Wanshan	104358	59134	12494	24837	2047	5845	6.5

25-37 续表 continued

单位：万元 (10000 yuan)

县(市、区、特区)名 称	County (City,District, Special region)	合计 Total	农 业 Farming	林 业 Forestry	牧 业 Animal Husbandry	渔 业 Fishery	农林牧渔服务业 Services of FFAT	2017年比2016年增长(%) Increase Rate in 2017 over 2016 (%)
江口县	Jiangkou	159763	86423	17573	40020	4606	11141	6.8
※玉屏县	Yuping	102479	57307	6537	25977	6218	6440	6.7
石阡县	Shiqian	270246	169603	16547	67692	7811	8593	6.4
思南县	Sinan	365809	212971	19236	90821	26986	15795	6.5
※印江县	Yinjiang	277781	161211	25500	70101	8603	12366	6.4
德江县	Dejiang	285637	163689	20825	72080	10917	18126	6.4
※沿河县	Yanhe	296787	186114	14038	74277	12166	10192	6.4
※松桃县	Songtao	300828	169867	18629	76190	17826	18318	6.5
兴义市	Xingyi	415872	253111	17822	94987	25090	24862	6.4
兴仁县	Xingren	301371	195800	12831	74533	3004	15203	6.3
普安县	Puan	191638	121389	10886	49309	2588	7466	6.3
晴隆县	Qinglong	189915	111543	12585	49210	8479	8098	6.1
贞丰县	Zhenfeng	284271	180759	12086	71983	6083	13360	7.1
望谟县	Wangmo	255648	146499	19893	67613	11422	10221	6.2
册亨县	Ceheng	203035	104081	26039	53699	9023	10193	6.7
安龙县	Anlong	308752	170843	17986	78442	21208	20273	7.0
凯里市	Kaili	164692	103601	7979	40096	4761	8255	6.2
黄平县	Huangping	183736	115140	14298	43573	3161	7564	6.2
施秉县	Shibing	94245	59590	7332	22618	1187	3518	6.4
三穗县	Sansui	91028	48767	11138	24386	2372	4365	6.6
镇远县	Zhenyuan	136354	76438	19049	33703	2798	4366	6.5
岑巩县	Cengong	101092	49446	8352	27489	2650	13155	6.5
天柱县	Tianzhu	181862	100523	23716	45800	5246	6577	6.4
锦屏县	Jinping	90776	37059	17603	21952	10055	4107	6.2
剑河县	Jianhe	120728	47055	23271	32702	13874	3826	6.3
台江县	Taijiang	76040	32965	16823	19207	3686	3359	6.4
黎平县	Liping	200573	84001	51886	48898	8869	6919	6.5
榕江县	Rongjiang	179440	84565	43515	38710	7009	5641	6.5
从江县	Congjiang	182004	88524	39310	39979	7537	6654	6.3
雷山县	Leishan	78253	46252	6033	20707	1749	3512	6.3
麻江县	Majiang	94088	53354	4667	24921	1424	9722	6.5
丹寨县	Danzhai	80152	40391	12663	20804	1446	4848	6.6
都匀市	Duyun	178155	118653	4537	43614	2975	8376	6.2
福泉市	Fuquan	154548	104702	6288	39266	2090	2202	6.7
荔波县	Libo	109837	52548	11586	28088	5581	12034	6.5
贵定县	Guiding	126527	83830	1031	30975	2726	7965	6.7
瓮安县	Wengan	263387	166175	5851	66136	13820	11405	6.7
独山县	Dushan	193385	123375	11074	49033	2809	7094	6.8
平塘县	Pingtang	210204	143881	7855	51089	1557	5822	6.4
罗甸县	Luodian	174669	106657	7835	43462	7609	9106	6.2
长顺县	Changshun	150476	88796	8100	37717	1789	14074	6.8
龙里县	Longli	110658	74516	1265	28083	1021	5773	6.5
惠水县	Huishui	256410	163096	12988	63851	3568	12907	6.2
※三都县	Sandu	198959	120358	17151	48363	5548	7539	6.4

25−38 各县(市、区、特区)油菜籽、烤烟产量(2017)

Output of Rapeseed and Fluecured Tobacco and Its Order by County (City, District, Special region)

县(市、区、特区)名称	County (City,District, Special region)	油菜籽产量(吨) Output of Rapeseeds (ton)	2017年比2016年增长(%) Increase Rate in 2017 over 2016 (%)	烤烟产量(吨) Output of Flue-cured Tobacco (ton)	2017年比2016年增长(%) Increase Rate in 2017 over 2016 (%)
南明区	Nanming				
云岩区	Yunyan				
花溪区	Huaxi	2536	-3.4		
乌当区	Wudang	2490	-18.0		
白云区	Baiyun	516	-14.9		
观山湖区	Guanshanhu	887	4.2		
开阳县	Kaiyang	15385	-0.9	6290	11.6
息烽县	Xifeng	6019	0.8	1266	1.7
修文县	Xiuwen	9745	3.0	1251	-15.2
清镇市	Qingzhen	15002	2.6	2692	10.6
钟山区	Zhongshan	9	-6.7		
六枝特区	Liuzhi	13749	-6.8	375	32.5
水城县	Shuicheng	410	-8.8	6628	-5.1
盘州市	Panzhou	8209	-5.3	5265	-15.7
红花岗区	Honghuagang	13314	-14.6	1205	-76.2
汇川区	Huichuan	10884	-6.7	4078	305.8
播州区	Bozhou	42658	3.4	5907	-13.2
桐梓县	Tongzi	12892	-14.3	4761	-7.8
绥阳县	Suiyang	22160	-7.2	4927	-5.8
正安县	Zhengan	17573	-3.8	6570	-3.4
※道真县	Daozhen	7318	-1.8	7476	-7.1
※务川县	Wuchuan	7473	3.3	11962	9.2
凤冈县	Fenggang	11801	3.1	6115	-6.6
湄潭县	Meitan	14966	2.3	6191	-0.4
余庆县	Yuqing	11397	-11.5	5912	-7.2
习水县	Xishui	6990	-0.6	910	1.0
赤水市	Chishui	270	-0.2		
仁怀市	Renhuai	11727	-3.3	694	-46.4
西秀区	Xixiu	37290	3.1	4060	4.4
平坝区	Pingba	12406	0.7	1500	-36.4
普定县	Puding	13203	1.8	419	-49.2
※镇宁县	Zhenning	11079	3.1	114	-27.8
※关岭县	Guanling	6775	18.2	229	-21.6
※紫云县	Ziyun	15623	5.2	2932	5.2
七星关区	Qixingguan	5760	-3.0	4799	-24.2
大方县	Dafang	6324	5.0	7819	-29.1
黔西县	Qianxi	67441	0.3	4994	-22.6
金沙县	Jinsha	23400	1.8	3871	-1.3
织金县	Zhijin	13029	1.4	2936	-4.1
纳雍县	Nayong	270	9.8	2869	-18.5
※威宁县	Weining	53	17.0	24837	-11.4
赫章县	Hezhang	127	-10.4	4923	-6.6
碧江区	Bijiang	4541	-2.7		
万山区	Wanshan	3831	-0.5		

25-38 续表 continued

县(市、区、特区)名 称	County (City,District, Special region)	油菜籽产量(吨) Output of Rapeseeds(ton)	2017年比2016年增长(%) Increase Rate in 2017 over2016(%)	烤烟产量(吨) Output of Flue-cured Tobacco (ton)	2017年比2016年增长(%) Increase Rate in 2017 over2016(%)
江口县	Jiangkou	5311	24.1	945	-38.2
※玉屏县	Yuping	3396	-8.3		
石阡县	Shiqian	16821	7.3	3791	0.8
思南县	Sinan	20516	20.0	3600	-9.4
※印江县	Yinjiang	14956	7.8	1870	-4.6
德江县	Dejiang	14143	-0.2	6258	17.3
※沿河县	Yanhe	9757	17.8	5182	5.8
※松桃县	Songtao	17236	21.4	1454	-21.0
兴义市	Xingyi	16326	2.0	8322	-24.0
兴仁县	Xingren	28436	-1.8	4750	-28.9
普安县	Puan	9036	-1.3	6755	-17.3
晴隆县	Qinglong	8682	-2.1	1589	-41.4
贞丰县	Zhenfeng	19226	-2.7	2880	-34.2
望谟县	Wangmo	7631	-4.9		
册亨县	Ceheng	10110	-13.4		
安龙县	Anlong	15576	-0.2	7321	-7.4
凯里市	Kaili	4380	-3.1	571	5.7
黄平县	Huangping	4794	0.8	2230	4.4
施秉县	Shibing	5429	1.4	5163	3.8
三穗县	Sansui	1934	0.4	168	11.3
镇远县	Zhenyuan	7151	0.8	5500	5.2
岑巩县	Cengong	7069	0.2	4250	-5.8
天柱县	Tianzhu	7226	3.0	911	-2.3
锦屏县	Jinping	6188	0.2	99	-61.6
剑河县	Jianhe	2880	2.4		
台江县	Taijiang	2560	-0.8		
黎平县	Liping	7200	3.4		
榕江县	Rongjiang	8072	-0.6		
从江县	Congjiang	6938	2.7		
雷山县	Leishan	707	0.1		
麻江县	Majiang	4397	0.7	1677	-3.6
丹寨县	Danzhai	1186	-1.9	160	-11.1
都匀市	Duyun	8483	0.0	163	-60.3
福泉市	Fuquan	12818	2.1	3080	-17.6
荔波县	Libo	4978	1.1		
贵定县	Guiding	8355	8.7	650	-38.7
瓮安县	Wengan	17656	-0.2	4200	-11.1
独山县	Dushan	12215	-5.6	502	-39.2
平塘县	Pingtang	8417	7.9	1009	-34.9
罗甸县	Luodian	3359	3.1		
长顺县	Changshun	6447	-3.0	1194	-53.6
龙里县	Longli	8108	-0.2	201	-70.8
惠水县	Huishui	7229	0.8	1628	2.1
※三都县	Sandu	11296	-0.9		

25-39 各县(市、区、特区)规模以上工业增加值(2017)

Value-added of Industry above Designated Size and Its Order by County (City, District, Special region)

单位：万元 (10000 yuan)

县(市、区、特区)名称	County (City,District, Special region)	工业增加值 Value-added of Industry	2017年比2016年增长（%） Increase Rate in 2017 over 2016(%)
南明区	Nanming	299860	11.8
云岩区	Yunyan	465616	10.2
花溪区	Huaxi	2603910	9.9
乌当区	Wudang	558320	10.7
白云区	Baiyun	951253	9.9
观山湖区	Guanshanhu	153094	9.5
开阳县	Kaiyang	761886	11.9
息烽县	Xifeng	554766	10.2
修文县	Xiuwen	892062	11.4
清镇市	Qingzhen	523687	11.1
钟山区	Zhongshan	1000499	10.1
六枝特区	Liuzhi	340134	12.2
水城县	Shuicheng	1520980	10.3
盘州市	Panzhou	2741113	12.0
红花岗区	Honghuagang	749061	11.0
汇川区	Huichuan	1174041	12.1
播州区	Bozhou	1520185	12.8
桐梓县	Tongzi	340432	12.8
绥阳县	Suiyang	315212	13.0
正安县	Zhengan	170109	13.8
※道真县	Daozhen	96086	12.1
※务川县	Wuchuan	68461	12.7
凤冈县	Fenggang	148689	12.0
湄潭县	Meitan	287091	13.6
余庆县	Yuqing	222770	9.0
习水县	Xishui	700290	9.2
赤水市	Chishui	412979	12.8
仁怀市	Renhuai	5626062	13.2
西秀区	Xixiu	1146680	12.8
平坝区	Pingba	547241	13.4
普定县	Puding	308570	12.3
※镇宁县	Zhenning	68486	13.0
※关岭县	Guanling	48489	13.5
※紫云县	Ziyun	27343	11.7
七星关区	Qixingguan	1129787	8.7
大方县	Dafang	409836	12.0
黔西县	Qianxi	440754	12.0
金沙县	Jinsha	983342	13.1
织金县	Zhijin	379620	12.9
纳雍县	Nayong	752299	11.3
※威宁县	Weining	315193	12.7
赫章县	Hezhang	144158	11.0
碧江区	Bijiang	455391	12.6
万山区	Wanshan	172636	11.5
江口县	Jiangkou	80217	9.3
※玉屏县	Yuping	474077	10.7
石阡县	Shiqian	100880	12.1
思南县	Sinan	267725	11.7
※印江县	Yinjiang	94098	11.9
德江县	Dejiang	156560	11.7
※沿河县	Yanhe	124429	12.4
※松桃县	Songtao	336012	12.2
兴义市	Xingyi	1374963	11.8
兴仁县	Xingren	391297	11.8
普安县	Puan	296211	12.3
晴隆县	Qinglong	215021	12.2
贞丰县	Zhenfeng	475018	9.9
望谟县	Wangmo	55018	12.0
册亨县	Ceheng	65269	11.2
安龙县	Anlong	286603	12.0
凯里市	Kaili	255647	3.1
黄平县	Huangping	10177	1.7
施秉县	Shibing	8806	1.8
三穗县	Sansui	23554	2.3
镇远县	Zhenyuan	141608	3.0
岑巩县	Cengong	109131	1.5
天柱县	Tianzhu	76020	1.3
锦屏县	Jinping	102212	1.1
剑河县	Jianhe	13151	1.2
台江县	Taijiang	29207	2.3
黎平县	Liping	32143	2.0
榕江县	Rongjiang	28701	2.6
从江县	Congjiang	23246	2.7
雷山县	Leishan	3894	3.5
麻江县	Majiang	18111	2.8
丹寨县	Danzhai	45834	2.4
都匀市	Duyun	353194	12.3
福泉市	Fuquan	715766	12.5
荔波县	Libo	116193	11.5
贵定县	Guiding	524396	12.3
瓮安县	Wengan	442714	12.4
独山县	Dushan	332821	12.5
平塘县	Pingtang	79472	12.1
罗甸县	Luodian	131141	12.0
长顺县	Changshun	156540	12.7
龙里县	Longli	606493	13.0
惠水县	Huishui	483060	12.4
※三都县	Sandu	81927	11.8

注：统计口径为年主营业务收入2000万元及以上的工业企业。

Note: The Statistical caliber of this table in the table refers to the industries which main business revenue achieve 20 million yuan and above.

25-40 各县(市、区、特区)社会消费品零售总额(2017)

Total Retail Sales of Social Consumer Goods by County (City, District, Special Region)

单位：万元 (10000 yuan)

县(市、区、特区)名称	County (City,District, Special Region)	社会消费品零售总额 Total Retail Sales of Consumer Goods	城镇 Urban	乡村 Rural
南明区	Nanming	3846730	3846730	
云岩区	Yunyan	3801681	3801681	
花溪区	Huaxi	2628767	1503655	1125112
乌当区	Wudang	434549	417167	17382
白云区	Baiyun	548146	547469	677
观山湖区	Guanshanhu	1304405	1304405	
开阳县	Kaiyang	459207	192867	266340
息烽县	Xifeng	248307	138107	110200
修文县	Xiuwen	289857	121437	168420
清镇市	Qingzhen	512364	365892	146472
钟山区	Zhongshan	2067094	1757031	310063
六枝特区	Liuzhi	457832	375422	82409
水城县	Shuicheng	215567	178921	36647
盘州市	Panzhou	978904	812491	166413
红花岗区	Honghuagang	2173008	2081367	91641
汇川区	Huichuan	1385976	1298608	87368
播州区	Bozhou	979734	907784	71950
桐梓县	Tongzi	331675	269163	62511
绥阳县	Suiyang	248439	171328	77112
正安县	Zhengan	242244	175289	66955
※道真县	Daozhen	161240	88565	72675
※务川县	Wuchuan	155694	83324	72370
凤冈县	Fenggang	209460	126903	82557
湄潭县	Meitan	340217	282674	57543
余庆县	Yuqing	193540	127214	66326
习水县	Xishui	319816	252741	67075
赤水市	Chishui	308324	225821	82503
仁怀市	Renhuai	1067578	756371	311207
西秀区	Xixiu	776051	546935	229116
平坝区	Pingba	293694	176531	117162
普定县	Puding	221082	133768	87314
※镇宁县	Zhenning	236462	142810	93652
※关岭县	Guanling	261318	157933	103385
※紫云县	Ziyun	182524	110613	71911
七星关区	Qixingguan	1367815	1025861	341954
大方县	Dafang	364805	284548	80257
黔西县	Qianxi	386935	301810	85126
金沙县	Jinsha	396205	309040	87165
织金县	Zhijin	365988	285471	80517
纳雍县	Nayong	300737	234575	66162
※威宁县	Weining	370037	288629	81408
赫章县	Hezhang	267326	208515	58812
碧江区	Bijiang	519870	428084	91787
万山区	Wanshan	124732	102709	22022

25-40 续表 continued

单位：万元 (10000 yuan)

县(市、区、特区)名 称	County (City,District, Special Region)	社会消费品零售总额 Total Retail Sales of Consumer Goods	城镇 Urban	乡村 Rural
江口县	Jiangkou	105647	86994	18653
※玉屏县	Yuping	113409	93386	20023
石阡县	Shiqian	121380	99950	21431
思南县	Sinan	284833	234543	50289
※印江县	Yinjiang	153184	126138	27046
德江县	Dejiang	200699	165264	35435
※沿河县	Yanhe	212898	175309	37589
※松桃县	Songtao	271863	223863	47999
兴义市	Xingyi	1692316	1482857	209460
兴仁县	Xingren	218770	146585	72185
普安县	Puan	98615	79784	18832
晴隆县	Qinglong	80366	59145	21221
贞丰县	Zhenfeng	113909	92960	20949
望谟县	Wangmo	56183	42035	14148
册亨县	Ceheng	31960	25706	6255
安龙县	Anlong	147052	132871	14181
凯里市	Kaili	1263065	961824	301241
黄平县	Huangping	138112	105173	32940
施秉县	Shibing	93514	71211	22303
三穗县	Sansui	157468	119912	37556
镇远县	Zhenyuan	159282	121294	37989
岑巩县	Cengong	129097	98308	30790
天柱县	Tianzhu	216150	164598	51552
锦屏县	Jinping	115869	88234	27635
剑河县	Jianhe	121449	92484	28966
台江县	Taijiang	69405	52852	16553
黎平县	Liping	236616	180183	56433
榕江县	Rongjiang	160511	122229	38282
从江县	Congjiang	159833	121713	38120
雷山县	Leishan	78141	59504	18637
麻江县	Majiang	53367	40639	12728
丹寨县	Danzhai	68889	52459	16430
都匀市	Duyun	787007	722147	64860
福泉市	Fuquan	268523	243388	25135
荔波县	Libo	127159	116405	10753
贵定县	Guiding	191454	172867	18586
瓮安县	Wengan	241463	217765	23699
独山县	Dushan	210751	189627	21124
平塘县	Pingtang	153263	139316	13947
罗甸县	Luodian	140399	129165	11234
长顺县	Changshun	121566	109602	11964
龙里县	Longli	187444	167481	19964
惠水县	Huishui	212320	190734	21586
※三都县	Sandu	150080	138539	11541

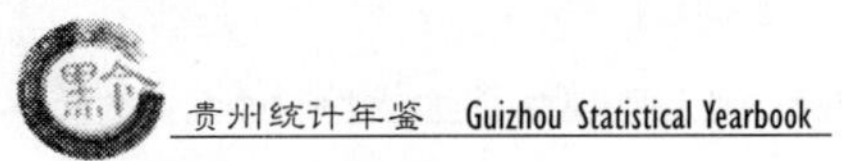

25-41 各县(市、区、特区)金融机构人民币各项存贷款余额(2017)

Urban and Rural Resident Savings Deposit Balance and Loan by County (City, District, Special region)

单位：亿元 (100 million yuan)

县(市、区、特区)名 称	County (City,District, Special region)	金融机构人民币各项存款余额 Total Deposits	#个人储蓄蓄存款 Personal Saving Deposits	金融机构人民币各项贷款余额 Total Loans
开阳县	Kaiyang	147.43	71.01	110.44
息烽县	Xifeng	102.28	50.96	78.90
修文县	Xiuwen	126.72	52.56	105.48
清镇市	Qingzhen	249.08	113.25	222.58
六枝特区	Liuzhi	172.66	78.69	143.13
盘州市	Panzhou	417.14	190.44	280.80
播州区	Bozhou	395.09	217.89	248.75
桐梓县	Tongzi	171.59	107.50	115.20
绥阳县	Suiyang	166.32	84.99	97.97
正安县	Zhengan	166.31	81.32	123.59
※道真县	Daozhen	104.56	67.58	58.04
※务川县	Wuchuan	137.05	64.20	83.09
凤冈县	Fenggang	108.03	61.80	77.86
湄潭县	Meitan	163.94	95.73	137.75
余庆县	Yuqing	98.93	60.40	87.17
习水县	Xishui	204.58	93.35	167.03
赤水市	Chishui	148.25	83.53	117.57
仁怀市	Renhuai	1207.11	150.69	270.05
平坝区	Pingba	187.56	76.75	133.23
普定县	Puding	113.95	46.86	87.53
※镇宁县	Zhenning	118.74	45.09	96.46
※关岭县	Guanling	91.09	40.43	78.33
※紫云县	Ziyun	88.24	33.21	60.51
七星关区	Qixingguan	745.39	225.62	411.32
大方县	Dafang	211.75	107.84	114.04
黔西县	Qianxi	195.90	91.49	165.78
金沙县	Jinsha	161.47	87.99	137.02
织金县	Zhijin	217.92	111.40	184.68
纳雍县	Nayong	137.47	68.46	107.28
※威宁县	Weining	187.23	91.98	123.87
赫章县	Hezhang	133.25	68.04	77.30
碧江区	Bijiang	373.79	126.05	262.00
万山区	Wanshan	52.02	22.19	31.40

注：资料来源于人民银行贵阳中心支行。

Notes:Data in the table are obtained from Guiyang Central Branch of PBC.

25−41 续表 continued

单位：亿元 (100 million yuan)

县(市、区、特区)名 称	County (City,District, Special region)	金融机构人民币各项存款余额 Total Deposits	#个人储蓄存款 Personal Saving Deposits	金融机构人民币各项贷款余额 Total Loans
江口县	Jiangkou	74.80	35.75	60.57
※玉屏县	Yuping	79.47	34.01	63.24
石阡县	Shiqian	124.60	53.06	80.10
思南县	Sinan	137.84	81.87	114.17
※印江县	Yinjiang	126.67	58.22	98.04
德江县	Dejiang	138.09	62.47	93.74
※沿河县	Yanhe	143.97	72.99	79.82
※松桃县	Songtao	165.00	80.23	108.69
兴义市	Xingyi	714.13	238.11	469.38
兴仁县	Xingren	141.45	59.07	120.47
普安县	Puan	97.43	39.29	74.59
晴隆县	Qinglong	80.14	31.68	41.76
贞丰县	Zhenfeng	122.37	49.47	69.33
望谟县	Wangmo	103.90	27.27	57.41
册亨县	Ceheng	78.76	24.03	44.26
安龙县	Anlong	161.48	66.24	106.39
凯里市	Kaili	504.90	195.05	367.85
黄平县	Huangping	82.44	48.50	58.15
施秉县	Shibing	59.03	29.35	38.39
三穗县	Sansui	51.67	30.69	40.26
镇远县	Zhenyuan	62.58	39.17	51.00
岑巩县	Cengong	60.75	33.88	46.81
天柱县	Tianzhu	101.92	60.59	74.36
锦屏县	Jinping	62.98	40.06	41.44
剑河县	Jianhe	59.18	39.40	43.07
台江县	Taijiang	56.94	24.07	48.86
黎平县	Liping	107.35	70.97	86.01
榕江县	Rongjiang	78.18	49.12	72.43
从江县	Congjiang	64.37	36.45	42.72
雷山县	Leishan	45.04	25.93	30.63
麻江县	Majiang	54.28	32.29	40.37
丹寨县	Danzhai	56.05	23.57	27.75
都匀市	Duyun	444.37	172.83	312.70
福泉市	Fuquan	136.30	67.15	157.50
荔波县	Libo	82.89	38.71	65.54
贵定县	Guiding	88.76	48.77	69.73
瓮安县	Wengan	173.60	88.18	146.94
独山县	Dushan	116.36	66.91	87.14
平塘县	Pingtang	80.80	36.24	85.38
罗甸县	Luodian	77.93	35.22	66.49
长顺县	Changshun	81.95	28.52	72.82
龙里县	Longli	161.73	67.65	101.56
惠水县	Huishui	105.02	51.94	82.43
※三都县	Sandu	110.99	49.10	79.77

25-42 各县(市、区、特区)普通中学(2017)

县(市、区、特区)名称	County (City,Distric, Special Region)	学校数(所) Total Schools (unit)	#初中 Junior Secondary Schools	毕业生数(人) Graduates(person) 初中 Junior Secondary Schools	高中 Senior Secondary Schools
南明区	Nanming	65	56	8533	2790
云岩区	Yunyan	64	51	9695	5597
花溪区	Huaxi	57	45	7367	4264
乌当区	Wudang	15	11	2820	1143
白云区	Baiyun	14	10	4189	2570
观山湖区	Guanshanhu	31	21	3924	2949
开阳县	Kaiyang	20	18	4116	2871
息烽县	Xifeng	14	11	2805	1721
修文县	Xiuwen	15	10	3054	1887
清镇市	Qingzhen	26	16	6159	3760
钟山区	Zhongshan	55	43	14321	9458
六枝特区	Liuzhi	39	33	10342	3844
水城县	Shuicheng	56	51	12512	4012
盘州市	Panzhou	71	58	16011	10762
红花岗区	Honghuagang	49	35	11147	8196
汇川区	Huichuan	36	28	8378	4034
播州区	Bozhou	33	25	10291	9702
桐梓县	Tongzi	46	40	8931	4338
绥阳县	Suiyang	29	21	7354	3562
正安县	Zhengan	40	35	7414	3811
※道真县	Daozhen	21	19	5256	2956
※务川县	Wuchuan	27	23	8363	4206
凤冈县	Fenggang	21	17	6220	3456
湄潭县	Meitan	32	29	7016	4341
余庆县	Yuqing	15	13	4060	2734
习水县	Xishui	34	27	9989	4740
赤水市	Chishui	19	16	3142	1737
仁怀市	Renhuai	35	28	10317	5513
西秀区	Xixiu	51	41	13526	7782
平坝区	Pingba	22	17	4798	2214
普定县	Puding	17	16	6332	2173
※镇宁县	Zhenning	14	12	4389	1324
※关岭县	Guanling	21	19	4965	1242
※紫云县	Ziyun	19	18	5350	1760
七星关区	Qixingguan	106	87	30220	14173
大方县	Dafang	58	42	18881	7037
黔西县	Qianxi	59	51	13349	5719
金沙县	Jinsha	30	27	9743	3614
织金县	Zhijin	43	37	19164	7409
纳雍县	Nayong	46	40	16061	5037
※威宁县	Weining	70	58	33622	13294
赫章县	Hezhang	47	37	18846	5963
碧江区	Bijiang	26	19	6735	6488
万山区	Wanshan	11	9	1926	1096

注：资料来源于省教育厅（以下相关表同）。

Regular Secondary Schools by County (City, District, Special region)

招生数(人) New Enrollment(person)		在校学生数(人) Students Enrollment(person)		专任教师(人) Full-time Teachers(person)	
初中 Junior Secondary Schools	高中 Senior Secondary Schools	初中 Junior Secondary Schools	高中 Senior Secondary Schools	初中 Junior Secondary Schools	高中 Senior Secondary Schools
7512	2971	22741	8903	1890	656
8809	5165	26456	15663	2089	1332
7125	4886	21282	13939	1757	1052
3254	1465	9559	3959	787	377
4136	2629	12419	8441	817	709
5156	3159	13839	9168	1073	656
3395	2001	10342	7031	788	451
2543	1509	7648	4979	582	360
2828	1845	8064	6114	648	455
5722	3961	16284	11197	1362	951
11476	8323	37037	25700	2551	1662
10930	4227	31239	12855	1886	804
11206	4923	36497	14408	2309	935
9867	11779	35350	32650	2804	2104
11357	8360	33024	24310	2643	1737
7137	4082	22083	11972	1769	922
9160	7040	27518	23725	2313	1577
8211	4367	25601	12899	1760	790
5201	3602	17120	10454	1369	782
6772	3806	20386	11367	1671	754
4109	3136	12730	9020	870	498
6598	4217	20298	12158	1346	766
5422	3506	16493	10546	1236	612
5456	3812	17315	11394	1522	778
4161	2234	12502	6999	865	432
8500	4381	26363	12802	1717	846
3365	1623	9747	4842	720	302
7425	4970	25950	15521	2253	1097
13497	9420	40460	26521	2430	1604
4708	2239	13805	6416	925	417
7025	1746	19947	5785	1254	418
3984	1309	12306	3763	993	261
5900	2211	16841	6278	1017	437
5204	1562	15046	5051	991	316
29264	18336	87388	48745	5258	2518
14424	8458	44889	23293	3144	1635
11199	5655	34669	16493	2497	900
9622	4002	28707	12005	1892	804
16096	8153	52256	25670	3048	1422
16373	7087	49095	17795	2753	877
33310	16227	103662	47499	5346	2312
14492	7513	45597	21507	2883	1359
6609	8761	19946	23715	1517	1310
1973	1863	5653	4873	563	305

Note：Data in the table are provided by the Provincial of Education (the rclative tables in the chapter are the same).

25-42 续表

县(市、区、特区)名称	County (City,Distric, Special Region)	学校数(所) Total Schools (unit)	#初中 Junior Secondary Schools	毕业生数(人) Graduates(person) 初中 Junior Secondary Schools	高中 Senior Secondary Schools
江口县	Jiangkou	15	13	2976	1825
※玉屏县	Yuping	9	7	1851	958
石阡县	Shiqian	27	23	6461	3581
思南县	Sinan	41	34	11790	7823
※印江县	Yinjiang	22	19	7480	3400
德江县	Dejiang	33	28	9766	3998
※沿河县	Yanhe	33	27	11822	3424
※松桃县	Songtao	41	37	9986	4802
兴义市	Xingyi	80	59	16774	11724
兴仁县	Xingren	42	37	8455	2556
普安县	Puan	28	26	6602	1711
晴隆县	Qinglong	24	21	4486	1873
贞丰县	Zhenfeng	21	18	6065	1759
望谟县	Wangmo	21	19	5490	1852
册亨县	Ceheng	15	13	3890	1203
安龙县	Anlong	26	22	4666	2724
凯里市	Kaili	39	26	9763	7101
黄平县	Huangping	14	10	6241	2516
施秉县	Shibing	7	6	2497	945
三穗县	Sansui	7	6	2719	1277
镇远县	Zhenyuan	14	12	4155	1865
岑巩县	Cengong	14	12	3627	1853
天柱县	Tianzhu	17	14	3419	2688
锦屏县	Jinping	17	15	2557	1857
剑河县	Jianhe	12	9	4356	1873
台江县	Taijiang	5	4	2790	1016
黎平县	Liping	24	19	6416	3795
榕江县	Rongjiang	17	13	5091	1859
从江县	Congjiang	20	18	4995	2023
雷山县	Leishan	6	5	2183	1223
麻江县	Majiang	8	7	2209	1369
丹寨县	Danzhai	5	4	2384	1299
都匀市	Duyun	25	15	5118	4330
福泉市	Fuquan	14	12	3364	2158
荔波县	Libo	7	6	2252	1352
贵定县	Guiding	12	10	3496	1397
瓮安县	Wengan	20	16	5335	3363
独山县	Dushan	8	6	3432	2114
平塘县	Pingtang	15	14	4428	2208
罗甸县	Luodian	18	16	5707	1958
长顺县	Changshun	5	4	3917	1184
龙里县	Longli	11	9	2773	1008
惠水县	Huishui	23	22	6850	3074
※三都县	Sandu	18	15	5592	2243

continued

招生数(人) New Enrollment(person)		在校学生数(人) Students Enrollment(person)		专任教师(人) Full-time Teachers(person)	
初中 Junior Secondary Schools	高中 Senior Secondary Schools	初中 Junior Secondary Schools	高中 Senior Secondary Schools	初中 Junior Secondary Schools	高中 Senior Secondary Schools
2676	1697	7971	5044	679	323
1909	994	5642	2908	446	210
5203	3905	17068	11164	1353	701
9788	6936	30678	21246	2386	1371
5821	3760	19239	11270	1325	644
9580	4688	29224	13179	2197	767
12373	5030	36674	12656	2174	734
8881	5074	27414	14979	2226	953
17608	12377	52234	36130	3622	2435
8578	3636	25527	9697	1777	670
4946	2028	15738	5625	1055	359
4636	2486	12496	6490	966	278
7586	2021	19976	5794	1268	364
5803	2251	16354	6526	1221	337
2982	1887	8943	4840	665	337
5636	2776	17695	9030	1285	497
9643	8442	28222	22954	2030	1556
5140	2982	15776	7866	1023	490
2106	1004	6469	2969	442	163
2688	1253	7904	3683	533	246
3001	1955	9637	5653	662	346
3062	1776	9608	5285	666	349
4290	2031	11933	6736	1015	464
2302	1521	7021	4765	580	347
3327	1934	10190	5748	707	331
2390	1003	6685	2897	416	179
5571	3552	15846	10954	1062	618
4421	2520	13848	7281	980	446
4304	2125	13557	6483	905	376
1959	1099	5885	3242	423	211
1639	1096	5411	3213	515	205
2553	1209	7318	3493	486	197
4680	4922	14905	12857	1352	828
3018	1794	8828	5236	636	351
2287	1334	6498	4255	447	259
3035	1660	9094	5037	711	349
5386	3486	15591	10232	1081	612
3170	2073	9365	6057	683	431
4268	2216	13285	6466	902	412
4921	2634	14969	7162	996	428
2768	1485	9236	4590	717	275
2671	1446	7762	3651	633	233
5585	3422	17942	10048	1261	628
5776	2457	18058	7227	1111	492

25-43 各县(市、区、特区)小学(2017)
Primary Schools by County (City, District, Special region)

县(市、区、特区)名 称	County (City,Distric, Special Region)	学校数(个) Schools (unit)	毕业生数(人) Graduates (person)	招生数(人) New Enrollment (person)	在校学生数(人) Students Enrollment (person)	专任教师(人) Full-time Teachers (person)	学龄儿童入学率(%) Enrollment Ratio of Primary Schools(%)	学龄女童入学率(%) Enrollment Ratio of School Girls(%)
南明区	Nanming	77	9223	10948	60535	3294	100.0	100.0
云岩区	Yunyan	73	9763	12387	64191	3385	100.0	99.9
花溪区	Huaxi	87	7476	11044	54909	2820	98.6	98.5
乌当区	Wudang	46	2694	4054	20008	1255	99.9	99.9
白云区	Baiyun	46	4043	5753	28733	1522	99.4	99.2
观山湖区	Guanshanhu	42	4303	7902	36976	1946	99.9	100.0
开阳县	Kaiyang	47	3469	5197	25419	1434	99.7	99.9
息烽县	Xifeng	28	2565	3666	18752	1066	99.6	99.6
修文县	Xiuwen	32	2730	5071	23207	1143	99.4	99.0
清镇市	Qingzhen	76	5116	8779	42009	2164	99.8	99.9
钟山区	Zhongshan	76	11421	13248	70976	3599	99.9	99.9
六枝特区	Liuzhi	123	10463	11706	67019	3240	99.8	99.8
水城县	Shuicheng	127	10610	13377	64983	3642	99.3	99.2
盘州市	Panzhou	147	9497	18184	76093	4336	99.7	99.6
红花岗区	Honghuagang	107	10527	12730	71077	3759	99.6	99.2
汇川区	Huichuan	87	6952	8380	45725	2620	99.6	99.6
播州区	Bozhou	135	8386	11744	58791	3679	100.0	100.0
桐梓县	Tongzi	134	7952	9480	51717	2790	99.6	99.4
绥阳县	Suiyang	62	5375	6237	33543	1949	99.8	99.9
正安县	Zhengan	86	6338	6125	38812	2122	99.5	99.2
※道真县	Daozhen	63	3988	3723	24619	1401	99.6	99.5
※务川县	Wuchuan	60	6280	5035	30443	1786	99.6	99.2
凤冈县	Fenggang	75	5284	5185	28367	1623	99.6	99.5
湄潭县	Meitan	56	5231	5355	32525	1873	99.7	99.6
余庆县	Yuqing	64	4043	3887	23464	1227	99.6	99.6
习水县	Xishui	147	8238	11279	59015	2986	99.6	99.5
赤水市	Chishui	53	3337	3470	22266	1373	99.1	99.4
仁怀市	Renhuai	82	7566	9742	50673	2987	99.5	99.2
西秀区	Xixiu	128	13082	14031	79404	4213	99.6	99.2
平坝区	Pingba	92	4796	5883	31004	1914	99.6	99.8
普定县	Puding	67	7056	7201	40902	2268	99.6	99.6
※镇宁县	Zhenning	45	5503	5259	30417	1722	99.6	99.5
※关岭县	Guanling	66	5321	5788	34118	1696	99.9	100.0
※紫云县	Ziyun	77	5229	6043	33993	1810	99.7	99.7
七星关区	Qixingguan	303	26961	27573	160093	8731	99.9	99.8
大方县	Dafang	219	17185	17355	99196	5016	99.7	99.7
黔西县	Qianxi	137	11089	12526	69460	3732	99.7	99.4
金沙县	Jinsha	86	9981	10125	62939	3446	99.6	99.4
织金县	Zhijin	200	16586	17204	95755	4251	99.6	99.6
纳雍县	Nayong	218	17137	15861	95843	4318	99.6	99.4
※威宁县	Weining	334	34145	25976	162722	7777	99.6	99.6
赫章县	Hezhang	189	14868	13821	86145	4473	99.7	99.7
碧江区	Bijiang	47	5611	6799	37294	2054	99.9	99.9
万山区	Wanshan	35	1698	2148	11501	762	98.0	98.9

25-43 续表 continued

县(市、区、特区)名称	County (City,Distric, Special Region)	学校数(个) Schools (unit)	毕业生数(人) Graduates (person)	招生数(人) New Enrollment (person)	在校学生数(人) Students Enrollment (person)	专任教师(人) Full-time Teachers (person)	学龄儿童入学率(%) Enrollment Ratio of Primary Schools(%)	学龄女童入学率(%) Enrollment Ratio of School Girls(%)
江口县	Jiangkou	32	2611	2983	16443	1096	99.6	99.5
※玉屏县	Yuping	28	1930	2439	12768	785	100.0	100.0
石阡县	Shiqian	65	5137	4586	25698	1966	99.5	99.5
思南县	Sinan	119	9454	7223	45455	3032	99.5	99.6
※印江县	Yinjiang	71	6406	5034	32093	2197	99.6	99.6
德江县	Dejiang	104	8972	6813	44034	3032	99.6	99.6
※沿河县	Yanhe	180	11960	9170	56470	3509	99.7	99.8
※松桃县	Songtao	143	9084	8458	47097	3806	99.9	99.9
兴义市	Xingyi	164	13692	15968	88645	5185	99.9	100.0
兴仁县	Xingren	120	9165	8361	52020	2939	99.7	99.6
普安县	Puan	44	5420	4618	27181	1969	99.6	99.6
晴隆县	Qinglong	95	5564	5281	31236	1997	99.6	99.6
贞丰县	Zhenfeng	109	7736	5803	38384	2370	99.6	99.6
望谟县	Wangmo	64	6061	4046	27820	1959	99.6	99.4
册亨县	Ceheng	34	3106	3951	20226	1139	99.0	99.1
安龙县	Anlong	53	5612	7221	38103	2093	100.0	100.0
凯里市	Kaili	69	9087	9713	55495	2975	100.0	100.0
黄平县	Huangping	64	5164	3942	24301	1421	99.9	99.9
施秉县	Shibing	35	2142	2178	12728	782	99.6	99.5
三穗县	Sansui	35	2699	3240	18239	890	99.6	99.2
镇远县	Zhenyuan	29	3020	3542	19169	1015	99.6	99.1
岑巩县	Cengong	25	2919	3087	16894	1046	99.9	99.9
天柱县	Tianzhu	47	4207	5091	26718	1634	99.6	99.7
锦屏县	Jinping	40	2266	2762	14977	832	99.6	99.7
剑河县	Jianhe	33	3264	3796	21268	1176	93.7	94.7
台江县	Taijiang	14	2450	2337	13702	885	99.8	99.6
黎平县	Liping	74	5360	7340	38634	2123	99.6	100.0
榕江县	Rongjiang	56	4660	5462	29089	1516	99.3	98.6
从江县	Congjiang	80	4509	5517	29012	1532	99.5	99.9
雷山县	Leishan	27	1951	2127	11646	822	99.6	99.2
麻江县	Majiang	21	1662	1992	11046	731	99.0	99.0
丹寨县	Danzhai	24	2521	2488	15023	857	99.7	99.7
都匀市	Duyun	36	4528	5900	31187	1970	99.7	99.7
福泉市	Fuquan	62	3039	4994	24700	1413	99.6	99.7
荔波县	Libo	36	2265	2547	13059	782	99.8	99.6
贵定县	Guiding	50	3062	3777	20124	1182	99.8	99.9
瓮安县	Wengan	47	5249	6963	36976	1885	99.6	99.6
独山县	Dushan	24	2755	3879	22315	1342	99.6	99.9
平塘县	Pingtang	69	4314	4037	23280	1390	99.5	99.9
罗甸县	Luodian	58	4850	4881	27841	1561	99.7	99.8
长顺县	Changshun	41	2720	3622	18405	1180	99.6	99.7
龙里县	Longli	25	2613	3520	18496	1270	99.8	99.8
惠水县	Huishui	55	5220	6247	34505	1937	99.9	99.9
※三都县	Sandu	31	6076	6256	32635	1634	99.7	99.6

25-44 贫困县名单(2017)
Poverty County

县 名	County	县 名	County
六盘水市		▼※沿河县	Yanhe
六枝特区	Liuzhi	※松桃县	Songtao
▼水城县	Shuicheng		
盘州市	Panzhou	**黔西南州**	
		兴仁县	Xingren
遵义市		普安县	Puan
桐梓县	Tongzi	▼晴隆县	Qinglong
▼正安县	Zhengan	贞丰县	Zhenfeng
※道真县	Daozhen	▼望谟县	Wangmo
※务川县	Wuchuan	▼册亨县	Ceheng
凤冈县	Fenggang	安龙县	Anlong
湄潭县	Meitan		
习水县	Xishui	**黔东南州**	
		黄平县	Huangping
安顺市		施秉县	Shibing
西秀区	Xixiu	三穗县	Sansui
平坝区	Pingba	镇远县	Zhenyuan
普定县	Puding	岑巩县	Cengong
※镇宁县	Zhenning	天柱县	Tianzhu
※关岭县	Guanling	锦屏县	Jinping
▼※紫云县	Ziyun	▼剑河县	Jianhe
		台江县	Taijiang
毕节市		黎平县	Liping
七星关区	Qixingguan	▼榕江县	Rongjiang
大方县	Dafang	▼从江县	Congjiang
黔西县	Qianxi	雷山县	Leishan
织金县	Zhijin	麻江县	Majiang
▼纳雍县	Nayong	丹寨县	Danzhai
▼※威宁县	Weining		
▼赫章县	Hezhang	**黔南州**	
		荔波县	Libo
铜仁市		贵定县	Guiding
碧江区	Bijiang	瓮安县	Wengan
万山区	Wanshan	独山县	Dushan
江口县	Jiangkou	平塘县	Pingtang
※玉屏县	Yuping	罗甸县	Luodian
石阡县	Shiqian	长顺县	Changshun
思南县	Sinan	龙里县	Longli
※印江县	Yinjiang	惠水县	Huishui
德江县	Dejiang	▼※三都县	Sandu

注：1.资料来源于省扶贫办。2.▼为深度贫困县。

Note: 1.Date in the table are provided by the Poverty Allevation and Development office of Guizhou. 2."▼"is the county of deeply poverty.

全国及各省(区、市)资料

26

Main Statistics of Provinces (autonomous regions,municipalities) in the Whole Country

简 要 说 明

一、主要内容

本篇资料包括全国及各省（自治区、直辖市）主要经济社会指标。

二、资料来源

由国家统计局相关专业司提供，部分数据为快报统计数。

Brief Introduction

I、 Main Contents

National and provincial (autonomous regions, municipalities directly under the central government) economic and social indicators.

II、 Sources of Data

Data are provided by the relevant professional division of the National Bureau of Statistics, Some of them are preliminary statistics.

26-1 全国及各省(区、市)人口、地区生产总值(2017)

单位：亿元

地区	Region	年末总人口(万人) Total Population at year-end (10000 persons)	位次 Order	地区生产总值 Gross Domestic Product	位次 Order	第一产业增加值 Primary Industry	位次 Order
全国	**National Total**	**139008**		**827122**		**65468**	
北京	Beijing	2171	26	28014.94	12	120.42	30
天津	Tianjin	1557	27	18549.19	18	168.96	28
河北	Hebei	7520	6	34016.32	8	3130.83	7
山西	Shanxi	3702	18	15528.42	23	719.16	25
内蒙古	Inner Mongolia	2529	23	16096.21	21	1649.77	19
辽宁	Liaoning	4369	14	23409.24	14	1902.28	16
吉林	Jilin	2717	21	14944.53	24	1095.36	22
黑龙江	Heilongjiang	3789	17	15902.68	22	2965.25	9
上海	Shanghai	2418	25	30632.99	11	110.78	31
江苏	Jiangsu	8029	5	85869.76	2	4045.16	4
浙江	Zhejiang	5657	10	51768.26	4	1933.92	15
安徽	Anhui	6255	8	27018.00	13	2582.27	11
福建	Fujian	3911	15	32182.09	10	2215.13	13
江西	Jiangxi	4622	13	20006.31	16	1835.26	17
山东	Shandong	10006	2	72634.15	3	4832.71	1
河南	Henan	9559	3	44552.83	5	4139.29	3
湖北	Hubei	5902	9	35478.09	7	3528.96	6
湖南	Hunan	6860	7	33902.96	9	2998.40	8
广东	Guangdong	11169	1	89705.23	1	3611.44	5
广西	Guangxi	4885	11	18523.26	19	2878.30	10
海南	Hainan	926	28	4462.54	28	962.84	23
重庆	Chongqing	3075	20	19424.73	17	1276.09	21
四川	Sichuan	8302	4	36980.22	6	4262.35	2
贵州	**Guizhou**	**3580**	**19**	**13540.83**	25	**2032.27**	14
云南	Yunnan	4801	12	16376.34	20	2338.37	12
西藏	Tibet	337	31	1310.92	31	122.72	29
陕西	Shanxi	3835	16	21898.81	15	1741.45	18
甘肃	Gansu	2626	22	7459.90	27	859.75	24
青海	Qinghai	598	30	2624.83	30	238.41	27
宁夏	Ningxia	682	29	3443.56	29	250.62	26
新疆	Xinjiang	2445	24	10881.96	26	1551.84	20

The Population and GDP of the Whole Country and All Provinces

(100 million yuan)

第二产业增加值 Secondary Industry	位次 Order	第三产业增加值 Tertiary Industry	位次 Order	地区生产总值比上年增长(%) Increase Rate of GDP in 2017 over 2016(%)	位次 Order
334623		**427032**		**6.9**	
5326.76	24	22567.76	5	6.7	24
7593.59	17	10786.64	15	3.6	30
15846.21	6	15039.28	11	6.6	25
6778.89	20	8030.37	22	7.1	20
6399.68	21	8046.76	21	4.0	29
9199.80	15	12307.16	13	4.2	28
6998.51	19	6850.66	24	5.3	27
4060.60	26	8876.83	18	6.4	26
9330.67	14	21191.54	6	6.9	23
38654.87	1	43169.73	2	7.2	19
22232.08	4	27602.26	4	7.8	14
12838.28	11	11597.45	14	8.5	6
15354.29	8	14612.67	12	8.1	7
9627.98	13	8543.07	19	8.8	5
32942.84	3	34858.59	3	7.4	17
21105.52	5	19308.02	7	7.8	11
15441.75	7	16507.38	10	7.8	11
14145.49	10	16759.07	9	8.0	9
38008.06	2	48085.73	1	7.5	16
7450.85	18	8194.11	20	7.1	20
996.35	30	2503.35	28	7.0	22
8584.61	16	9564.03	16	9.3	4
14328.13	9	18389.74	8	8.1	7
5428.14	23	**6080.42**	25	**10.2**	1
6204.97	22	7833.00	23	9.5	3
513.65	31	674.55	31	10.0	2
10882.88	12	9274.48	17	8.0	9
2561.79	27	4038.36	27	3.6	31
1162.41	29	1224.01	30	7.3	18
1580.57	28	1612.37	29	7.8	11
4330.89	25	4999.23	26	7.6	15

26－2 全国及各省(区、市)固定资产投资(不含农户)、房地产开发情况(2017)

地 区	Region	固定资产投资(亿元) Investment in Fixed Assets (100 million yuan)	位 次 Order	房地产开发投资(亿元) Real Estate Investment (100 million yuan)	位 次 Order
全 国	**National Total**	**631683.96**		**109798.53**	
北 京	Beijing	8307.33	23	3692.54	13
天 津	Tianjin	11274.69	21	2233.39	19
河 北	Hebei	33012.23	5	4823.91	8
山 西	Shanxi	5722.16	26	1166.28	23
内蒙古	Inner Mongolia	13827.85	18	889.72	27
辽 宁	Liaoning	6444.75	25	2289.67	18
吉 林	Jilin	13130.90	19	910.14	26
黑龙江	Heilongjiang	11079.65	22	815.60	28
上 海	Shanghai	7240.95	24	3856.53	12
江 苏	Jiangsu	53000.21	2	9629.11	2
浙 江	Zhejiang	31125.99	9	8226.78	3
安 徽	Anhui	28816.37	10	5612.47	6
福 建	Fujian	26110.34	11	4794.23	9
江 西	Jiangxi	21770.43	13	2013.98	22
山 东	Shandong	54236.03	1	6637.25	5
河 南	Henan	43890.36	3	7090.25	4
湖 北	Hubei	31872.57	6	4574.89	10
湖 南	Hunan	31328.08	7	3426.13	14
广 东	Guangdong	37403.91	4	12075.69	1
广 西	Guangxi	19908.27	14	2683.48	17
海 南	Hainan	4125.40	28	2053.11	21
重 庆	Chongqing	17440.57	16	3980.08	11
四 川	Sichuan	31235.89	8	5149.89	7
贵 州	**Guizhou**	**15288.01**	**17**	**2201.00**	**20**
云 南	Yunnan	18474.89	15	2786.25	16
西 藏	Tibet	1975.60	31	40.36	31
陕 西	Shanxi	23468.21	12	3101.97	15
甘 肃	Gansu	5696.35	27	944.52	25
青 海	Qinghai	3819.86	29	408.59	30
宁 夏	Ningxia	3640.12	30	652.84	29
新 疆	Xinjiang	11795.64	20	1037.86	24

注：本表固定资产投资统计口径为计划总投资500万元及以上固定资产项目投资和房地产开发项目投资，分省数据不含跨省项目。

The Investment in Fixed Assets(Excluding Rural Households) and Real Estate Development of the Whole Country and All Province

房地产开发企业房屋施工面积(万平方米) Floor Space under Construction (10000 aq.m)	位次 Order	房地产开发企业本年房屋竣工面积(万平方米) Floor Space Completed This Year (10000 aq.m)	位次 Order	房地产开发企业商品房销售面积(万平方米) Floor Space of Commercial Houses (10000 aq.m)	位次 Order
781483.73		**101486.41**		**169407.82**	
12412.74	22	1466.67	25	869.95	29
8795.82	28	2023.41	17	1482.12	27
30318.32	11	3416.00	11	6425.91	11
16473.40	19	1969.92	18	2415.92	19
15815.41	20	1714.24	21	2067.60	22
25906.89	13	2788.28	14	4148.45	17
11887.33	23	1478.85	24	1885.21	23
10328.47	25	1651.17	23	2255.81	21
15362.25	21	3387.56	12	1691.60	24
59464.23	3	9581.73	1	14211.12	2
41236.24	6	6884.18	4	9599.67	6
39169.24	7	4747.71	8	9200.71	7
31939.55	8	4266.69	9	5854.05	12
18806.79	18	1854.40	20	5841.93	13
63563.24	2	8429.06	2	12813.18	4
49942.29	4	6201.71	5	13313.89	3
30510.48	10	3219.72	13	8155.21	9
31691.19	9	4084.05	10	8532.25	8
72492.10	1	8196.34	3	15958.81	1
22689.62	15	1856.24	19	5170.99	14
9567.39	26	1267.16	27	2292.61	20
25960.99	12	5055.73	7	6711.00	10
41294.89	5	5620.73	6	10869.07	5
20385.43	**17**	**1171.70**	**28**	**4696.90**	**15**
21085.35	16	2419.63	15	4327.18	16
229.85	31	43.57	31	53.25	31
23630.10	14	2392.05	16	3890.40	18
9153.46	27	847.91	29	1559.51	26
2936.71	30	440.90	30	494.04	30
6836.71	29	1328.62	26	1021.36	28
11597.26	24	1680.48	22	1598.11	25

Note: The statistical caliber of this table is the investment of fixed assets projects and real estate development projects with a total investment of 5 million yuan and above.

26—3 全国及各省(区、市)内外贸易(2017)

Imports and Exports of the Whole Country and All Provinces

单位：亿美元 (USD 100 million)

地 区	Region	社会消费品零售总额(亿元) Total Retail Sales of Consumer Goods (100 million yuan)	位次 Order	进出口总额 Total Exports and Imports	位次 Order	出口额 Exports	位次 Order	进口额 Imports	位次 Order
全 国	**National Total**	**366261.6**		**41044.75**		**22634.90**		**18409.85**	
北 京	Beijing	11575.4	13	3237.19	5	585.03	7	2652.16	3
天 津	Tianjin	5729.7	24	1129.44	8	435.64	10	693.81	7
河 北	Hebei	15907.6	8	498.10	15	313.59	14	184.51	15
山 西	Shanxi	6918.1	22	171.72	24	101.97	22	69.75	24
内蒙古	Inner Mongolia	7160.2	21	138.97	25	49.36	25	89.61	23
辽 宁	Liaoning	13807.2	10	994.22	9	448.77	9	545.46	9
吉 林	Jilin	7855.8	18	185.30	23	44.28	26	141.02	18
黑龙江	Heilongjiang	9099.2	15	189.36	22	52.58	24	136.78	19
上 海	Shanghai	11830.3	12	4761.23	3	1936.81	4	2824.42	2
江 苏	Jiangsu	31737.4	3	5911.39	2	3632.98	2	2278.40	4
浙 江	Zhejiang	24308.5	4	3778.96	4	2868.91	3	910.05	6
安 徽	Anhui	11192.6	14	536.36	14	304.82	16	231.54	14
福 建	Fujian	13013.0	11	1710.31	7	1049.34	6	660.97	8
江 西	Jiangxi	7448.1	20	444.70	17	326.88	13	117.82	22
山 东	Shandong	33649.0	2	2630.57	6	1471.02	5	1159.55	5
河 南	Henan	19666.8	5	776.13	10	470.29	8	305.84	10
湖 北	Hubei	17394.1	7	463.09	16	304.99	15	158.09	16
湖 南	Hunan	14854.9	9	360.40	19	231.72	19	128.68	20
广 东	Guangdong	38200.1	1	10064.85	1	6227.82	1	3837.04	1
广 西	Guangxi	7813.0	19	572.10	13	274.56	17	297.54	12
海 南	Hainan	1618.8	28	103.68	26	43.66	27	60.02	25
重 庆	Chongqing	8067.7	17	666.04	12	425.99	11	240.05	13
四 川	Sichuan	17480.5	6	681.21	11	375.54	12	305.67	11
贵 州	**Guizhou**	**4154.0**	**25**	**81.28**	**27**	**57.77**	**23**	**23.51**	**28**
云 南	Yunnan	6423.1	23	233.94	20	114.30	21	119.63	21
西 藏	Tibet	523.3	31	8.66	30	4.36	30	4.30	30
陕 西	Shanxi	8236.4	16	401.42	18	245.56	18	155.87	17
甘 肃	Gansu	3426.6	26	50.59	28	18.34	29	32.25	26
青 海	Qinghai	839.0	30	6.55	31	4.24	31	2.32	31
宁 夏	Ningxia	930.4	29	50.36	29	36.51	28	13.86	29
新 疆	Xinjiang	3044.6	27	206.61	21	177.29	20	29.32	27

注：本表进出口数据为年度快报数。

Note: The data of import and export are from annual quick statistics data.

26-4 全国及各省(区、市)主要农产品产量(2017)

The Output of Main Agricultural Products of the Whole Country and All Provinces

单位：万吨 (10000 tons)

地 区	Region	粮 食	肉 类				奶 类
				#猪 肉	#牛 肉	#羊 肉	
全 国	**National**	**61793.03**	**8588.11**	**5340.12**	**726.07**	**467.52**	**3655.22**
北 京	Beijing	41.12	26.39	19.22	1.47	1.06	37.42
天 津	Tianjin	212.02	37.37	23.82	3.39	1.42	56.51
河 北	Hebei	3508.02	463.65	274.96	55.88	31.06	465.43
山 西	Shanxi	1299.90	82.52	54.67	5.91	7.56	94.28
内蒙古	Inner Mongolia	2768.45	267.69	73.52	59.48	104.13	699.79
辽 宁	Liaoning	2136.74	440.46	220.90	42.80	9.47	141.11
吉 林	Jilin	3720.00	265.49	136.14	45.58	4.87	50.27
黑龙江	Heilongjiang	6018.78	242.39	145.03	43.90	12.90	542.72
上 海	Shanghai	89.16	11.57	8.65	0.08	0.35	21.30
江 苏	Jiangsu	3539.83	343.25	214.30	2.93	7.99	59.93
浙 江	Zhejiang	768.55	104.44	78.40	1.27	1.87	14.82
安 徽	Anhui	3476.00	404.26	242.68	15.99	16.51	31.94
福 建	Fujian	665.40	232.69	131.24	3.52	2.60	16.07
江 西	Jiangxi	2127.10	335.17	249.49	14.62	1.36	12.78
山 东	Shandong	4723.23	795.57	396.57	67.79	39.85	274.02
河 南	Henan	5973.40	705.29	466.90	72.60	26.10	320.51
湖 北	Hubei	2599.70	429.41	327.97	23.27	8.91	16.03
湖 南	Hunan	2984.00	543.90	449.58	20.00	12.40	9.60
广 东	Guangdong	1365.12	412.81	262.19	7.11	0.90	13.25
广 西	Guangxi	1467.70	415.37	254.97	14.73	3.32	10.04
海 南	Hainan	168.93	79.50	44.40	2.68	1.15	0.26
重 庆	Chongqing	1167.15	208.13	149.15	9.11	4.53	5.26
四 川	Sichuan	3498.40	666.03	472.23	36.81	27.24	63.79
贵 州	**Guizhou**	**1178.54**	**206.47**	**160.10**	**19.06**	**4.81**	**6.56**
云 南	Yunnan	1929.53	388.14	290.76	37.32	15.66	67.58
西 藏	Tibet	105.13	32.77	1.58	22.54	6.85	42.03
陕 西	Shanxi	1216.20	111.84	85.83	8.33	7.96	184.48
甘 肃	Gansu	1128.31	100.55	49.88	20.96	22.76	40.74
青 海	Qinghai	100.71	38.46	11.41	12.98	12.68	34.56
宁 夏	Ningxia	368.24	32.21	7.77	10.92	11.01	153.33
新 疆	Xinjiang	1447.60	163.21	35.80	43.04	58.24	168.80

注：本表数据摘自《2018中国统计摘要》。
Note: Data in this table are extracted from China Statistical Summary 2018.

26−5 全国及各省(区、市)主要工业产品产量(2017)

The Output of Main Industrial Products of the Whole Country and All Provinces

地　区	Region	成品钢材(万吨) Products Steel (10000 tons)	水 泥(万吨) Cement (10000 tons)	农用化肥(万吨) Chemical Fertilizers (10000 tons)	家用电冰箱(万台) Household (10000 sets)	十种有色金属(万吨) Ten Kinds of Nonferrous Metals (10000 tons)	磷矿石(万吨) Phosphorite Mineral (10000 tons)
全　国	**National Total**	**104818.3**	**231624.9**	**6065.2**	**8670.3**	**5377.8**	**12313.2**
北　京	Beijing	179.0	374.4				
天　津	Tianjin	4374.0	418.6	13.6	53.5	1.9	
河　北	Hebei	24551.1	8963.5	213.8		6.3	55.0
山　西	Shanxi	4335.4	3506.0	373.1		132.1	
内蒙古	Inner Mongolia	2002.7	3045.3	438.3		355.0	
辽　宁	Liaoning	6393.0	3688.3	46.0	146.0	98.9	11.3
吉　林	Jilin	1028.0	2992.1	68.8		12.6	
黑龙江	Heilongjiang	410.6	2361.4	51.8			
上　海	Shanghai	2056.0	415.7	1.9	54.7	3.4	
江　苏	Jiangsu	12295.4	17330.2	161.7	897.3	43.4	
浙　江	Zhejiang	3148.2	11231.2	17.5	677.3	40.8	
安　徽	Anhui	3143.9	13394.2	233.3	3338.3	221.0	72.9
福　建	Fujian	2725.7	8444.2	24.0		46.2	4.7
江　西	Jiangxi	2524.4	8934.1	22.7	112.1	174.2	
山　东	Shandong	9209.8	15300.0	425.3	821.4	870.8	
河　南	Henan	3909.5	14938.7	463.5	198.3	543.2	128.0
湖　北	Hubei	3595.9	11107.0	848.2	473.7	77.6	3444.2
湖　南	Hunan	2210.1	11920.4	85.0		205.6	23.5
广　东	Guangdong	4213.7	15785.9	77.1	1556.4	38.0	
广　西	Guangxi	3270.7	12179.4	84.9		230.0	
海　南	Hainan	1.1	2213.3	60.5			
重　庆	Chongqing	917.3	6370.9	145.9	132.2	60.2	3.4
四　川	Sichuan	2491.2	13810.0	414.9	83.2	67.8	1131.8
贵　州	**Guizhou**	**495.7**	**11356.5**	**538.5**	**125.9**	**109.3**	**4817.0**
云　南	Yunnan	1607.4	11292.9	272.0		372.7	2620.3
西　藏	Tibet	0.1	642.1			0.8	
陕　西	Shanxi	1377.6	7476.1	148.4		232.6	1.1
甘　肃	Gansu	702.3	4009.4	23.4		398.6	
青　海	Qinghai	127.1	1449.5	461.5		238.1	
宁　夏	Ningxia	221.8	2177.7	46.1		132.8	
新　疆	Xinjiang	1299.6	4495.9	303.7		663.9	

注：统计口径为年主营业务收入2000万元及以上的工业企业。在纳入规模以上工业统计的主要产品中，本表选取了贵州支柱行业生产的主要产品列示。

Note: The Statistical caliber of the table refers to the industry enterprises whose main business revenue are 20 millions yuan and above. Among the main industrial products above designated size, this table choose 13 major industrial products which producted form Guizhou pillar indnstrials.

中国统计出版社最新图书简目

(仅供参考,以实际出版为准)

统计资料

中国统计年鉴　中国统计摘要　中国第三产业统计年鉴
中国第三次全国农业普查综合资料　国际统计年鉴　金砖国家联合统计手册
中国-东盟国家统计手册　中国农村统计年鉴　中国县域统计年鉴
中国农产品价格调查年鉴　中国城市统计年鉴　中国价格统计年鉴
中国贸易外经统计年鉴　中国零售和餐饮连锁企业统计年鉴　中国商品交易市场统计年鉴
大中型批发零售和住宿餐饮企业统计年鉴　中国住户调查年鉴　中国工业统计年鉴
中国环境统计年鉴　中国能源统计年鉴　中国建筑业统计年鉴
中国房地产统计年鉴　中国固定资产投资统计年鉴　中国对外直接投资统计公报
中国人口和就业统计年鉴　中国劳动统计年鉴　中国社会统计年鉴
中国科技统计年鉴　中国高技术产业统计年鉴　全国企业创新调查年鉴
中国文化及相关产业统计年鉴　2018年时间利用调查资料　中国妇女儿童状况统计资料
中国基本单位统计年鉴　中国教育统计年鉴　中国教育经费统计年鉴
中国民族统计年鉴　中国残疾人事业统计年鉴

省级综合统计年鉴系列

北京 天津 河北 山西 内蒙古 辽宁 吉林 黑龙江 上海 江苏 浙江 安徽 福建 江西 山东 河南 湖北 湖南
广东 广西 海南 重庆 四川 贵州 云南 西藏 陕西 甘肃 青海 宁夏 新疆 新疆生产建设兵团

市(县)级综合统计年鉴系列

滨海新区 石家庄 唐山 邯郸 保定 沧州 邢台 廊坊 承德 衡水 秦皇岛 张家口 太原 大同 阳泉 长治 晋城
朔州 晋中 运城 忻州 临汾 吕梁 呼和浩特 呼和浩特新城区 鄂尔多斯 包头 沈阳 大连 长春 吉林 延吉 四平
通化 松原 哈尔滨 齐齐哈尔 黑龙江垦区 上海浦东新区 南京 无锡 徐州 常州 苏州 南通 连云港 淮安 盐城
扬州 镇江 泰州 宿迁 江阴 丹阳 海门 杭州 宁波 温州 嘉兴 湖州 绍兴 金华 衢州 舟山 台州 丽水 合肥
安庆 马鞍山 福州 厦门 宁德 漳州 龙岩 南昌 九江 上饶 新余 抚州 萍乡 赣州 吉安 景德镇 济南 青岛 潍坊
枣庄 日照 滕州 郑州 洛阳 平顶山 三门峡 商丘 信阳 济源 汝州 武汉 十堰 荆州 宜昌 荆门 咸宁 长沙 广州
深圳 惠州 东莞 汕尾 南宁 柳州 桂林 梧州 来宾 河池 防城港 海口 三亚 成都 贵阳 黔南 毕节 昆明 西安
咸阳 延安 宝鸡 安康 铜川 汉中 榆林 兰州 庆阳 银川 乌鲁木齐 兵团一师 兵团十师

调查年鉴系列

天津 内蒙古 上海 浙江 福建 河南 湖北 湖南 广东 广西 重庆 四川 云南 甘肃 宁夏

统计方法应用/实用手册

实用SAS统计分析教程　Python数据分析基础　统计公文知识问答　领导干部统计知识问答
乡镇统计人员岗位知识培训系列教材：辅助调查员岗位基础知识　乡镇统计人员岗位基础知识
县级统计人员岗位知识培训系列教材：Excel在统计工作中的应用　简明统计分析
地市级统计人员岗位知识培训系列教材：统计报告与演示　中国国民经济核算体系（2016）基础知识
全国统计专业技术资格考试系列考试用书：统计业务知识（第四版）　统计业务知识学习指导与习题
全国统计专业技术资格考试系列考试用书：统计相关知识（第四版）　统计相关知识学习指导与习题

统计通俗读物/统计科普图书

我国20个统计指标的历史变迁　联合国工业发展组织：2016年工业发展报告
中国古代统计发展史　理解国民账户

重点图书

波澜壮阔四十年　砥砺奋进铸就辉煌——改革开放40年与时俱进的中国统计
新编英汉汉英统计大词典　中国国民经济核算体系2016　国民经济行业分类注释
挑大学选专业2019—考研择校指南　挑大学选专业2019—高考志愿填报指南　中华医学统计百科全书